河南省高等学校地理学专业野外实习指导丛书

自然地理野外实习方法与基地建设

主　编　马建华

副主编　彭剑峰　梁国付

科　学　出　版　社

北　京

内 容 简 介

本书是河南省九所高等学校近 10 年来对自然地理野外实践教学的系统总结。内容分上、下两篇。上篇介绍了天文、地质和地貌、气象气候、水文、土壤、生物等要素，以及自然地理系统综合实习的一般程序和基本方法；下篇针对河南省高校自然地理野外实习的实际，分别对嵩山、连云港、林州太行山地、尧山、信阳鸡公山、信阳南湾等六大实习基地的自然地理概况、代表性实习路线、各个观测点实习内容进行了详细介绍。

本书简明、实用、针对性强，可供河南省乃至国内有关高校师生在上述基地进行自然地理野外实习时参考。

图书在版编目（CIP）数据

自然地理野外实习方法与基地建设 / 马建华主编.—北京：科学出版社，2019.10

（河南省高等学校地理学专业野外实习指导丛书）

ISBN 978-7-03-062593-9

Ⅰ.①自… Ⅱ.①马… Ⅲ.①自然地理-教育实习-河南-高等学校-教学参考材料 Ⅳ.①P942.61-45

中国版本图书馆 CIP 数据核字（2019）第 224417 号

责任编辑：文 杨 程雷星 / 责任校对：何艳萍
责任印制：张 伟 / 封面设计：迷底书装

科 学 出 版 社 出版
北京东黄城根北街 16 号
邮政编码：100717
http://www.sciencep.com

北京凌奇印刷有限责任公司 印刷

科学出版社发行 各地新华书店经销

*

2019 年 10 月第 一 版 开本：787×1092 1/16
2019 年 10 月第一次印刷 印张：22 1/4
字数：564 000

POD定价： 79.00元
（如有印装质量问题，我社负责调换）

本书编写人员

（按姓名拼音排序）

楚纯洁　樊良新　冯凤英　付旭东　顾家伟　韩　艳

李国栋　梁国付　马建华　彭剑峰　宋　博　孙艳丽

童海滨　王卓理　翟秋敏　赵庆良　赵荣钦　赵天旭

赵文亮　周云凯　朱连奇

前　　言

自然地理学是研究自然地理系统的组成、结构和演变规律，为人类合理开发利用自然资源、营造优美生存环境提供科学依据的学科。该学科的内容十分广泛，不仅涉及地质、地貌、气候、水文、土壤、生物等自然要素，还包括影响自然地理系统的宇宙环境和地球内部环境。学好自然地理学，只掌握室内课堂教学的知识和理论是远远不够的，还必须到大自然中进行野外实习，掌握自然地理野外工作方法，提高野外观察问题和解决问题的能力。“纸上得来终觉浅，绝知此事要躬行”这句古训尤其适合自然地理学的学习。

为了提高自然地理野外实习教学效果，国内一些高校教师根据多年野外实习资料积累，出版了多种自然地理野外实习教材，如杨士弘主编的《自然地理学实验与实习》（科学出版社，2002）、朱永恒和程久苗主编的《庐山地区自然地理野外实习指导》（安徽人民出版社，2008）、熊黑钢和陈西玫编著的《自然地理学野外实习指导——方法与实践能力》（科学出版社，2010）、聊城大学环境与规划学院编著的《自然地理学野外实习指导》（河南大学出版社，2010）、任健美主编的《自然地理实验与实习教程》（气象出版社，2011）、郑祥民主编的《浙江自然地理学野外实习教程》（科学出版社，2012）等。本人也曾协助陈波涔先生编写《自然地理野外实习》（河南大学出版社，1992）、主编《嵩山地区自然地理及其实习》（科学出版社，2006）。这些教材在指导自然地理野外实践教学中都发挥了重要作用。

河南省有地理学相关专业的高等学校 12 所，都开设有自然地理课程。各高校的自然地理野外实习基地分布在省内和省外不同地方，积累了较丰富的实习资料和经验。但是，除了嵩山基地已出版自然地理实习指导书之外，其他基地的资料并没有得到系统的整理与出版。另外，虽然各高校每年都开展人文地理、地理信息系统、遥感方面的实验实习，但是也没有出版相应的实验实习指导教材。这种状况已不适应新形势下对高等地理人才培养的要求。

鉴于此，河南省地理学会九届七次常务理事会（2013 年 11 月 10 日，安阳师范学院）决定编写一套“河南省高等学校地理学专业野外实习指导丛书”，并委托省学会高等教育工作委员会负责组织编写与出版。当时，本人担任河南省地理学会副理事长，负责省学会高等教育工作委员会的工作，成了丛书编写的召集人。这套丛书包括自然地理、人文地理、地理信息系统、遥感实验实习指导书四本。本人具体负责其中之一《自然地理野外实习方法与基地建设》的组织与编写。

2017 年 1 月 6 日，在河南大学召开了本书编写组会议，统一指导思想，明确内容体系和编写要求，并进行了任务分工。全书分上、下两篇，共十四章。上篇包括第一～第八章，比较全面地介绍了自然地理野外实习的一般方法；下篇包括第九~第十四章，分别介绍了嵩山、连云港、林州太行山地、尧山、信阳鸡公山和信阳南湾地区 6 个野外实习基地的自然地理概况、实习路线及主要观测点内容。

与已出版的自然地理野外实习教材相比，本教材具有两个鲜明特色：第一个特色是立足河南省高校自然地理野外实习的需求，具有实习区域针对性。几十年来，河南省有关高校地理学科分别根据自身区位和周边自然地理环境的特点，不断完善并最终建立了各具特色的自然地理野外实习基地，本书介绍的 6 个实习基地就是其中的一些代表。这些基地立足河南，兼顾沿海，南北跨越暖温带和北亚热带山地，不仅可以满足河南省有关高校自然地理野外实习的需要，也可为省外其他高校在该地带实习提供参考。第二个特色是科学设计各实习基地的实习路线和观测点，确定观测点实习程序和内容，具有实习内容实用性。根据各个基地的自然地理结构特征和“一线多点”的原则，确定最佳实习路线及其典型性观测点位，并对观测点的实习内容进行了较详细的介绍，为野外实习提供了极大方便。对于不熟悉某基地的实习队来说，只要本书在手，经过简单准备就可以顺利完成实习任务。

本教材是集体智慧和劳动的结晶，共有 9 所高校 21 位教师参加了编写。具体编写分工如下：第一章由华北水利水电大学赵荣钦与河南大学马建华编写；第二章由河南大学彭剑峰编写；第三章由郑州师范学院赵天旭编写；第四章由河南财政金融学院顾家伟编写；第五章由河南大学周云凯编写；第六章由商丘师范学院赵文亮编写；第七章由河南理工大学樊良新编写；第八章由安阳师范学院冯凤英编写；第九章由河南大学教师编写，其中第一节由彭剑峰编写，第二节由周云凯编写，第三节由宋博和付旭东编写，第四节由马建华编写，第五节由马建华和彭剑峰编写；第十章由河南大学教师编写，其中第一节由赵庆良编写，第二节由童海滨、李国栋和韩艳编写，第三节由朱连奇和梁国付编写，第四节由梁国付编写；第十一章由冯凤英编写；第十二章由平顶山学院教师编写，其中第一节至第三节由楚纯洁编写，第四节由王卓理编写；第十三章由河南大学教师编写，其中第一节至第三节由翟秋敏编写，第四节由翟秋敏和马建华编写；第十四章由许昌学院孙艳丽编写。附录 3 由梁国付整理。所有插图由河南大学马寿涛清绘。彭剑峰、梁国付和孙艳丽通读了书稿，提出一些修改意见。本人最终统稿和定稿，并对某些章节进行了必要的修改和完善。

本人 1977 年考入河南大学（原开封师范学院）地理系地理教育专业，毕业后留校从事自然地理学教学与科研工作，至今学习和工作已 41 年。今年本人年届 61 周岁，不久将退休离开工作岗位，本书可能是我主编的最后一本教材了。所以，我很想把本书做成“精品”，奉献给河南自然地理教育事业，了却我职业生涯的最后一个心愿。然而，本人专业学识和文字功底有限，书稿离“精品”还相差甚远，颇为遗憾。另外，受其他繁杂事务影响，加之本人工作效率较低，书稿在我手中停滞两年有余，没能及时出版，向各位作者表示深深的歉意！

在本教材的编写和出版过程中，得到了多方支持。在其即将付梓之际，特向河南省地理学会、各编写高校有关领导和科学出版社文杨编辑表示衷心感谢！同时，欢迎使用本教材的老师和同学们对书中错漏之处提出批评意见！

马建华

2019 年 4 月 1 日于开封

目 录

下篇　自然地理野外实习基地建设

上篇　自然地理野外实习方法

- 自然地理野外实习的一般程序
- 天文观测方法
- 地质和地貌野外实习方法
- 气象气候野外实习方法
- 水文野外实习方法
- 土壤野外实习方法
- 生物野外实习方法
- 自然地理系统综合实习方法

第一章　自然地理野外实习的一般程序

自然地理系统的组成包括地球表面的气候、地貌、水文、土壤及生物等五大要素，其区域差异很大，所以要想揭示自然地理系统的形成、发展、变化和区域分异规律，自然地理工作者除需要具有坚实的自然地理学基础理论之外，还必须具备强大的野外调查能力和丰富的野外工作经验。对于自然地理高等教育而言，仅仅依靠课堂教学和课内实验是远远不够的，野外实习教学是自然地理教学中十分重要的环节。一方面，在野外对自然现象的实际观测可以验证课堂所学得的理论与知识，加深和巩固对教材内容的理解；另一方面，野外实习是掌握自然地理各要素的调查方法和技能，综合分析自然地理现象相互联系、相互制约的关键。因此，野外实习对于提高地理科学各专业学生的基本素养具有重要意义。本章重点从自然地理实习前的准备工作、野外实习注意事项、室内资料整理和实习报告撰写等几个方面介绍自然地理野外实习的一般程序。

第一节　实习前的准备工作

一、建立实习队

野外实习与课堂教学、课内实习和短途实习不同，它远离学校、实习时间较长且不便管理。因此，需要建立健全的组织以保证实习任务的顺利完成。野外实习队需要建立领导小组，通常设组长（或队长）1 人，副组长 1～2 人，成员（指导教师、辅导员及学生班长）数人。实行分级、分工负责的体制。组长由专业知识和野外工作经验较丰富、组织能力较强，并有较高威望的院（系）领导或教师担任。组长是实习队的领导核心，负责实习计划的制定、实施和监督，安排教师和工作人员的任务，负责学生生活和安全，亲自或委托副组长按时记录实习日志，并在野外实习结束时做工作总结。

专业指导教师的人数，一般根据实习科目、学生人数以及师资队伍状况而定。为保证野外实习的教学效果，在观测点上进行观察与操作时，1 名教师可带 10～20 名学生；若师资力量有限，学生人数可适当增加，但一般不宜超过 30 人。专业指导教师同时也是实习领导小组的成员，不仅负责专业内容的讲解与辅导，还应对学生的安全负责。

实习队需要配备一位专职或兼职辅导员及 1 名总务管理员。辅导员负责学生在野外期间的思想教育和组织纪律，并协助组长处理学生遇到的各种生活问题。总务管理员（可由指导任务少的教师兼任）负责全队的财务和总务工作，如安排食宿、联系交通、与地方有关部门沟通等，确保实习任务的顺利完成。

学生班长作为领导小组成员，应协助组长和教师组织各项实习活动，做好日常考勤及野外的学生监管，并及时向教师反映学生情况。参加实习的学生还必须成立实习小组，每小组以 10 人左右为宜，分组时应尽量照顾原来班级的行政小组，性别搭配要合理。此外，在学生中还要指定专人（生活委员、文体委员、卫生员）分别负责学生的生活、文体活动、卫生防疫等工作。如有条件，应争取安排 1 名随队医生负责卫生防疫和医疗工作。

二、制定实习计划

自然地理野外实习计划主要包括实习目的和任务、内容、方法、步骤、路线、日程安排及人员组成等。

首先，根据自然地理学教学计划确定实习内容、任务、时间和地点；确定实习队负责人、指导教师和有关工作人员，并进行任务分工。对于首次实习的地区，实习队负责人需安排有关人员进行预查，以便确定合理的实习路线，落实食宿地点、交通工具，了解当地居民的风俗习惯，以及给养、气候、卫生条件和安全保障情况等。

其次，根据实习科目和时间长短制定详细的实习日程表，包括每天的实习路线、地点、主要实习内容及其他安排。实习日程表的制定要做到科学、合理、劳逸结合。除要考虑实习内容的合理顺序、交通和路线条件及必要的休息外，还要安排 1～2 天的机动时间，以防实习中出现的意外问题（如恶劣天气、地质灾害等）。

然后，实习计划要明确提出对学生野外实习各阶段的具体要求，包括每天学生应该达到的学习目标，对学生实习记录的要求等。

最后，实习计划要有详细的经费预算。经费预算尽量经济、合理，避免不必要的支出，并经过学校主管部门的审核批准，向实习队全体人员公布。

三、收集实习区自然地理资料

对于自然地理野外实习来说，收集实习区域的地形图、航空相片和卫星影像、基础地理资料等都是必需的。例如，地质实习要收集实习区域及其毗邻地区的不同比例尺的地质图（水文地质图、第四纪地质图、矿产图、构造图、地质剖面图和地层柱状图等）、实习区的文字地质资料（地层、古生物、地质构造、沉积环境、岩相、古地理及地质矿产等方面的论文、专著，不同时期的地质调查报告、各种钻孔资料、火山、地震、地磁、地热资料等）。地貌实习要收集实习区域及其相邻地区的地貌和地质（尤其是第四纪地质）的研究文献和有关图件等。气候实习要收集实习区域的各种气候数据（多年气候资料总结、气候月报、气候年报和气候手册）、气候图件、气候区划、专题气候报告和科研论文等。水文实习要收集实习区域的水系状况（河流水位、流量、流速、泥沙、水温、冰情、水化学等）资料，地下水的埋深、水量和水化学类型等资料，水库、塘坝、渠道、井、钻孔等水利工程资料，以及区域水文图集、水文地质图、地下水埋深图、水化学类型图等图件。此外，还要收集农田灌溉及水土保持资料，生活用水和工业用水资料，区域水文年鉴和水文手册等。土壤实习要收集实习区域的土壤类型及分布、土壤性质以及改良利用经验等文献资料和各种土壤图件。生物实习要收集实习区域动植物名录、检索表、分布图、标本和图片资料等。自然地理系统实习要收集实习区域综合自然区划图、土地类型图、农业区划图、土地利用现状图等及其有关文字说明书等。

在资料收集完毕后，还需要对其进行分析、归纳，总结出实习区各自然地理要素的组成、性质和形成发育规律，各地理要素间的相互作用规律，以及人类活动对实习区自然地理系统的影响。这对于深入了解实习区自然地理特征具有重要的意义。

四、准备实习用具

自然地理野外实习用具有常用和专用之分。常用用具是各个实习队都应该具备的工具，如地质罗盘、海拔高度表、GPS（全球定位系统）定位仪、钢卷尺、测绳或皮尺、放大镜、望远镜、照相机、计算器、野外记录簿、图夹、野外填图用的文具等。

专用实习用具根据各科目实习目的、要求和学校仪器设备情况而定。地质实习需准备地质锤、凿子、测杆、稀盐酸及其他试剂等。地貌实习需要准备倾斜仪、洛阳铲、绘图纸等。气候实习需要准备温湿度计、气压表、风向风速仪等。水文实习需准备流速仪、水尺、自动水位计、水温表、塔尺和求积仪等。土壤实习需准备土铲、土钻、取土刀、标本盒、样品袋、标签以及土壤理化性状的简易测定仪器或试剂（pH 试剂和稀盐酸）。生物实习需准备生长锥、化学药品（酒精、甲醛溶液、防腐剂等）、采集工具（采集筒、标本夹、绳子、吸水纸、枝剪、采集包等）、装载工具（瓷盘、标本瓶、指管、塑料袋）、解剖器（解剖刀、镊子、剪刀等）及铁丝、脱脂棉、包装纸和胶带纸等。

另外，每个实习队成员还需准备必要的行装，如水壶、雨具、防晒帽、饭盒、背包、登山鞋或旅游鞋、洗漱用品等，以及购买保险和准备常用药品。

第二节　野外工作及其注意事项

一、确定实习路线

确定合理的野外实习路线非常重要，因为它直接影响学生观察到的自然地理现象和过程的丰富程度。野外实习要尽可能多地观察自然地理要素的典型地段和现象。实习路线布置可以为线状、网格状、环状和放射状等。选择实习路线时应遵循以下原则：①实习路线尽量穿越实习区所有的自然地理单元，保证尽量多观察自然地理系统的类型及其联系特征；②尽量多观察到各个自然地理单元中的典型剖面、露头和类型；③有利于观察实习区自然地理最有意义的地点，如转折界线、山顶和谷底等；④地貌走向的路线选择有利于地貌剖面图制作，如横穿河谷、冲沟、山脊、海岸等；⑤便于掌握实习区域自然地理地域分异规律，如山区野外实习时，实习线路要穿越不同的地貌面、小气候条件（阳坡和阴坡、迎风坡和背风坡），并注意观察自然地理要素的垂直地带性差异；⑥避免走回头路和难通行的地段，保证师生人身安全；⑦与观测点（段）的布置相结合，尽量使实习路线穿越尽可能多的观测点，点线结合，达到最理想的实习效果。

二、路线调查

路线调查是较长距离的边走边观察的自然地理调查，也称沿途观察。路线调查的目的是使学生从宏观上了解实习路线沿途的自然地理要素及其变化情况，尤其注意观察自然地理要素过渡的界线及更替次序，以及大范围内不同自然地理要素的相互作用与地域分异规律。如果调查区范围较大或实习路线较长，需乘车调查；如果调查区较小或实习路线较短，则可徒步进行。由于路线调查是边走边观察的调查，不做定点长时间调查，要求学生在路线调查时要做到“五勤”（腿勤、眼勤、手勤、脑勤、嘴勤），只有边走、边观察、边思考、边讨论，才能达到路线调查的目的。

“腿勤”就是多走一些路，只有多走路才能观察到更多的自然地理现象；“眼勤”就是多观察、多搜索，尤其是要勤于观察周围植物的根、茎、叶、花、果的形态，岩石类型变化及其与地质构造的关系，以及地貌、气候、土壤等要素之间的关系，善于发现问题；“手勤”就是多动手触摸、采摘、捻搓等，尤其用于判别土壤、岩石、矿物的性质、粒度、硬度、胶结度等；“脑勤”就是要多联系课堂学习的知识，对观察到的自然地理现象进行比较，思考其原因和规律；“嘴勤”就是多请教老师，与同学们多交流。自然现象极其复杂而富于变化，对某个自然现象的观察不可能毫无遗漏，对它的认识也不可能绝对正确，为了认识更加准确，要多开展讨论，互相启发，取长补短，共同提高。

三、观测点实习

观测点指实习路线中需要重点调查的地段或点位，它们是自然地理野外实习的重点。观测点的确定应以典型性、集中性、代表性为原则，即选择那些自然地理现象较突出、类型较典型、问题较集中和界线较明显的地段为观测点，如能说明实习地区发育历史的关键地点、能观察大范围景观的制高点、能说明自然地理特征的转折点（如山顶、分水岭、河谷、湖岸等）及前人实习用过的剖面等。对于自然地理组成和结构简单的区域，如平原、沙漠和草原区等，观察点可少些；而对于复杂的区域，如高差变化较大的地区、不同生境的过渡带、湖泊河流频繁交替的地区等，要多布设一些观测点。

在观测点上要进行认真细致的观察、访问、测量、测试和记录，必要时还要采集标本、样品，绘制有关图件，同时结合素描和摄影等记录手段。学生在观测点上通过对各种自然地理现象的观察，可以验证课堂上所学的基本知识和基本理论，达到理论联系实际的效果。课堂上的内容都是比较典型的自然地理现象，而现实中的自然地理事物都是多要素的复合，且受人类活动的影响强烈，复杂多样，不甚典型。从纷繁的现实事物中排除干扰，梳理出所要观察的自然地理现象，正确判断各要素之间的相互影响，是野外观察的主要任务。

在野外路线调查和观测点调查过程中，通常采用“学生初步观察—分组讨论—学生汇报—教师重点讲解—学生重新观察—学生总结记录”的教学模式。除此之外，访问、野外测量和测试等也常常是观测上的重要实习内容。

访问是对野外观察的有效补充。因为野外考察不可能跑遍整个实习区，而且有些问题单靠观察无法获得（如河流的洪枯水情况、动物种类、土地利用与土地覆被变化等），所以只有通过向当地政府、群众或知情者访问才能有所了解。访问时应拟定访问提纲，并对访问得到的结果认真分析，去伪存真，得出正确结论。

野外测量和测试是运用专门仪器或试剂对某些自然地理事物进行的定量测定，如对地表形态的测量、对露头和地质构造面（线）的产状测量、小气候观测、水文观测、土壤剖面观测、植物群落样方调查等。

从本质上讲，自然地理野外实习带有综合性，应从要素观察描述开始，到综合分析归纳结束。各种自然要素不是彼此孤立的，而是一个相互联系、相互制约的整体，即自然地理系统。野外实习要注意观察每一种自然地理系统各要素间相互作用的性质、过程和发展规律。从一个区域到另一个区域，从一个观测点到另一个观测点，都可以见到不同的自然地理系统。所以，在各个观测点上实习时，一定要从综合的角度，认真观察每一个自然地理系统内部各要素之间的联系，以及不同自然地理系统之间的差异，要善于总结归纳，提出改造自然和利用自然的建议与措施。

四、样品采集、摄影与绘图

样品采集是野外实习的重要一环，包括标本采集和分析样品采集。野外实习一般时间短、路线长、观察内容多，因此根据实际需要可采集矿物、岩石、松散沉积物、化石、河水、湖水、地下水、土壤、植物、动物等标本和样品，以便带回室内进行分析和鉴定。野外采集标本和样品时要注意三点：①不同自然地理要素对样品的种类、数量、规格、包装、保管等都有不同的要求，要严格按照有关规范进行；②采集的样品要有代表性和典型性；③采集样品时要在底图上标注采样点位置，采样点编号务必与样品标签编号和记录本上的编号保持一致，以免混淆。

摄影是野外实习必不可少的真实、快速地记录自然地理现象的重要手段。如果条件允许，最好配备广角镜头和变焦镜头。广角镜头可拍摄较宽的视野，变焦镜头可远距离拍摄较小的自然地理现象。目前，大多数同学使用的智能手机都带有摄像功能，这为野外数据的采集带来了极大的便利。

野外绘图包括自然地理事物素描图、剖面图和平面图等。自然地理事物复杂多变，应在观察、访问、测试的基础上，经过抽象概括，将被考察的事物用专门的图件表示出来，以深化对自然地理事物的认识。除野外填绘的平面图外，一般不要求十分精确，只要大致比例相似即可。

五、野外实习记录

实习记录是自然地理野外实习的重要成果之一，是编写实习报告的基本依据。因此，要及时、真实、完整地记录观察到的自然地理现象和测定的数据。记录的内容包括各个观测点的时间、编号、具体位置、天气状况、观察现象描述、观测数据等，并将观测点编号标注在实习区域地形图上。观察记录的详细和准确与否，对实习收获至关重要。具体而言，观测点上的描述内容包括所在地的地貌类型、岩性和构造，气候、植被、动物和土壤等自然地理要素，周围的自然景观状况，如观测点所处自然地带、植被类型、覆盖度、土壤类型、土壤发育程度、河流流量、流速、含沙量、湖水矿化度、湖水中的动植物、地下水深度、地面的风化类型、风化程度、滑坡、泥石流、沙漠化、水土流失、河床变化、水库淤积、海岸冲刷等。另外，还需记录每日的访问情况、讨论分析等。

野外记录一般记录在专用的野外记录簿上，内页有横格页和方格页。横格页面用于文字记录，方格页面用于绘图。采用铅笔记录，既便于保存，又便于修改。

第三节　实习资料整理与实习报告撰写

一、室内资料逐日整理

野外实习的室内资料整理分为逐日（初步）整理和综合（系统）整理。资料逐日整理是对当日的野外记录、图件、标本等进行室内初步整理；综合整理是在野外工作结束后，对野外获得的各种资料进行全面、系统的整理分析。其中，逐日室内资料整理工作主要包括：①整理野外记录，充实和补充野外记录中疏漏的内容；②整理各类标本，对标本进行描述，对欠缺的标本，做出补充采集计划；③清绘有关图件；④讨论、总结当日的实习内容，并将心得和体会记录在笔记本上。

在整理野外记录时，要审阅全部记录，对内容进行分类，再逐类进行核查。如发现资料不全、字迹不清或不足以说明问题之处，可通过追忆对资料进行补充、修正和批注。必要时需要重新到野外考证，绝不允许在室内擅自修改。对野外测试的各种数据，要审核其正确性，如发现问题应及时修正。在数据正确、合理的前提下，对其进行分类、统计，绘制必要的图表。在整理野外绘制的各种图件时，首先要检查图件内容是否完备，实际资料的标绘是否正确，各种地理界线是否合理，如发现问题要给予补充和修正；然后对图件进行清绘，在保证真实的情况下，对图面可进行适当的整饰和美化。整理野外采集的标本和样品时，要检查标签是否遗失和损坏，若发现问题应及时处理；对需要保存的样本和样品应统一编号、登记；对需要处理的动植物标本要及时处理，防止霉变或腐烂。

实习过程中，开展及时的讨论，对消化知识、提高学习效果等有非常重要的意义。例如，以实习小组为单位，每天安排一定时间就有关问题开展讨论和交流，并推举发言人；然后各组发言人在全体学生和指导教师参加的会议上发言；最后教师给予总结。通过讨论和辩论，学生观察问题、分析问题、解决问题的能力会有明显提高，也可大大激发学生的求知欲。

二、实习报告撰写

自然地理野外实习报告是野外实习最主要的成果形式。实习报告的撰写不仅反映了学生对实习区自然地理情况的了解和掌握程度，也能反映学生对所学知识的综合运用能力，以及分析问题、解决问题的能力。每一位参加实习的学生，实习结束后都要撰写一份野外实习报告，作为实习成绩评定的主要依据之一。实习报告的字数一般要求在5000字以上。在撰写实习报告过程中，要突出回答“4W”问题，即按照“在哪儿（where?），发现了什么（who?），它是什么（what?），为什么（why?）”，从感性到理性，由浅入深，由理论到实践不断深化。自然地理实习报告包括单项实习报告和综合实习报告两种，不管哪一种类型的实习报告，都应建立在对实习期间获得的各种资料综合整理基础之上。

（一）资料综合整理

自然地理野外实习资料的综合整理，包括对野外文字记录、剖面图、素描图、照片，以及采集的各种矿物、岩石、植物、土壤标本等进行分门别类地总结、概括，编制和清绘必要的图件。这些资料是编写实习报告的基础和素材。一般情况下，对野外实习得到的原始资料按下列三方面的要求进行取舍：①保留的资料应有利于阐明、证实科学理论；②把分散、零乱的资料按报告的提纲和一定的逻辑关系进行综合整理，使之内在联系清晰，有利于实习报告撰写；③对于前后矛盾的资料，应该反复比对，去伪存真。

（二）单项实习报告的撰写

自然地理单项实习报告是针对某一自然地理要素或某一方面的实习总结，学生可根据实习情况自己确定实习报告的题目和内容。例如，对于嵩山地区自然地理野外实习来说，单项实习报告的题目可以是“嵩山地区地质野外实习报告”“嵩山地区地貌野外实习报告”“嵩山地区水文野外实习报告”“嵩山地区气象气候野外实习报告”“嵩山地区土壤野外实习报告”“嵩山地区生物野外实习报告”等。单项实习报告的内容因所选题目不同而异，下面以“地质野外实习报告”为例说明单项报告应包括的主要内容。

（1）前言：主要说明地质野外实习的目的、意义，实习的时间，实习区的位置和范围，实习的主要内容和形式，实习地区的自然、经济和社会概况等。

（2）地层特征：首先简述实习区地层系统和接触关系，然后由老到新描述在实习期间观察到的各个地层露头的位置、年代、岩石类型、矿物组成、岩石结构和构造、所含化石种类、地层产状和接触关系等。可附信手地质剖面图、实测地质剖面图、路线地质剖面图、素描图等。

（3）地质构造：首先概述实习地区大地构造位置，然后分别描述实习期间观察到的各种地质构造类型。褶皱构造要描述其位置、范围、规模，两翼地层的岩性、产状及形态类型，形成的时代和机制等。断裂构造侧重于区域性断裂构造的描述，如断层位置、规模、断层证据、断层面产状、断层性质及时代等。报告中应附有构造纲要图或地质构造图、构造信手剖面图、构造素描图、照片等资料。

（4）地质发展简史：根据地层和构造特征等恢复实习地区的地质发展历史，并以地质时代为序从古到今叙述各地质历史时期所发生的主要地质事件，着重说明地壳运动及其证据，各地质年代自然地理概况等。

（5）矿产资源：简述实习区内所见到的主要矿产资源及其开发利用前景。

（6）结束语：说明通过本次野外实习，主要的业务收获、思想体会和建议等。

（三）综合实习报告的撰写

综合实习报告是对实习地区全部自然地理实习内容的总结，其题目通常为“××地区自然地理野外实习报告”，其主要内容包括以下几个方面。

（1）前言：主要说明野外实习的意义，实习地区的位置、范围、行政区、社会经济状况，实习时间、目的要求、任务完成情况等。

（2）区域地质：包括实习区的地层、构造、地质发展简史、矿产资源等。

（3）区域地貌：包括实习区的区域地貌格局，各种地貌类型的地貌营力、现代地貌过程、地貌形态及成因、地貌分区等。

（4）区域气候：包括实习区的气候类型、一般气候特点、气象灾害等。

（5）区域水文：包括实习区的流域、地表水系和地下水特征等。

（6）区域土壤：包括实习区的成土因素、成土过程、土壤分类、土壤类型及其分布规律，主要土壤类型描述、土壤质量评价等。

（7）区域生物：包括实习区的动、植物区系特征，常见动植物种类，主要植物群落特征及其分布规律等。

（8）区域自然地理系统：包括实习区的自然带类型、水平和垂直地域分异规律、综合自然区划、土地类型划分等。

（9）结束语：主要说明本次野外实习的业务收获和思想体会等。

实习报告应力求文字简明扼要，图表清楚整洁，层次清晰，论证严谨。当然，实习报告也不必完全按上述提纲撰写，只要围绕某一实习内容，抓住核心问题，就可写出一篇内容丰富、逻辑清晰、质量上乘的实习报告。

第二章　天文观测方法

本章主要结合自然地理学课堂教学，介绍天球仪知识、天文望远镜使用、四季星空观测和日月变化观测等，有利于学生理论联系实际、理解教材内容。

第一节　天文观测仪器和星空软件的使用

一、天球仪

（一）天球仪的结构及标识

天球仪即天球模型，是一种用于航海、天文教学和天文知识普及的辅助仪器。人们利用天球仪可以确定各个天体的天球位置，观察天体的视运动，求算一些天文学问题。在天球仪圆球面上一般标有全天候 88 个星座、主要星云和星团、所有五等星（星等是天文学上用肉眼观察星体明暗程度的一种表示方法，肉眼可见的星共分为六个星等，星等数越小，星体越亮）以上的亮星，以及天赤道、黄道、地平圈、赤经圈（子午圈）等。正规天球仪上的各种标志齐全［图 2-1（a）］，演示的天文现象较多；普及型透明简易天球仪上没有地平圈［图 2-1（b）］，演示的天文现象相对较少。下面简要介绍正规天球仪的构造和标识。

(a) 正规天球仪

(b) 透明简易天球仪

图 2-1　天球模型

天球仪上有一根金属棒贯穿圆球（天球）球心，金属棒就代表天轴。天轴与天球两端的交点称天极，与地球北极对应的称北天极，与南极对应的称南天极。天轴固定在赤经圈上（天球子午圈），赤经圈上标有赤纬刻度。天球仪可环绕天轴旋转。天球上垂直于天轴的最大圆圈是天赤道，上边标有赤经刻度。与天赤道呈 23°26′ 相交的大圆是黄道。黄道上标有太阳在公转轨道上的时间和相应的节气。天球仪中间的水平圆环是地平圈，上有东（E）、西（W）、南（S）、北（N）的方位角标注。地球位于天球中心，地轴和天轴重合。天球球面上标有各种天体的位置。

（二）天球仪的校正

在使用天球仪之前，必须对其进行方位、纬度和时间校正。方位校正是转动天球仪使地平圈上的东、西、南、北与观测者所在地的实际方位相一致。纬度校正是转动天球仪的子午圈，使仰极在北点（或南点）的高度等于观测者所在地的地理纬度。时间校正是根据观测者所在地点的地方视时（简称地方时），在黄道上找到当日视太阳的位置，并将当日视太阳置于赤经圈的午圈下方，此时天球仪显示的是该日正午（视太阳时 12 时）的星空。然后按正午前 1 小时向东转 15°，正午后 1 小时向西转 15°的规律转动天球仪，调整到观测点地方的视时。这时出现在地平圈以上的星空就是观测者已知地方视时的星空。因为我国普遍采用 120°E 经线的地方视时，即东 8 区的区时（北京时间），所以首先需要根据北京时间换算出观测点的地方视时，然后按上述方法进行时间校正。由北京时间换算观测点地方视时的规律是：如果观测点在 120°E 经线以西，那么观测点的地方视时=北京时间-（120°-观测点经度)/15°;如果观测点在 120°E 经线以东,那么观测点的地方视时=北京时间+(120°-观测点经度）/15°。

（三）天球仪的使用

1. 确定天体位置

天体在天球上的位置可用赤经和赤纬来确定。首先在天球上找到所要确定位置的天体，旋转天球仪将该天体置于午圈的下面；然后在天赤道上读出它的赤经值，在赤经圈上读出它的赤纬值。

在确定某天体相对于观测者的方位和高度时，首先需要对天球进行方位、纬度和时间校正，将天空固定；然后确定天顶位置，即从午圈的天赤道 0°向上至当地纬度值的位置；接着用一根细线从天顶开始，过目标天体向下延伸至地平圈，细线与地平圈相交点的地平圈刻度即为目标天体的方位角；最后用两脚规量出地平圈刻度至目标天体之间的角度，即该天体的地平高度。

2. 求算某日太阳上中天高度、出没方位和时刻、昼夜时间长度

在黄道上找到观测者所在地点某日的太阳位置，并将太阳置于午圈之下，即可在午圈上读取太阳的上中天高度。

转动天球仪，使太阳位于东侧地平圈上，此位置即为日出点，地平圈上的刻度就指示日出地平的方位角。再转动天球仪，使太阳位于西侧地平圈上，此位置即为日没点，地平圈上的刻度即日没地平的方位角。

从日出点沿天赤道至午圈之间的间隔时数（赤经每隔 15°为 1 小时），为当地上午的时间长度，将其乘以 2 即可得到当地的昼长。12 时减去上午时间长度，为当地日出时间；12 时加上上午时间长度，为当地日没时间。

同理，也可以求算某地某日除太阳以外其他恒星的上中天高度、出没方位和时刻。

3. 星空观察

将天球校正之后，就可以观察到某时刻的模拟星空状况。

我们观察真实星空时，可见满天星斗，群星灿烂。古希腊和古罗马人为了便于识别和记住这些星斗，将它们划分为不同的星群，并赋予神话传说中的人、动物或器物的名称，这就是星座。1928 年，国际天文联合会通过决议，将全天星空分为 88 个星座。对于居住在北半球的人们来说，位于南天极附近的一部分星座是看不到的。

由于地球在不停地公转，所以在一年当中同一地点不同时间看到的星空是不一样的。就北半球中纬度的北京地区而言，在春、夏、秋、冬所看到的星空如图 2-2 所示。

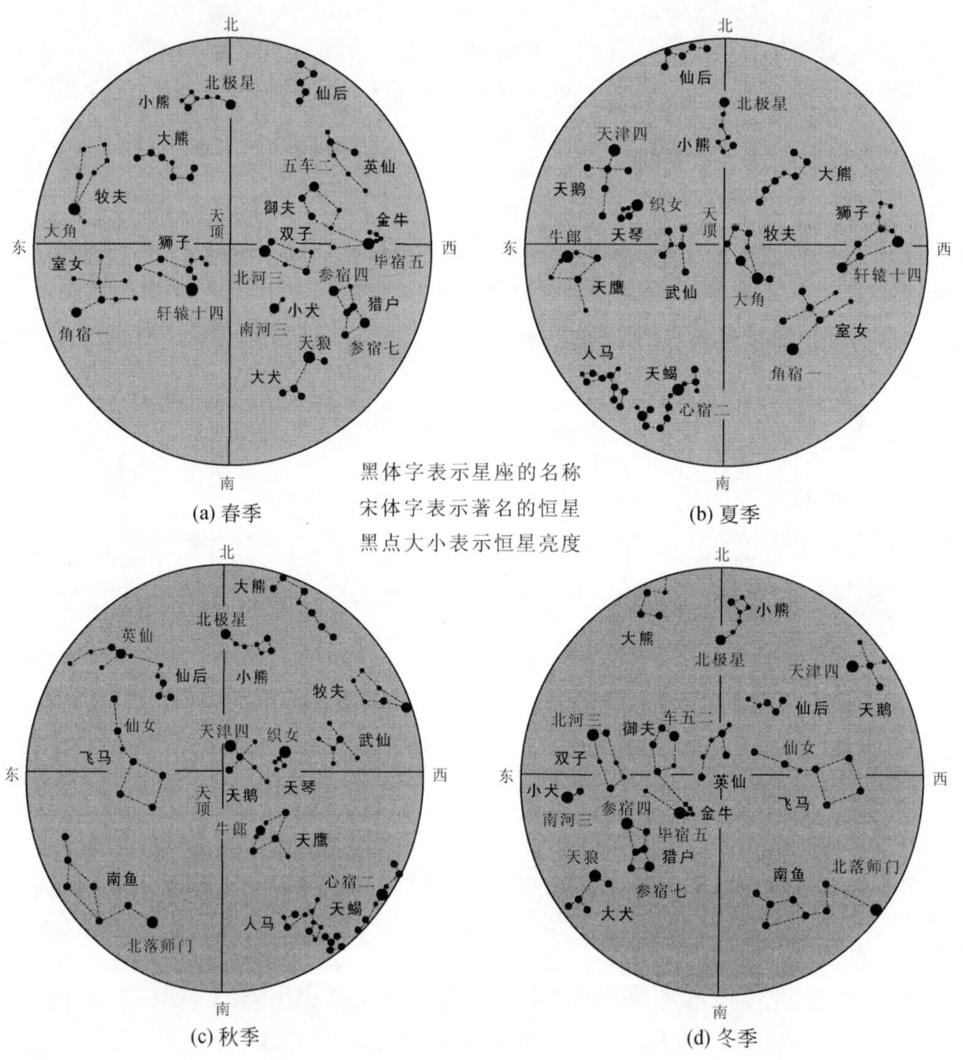

图 2-2　北京地区四季星空简图（据杨士弘改绘）

4. 天体视运动演示

1）天体周日视运动演示

根据观测者的位置将天球校正之后，缓慢向西转动天球仪（每小时转动 15°），可观察到天球仪上各个天体自东向西的周日视运动。演示时，可选取几个特殊纬度上的恒星作为代表来进行。

2）天体周年视运动演示

在黄道上任取一点（如春分点），贴上一块红色橡皮泥，将天球仪旋转至子圈位置（下中天位置），作为第一天的太阳视位置。在午圈下面的天球仪上贴上一块黄色橡皮泥，表示某颗恒星，即子夜时该星位于午圈上。将天球仪上的太阳在黄道上向东旋转1°，并在子圈下方的黄道上再贴上一块红色的橡皮泥，表示第二天的太阳的位置，同时在午圈下方贴上一块黄色橡皮泥。这样就可以看到第二天子夜时的恒星已经向西移动了。按上述步骤，将太阳前后两次的视位置依次相距90°、180°、270°、360°，就可以清楚地观察到四季星空的变化。

二、天文望远镜

天文望远镜是天文学研究不可或缺的仪器设备。按照望远镜的原理，可分为折射望远镜（如伽利略式天文望远镜和开普勒式天文望远镜等）、反射望远镜（牛顿式天文望远镜和卡赛格林式天文望远镜等）和折反式望远镜（施密特卡式天文望远镜等）。按照天文望远镜功能大小和复杂程度，可分为大型天文望远镜和小型（简易）天文望远镜。大型天文望远镜一般被安装在专用的天文圆顶内，小型天文望远镜安装和拆卸十分方便，是天文爱好者观察星空的常用设备。下面主要介绍小型天文望远镜的构造和使用。

（一）小型天文望远镜的构造

小型天文望远镜大多是折反式望远镜，由物镜镜筒、目镜、寻星镜、赤道仪等部件组成（图2-3）。

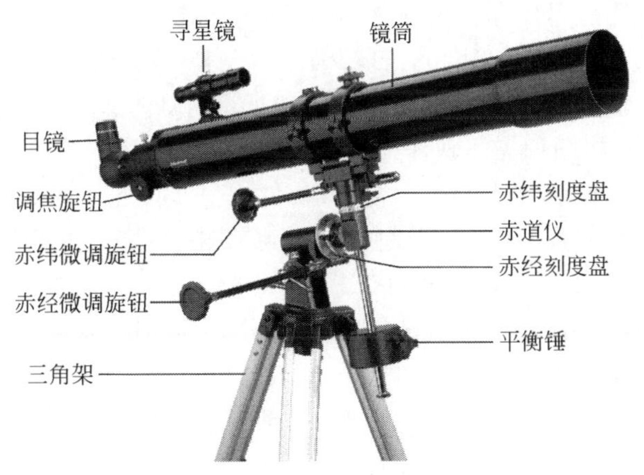

图2-3　小型天文望远镜的一般构造

物镜就像人眼的瞳孔，用于收集远处物体光线，由凸透镜组成。物镜镜筒的口径越大，汇聚的光线越多，分辨率越高（能看到更暗的天体）。物镜的焦距较长，天体的光线通过物镜聚集成缩小的图像，所以望远镜的口径越大，镜筒就越长。

目镜也由凸透镜组成，但焦距较小，用于放大由物镜缩小的图像，从而获得较大而清晰的图像。物镜焦距与目镜焦距的比值称为倍率（放大倍数）。因此，一架望远镜功能的发挥依赖于配备目镜的多少，一般要配备低倍率（20～40倍）、中倍率（50～80倍）和高倍率（100～150 倍）不同的目镜，以满足不同观测的需求。

寻星镜是一个低倍率（多为 5～13 倍率）的望远镜，观察视野较广，用来搜寻观测目标。

赤道仪是自动跟踪目标天体的设备。由于地球在不断地自转，对于观测者来说，各种天体都会自东向西移动，所以随着时间的推移，目标天体也会在望远镜的视场中逐渐移动，最后移出视场。赤道仪就是一种能与地球自转速度相同，但转动方向与地球自转相反的设备，使目标天体始终在望远镜的视场范围之内，利于天文观测。

（二）小型天文望远镜的使用

第一步：安装望远镜。在无建筑物、树木、山体遮挡，视野开阔的房顶平台、操场、农田等开阔的地方，按照望远镜生产厂家所附的安装说明书，先将三脚架牢牢固定，然后安装赤道仪、主镜筒、目镜、寻星镜等部件。

第二步：光轴调节。首先，任意选择较远处的一个醒目的目标物，将主镜筒大致对准目标物，通过目镜找到目标物，调焦至清晰状态。然后，调节寻星镜使目标物清晰并居中。这样主镜的光轴和寻星镜光轴就处于平行状态，为之后快速搜索与观测天体提供了便利条件。

第三步：极轴调节。为了使望远镜能自动追踪目标天体，必须保证主镜筒的轴与地轴相平行。为此，需要将主镜筒对准北极星。也可以根据望远镜布设点的地理纬度，将主镜筒的仰角调整到当地纬度值。

第四步：确定目标天体的方位。夜空中的繁星众多，要想从中找出目标天体并不是一件容易的事情。通常可采用四种方法帮助我们迅速找到目标天体：一是查阅国际天文联合会（International Astronomical Union，IAU）1997 年制定的依巴谷星表。星表中有 12 万颗天体的基本数据，包括位置、运动、星等、光谱型等。二是查阅当年的天文年历。天文年历中一般包括当年太阳、月球和各大行星不同时刻的位置，1000 余颗基本恒星每 10 天的视位置，以及特殊天象发生的日期和时刻等信息。三是查阅星图（将天球上的各种天体的视位置投影在平面上而绘制的天体分布图）。星图上标有众多天体的视位置、星等及其他信息，有全天星图、活动星图和星图软件三种形式，特别是在星图软件中输入观测点的位置、观测时间和目标天体，即可获得目标天体的具体方位。四是应用天球仪查找目标天体位置。在黄道上找到观测时刻的太阳位置，并将其旋转到子圈上，那么午圈两侧的半球即为夜空，也可以方便地找到目标天体的高度和方位。

第五步：观测目标天体。首先用目视法大致将望远镜对准要观测的天体；然后观察寻星镜，将目标天体调整到视场十字中心位置；最后观测目镜，把目标天体放到视场中央（如果第二步的光轴调节很精确，此时目标天体应该在目镜的视场范围之内），调节目镜焦距，使之成像清晰。观测期间，如果使用的望远镜没有赤道仪，那么需要隔一段时间调节一次经纬仪微调旋钮，保证目标天体不离开视场。

第六步：绘图。根据第五步观测到的天体形状、大小及周围天体情况，绘制被观测天体形状图。如果目镜接口可以安装照相机，也可以进行目标天体拍照。

第七步：拆卸望远镜。按各部件原来位置放回仪器箱，并加以固定。

三、SkyMap 星图软件使用

随着计算机的普及，应用计算机星图软件演示星空变化变得十分方便。目前，人们已开发出很多星空软件，如 SkyMap、SkyGlobe、Star Chart、Starry Night Backyard、Stellarium、

Star Atlas 等，有些软件还开发了 Android 手机版。SkyMap 星图软件是英国 SkyMap 公司于 1993 年首次发布的，并不断有新版本推出，目前的最新版本是 SkyMap Pro 11，是业内比较流行的专业星图软件之一。

（一）功能简介

SkyMap 星图软件的功能十分强大：①能够显示 4000BC～8000AD 的地球上任意位置所能看到的星空，能显示 2000BC～3000AD 的日月食发生的日期及其在地球上所扫过的地区；②可以放大或缩小所观察的天区，通过鼠标还可以旋转星空；③能显示超过 1500 万颗恒星、已知的小行星和彗星，以及超过 20 万个星团、星云、星系等；④显示 88 个星座的名称及其形状连线，以及不同时间的太阳、月球和大行星位置；⑤显示地平坐标系、赤道坐标系等的网格和刻度线；⑥可以在星图上添加注释，包括文字标签、线条、箭头和圆形视场等。

（二）SkyMap 使用简介

打开 SkyMap 软件后，即可显示其主界面。主界面上方是菜单和工具栏，中间是星空图，星空图左右两侧还有两组工具箱（图 2-4）。

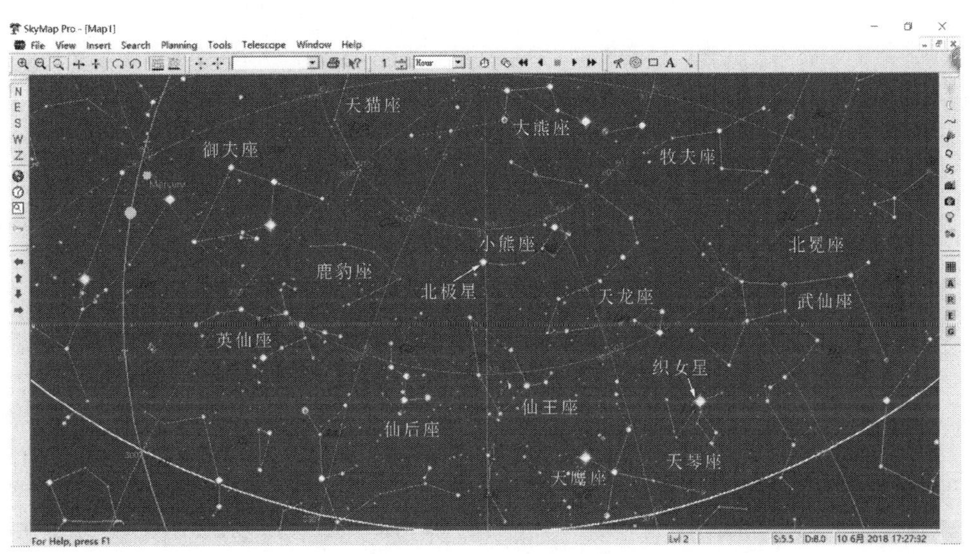

图 2-4　SkyMap 主界面

1. 主要菜单的功能简介

文件（File）：文件的打开、关闭、保存、打印等。

查看（View）：查看下拉菜单中的 Toolbars 用于设定是否显示各工具组和工具箱，Colours 用于设定主界面的显示色彩，Clean Up Map 用于清除星图上标注的文字和线段等。

插入（Insert）：在星图中插入望远镜的圆形视场范围、相机拍摄的矩形范围等。

搜索（Search）：搜索和查找行星、恒星、彗星、深空天体等。

计划（Planning）：用于观测计划的制定。

工具（Tools）：查看某日将要发生的天文事件，包含太阳和行星的出没时间、月相、日食和月食等。

望远镜（Telescope）：用于望远镜的设置和连接，实现用 SkyMap 控制望远镜。

2. 工具栏和左右工具箱

SkyMap 最常用的操作工具包括窗口上部的工具栏（菜单栏下方）和左右工具箱（图 2-5 和图 2-6）。

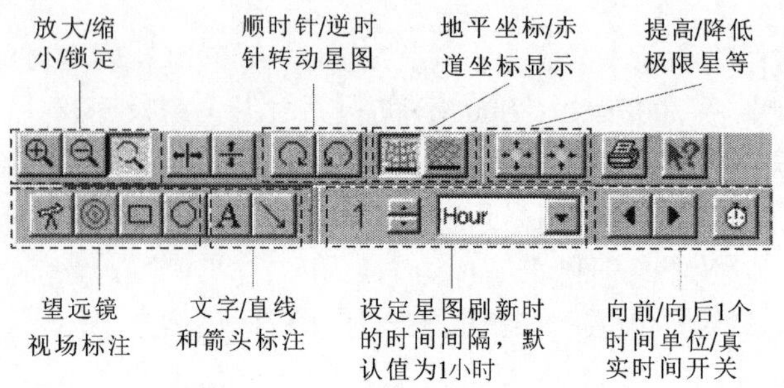

图 2-5　SkyMap 软件工具栏的功能

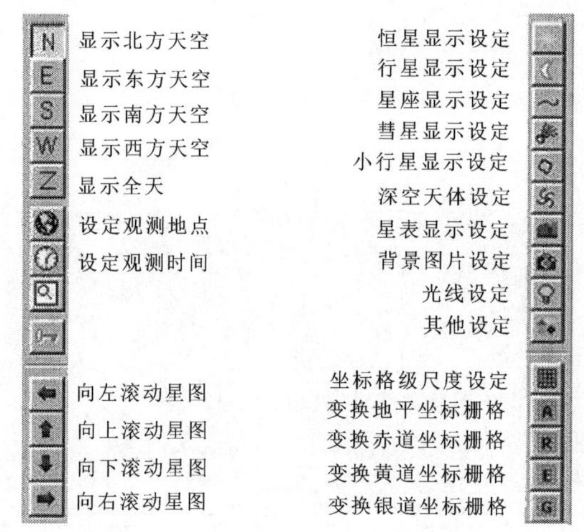

图 2-6　SkyMap 软件工具箱的功能

3. 搜索功能

SkyMap 软件具有强大的搜索功能。在搜索的下拉菜单中可以寻找行星、星座、恒星、深空天体（按星表名）、深空天体（按俗称）、彗星和小行星。这些菜单的对话框中有“Goto”和“Info…”两个按钮。前者可以将星图指向目标天体，后者提供目标天体的有关信息。

第二节　星 空 观 测

一、星空观测的方法

（一）星空图的使用

初学者应注意星图与地图阅读的区别。观察地图都是面北背南俯视，方向是上北、下南、左西、右东；而观察星图时，由于是仰视观察，所以根据观察者的面背朝向，方向是变化的。如果观察者面南背北，将星图南方朝下举过头顶，仰视观察星图，此时星图的方向则上北、下南，左东、右西；如果面向东方，应当将星图举过头顶，并且星图上的东方朝下，此时星图的方向为上西、下东、左北、右南；如果面向西方，应当将星图举过头顶，并且星图上的西方朝下，此时星图的方向为上东、下西、左南、右北；如果是面向北方，则星图的北方应朝下，此时星图的方向是上南、下北、左西、右东（图 2-7）。将星图方向确定之后，观测者边看星图边和实际星空比对，边确定天空的星星属于哪个星座的哪颗星。夜晚观察星图应用红光手电筒提供照明，避免白光对观察星空的干扰。因为印刷的星图只能反映某一特定纬度区域所见的星空实景，所以很多人发现星空与星图有所差异，这是正常现象。

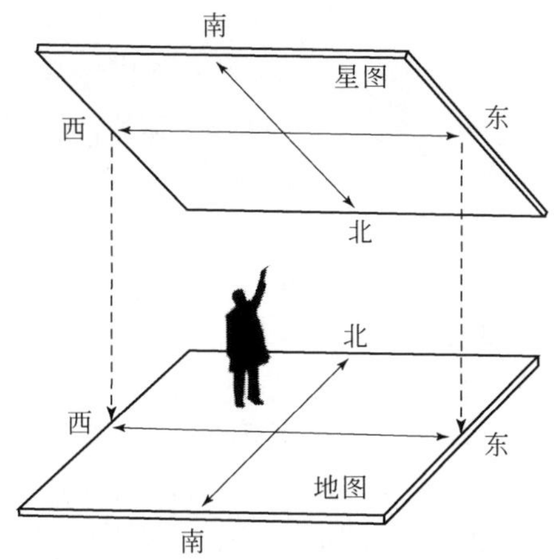

图 2-7　观察者面北观察星空时的星图摆放

（二）星座主星的判断标志

在辨认星座的时候，首先应根据星图找到目标星座最亮的星，这颗最亮的星称该星座的“主星”，并记住其位置和特征。例如，牛郎星是天鹰座的主星，织女星是天琴座的主星，心宿二是天蝎座的主星等（图 2-2）。然后，用这些主星作为“路牌”，根据星图中各星座的性状及各个恒星的相对位置，来辨认出星座。例如，冬季星空中的猎户座，腰带上的三颗星就是其最明显的识别标志；秋季北天星空有呈“W”形的仙后座，天顶的飞马座-仙女座最明显的标志是一个大四边形，其中三颗星属于飞马座，另一颗星属于仙女座（图 2-2）。

（三）天体视距离的估计

在肉眼观察星空的过程中，有时需要估计天体的视大小和距离（用角度表示）。我们可以用一些简单的方法进行测量。成人观测者将手臂伸直，握紧拳头的宽度约 10°，食指相当于太阳或满月的宽度（0.5°～1°），五指伸开后从拇指到小指的宽度约 18°，食指第二关节的宽度约 3° 等（图 2-8）。另外，大熊座（北斗七星）全长约 25°，斗口两星相距约 5°，猎户座三星连线约 1.5° 等。利用这些数据，可以进行简单快捷的目视估测。

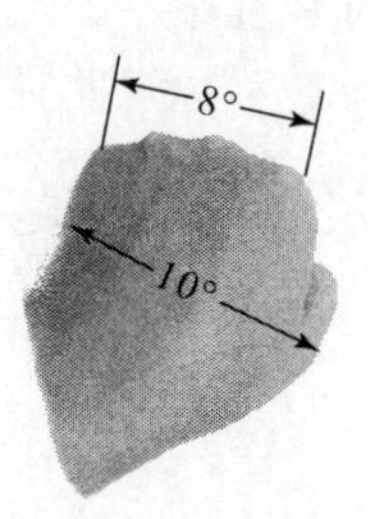

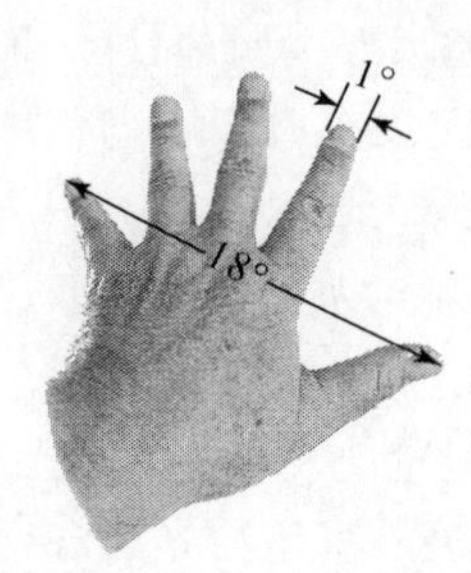

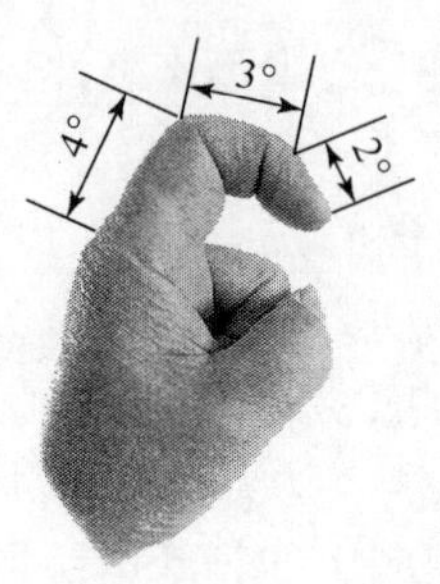

图 2-8　用人手估测天体视距离

二、北斗星和北极星的观测

晴朗的夜晚，在北半球面北站立，可以看到由七颗星组成，其连线形似一把勺子（古时称斗）的星座，就是大熊座。由于它主要由七颗较明亮的恒星组成，故称其为北斗七星，简称北斗星。因为北斗星较易被观星者辨认出来，所以它常被当作指示方向的重要标志。北斗七星的中国星名由斗口至斗柄依次为天枢、天璇、天玑、天权、玉衡、开阳和瑶光，其现代天文学名称依次为大熊座α、大熊座β、大熊座γ、大熊座δ、大熊座ε、大熊座ζ和大熊座η（图 2-2）。其中，前四颗星称魁，组成北斗七星的“斗”，故称“斗魁”；后三颗星称“斗杓”。在北斗七星中，“玉衡”最亮，接近一等星；“天权”最暗，为三等星，其他五颗星都是二等星。在“开阳”附近有一颗四等的伴星，叫“辅”，肉眼即可辨识。

受地球自转和公转的影响，一日和一年当中北斗星的位置和朝向呈周期性变化。在4000年前，中国古书《鹖冠子》曾记载：“斗柄东指，天下皆春；斗柄南指，天下皆夏；斗柄西指，天下皆秋；斗柄北指，天下皆冬”。直至今日，黄河流域还有“斗把朝南，照着瓜园”的谚语。根据黄昏时分北斗星的位置，可以判断春、夏、秋、冬四季变化，这种方法在历史上称“观象授时”。

根据北斗星很容易找到天空中最主要的一颗恒星——北极星。通过北斗星斗口两颗星（天枢和天璇）的连线朝天枢方向延长 5.5 倍，可以看到一颗比较明亮的，这就是北极星（图 2-9）。所以，天枢和天璇也称作“指极星”。北极星是小熊座最亮的一颗恒星，亮度为二星等，中国命名为勾陈一，现代天文学名称是小熊座 α 星。北极星距地球约 434ly（光年）。

由于北极星是最靠近北天极的一颗星，所以它不随地球自转而发生位置变化，千百年来人们一直靠它来辨别方向。北极星距地平的高度依观测者所在地理纬度而变化，恰好与观测者所在的地理纬度相等。

三、黄道十二星座的观测

整个天空划分为 88 个星座，在黄道附近绕黄道一周共有 13 个星座，其中 12 个星座比较明显，故有“黄道十二星座”之说。早在 2000 多年前，古希腊天文学家希巴克斯（Hipparchus，公元前 190—前 120 年）自春分点（黄道 0°）算起，将黄道带（宽 18°，黄道两侧各 9°）每隔 30°划为一段，共划分为 12 个区段，称之为黄道十二宫，依次命名为白羊宫、金牛宫、双子宫、巨蟹宫、狮子宫、室女宫、天秤宫、天蝎宫、人马宫、摩羯宫、宝瓶宫和双鱼宫。天文观测发现，每一个黄道宫都对应一个星座，其名称沿用宫名，故又有黄道十二星座（图 2-10）。

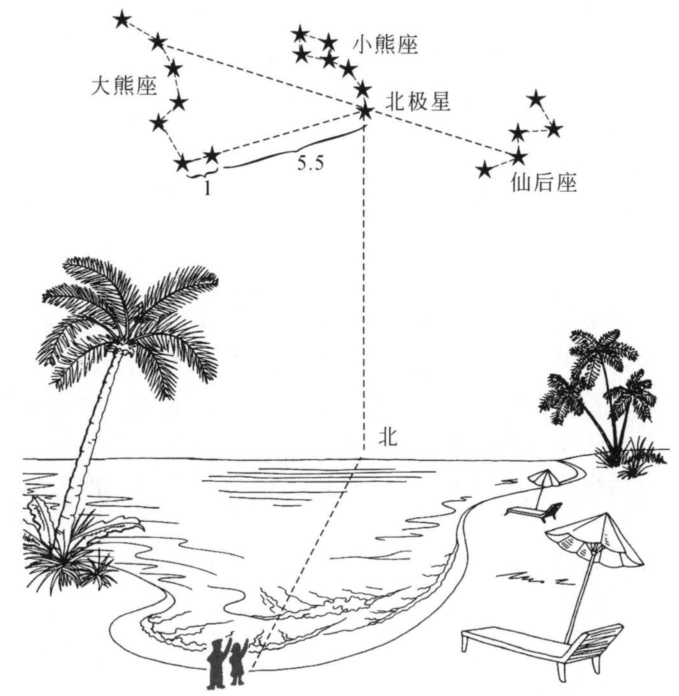

图 2-9　从北半球观测北极星

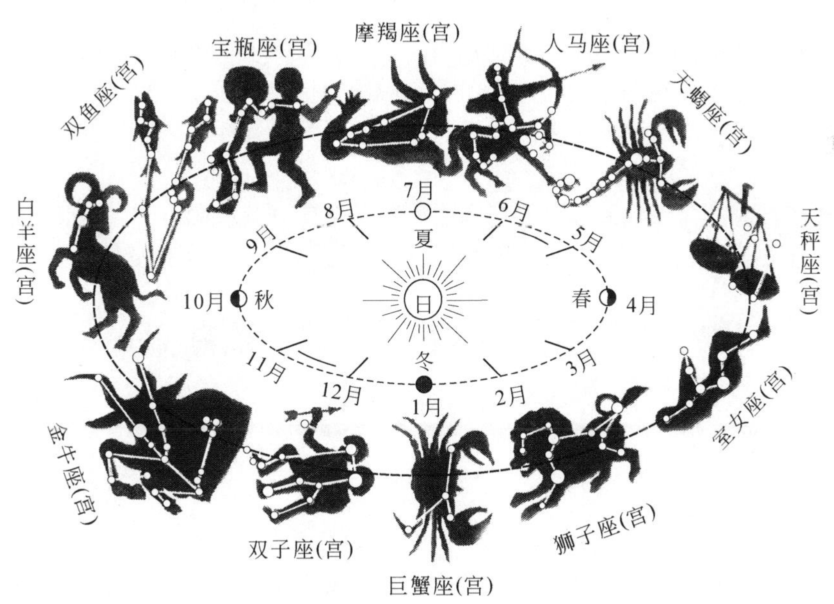

图 2-10　黄道十二星座和黄道十二宫

黄道十二星座可以用天文望远镜观测，也可以用肉眼观察到，关键是找到它们在夜空中的位置。首先，应用前述的天文年历、星表、星图和天球仪寻找天体的方法，找到当地星空中目标星座的大致位置。然后，根据各星座的主星及其与周围恒星的相对位置，最终确定所要观察的星座。由于黄道十二星座在黄道上是按固定次序排列的，所以当确定某个星座之后，它两侧的星座也就确定了。

四、行星观测

（一）确定行星位置

除地球以外的七大行星中，水星距太阳最近，在太阳光辉的背景下，很难用肉眼观察到；天王星和海王星离地球太远，且具有云雾状外表，亮度低，也很难用肉眼观察到；肉眼可见的行星只有金星、火星、木星和土星。但是，利用天文望远镜可以观测到其他行星。

如何在茫茫的星空中找到金星、火星、木星、土星或其他行星？通常采用如下几种方法：第一，行星的位置和视觉共有特性。由于太阳系八大行星的公转轨道具有“共面性”，与地球公转轨道（黄道）的夹角都很小，所以八大行星都分布在黄道附近。也就是说，一定要在黄道十二星座区域范围内搜索行星，这将大大缩小搜索范围。除天王星和海王星外，其他五颗行星都比一般恒星亮，星等数基本都小于零。黄道十二星座区域范围内特别明亮的星很可能是行星。从地球看，恒星在不停地闪烁，而行星基本上不闪烁。第二，各大行星各具特色。金星发白光，是星空中除月亮以外最亮的星；出现在黎明前的东方天空，或黄昏前后的西方天空。火星发出红光，很有特色。木星发出青白光，亮度仅次于金星。土星发出黄白光，比其他行星稍暗些。第三，应用前述的天文年历、星表、星图和天球仪寻找天体的方法，确定某日某时刻的行星位置。

（二）行星观测

金星、火星、木星和土星的运行可用肉眼进行观测。间隔 10～15 天观测一次行星，连续观测 3 次以上。每次观测都要将行星的位置标绘在恒星星图上，然后将不同时间的行星位置连接起来，即可得到行星在星图的视运动轨迹。若连续观测，可绘制行星周年视运动轨迹。

可用天文望远镜观察七大行星的视圆面特征以及部分行星的卫星，并用相机拍照或手工绘制行星特征（如木星的卫星或土星的光环）。

第三节　太阳和月球观测

一、太阳观测

（一）太阳黑子观测

太阳的亮度很大，不能直接用肉眼观看，以免眼睛受伤，一定要用涂抹墨汁的玻璃、有色玻璃或太阳镜观看，且不能观看太长时间。观察太阳表面的细部特征及其变化必须用天文望远镜。下面简单介绍应用小型天文望远镜观测太阳黑子的一般方法。

1. 天文望远镜安装与配件准备

一般口径 5～10cm 的小型天文望远镜，就可以满足对太阳黑子的观测。按照前述“小型天文望远镜的使用”中的第一～第三步，安装和校准望远镜。应准备一个能看到太阳全貌的 50～60 倍的目镜和一个能看到黑子细部特征的高倍率目镜。观测太阳黑子，还需准备太阳投影板、太阳滤光镜和观测记录纸。对折射天文望远镜来说，投影板是常规配件，安装简单方便。太阳滤光镜是减少透光量的镜片，使用时加装在物镜的前边。观测记录纸选用洁白而反光率较低的纸张。预先在观测纸上画一直径 10cm 或 15cm 的圆圈，过圆心画两条正交的细线，将圆面分为四个象限，并在细线顶端分别标出东、南、西、北方位。将准备好的观测记录纸夹在投影板上，一并安装在投影目镜后方。

2. 太阳黑子观测与记录

调整投影板和记录纸距离，使日轮大小正好与记录纸上的圆圈相重合。再调整目镜焦距，使太阳黑子在投影板上的轮廓清晰。

用铅笔在记录纸上仔细描绘所有黑子的轮廓，并对每个黑子进行编号。记录结束后，取下记录纸。根据黑子聚集程度划分黑子群，个别独立出现的黑子也计为一个黑子群，按下式计算相对黑子数

$$R = k(10g + f) \tag{2-1}$$

式中，R 为太阳相对黑子数；g 为黑子群数；f 为黑子总个数；k 为与望远镜口径大小、观测技术和大气透明度有关的换算因子，对于短期观测来说，通常取值为 1。

（二）日食观测

由于日食的发生与月球、地球和太阳三者的运动位置有关，所以现代天文学可以准确预测日食发生的时间以及月影在地球上所扫过的区域（日食带）。日食必然发生在地球运动至黄道升交点和降交点附近的望日。据天文学家预测，2019 年 12 月 26 日我国全境将看到日偏食，2020 年 6 月 21 日我国西藏中部、四川、贵州、湖南、江西、福建部分地区将见到日环食，其他地区可见日偏食。下一次在我国北方大部分地区能够见到日全食的时间是 2035 年 9 月 2 日，其他地区（除南海部分岛屿）可见日偏食。

日食可用天文望远镜观测（与太阳黑子观测方法基本相同），也可以目视观测。下面介绍目视观测日全食的物品准备和观测方法。

1. 物品准备

（1）滤光物品。一般选用涂抹墨汁的玻璃片和有色玻璃片等滤光材料观看太阳，千万不能直接用肉眼直接观看。有条件者，可以购买专用日食眼镜观看。日食眼镜的镜片是由镀金属膜、聚碳酸酯、聚酯纤维软片等材料特制的减光片，最大光线透射率仅为 0.0032%，同时能有效地过滤紫外线和红外线等。

（2）墨水盆。如果没有上述滤光物品，可以在盛有一定水量的脸盆中加上若干墨汁（目的是消除盆底花纹因水透明而对观测太阳带来的干扰），通过静水面映射的太阳影像观察日食。

（3）高像素照相机。为了获得日食不同阶段的清晰相片，可配备一架高像素照相机及滤光片，没有滤光片时可用相片底片直接固定在镜头上。在非日全食阶段，用带滤光片的照相机对准太阳直接拍摄；在全食阶段，去掉滤光片拍摄。

（4）日食观测纸等。预先在洁白的纸张上画一些适当大小的圆圈代表太阳视圆面，并在圆面四周标出东、南、西、北方位，以及更精细的刻度线。同时还要准备秒表、铅笔和橡皮等。

2. 日全食观测

因为太阳有东升西落的周日视运动，而且日食前后历时 2～3 小时，日食开始和结束时的太阳位置会差异很大，所以在观测日食时，要找一个比较开阔的地方，保证太阳不被建

筑物遮挡，整个日全食过程都能被看到。

一次日全食过程包括初亏、食既、食甚、生光和复圆五种食相。观测日食要从初亏开始，一直到复圆结束，每隔一定时间在日食观测纸上画一幅相应的食相图。从食既到生光的时间较短，有时不到一分钟，务必抓住时机迅速画出三四幅食相图。

初亏的时刻和方位是很难测准的，在预测的日食时刻到来之前，就要密切注意太阳视圆面。当出现初亏时，就立即记下出现的时刻以及太阳视圆面和月球视圆面外切的切点方位。初亏以后，太阳圆面和月球圆面相交于两点，每次观测时要记下观测时刻和两个交点的方位，并且及时把食相描绘在日食观测纸上，从而获得一套日食全过程的食相图。如果有配备滤光片的照相机，可间隔一定时间拍一张相片，或用不戴滤光片的照相机直接对着墨水盆映射的太阳图像拍摄，并记录拍摄时间，也可以获得一套日食全过程的食相图。图 2-11 就是 2009 年 7 月 22 日发生日全食时，在杭州拍摄的食相图。

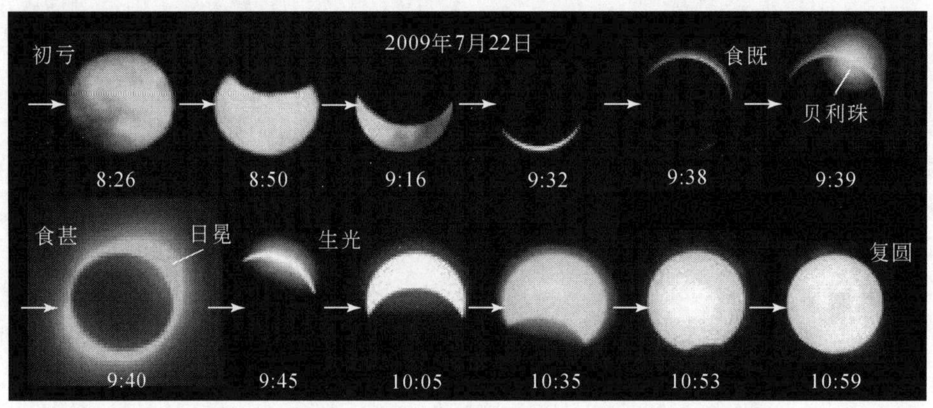

图 2-11　2009 年 7 月 22 日的日全食各食相（杭州）

月球表面有许多高山，所以在食既或生光到来的瞬间，太阳光通过月球边缘的山谷透射出来，形成一些特别明亮的光斑，好像在太阳边缘镶嵌着一串珍珠，这就是著名的贝利珠（图 2-11）。食既瞬间，贝利珠出现在太阳的东边缘；生光瞬间，贝利珠出现在太阳的西边缘。当贝利珠出现的时候，要记住它的方位、形状和珠的数量，并立即画下来。

在食甚的时候，一般能看到日冕，有时还可见到太阳的色球层和日珥。日冕是太阳大气层，比较稀薄，再加上明亮的太阳光亮背景，平时很难看到它。但是，在食甚时，太阳视圆面被月球完全遮挡，是观察日冕的最好时机。如图 2-11 所示，日冕呈白色的云雾状，从太阳表面向外逐渐变浅。在扰动太阳期间，日冕呈圆球形；宁静太阳期间呈椭球形。根据日冕形状和大小，在绘制食甚食相时，同时将日冕画出来。如果用天文望远镜观测，在食甚时还常常看到日圆面周围的色球层和日珥。太阳色球层是日轮周边很薄的一层玫瑰色光环，日珥是从色球层喷发出来的火焰状物质，千变万化，形态各异。

二、月球的观测

（一）月面观察

皓月当空，我们用肉眼可以看到一轮明月。但仔细观察，月轮有较明亮的区域和较灰暗的区域。古代人根据月轮明暗部分的形态，充分发挥想象力，提出过许多美丽的传说。

我国最流行的是嫦娥奔月的传说，嫦娥住在月亮上的广寒宫里，陪伴她的是一只玉兔和一直在砍桂树的吴刚。1609年，意大利天文学家伽利略（G. Galilei）第一次用他制造的天文望远镜观察了月球，发现月球明亮区域是高地和山脉（月陆），灰暗区域是平原和盆地（月海），月面上分布有很多环形山。至此，人们才真正了解了月面的形态。

月面观察的日期要选择在满月（农历十五、十六）、上弦月（农历初七、初八）或下弦月（农历二十二、二十三）时。满月时可以观察到整个月面的形态，上弦月和下弦月时只能分别观察月球右（西）半面和左（东）半面的形态。上弦月和下弦月观察月面时，因为太阳照射月面的光线与地球上观测者的视线近乎垂直，所以月面地形的立体感最强，环形山最明显。

观测月面时，将小型天文望远镜架设在开阔的平台或平地上，周围没有建筑物和树木遮挡。按照本章前述方法将天文望远镜安装和校准后，即可开始月面观察。需要事先准备一张白纸，画一个适当大小的圆，过圆心分别画水平和垂直两条直线，并标出东、南、西、北方位。边观察边将主要的月陆、月海和环形山的方位、相对大小和形状画在圆的相应位置。主要月陆、月海和环形山的分布及名称可参考图2-12。月球上山脉都是用地球上的山脉命名的，如喀尔巴阡山脉、亚平宁山脉、比利牛斯山脉和高加索山脉等；环形山是以著名科学家与思想家的名字来命名的，如哥白尼环形山、开普勒环形山、阿基米德环形山和依巴谷环形山等。其中，以我国古代天文学家名字命名的有石申、张衡、祖冲之、郭守敬和万户环形山，它们均位于月球的背面，在地球上看不到。

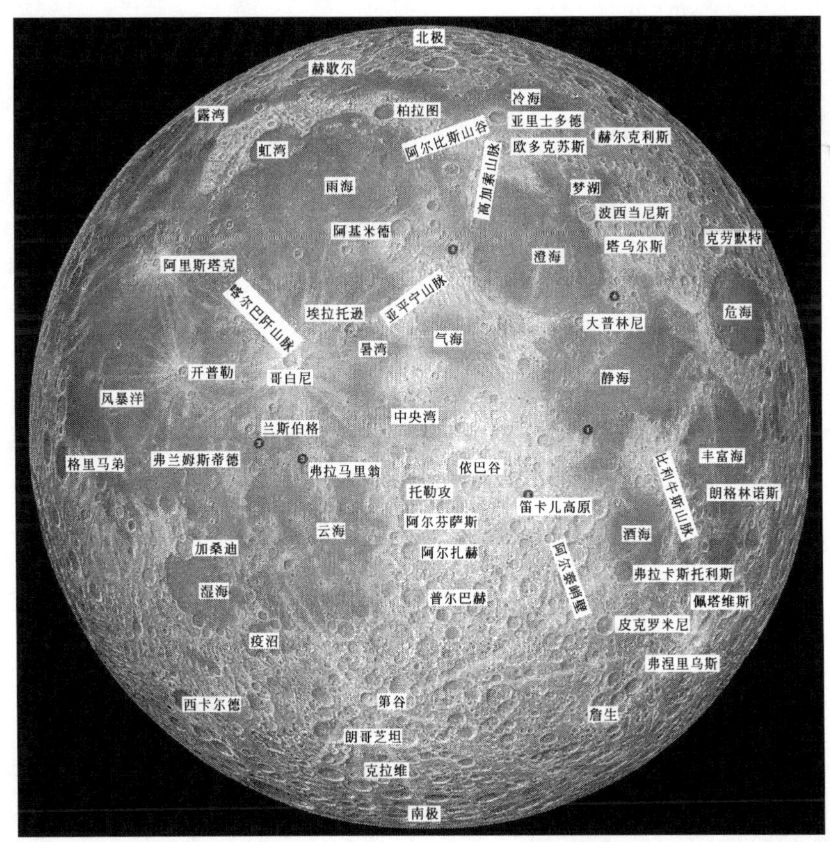

图2-12　月面上的月陆、月海和环形山

观察月面上的环形山时，要关注几个大型环形山的辐射纹。如图 2-12 所示，第谷、开普勒、哥白尼、阿里斯塔克等环形山都有若干条自环形山口向四周放射的光亮带，其中以第谷环形山的光亮带最长、最明显。关于月球环形山辐射纹形成的原因至今未有定论，多数学者认为，在没有大气和引力很小的月球上，陨星撞击形成的高温碎块或火山喷出物凝结形成的玻璃质物质可能飞得很远，因玻璃质反射阳光强烈，故而形成长长的光亮带。

（二）月食观测

与日食观测相比，除不用遮光设备外，其他观测步骤都是相同的。可以直接用肉眼观察，也可以用天文望远镜观察。月全食的月相变化也有初亏、食既、食甚、生光和复圆五种。月食的时间也是可以准确预测的，月食必然发生在地球运动至黄道升交点和降交点附近的朔日。据天文学预测，2021 年 5 月 26 日将发生月食。观测成果也是一张月食全过程食相图，或用照相机每隔一段时间拍摄一张食相照片。

第三章　地质和地貌野外实习方法

地质现象和过程受制于地球内动力作用，决定着地表岩石和矿物组成、地质构造、地貌基本格局。各种外营力作用对地质构造进一步塑造，形成了我们现在看到的各种地貌形态。所以，地质和地貌是紧密联系的，其野外实习方法也有诸多相似之处，又是自然地理学野外实习的先行内容。鉴于此，本章将地质和地貌野外实习方法合并在一起，先介绍地质罗盘和地形图的使用，然后分别介绍地质和地貌实习的常用方法。

第一节　罗盘和地形图使用

地质罗盘（简称罗盘）是自然地理野外实习的基本工具，由磁针指示磁子午线的方向，确定目标物相对于磁子午线的方位角，利用水准器测其垂直角（俯角或仰角），从而快速确定目标物所处的位置。在自然地理野外实习中，罗盘被广泛应用于测量地形坡地、岩层和地质构造线（面）产状、观测者位置、剖面线走向等。地形图是野外工作不可缺少的图件，利用地形图可以找到观测者所在的位置，野外观测的成果也要标注在地形图上。所以，在自然地理野外实习时，学生必须首先学会罗盘和地形图的使用方法。

一、罗盘的构造

罗盘的式样很多，但结构基本一致，主要由磁针、刻度盘、测斜器、折叠觇板、水准器等几部分组成（图 3-1）。

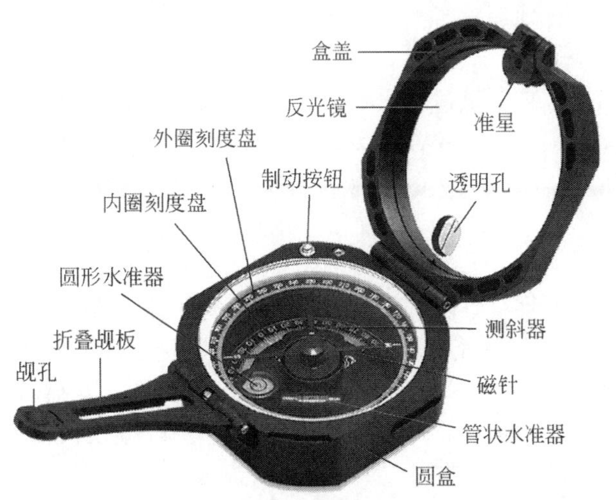

图 3-1　罗盘的一般构造

磁针是放置在罗盘底盘中央轴顶针上可自由转动的磁性钢针，在水平状态下磁针静止时的指向就是磁子午线的方向。因我国位于北半球，磁针两端所受地磁场吸引力不等，为了使磁针处于平衡状态，在磁针的南端绕上若干圈铜丝来调节磁针的重心位置，也可由此来区分指南针和指北针。

刻度盘分内（下）圈和外（上）圈。内圈为垂直刻度盘，供测量倾角和坡度角之用，以中心位置为 0°，分别向两侧每隔 10°一格，直至 90°。外圈为水平刻度盘，刻度方式有方位角和象限角两种，随不同罗盘而异。如果刻度盘按 0°～360°逆时针方向注记（每隔 10°一格），在 0°和 180°处分别标注 N 和 S，90°和 270°处分别标注 E 和 W，这就是方位罗盘，用它可直接测定直线的磁方位角。若刻度盘按 0°～90°注记，即 S、N 两端均记作 0°，E 和 W 均记作 90°，刻度盘被分成 0°～90°四个象限，则称象限罗盘，用它可直接测定直线的磁象限角。必须注意的是，罗盘上所标东、西方向与实地方位相反。这是因为运用罗盘测直线磁方位角或象限角时，刻度盘随瞄准设备一齐转动，而磁针静止不动；在此情况下，为了能直接读出与实地相符合的方位角或象限角，就必须将刻度盘注记按反时针方向增大；测出的方位角是被测定方向到磁北方向的夹角，并非自磁北方向到被测定方向的夹角，所以罗盘所标东西方位与实地东西方向相反。

磁针制动器是在支撑磁针轴的下端套上的一个自由环，环与制动小螺钮以杠杆相连，按下制动螺钮时可使磁针离开支撑轴，以便保护顶针和支撑轴不受磨损，延长罗盘的使用寿命。

瞄准器包括接物准星和接目觇板、中间带有细线的反光镜及其下方椭圆形的透明小孔。观测时，使眼睛（接目觇板）、接物准星和目标物三者成一线，便于瞄准。

罗盘上通常有圆形和管状两个水准器。圆形水准器被固定在底盘上，管状水准器被固定在测斜器上，当气泡居中时，分别表示罗盘底盘处于水平状态和罗盘长边与水平面的夹角。

二、罗盘的使用

在使用罗盘前首先要检查罗盘，看刻度盘上的 0°是否正对着罗盘的北端；松开磁针制动器，看磁针摆动是否灵活；将罗盘放置水平，看水准气泡能否被调整居中等。假如达不到要求，需要进行针对性地调整。测量时，应注意不要将地质锤、钢尺、铁铲、测钎等铁制器件靠近罗盘，也应避免在铁路、高压线、铁桥附近或磁性异常区域测量，以免影响磁针转动，出现误差。要爱护罗盘，轻取轻放，切勿摔打或水湿。观测完毕，需轻轻拧紧磁针制动器，以防磁针磨损。因为罗盘测量是以磁针为依据的，磁针的性能好坏至关重要，所以要注意保护好磁针。

（一）测定方位

地球上任意一点的“北”都有三种不同的含义，即真北（某点真子午线的北方）、磁北（某点磁子午线的北方，即罗盘指北针方向）和坐标北（地图高斯投影的投影带中央子午线的北方，即高斯平面直角坐标系的坐标纵轴线的北方）。可见，罗盘磁针所指的北方是磁北而非真北，因此使用罗盘所测定的方位角或象限角是磁方位角或磁象限角。

1. 测量目标物位于观测点的方位

测量时，将罗盘刻度盘“北”字（刻度 0°）大致对准目标物方向，把罗盘水平放于右手掌心，用左手掌稳右手，转动罗盘，利用瞄准设备使刻度盘“北”字对准目标物，同时使圆形水准仪的气泡居中。待磁针静止后，按下磁针制动按钮，读取磁北针所指度数，即为目标物位于观测点的磁方位角或磁象限角。这种测量方法可概括为“北北”法，即将罗盘上的“北”字对准目标物，读指北针数值。

2. 测量观测点位于目标物的方位

测量观测点位于目标物的方向时，只需要将罗盘刻度盘“南”字对准目标物，读取罗盘指北针数值，其他要求与测量目标物位于观测点方位的方法相同。这种测量方法可概括为“南北”法，即将罗盘上的“南”字对准目标物，读指北针数值。

（二）测定竖直角

竖直角又称倾斜角或垂直角，指在垂直面内某一点到观测目标的视线与水平线之间的夹角。视线在水平线之上的竖直角称为仰角，符号取正；反之，称为俯角，符号取负。在自然地理野外实习过程中，测量地面坡度就是竖直角测量常见的例子。

当在野外测量某一山坡的坡度时，选择一位与观测者身高相同的同学，让他（她）站在与观测者相垂直的山坡上方或下方视线可及之处。将罗盘折叠觇板和盒盖翻开，与罗盘圆盒平齐，把折叠觇板上的觇孔和盒盖上的准星掀起，并把罗盘侧向竖起；观测者用自己的眼睛通过觇孔-准星-目标同学的眼睛，三点成一线，转动罗盘背面的测斜器把手，调整至管状水准器的气泡居中；水平放下罗盘，注意不要触碰测斜器把手，读取测斜器指针所指的内圈刻度值，即为该山坡的坡度。若罗盘对准的是山坡上部的同学，则为仰角，记为“+”；反之为俯角，记为“-”。对于某一山坡来说，仰角和俯角应该是相等的，但在坡面起伏不平时，其仰角和俯角可能出现一定差别。

三、地形图的使用

（一）地形图的野外定向

在野外使用地形图时，要使地形图的方向与实地方向一致，也就是让地形图上的各种地物与地面上的实际地物的方向一一对应起来。地形图野外定向通常借助地形图下方的“三北”方向图完成（图 3-2）。磁北与真北之间的夹角称磁偏角，真北与坐标北之间的夹角称子午线收敛角，磁北与坐标北之间的夹角称磁坐偏角。

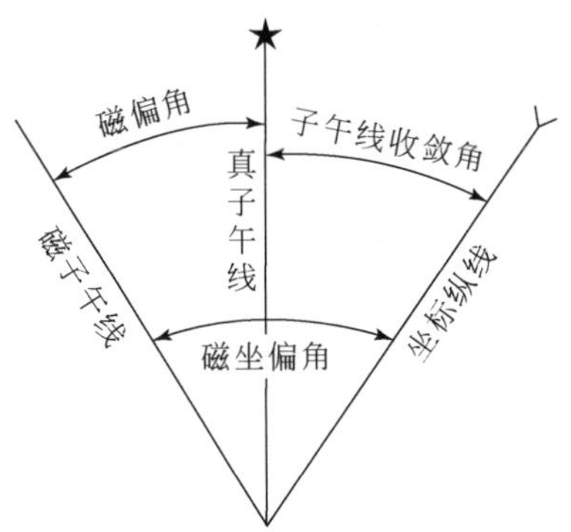

图 3-2 地形图上的“三北”方向图

1. 利用罗盘定向

1）根据磁子午线定向

通常地形图上的北图廓和南图廓上分别绘有一个小圆圈，各注有磁北（P）和磁南（P′）

标记，连接磁北与磁南两点即得磁子午线。地形图野外定向时，首先把罗盘刻度盘上“北”字和“南”字分别指向北图廓和南图廓，即令罗盘“N”“S”两字的连线与地形图上磁子午线重合。然后同时转动地图和置于图上的罗盘，使磁北针与刻度盘“北”字（0°）重合，地图磁子午线定向就完成了［图 3-3（a）］。

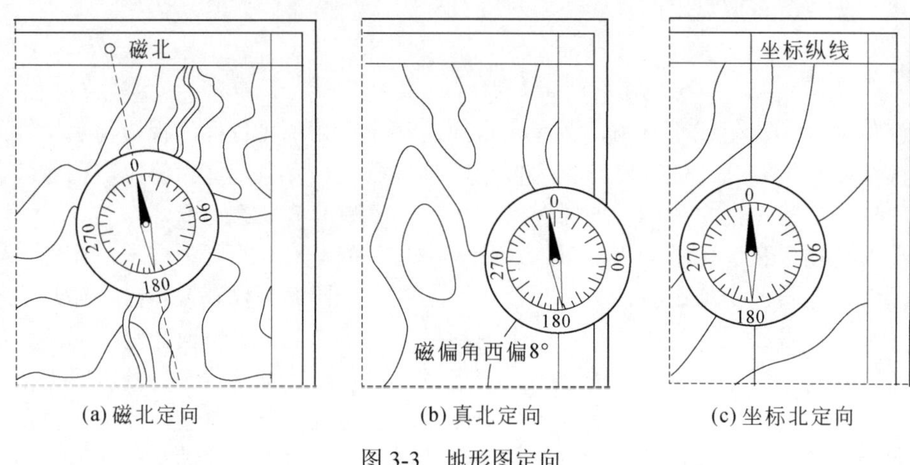

(a) 磁北定向　(b) 真北定向　(c) 坐标北定向

图 3-3　地形图定向

2）根据真子午线定向

首先将罗盘上的“北”字指向北图廓，并让刻度盘的“北”“南”注记连线与东图廓或西图廓线重合。然后按照南图廓外所绘“三北”方向图中标注的磁偏角值，转动地形图和放置于图上的罗盘，使磁北针指向相应的磁偏角数值即可［图 3-3（b）］。这种方法是野外地形图定向最常用的方法。

3）按坐标纵线定向

首先将罗盘上“北”字指向北图廓，并使刻度盘的“北”“南”注记连线与地图上的坐标纵线相重合。然后同时转动地形图和其上的罗盘，让磁针北端指向坐标纵轴线即完成地形图定向［图 3-3（c）］。

2. 根据地形地物定向

若观测者周围有明显的地形地物（如山峰、河流交汇处、道路、独立树等），可转动地形图，使图上的地形地物与实地相应的地形地物位置吻合，则地形图定向就完成了。

（二）地形图的野外定点

在完成地形图定向之后，还须进行地形图定位工作，目的是把观测者站立点位置以及野外调查中所需要标注的地形地物标绘在地形图上。常用后方交会法、延长线法以及地形图与地表实物对照法进行地形图定位。

1. 后方交会法

当观测者附近找不到明显地形地物，而在远方可以看到两个或两个以上明显地形地物，并且在图上也能找到它们时，可以利用后方交会法确定站立点位置。首先，选择两个明显不在同一条直线上的地物，用直尺长边的一端靠在图内某一个明显地形符号上（如山头的三角符号中心），转动尺子另一端瞄准远方的那个地物，画一条直线。然后，以同样的方法瞄准另一处地物，画出另一条直线。那么，这两条直线交会点就是观察点在地形图上的位置（图 3-4）。因为观测者在两个地物的后方，所以这种定位方法称后方交会法。这种方法定位，要求两条直线的夹角既不能太大，也不能太小。如果两条方向线的交角大于 150°或者小于 30°，则需采用上述方法画出第三条方向线进行校核。如果三条直线相交于一点，说明测量结果是准确的；如果交会区呈三角形，说明测量有误差，三角形大小指示误差大小。当三角形不大时，可把观察点绘在三角形中心；若三角形过大则须重测。

图 3-4　地形图后方交会法定位

2. 延长线法

在观测者附近存在明显地物（如桥梁、火车站等），而地形图中的这些地物难以寻见时，如何迅速地确定站立点在图中的位置呢？这就需要采用延长线法来定点。先不急于从图中查找那些站立点附近的明显地物，而要在地形图上寻找别的容易找到的显眼目标（如最高的山峰等）。一经找到了显眼目标，首先利用直尺贴近图内所选目标，转动直尺瞄准目标物并画出一条方向线。然后目测观测者至目标的距离，循着这条方向线的延长线结合身边的地物，很容易就找到站立点在图中的位置。

3. 地形图与地表实物对照法

当观测者附近存在明显地形地物，并且在地形图上也比较容易找到它们时，只要将地形图与实地景物加以对照，便可迅速地确定站立点在图上的位置（图 3-5）。这是在野外应用地形图填图作业时最常用的定位方法。

（三）利用地形图填绘专业地图

利用地形图填图是将野外调查的专业内容用规定符号或文字标绘到图上的工作，在这里，地形图是作为作业底图使用的。

野外填图作业的基本方法和步骤包括五步：第一步，预先选择好野外调查路线，并标绘在地图上，调查路线应垂直穿越不同的地貌类型和特征自然地理区域，调查路线的密度应根据区域自然地理复杂程度和制图精度而定。一般来说，自然地理现象和过程越复杂、制图精度要求越高，路线越密集，反之亦然。第二步，沿途仔细观察填图对象的变化，确定其突变位置，按照前述方法用罗盘准确定位，并标绘在底图上。第三步，选择能够观察到大范围地形地物的制高点为站立点，观察填图对象的分布规律，确定其分布范围。采用

图 3-5　地形图与实地对照法确定观测点位置

目估或步测法确定其距离。第四步，根据自然地理各要素之间的内在联系和整体性规律，将各条调查路线所得到的填图对象界线进行整合与接边，按所拟图例符号填绘于地形图上。第五步，地图整饰，包括填图对象的界线清绘、图例、比例尺和方向标等。

第二节　地质野外实习方法

一、岩石露头的观察与描述

岩石露头是暴露在地表可以反映岩石岩性、产状和构造的岩石。岩石露头常被称作“生根”的岩石，所谓“生根”是岩石露头的下部与原始构造岩体相连，而不是崩塌滚落而发生移动的岩块。露头描述主要是描述露头的好坏、岩性、范围、延伸情况与风化程度等。下面主要介绍岩石露头的岩性观察与描述方法。

（一）岩浆岩的观察与描述

对岩浆岩的观察，一般先观察其颜色、结构、构造、矿物成分及其含量，然后确定其岩石名称。岩浆岩观察与描述的大致过程如下。

第一步，依据岩浆岩颜色大致确定其属于何种岩类。若呈浅色，一般为酸性岩（如花岗岩等）或中性岩（如正长岩等）；若呈深色，一般为基性岩（如玄武岩等）或超基性岩（如橄榄岩等）。特别要注意，观察岩石颜色一定要观察其新鲜面的颜色，不能仅观察其风化后的表面颜色。

第二步，观察岩浆岩的结构与构造。岩浆岩的结构与构造是区分深成岩类、浅成岩类和喷出岩类的主要依据。根据岩石中各组分的结晶程度，可分为全晶质、半晶质（隐晶质）和玻璃质等结构。其中，显晶质结构又按其矿物颗粒绝对大小和相对大小，进一步细分出粗粒或细粒、等粒和不等粒结构等。对具有斑状结构的岩石要描述斑晶成分、基质成分及结晶程度。假如岩石中的矿物颗粒大，呈等粒状、似斑状结构，则属于深成岩类；假如矿物颗粒细微致密，呈隐晶质或玻璃质结构，则属于喷出岩类；假如矿物为细粒及斑状结构，即介于上述两者之间的结构，则属于浅成岩类。观察岩石中矿物有无定向排列，进而推断岩石形成时含挥发组分多少以及岩浆流动的方向。若矿物无定向排列，则为块状构造；若有定向排列，则可能是流纹构造、气孔构造或条带状构造。深成岩、浅成岩大多是块状构造；喷出岩则为流纹构造和气孔构造等。

第三步，观察岩浆岩的矿物成分。矿物成分是岩石定名最重要的依据。假如岩石中的矿物以正长石为主，同时所含石英又很多，可判定是酸性岩；倘若以斜长石为主，暗色矿物多为角闪石，则属于中性岩；若暗色矿物多为辉石，则属于基性岩；若含有较多的橄榄石，则属于超基性岩。

第四步，岩浆岩定名。在肉眼观察和描述岩石的颜色、结构、构造和矿物组成的基础上，综合确定岩石名称。命名岩石时，往往在名称前面冠以颜色和结构，如浅灰色粗粒花岗岩。岩浆岩的种类很多，岩性识别需要丰富的知识和经验积累，对于初学者可能比较困难，但只要见到的岩浆岩类型多，善于观察和记忆，就可以将岩石“生面孔”逐渐变为“熟面孔”。

另外，在野外还要注意观察和描述岩浆岩体的产状，即岩体的空间产出状态、规模大小以及与围岩的接触关系等；结合岩石的结构与构造，推测岩石的形成环境；注意不同侵入岩体的岩性变化、时间顺序及相互关系。

（二）沉积岩的观察与描述

沉积岩种类繁多，是地表分布最广的岩类。野外识别沉积岩的最显著的宏观标志就是层状产出，即层状构造。据此，很容易与岩浆岩相区别。根据沉积岩成因、结构和矿物组成，可进一步区分出次一级的类别。凡是具有碎屑结构（粒径在2～0.005mm）的岩石就是碎屑岩；凡是具有泥质结构（粒径＜0.005mm），质地较软，用手搓磨有滑腻感，常具页理构造（页状层理的简称，指岩石易沿层面裂开成薄片状的一种层理构造，片状岩层的厚度常＜1mm）的岩石是黏土岩；凡是具有化学结构和生物结构，多为单一矿物组成的岩石，就是化学岩和生物化学岩。有时，在沉积岩的层理面上还保留有岩石形成时的雨痕、波痕和泥裂等层面构造（图3-6）。

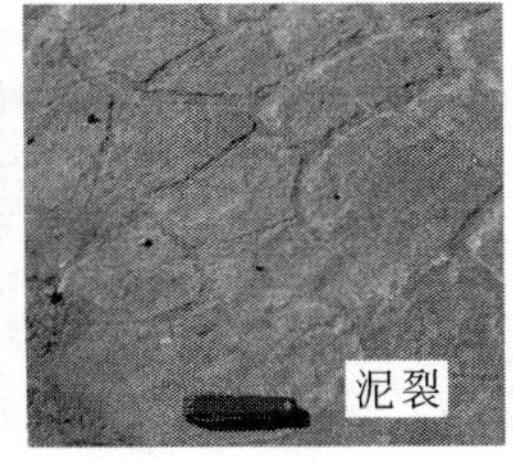

图3-6　沉积岩层面构造

1. 碎屑岩的识别

识别碎屑岩时首先要观察其岩石结构与主要矿物成分。最主要的是看其是否具有碎屑结构，抓住这一特征就不会与其他沉积岩类相混淆。然后要仔细观察碎屑颗粒大小，区分出砾岩（粒径＞2mm）、砂岩（粒径2～0.05mm）、粉砂岩（粒径0.05～0.005mm）。粉砂岩颗粒肉眼难以分辨，用手指搓磨有轻微砂粒感。按砂岩的粒径大小又分出粗砂岩（粒径2～

0.5mm）、中砂岩（粒径 0.5～0.25mm）和细砂岩（粒径 0.25～0.05mm）。砂岩的主要矿物成分是石英和长石。

对于砾岩，应注意观察砾石形状、大小、岩性、胶结物和胶结状况。砾石外形呈棱角状者是角砾岩，圆状或次圆状者为砾岩。砾岩类的砾石成分复杂，分选较差。常见的胶结物有铁质（氧化铁）、硅质（二氧化硅）、泥质（黏土质）、钙质（碳酸钙）等。铁质胶结物多呈红色、褐红色或黄色；硅质胶结物的硬度大，用小刀刻画无痕迹。钙质胶结物最明显的特点，是滴加稀氯化氢时具有剧烈的泡沫反应。

了解了碎屑岩的结构和成分之后，就可以对其定名。例如，碎屑矿物成分以石英为主（含量超过 50%）的砂岩是石英砂岩；胶结物为铁质的砾岩称铁质胶结砾岩，等等。

2. 黏土岩的识别

识别黏土岩的主要标志是泥质结构。黏土岩的矿物颗粒非常细小，仅能按其颜色、硬度等物理性质及结构、构造来鉴定。黏土岩的矿物成分主要是各种黏土矿物，多具滑腻感、黏重、可塑性和烧结性等，结构统统属于泥质结构。根据黏土岩是否具有页理构造，常分为页岩和泥岩。固结程度高、页理构造发育，可剥离成薄片者称页岩。页岩是黏上岩的主要类型，且常常含有化石。将那些固结程度较低、不具页理构造，而具有厚层理构造，遇水易变软者称泥岩。再根据岩石颜色与混入物的不同进行命名，如紫红色铁质泥岩、灰色钙质页岩等。

3. 化学岩和生物化学岩的识别

地球上分布最广、最常见的化学岩和生物化学岩是碳酸盐岩（灰岩和白云岩），且常有化石赋存。此外，还有硅质岩、铁质岩和磷质岩等。化学岩成分较单一，多为单矿物岩石。化学岩具有化学结构，主要是晶质粒状结构和鲕状结构等；生物化学岩具生物结构，主要是贝壳结构和生物碎屑结构等。

（三）变质岩的观察与描述

变质岩多种多样，主要有片麻岩、粒状岩石（变粒岩、浅粒岩）、片岩、千枚岩、大理岩和混合岩等。变质岩类是原岩经受不同时期、不同类型的变质作用而形成的。变质岩的原岩由超基性到酸性喷出岩、各种沉积岩及侵入岩等。原岩在变质作用的高温、高压条件下，发生矿物定向排列、重结晶，甚至形成原岩所不具有的新矿物，所以变质岩的矿物组成、结构和构造已经较原岩发生了重大改变。为了与某些岩浆岩和沉积岩的晶质结构相区别，往往在变质岩晶质结构前面，加上“变晶”二字，如花岗片麻岩的结构是显晶等粒变晶结构。

在野外识别变质岩的方法、步骤与前述岩浆岩类似。首先，根据变质岩的结构和构造特征，初步判别变质岩的类别。例如，具有板状构造者称板岩，具有千枚构造者称千枚岩等。变质岩的结构基本上都是变晶结构，例如，变质岩中的石英岩与沉积岩中的石英砂岩尽管成分相同，但前者具变晶结构，后者是碎屑结构。其次，根据变质岩的矿物成分含量和变质岩中的特有矿物进一步详细定名。一般来讲，岩石中暗色矿物与浅色矿物的比例，以及浅色矿物中长石和石英的比例，对变质岩的鉴定有很大影响。例如，某岩石以浅色矿物为主，而浅色矿物中又以石英居多且不含或含有较少的长石，则多是片岩；若某岩石成分以暗色矿物为主，且含长石较多，则属片麻岩。变质岩中的特有矿物（如蓝晶石、石榴子石、蛇纹石、石墨等），虽然其数量不多，但能反映出变质前原岩以及变质作用的条件，故也是野外鉴别变质岩的有力证据。关于板岩和千枚岩，因其矿物成分较难识辨，板岩可按“颜色+所含杂质”命名，如黑色板岩、碳质板岩等；千枚岩可据其“颜色+特征矿物”命名，如银灰色千枚岩、绿泥石千枚岩等。

在野外，还要观察变质岩体的产状、变质作用的成因。例如，石英岩与大理岩在区域变质和接触变质过程中都可以形成，其成因只能根据其产状和共生的岩石类型来判定。假如此类岩石围绕侵入体分布，并和板岩共生，则为接触变质形成；假如此类岩石呈区域带状分布，并与片状或片麻构造的岩石共生，则为区域变质所形成。

对于变质岩的变晶结构，要对矿物形态进行描述。用肉眼和放大镜仔细观察矿物成分，若无变斑晶，就按矿物含量多少依次描述；若有变斑晶，则应先描述变斑晶成分，后描述基质成分。在为变质岩定名时，应本着“特征矿物+片状（或柱状）矿物+基本岩石名称”的原则进行，如蓝晶石黑云母片岩。

二、岩层产状测量

岩层的产出状态谓之产状，它是研究岩层形变（地质构造）的重要参量。岩层产状要素包括走向、倾向和倾角。岩层走向是岩层层面与水平面交线的方向，也就是岩层任意高度上水平线的延伸方向；倾向是倾斜岩层顺岩层向下的最大倾斜方向线（倾斜线）在水平面上的投影线（倾向线）方向，它恒与岩层走向相垂直；倾角是岩层层面与假想水平面间的最大夹角，即倾斜线与其在水平面上的倾向线之间的夹角（图 3-7）。测量岩层产状是野外地质工作最基本的工作方法之一，要求每个同学必须熟练掌握。

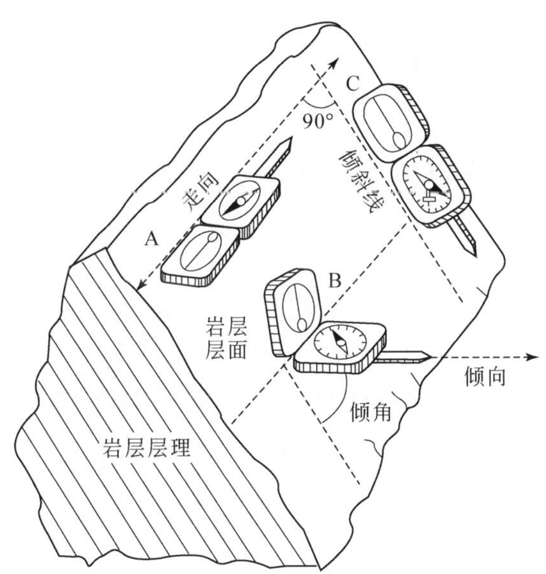

图 3-7　使用罗盘测量岩层产状

（一）走向的测量

将罗盘水平放置，长边紧贴岩层层面，轻轻转动罗盘，使圆形水准器的水泡居中，按下制动按钮，读取指针所指刻度即为岩层走向（图 3-7 中 A）。因为走向是一条水平直线，所以只要读取指南针或指北针所指刻度即可，如某岩层的为 NE30° 或 SW210° 。

（二）倾向的测量

将罗盘水平放置，“北”字端或接物觇板指向岩层倾斜方向，罗盘“南”字端紧贴岩层面并转动罗盘，使圆形水准器水泡居中，按下制动按钮，读取指北针刻度即为岩层的倾向（图 3-7 中 B）。假若在岩层顶面上测量倾向有困难时，也可以在岩层底面上测量。仍然用接物觇板指向岩层倾斜方向，罗盘“北”字端紧靠底面，罗盘水平后读取指南针刻度即可。

（三）倾角的测量

由于岩层倾角是岩层面的倾斜线与其在水平面上投影之间的夹角，测量倾角的关键是找到岩层面的倾斜线。识别倾斜线的方法有两种：一是在测量岩层走向时，用铅笔在层面上画出走向线，与走向线垂直沿岩层面向下再画一条线，这条线就是倾斜线；二是用小石块沿岩层面向下滚动或滴落一些水使之沿岩层面向下流动，石块滚动或水流动的方向线即倾斜线。

将罗盘侧立，用其长边紧贴岩层倾斜线，转动罗盘背部的测斜器把手，使管状水准器水泡居中，读取测斜器所指刻度，即为岩层倾角（图 3-7 中 C）。

如果岩层层面凹凸不平，可把记录本平放在岩层上，量测记录本的产状，以此代表层面的产状。

岩层产状的记录通常采用方位角，按照走向—倾向—倾角的顺序书写。例如，某一岩层的走向为 310°，倾向为 220°，倾角为 35°，则记录为 NW310°SW∠35°或 310°/SW∠35°或 220°∠35°。

三、地质构造的观测与描述

（一）褶皱构造的观测与描述

在野外识别褶皱构造要从地质和地貌两个方面入手。小型褶皱构造易于辨别，根据出露岩层的弯曲情况可以近距离量测两翼的产状，识别出背斜或向斜。对于大型褶皱构造，由于岩层遭受长期风化剥蚀，原来的构造轮廓大多残缺不全，加上碎屑物覆盖，给判断褶皱构造带来很大困难，凭借几个露头的产状和岩性也不可能恢复其全貌，必须多点位进行系统观测（图 3-8）。

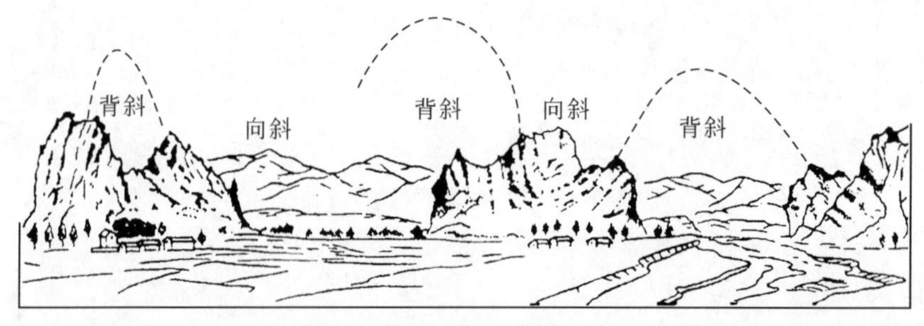

图 3-8 破碎的大型褶皱构造

褶皱形式主要通过分析岩层新老顺序及其产状确定。在河谷两侧的悬崖峭壁或者铁路、公路的路堑陡坡上，常可见清晰的褶皱核部形态。背斜核部为老岩层，向两侧岩层渐新；

向斜则与此相反。褶皱形态主要通过对褶皱横剖面、纵剖面以及水平展布的观察，对褶皱各要素（两翼、轴面、枢纽等）进行产状测量来获得。在野外，大褶皱一般采用穿越法与追索法进行观察。

（二）断裂构造的观测与描述

野外识别断层的主要标志有五个方面：第一，断层镜面或断层破碎带。因为断层发生时两盘相对摩擦，有时可形成断层镜面以及镜面的擦痕和阶步；有时不存在断层镜面，但一定存在宽窄不一的断层破碎带，破碎带内往往可以见到断层角砾岩、碎裂岩、断层泥或糜棱岩等。第二，地层在水平方向上的重复和缺失。断层常使某一区域内的地层顺序发生重复或缺失，如果某些地层不对称地重复、地层突然缺失、加厚或变薄等，可以初步判断断层存在。第三，构造线不连续。褶皱或先成断裂等构造的延伸方向，受断层位移的影响，在平面上会突然中断或错开。第四，牵引褶皱。受断层错动作用的影响，断层两盘岩层发生塑性拖曳形成弧形弯曲——牵引褶皱，弧形外凸方向可指示本盘的移动方向。第五，地貌、水文和植被方面的证据。断层的上升盘可出露于地表形成悬崖（断层崖），遭受流水切割后可形成断层三角面。顺断层线可形成断层谷，或者形成一系列串珠状湖泊，或有带状的泉水出现。断裂带两侧因岩性差异而生长有不同的植物，有时在断裂带内因有充足水分而生长喜湿性植物等。需要指出的是，有时依据上述某一个断层标志并不能完全判断断层的存在，需要其他一些标志进行相互佐证。

根据断层镜面上擦痕方向、阶步的小陡坎方向、牵引构造方向、断层两盘岩层的新老关系等，可以综合判断断层两盘的移动方向，从而确定断层性质（正断层或逆断层）。

依据断层对地层的切割关系可以判断断层形成的相对时代。若断层切过一套地层，则断层发生的时间就比这套地层的时代要晚；如果断层被一套地层所覆掩，地层未受此断层影响，那么断层的发生时间要早于这套地层中最古老岩层的时代。

（三）接触关系的观测与描述

通过对地层接触关系的分析，可以反演地壳运动及其演化历史，确定地质构造的形成时期。如果新岩层在上，老岩层在下，时代连续，上下地层彼此平行或近乎平行，岩性和古生物化石特征连续递变，则表明岩层属于整合接触，否则为不整合接触。

地层不整合接触的主要标志有四个方面：第一，沉积物方面。观察是否存在底砾岩（磨圆度和分选性好，砾石成分比较复杂，常覆盖于不同的下伏岩层之上）和不整合面。第二，古生物方面。不整合接触往往出现地层上下时间不连续，界面上下古生物特征差异明显，一些古生物的目、科、属、种突然灭绝，而出现一些新的属、种。如果这种现象不是断层造成的，就可以确定是地层不整合接触。第三，构造方面。如果地层是角度不整合，上下两套地层的产状必然不同，构造形式、强弱及构造线方向也不相同，断裂的发育程度也会有差别。第四，岩浆活动和变质作用方面。不整合面上下两套地层在岩浆活动和变质作用方面有时也存在差异。例如，嵩山地区太古宇、元古宇至寒武系之间存在几期角度不整合接触，如五指岭的角度不整合，上覆地层层理显著，有底砾岩，不整合面下伏地层变质程度明显高于上覆地层。

地层不整合接触的形成时代，就是不整合面上下两套地层之间缺失的那些地层的时代。因此，地层不整合接触的时间间隔，可以根据不整合面上覆地层中最老的年代减去下伏地层中最新地层时代而求得。若为平行不整合接触，则形成时代较易确定；若为角度不整合，由于下伏地层发生褶皱倾斜，最新的地层仅在不整合面之上局部出现，故而需要依据大范围的地层对比分析，才能最后做出准确判定。

四、地质标本的采集

在野外观测和描述岩石露头后，还要系统地采集矿物标本、岩石标本和化石标本等地质标本。

采集岩石标本必须注意系统性、代表性及其数量与规格。岩石标本的大小，以方便手持观察为标准，一般长、宽、厚分别为 9cm×6cm×3cm 或 12cm×8cm×4cm（图 3-9）。采集标本时，先寻找典型的、大小适当的一块岩石，然后用地质锤仔细敲打，直至符合要求。

图 3-9　岩石标本

采集化石标本时，要用地质锤轻敲慢打，适当保留一些化石周围的岩石，以反映化石的赋存环境。化石标本采集后，用软纸、棉花等软质物品包裹化石标本，以便装箱搬运，防止磨损和破坏。同时，要详细记载化石产出的位置、岩性和层位等信息。

五、地质剖面图绘制

地质剖面图是沿着某一方向线或不同方向的折线，目视信手绘制或实测的，能够反映地质现象及其与地貌关系，用规定的符号、颜色或花纹绘制而成的图件。野外的地质现象，往往受到崩塌物、滑落物和地表风化物的覆盖，树木、草丛和人工建筑物的遮挡，以及其他干扰，影响地质现象的醒目性和空间连续性。但是，地质剖面图可以排除上述覆盖、遮挡和干扰，将宏观地质现象有选择地呈现出来，对认识和理解实习地点的地质现象及其关系非常有帮助。地质剖面图主要有实测剖面图和信手剖面图两种。一般要求每个地质实习点都要画一张地质信手剖面图，选择地质现象比较复杂的实习地点，实测一幅地质剖面图。

（一）实测地质剖面图绘制

1. 导线选择

由地面上布设的一系列观测点连接而成的折线（也可以是直线）称为导线。导线要横穿调查区主要的地层和构造，一般布设在露头良好、构造比较复杂、原生构造发育的地方。导线方向与地层和主要构造线走向之间的夹角不小于 80°。河谷、公路或铁路两侧多为较好的天然地质剖面。

2. 剖面数据获取

测绘地质剖面前，要准备好测绳、钢卷尺、罗盘、地质锤和记录本等用品。一般四五人为一组，其中 2 人负责丈量，1 人负责记录，1 人负责采集标本，另外 1 人作机动人员。在剖面实测过程中，一般由前测手负责岩层产状测量，观察岩性变化和导线转折点选择等工作；后测手负责测量地面坡度、导线方位，读取皮尺或测绳长度，并把有关数据及时报告记录员。记录员的任务是填写“实测地质剖面记录表”（表 3-1）。另外 1 人对有意义的地质现象进行描述，随时采集岩矿标本，绘制信手地质剖面图、素描图，或进行地质摄影等工作。

表 3-1　××地区实测地质剖面记录表

记录人：　　　　日期

导线编号	方位角 / (°)	导线距/m		坡度角 / (°)	高程/m		岩层编号	岩层位置/m		岩层产状/ (°)		厚度 / (°)	简要描述
		斜距 (*L*)	水平距 (*l*)		高差 (*h*)	累积高差 (*H*)		斜距	水平距	倾向	倾角		
0～1							①						
1～2							②						
2～3							③						
⋮							⋮						

导线编号用前后两个测点号表示。量测导线方位角以导线前进方向为准，由后测手用罗盘测量。地形坡角度（α）用罗盘倾斜仪测量。导线水平距按 $l = L \cdot \cos\alpha$ 计算。高差按 $h = L \cdot \sin\alpha$ 计算。累计高差的计算要考虑各点间高差的“正”或“负”，如自第 0 点到第 1 点为上坡，α 为仰角，h 为“+”，表明第 1 点比第 2 点高，反之亦然。

如果所选剖面线的方向与地层走向不垂直，则须将测得的岩层真倾角（前述所说的倾角测量即为真倾角）换算成假倾角（因剖面线与地层走向不垂直所产生），按假倾角来绘制剖面图。关于真倾角和假倾角之间的换算，在野外常采用查表方法（书末附录 1）。例如，若导线方向与岩层走向之间的夹角（β）为 50°，测得岩层真倾角为 30°，就在“剖面线不垂直岩层走向时真假倾角换算表”的横栏中找到 50°，再在左侧真倾角纵栏中查到 30°，二者交会处的值即为岩层假倾角（23°51′）。

3. 剖面图绘制

根据记录表各测点导线方位角和导线平距按比例尺缩小，依次绘于平面图上，并在对应位置分别注明各导线点号、各测点对于原点的累积高差和岩层产状等［图 3-10（a）］。首先，画一条从零测点至最终测点的水平线（基线），自水平线两端分别向上画垂线得到高程坐标，将各测点的高程逐个点绘到基线正上方。其次，平滑连接各高程测点，并标注导线点号和剖面所经山、水、村镇名称，即得到地形剖面图。然后，将各地质界线点垂直投影到地形剖面图中的地形轮廓线上，按岩层产状要素画出各地层界线和构造线，填绘相应的岩性花纹符号或着色，并将标本号码标注于剖面的相应位置。最后，清绘图件，标注图名、制图单位、日期、剖面方位角、作者姓名等，即完成实测地质剖面图的绘制［图 3-10（b）］。

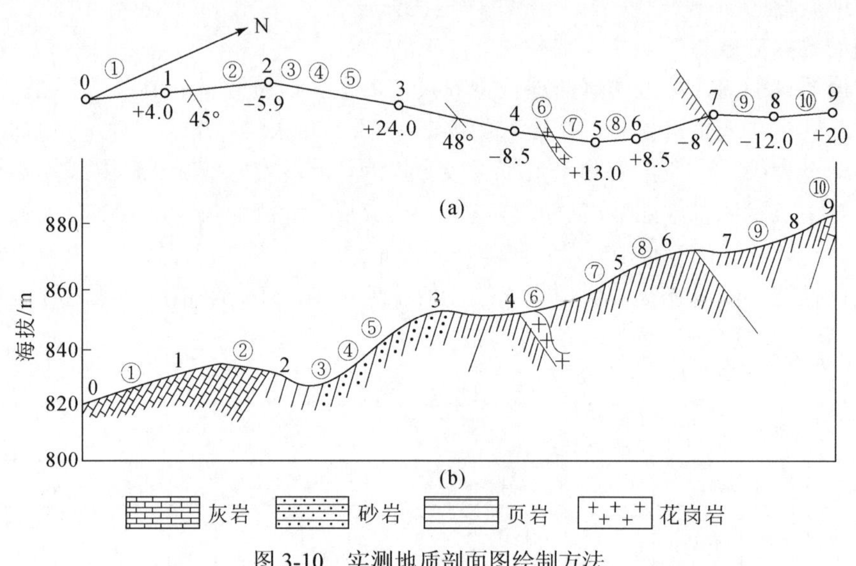

图 3-10　实测地质剖面图绘制方法

岩性花纹符号不能随意绘画，应按照《区域地质图图例》标准（GB/T 958—2015）给出的图案填绘，以便于学术交流。图 3-11 给出了几种常见的岩性花纹符号，其他符号请参见上述标准。

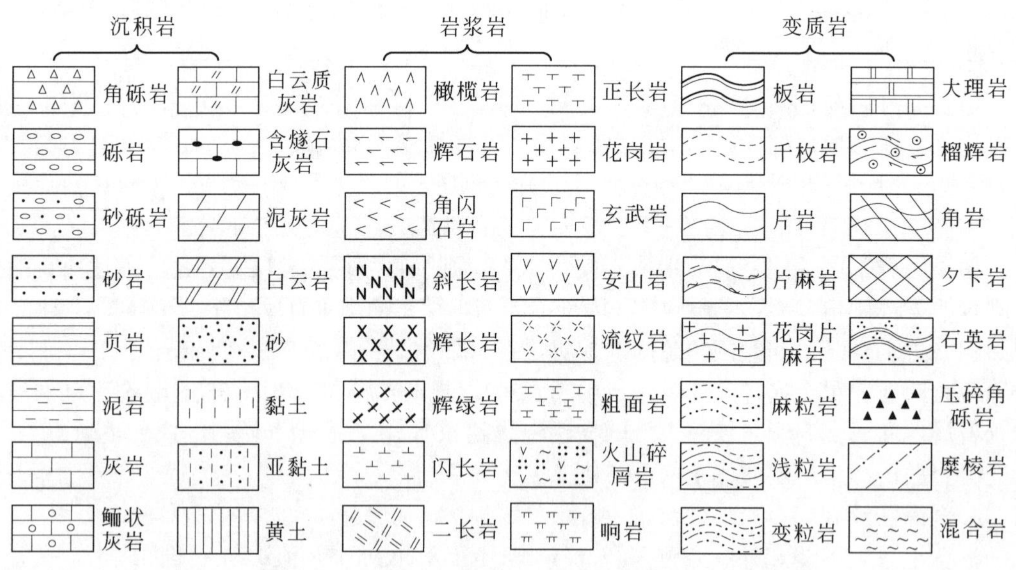

图 3-11　常见岩性花纹符号

（二）信手地质剖面图绘制

信手地质剖面图是在穿越某个地质剖面时，随手绘制的地质剖面示意图。它可供我们记忆与了解制图区域岩性和地质构造等，是重要的野外原始资料。信手地质剖面图的具体绘制方法如下：首先，沿岩层和构造线走向相垂直的剖面线方向，边前进、边观察，边测量、边测绘。采用罗盘定向，以步数测距离，用气压高度表或地形图或目视确定地物高度。其次，选择适当比例尺，大致画出地形剖面起伏轮廓线。然后，在地形轮廓线上画出地层、构造及其他地质现象。最后，标注剖面线方向、图例及图名等。图 3-12 是某地区梁庄—南岗信手地质剖面图，从中可以清晰地看出剖面线上岩性和产状变化。

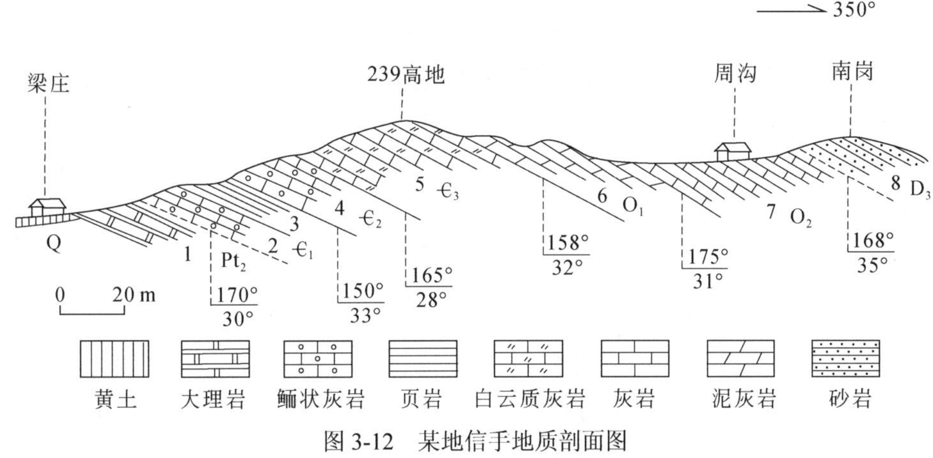

图 3-12　某地信手地质剖面图

第三节　地貌野外实习方法

地貌野外实习不仅要求学生认真观测各种地貌类型的形态，还要求将观测结果用地图的形式反映出来，因此各种地貌形态的观测方法及地貌图的编制方法是地貌野外实习的基本内容。

一、地貌野外观测

地貌野外观测与描述是获取实习地区地貌第一手资料的基本途径，目的是了解实习地区的地貌类型、成因和演变过程，为地貌制图提供资料。

（一）地貌形态观测与描述

1. 地貌形态描述

基本地貌形态的描述主要是了解其空间几何形状（如扇形、三角形、锥形、圆形、线形、阶梯状等）、体积大小、空间分布形势、表面起伏形态（如平顶状、盾状、锯齿状、平坦状、波状、阶梯状等）及地面的切割程度。地貌形态组合的描述则应突出其总体起伏特征、地貌类别和空间分布状况等。例如，山前地带往往是由若干个洪积扇组合而成的洪积-冲积平原，其中每一个洪积扇就是一个基本地貌形态。对于基本地貌形态的描述可根据前述的几项内容进行，而对于山前洪积-冲积平原这一组合地貌形态，可描述其纵向和横向倾斜及起伏状况等。

在野外地貌观测点上，映入眼帘的是较大地貌形态的组合状况。多数情况下，视野所及的范围非常广阔，而要进行观测的地貌现象往往是其中的一个小区域，因此进行地貌描述时要遵循由大到小、从面到点的原则。首先对大的地貌形态进行描述，如山地、平原、盆地等；然后描述其次一级的地貌形态，如单面山、分水岭、洪积扇等；最后描述微地貌形态特征，如山坡的形状、阶地要素等。

2. 地貌形态测量

地貌形态测量是运用罗盘、气压高度表和皮尺等简单仪器测量地貌的形态特征，以获得地貌形态的有关数据。地貌测量的主要内容有高度、坡度、坡长及地面切割强度等。这里简单地介绍高度、坡度和坡长的测量。

高度是地貌最重要的指标之一。高度的测量方法有三种：一是根据地形图上的等高线直接推算出来。二是根据气压高度表读取。使用气压高度表之前，要在已知高程的地点调整高度表的指针指向已知高程。气压的变化受许多因素影响，因此根据气压高度表读出的高程精度较差。三是根据三角函数计算获得。如果已知观测点至某高地的水平距离（或斜坡长度），利用罗盘测出高地的仰角或俯角后，则可根据三角函数关系，求出此高地的相对高度。

坡度也是地貌测量中的重要内容之一。坡度的大小对分析地貌成因、山坡稳定性、地貌发育阶段及土地利用方式等都具有重要的意义。坡度测量方法有两种：一是利用地形图的坡度尺，用两脚规沿垂直于等高线的方向量出相邻 2 条（或 3～6 条）等高线之间的平距，然后把两脚规移到坡度尺上找到与此平距相等的纵线位置，即可直接读取坡度值。二是利用罗盘测定仰角或俯角，详见本章第一节测定“竖直角”。

坡长的测量可以皮尺丈量法或步测法。皮尺丈量法虽然结果可靠，但比较费力。步测法虽然不十分精确，但简便易行。不同身高的人，步幅大小不同，可用身高（cm）除 4，再加上 37，大致估算其平均步长（cm）。

（二）地貌物质组成的观测与描述

地貌物质组成对地貌形态、成因等有很大影响。对地貌物质组成的观测与描述，一般要寻找天然（或人工）露头，按照由上而下、由表及里的顺序逐层详细观测与描述，尽可能记录每层的岩性、层厚、产状、结构与构造等。一般来说，地貌的组成物质可分为基岩和松散沉积物两类。对于由基岩构成的地貌，应侧重于岩性、产状、断层、风化面等情况的描述。关于这一点已在本章第二节有过介绍，这里不再赘述。下面仅介绍松散沉积物的主要观测内容与方法。

1. 沉积物颜色

因为沉积物来源、形成环境和物质成分不同往往具有不同的颜色，所以可以根据颜色判断其物质来源、形成环境及后期变化等。例如，缺氧的还原环境往往形成灰绿色、灰黑色沉积物，而氧化条件下则形成灰黄色、棕褐色沉积物。描述沉积物颜色时要选择干燥而又新鲜的剖面，从中取下一块沉积物用手捻碎，与“标准土壤色卡”对比，选择卡片上最相近的颜色来确定沉积物的颜色。

2. 沉积物结构

沉积物的结构主要包括粒径、形状和组成等。沉积物是由不同粒级的颗粒组成的，根据粒径的大小分为砾石（粒径＞2mm）、砂（粒径 2～0.05mm）、粉砂（粒径 0.05～0.005mm）和黏粒（粒径＜0.005mm）四个粒级，但在野外调查中由于各粒级沉积物混在一起，各自所占比例很难准确确定，一般将沉积物的质地分为砾石、砂土和黏土三大类。在具体描述时，砾石应描述其成分（岩性），粒径（平均粒径、最大粒径和最小粒径）、磨圆度及表面特征等；砂土可根据颗粒大小进一步划分粗砂土和细砂土；黏土可进一步划分出黏土、亚黏土和亚砂土，在野外通常用手感法确定（表 3-2）。

表 3-2　黏土等级的手感法鉴定

鉴别方式	黏土	亚黏土	亚砂土
手捻时的情况	干时难以捻成粉末	手捻时偶觉细砂粒，易捻成粉末	有明显砂粒感
湿润时搓条情况	能搓成直径 1～3mm 细土条，可弯曲成环且不断	能搓成直径大于 3mm 粗土条，弯曲易断	不能搓成条状，可捏成球形，但压扁时表面多裂纹
干土情况	成硬块，不易击碎	用手易压碎土块	土块极易破碎
湿土情况	湿土滑腻，有黏性、可塑性，极易黏着物体，干后不易剥去	湿时稍有黏性和滑腻感，有塑性，能黏着物体，干后较易剥去	无黏性、可塑性和滑腻感，不易黏着物体，干后一拍即掉
其他状况	用小刀切土时，切面平整光滑	用小刀切开时，切面可见清楚的砂粒	切面不光滑，表面粗糙

3. 沉积物构造

根据沉积物层面的空间产出及其组合状况可将其构造分为水平层理、斜层理、交错层理（图 3-13）、波状层理及透镜状层理等。观测时，要注意观察描述沉积物层面上的波痕、雨痕等层面构造（图 3-6）以及沉积物中的断裂、褶曲等构造痕迹。

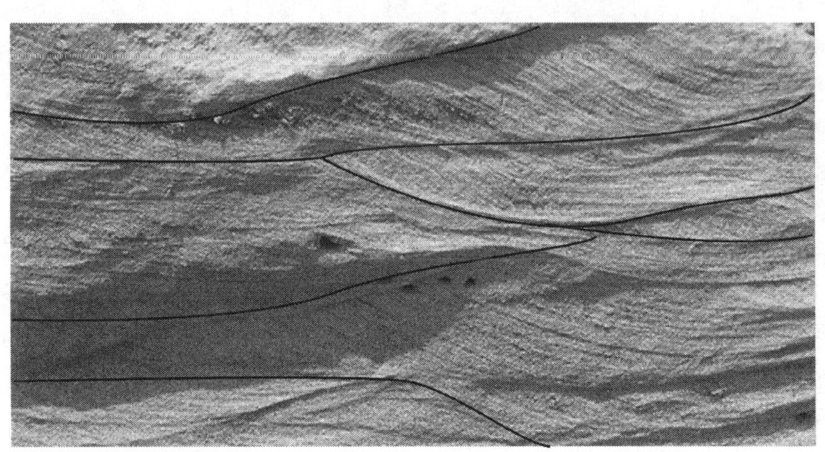

图 3-13　交错层理

4. 沉积物成因类型

沉积物的成因类型是根据沉积物的成分、结构与构造及不同的地貌部位等情况综合分析确定的。一般来说，将沉积物的成因类型分为陆相和海相两大类。前者还可细分为残积物、坡积物、洪积物、冲积物、冰川沉积物、冰水沉积物、风积物、火山堆积物和湖相沉积物等；后者分为滨海沉积物、浅海沉积物和深海沉积物等。

（三）现代地貌过程的观测与分析

现代地貌过程主要指崩塌、滑坡、泥石流、塌陷、水土流失、边岸冲刷、沙丘移动及泥沙淤积等，它们对人们的生产和生活都有着重要的影响。

在进行现代地貌过程的野外观测时，一方面要注意现代地貌内动力（新构造运动）的作用及其表现，如活性断裂、地面变形、地面沉降及水系变迁等；另一方面要注意与现代地貌现象有关的其他自然地理要素，如气候、水文、植被和土壤等的变化。在野外，必须将这些因素仔细观测，了解其出现的强度、频率及危害程度等，分析它们的形成过程、发育阶段和规律，从而进一步预测它们对生产和生活的影响，提出防治措施。

可见，影响现代地貌过程的因素很多，野外观测的重点也要有所差异。例如，对滑坡的调查要注意以下几个方面：地形的坡度（包括坡角的大小和坡脚处是否挖空等）、水文状况（包括地下水位、含水层部位和地下水出露点等）、岩石的结构和性质（张裂隙、节理、地层状况及岩性特征等）和气候条件（降水量大小、降水强度、暴雨出现的频率等）。根据这些因素的观测与分析，判断滑坡产生的条件、季节和规模，提出防范措施。

（四）地貌形成年龄的观察与分析

地貌年龄包括绝对年龄和相对年龄。前者主要是通过采集沉积物的样品，利用 ^{14}C、铀系法、光释光、热释光等方法在室内测定。后者是在野外根据地貌形成的先后次序，以及有关的地层顺序等来确定的，主要有以下几种方法。

1. 沉积物对比法

沉积物对比法是通过调查组成地貌体的各种沉积物之间的相互叠覆关系，确定其形成先后次序的方法。例如，河流内叠阶地或上叠阶地都是较新的沉积物堆积于较老的沉积物之上，由此根据它们的先后次序就可以确定地貌体的相对年龄。

2. 地貌高程法

地壳的间歇性抬升引起的侵蚀基准面下降形成的层状地貌，分布位置越高，其形成的时代就越老，因此根据每一阶地面上最上层的沉积物的时代，即可确定该阶地形成的时代。这种地貌相对年龄确定的方法称地貌高程法。

3. 相关沉积法

由基岩组成的侵蚀或剥蚀地貌的形成时代，可以通过调查剥蚀或侵蚀的岩屑堆积地层的相对时代来确定，这种方法称相关沉积法。例如，一个剖面出现多级夷平面或剥蚀面时，常可根据其附近盆地或平原中的相关沉积物与岩石之间的关系来确定其相对年龄，即根据各次被侵蚀或剥蚀的基岩岩性以及与之相对应的沉积物岩性和分布位置进行对比分析，找出它们之间侵蚀与堆积的关系，分析它们形成的顺序，从而确定其相对年龄。

4. 年界法

年界法是根据与地貌发育有关的上下地层的时代确定地貌相对年龄的方法。例如，某一地貌剥蚀面的最新地层是上白垩统，而覆盖其上的最老地层是始新统，这样就可以推定该剥蚀面形成的时代在白垩纪末到始新世之间。

另外，也可以根据地貌体之间被切割或被叠覆的关系来确定其相对年龄。一般来说，较老的地貌体被新的地貌体所覆盖，较老的地貌体可能因内外力的作用而遭到切割，那么因切割而形成的新的地貌体一定晚于切割之前的老地貌体。

二、地貌图绘制

地貌图绘制是将野外观测到的各种地貌的形态、成因、分类、分布或分区等资料直观地在图上表现出来。地貌图是地貌野外调查最重要的成果形式之一，也是对地貌现象文字叙述的有力说明和补充，在生产和科研上也具有重要意义。地貌图种类很多，在野外实习中主要是绘制地貌剖面图和填绘平面地貌图。

（一）实测地貌剖面图绘制

实测地貌剖面图是在实测地形剖面图上将沿程观测到的地貌现象表示出来而构成的图件，有助于了解实习地区的不同地貌类型的分布及其相互关系。

绘制实测地貌剖面图的基本步骤如下：第一步，根据区域地貌分布情况，在地形图上画出一条想要反映其地貌变化的剖面线。第二步，沿着选定的剖面线，用地质罗盘、气压高度表和皮尺等简单仪器测量若干地点（地形的转折点）的高度及其水平距离。根据这些数据，用适当比例尺绘出地形剖面图。第三步，在实测地形剖面图的同时，必须沿剖面线仔细观测各种地貌类型的形态、地貌界线、岩性、地质构造及第四纪沉积物等，填入地形剖面图相应位置。第四步，在图上注明图名、剖面线方向、比例尺、标志性地物和图例等。图 3-14 是某地区绵河—雪花山实测地貌剖面图。

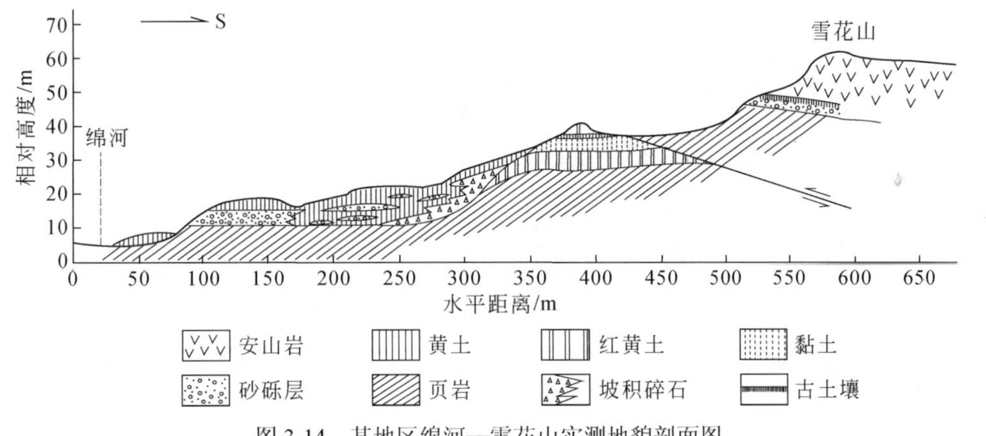

图 3-14　某地区绵河—雪花山实测地貌剖面图

在制作实测地貌剖面图时，还要注意以下两个问题：第一，剖面线的选择要考虑切过较多类型的地貌形态，必要时剖面线的方向可以改变，但其方向变化不要超过 30°。如果改变剖面线的方向，在绘制地形剖面时要按照三角函数关系，把改变方向的部分投影到原定的方向上。第二，为了更清楚地表明地貌起伏及其与组成物质的关系，在作图时，一般要把垂直比例尺适当放大（一般为水平比例尺的 2～10 倍），但不能使原有的地貌形态失真太严重。

（二）地貌剖面示意图绘制

地貌剖面示意图是野外工作中经常绘制的一种地貌图，是观测者将沿途所收集到的地貌和地质等材料，用目测或步测确定距离，按大致比例绘出的地貌剖面图。这种地貌剖面图不是实际地貌的缩小，而是将实际观测到的地貌内容加以科学的抽象概括，用剖面图的方式表示出来。其真实性比实测地貌剖面图要差一些，但它却能够表达一个区域的地貌特征、成因和发育过程等。

首先绘制出半实测性质的地形剖面，然后把沿剖面线所观测到的地貌现象及组成物质标注在剖面图上，最后注明图名、剖面线方向、图例和标志性地物等，即完成地貌剖面示意图的绘制。地貌剖面示意图要能够清楚表现地貌的起伏、转折形态、主要地貌标志点的高度、地貌组成物质等。图 3-15 是某地的地貌剖面示意图。

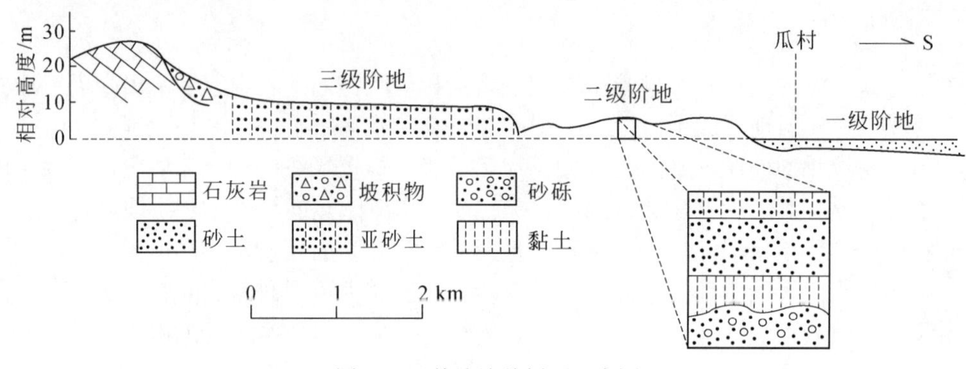

图 3-15　某地地貌剖面示意图

（三）图切地貌剖面图绘制

图切地貌剖面图是根据地形图、地貌图、地质图以及相关文字资料，在室内绘制出的地貌剖面图。它常被附于中、小比例尺区域地貌图的下方或插于地貌图说明书中。与实测剖面图相比，图切地貌剖面图的精确度虽然较低，但能突出地表示某一地区地貌的主要特征，仍具有较大的意义。

图切地貌剖面图的绘制步骤如下：第一步，在地形图上选择一条（或几条）剖面线，并将其投影到图纸上。第二步，在图纸的投影剖面线上，根据其穿越地形图等高线的实际情况，在相应位置标出地貌面的高程。选定垂直比例尺后，将各高程点标注在相应高度位置，并用平滑连线连接各个高程点，即可得到地形剖面图。第三步，把有关的地貌、地质资料等按比例转绘于地形剖面图中。第四步，在图上标明图名、剖面线方向、比例尺、图例和代表性地物等，即完成图切地貌剖面图的绘制。图 3-16 是某地图切地貌剖面图制作的一个例子。

在制作图切地貌剖面图时，还要注意以下几点：一是剖面线应尽可能穿越各种地貌类型，如垂直于山脉或河谷走向等；二是根据剖面线所切过的地形图上的地貌界线，在剖面图上也应标出相应的地貌界线，并表示出相应的地貌类型；三是选择适当的比例尺，水平比例尺应与平面地形图的比例尺相同，垂直比例尺可适当放大，但以不使地貌失真为准。

（四）平面地貌图填绘

平面地貌图是以地形图为底图，将野外观测到的地貌内容标绘于地形图上，能够反映一个地区的地貌类型、组合特征及空间分布的图件，是地貌调查的主要成果之一。一般大、中比例尺地貌图要在野外填绘，小比例尺的地貌图可在室内编绘。下面简单介绍野外填绘平面地貌图的步骤。

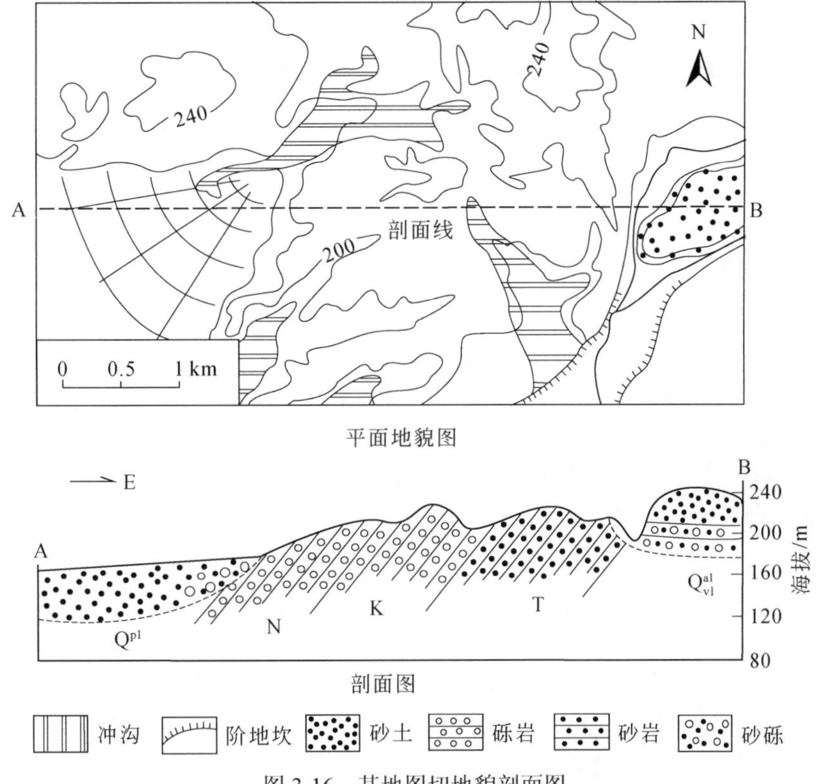

图 3-16　某地图切地貌剖面图

1. 底图及调查路线的确定

一般来说，选择水系详细的等高线地形图作为平面地貌图填绘的底图最为适合。底图上不必过多得表示地形细部，森林也不要着色等，以便容纳更多的专门内容。

平面地貌图的质量高低取决于野外调查路线的选择。选择野外调查路线要遵循以下两条原则：一是调查路线要穿过调查区所有的地貌单元，并追索它们之间的地貌界线；二是线路要通过对阐明地貌格局和结构最有意义的地貌点（如山顶、谷底等）及典型的剖面、地质点等。在实际工作中，根据调查区内地貌结构的复杂程度、植被的覆盖率、露头出露状况及交通条件等，因地制宜地布置调查线路。

2. 地貌分类和图例系统的拟定

1）地貌分类

地貌分类是地貌制图的关键性问题之一。目前，地貌分类的方法有很多，如有按地貌形态、成因、年龄或发育阶段分类的，也有按地貌形态-成因分类的，至今尚无统一的分类标准。但是，人们偏重于形态-成因分类。例如，太行山山前洪积冲积平原、华北冲积平原、黄河三角洲等地貌类型都是按形态-成因分类的。因此，在野外填绘作业之前，要按形态-成因分类的方法对填绘区的地貌进行分类。

2）拟定图例系统

在地貌分类的基础上，根据区域地貌类型特点和组合特征以及底图比例尺大小，来拟定出统一的图例系统。目前，还没有通用的图例规范，多采用多级处理的方法，即随着所制地貌图的比例尺大小而相应地变化。一般来说，地貌图的图例系统分为三类：一是综合式的图例系统，即用不同的图斑表示归纳后的综合地貌特征；二是解析式的图例系统，即用线条形式表示地貌某一方面的要素、特征和性质，根据具体的指标逐项分类；三是组合式的图例系统，即用图斑组合来表示地貌类型的内在联系，也可以根据图斑系统逐项解析，说明某一方面的地貌现象。目前，国内外常采用组合式的图例系统。例如，我国 1∶100 万地貌图采用的就是这种图例系统，陆地地貌系统采用地势等级系统、基本形态成因系统、地质时代与地貌年龄系统；海底地貌采用水深等级系统、基本形态成因系统、地貌形态与结构系统、海底地质系统。上述不同系统在图幅上相互叠加，表示出我国的地貌形态、成因、发展变化及空间分布规律。

在拟定图例系统时，无论采用哪种表示方法，都要遵循简明易读、避免繁杂的原则，尽可能使用少量的图例表示多种地貌信息，常采用颜色、符号、等值线及注记等多种方式相互配合确定各种图例系统。例如，采用 5 种颜色和 5 种线条，就能表示出 25 种不同的组合图例；如果再加上注记，如 Q_1（早更新世）、Q_2（中更新世）、Q_3（晚更新世）及 Q_4（全新世）等符号就能组合出更多的图例。

3）野外填绘作业及室内地貌图整饰

野外填绘作业是沿着已布置的调查线路，将观测到的地貌现象按拟定的图例系统标绘于底图上的过程。首先，在底图上找到观察者所在的位置，向四周观察地貌现象，判断地貌类型及其界线，并将地貌类型界线标志点绘于底图之上。其次，根据事先设置的路线，采用穿越法和追索法相结合的原则验证这些界线的准确程度，如果标志点的点位正确，就在工作底图上将这些标志点连接成线，作为地貌类型的界线。最后，根据设计的图例系统，对不同的地貌类型注记不同的图例和符号。

地貌图整饰是在室内根据地貌图的成图质量要求，对野外工作的草图予以核实、清绘和整饰，完成一幅精美的平面地貌图。

第四章　气象气候野外实习方法

地面气象观测是用气象仪器或肉眼对近地面气层的物理现象及其变化过程进行连续的观测和测定，可以为天气预报、气候分析和气象科学研究提供数据和积累资料，进而服务于工农业生产和人类生活。地面气象观测项目主要有气压、气温、湿度、风向、风速、降水、积雪、蒸发、云、天气现象、能见度、日照、地温、冻土等，这些项目统称为气象要素。

天气预报和气候分析往往需要广大地区乃至全球的气象资料。这些气象资料是从分散的各个气象台站取得的，使用时又被集中起来进行比较分析，这就要求各站的记录不仅能代表一个地区的气象情况，还要彼此之间能够进行比较。因此，气象观测必须具有代表性。同时，气象要素是随时间不断变化的，所以气象观测必须保持连续性，不能中断和短缺。连续气象观测记录的年代越长，对预报业务和科研工作价值越大。

第一节　气象要素观测

一、气象观测场

（一）场地的选择

1. 场地周边环境

关于气象观测场地周边环境的要求，我国有专门的标准（GB 31221—2014）。气象观测场应选择能代表本地区较大范围气象要素、天气、气候特征的地方，避免局部地形的影响。要求场地平坦空旷，四周没有高大建筑物、树林和大片水域。观测场地与四周孤立障碍物的距离，至少是该障碍物高度的 3 倍以上；与成排障碍物的距离，至少是该障碍物高度的 10 倍以上。场地四周不应种高秆作物，以保证气流的通畅。

2. 场地大小

气象观测场地大小一般为 25m×25m；如果条件有限，可为 16（东西）m×20（南北）m。学校气象观测场的大小可根据学校场地的条件而定，尽可能符合中国气象局的规定，可采用 16m×20m 的面积，但不要小于 8m×8m，否则仪器相距太近，相互遮挡，影响观测质量。自动气象站的场地大小要在 4m×8m 以上。

3. 观测场内部环境

气象观测场地内部要平整，不应有洞穴、坑洼和突起的地方，否则仪器安置不易达到水平的要求。由于一般地区下垫面的绿色植物分布最广，所以观测场内应种植草坪，草高超过 20cm 时，要及时剪短。场内土壤应与当地土壤相一致。同时，场地内要铺设 0.3～0.5m 的小路（不能用沥青铺面），方便行走，以免踏平草层。为了保护场内仪器设备，观测场四周应设置高度在 1.2m 以上的稀疏铁栅栏，保持气流通畅。当冬季降雪时，除小路和百叶箱顶部的积雪可以清除外，其他地方的积雪应保持原状，让其自然融化。

（二）场内仪器的安置

气象观测场内的仪器安置，应当彼此保持一定距离，互不影响。这里仅介绍仪器设备安置总体要求和主要仪器安置，具体详见《地面气象观测规范》（中国气象局，2003）。①较高的仪器安置在北面，较低的仪器安置在南面；各种仪器东西成行，大体对称（图 4-1）。②仪器设备安置在东西走向的小路的南侧，便于观测人员观测时能迅速从北面接近仪器。观测次数多的仪器，尽量接近小路中间。③百叶箱应水平安装在高出地面 1.25m 的特制架子上，门朝正北；箱内的温度计和干湿球温度表距地面 1.5m。④雨量器的安置高度距地面 70cm。蒸发器应安装在竖立的圆柱顶部，器皿口缘保持水平，距地面高度为 70cm。⑤测量风的仪器安置在距地面 10m 以上的高杆上。⑥辐射计和日照仪应安置在开阔的平台上。⑦地面温度表的表身应埋入土中一半。4 支曲管地温表的深度分别为 5cm、10cm、15cm、20cm，倾斜角均为 45°。

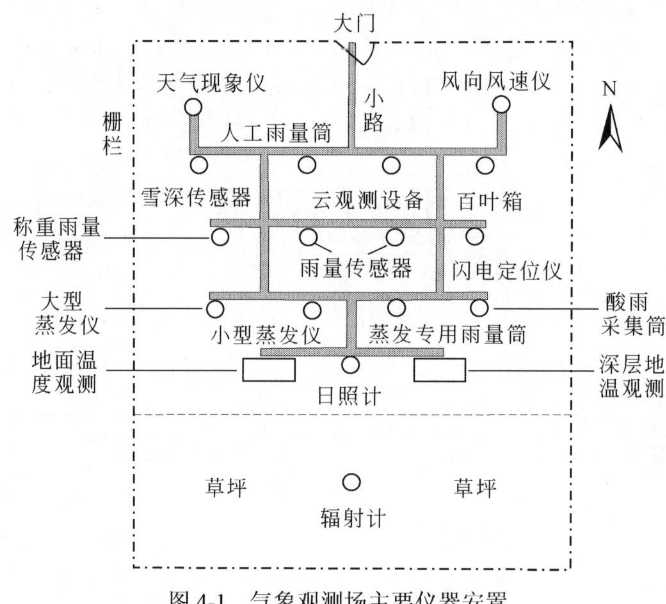

图 4-1　气象观测场主要仪器安置

（三）观测时间和项目

为保证各观测站点之间的数据具有可比性，要求各站点观测的时间和程序必须统一。我国规定，国家级地面气象观测站自动观测项目每天 24 小时连续观测；国家基准气候站（简称基准站，是根据国家气候区划，以及全球气候观测系统的要求，为获取具有充分代表性的长期、连续气候资料而设置的气候观测站）、国家基本气象站（简称基本站，是根据全国气候分析和天气预报的需要所设置的气象观测站）定时人工观测次数为每日 5 次（08 时、11 时、14 时、17 时、20 时），国家一般气象站（简称一般站，是按省级行政区划设置的地面气象观测站，主要用于本省和当地的气象服务），定时人工观测次数为每日 3 次（08 时、14 时、20 时）（表 4-1）。

各类气象台站都必须观测的项目有能见度、天气现象、气压、气温、湿度、风向、风速、降水、日照、地面温度（含草温）、雪深。由国务院气象主管机构指定台站观测的项目有云、浅层和深层地温、蒸发、冻土、电线积冰、辐射、地面状态。各类气象观测站人工观测项目及时间见表 4-1。

表 4-1 气象要素人工观测项目及时间

站类	北京时间			真太阳时
	08 时	11 时、14 时、17 时	20 时	日落后
基准站 基本站	总云量、低云量、云高、能见度、冻土、雪深、雪压降水量（结冰期）	总云量、低云量、云高、能见度	总云量、低云量、云高、能见度、蒸发量（结冰期）、降水量（结冰期）	日照
一般站	能见度、冻土、雪深、雪压、降水量（结冰期）	能见度（仅 14 时）	能见度、降水量（结冰期）	日照

气象观测记录应使用专门的记录表簿（表 4-2）。记录表上应用铅笔写明观测地点和测点编号，观测的年、月、日、时，以及各气象要素的观测值。

表 4-2 一般气象观测记录表

年 月 日

时间		8 时			14 时			20 时			合计	平均
总云量/低云量		—			—			—			—	—
云状											—	—
风速/级												
风向											—	—
气温和湿度		读数	器差	订正后	读数	器差	订正后	读数	器差	订正后	—	—
干球/℃												
湿球/℃											—	—
最高/℃		—			—							—
最低/℃		—			—							—
水汽压/℃												
相对湿度/%												
饱和差/hPa											—	—
温度计/℃											—	—
湿度计/%											—	—
降水量/mm											+	—
气压	附温/℃										—	—
	读数/hPa											
	本站气压/hPa											
	气压计/hPa										—	—
地面温度/℃	0cm											
	最高	—			—							—
	最低	—			—							—

续表

时间		8时			14时			20时			合计	平均
地中温度/℃	5cm											
	10cm											
	15cm											
	20cm											
蒸发量		原量/mm			降水量/mm			余量/mm			蒸发量/mm	日照时数/h
夜间天气现象												
白天天气现象												

二、主要气象要素观测

（一）温度和湿度观测

1. 观测仪器

气象观测场的百叶箱中，一般安置有4只不同功能的温度表和1只湿度表（图4-2）。

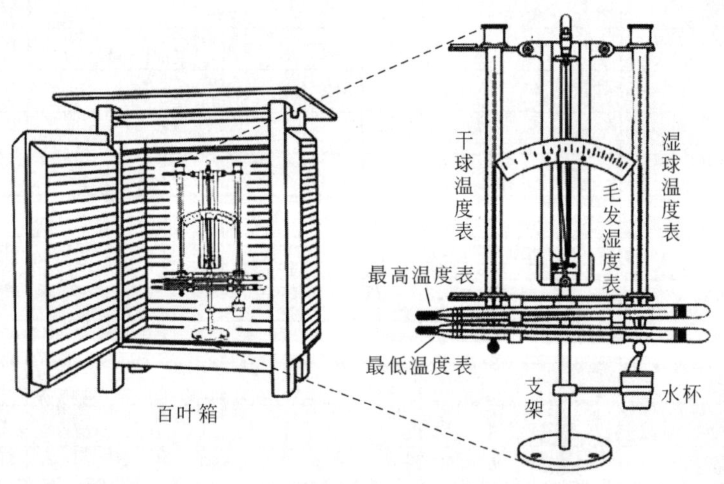

图4-2　百叶箱内温度表的摆放

1）干湿球温度表

干湿球温度表都是普通的温度表，只是干球温度表的水银球部暴露于空气中，而湿球温度表的球部包裹了湿纱布，纱布下端浸泡在装有蒸馏水的水杯内，杯中的水分靠毛管力不断向湿球移动，保持其湿润。干湿球温度表测定的是即时气温，而湿球温度表测定的温度与湿度有关，低于干球温度表测定的温度。干湿球温度值之差可以计算大气相对湿度。

2）最高温度表

最高温度表也是一种水银温度表，用以测定一定时段内的最高温度。最高温度表的球部有一玻璃针，伸入毛细管，使球部与毛细管之间形成一狭窄通道。温度升高时，球部水银体积膨胀，压力增大，迫使水银挤过狭管，水银柱就在狭管处断裂，于是狭管以上这段水银柱的顶端，就保持在过去一段时间内温度表所感受到的最高温度刻度上。

3）最低温度表

最低温度表用于测定一定时间间隔内的最低温度。它的毛细管较粗，内部储存有酒精，酒精中有一个哑铃形的玻璃游标。当温度下降时，酒精柱收缩，酒精柱顶端与游标接触时，带动游标下降；当温度上升时，酒精膨胀，酒精可以经过游标周围的空隙向前流动，而游标因顶端对管壁的摩擦力及本身的重力作用，仍停留在原位不动，因此游标的位置可以指示一定时段内曾经出现过的最低温度。

4）毛发湿度表

毛发湿度表是测定空气相对湿度的仪器。根据脱脂毛发的长度随湿度而变化的原理制成。当湿度增减时，毛发产生伸缩，通过机械传动装置使指针在刻度盘上移动，指示湿度大小。

5）地温表

地温是地表面和地面以下不同深度处温度的统称。气象站一般观测地面以及地面以下5cm、10cm、15cm、20cm、40cm、80cm、160cm 和 320cm 深度的地温，以及每天地面的最高、最低温度。

2. 观测方法及注意事项

1）气温观测

按规定时间依次读取百叶箱中的干球和湿球温度表读数（精确至 0.1℃），记录之后再复读一次。读取温度值时必须保持视线和水银柱顶端齐平，避免由于视差使读数偏高或偏低。

读取干球和湿球温度表读数后，再依次读取最高和最低温度表（精确至 0.1℃），复读记录后，调整最高和最低温度表，放入原位。最高温度表的调整：用右手紧握表的中上部，球部向下，剧烈甩动几次，使其水银柱顶端所指温度与干球温度相差不到 0.2℃。将调整好的最高温度表放回百叶箱时，一定要放置水平。最低温度表的调整：先将球部向上抬起，使游标到达酒精柱的顶端，然后水平放置到原位。

根据百叶箱内干湿球温度，按下式可计算出该条件下的相对湿度：

$$U = \frac{e}{E_w} \times 100\% \tag{4-1}$$

式中，U 为相对湿度（%）；e 为水汽压（hPa）；E_w 为干球温度 t 时所对应的纯水平液面（或冰面）饱和水汽压（hPa）。e 和 E_w 分别按下式计算：

$$e = E_w - A \cdot P_h \ (t - t_w) \tag{4-2}$$

$$\begin{aligned}\lg E_w = {} & 10.79754\left(1-\frac{T_1}{T}\right) - 5.028\lg\frac{T}{T_1} + 1.50475\times10^{-4}\left(1-10^{-8.2969\frac{T}{T_1-1}}\right) \\ & +0.42873\times10^{-3}\left(104.76955^{1-\frac{T_1}{T}}-1\right)+0.78614\end{aligned} \tag{4-3}$$

式中，A 为干湿温度表系数（$℃^{-1}$），与湿表类型和湿球是否结冰有关，可查阅专业干湿度系数表得到；P_h 为观测站气压（hPa）；t 为干球温度（℃）；t_w 为湿球温度（℃）；T_1 为水的三相点温度，273.16K；T 为现场绝对温度，即 273.16+t K。

为了避免利用上式计算大气相对湿度的麻烦，已经编制了“湿度查算表”，根据干球和湿球温度表读数可方便查得大气水汽压、饱和水汽压和相对湿度。

2）湿度观测

在规定时间读取毛发湿度表指针指示的数值即为湿度（%）。冬季用毛发湿度表测湿时，为了获得较正确的湿度记录，毛发湿度表（计）的读数须用订正图法加以订正。

用毛发湿度表测得湿度，可按下式计算得到空气相对湿度：

$$U = b_0 + b_1X + b_2X^2 + b_3X^3 \tag{4-4}$$

式中，X 为毛发湿度表读数；b_0、b_1、b_2、b_3 为多项式回归系数，即毛发湿度表的订正系数。

3）地温观测

按规定时间首先依次读取放置地面（0cm）处的温度表读数，记录之后再复读一次。然后依次读取地面最高和最低温度表读数，复读记录后，调整最高、最低温度表。最后依次读取地面以下 5cm、10cm、15cm、20cm、40cm、80cm、160cm 和 320cm 处的地温温度表读数，记录之后再复读一次。

（二）蒸发量观测

1. 观测仪器

在一定时间内，利用蒸发器中的水面蒸发而降低的深度来观测蒸发量。小型蒸发器是一口径 20cm、高 10cm 的金属圆盆，为了防止鸟类饮水，器口套叠一个上端向外张开呈喇叭状的金属丝网（图 4-3）。

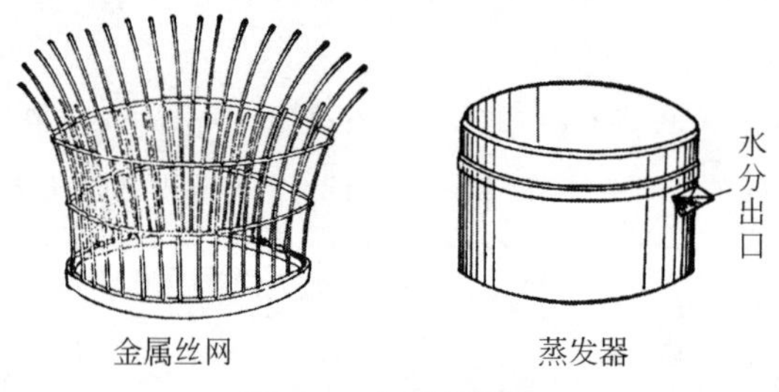

图 4-3 小型蒸发器

2. 观测方法及注意事项

每天 20 时观测蒸发量。测量前一天 20 时注入蒸发器 20mm 深的清水量即今日水原量。观测原水量经 24 小时蒸发后剩余的水量为余量，并记入观测簿余量栏。原量减去余量即为蒸发量，单位是 mm。观测完成后，倒掉余量，重新量取 20mm（干燥地区和干燥季节可多一些）清水注入蒸发器内，并记入次日原量栏。

蒸发量观测应避免蒸发器内的水量全部被蒸发完，所以要每 30 分钟观察一次，当水量较少时应适当增加原量。降水对蒸发量观测影响很大，为此要注意两点：第一，降水时，应取下金属丝网，以避免网上的雨水流入蒸发器内。第二，遇到强降水时，应及时从蒸发器中取出一定水量，以防水溢出。从蒸发器取出的水量要及时记入观测簿备注栏，并加在该日的“余量”中。

（三）气压观测

1. 观测仪器

测定气压的仪器有水银气压表、空盒气压表和气压计等，下面主要介绍气象观测场常用的动槽式水银气压表。如图 4-4 所示，在一根长约 1m 的真空玻璃管内装上水银，倒插在水银槽内（内置的皮囊中也装有水银）。在大气压力作用下，管内的水银柱就开始下降，当水银槽面上的大气压力能够支持管内水银柱的重量时，管内的水银柱就不再下降了。大气压力升高或减小，水银柱随之升高或降低，因此根据水银柱高低就可以测出大气压力的大小。

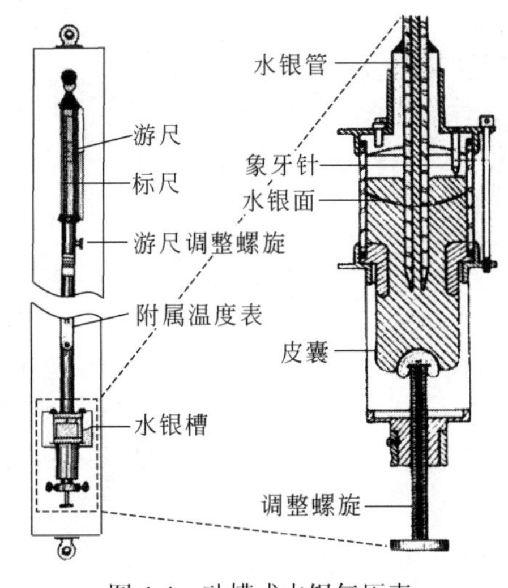

图 4-4　动槽式水银气压表

2. 观测方法及注意事项

第一步：将动槽式水银气压表垂直固定在墙上或柱子上，不能有任何倾斜，悬挂高度以利于观测为准。

第二步：读取气压表上的附属温度表（附温表）的温度值（精确到 0.1℃），供气压的温度订正使用。

第三步：轻轻旋动槽底部的调整螺旋，使象牙针与槽内水银面恰好相接。轻轻旋动游尺调整螺旋，先使游尺稍高于水银柱顶，再慢慢下降，直到游尺下缘与水银柱凸面顶点刚刚相切。

第四步：通过游尺下缘所对应的标尺刻度，读取气压值整数。再从游尺刻度线上找出一根与标尺上某一刻度相吻合的刻度线，则游尺上这根刻度线所指示的数字就是气压值小数。

第五步：读数复验后，旋转水银槽底部的调整螺旋，使水银面离开象牙针尖 2～3mm，观测结束。

需要指出的是，动槽式水银气压表的制造是以纬度 45°处的海平面上的重力为标准的，而观测地点的纬度和海拔是变化的，与标准重力状况下的水银柱高度存在误差（重力差）。不同温度下，水银和气压表壳体的涨缩系数不同，也会导致水银柱高度误差（温度差）。另外，气压表本身也会存在误差（器差）。所以，在利用槽式水银气压表观测结束之后，需要对观测值进行气压订正。器差一般在仪器出厂说明中已标明，很容易订正；而温度差和重力差的订正非常麻烦，通常是通过查阅“气象常用表”进行订正，这里不再一一介绍。

（四）降水观测

1. 观测仪器

1）雨量器

雨量器是一种简单的降水观测设备，主要由承水器、漏斗、储水瓶、储水筒和专用量筒组成（图 4-5）。承水器是一个金属圆筒，口径为 20cm，口缘呈内直外斜的刀刃形，以防止雨水溅入。冬季下大雪时，为了避免降雪堆积在漏斗中，被风吹出或倾出，可将漏斗取出。

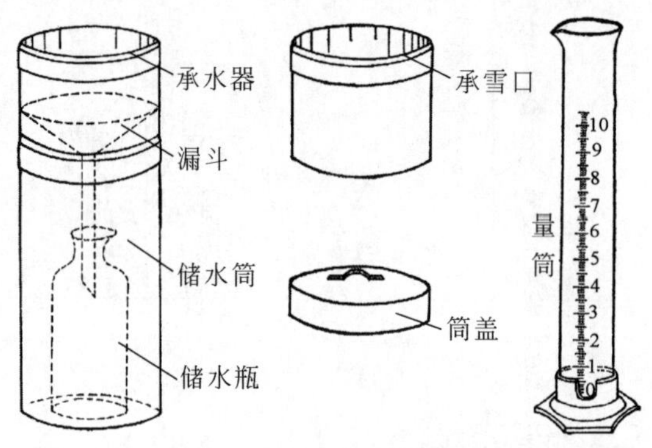

图 4-5　雨量器的构造

2）虹吸式雨量计

虹吸式雨量计是一种自动记录降水量的仪器，由承水器、漏斗、浮子室、储水器和自动记录装置等构成（图 4-6）。降雨时，雨水通过承水器、漏斗进入浮子室后，水面升高，浮子和笔杆也随之上升。随着容器内水量的增加，记录笔尖即在自记纸上画出相应的曲线，表示降水量及其随时间的变化。一旦笔尖到达自记纸上限时（一般相当于 10mm 或 20mm

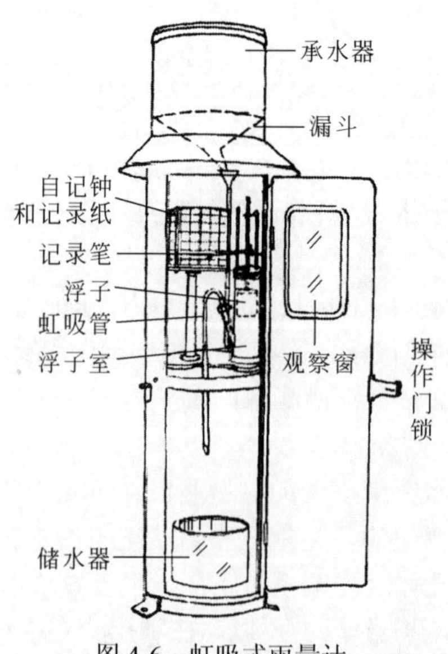

图 4-6　虹吸式雨量计

降水量)，容器内的水就从浮子室旁的虹吸管排出，流入储水器中，笔尖即回落到 0 线上。若仍有降水，则笔尖又重新开始随之上升。降水强度大时，笔尖上升得快，曲线陡；反之，降水强度小时，笔尖上升慢，曲线平缓。因此，自记纸上曲线的斜率表示出降水强度的大小。

2. 观测方法及注意事项

用雨量器观测时，在规定时间内把储水瓶内的水倒入量杯中，人眼视线与水凹面最低处平齐，读取量筒刻度数即可，精确到 0.1mm，记入观测簿。若为固体降水，将储水筒取出，盖上盖子，在室内自然融化后，再倒入量筒读取降水量，千万不能加热融化固体降水，以免蒸发损失。在炎热干燥的日子，降水停止后要及时进行观测，以免蒸发过速，影响记录的可靠性。降水量不足 0.05mm 或观测前确有微量降水，但因蒸发过速，观测时已经没水的情况，降水量应记 0.0。

用虹吸式雨量计观测时，取出记录纸，根据不同时间段内的记录迹线在水平分格线以上的格数相加，即可得到分时段的降水量。出现固体降水时，一般情况下要关闭虹吸式雨量计，改用雨量器观测。

(五) 风的观测

风的观测包括风向和风速的观测。风向是风吹来的方向，一般分为 16 个方位，每个方位对应一定的角度数（图 4-7)。风速是单位时间内空气流动的水平距离，以 m/s 为单位。

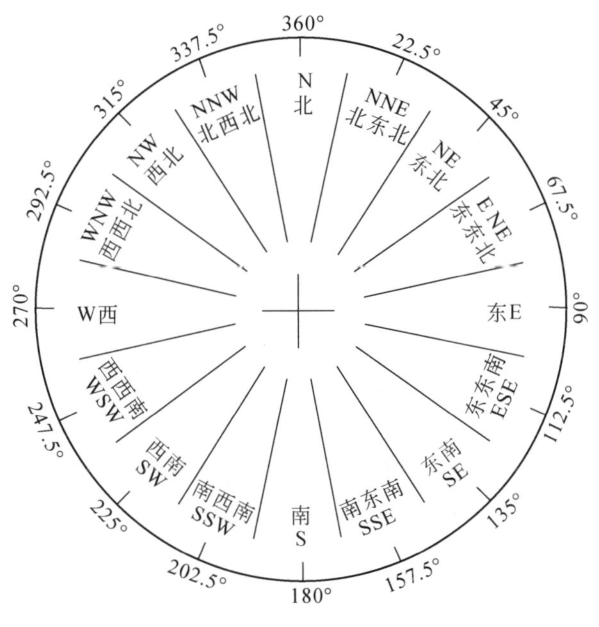

图 4-7　风的十六方位

1. 观测仪器

测定风向和风速的仪器主要有电接风向风速仪和轻便式三杯风向风速仪等。在没有仪器的情况下可根据某些物体被风吹动的情况用目视的方法来判定。

1）电接风向风速仪

现以 EL 型电接风向风速仪为例说明电接风向风速仪的构造和工作原理。仪器由电感应器、指示器和自动记录器三部分组成。感应器被安装在室外 10～12m 高的杆子上。感应器的上部为风速部分，由风杯、风速发电机、蜗轮等组成；感应器的下部为风向部分，由风标、风向方位块、导电杯、接触簧片等组成。指示器被安放在室内桌子上，用来观测瞬时风向和瞬时风速，由电源瞬时风向指示盘、瞬时风速指示盘等组成（图 4-8）。记录器也置于室内，用来记录风向风速连续变化。用一长电缆连接感应器和指示器，指示器与记录器之间用电线相连棱。

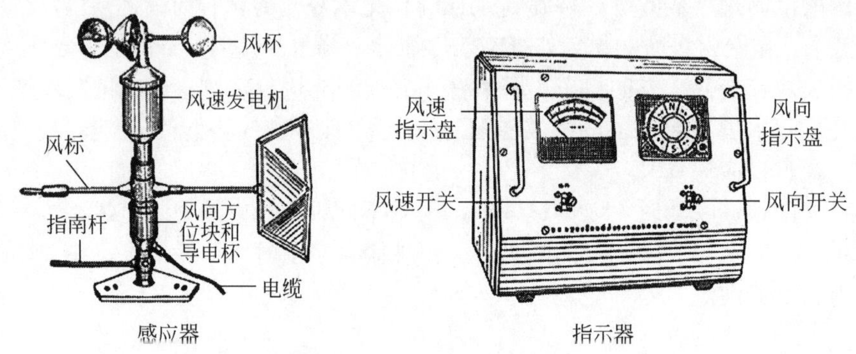

图 4-8　EL 型电接风向风速仪

2）轻便式三杯风向风速仪

轻便式三杯风向风速仪用于测量风向和一分钟内的平均风速。该仪器由风向仪、风速表、手柄三部分组成（图 4-9）。风向仪包括风向指针、方位盘、制动小套管，风速表由十字护架、旋杯和风速表组成。旋杯是风速表的感应元件，其转速与风速存在固定关系。

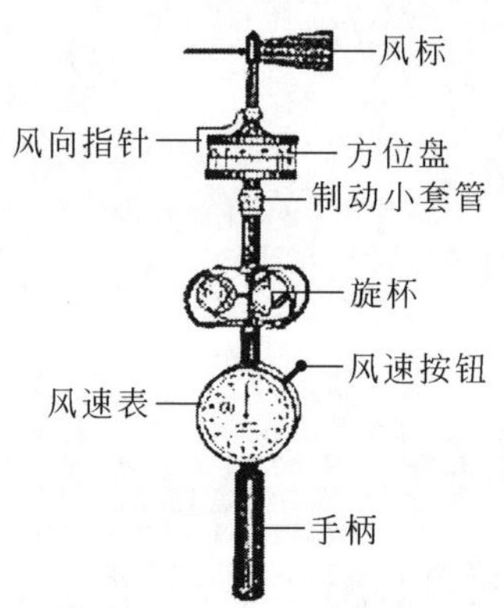

图 4-9　轻便式三杯风向风速仪

2. 观测方法及注意事项

用电接风向风速仪测定风向和风速时，打开指示器的风向风速开关，观测 2min 风速表指针摆动的平均位置，读取整数，记在观测簿相应栏中。在风速小的时候，把风速开关拨到“20”挡，读 0～20m/s 标尺刻度；风速大时，把风速开关拨到“40”挡，读 0～40m/s 标尺刻度。观测风向指示盘，读取 2min 内出现次数最多的风向，用十六方位的缩写记录。该仪器配套的自动记录器可以实时连续记录风向和风速，也可以方便得到各时整点前 10min 的平均风速和盛行风向，以及日最大风速（10min 平均）和相应风向。

用轻便式三杯风向风速仪测定风向和风速时，观测者站在仪器的下风向，手持风向风速仪，举过头顶并保持垂直，风速表刻度盘与当时的风向平行；打开制动小套管，让方位盘自由旋转，观察方位盘 2min，记录最多的风向。然后，按下风速按钮，1min 后指针自动停止转动，记录风速值。观测完毕后，务必将小套管向左旋转一定角度，锁止方位盘，避免仪器损坏。

3. 目测风力风向

在没有测风仪器时，可用目视方法大致确定风力等级和风向。根据风对地面物体的吹拂而引起的各种现象，将风力分为 18 级，最小为 0 级，最大为 17 级（风速≥56.1m/s）。现将 0～12 级风力等级的目视判别参考标准及其相应的风速列于表 4-3。目测风向一般是以旌旗、布条、炊烟的方向，按 8 个方位进行估计。目测风向和风力时，观测者尽量站在空旷的地方，多选几种物体，连续观察 2min 以上，以平均情况进行记录。

表 4-3　风力等级（0～12 级）目视判别参考标准

风力等级	名称	地面物体的征象	相对风速/（m/s）	
			范围	中数
0	无风	静，烟直上	0.0～0.2	0.1
1	软风	烟能表示风向，树叶略有摇动，人面感觉有风，树叶有微响	0.3～1.5	0.9
2	轻风	旗子开始飘动，高草和庄稼开始摇动，树叶及小枝摇动不息，旗子展开	1.6～3.3	2.5
3	微风	高草和庄稼摇动不息，能吹起地面灰尘和纸张，树枝摇动	3.4～5.4	4.4
4	和风	高草和庄稼呈波浪起伏，有叶的小树摇摆，内陆的水面有小波	5.5～7.9	6.7
5	劲风	高草和庄稼波浪起伏明显，大树枝摇动、电线发出呼呼声、撑伞困难	8.0～10.7	9.4
6	强风	高草和庄稼不时倾伏于地	10.8～13.8	12.3
7	疾风	全树摇动，大树枝弯下来，迎风步行感觉不便	13.9～17.1	15.5
8	大风	可折断小树枝，人迎风前行感觉阻力甚大	17.2～20.7	19.0
9	烈风	草房遭受破坏，屋瓦被掀起，大树枝可被折断	20.8～24.4	22.6
10	狂风	树木可被吹倒，一般建筑物遭破坏	24.5～28.4	26.5
11	暴风	大树可被吹倒，一般建筑物遭严重破坏	28.5～32.6	30.6
12	台风	陆上少见，摧毁力极大	32.7～36.9	34.8

（六）云的观测

1. 云的分类及特征

国际上按照云的外貌特征、结构特点和云底高度，将云划分为 3 族 10 属 28 种。表 4-4 列出了 10 个云属的主要外貌特征，图 4-10 是其实物照片。

表 4-4　云的分类及其外貌特征

云族	云属名称	符号	外貌特征
高云	卷云	Ci	具有丝缕状结构，柔丝般光泽，分离散乱。云体白色无暗影，呈丝条状、羽毛状、马尾状、钩状、团簇状和片状等
	卷层云	Cs	呈透明而带白色的幕状，日月轮廓明显，地物有影，常有晕出现
	卷积云	Cc	呈白而薄的细鱼鳞状，常成行或成群，很像轻风吹过水面所产生的涟漪纹，云块视宽度相当于手臂伸直小指的宽度

续表

云族	云属名称	符号	外貌特征
中云	高层云	As	有条纹和丝缕状结构，呈灰白色，范围广大。云体厚薄不一，薄的地方隐约可见日月轮。可有连续性或间歇性降水
	高积云	Ac	由薄片状或扁平球状的云块所组成。云块常呈扁平圆形、鱼鳞状、瓦片状或水波状的密集云带，成群、成行波状排列。云块视宽度相当于手臂伸直中间三指的宽度
低云	积云	Cu	云顶呈圆弧形或多重圆弧状凸起，云底平坦，界线分明。当积云处于太阳相反的位置时，中部黝黑，边缘呈鲜明的金黄色。可降小阵雨
	积雨云	Cb	云体浓厚庞大，远望像耸立的高山，云顶有丝缕状结构，常呈铁砧状或马鬃状。云底阴暗，起伏明显，有时可见悬球结构（孤状云）。常产生雷暴、阵性降水和冰雹
	层积云	Sc	由结构稀疏的大团块、大云条组成，常成群、成行、成波状排列。灰色或灰白色，若干部分常常比较阴暗。可降小雨雪
	层云	St	呈低而均匀的灰白色幕状，看起来很像雾霾，但不接地面，常遮挡小山或高大建筑物的顶部。云薄时可见日月轮。可降毛毛雨或霰
	雨层云	Ns	厚而均匀，呈暗灰色，遮天蔽日，云底界线不明显。常出现连续性降水

2. 观测方法及注意事项

云的观测主要是观测云的类型、云量和云高。云的类型鉴定参照表 4-4 和图 4-10。云量观测包括总云量估计和低云量估计。总云量是指云（不管云的层次和高度）遮蔽天空的成数或比例，以十分制表示。例如，云占天空 1/10，记作“1”；占天空 2/10，记作“2”；

图 4-10　十大云属图片

等等。云高通常以已知高度的地形或建筑物做参考，用目视法进行估计。总云量和低云量以分数形式（总云量作分子，低云量作分母）记录在观测表中。

当天空中出现多种云型时，如果各种云型的量都相同，按云底从高到低记录；如果各种云型的量不相同，则按云量多少依次记录。

观测云时，应选择能看到全部天空和地平线的开阔地进行，避免地物遮挡。同时，要连续观察一段时间，根据云的外貌、颜色、结构和透明状况进行综合判断。

第二节 小气候观测

在小范围内，下垫面特性不同，致使热量和水分收支状况出现差异，形成与大气候有所不同的特殊气候，称为小气候或局地小气候。小气候是在区域性大气候背景下，由于局部地形，土壤和植被条件不一致，所表现出来的独特的气候。局地小气候的特点，主要表现在个别气象要素（如温度、湿度和风等）变化剧烈以及个别天气现象（如雾、露、霜等）上的差异。小气候影响的水平范围随下垫面均匀性程度而异。在垂直方向上一般从下垫面到几十米甚至百米高度，越接近下垫面，小气候特征越显著，随着远离下垫面，小气候效应逐渐减弱，到达某一高度以上，小气候现象就完全消失。所以，小气候是代表从地面到不受地面影响高度的气候，一般为十几米或 100m 的高度。由于下垫面特性多种多样，形成了各种各样的小气候，如地形小气候、森林小气候、防护林小气候、城市小气候和农田小气候，等等。

一、小气候观测方法

（一）观测仪器和测量时间

小气候观测所用仪器与一般气象观测没有大的区别，主要有干球和湿球温度表、最高和最低温度表、插入式地温表、轻便式风向风速仪和相应的自记仪器等。当然，也可以选取先进的综合智能化仪器，集测风速、风向、气压、温度和露点温度等多功能为一体的新型仪器。

小气候观测一般从早上 8：30 开始，到下午 16：30 结束。期间，每隔半小时正点测量一次。遇到特殊情况，可进行适当调整。

（二）气象要素观测

小气候观测的气象要素主要包括空气温度和湿度、地面温度不同深度土壤温度、风向、风速、气压以及露点温度等。各气象要素的观测方法与本章第一节相同。表 4-5 是某小气候区某天某观测点的气象要素观测记录。

表 4-5 某小气候区某天某观测点的气象要素观测记录

时间	气温/℃	湿度/%	风向	风速/（m/s）	气压/hPa	露点温度/℃
8：30	19.1	75.7	94°E	0.0	1021.6	15.1
9：00	21.1	67.8	101°E	0.4	1021.4	14.2
9：30	20.0	70.8	95°E	0.6	1021.5	14.4

续表

时间	气温/℃	湿度/%	风向	风速/（m/s）	气压/hPa	露点温度/℃
10：00	20.5	66.1	90°E	0.5	1021.4	14.2
10：30	22.1	63.8	91°E	0.7	1021.1	14.6
11：00	22.3	59.3	92°E	0.4	1021.9	13.8
11：30	21.4	63.0	88°E	0.8	1021.1	14.1
12：00	24.9	43.3	88°E	0.7	1021.0	12.6
12：30	26.1	46.2	95°E	0.0	1019.2	14.5
13：00	23.3	57.3	62°E	0.8	1019.9	14.1
13：30	24.0	51.0	84°E	0.9	1018.6	13.6
14：00	23.6	55.8	81°E	1.1	1018.7	15.0
14：30	24.1	50.8	92°E	1.3	1018.4	13.3
15：00	25.6	49.2	92°E	1.3	1018.4	14.6
15：30	22.3	57.1	94°E	0.7	1018.2	13.5
16：00	21.7	64.2	92°E	0.6	1018.3	14.4
16：30	21.4	70.0	89°E	0.4	1018.5	15.7

（三）结果分析

将小气候观测得到的各个气象要素值，以时间为横坐标绘制成图，进而分析各气象要素随时间变化的规律，并与当地所处的地带性气候（即气候背景）进行对比，分析其形成原因。图 4-11 就是根据表 4-5 中的气温、湿度和气压数据绘制的昼间变化曲线图。通过分析小气候区内各个观测点气象要素变化曲线，可以揭示其小气候特征。

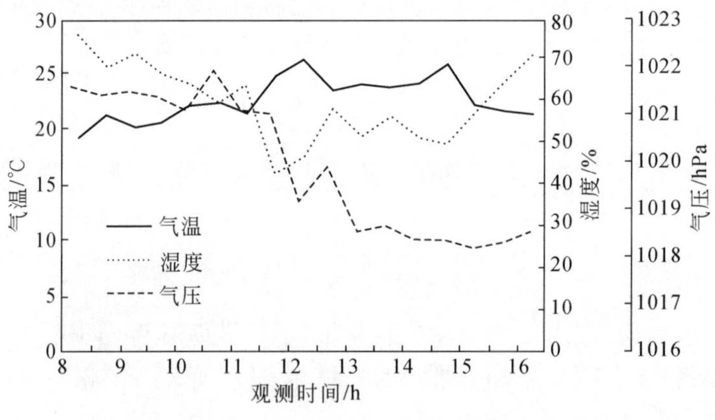

图 4-11　某小气候区气象观测要素时间变化

二、主要小气候类型观测

（一）山地小气候观测

山地小气候观测的目的是了解气候因海拔不同而产生的垂直分异，了解不同坡向和坡度的水平和垂直气候差异，以及不同地貌形态的小气候特征，为因地制宜利用气候资源，实施农、林、牧、副业全面可持续发展提供科学依据。

由于山区地形复杂，为了准确地反映其气候的空间分异特点，必须沿着一定路线进行布点。沿剖面布设观测点的主要要求是：第一，按照高度布设观测点，下疏上密；第二，在山坡上设点时，测点坡向要能代表山体的走势，视野广阔，至少能看到山谷对面的山坡，观测点附近无严重遮挡；第三，观测点的数量要南坡多于北坡，地形复杂的多于地形简单的；第四，观测点主要选在山脊上，尽可能不选在山谷中；第五，各海拔的主要农作区都要布点。此外，布点时也要考虑实时观测的可行性和便利性。

在山区小气候观测及其结果分析时，除了要求各观测点的观测时间要一致外，还要注意有无特殊气候现象，如是否有逆温层存在，其范围如何；在山麓平原、山谷和盆地中，应考虑是否有“冷湖”效应，以及风的观测等。

（二）防护林小气候观测

防护林小气候观测的目的在于确定防护林的生态功能及其影响范围，为改善当地的生态环境和农业生产条件服务。防护林小气候观测时，应沿着与林带走向相垂直的方向设点进行观测，并在林带影响范围以外设立对照观测点（分别设在林带的上风向和下风向），以便对林带在降低风速、减少气温振幅、增加空气湿度等方面进行对比分析。另外，在林带内及其附近也可以在近地面气层内进行 0cm、20cm、50cm、100cm、150cm 和 200cm 不同高度的梯度观测。防护林小气候观测的项目主要是温度、湿度、降水和风速。

（三）水域小气候观测

水域小气候观测的目的是认识水陆热力差异，以及由此在水体及其附近形成的小气候特征。水域小气候观测的主要内容是水温、地温、气温、降水量和风向、风速等。水温观测按照水体等深线布置观测点，用水温表测量水面温度和不同深度的水温。水陆对比观测是沿盛行风向（从上风向到下风向）做穿越水体的剖面线，按距离水体远近（5～10km 范围内）不同布设观测点进行观测。

（四）城市小气候观测

城市小气候观测的主要目的是了解城市的热岛效应和城乡环流的结构和强度。为了准确反映城区与郊区间的气候差异，可按不同方向穿越市中心的路线进行布点观测。在市区内又可按不同的地表覆盖物分成不同的下垫面类型，并考虑各功能区和地形变化进行布点。如果受到人员数量的限制，可以乘交通工具携带便携仪器进行流动观测，但要保证这种流动观测所得观测值在时间上具有可比性。如果进行垂直梯度观测，可以利用高大建筑（如电视塔等）按 10m 或 20m 的高差进行布点。城市小气候观测的项目主要是气温、湿度、降水、气压、能见度、风向和风速。

（五）农田小气候观测

农田小气候观测的测点必须选在具有代表性的农田中。农田小气候观测的内容有以下五个方面：第一，在不同地段进行联合观测，确定主要气象要素的区域分布，如 2m 高度的气温、作物活动面气温、地面温度、不同深度地温、空气和土壤湿度等。第二，选择不同地貌类型的不同坡向、坡度、高度，以及平地和谷地进行观测。第三，选择不同土壤类型进行气温、地温、土壤水分的测定，分析地温和水分对作物生长的影响。第四，在距离水体不同远近的地段，进行温度和湿度观测，对水浇地和旱地进行对比观测，以确定灌溉对农田小气候的影响。第五，在秧田、苗圃、蔬菜栽培等地段，进行各种保护设施（防风障、塑料薄膜等）对温度和湿度的影响观测。同时，还要针对特殊气象条件组织临时观测和现场调查，如霜冻和大风过后，不同农田作物的受害情况的对比调查。

需要特别指出的是，在进行各种小气候观测时，首先要注意，在不同地段上进行对比观测时，都应在同一时间内进行，以保证资料的可比性。其次要选择离观测点最近的气象站作为对照参考点，以便对观测资料进行序列订正。

第三节　野外气象观测数据的统计分析

一、基本气候指标的统计方法

（一）总数

有些气候要素需要用总数表示，如日照、降水、积温等，需要统计某一时段（如日、月、年）内的总数，即各次某气象要素观测值的代数和。例如，月降水量为该月各降水日的日降水量的总和，年降水量为该年 12 个月各月降水量的总和。又如，用来表述某地的热量条件的界限温度的积温就是温度的总和。积温有活动积温和有效积温两种。活动积温是在作物生长期内，高于生物学最低温度（如≥5℃、≥10℃和≥15℃等）的日均温的总和。例如，某地某年在 4 月 21 日～10 月 7 日，169 天的日平均温度都在 15℃以上，其日均温的总和就是该地这一年≥15℃的积温。有效积温是活动温度与生物学最低温度差值的累积。例如，在上例每日日均温中减去 15℃之后，所有日差值的累积，即为该地的有效积温。

（二）平均值

常用的气象要素平均值多为算术平均值（还有滑动平均值和几何平均值等）。平均值有日、候、旬、月、年不同时段的平均值。统计方法是将某一气象要素的观测记录，逐次、逐日、逐月或逐年相加，除以相加的次数即可。

（三）众数

众数是指某一气象要素的一系列数值中，出现频数最多的数值，代表了大多数的情况。由于有些气象要素（如风向）的算术平均值没有什么意义，只能用众数表示。例如，北京某年 1 月风向出现次数最多的是北风，其次是西北风。

（四）极值和较差

平均值只能表示某一气象要素在一定时期内的平均状况，而不能说明其变化情况，因此需要用极端值和较差反映该气候要素的变化情况。

极值有绝对极值和平均极值。绝对极值是观测时期内所出现的最大（高）值和最小（低）值。例如，某地 7 月的绝对最高气温为 38.0℃，是该地某年 7 月各日最高气温中的最高值；

而 7 月的平均最高气温为 35.1℃，是该月各日最高气温的算术平均值。前者为绝对值，后者为平均极值。

较差又称振幅，是某一时段内某气象要素最大值和最小值之差，如日较差、年较差等。绝对最大值和绝对最小值之差，称为绝对较差，表示统计时期内某气象要素的最大变动范围。例如，某地多年绝对最高气温为 40.3℃，绝对最低气温为-11.2℃，则该地的气温绝对较差为 51.5℃。平均最大值和平均最小值之差，称为平均较差。例如，某地 1 月平均气温（月平均气温最小值）为-50.1℃，7 月平均气温（月平均气温最大值）为 15.1℃，则该地的平均年较差为 65.2℃。

（五）频率

频率是某气象要素在一定时段内出现的次数与该时段内观测总次数的百分比。例如，某地某年 6 月每晚 20 时观测曾出现 8 次雷暴，则该地 6 月 20 时出现雷暴的频率为 8÷30×100=26.7%。又如，某地 6 月平均气温在 22.0～27.0℃范围内变动，经常出现在 23.0～26.0℃范围内的频率是 87.5%。可见，频率能表示某地某气象要素在某一时段内出现的频繁程度，对表述某一地区的气候特征是非常必要的。

二、气候统计图的绘制

为了将整理后的气象资料更醒目地表示出来，可绘制成气候统计图，如饼状图、曲线图、直方图和多边形图等，多数图件都可以在 Excel 软件支持下自动生成。

（一）饼状图

饼状图是以圆面积代表某一气候要素值出现的总次数，用扇形面积表示此要素在不同情况下出现次数的相对数或占总数的百分比。例如，某地某年共有 30 次降雨，其中小雨（24 小时内降雨量＜9.9mm）15 次，占降雨总次数的 50%；中雨（24 小时内降雨量 10～24.9mm）10 次，占 33%；大雨（24 小时内降雨量 25～49.9mm）3 次，占 10%；暴雨（24 小时内降雨量 50～24.9mm）2 次，占 7%。据此数据，可绘出该地区这一年不同降雨量等级饼状图（图 4-12）。从图 4-12 中可以直观地看出，该地区的降雨年内变率很大，这是半干旱地区气候的重要特征之一。

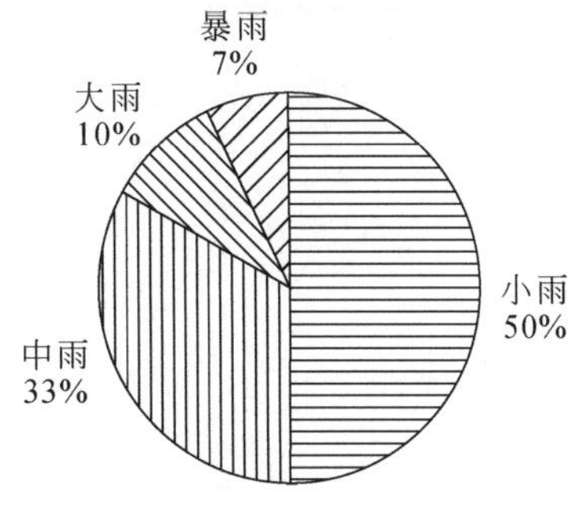

图 4-12　某地某年降雨量等级饼状图

（二）直方图和曲线图

对于连续性变化的气象要素（如气温等），常用曲线图表示其时间变化；对于连续性较差的气象要素（如降水等），则常用直方图表示。如图 4-13 所示，用直方图表示某地各月平均降水量变化，用曲线图表示气温年内变化。

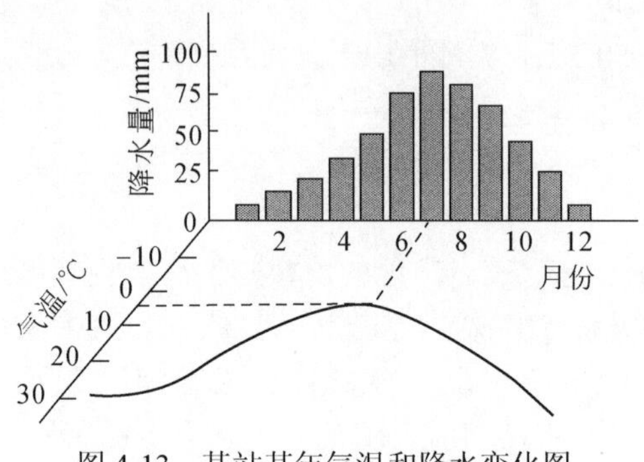

图 4-13　某站某年气温和降水变化图

（三）极坐标图

极坐标图通常用来表示风向频率，形似玫瑰花，故又称风向玫瑰图。其绘制方法是由中心向外画几个同心圆，用以代表不同风向的频率（%）和最大风速（m/s）值；再从中心引出 8 条线代表 8 个方位，连接各方位频率值便可绘成一个风向玫瑰图，连接各方位最大风速值便可绘成一个最大风速玫瑰图（图 4-14）。从图 4-14 中可以直观地看出某地某一时期多年平均的各风向频率和最大风速的大小。

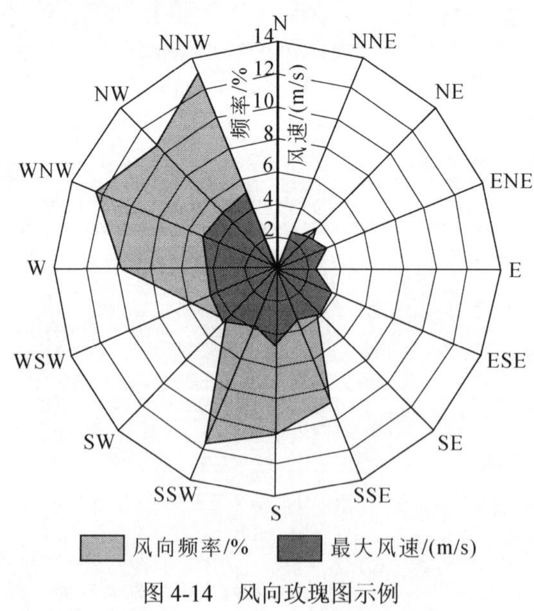

图 4-14　风向玫瑰图示例

第五章　水文野外实习方法

水文野外实习主要是开展多种水文测验，即对各种水体的水情要素和理化性质进行野外观测（或测验）、记录和整理等工作，这是水文理论研究、自然地理研究、水利工程设计与建设的基础。地球上的水体包括海洋和陆地水两大方面，其中陆地水又包括地表水（河流、湖泊、沼泽、冰川等）和地下水。因此，水文野外实习的内容十分庞杂，但限于海洋和冰川位置的特殊性，以及河南省高校自然地理课程野外实习的实际，本章只介绍河流水文野外测验（水位、流速、流量和泥沙）、水库和地下水野外调查的一般方法。

第一节　河流水文测验

一、水位观测

水位是河流某一断面的水面相对于基准面的高程。基准面是高程的起算零点，可分为绝对基面和测站基面两种。绝对基面是将某一海滨地点平均海平面作为高程起算零点的基面，我国统一规定以青岛黄海基面作为绝对基面；测站基面是某些水文测站专用的一种假定基面，一般以观测点河床最低点或历年最低水位以下 0.5～1.0m 处的水平面作为起算零点的基面，常在测站附近没有国家水准点或一时不具备条件的情况下使用。水位是河流最基本的水情要素，也是河流水文野外实习的重要内容。观测所得的水位数据可直接应用于水利工程设计与建设，如防汛、供水、灌溉、排水等建筑物的设计，以及堤防、坝高、桥梁、涵洞、公路路面标高的确定等；也可为其他水文数据的推求提供间接资料，如水资源计算、河流断面流量推算、水面比降计算等。

（一）观测断面布设

河流水位观测断面的布设应尽量选择河道顺直、河床稳定、水流集中和便于安置测验设施的河段。基本水尺断面（为了经常观测河流水文而设置的断面，断面上设置有永固性的观察水位的水尺）应设在测验河段的中央，并与流向垂直或平行于测流断面，若河段内出现固定分流，流量超过总流量的 20%，且两者之间没有稳定的关系时，一般应分别设立水尺断面。

堰闸水位观测的基本水尺断面布设应尽量选择河道岸坡稳定、不受水流紊动影响的河段。其上游基本水尺断面应设在堰闸上游水流平稳处，与堰闸距离不小于最大水头的 3～5 倍；下游基本水尺断面应设在堰闸下游水流平稳处，距消能设备（如消力池、防冲墙等）末端的距离不宜小于消能设备总长的 3～5 倍。

（二）观测设备与使用方法

河流水位观测常用设备有水尺和水位计两种。水尺是传统的直接观测设备，构造简单、使用方便，但工作量较大，需专人值守。水位计是利用浮子、压力和声波等能提供水面涨落变化信息的原理制成的水位观测设备，可直接绘出水位变化过程线。该设备构造相对复杂、技术要求高，但无须专人值守，工作量小，可以实现水位数据的自动记录和远程传输。

1. 水尺法

水尺是安置在江河某一横断面上，测量水面高程的设备。其刻度通常以厘米计（最小刻度为 1cm），一般以 1m 为一节，以红色或蓝色或黑色涂成间隔是正、反“E”字，每个“E”字为 5cm，方便读取水位值（图 5-1）。河流水位观测常用的水尺主要有直立式、倾斜式和矮桩式三种类型（图 5-2），其中直立式水尺最为普遍。

图 5-1　观测河流水位的水尺

1）直立式水尺

直立式水尺由水尺桩和水尺板组成。一般沿观测断面设置一组水尺桩，水尺板固定在水尺桩上，保持水尺直立［图 5-1 和图 5-2（a）］。水尺桩一般用钢筋混凝土材料制成，打入河底一定深度，避免发生下沉。水尺桩布设范围应高于测站历年最高水位、低于历年最低水位 0.5m。水尺板通常由长 1m、宽 8～10cm 的搪瓷板或铝合金材料制成。相邻两水尺之间的水位要有一定的重合，重合范围一般要求在 0.1～0.2m，以保证水位连续观测。

水尺板安装后，需用四等以上的水准测量方法测定每支水尺相对于绝对基面或测站基面的零点高程。在读取水尺板上的水位数值后加上该水尺的零点高程就是要观测的水位值。

2）倾斜式水尺

当用直立式水尺设置或观读有困难，而断面附近岸边有规则平整的斜坡时，可选用倾斜式水尺。此时，可以在规则平整的斜坡上（岩石或水工建筑物的斜面上）固紧金属板，并在金属板上刻画水尺刻度，或者直接在斜坡上涂绘水尺刻度［图 5-2（b）］。倾斜式水尺上的刻度已经按照边坡系数（一段斜坡的水平距离与其两端高差的比值）换算成垂直距离，因此通过倾斜式水尺可以直接读出相对于零点高程的水位高度。

3）矮桩式水尺

在易受航运、流冰、浮运或漂浮物冲击影响以及河漫滩较宽或岸坡十分平坦，不宜设立直立式水尺和倾斜式水尺的断面上，可设置矮桩式水尺。矮桩式水尺是由矮桩和临时附加的水尺组成的。矮桩顶部一般高出河床边坡 5～20cm，桩顶有直径 2～3cm 的金属圆钉，以便放置水尺。相邻桩顶高差一般在 0.4～0.8m，平坦岸坡在 0.2～0.4m［图 5-2（c）］。观测水位时，将水尺垂直放于桩顶，读取水位高度，再加桩顶高程即得水位高度。

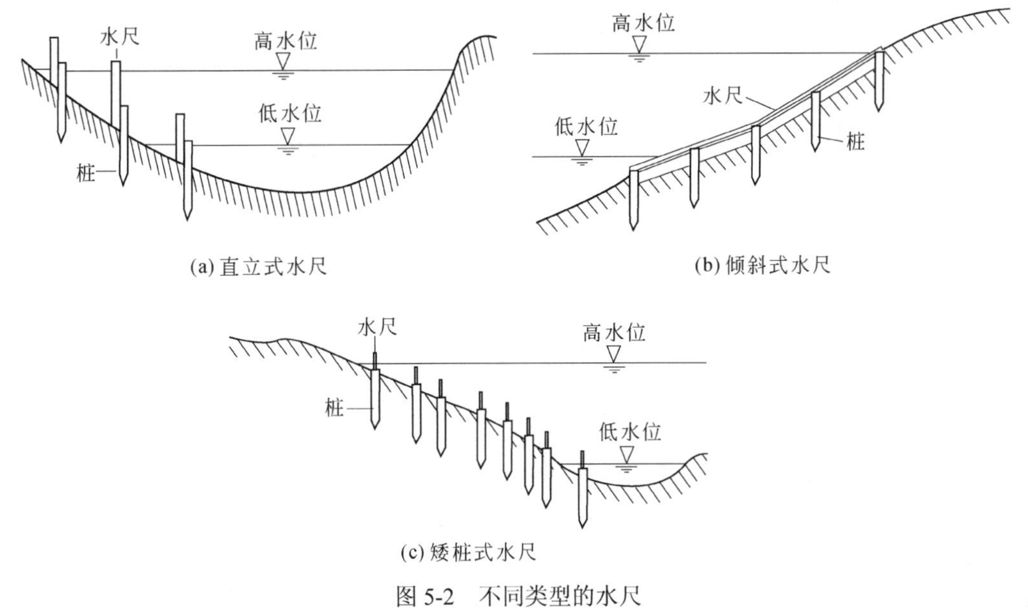

图 5-2 不同类型的水尺

4）观测时间

利用水尺观测水位要每天定时进行，观测次数和观测时刻应能反映一天内水位的变化过程，满足水文情报预报的需要。水位平稳时，每天 8 时观测 1 次；稳定封冻期未出现冰塞现象且水位平稳时，可每 2～5 天观测 1 次，月初月末必须观测。水位变化缓慢时，每天 8 时和 20 时各观测 1 次。水位变化较大或出现缓慢的峰谷时，每天 2 时、8 时、14 时、20 时各观测 1 次。洪水期或水位变化急剧时期，可每 1～6 小时观测一次；水位暴涨暴落时，应根据需要每半小时或若干分钟观测 1 次，以获得各次峰、谷和完整的水位变化过程。结冰、流冰和发生冰凌堆积的时期，应增加观测次数，以获取水位变化过程的完整资料。

5）日平均水位计算

当河流一天内水位变化缓慢时，或者水位虽然变化较大，但属于等时距观测时，采用算术平均法计算求得日平均水位，即用一天内若干次水位观测值的算术平均值作为当天的平均水位。如果一天内水位变化较大，且属于不等时距观测，可采用面积包围法求得，即将一天的水位过程线包围的面积除以一天的时间得到当天的平均水位。

2. 水位计法

水位计是一种较为先进的水位观测仪器，主要由感应器、传感器和记录装置三部分组成。按其记录方式可分为就地自记式和遥测自记式两种，按水位感应方式可分为浮筒式、压力式、超声波反射式等多种类型。这里简要介绍按水位感应方式划分的几种水位计的工作原理。

1）浮筒式水位计

浮筒式自动水位计由记录转筒、记录笔、计时钟和浮筒构成（图 5-3）。感应水位的浮筒用悬索与平衡悬锤相连，绕在记录仪主动滑轮上。浮筒随水位升降带动滑轮转动，并使螺旋杆产生旋转，固定在螺旋杆螺母上的记录笔便在记录纸纵坐标方向上走动，并在转筒的坐标纸上画出水位的变化过程线。应用自动水位计可获得连续完整的水位记录，适用于安装在那些既需要连续的水位变化资料又不便于频繁观测的断面上。

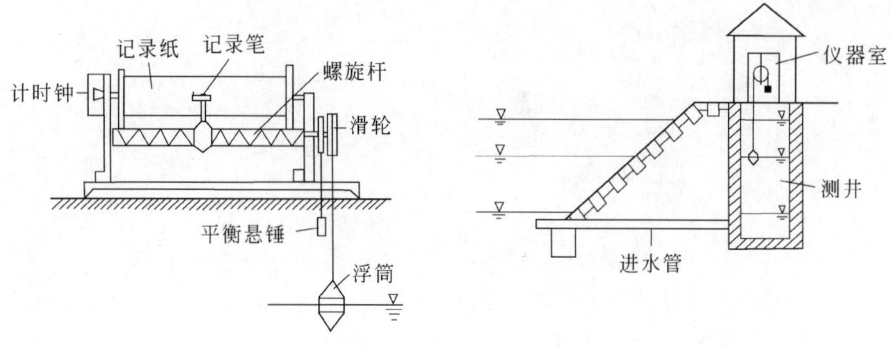

图 5-3　浮筒式自动水位计

2）压力式水位计

压力式水位计是根据水压力与水深呈正比关系，通过测量静水压力来实现水位测量的仪器，分为气泡式和压阻式两种。气泡式压力水位计通过气管向水下的固定测点通气，使通气管内的气体压力和测点的静水压力平衡，从而通过测量通气管内气体压力来实现水位测量。压阻式压力水位计简称压力式水位计，是将扩散硅集成的压阻式半导体压力感应器或压力变换器直接投入水下测点位置，感应静水压力的水位测量装置（图 5-4）。压力式水位计广泛应用在江河、湖泊、水库及其他密度比较稳定的天然水体的水位测定中，实现水位自动测量和存储记录。

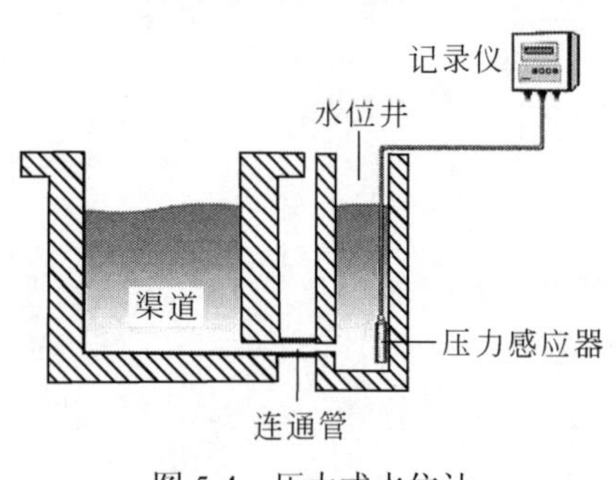

图 5-4　压力式水位计

3）超声波反射式水位计

超声波反射式水位计是应用超声波遇到不同界面而发生反射的原理来测量水位的仪器，分为气介式和水介式两种。气介式超声波水位计是以空气作为超声波的传播介质，超声换能器安置于水面上方，向水面反射超声波，根据回波时间和超声波在空气中传播速度可计算并显示出水位（图 5-5）。仪器不用接触水体，不受水中泥沙、流速和水草等不利因素影响。水介式超声波水位计是将超声换能器安装在河底，向水面发射超声波，根据回波时间和超声波在水体中的传播速度计算并显示水位。超声波在水介质中传播速度快，也无须建造水位测井。两种水位计均可利用电缆将数据传输至室内显示或存储记录。超声波水位计适用于江河、湖泊、水库、渠道、船闸及各种水工建筑物处的水位测量，但易受风浪影响，尤其是闸下水流急、浪涌大时，不宜安装超声波水位计。另外，水面泡沫多时也不宜使用这种水位计，可换成压力式水位计。

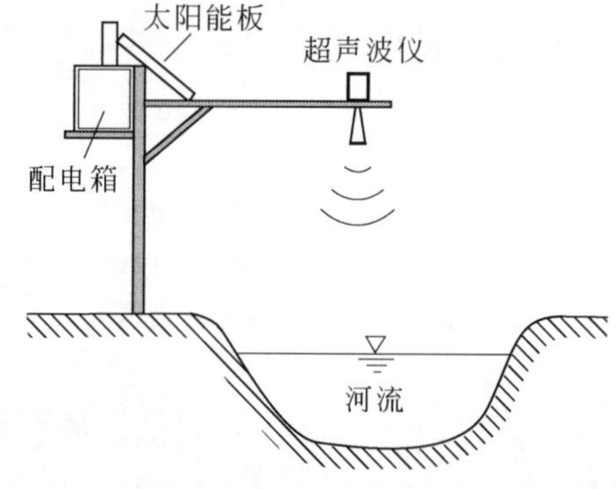

图 5-5　气介式超声波水位计

4）雷达水位计

雷达水位计的原理与超声波水位计相似，只是用雷达波代替超声波而已。雷达水位计通过非接触方式测量水位，不受温度、湿度、风速和降水等环境因素影响，是水位测量最理想的设备之一。

二、流速测验

河流流速测验方法有流速仪法、浮标法和水力学法等，本章主要介绍流速仪法和浮标法。

（一）流速仪法

流速仪法是精度较高的测量河流流速的方法。当流速、水深、设备条件合适时，过水断面上不同位置的流速一般是采用该方法获得的。流速仪可分为旋桨式和旋杯式两种，两者除了感应水流速度的传感器不同外，基本原理是一样的。图 5-6 是比较常用的旋杯式流速仪。

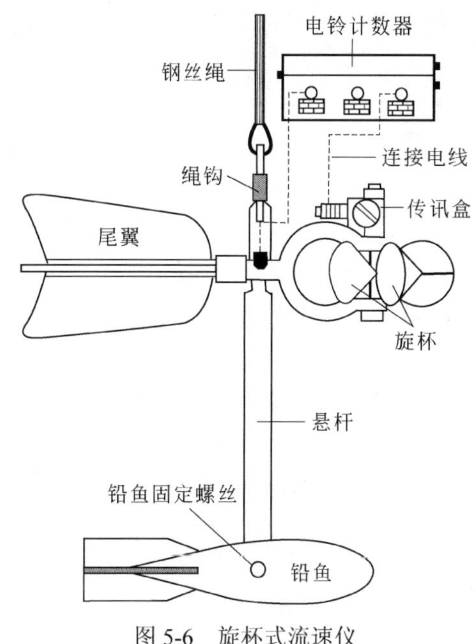

图 5-6　旋杯式流速仪

用流速仪测速时，必须在断面上布设测速垂线和测点，测验步骤如下。

第一步：根据河宽、水深以及河床底部条件布设测速垂线，并确定垂线上的测点。由于近岸流速缓、变化小，中泓线流速急、变化大，所以测速垂线的布设原则是近岸处稀疏，主槽部分密集。不同宽度河流布设测速垂线的数目可参考表 5-1。

表 5-1　不同宽度河流最少布设测速垂线的数目

水面宽/m		＜5.0	5.0	50	100	300	1000	＞1000
最少测速垂线数/条	深窄河道	5	6	10	12	15	15	—
	宽浅河道	—	—	10	15	20	25	＞25

由于流速在断面垂直方向上也有很大变化，在测速垂线上确定多少个测点要依据水深而定，具体可参考表 5-2。

表 5-2 测速垂线的测点数目和位置

垂线水深（H）/m	测点数	测点位置
H<1	1（1 点法）	0.6H
1<H<3	2（2 点法）	0.2H，0.8H
	3（3 点法）	0.2H，0.6H，0.8H
H>3	5（5 点法）	水面，0.2H，0.6H，0.8H，河底

第二步：用流速仪逐线、逐点测定流速并做好记录。将流速仪沿测速垂线放置到预定的测流深度，水流冲击流速仪的旋杯（或旋桨）使其转动，水流速度越大，旋杯（或旋桨）旋转越快。旋杯（旋桨）每转动一定转数，仪器就会发出一次电声信号（蜂鸣器响一次），并在数字显示屏上显示出次数。根据测速时间内数字屏上的读数算出每秒转数，按下式计算出流速：

$$V = a + b \cdot n \tag{5-1}$$

式中，V 为流速（m/s）；n 为测速时间内旋杯（或旋桨）每秒转数；a 和 b 为常数，已标注在仪器铭牌上或说明书中。

在垂线上测流速时要注意以下两点：一是由于流速存在着一定的脉动现象，要求每个测点上的测流时间要大于 100s。二是在测定水面流速（$V_{0.0}$）时，仪器不能露出水面；测河底流速（$V_{1.0}$）时，旋杯（或旋桨）不能触及河底。

第三步：计算各个垂线的平均流速。

当水深 H≤1m 时，采用一点法流速，即

$$\overline{V} = V_{0.6} \tag{5-2}$$

当水深 H 在 1～3m 时，采用两点法流速的算术平均值，即

$$\overline{V} = \frac{1}{2}(V_{0.2} + V_{0.8}) \tag{5-3}$$

或三点法流速的算术平均值，即

$$\overline{V} = \frac{1}{3}(V_{0.2} + V_{0.6} + V_{0.8}) \tag{5-4}$$

当水深 H>3m 时，采用五点法流速的加权平均值，即

$$\overline{V} = \frac{1}{10}(V_{0.0} + 3V_{0.2} + 3V_{0.6} + 2V_{0.8} + V_{1.0}) \tag{5-5}$$

第四步：根据过水断面上各个测速垂线的平均流速，计算部分断面流速和断面流速。过水断面上不同部分断面流速的计算是不相同的。岸边部分断面的流速计算公式为

$$V_{\text{岸边部分}} = a\overline{V_1} \tag{5-6}$$

式中，$V_{\text{岸边部分}}$为岸边部分断面的平均流速；$\overline{V_1}$ 为岸边第一根测速垂线的平均流速；a 为流速系数，缓坡河岸取 0.7，陡坡河岸取 0.9。

中间部分断面的流速计算公式为

$$V_{\text{中间部分}} = \frac{\overline{V_1} + \overline{V_2}}{2} \tag{5-7}$$

式中，$V_{中间部分}$为断面主槽两端测速垂线之间的部分断面的平均流速；$\overline{V}_1$和$\overline{V}_2$分别为相邻两根测速垂线的平均流速。

整个河流过水断面的平均流速可以用各个部分断面流速的算术平均值来代表。

（二）浮标法

浮标法是向河流水面投放浮标（能够漂浮在水面，而且比较醒目的物体，如涂上红色油漆的木块或红色塑料块等），通过浮标的移动速度来大致了解河流流速的一种方法。

首先，在测站断面（流速仪测速断面）上、下游，距测站断面相当于平均流速（m/s）乘以25～40s的地方分别选择两个断面，称之为浮标上断面（投放端）和浮标下断面（计时端）。然后，在投放端将浮标沿测流垂线位置同时投放到河流中，并向计时端发出计时信号，计算浮标通过上、下断面的时间。最后，根据上、下断面之间的距离，计算出流速。

用浮标法测流速会受到风向、风力、浮标材料、水流状况、河流横断面形状、河床糙度等因素的影响，所以浮标法测得的流速为虚流速，需要用浮标系数（K_f）来校正。确定K_f可用比测试验法，即用流速仪和水面浮标同时测流，从而计算浮标系数。也可采用经验值代替K_f，但测流精度会受影响。

三、流量测验

河流流量的测验方法很多，其中最常用的是流速-面积法。该法首先将过水断面划分为若干部分，测算出各部分断面的面积，用流速仪法或浮标法测算出各部分断面面积的平均流速。然后将各部分断面面积与其平均流速相乘，得到各部分断面的流量。最后将各部分断面流量加和即得到全断面的总流量。

（一）断面测量

1. 测流断面选择

如果河流上没有水文测站，可根据需要选择合适的断面来测定流量。选择测流断面应该注意以下五个方面：①选择弯曲河道或束窄河道的上游河段，因为这里的流速变化相对缓慢，容易测算流量。②选择顺直河道时，顺直河段的长度要相当于河道最大宽度的3～5倍，因为顺直河道断面上的流速分布比较均匀、规则，湍流和旋涡流较少，便于流速施测。③断面流速要大于0.1～0.15m/s，水深大于0.3m，便于学生掌握测流技术。④尽量选择单式河槽测量流速和流量，因为它比复式河槽容易测算断面面积。⑤河床底部障碍物要少，以减少对河水流速的影响。

2. 断面面积测量

在水文测站，一般根据水位和过水断面面积之间的关系，先绘制出它们的关系曲线，然后根据瞬时水位在曲线图上找出相应的过水断面面积。但在野外实习过程中，往往需要测量河流过水断面的面积。首先，用测深垂线将过水断面划分为若干部分（图5-7）。测深垂线要布置在河床底部地形有转折的地方，以便于面积的计算。然后，测出各垂线的水深（h）和垂线之间的水平间距（d），根据h和d求出部分断面面积（S_i）和过水断面的总面积（S），即

$$S = \frac{1}{2}h_1 \times d_1 + \frac{1}{2}(h_1 + h_2) \times d_2 + \frac{1}{2}(h_2 + h_3) \times d_3 + \cdots + \frac{1}{2}(h_i + h_{i+1}) \times d_{i+1} \tag{5-8}$$

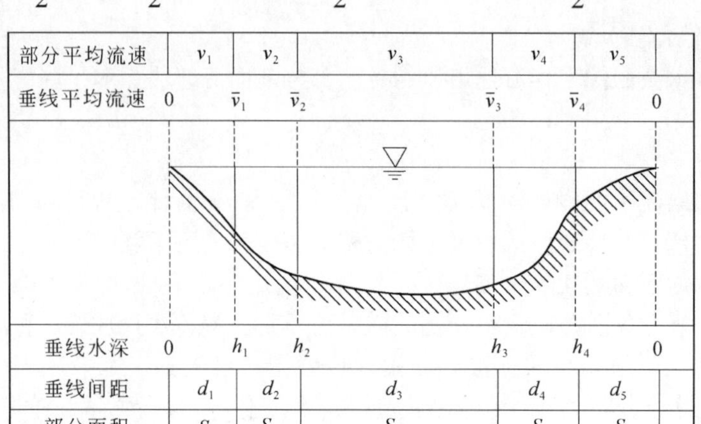

图 5-7 部分断面面积划分示意图

在中小河流上测量水深时，多用测深杆、测深锤、测深铅鱼等，在大河测量时多采用先进的测深声呐装置。断面测量与面积计算工作完成后，根据需要还可以按各垂线深度和间距绘制出河槽断面图。

（二）流量计算

根据上述测得的各个部分断面的平均面积及流速，即可计算部分断面流量和过水断面总流量。部分断面流量为部分断面平均流速及其面积的乘积，即

$$q_i = V_i \cdot S_i \tag{5-9}$$

式中，q_i 为部分断面流量；V_i 为部分断面平均流速；S_i 为部分断面面积。

断面总流量为各部分断面流量之和，即

$$Q = \sum_{i=1}^{n} q_i = V_1S_1 + V_2S_2 + V_3S_3 + \cdots + V_nS_n \tag{5-10}$$

式中，Q 为断面流量；V_1，V_2，…，V_n 为各个部分断面的平均流速；S_1，S_2，…，S_n 为各个部分断面的面积。

四、泥沙测验

根据河流水流的动能、泥沙自重及其运动特点的不同，可将河流泥沙分为悬移质、推移质、跃移质和床沙 4 类。悬移质是悬浮于水中并随水流一起运动的泥沙；推移质是在水流的冲击下沿河床滑动或滚动的泥沙；跃移质是在水流的冲击下沿河床跳跃式运动的泥沙；床沙则是组成河床活动层而处于相对静止的泥沙。它们之间并无严格的界限，随水流条件的变化而相互转变。河流泥沙多以悬移质为主。泥沙测验是对河流泥沙随水流运动的形式、数量及其演变过程的观察和测量，通常包括悬移质、推移质的数量和床沙的颗粒级配。由于三类泥沙的运动特性不同，其测验方法也有所差异，本书重点介绍悬移质的测验方法。

（一）悬移质泥沙测验

悬移质泥沙的测验主要包括单位水样含沙量（简称单沙）测验和断面输沙率测验。单

位水样含沙量是断面上有代表性的垂线或测点上，单位体积河水中所含泥沙的质量，断面输沙率是单位时间内通过河流某一断面的悬移质沙量。

1. 悬移质含沙量测验

悬移质含沙量测验主要包括水样采集、水样处理和含沙量计算等工作。测定悬移质含沙量的方法较多，主要有泥沙采样器测量法、含沙量光度测量法、放射性同位素测量法等，这里主要介绍采样器测量法。

1）水样采集

水样采集的仪器是专用的泥沙采样器，包括瞬时式和积时式水样采集器两种，我国目前使用最多的是瞬时式采样器中的横式悬移质采样器（图 5-8）。该仪器是一个两端有筒盖的水平圆筒。取样前，将采样器挂在带有铅鱼的悬索上或安置在悬杆上，用撑爪将取样筒两端筒盖打开；取样时，先将采样器放入测点深度，确保采样器器身与水流方向一致，水从筒中流过。然后操纵开关击落撑爪，借两端弹簧拉力将筒盖快速关闭。最后将采样器提出水面，筒内的水即测点处的悬移质水样。取水样的同时，还应观测断面水位及取样处的水深，并测定取样垂线的起点距，所以泥沙测验常常与测流同时进行。

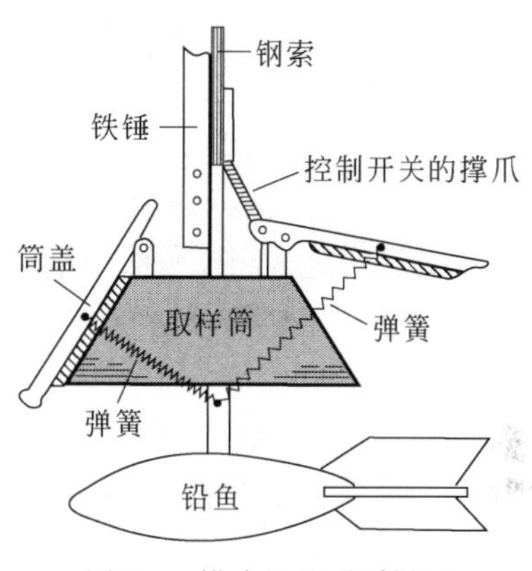

图 5-8　横式悬移质采样器

2）水样处理

悬移质含沙量测验的水样处理方法有烘干法、过滤法和置换法等［《河流悬移质泥沙测验规范》（GB/T 50159—2015）］。烘干法和过滤法的主要区别是，前者在泥沙沉降后不经过过滤直接烘干称重，而后者在泥沙沉降后再进行过滤和烘干称重，下面简要介绍过滤法的一般步骤。

第一步：测量水样体积。将水样倒入玻璃量筒中，读出水样体积，读数误差不得大于水样容积的 1%。

第二步：泥沙沉淀。将全部水样从量筒倒入澄样筒内进行沉淀。沉积所需的时间长短根据水样中泥沙粒径大小而定，一般不得少于 24 小时。水样经沉淀后，将澄样筒上部清澈的水用虹吸管吸出，注意不要扰动沉淀的泥沙。

第三步：过滤。用事先烘干称重的滤纸，将沉淀浓缩后的泥沙水样过滤。

第四步：烘干。将滤纸上的泥沙连同滤纸一起放入烘箱内烘干。烘箱温度保持 100～110℃，烘干时间一般为 5 小时。烘干后的沙样放入干燥器内冷却，防止湿空气侵入。

第五步：称重。将烘干冷却后的沙样连同滤纸一起放到天平上称重。称得的重量减去滤纸的重量即为干沙的重量。

3）含沙量计算

含沙量是每立方米浑水中所含泥沙的重量，即

$$\rho = \frac{W_s}{V} \tag{5-11}$$

式中，ρ 为实测含沙量（kg/m^3）；W_s 为水样中的干沙重量（g）；V 为水样的体积（L）。

河流含沙量的测验次数为平均每日测量 1 次，洪水期应适当增加取样次数，枯水期可 5～10 天取水样测量 1 次。

2. 断面输沙率的测验

由于输沙率是含沙量与流量的乘积，输沙率的测验要同时测出含沙量和流量才能进行计算。目前，断面输沙率测验的一般步骤为：先求出各测沙垂线的平均含沙量，然后求得两条测沙垂线间部分断面的平均含沙量，再与部分断面流量相乘得到部分断面输沙率，将各部分断面的平均含沙量累加后可得全断面的输沙率。

1）测沙垂线平均含沙量测验

某测沙垂线平均含沙量测验的一般步骤如下。

第一步：布设测沙垂线。测沙取样垂线的数目应不少于测速垂线数目的一半。一般来说，当河宽大于 50m 时，取样垂线不应少于 5 条；河宽小于 50m 时，取样垂线不应少于 3 条。取样垂线要与测速垂线重合。

第二步：采集水样和含沙量测量。常用的取样方法有积点法、定比混合法与积深法 3 种。积点法是按测速垂线上的测速布点要求，根据水深不同用五点法、三点法或两点法和一点法在特定深度采集水样，按上述含沙量测定方法得到各测点的含沙量。定比混合法是在每根垂线上取三个水样（$0.2H$、$0.6H$ 和 $0.8H$），然后按 2∶1∶1 的比例混合；或取两个水样（$0.2H$ 和 $0.8H$）按 1∶1 的比例混合，得到混合水样的含沙量，即垂线上的平均含沙量。积深法又分为单程取样法和双程取样法。前者是将特制的采样器开口朝上游以均匀的速度沉至河底，关闭样器并提出水面；后者是将采样器口完全开启由水面匀速沉至河底再匀速提至水面采样。由于积深法采取整个垂线上的水样，采样器取得的水样和垂线各点流速的权重成正比，经水样处理后的含沙量可以代表垂线上的平均含沙量。

第三步，计算垂线平均含沙量。用定比混合法与积深法采样测得的含沙量本身已经是垂线平均含沙量，但用积点法取水样只获得垂线上各测点的含沙量，还需要用加权公式计算垂线平均含沙量，即

五点法：
$$\overline{\rho}=\frac{1}{10\overline{V}}(\rho_{0.0}V_{0.0}+3\rho_{0.2}V_{0.2}+3\rho_{0.6}V_{0.6}+2\rho_{0.8}V_{0.8}+\rho_{1.0}V_{1.0}) \tag{5-12}$$

三点法：
$$\overline{\rho}=\frac{\rho_{0.2}V_{0.2}+\rho_{0.6}V_{0.6}+\rho_{0.8}V_{0.8}}{V_{0.2}+V_{0.6}+V_{0.8}} \tag{5-13}$$

两点法：
$$\overline{\rho}=\frac{\rho_{0.2}V_{0.2}+\rho_{0.8}V_{0.8}}{V_{0.2}+V_{0.8}} \tag{5-14}$$

一点法：
$$\overline{\rho}=C_1\rho_{0.5}\text{ 或 }\overline{\rho}=C_2\rho_{0.6} \tag{5-15}$$

式中，$\overline{\rho}$ 为垂线平均含沙量；ρ_i 为测点水深为 i 处的水样含沙量；V_i 为测点水深为 i 处的流速；$\overline{V}$ 为垂线平均流速；C_1、C_2 为由实验得出的系数。

2）断面输沙率的计算

求出断面各垂线的平均含沙量后，根据测流时测算的垂线之间的各部分断面的流量，即可计算断面输沙率，即

$$Q_s=\frac{1}{1000}\left(\overline{\rho}q_0+\frac{\overline{\rho}_1+\overline{\rho}_2}{2}q_1+\frac{\overline{\rho}_2+\overline{\rho}_3}{2}q_2+\cdots+\frac{\overline{\rho}_{n-1}+\overline{\rho}_n}{2}q_{n-1}+\overline{\rho}_nq_n\right) \tag{5-16}$$

式中，Q_s 为断面输沙率（kg/s 或 t/s）；$\overline{\rho}_i$ 为第 i 根垂线的平均含沙量（kg/m^3）；q_i 为第 i 根垂线与 $i+1$ 根垂线之间的部分流量（m^3/s）。

（二）推移质泥沙测验

河流推移质泥沙数量通常比悬移质少，但在某些河流的上游山区河段，推移量往往较大，容易造成水库、河道以及灌渠的淤塞，影响水利工程的运行和河道的防洪、航运。推移质泥沙测验主要是测定天然河道的推移质输沙率。推移质输沙率是单位时间内通过测验断面的推移质泥沙质量，单位是 t/s。测验推移质输沙率时，需要在断面上布设若干垂线，先测定各垂线的单宽推移质输沙率，然后计算部分宽度上的推移质输沙率，最后累加求得整个断面的推移质输沙率。

1. 推移质泥沙测验方法

河流推移质输沙率测验的方法主要有器测法和坑测法两种。器测法是将推移质采样器直接放在床面上采集推移质样品，坑测法是在河床上设置测坑来采集推移质。其中，器测法应用最为广泛，而坑测法只在特殊需要时采用。

推移质粒径差别很大，常分为沙质推移质和卵石推移质两类。相应地，器测法所采用的推移质采样器分为沙质推移质采样器和卵石推移质采样器两种。我国自制的推移质采样器形式较多，其中沙质推移质采样器有开敞式、网式和匣式等类型，目前使用的沙质推移质采样器多属匣式（图 5-9）；卵石推移质采样器主要采用网式采样器（图 5-10）。

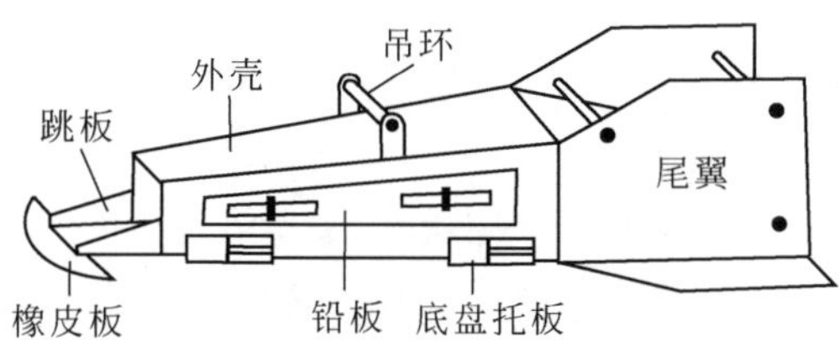

图 5-9　沙质推移质采样器（黄河 59 型）

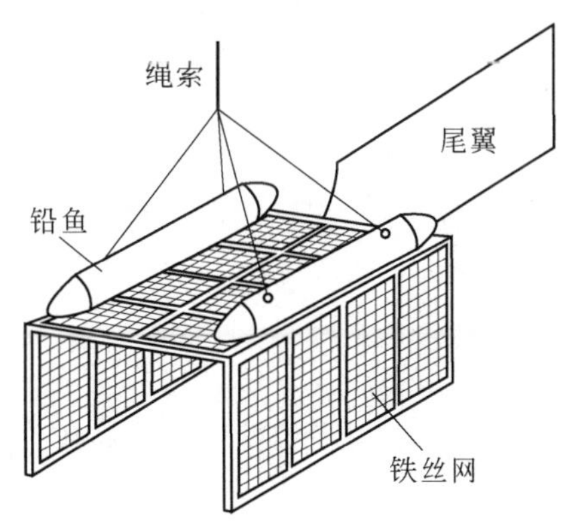

图 5-10　卵石推移质采样器

2. 推移质泥沙测验的次数

推移质输沙率的测验次数随着河床组成物质不同而异。床沙粒径小于 2mm 的沙质河床，由于沙质推移质输沙率与水力因素关系密切，测验次数可少些；床沙粒径大于 2mm 的砾石或卵石河床，因水力因素与推移质输沙率的关系往往不够密切，测验的次数一般按水位或流量变化过程而定。推移质输沙率测验垂线的数量要反映推移质输沙率的横向变化。在推移质强烈的地方，垂线加密。每条垂线上重复取样 2～3 次，以消除推移质的脉动影响。

需要说明的是，用器测法施测推移质时，由于仪器放到床面后，改变了床面的水流结构，因而测验结果不能完全反映实际情况，必须进行修正。目前，天然河流的推移质泥沙测验工作还处于探索阶段，能够开展推移质泥沙测验工作的测站较少，实测资料并不多。

（三）床沙测验

河流床沙测验的基本工作是采集河床上的沙样，进行颗粒分析，获得泥沙颗粒级配资料，为研究河流输沙、河床冲淤变化及估算河床糙率提供基础资料。

1. 床沙采样仪器

床沙样品的采集通常使用专门的床沙采样器。采样器应能取得河床表层 0.1～0.2m 以内的沙样，提取仪器时仪器里面的沙样不得被水流冲走或漏失。目前国内使用的床沙采样器有拖斗式、横管式、钳式和钻管式等；卵石河床的床沙采样器有挖斗式、犁式和沉筒式等。

2. 床沙取样垂线布设

床沙取样垂线布设应能控制床沙级配的横向变化，垂线数不应少于 5 条。取样垂线位置应与悬移质、推移质输沙率测验垂线相同。床沙测验的次数，一般也要与悬移质和推移质测验相同。

3. 床沙取样方法

床沙取样方法根据河床组成的不同有所差异。在沙质河床上，主要利用沙质河床采样器采取不同深度的样品。对于卵石河床，取样方法分表层和下层两种。表层样品的取样方法主要有网格取样法和面上取样法等。网格取样法是将一格网置于卵石床面，采集网格交叉点下面的各个卵石作为样品；面上取样法是在所选取的面积内，采集全部卵石作为样品。下层样品的采集方法主要采用体积法，将一圆桶状的采样器压入卵石河床，取出桶内全部样品。如果要采集不受扰动的样品，则用冰冻取样法，即将一根管子压入河床，然后注入二氧化碳低温气体，使管子附近的孔隙水冻结，再用绞车将管子连同样品从河床中提起。对于大卵石河床，由于需要采集大量样品，须用挖土机或类似机械设备挖取。

4. 泥沙颗粒分析

采集泥沙样品后，在实验室测定样品的粒径大小及各粒径组（粒级）的含量占样品总量的百分比。颗粒分析有直接法和间接法两种。

1）直接法

颗粒分析直接法又分为尺量法和筛析法。尺量法适用于大卵石的粒径测量，先直接用尺子逐个度量卵石三个轴向的直径，求得平均粒径，然后按不同粒径分组称重。筛析法适用于分析粒径 0.1～100mm 的泥沙样品，是用一组标准筛从粗到细筛分称重。

2）间接法

颗粒分析间接法通过测定泥沙在水中的沉降速度，再根据沉降速度与泥沙粒径的关系间接推求泥沙粒径。根据泥沙沉降环境又分为清水沉降和混匀沉降两类。

（1）清水沉降法。将一定量的泥沙样品从一定温度的清水柱顶端倒入，粗颗粒沉降速度快，先到达柱底，细颗粒沉降慢，后到达柱底。按照泥沙沉速公式，可以根据各粒径在当时水温条件下的沉降时间，求得先后沉降颗粒的粒径大小。这类方法有粒径计法、累积管法。粒径计法适用于分析 0.05～0.5mm 的泥沙。粒径计是一个内径 4cm、长 105cm 的直立玻璃管，底部逐渐收缩至内径 1.1cm，管内盛满清水（蒸馏水）。操作时，从管的上部加沙后，打开底部开关，在规定时间（可查表获得）用器皿接取各粒径组的泥沙，然后烘干称重得到不同粒径的颗粒组成。累积管法的原理与粒径计法相似，只是底部收缩段之下接一细管，直接观测不同时段泥沙在细管中的累积量，适用于分析 0.05～2.0mm 的泥沙。

（2）混匀沉降法。首先将泥沙在水柱中混匀，形成悬浮液，然后按不同颗粒大小依次沉降。随着泥沙的沉降，经过一定的时间，在某一规定的深度处，超过某一粒径的颗粒将全部沉淀至此深度以下，而小于此粒径的颗粒则仍然存在于悬浮液中。在规定时间内，通过测量某深度处泥沙浓度即可取得泥沙级配数据。这类方法有移液管法、吸管法、比重计法、消光法、底漏管法等。其中，移液管法是将沙样在高 45cm 的量筒中与清水混匀得到悬浮液，静置，按规定时间用移液管从水面下 10cm 处取样分析。这种方法适用于粒径 0.005～0.05mm 的泥沙颗粒分析。

第二节　水库与地下水的野外调查

一、水库的野外调查

水库的野外调查工作可分为两种形式：一是搜集有关部门现有的水库资料；二是实地考察获取第一手材料。调查工作的内容包括水库地质条件、库区汇水面积与流域特征、库容与设计标准、水库功能与作用及水工建筑物等方面。

（一）水库地质条件调查

通过搜集有关资料或实地考察库区出露地层的岩性、古老程度、节理发育程度、有无岩浆岩侵入等，可以了解库区地层的透水性，以分析水库的蓄水条件、库区渗漏以及坝基渗漏情况等。调查库区的断层发育状况、断层破碎带的位置与分布，特别要注意大坝所依托的两岸山体和坝基部分的构造条件，因为它们关系坝身的牢固程度与水库的安全运行，据此可以评估大坝选址的合理性。

（二）库区汇水面积与流域特征调查

水库的汇水面积指大坝以上，入库干、支流的流域面积。在年降水量不变条件下，它决定了水库年径流量大小。可以选用大比例尺地形图，以图上分水岭作为边界，用铅笔勾绘出大坝以上流域的范围，再用求积仪求出水库汇水面积。

流域特征包括流域内的地貌、气候和植被条件等。通过调查库区内山地、丘陵、盆地、平原的分布，年平均降水量、降水强度和降水变率、植被类型和植被覆盖率等方面，可获得水库集水过程的快慢、洪峰入库时间的早晚以及泥沙淤积速度等方面的信息。

（三）库容与设计标准调查

水库总库容由死库容、兴利库容（也称有效库容）和防洪库容三部分组成。死库容是死水位以下的水库容积，是供入库泥沙堆积所用的库容。兴利库容是死水位以上，正常高水位以下的水库容积，是为满足发电、灌溉的需要而设计的库容。防洪库容一般指正常高水位以上，最高洪水位以下的水库容积。水库水文特征和水库设计标准可按表 5-3 中所列内容进行调查。

表 5-3　水库水文特征和设计标准调查表

调查项目	设计标准	校核
平均年降水量/mm		
平均年径流量/m^3		
防洪标准		
7 天洪水总量/m^3		
最高洪水位/m		
库容量/m^3		
最大泄水量/（m^3/s）		
汛前限制水位/m		
限制水位相应库容/m^3		
正常高水位/m		
兴利库容/m^3		
死水位/m^3		
死库容/m^3		
水库调节性能		
多年平均蒸发量/mm		

（四）水库功能与作用调查

调查水库的用途可从六个方面进行：①防洪。防洪标准与效益。②灌溉。灌溉面积与水费收入情况。③发电。装机容量与年发电量。④城市供水。可供水量与经济效益。⑤渔业及水产养殖。经济作业水面或水产养殖面积，水产总量与经济效益。⑥航运。改善航道条件与增加航运里程。其他间接的用途还包括野生动物保护和旅游观光等方面。

（五）水工建筑物调查

水库水工建筑物调查的内容主要包括大坝的形式、坝顶高程、最大坝高（净高度）、坝顶长度，输水洞的高程、孔径、数量，溢洪道的形式（开敞式或隧洞式）、数量及下泄水量，以及灌区的水利工程设施等。

二、地下水的野外调查

地下水的野外调查内容十分广泛，本书仅介绍水井和泉的野外调查内容与方法。

（一）水井的野外调查

水井的野外调查主要包括水井水文地质条件调查和水井水文要素调查两项内容。

1. 水井水文地质条件调查

水井水文地质条件调查内容主要是地下水的埋藏条件，含水层的岩性、厚度、孔隙度和透水性能，隔水层的岩性、分布和埋深，地下水的单位面积可采量，地下水的补给形式，地下水的运动方向等。搜集区域内地下水位升降方面的历史资料也是其非常重要的内容。

在没有钻探和抽水机械的条件下，水文地质调查是在各项水井调查的基础上完成的。例如，根据水井的深浅、是否季节性干涸和当地的地质条件，可以判断其下部是局部隔水层还是稳定隔水层，是上层滞水还是潜水。通过了解当地已钻至隔水层的井深，可获得稳定隔水层的深度和厚度；通过水井水面到地表的距离可了解潜水的水位和埋深；通过隔水层深度和潜水埋深可计算含水层的厚度；通过单井出水量及其影响半径可了解地下水的单位面积可采量；通过了解各个水井的分布及其水位可判断地下水的流向。野外水文地质条件调查工作可按表 5-4 所列内容进行。

表 5-4　野外水文地质条件调查表

调查项目	记载内容
含水层岩性	
含水层厚度/m	
隔水层岩性	
隔水层埋深/m	
潜水埋深/m	
潜水流向	
单位面积可采量/（t /km²）	

2. 水井水文要素调查

水井水文要素调查的主要内容有水井所在的地貌部位、井深、潜水埋深、补给条件、单位涌水量、井水的理化性质，等等。调查时，应在大比例尺地形图上点绘出水井的分布位置，并将调查区内的水井统一编号。水井的野外调查可根据表 5-5 所列内容进行。

表 5-5　水井野外调查表

调查项目	水井编号			
	No.1	No.2	No.3	No.4
井位				
井深/m				
潜水埋深/m				
补给条件				
单位涌水量/［t /（h • m）］				
用途				

（二）泉的野外调查

泉是地下水的天然露头。地下水分布很广，但泉的形成必须同时具备一定的水文地质和地貌条件。泉的野外调查内容主要包括泉的成因、补给条件（补给源含水层厚度及透水性能、补给范围、补给区到排泄区的距离）、泉的出水量及其稳定程度、泉水的理化性质、泉水的利用等方面。

根据泉的补给以及出露成因可划分为下降泉和上升泉。下降泉由上层滞水或者潜水补给，泉水在重力作用下自由流出地表。按形成条件又分为侵蚀泉、接触泉和溢出泉三种。

侵蚀泉和接触泉都是河谷或冲沟下切侵蚀而使泉水出露，只是两者切割深度不同而已。前者只是河谷切割使含水层暴露出来形成的泉，后者是切割深达下部隔水层，使地下水从含水层与隔水层的接触带流出地表形成的泉。溢出泉是潜水在水平流动过程中，受到堤状隔水层阻挡使水位壅高溢出地表而形成的。

上升泉是由承压水补给，泉水在压力水头作用下涌出地表形成的泉。根据泉水上升出露与储水构造的关系又分为断层上升泉和侵蚀上升泉两种。前者是当断层切至埋藏的承压含水层时，承压水沿断层裂隙升至地表而形成的泉。后者指自流斜地或自流盆地中的承压含水层顶板被河流切穿，承压水涌出地表而成的泉。

调查泉的出水量大小及泉水补给的稳定程度可以确定泉水的利用价值。一般来说，补给源含水层的分布范围和厚度越大，泉眼距离补给区越远，泉的出水量越稳定，反之亦然。调查泉水的理化性质主要从温度、气味、口感、矿化度、各种矿物质含量、气体含量等方面入手，以确定泉水的利用价值。泉的野外调查可按表 5-6 所列内容进行。

表 5-6　泉的野外调查表

调查项目	泉编号			
	No.1	No.2	No.3	No.4
分布部位				
泉的成因				
出水量/（t/h）				
水温/℃				
透明度/m				
气味与口感				
化学元素浓度/（mg/L）				
用途				

第六章　土壤野外实习方法

土壤是在气候、生物、母质、地貌、时间以及人类活动综合作用下形成的历史自然体，对自然地理系统的形成和演化具有重要影响，也是人类赖以生存的物质基础。土壤地理研究的基础工作包括土壤野外调查与室内分析，从而为探讨土壤形成、发育、分类和分布规律提供第一手资料。本章仅介绍土壤野外调查的基本方法，包括土壤成土因素野外调查、土壤剖面观察与描述、土壤样品和标本的采集、大比例尺土壤草图绘制等。

第一节　土壤成土因素野外调查

一、成土母质调查

母质是坚硬岩石经过物理、化学和生物风化所形成的碎屑物质和生物碎屑就地残留或经搬运再次沉积而形成的。土壤是在各种成土母质的基础上，其他成土因素长期作用的结果。虽然随着时间的推移，母质对土壤性状的影响有减弱趋势，但就现存的大多数土壤来说，母质对土体厚度、机械组成、矿物化学组成、养分和水分运移等都有较大的影响，因此调查实习地区和土壤剖面点位的母质状况十分必要。目前关于母质的类型划分有沉积学划分和土壤学划分两种方案。

（一）母质的沉积学分类

按照地面松散沉积物的成因，将母质划分为残积物和运积物两类。残积物指岩石就地风化而未经搬运的碎屑物。它的颗粒大小极不均匀，无分选性和层理，但由上层至下层颗粒逐渐变粗，与下部基岩呈逐渐过渡状态。运积物是岩石碎屑或生物碎屑经重力、流水、风、冰川等外动力作用搬运后再沉积而形成的堆积体。根据搬运动力不同，运积物又分为坡积物、洪积物、冲积物、风积物、湖积物、海积物和冰碛物等类型。一般来说，除坡积物、洪积物和冰碛物的分选性和层理较差外，其他运积物的分选性和层理都比较明显。

在野外区分残积物和运积物，以及区分不同类型运积物的主要依据有两个方面：一是沉积物的分选性好坏和有无层理；二是沉积物出现的地貌部位和自然地理区域特征，如残积物出现在地势比较平坦的地方（如山顶面和高原面），坡积物出现在山坡的下部，洪积物出现在山区季节性河流的沟口处，冲积物出现在河流两侧的阶地上和面积较大的冲积平原上，湖积物出现在第四纪或现代的湖盆洼地中，风积物出现在干旱与半干旱地区，冰碛物出现在第四纪或现代冰川分布区。

（二）母质的土壤学分类

由于母质的岩性组成对土壤形成发育和性质有重要影响，从土壤学角度看，成土母质的划分应在沉积学分类的基础上，进一步突出岩性组成和性质对土壤的影响。不过，关于母质的土壤学分类尚没有取得一致性意见，现根据王静爱等编著的《中国地理图集》中的“中国土壤成土母质图”图例、“中国土壤成土母质在线地图”（http://www.osgeo.cn/map/m0134），参考一些学者的研究成果，将成土母质大致归类如下。

1. 结晶岩风化物

结晶岩指深成或浅成岩浆岩以及各类变质岩。根据结晶岩的矿物化学组成（主要是 SiO_2 含量）可分为浅色结晶岩（如花岗岩、花岗片麻岩、闪长岩、正长岩、粗面岩、石英岩、片岩、板岩和千枚岩等）和深色结晶岩（如玄武岩、辉长岩、辉绿岩和橄榄岩等），根据结晶程度（晶粒大小）又可分为粗粒结晶岩和细粒结晶岩。因此，首先将结晶岩风化物划分为浅色结晶岩风化物和深色结晶岩风化物。然后划分为浅色粗结晶岩风化物、浅色细结晶岩风化物、深色粗结晶岩风化物、深色细结晶岩风化物。

2. 碎屑沉积岩风化物

碎屑沉积岩指各种砾岩、砂岩和页岩。最常见的碎屑岩风化物主要是砂页岩风化物。

3. 石灰性沉积岩风化物

石灰性沉积岩指碳酸盐岩类岩石，包括石灰岩、白云岩、大理岩等。最常见的石灰性沉积岩风化物是石灰岩类风化物和石灰性紫色砂页岩风化物。

4. 洪积物

洪积物又划分为洪积物和冲积-洪积物，前者出现在洪积扇的顶部和中部，后者出现在巨大洪积扇的边缘。

5. 冲积物

冲积物一般比较深厚，层理清晰，分选性好。根据冲积物的性质（主要是酸碱性），一般划分为酸性、中性和石灰性冲积物。

6. 风积物

根据风积物的移动性，一般划分为流动风沙和固定风沙。风积物一般分选性好，质地比较均一，多由中砂（0.5～0.25mm）、细砂（0.25～0.1mm）和极细砂（0.1～0.05mm）组成，有时可见斜层理或交错层理。

7. 黄土和黄土状沉积物

根据成因，黄土可分为原生黄土和次生黄土。不同年代的黄土其颗粒大小也不相同，一般划分为砂质黄土（多为次生黄土）、黄土（即马兰黄土）、黏质黄土（主要是离石黄土、午城黄土和下蜀黄土）。

8. 第四纪红色黏土

第四纪红色黏土主要分布在我国南方丘陵、岗地区，形成于更新世，呈棕红色，质地黏重。

9. 湖积物

湖积物层理清晰，分选性好，颗粒一般比较细小，颜色较暗。湖泊干涸后，可在湖积物基础上发育土壤。通常湖积物可分为湖积物和盐渍化湖积物两类。前者是淡水湖泊沉积物，盐分含量低；后者是咸水湖和盐湖沉积物，盐分含量高。

10. 冰川沉积物

冰川沉积物可分为冰碛物和冰水沉积物。前者大小混杂，分选性差，无层理；后者具有一定分选性，颗粒较细，具有一定层理。

11. 滨海沉积物

滨海沉积物大致可分为盐渍滨海沉积物、脱盐滨海沉积物和酸性滨海沉积物。盐渍滨海沉积物分布于现代高潮位以上的滨海地带，呈带状，含盐量高，颗粒较粗，一般为砂质，部分为泥质；脱盐滨海沉积物分布于盐渍滨海沉积物靠近陆地一侧，含盐量较低；酸性滨海沉积物分布于热带海岸的红树林地带，多为泥质，虽然含盐量也很高，但由于长期处在淹水状态下，有机质厌氧分解的 H_2S 等会形成硫酸根离子，故呈酸性。

12. 生物沉积物

生物沉积物主要包括珊瑚沉积物和泥炭堆积物。前者是死亡珊瑚和贝类等的风化碎屑，以粗砂和中砂为主，石灰反应强烈；后者为半分解沼生植物残体，呈棕褐色。

二、地形因素调查

地形是区域性景观分异的控制因素，能够导致一个地区水热条件的重新分异。地形因素主宰着地表物质的分布、地表水的补充与排泄，还支配着一个地区的生物地球化学分异。因此，土壤野外调查要将地形因素提高到地貌学高度来研究。

首先，从地理文献上了解实习区的地貌分区及地貌宏观特征。我国的地貌分区可参考《中国地形区划草案》和“中国地貌类型在线地图”（http://www.osgeo.cn/map/mde10），如华北平原可划分为山前洪积倾斜平原、洪积-冲积扇平原、冲积平原、冲积-湖积平原、海积-冲积平原、海积平原等地貌类型。土壤调查工作者掌握调查区的地貌分区及其地貌类型和组合，是掌握区域土壤分布规律，进行土壤制图与土壤改良利用区划的基础。

其次，确定实习地点的基本地貌形态类型。关于我国基本地貌形态类型（山地、丘陵、平原）的划分标准，目前还存在不同意见。中国科学院地理研究所 1987 年制定的《中国 1∶100 万地貌图编制规范（试行）》，根据海拔和起伏高度（相对高度）将我国基本地貌形态划分为 18 种类型（表 6-1）。

表 6-1　中国地貌基本形态

<table>
<tr><th colspan="2">起伏高度/m</th><th><20</th><th>20～100</th><th>100～200</th><th>200～500</th><th>500～1000</th><th>1000～2500</th><th>>2500</th></tr>
<tr><td rowspan="4">海拔/m</td><td><1000</td><td rowspan="4">平原和台地</td><td rowspan="4">低丘陵</td><td rowspan="4">高丘陵</td><td>小起伏低山</td><td>中起伏低山</td><td>—</td><td>—</td></tr>
<tr><td>1000～3500</td><td>小起伏中山</td><td>中起伏中山</td><td>大起伏中山</td><td>极大起伏中山</td></tr>
<tr><td>3500～5000</td><td>小起伏高山</td><td>中起伏高山</td><td>大起伏高山</td><td>极大起伏高山</td></tr>
<tr><td>>5000</td><td>小起伏极高山</td><td>中起伏极高山</td><td>大起伏极高山</td><td>极大起伏极高山</td></tr>
</table>

最后，确定实习地点的地貌部位和海拔。除平原外，要观察实习地点的具体地貌部位，如岗顶、岗坡或岗底，山顶、山坡或山麓，还要测量坡向（向阳坡和背阴坡）、坡度和海拔（利用地形图或气压高度表获得）。

三、气候和水文因素调查

（一）气候因素调查

气候是控制土壤形成强度和方向的成土因素，对土壤形成与分布具有重要影响。土壤形成的气候因素调查主要包括两个方面：一是实习地区的显域性气候类型及主要气候参数

（如年平均气温、年平均降水量、年平均蒸发量、干燥度和无霜期等）；二是实习点位的局地小气候状况，尤其山区的气候垂直地带性比较明显，要根据基带显域性气候类型、距海洋远近、海拔、坡向、植被状况等，确定小气候类型。

（二）水文因素调查

水文因素调查的目的是了解实习点位的地下水是否参与了土壤形成，以及附近的灌排条件如何。

在调查实习地点的地下水位时，应根据不同地貌类型采用不同的调查方法。如果在平原区实习，应在实习点附近寻找灌溉井，实测地下水位；当找不到水井时，可向当地居民访问进行了解，尤其要掌握地下水年内动态变化状况。如果在山区实习，可根据实习地点的地貌状况推测地下水位的深浅。例如，洪积扇扇顶相，地势较高，由大小不等的砾石组成，水分渗漏强烈，地下水较深，一般不参与土壤形成；扇缘相的物质组成较细，地势低平，地下水较浅，甚至出露成地表水，参与土壤形成。再如，河漫滩地下水位很浅；一、二级阶地的地下水位较浅，在洪水季节可参与土壤形成；高阶地地下水位较深，不参与土壤形成。如果实习地点在山坡上，排水良好，地下水位较深，也不参与土壤形成。

在平原区实习时，还要调查地表水和地下水的排泄状况和灌溉条件。灌溉条件一般根据实习点周围有无灌溉水井和沟渠而定，具体的灌溉次数、灌溉量及灌溉水质应向当地居民调查了解。排水条件主要根据实习点的地势特点和土壤质地状况而定，若地势相对低洼或质地黏重，排水受阻，土壤易渍水，反之亦然。

四、植被和农业条件调查

植被分布受气候和土壤的制约，是自然地理系统最鲜明的标志。通过实习地点植被类型的观察与描述，可以大致推测其下的土壤类型和性质。虽然我国许多自然植被已遭到破坏，取而代之的是深受人类活动影响的农田或人工植被，但其仍能在一定程度上反映当地的自然地理特征。

首先，确定实习地点的植被类型和主要植物种类。例如，河南省西部和北部山区的地带性植被类型是落叶阔叶林，相应的地带性土壤是棕壤（湿润淋溶土）-褐土（干润淋溶土）；豫南山区主要是含有常绿成分的落叶阔叶林，相应的土壤是黄棕壤（铁质湿润淋溶土）-黄褐土（铁质干润淋溶土）。每个地带性植被分布区根据地表风化物类型、地貌特征以及人工种植情况等，又可分为多种林分。例如，嵩山地区落叶阔叶林带中可出现栓皮栎林、化香林、刺槐林、杂木林、侧柏林等。每种林分除优势种外，还同时生活着多种伴生种（乔木、灌木和草本植物）。所以，在确定实习地点的主要植被类型之后，还要详细观察与描述其主要植物种类，尤其要注意对土壤环境具有指示作用的植物种类，如侧柏多生长在富含钙质的土壤上，栎、杉、茶等多生长在微酸性土壤上。鉴定植物种类是专业性很强的工作，要结合植物地理野外实习进行，平时要多观察、勤于记忆。

其次，观察植物生长和水土流失状况。植物生长状况通常可用树高、枝下高、胸径、盖度等指标来反映。山区植被状况与坡度和水土流失状况密切相关，因此要对实习地点的水土流失状况进行仔细观察与描述，如果基岩裸露或裸地面积大（植被覆盖度低），土层浅薄、粗骨性强，切沟或冲沟发育，出现“枯顶树”或“小老树”等，那么该地点的水土流失就比较强烈，反之水土流失较弱。根据上述指标，可对实习地点的水土流失程度进行相对性分级。

最后，开展农业生产状况调查。调查访问的主要内容是作物种类、熟制、种植制度、施肥和灌溉情况、产量以及生产中存在的问题（如障碍土层、保水保肥性能、排灌条件、土壤污染状况等）等。

对实习点位的成土母质、地貌、气候和水文、植被以及人类活动的调查，可为鉴定土壤类型及主要性质提供有益帮助。在实习过程中，应将不同实习点位的上述成土因素状况详细记录在土壤剖面记载表（本章第二节）中。

第二节　土壤剖面观察与描述

土壤是一种三维历史自然体，仅仅从土表很难看出土壤性状特征，所以土壤调查时一定要挖掘土壤剖面。土壤剖面是从土壤表层垂直向下的断面。不同土壤类型，其物质和能量迁移的性质和规模不同，必然形成不同的土壤剖面特征。因此，土壤剖面性状可以作为鉴别不同土壤类型及肥力高低的重要指标之一。

土壤剖面分为自然剖面和人工剖面两种。自然剖面指由于兴修水利、平整土地、施工建设、崩落、滑坡等形成的土壤垂直裸露面。人工剖面是根据一定的土壤调查目的专门挖掘的土壤剖面。前者深度和宽度较大，易于观察土壤剖面的宏观变化，省力省时，但其分布无一定规律性，不一定符合实习的需要；而且土壤剖面长期裸露，遭受风化剥蚀，土壤性态也发生了一定的变化。所以，在土壤野外实习过程中，应以人工剖面为主，以自然剖面为辅，并且在使用自然剖面时应将剖面的外部土壤剥去。鉴于此，下面所谈土壤剖面的点位选择、剖面挖掘与性态描述等专指人工剖面。

一、土壤剖面点的选择

土壤剖面点位的选择应在全面了解实习地区出现的主要土壤类型及其分布规律的基础上进行，并遵循以下三点原则。

一是土壤剖面的代表性和典型性。为了使学生掌握实习地区主要土壤类型的形成发育过程和形状特征，土壤剖面必须设置在该土壤类型最典型的地段，使其能代表较大范围的土壤状况。因此，土壤剖面点位不宜选在路旁、住宅四周、沟渠附近、粪堆周围……受人类活动干扰强烈、不能代表该种土壤自然属性的地方。

二是土壤剖面的全面性。为了使学生全面了解实习地区成土条件变化与土壤形成的关系，在该区域主要地带性土壤类型（显域性土壤类型）和受地方性因素影响出现的主要隐域性土壤类型上，均应布设剖面点。

三是土壤剖面的便利性。首先是到达土壤剖面的交通便利性。土壤剖面点一般应布设在徒步能够到达的地方，沿途不宜涉水、攀爬悬崖和长距离穿越密林，以免发生安全事故。一般情况下，应先沿大路行走，然后离开大路不远抵达剖面点。其次是教学观察土壤剖面的便利性。因为参与实习的学生人数较多，剖面点尽量选择在较开阔平坦处，方便学生观测和教师讲解。

二、土壤剖面的挖掘

对于山地土壤来说，由于土层一般比较浅薄（10～30cm），剖面下部直接与基岩（母岩）相接触，挖掘土壤剖面比较容易。观察面留在山坡的上方，取出的土壤堆在山坡的下方，向下一直挖到下部的基岩为止（图 6-1）。

对于平原地区的土壤来说，土层深厚，挖掘剖面比较困难。一般要求挖出一个长 1.5m、宽 0.8m、深 1～1.5m 的土坑。土坑的对面作为土壤剖面的观察面，观察面的对面挖成阶梯状，便于观察者上下，工作方便，并且可以节省挖土量（图 6-2）。如果地下水位较高，挖至地下水出露深度即可。挖掘剖面时，必须注意观察面上下垂直并向阳，所以要根据挖掘剖面所用时间及太阳位置，提前设置剖面线走向，以便剖面挖掘完毕后的观察面正好向阳，利于观察土壤形态特征。挖出的表土、心土和底土分别放在剖面坑的左右两边，观察面上方不要堆放挖出的土壤，也不要踩踏，以免破坏土壤自然状态。对于垄作农田来说，观察面应垂直于垄作方向，以便能同时看到垄沟与垄背的表土变化和作物根系发育情况。在土壤剖面观察描述完成后，依次将底土、心土和表土填入剖面坑中，并分层用脚踏实。

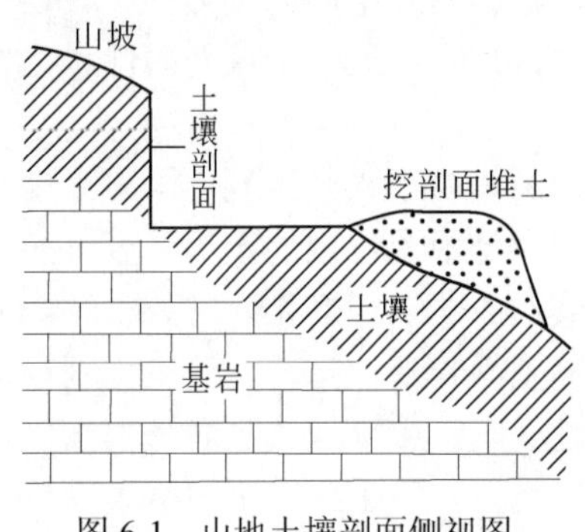

图 6-1　山地土壤剖面侧视图

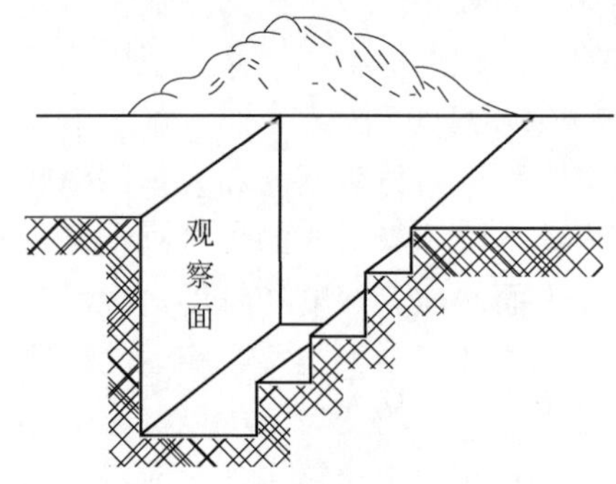

图 6-2　土壤剖面挖掘示意图

三、土壤剖面观察与描述

（一）土壤剖面发生层的划分与命名

1. 土壤发生层划分

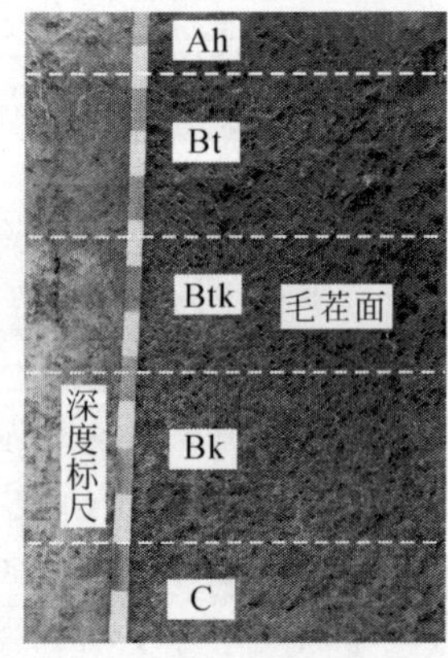

图 6-3　褐土土壤剖面的毛茬面和发生层

首先，观察者下到剖面坑底部，用电工刀靠近剖面一侧自上而下拨出大约 20cm 宽、能真实反映土壤自然结构的毛茬面（图 6-3）。然后，仔细观察毛茬面上下的土壤形态特征的差异。土壤形态特征是通过人的感官可以直接鉴别的土壤性质，主要包括质地、颜色、结构、松紧度、干湿度、新生体、侵入体和根系分布等。根据土壤剖面上下形态特征的差异，一般都可以划分出大致呈水平方向延伸、厚度不等的层次，并用电工刀画出各层次的界线（图 6-3）。由于这些层次是在土壤长期形成过程中，土壤内部物质和能量迁移转化的结果，因此称为土壤发生层。不同土壤类型的发生层性质、数目、厚度及组合状况各不相同，即剖面构造或土体构型不同，是野外识别土壤类型最重要的标志。

2. 土壤发生的命名及其符号

每一土壤发生层都有其名称和符号。对于一般的土壤来说，自上而下均可划分为有机质层、淀积层和母质层三个基本层次，分别用A、B和C表示；有些土壤（尤其是山地土壤）还可进一步划分出枯枝落叶层、淋溶层和母岩层，分别用O、E和R表示。淋溶层出现在有机质层之下、淀积层之上，是黏粒和有机质物质向下发生淋溶的一个层次，颜色一般比有机质层稍浅。不同地区土壤的同一发生层的物质组成和性质也不相同，为了反映这种差异，国际土壤学会拟定了一系列发生层附加小写符号，标注在基本土层大写符号之后以示区别。其中，最常用的有：c—硬质结核，如Bck层（碳酸钙结核淀积层）；g—锈纹锈斑，如Bg层（铁锰氧化还原淀积层）；h—有机质积聚，如Ah层（有机质层）；k—碳酸钙积聚，如Bk层（碳酸钙淀积层）；m—强度胶结，如Ckm层（碳酸钙胶结母质层）；q—硅质积聚，如Cqm（硅质胶结母质层）；s—铁锰积聚，如Bs层（铁锰淀积层）；t—黏粒积聚，如Bt层（黏粒淀积层）；y—石膏积聚，如By层（石膏淀积层）；z—易溶盐积聚，如Az层（盐化有机质层）。

在土层较厚或者相邻土层之间的特征呈现逐渐过渡时，可划分出一些过渡层，如AE层、BE层、EB层、AB层、BA层和BC层等。过渡层的第一个字母表示占优势的土层，第二个字母表示次要土层。

在土壤发生层不明显的情况下，可直接用表土层、心土层和底土层来命名。如果剖面层次比较复杂，在野外难以准确判定其发生特征，可直接用第一层、第二层、第三层……来命名。

对于旱作土壤，由于人类长期耕作的影响，其剖面层次自上而下通常划分为耕作层（A）、犁底层（P）、心土层（B）、底土层（C）。耕作层厚度在15～20cm，是经多年耕翻、施肥、灌溉熟化而成的，颜色较深、疏松、结构好，是作物根系集中分布的层次。犁底层厚度在6～8cm，是遭受牲畜和农具长期镇压而成、比耕作层紧实的土层，具有一定的保水保肥作用。心土层厚度在20～30cm，是上部土层的物质随水下移淀积而形成的，较紧实，根系分布很少。底土层不受耕作影响，保持着母质的原来面貌。

对于水耕土壤（水稻土），其剖面构型依水分来源不同而有所差异。如果水稻土的水分主要来自灌溉，地下水位较深，不参与土壤形成，剖面构型为A-P-B-C。A是耕作层，颜色呈蓝灰色；P是犁底层，较紧实，也呈蓝灰色；B是淀积层，铁锰淀积（斑纹状）明显，呈棕、浅棕或黄棕色；C是母质层。如果水稻土分布区的地下水很浅，地下水参与土壤形成，剖面构型为A-P-Bg-G-C。A层和P层的性状与前述水稻土相同；Bg是淀积层，也称潴育层，是因地下水位季节变动而发生氧化和还原交替进行的层次，有锈纹锈斑出现，颜色较浅；G是潜育层，是长期浸在地下水中发生还原而形成的，颜色呈蓝灰色；C是母质层。

（二）土层厚度测量与拍照

土层划分之后，用钢卷尺从地表往下连续量取各层厚度，记录在土壤剖面记载表中（表6-2），如O层0～5cm，Ah层5～22cm……为了保存土壤剖面原始形态特征、土层划分及厚度等信息，一般在土壤形态特征观察和描述之前，对剖面进行拍照。拍照时，要在剖面左侧垂直放置红白相间的深度标尺（可以自己制作，红白刻度以10cm相间），以反映剖面深度和各土层厚度（图6-3），为以后汇报实习成果和科学研究提供原始材料；相机镜头要垂直于剖面，以免变形。

表 6-2　土壤剖面记载表

<table>
<tr><td colspan="3">土壤剖面编号</td><td colspan="3"></td><td colspan="2">调查日期</td><td colspan="5">年　月　日</td></tr>
<tr><td colspan="3" rowspan="2">土壤剖面地点</td><td colspan="10">省（自治区、直辖市）　县（区、旗）　乡　村</td></tr>
<tr><td colspan="10">经度：　纬度：</td></tr>
<tr><td colspan="3">当地土壤名称</td><td colspan="3"></td><td colspan="3">审定土壤名称</td><td colspan="4"></td></tr>
<tr><td colspan="2">地貌部位</td><td colspan="2"></td><td colspan="2">海拔/m</td><td></td><td colspan="2">坡度/（°）</td><td></td><td colspan="2">坡向/（°）</td><td></td></tr>
<tr><td colspan="2">成土母质</td><td colspan="4"></td><td colspan="2">母岩</td><td colspan="5"></td></tr>
<tr><td colspan="2">植被类型</td><td colspan="2"></td><td colspan="2">主要植物种类</td><td colspan="4"></td><td colspan="2">覆盖度/%</td><td></td></tr>
<tr><td colspan="2">排灌条件</td><td colspan="4"></td><td colspan="2">地下水位/m</td><td colspan="5"></td></tr>
<tr><td colspan="2">侵蚀状况</td><td colspan="11"></td></tr>
<tr><td colspan="2">生产性能</td><td colspan="11"></td></tr>
<tr><td rowspan="2">层次</td><td rowspan="2">深度/cm</td><td rowspan="2">颜色</td><td rowspan="2">质地</td><td rowspan="2">结构</td><td rowspan="2">干湿度</td><td rowspan="2">紧实度</td><td colspan="3">新生体</td><td rowspan="2">pH</td><td rowspan="2">石灰反应</td><td rowspan="2">其他</td></tr>
<tr><td>类别</td><td>形态</td><td>数量</td></tr>
<tr><td></td><td></td><td></td><td></td><td></td><td></td><td></td><td></td><td></td><td></td><td></td><td></td><td></td></tr>
<tr><td colspan="2">调查人</td><td colspan="11"></td></tr>
</table>

（三）土壤剖面形态特征观察与描述

1. 颜色

土壤颜色是土壤最显著的特征之一，是土壤物质组成和性质的外部表现。有些土壤就是以颜色命名的，如黄土、红土、黑土等。

土壤颜色的鉴定有肉眼观察法和色卡比对法两种。在野外，往往用肉眼观察法大致观察和记录土壤颜色，在室内再用色卡比对法进一步鉴定其颜色。野外鉴定颜色时，一定要观察土块新鲜断面的颜色，断面要平，光线要柔和，不要在阳光下比色。描述土壤颜色时，主色在后，副色在前，并冠以深、暗、浅等词以形容颜色的深浅程度。例如，浅黄棕色，即以棕为主色，黄为副色。土壤颜色鉴定后，逐层记入土壤剖面记载表。

在室内，使用土壤标准比色卡（图 6-4）进行土壤颜色鉴定。比色卡是根据芒塞尔色系（Munsell color system）设计的，用色调、亮度和彩度综合确定土壤颜色。色调是土壤呈现出的颜色，亮度指土壤颜色的明亮程度（绝对黑定为 0，绝对白定为 10），彩度指颜色的浓淡程度。按照“色调亮度/彩度”顺序和格式记录土壤颜色，例如，7.5YR 5/2 表示色调为 7.5YR、亮度为 5、彩度为 2 的灰棕色。

由于土壤颜色与其湿度有关，湿度越大，颜色越暗，比色时分别记录干色和湿色。土壤干色是风干原状土的颜色，湿色是在风干土上滴上水珠，待水膜消失后的颜色。比色时，先根据肉眼观察的土壤颜色，选择大致相近的比色卡片。然后在窗前光线充足的地方，取一小块土（玉米粒大小）贴近比色卡，在不同颜色色标之间进行反复比对，最终确定土壤颜色。

图 6-4　土壤标准比色卡

2. 干湿度

土壤干湿度一般分为干、润、潮、湿 4 级。在野外取一小土块放在手中，用下述方法进行鉴定，并填入土壤剖面记载表中。

干：放在手中毫无凉的感觉，用嘴吹之尘土飞扬。

润：放在手中有微凉感觉，用嘴吹之无尘土飞扬，可以润湿纸张。

潮：放在手中挤压，无水分流出，但有湿印，能握成团状而不散。

湿：放在手中，微微挤压，水分即从土中流出。

3. 质地

土壤质地一般分为砂土、砂壤土、轻壤土、中壤土、重壤土和黏土 6 级。在野外一般用指感法鉴别土壤质地。取少量土壤，用适量水润湿，用手指搓揉挤压，按下列标准鉴定土壤质地，并填入土壤剖面记载表。

砂土：有明显砂粒感，揉不成团。

砂壤土：有轻微砂粒感，可揉成小球，但球面不平，易碎。

轻壤土：无明显砂粒感，土块易捏碎，可揉成粗约 3mm 的土条，但提起易断。

中壤土：可揉成土条，但弯成直径 2～3mm 的土环时易断裂。

重壤土：有滑腻感，土条可弯曲成圆环，外缘有裂缝。

黏土：有明显滑腻感，土条可弯曲成圆环，外缘无裂缝，指纹明显。

如果土壤中的砾石（粒径大于 2cm 的颗粒）出露面积占该土层总面积的比例超过 1%，可在土壤细粒部分质地名称之前冠以“砾质”二字，如少砾质中壤土、中砾质砂壤土、多砾质砂土等。砾质多少的划分标准为：少砾质，1%～5%；中砾质，5%～10%；多砾质，10%～30%；砾石土，＞30%。对砾石土，不再记载细粒部分的质地名称，可依据砾石多少进一步划分为轻砾石土（30%～50%）、中砾石土（50%～70%）和重砾石土（＞70%）。

4. 紧实度

土壤的紧实度一般划分为松、散、紧、极紧 4 级。野外鉴定土壤紧实度可根据电工刀（或土钻）入土的难易，进行大致划分，分级标准如下。

松：不加或稍加压力，电工刀即可入土。

散：加压力时，电工刀能顺利入土。

紧：要用力电工刀才能入土，取出电工刀稍困难。

极紧：需用大力电工刀才能入土，取出电工刀很困难。

5. 结构

土壤结构通常用土壤结构体来表征，土壤结构体是土壤颗粒相互团聚或胶结而成的土粒复合体（俗称坷垃）。在自然状态下经外力作用能沿土壤内部的力学脆弱面裂开，形成不同形状和大小的结构体。土壤结构体包括团粒状、核状、块状、棱柱状、柱状、屑粒状、片状等。

野外观察土壤结构应以土壤湿度较小时为宜。观察时用电工刀从剖面上取出一大块土壤，放在手心，轻轻抖动（千万不能用力捏碎土块），使之自然破碎，根据土块形状判断土壤结构的类型。

6. 新生体

新生体是土壤形成过程中新生成的物质积聚体，可以在一定程度上反映成土条件和成土过程，是野外鉴别土壤类型的重要依据之一。新生体往往附着在土壤结构体表面或充填于土壤空隙或裂隙中。在野外观察时，要对新生体的类别、形态和数量进行逐一描述和记载。新生体类别指新生体的化学组成，常见的有易溶性盐、石膏、碳酸盐、铁锰氧化物、亚铁化合物、二氧化硅、层状铝硅酸盐（黏土矿物）、腐殖质等。易溶性盐、石膏、碳酸盐和二氧化硅都呈灰白色，鉴别它们有一定困难。一般来说，可根据实习地点的气候生物条件进行区分，如干旱地区多是易溶性盐和石膏、半干旱半湿润地区多为碳酸盐（遇稀盐酸会放出气泡）、寒带针叶林下多为二氧化硅。铁锰氧化物多呈黑褐色，亚铁化合物多呈蓝灰色。

新生体的形态主要有结核、胶膜、锈纹锈斑、假菌丝体和粉末等。结核是淀积在土壤空隙的较硬的物体，有的呈小球状（如铁锰结核），有的呈不规则姜状（如碳酸钙结核，也称砂姜），见图 6-5。胶膜是淀积在土壤结构体表面的膜状物，用指甲可以刮掉胶膜看到内部土壤的颜色，如黑褐的铁锰胶膜和棕色的黏粒胶膜等。

碳酸钙结核

铁锰结核

图 6-5　碳酸钙结核（登封黄土母质褐土）与铁锰结核（息县灰潮土）

新生体的数量多少常根据新生体在土壤剖面上的出露面积占总面积的相对比例大致确定。例如，胶膜和结核数量的分级及标准为：<5%为很少；5%～10%为少量；10%～20%

为中等；20%～30%为多；＞50%为很多。

7. pH

野外测定土壤 pH 常采用混合指示剂比色法。pH 混合指示剂分 pH4～8 和 pH7～9 两种，前者适用于酸性和偏酸性土壤，后者适用于石灰性土壤和盐碱土。pH 混合指示剂的配制方法和 pH 标准色阶制备方法见附录 2。在野外测定土壤 pH 时，从土壤剖面上取黄豆大小的土块放在干净的白瓷盘或白瓷匙中，加混合指示剂 2～3 滴，以能湿润土样而稍有剩余为准，用玻璃棒压碎土样，静置 1min，使其充分反应，倾斜瓷盘观察清液的颜色并与土壤 pH 标准比色卡进行对比，确定土壤 pH。也可用浸过石蜡的白纸（折成直角）代替白瓷盘测定土壤 pH。

ZD-05 型土壤酸碱/湿度计（soil pH and moisture tester）十分适合野外土壤 pH 测定，范围在 pH3～8（图 6-6）。野外测定时，如果土壤太干燥，需要先在测定土壤点上泼洒一定量水，当土壤吸收水分后，直接将土壤酸碱/湿度计的金属探测头全部插入土内；然后等 pH 读数表的指针稳定（约 10min）后，按下读数按钮，直接读取 pH。为了获得准确数据，可在测试土壤周围重复测定数次，求 pH 平均值。

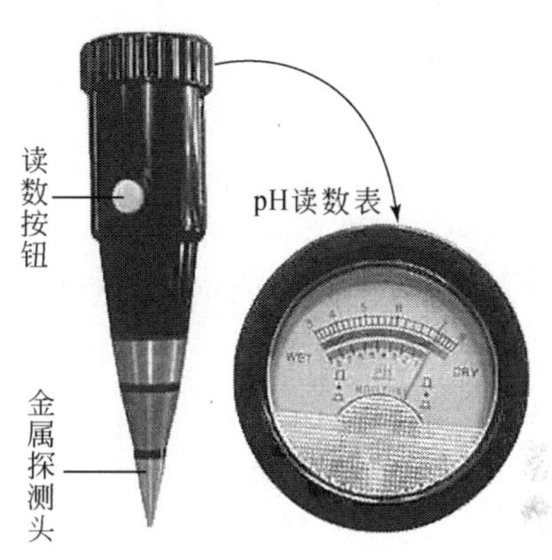

图 6-6　ZD-05 型土壤酸碱/湿度计

8. 石灰反应

土壤石灰反应指石灰性土壤遇稀盐酸生成 $CaCl_2$ 和 CO_2 的反应，有气泡放出。测定时，取适量土壤放在铁铲上，滴加 10%盐酸，看其有无气泡发生或气泡的强烈程度，按表 6-3 确定石灰反应程度。

表 6-3　土壤石灰反应鉴定标准

反应程度	反应特征	碳酸钙含量范围	反应强度符号
无	无气泡、无响声	0	−
微	小气泡放出、响声很小	＜1%	+
中	气泡明显、很快消失、响声较大	1%～5%	++
强	气泡强烈、呈沸腾状、时间长、响声大	＞5%	+++

第三节　土壤样品和标本的采集

第二节土壤剖面观察与描述，主要是了解土壤的宏观特征，帮助我们大致确定实习点位的土壤类型。但是，很多土壤的微观、精确的理化性质（如有机质含量、各种元素含量、阳离子交换量、盐基饱和度、黏粒含量及硅铝铁率、土壤污染物含量、盐分含量、比重、容重、孔隙度、持水性能等）在野外是观察不到的，而这些理化性质对进一步划分低级次土壤类型、了解土壤肥力状况和污染程度又是非常重要的。所以，在野外观察描述土壤形态特征之后，往往要采集土壤样品，带回实验室进行相关项目的化验分析。有时候，为了区别不同实习地点的土壤剖面特征，进行“比土和评土”，或者为了教学需要，还应采集土壤剖面标本。

一、土壤分析样品的采集

土壤分析样品是供在实验室开展土壤物质、化学和生物性质分析的样品，主要包括土壤剖面样品和混合样品。

（一）土壤剖面样品采集

在土壤剖面性态观察与描述工作完成之后，再自上而下重新修整出新鲜毛面，而后自下而上在每层（除有机质层或耕作层外）的典型部位用电工刀采集大约1kg的土样，有机质层或耕作层需自下而上连续采样约 1kg，装入干净的特制布袋中。布袋能通气透水，防止在样品运送过程中发生化学和生物学变化，但盐碱土土样一定要装在干净的塑料袋中，以防盐分随水流失。准备两张大小适当的标签（其中一张带细线），用铅笔写清楚剖面编号、地点、土壤名称、层次、日期和采集人等信息。将不带细线的标签装入袋内，将带线标签的细线同土袋扎口绳一起绑好，带线标签露在袋外面，便于查看。如果用塑料袋盛装样品的话，可用记号笔在袋子外面写明剖面编号、地点、土壤名称、层次、日期等信息，并设置内签。

对于研究土壤物质垂直迁移转化状况的土壤剖面样品，可以不按土壤发生层采样，而根据需要按 5cm 或 10cm 或 20cm 间隔，甚至 2cm 间隔自下而上连续采样，其他方法如上述。

（二）土壤混合样品采集

土壤混合样品是为了了解某一区域土壤肥力和污染状况而采集的样品，只采集耕作层（旱地为 0～20cm，水田为 0～15cm）或有机质层的土样。由于土壤在空间上是非均质的，如果只采一个样品，肯定不能代表某一区域的土壤状况。这就需要首先合理确定采样的地块（采样单元），在采样单元内多点取样（子样）；然后将各子样充分混合，获得能够代表某一区域土壤平均状况的分析样品，即混合样品。

1. 采样单元的划分

在野外采样之前，首先在室内根据采样区域大比例尺地形图或影像图（Google 影像图或百度影像图等）大致确定采样单元的位置。采样单元的环境状况一定要能够代表周围相当大面积的环境状况，不能选在受人类活动影响强烈的地方，要与城镇居民点、交通要道、工厂等保留相当距离。当然，如果采样的目的是了解土壤污染状况，那么采样单元应选择在受人类活动影响强烈的地方。

然后，拿着标记采样地点的地图或影像图到达现场，仔细观察周围状况是否符合采样要求，即是否具有典型性和代表性。如果符合采样要求，就在该地点确定采样单元；如果不符合采样要求，则在周围进一步寻找符合要求的采样单元。确定采样单元的标准是“四个一致”，即土壤类型、土地利用方式、地貌类型或部位、耕作管理措施都要尽量一致。只有这样才能保证土壤混合样品的代表性，否则所得分析数据就失去了应有价值，即便后期的分析操作很规范、使用的仪器很先进，也不可能得到正确的结论。从这个意义上说，采样误差控制是保证分析数据可靠性的关键，必须引起高度重视。

2. 采样单元内采样点数目的确定

从理论上来说，在采样单元内采集的子样点数越多，混合样品的代表性就越好，但是这样会大大增加采样的时间成本和后期实验室分析成本，造成不必要的浪费。那么，在一个采样单元区究竟要布设多少个子样点才能达到精度的要求呢？这取决于采样单元土壤性状的变异程度和要达到的精度要求，通常采样点数可由下式确定

$$n = \frac{t^2 \cdot s^2}{D^2} \tag{6-1}$$

式中，n 为应采样的子样点数目；t 为 95%置信水平下一定自由度的 t 值，可以通过查 t 表获得；s 为均方差，可以由极差（R）按 $s=(R/4)$估计得到；D 为分析者希望的相对偏差。例如，在某个土壤采样单元内，有效磷含量的变化在 0～13mg/kg（需事先了解），所希望的 95%置信度时平均值和真值之间的绝对偏差为 1.5mg/kg，在设定自由度为 10 时，t=2.23（查 t 表），s=(13/4)=3.25，则采样点数为

$$n = \frac{2.23^2 \times 3.25^2}{1.5^2} \approx 23$$

也就是说，在上述条件下采集 23 个子样即可达到“代表性”要求，不必采集更多的子样。

一般情况下，一个采样单元内采集 20～30 个子样就可以保证足够的代表性。由于水田田块的均质性好于旱田，采样点可以更少一些。水田采样单元面积在 0.5hm^2 以下时，采 10 个子样点即可。

3. 采样单元内采样点布设

在采样单元内，根据具体情况，可采用对角线、棋盘式和蛇形采样法布设子样点位置（图 6-7）。

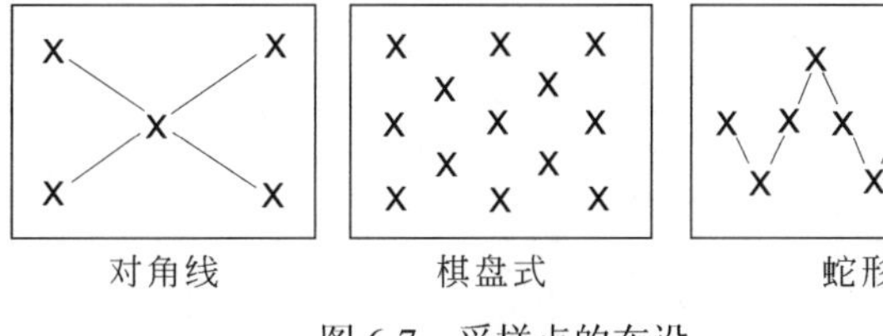

图 6-7　采样点的布设

对角线布点法也称“梅花形布点法”，适合于田块面积较小、接近方形、地势平坦、肥力较均匀的田块。棋盘式布点法适合于面积中等、形状方整、地势较平坦，而肥力不太均匀的大田块，取样点一般不少于 10 个。蛇形布点法适合于面积较大、地势不太平坦、肥力不均匀的田块。不管是哪种布点法，具体采样点位的确定一定要贯彻随机性原则。

4. 样品采集

在随机布设的采样点上，先用小土铲挖一小土坑，深度一般为 0～15cm 或 0～20cm 或一定深度（随栽培植物的根系深度而定），其中小土坑一边倾斜向下切成齐整面。然后沿齐整面再用土铲平行切取 1～2cm 厚度的土壤（图 6-8）。为了防止取土时土壤样品滑落，可用另一手掌捂住土铲上面的样品，连同土铲一同取出，放入样品袋中。其他样点也按上述方法采集样品，各次采集的样品量要大致相同，并一同放入同一个样品袋中。

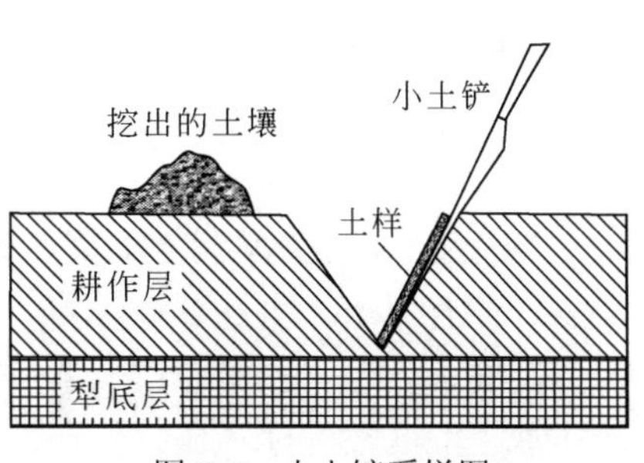

图 6-8　小土铲采样图

5. 混合缩分

如果在采样单元内采集的点数较多，样品总重量超过 1kg，需要混合缩分。首先，将某采样单元内采集的所有子样倒在 1m×1m 的塑料布上，将土壤样品尽量捏碎，仔细挑拣出肉眼可辨的碎石块、砖瓦块、石灰颗粒等侵入体（人为混入到土壤中的物质）以及植物残体等。然后，将土壤样品堆成圆锥形小堆，并用手捧土反复倒堆 3 次以上[图 6-9(a)]。为了使土壤充分混合，每次倒堆时使样品从锥顶向四周滚落。最后，将土壤样品均匀地平铺在塑料布上［图 6-9（b)]，画两条对角线，把样品分成四等份，舍弃对角的两份土样［图 6-9（c)]。这种缩分样品的方法称四分法。如果第一次舍弃样品后，样品量仍然较多，则需要重复上述步骤，进一步缩分，直至最后剩下 1kg 左右的样品为止，装入样品袋中。像土壤剖面样品标记那样，分别用铅笔写两个标签，其中一个放入袋内，一个挂在样品袋外面。

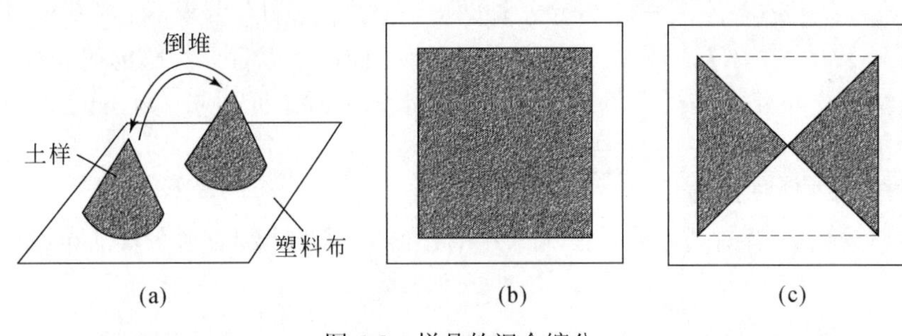

图 6-9　样品的混合缩分

二、土壤标本采集

（一）土盒标本的采集

土盒标本也称鉴比标本或比样标本，是为了在室内比土评土、鉴定土壤类型、绘制土壤图和室内陈列而采集的土壤标本。标本盒用木板、硬纸或有机玻璃制成，规格一般为长 20cm、宽 5cm、厚 2cm。标本盒分底盒和盖两部分，底盒又被分隔出 5～7 格（图 6-10）。采集土盒标本时，沿土壤剖面自下而上采集每一层典型部位的与土盒分格大小相当的土块，土块要尽量保持原状结构。当采集完最下层土壤标本后，将土盒盖向上推一格，或用盒盖挡住有土块的那一格，倒出落入其他空格中的碎土。其他土层的标本采集以此类推，直至把剖面所有土层的标本采集完毕。最后在盖的表面或底盒的侧面贴上长条形标签，写上剖面号、地点、层次、深度、日期及采集人等信息。

（二）土壤整段标本的采集

整段标本是供室内陈列、展览参观用的完整土壤剖面的标本，标本规格一般长 100cm、宽 20cm、厚 8cm。土壤整段标本可以全面呈现某土壤剖面干燥时原状土体的颜色、质地、结构、根系分布、孔隙状况、新生体、侵入体以及发生层情况，是最直观的土壤地理教学标本。土壤整段标本被镶套在厚度 1.5cm 的木板盒子中，顶面由固定的透明玻璃覆盖（图 6-11）。

图 6-10　各种材质的土盒标本

图 6-11　土壤整段标本

采集土壤整段标本时，先在土壤剖面的观察面上挖出一个与木框大小相当的长方形土柱，将长方形木框套在土柱上，用电工刀将露在框外的土壤削平，用螺钉固定底盖。然后用铁铲小心将土柱与剖面连接处的土壤剥离，搬之平整处，削去多余的土壤，盖上顶盖，用绳子捆绑牢固，并详细记录土壤名称、采样地点和环境条件等信息，拍摄剖面附近的自然景观照片。在陈列室，揭开盖板，用电工刀小心拨出土壤毛茬面，镶上玻璃，附上有关说明和照片，供陈列参观之用。

第四节　大比例尺土壤草图绘制

土壤图是用不同颜色、符号以及附加文字表示的，能反映各种土壤类型空间分布规律的图件。根据比例尺不同，可分为大、中、小比例尺土壤图，其中大比例尺土壤图指比例尺大于或等于 1∶5 万的土壤图。大比例尺土壤制图工作包括野外土壤草图绘制和室内清绘整饰两个阶段，其中土壤草图绘制是最基本、最重要的工作。

一、工作底图的准备

工作底图的比例尺选择是一个比较复杂的问题，它与土壤图服务对象、用途及工作区域内地貌和土壤复杂程度有关，特别是与区域内土壤制图单元面积大小关系密切。对一般土壤图而言，大部分图斑面积应控制在 1～25cm^2，所以结合区域土壤类型实际面积大小，可大致确定工作底图的比例尺。

大比例尺土壤制图所用的工作底图主要有地形图和遥感影像两种。地形图是测绘部门按国家地形测量规范绘制的适合多种专业需要的图件，其土壤信息量较少。遥感影像荷载的土壤信息比较丰富，精度较高，是比较理想的大比例尺土壤草图绘制的工作底图。

二、制图单元的确定

土壤制图单元是构成土壤图的基本单位，可以是土壤分类系统中的同级或不同级分类单位。大比例尺土壤图的制图单元往往是土壤分类系统中的基层分类单位，即土种或其组合。可以看出，在正式开始大比例尺野外土壤草图勾绘之前，对工作区域内出现的基层土壤单位及其分布规律进行概略性调查是非常必要的。

土壤野外概查常采用路线调查法。调查路线应穿越不同的地貌、岩石、植被以及不同的土地利用类型，以便观察到尽量多的土壤类型。概查路线的间距以 1～2km 为宜。在室内要沿概查路线进行土壤形成因素分析，推测可能出现的土壤类型，预设剖面点。在野外，要边走、边观察、边访问、边记录，在典型地段挖掘土壤剖面，进行土壤剖面性态的观察与描述，采集土盒标本。

在室内，首先根据野外所掌握的情况以及对土壤剖面综合分析，将采集的土盒标本分类归并，开展比土、评土工作，消除同土异名或同名异土的现象。然后按照土壤发生学与土壤属性相结合的原则，拟定土壤工作分类系统。最后根据大比例尺土壤制图的要求以及土壤类型的实地面积大小确定制图单位的土壤类型等级。一般来说，大比例尺土壤图的制图单元是土种，但是当土种面积较小时，可采用土壤复区制图单元，即将具有一定分布规律的几种土壤组合在一起，用一个图斑表示。

土壤制图单元确定之后，要根据它们之间的发生学联系，设计编排土壤制图单元代码系统。该代码系统应努力做到既清晰易懂，又能客观反映土壤的主要特征。

三、野外土壤草图勾绘

开展野外土壤草图勾绘工作之前，先在室内根据野外土壤概查、阅读有关资料以及座谈访问所掌握的情况，布设调查路线和剖面点，粗略勾绘土壤类型界线。野外勾绘土壤草图的调查路线的间距应比概查时的间距小一些，通常以 300～500m 最合适。土壤剖面布设在调查路线附近，至少要保证每个图斑都有一个剖面。

在野外，沿预设的调查路线边走、边看，在典型地段挖掘土壤剖面，进行土壤剖面性态的观察与描述，采集土盒标本。配合环境条件的观察分析，寻找土壤类型之间的界线，并在底图上将其勾绘出来。多数情况下，土壤与其环境条件有着密切的关系，根据景观特征可以推断所存在的土壤类型。地貌条件影响着地表水热条件的再分配，在不同地貌类型和不同地貌部位上，往往形成不同的土壤类型。在自然植被保存较好的地段，植被类型界线也往往是土壤类型界线。母质与土壤形成的关系也十分密切，发育程度较低的土壤尤为如此，不同的母质类型往往形成不同的土壤。所以，野外勾绘土壤界线时要尽量顺应地貌、植被与母质类型的分布界线。对于耕作历史悠久的农业土壤来说，土壤界线与农业利用方式关系密切，在野外可参照不同农业利用的地块勾绘土壤界线。

在自然条件变化不大的平原地区，土壤类型之间的界线或者呈逐渐过渡状态，或者土壤界线标志不太明显，给野外确定土壤界线带来一定困难。在这种情况下，通常采用内插法确定土壤界线。首先在地形、母质、植被和农业利用等方面有明显差异的两个地区内，分别选择两个代表性强的地段挖掘土壤剖面，确定其土壤类型。然后在两个剖面之间，内插布设一些检查剖面和定界剖面（通常用土钻取土观察），逐渐缩小其界线范围，直至找出两种土壤最佳的分界点。最后将若干个分界点联结起来就成为这两种土壤的边界线（图 6-12）。

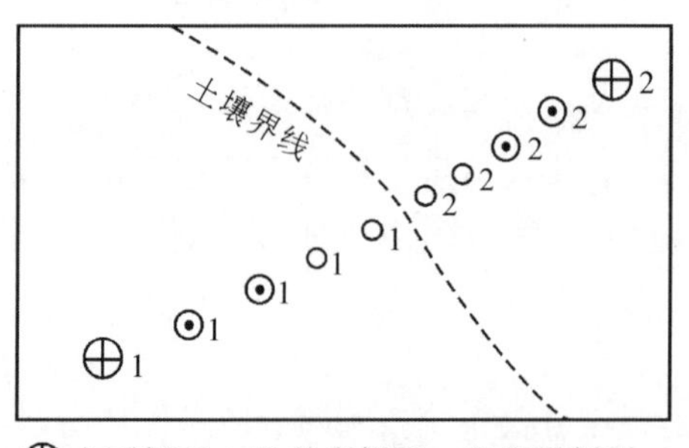

图 6-12　内插法确定土壤界线示意图

每天野外工作完成之后，在室内要及时进行比土和拼图。将各工作组勾绘的土壤草图和采集到的土壤标本放在一起，逐一进行讨论，统一认识，确保各组的土壤界线吻合无误，完成实习地区土壤草图绘制。

第七章　生物野外实习方法

认识生物与地理环境的关系是一个实践性很强的过程，除了需要熟知有关生物地理的基本理论和基本知识外，还必须掌握一些生物野外调查的基本工作方法。生物野外实习分为植物地理学野外实习和动物地理学野外实习两大部分。

第一节　植物地理学野外实习

一、植物群落样地调查

植物群落是植被的基本单元，是植被研究的具体对象。研究一个地区的植物群落，首先要到野外实地进行调查，获得关于植物群落各方面的第一手资料。然后根据这些资料综合得出植物群落的特征。在野外对某个植物群落进行调查时，通常是采用抽样调查的方法，即在群落内选择一定数量的有代表性的小面积地段进行详细调查，以此特征推断或代表整个群落的特征。这些小面积地段称为样地，这种调查方法称为样地法。样地法是植物群落调查中最基本、最常用的一种方法。

（一）样地设置

1. 样地形状

样地形状一般采用正方形或长方形，也有圆形者。前两者称为样方，后者称为样圆。样地的边界用测绳或皮尺圈定，草本群落因面积小也可用事先做好的方形木框圈出。样地若是长方形，其长轴应平行于山坡的等高线。

2. 样地面积

样地面积应略大于植物群落的最小面积。群落最小面积的确定首先从很小的样方开始，统计其中的植物种类数目。然后按如图 7-1 所示的顺序逐渐扩大样方的面积（每次成倍增长），同时记录新出现的植物种数，直到基本不再增加新种类为止。最后以植物种的数目为纵坐标，样方面积为横坐标，绘制种-面积曲线（图 7-2）。种-面积曲线从开始陡峭上升，到近于水平延伸的转折处所对应的面积就是群落的最小面积。一般来说，草本群落样方最小面积在 1～10m^2，温带灌丛约 25m^2，温带森林在 100～500m^2，亚热带森林在 500～1200m^2。

3. 样地数目

样地数目主要根据群落内部结构的复杂程度和要求的精度来确定。群落内较均一的话，少数样地就能表现其特征，反之要求的样地数量就多；群落精度要求高的样地数量就多，反之亦然。一般来说，在同一类群落内至少要作 3～5 个样地。作为植物地理实习，可将学生分为几组，同时进行观测。

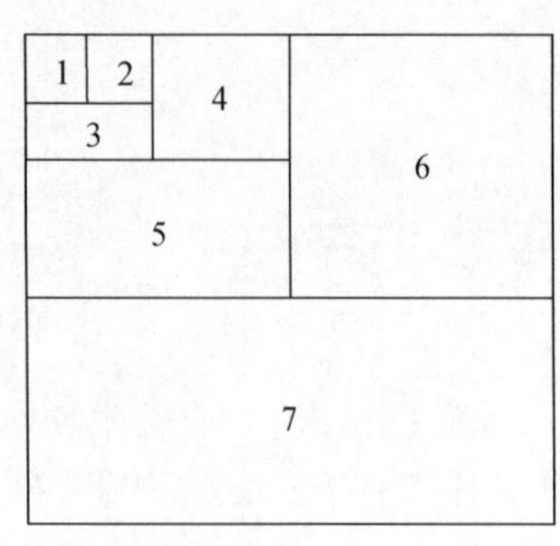

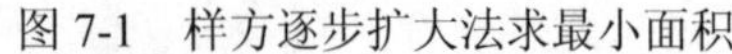
图 7-1　样方逐步扩大法求最小面积

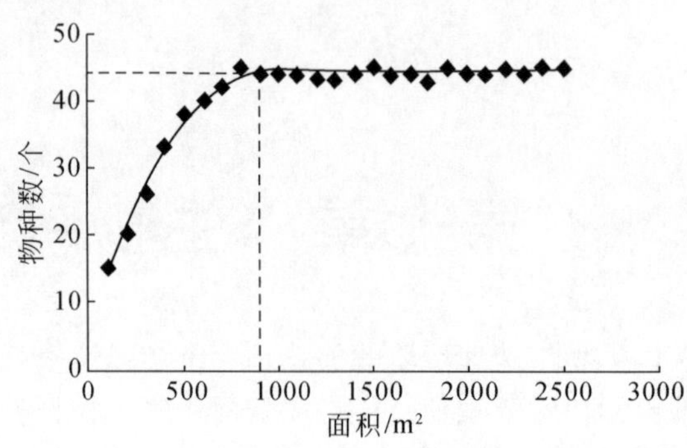

图 7-2　种–面积曲线示例

4. 样地布局

群落内的样地布局有多种方法。传统的方法是把样地选在群落内有代表性或典型性的地方，称为主观取样法。该种方法的优点是迅速简便、工作量小，缺点是无法对其进行显著性检验。另一种方法是随机取样法，使群落各部分都有同等机会被抽取作样地，称为客观取样法。客观取样法的优点是观测资料可用于数理统计，缺点是需要作较多的样地，否则代表不了群落的特征。

（二）样地调查内容

样地的调查内容比较复杂，并且不同群落类型的调查内容也有区别。森林群落需填写表 7-1～表 7-7，灌丛填写表 7-1 和表 7-4～表 7-7，草木群落填写表 7-1 和表 7-5～表 7-7。在森林群落中的森林、灌木、草本层分别按照要求的面积进行测量和登记。

表 7-1　样地环境记录表

年　月　日

<table>
<tr><td colspan="3">编号</td><td colspan="6"></td></tr>
<tr><td colspan="3">地理位置</td><td colspan="6"></td></tr>
<tr><td colspan="3">群落名称</td><td colspan="6"></td></tr>
<tr><td colspan="3">周围环境</td><td colspan="6"></td></tr>
<tr><td colspan="3">人类活动情况</td><td colspan="6"></td></tr>
<tr><td colspan="3">野生动物</td><td colspan="6"></td></tr>
<tr><td colspan="3">自然灾害</td><td colspan="6"></td></tr>
<tr><td rowspan="4">地貌</td><td colspan="2">海拔/m</td><td colspan="2"></td><td colspan="2">相对高度/m</td><td colspan="2"></td></tr>
<tr><td colspan="2">坡向</td><td colspan="2"></td><td colspan="2">坡度/（°）</td><td colspan="2"></td></tr>
<tr><td colspan="2">地貌类型</td><td colspan="6"></td></tr>
<tr><td colspan="2">小地形</td><td colspan="6"></td></tr>
<tr><td colspan="3">地面状况（岩石露头、冲沟、枯枝落叶等）</td><td colspan="6"></td></tr>
<tr><td rowspan="2">水文</td><td colspan="2">地下水埋深/m</td><td colspan="6"></td></tr>
<tr><td colspan="2">其他</td><td colspan="6"></td></tr>
<tr><td rowspan="4">土壤</td><td>土壤名称</td><td>层次</td><td>厚度/cm</td><td>颜色</td><td>质地</td><td>结构</td><td>湿度</td><td>pH</td></tr>
<tr><td></td><td></td><td></td><td></td><td></td><td></td><td></td><td></td></tr>
<tr><td></td><td></td><td></td><td></td><td></td><td></td><td></td><td></td></tr>
<tr><td></td><td></td><td></td><td></td><td></td><td></td><td></td><td></td></tr>
</table>

表 7-2　林木记录表

样方编号：　样方面积/m^2：　树冠总郁闭度/%：　第一层郁闭度/%：　第二层郁闭度/%：

编号	植物名称	高度/m	枝下高/m	胸径/cm	胸高面积/cm^2	冠幅/m	年龄/a	实生或萌生	生活型	物候期

表 7-3　林木更新记录表

样方编号：　样方面积/m^2：

编号	植物名称	多度或株数	高度/cm	年龄/a	实生或萌生	生活强度	分布的均匀性	附注

注：本表只记录乔木幼树和树苗情况。

表 7-4　灌木记录表一

样方编号：　样方面积/m^2：　总盖度/%：　第一层盖度/%：　第二层盖度/%：

编号	植物名称	层次	盖度/%	多度或株数	高度/cm		生活强度	物候期	附注
					平均	最高			

表 7-5　灌木记录表二

样方编号：　样方面积/m^2：　总盖度/%：　分层盖度/%：

编号	植物名称	层次	盖度/%：	多度或株数	高度/cm		生活强度	物候期	附注
					平均	最高			

表 7-6　地被物记录表

样方编号：　总盖度/%：　活层厚度/%：　死层厚度/%：

编号	植物名称	盖度/%	附注

表 7-7　层外植物记录表

样方编号：　样方面积/m^2：

编号	植物名称	多度或株数	生长在何种植物或基质上	生活型	生活强度	物候期	附注

上述表格中的某些指标释义或测定方法如下：①枝下高，树干上最下面一个活枝到地面的垂直距离。②胸径，离地面 1.3m 处的树干直径。③冠幅，树冠的幅度，用树冠在地面上垂直投影的长轴（a）和短轴（b）的长度来表示，即以 $a \times b$ 形式表示。④多度，某种植物在样地内的个体数。乔木和灌木的多度直接数个体数，按株数计；草本植物用目测法估计。德氏（Drude）多度共分七级（SOC，极多；COP_3，很多；COP_2，多；COP_1，相当多；SP，不多而分散；SOL，植物很少；Un，单一个体）。⑤盖度，植物地上部分垂直投影面积占样地面积的百分比。乔木树冠的盖度又称为郁闭度，其数值用小数来表示，用目估法来测定。⑥生活型，按《中国植被》中的生活型系统统计，如乔木分为针叶和阔叶，再进一步分出常绿和落叶。⑦生活强度，共分强、中、弱 3 级。发育良好、繁殖良好者为“强”；枝叶生长和繁殖能力都不很强，或者营养生长虽然较好，但不能正常结实繁殖者为“中”；达不到正常生长状态，受到抑制甚至不能结实者为“弱”。⑧实生或萌生，植株由种子发育来的为实生，由树根或树干上的不定芽生长而来的为萌生。⑨物候期，调查时某种植物所处的某个发育期。物候期可分为萌动、抽条、花前营养期、花蕾期、花期、果期、果后营养期和休眠（或枯死）期。

（三）植物群落特征分析

植物群落特征分析包括种类组成、生活型组成和群落结构等方面。群落的种类组成主要是了解实习地点出现的植物科、属、种比例，分析哪些科、属、种占优势，通常用以下 3 个指数来描述。

多样性指数：
$$H = -\sum_{i=1}^{m} p_i \ln p_i \tag{7-1}$$

优势度指数：
$$D = H_{\max} + H \tag{7-2}$$

均匀性指数：
$$E = \frac{H}{H_{\max}} \times 100\% \tag{7-3}$$

式中，p_i 为物种 i 的个体数量占区域所有个体数量的概率；m 为物种类型总数，$H_{\max}=\ln m$。

植物生活型组成是每类生活型的植物种类占全部种类的百分比。群落结构特点主要是了解群落在垂直方向上有哪些层次、各层植物主要有哪些种类、是否丰富等。

（四）群落成员型的划分

群落中的不同植物对群落的作用是不同的，常划分出优势种、伴生种和建群种等。一般情况下，根据多度、盖度及高度可大致确定上述成员型。三者都大者为优势种，主要层的优势种为建群种。当种类特别丰富的群落其优势种不易区分时，可计算每种乔木的重要值，灌木和草本植物的总优势度，以此来确定植物在群落中的作用大小。有关群落成员型指标的计算公式如下：

重要值=相对密度+相对显著度+相对频度

相对密度=（某个种的个体数/所有种的总个体数）×100%

相对显著度=（某个种全部植株胸高断面积之和/所有种的胸高断面积之和）×100%

相对频度=（某个种的频度/所有种的频度之和）×100%

频度=（某种植物出现的小样地数/总样地数）×100%[①]

总优势度=（相对盖度+相对密度+相对高度）×1/3 或=（相对盖度+相对高度）×1/2

相对高度=（某种的高度/各种的高度之和）×100%

相对盖度=（某种的盖度/各种的盖度之和）×100%

二、植物群落无样地调查

植物群落的无样地调查对优势种不易区分的群落调查具有较好的效果。无样地调查法有样线法、中点象限法、随机成对法和徘徊四分法等，本节仅介绍样线法和中点象限法。

（一）样线法

样线法适用于森林群落取样调查，尤其适用于幼树更新的调查。在群落某一地段内，用测绳设定基线，在基线上随机或等距布设一系列点，在这些点上作垂直于基线的样线，并把样线划分为等长的区段（如以 1m 或 2m 为一区段），绘出布局略图（图 7-3）。登记每个区段上凡植物投影被样线所切割的幼树的种名和株数（表 7-8），以及样线所截的植物投影长度和垂直于样线的植物投影的最大宽度。

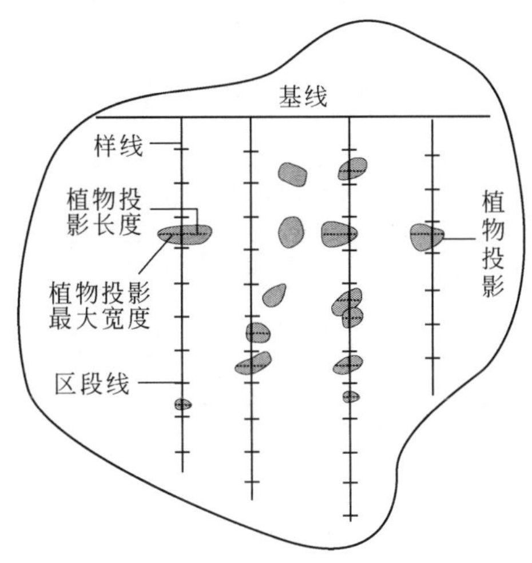

图 7-3　样线法布点示意图

表 7-8　样线法植物群落调查表

标准地号：　　群落类型：　　样线总长度/m：　　区段长/m：

区段数量：　　测定人员：　　日期：

区段号	植物种名	所截植物数/个	所截植物长度总和/m	所截植物最大宽度总和/m

① 森林群落的树木可用 10～25m^2 的小样方作 10 次以上的调查进行频度计算，草本群落常用 100cm^2 的小样地作 50 次左右的调查进行频度计算。

（二）中点象限法

中点象限法也称中心点四分法，适合于森林群落物种密度调查。测点可以随机确定（20 点以上），但较便利的方法是在一片林地内设若干条平行线，在每条直线上定距设点，如相隔 15m 或 20m 设一个测点。在每个测点上假设一条与测线垂直的短线，形成以测点为中心的四个象限（图 7-4）。在每个象限内测一株距中心点最近的乔木，记录此树的名称，并测出它到中心点的距离，再量其胸径、冠幅及树高等。将每个测点上测出四株树木，记入表 7-9 中。

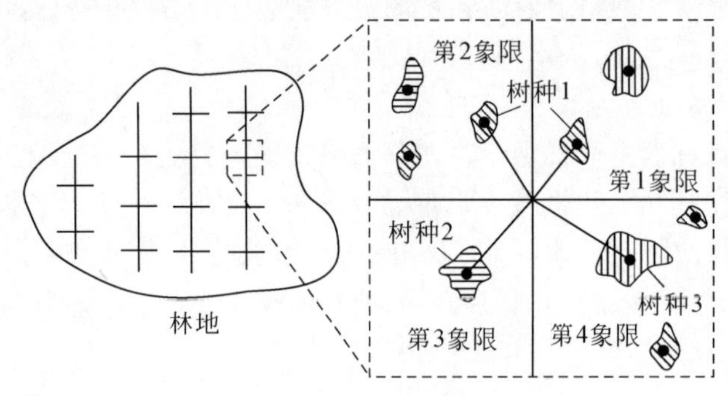

图 7-4　中点象限法示意图

表 7-9　中点象限法群落调查记录表

林地号：　　　　测点总数：　　　　林冠总郁闭度：

点号	象限	树种或编号	点树距离/m	胸径/cm	胸高面积/cm²	冠幅/m	树高/m	枝下高/m	生活型	物候期
1	1									
	2									
	3									
	4									
2	1									
	2									
	3									
	4									

把测得的所有树种在所有点上的距离数据累加起来（Σd），除以随机点数（n）×4，得出植物到点的平均距离（$\overline{d}$），该值的倒数就是所有种的总密度。

三、植物群落生态序列调查

植物群落生态序列指任一主导生态因子或其综合作用在空间上沿一定方向逐渐增强或减弱的现象，是具有不同生态外貌和结构的植物群落相互作用，而导致彼此相对应的一种空间格局。它是植被与环境相互关系的一种反映，也是植被空间分布规律的一种反映。因此，绘制植物群落生态序列剖面图是深入认识植被与环境的相互关系以及植被空间结构配置特点的一种基本方法。

首先，选择某一生态因子逐渐变化的地带，如丘陵山地或河谷等地区，沿环境梯度变化显著的方向设定一条直线或折线，在地形图上标出这条基线，并在方格纸上绘出沿这条基线的图切地形剖面图（见第三章第三节）。

其次，沿这条基线勾绘出不同群落间的边界，量测基线通过每一群落的直线距离，并对每一群落特征及其环境特征进行描述记录。群落的边界通常是根据建群种优势度的消长、生态指示种更替及生境的变化来确定的。群落间的距离用测绳或记步器来测量。对划分出的主要群落要逐一进行描述，一般群落仅需作简要记录（表 7-10）。除了记录群落所在地形的坡度之外，还应根据所要反映的生态因子种类来确定描述的对象，一般应包括土壤类型、土壤湿度、土壤厚度和成土母质等。

表 7-10　植物生态序列沿线描述内容

群落编号	距离/m	坡度/（°）	群落名称及简要特征	环境特征描述

最后，绘制和整饰植物群落生态序列图。在室内对野外调查与测绘的草图进行清绘整饰，把群落的特征用符号或编号表示在生态序列图上，并把土壤及其母质也表示在相应的位置上（图 7-5）。

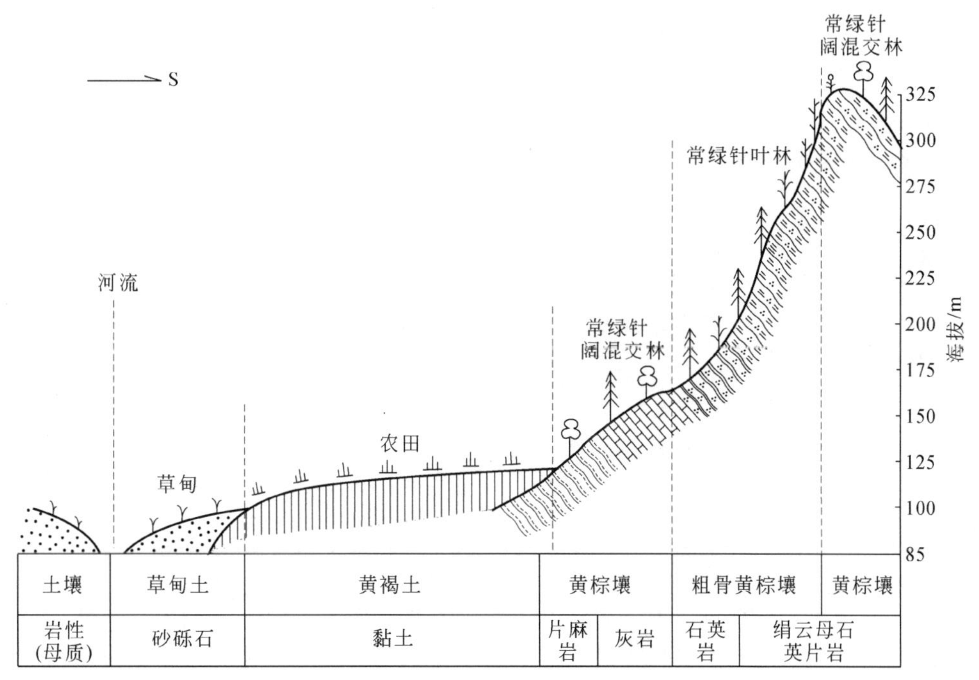

图 7-5　某地植物群落生态序列图

四、植物标本采集与制作

（一）用具准备

植物标本采集与制作需要准备的用具有采集镐、枝剪、木质标本夹（图 7-6）、标本纸（吸水纸）、采集箱、采集袋、手持放大镜、高度表、指北针、手电筒、蜡烛、钢卷尺、标本采集记录手册、标本号牌、定名标签、工作日记本、厚台纸、镊子、针线和文具用品等。

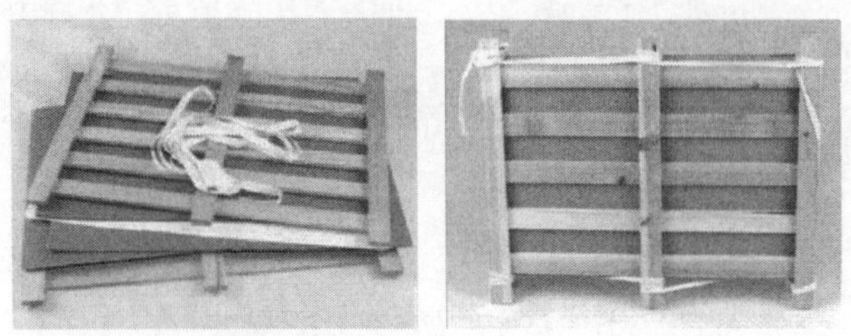

图 7-6　植物标本夹

（二）植物采集

采集的植物标本一定要完整。木本植物不仅要具有枝、叶，还要有花、果；草本植物除地上部分外，还要带根，有地下茎的要带地下茎；雌、雄异花或异株的植物，雌雄花都要采集；寄生植物要连同寄主一道采集。若采集植物时无花或无果，或花、果期无叶，可先采集枝叶或花果，其他器官以后补采。蕨类植物和苔藓植物要采集有孢子囊群或孢子囊穗的植株。树皮特殊者（如白桦、悬铃木等）要采一些树皮。易脱落的花、果、种子要装入纸袋带回。

植株高不满 40cm 的草本植物，要采集完整植株。若高于 40cm 的草本植物，可将其反复折叠成“N”或“W”字形，或在同一株上选其形态有代表性的上、中、下三段（下段要带有根）。

同一种植物标本一般应采 3～5 份，以备鉴定、储藏或交换之用。

（三）编码与记录

每一份标本要编一个号码，可按采集人或小组顺序编号。号牌可用较硬的纸张剪成长方形，打孔穿线，写上编号和植物暂定名称系于标本之上。采集标本时，要及时用铅笔进行记录，特别记录制成标本后不易看见和容易改变的项目，如产地、环境条件（地形、高度、坡向、坡度、土壤等）、胸径、颜色、气味、有无汁液等（表 7-11）。标本价值的大小，在一定程度上取决于这些原始资料的完整与否。

（四）标本的压制和干燥

采集的标本应及时压制，以免变形、变质和变色。压制标本时采用一沓纸一层标本交替重叠进行。可在野外现场压制，也可带回实习驻地压制。压制标本前要对采集的标本进行修整。把枝叶过密的和不良的部分剪除，叶形过大的可剪去一边；过长的草本可将其茎析成“V”、“N”或“W”形；果实较大时需用纸垫平，脱落的果实、花或叶装入小纸袋内和标本放在一起压制。新鲜的标本每天要换吸水纸 2～3 次。待标本逐渐干燥后，可 1 天换 1 次纸，直至 3～4 天换 1 次纸。

（五）标本的制作

为了使植物标本长期保存和方便使用，要把压制的干燥标本用针线或透明胶带固定在白色坚硬的台纸上，并附上正式标签。这样，一块腊叶标本或干制标本就制成了（图 7-7）。

表 7-11　植物标本采集记录表

采集人＿＿＿＿＿＿＿＿＿＿日期＿＿＿＿＿＿＿＿＿＿
采集地＿＿＿＿＿＿＿＿＿＿海拔＿＿＿＿＿＿＿＿＿＿
分布（分布的省份）＿＿＿＿＿＿＿＿＿＿
地形（坡地、河谷、山沟等）＿＿＿＿＿＿＿＿＿＿
生境（如森林中、道旁、河滨、草地等）＿＿＿＿＿＿＿＿＿＿
习性（乔木、草本（几年生）、藤本等）＿＿＿＿＿＿＿＿＿＿
＿＿＿＿＿＿＿＿＿＿
高度＿＿＿＿＿＿m＿＿＿＿＿＿胸径（1.3m 处直径）＿＿＿＿＿＿cm＿＿＿＿＿＿
树皮（记明颜色、裂隙和是否剥落等）＿＿＿＿＿＿＿＿＿＿
＿＿＿＿＿＿＿＿＿＿
芽＿＿＿＿＿＿＿＿＿＿
叶（记明正反颜色、有无粉质或有毛与否、乳汁等）＿＿＿＿＿＿＿＿＿＿
花（记明颜色和形状、数目、排列方式等）＿＿＿＿＿＿＿＿＿＿
果及种子（记明颜色和形状）＿＿＿＿＿＿＿＿＿＿
木材＿＿＿＿＿＿＿＿＿＿
根或地下茎＿＿＿＿＿＿＿＿＿＿
用途＿＿＿＿＿＿＿＿＿＿
附记（记明此种植物在当地的产量应用和各种特殊性格）＿＿＿＿＿＿＿＿＿＿
当地名（土名）＿＿＿＿＿＿＿＿＿＿
科名＿＿＿＿＿＿＿＿＿＿标本份数＿＿＿＿＿＿＿＿＿＿
学名（拉丁名及中文名）＿＿＿＿＿＿＿＿＿＿
鉴定人＿＿＿＿＿＿＿＿＿＿

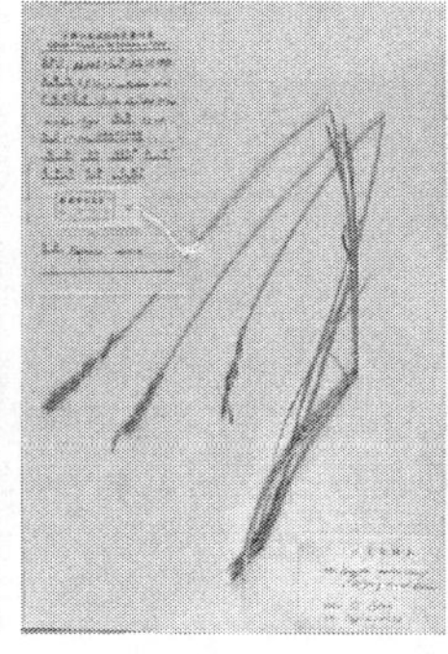

图 7-7　植物标本示例

五、植物检索鉴定

植物检索表是识别植物不可缺少的工具。只要植物标本形态完整，就可利用检索表顺利查出各种植物的名称。首先要对观察到的植物作详细的解剖分析，弄清其花、果、种子、根、茎、叶等的特征。然后利用工具书［如《中国植物志》《中国高等植物科属检索表》和各省（自治区、直辖市）的植物志等］上的检索表，逐步检索到该植物的科、属、种名称。检索表的编制是根据拉马克（J. B. Lamarck）二歧分类原则，把原来一群植物特征分成相应的两个分支，把两个分支中的性状再分成相对应的两个分支，依次下去，直至检索到科、属或种。目前，采用的植物检索表有定距检索表和平行检索表两种，其中前者应用最为广泛。

（一）植物定距检索表

植物定距检索表将相对立的特征编为同样的号码。每组性状编排时，向右退两格，如木樨科 7 个属的分属检索表如下。

1. 果实为翅果
  2. 单叶，全缘；果周围有翅……………………………………………………雪柳属
  2. 羽状复叶；果只顶端有翅……………………………………………………梣属
1. 果实不为翅果
  3. 蒴果
    4. 花黄色；枝中空或具片状髓；叶常有锯齿……………………………………连翘属
    4. 花紫色、白色或红色；枝具实髓；叶全缘或裂………………………………丁香属
  3.核果或浆果
    5.单叶对生；花为圆锥花序、总状花序或簇生
      6.花冠裂片在芽中覆瓦状排列；花簇生于叶腋或成短圆锥花序；核果……………木犀属
      6.花冠裂片在芽中镊合状排列；花为顶生的圆锥花序或总状花序；核果状浆果…………女贞屑
    5.羽状复叶或三出复叶，对生或互生，稀单叶；花为聚伞花序或伞房花序；浆果…………素馨属

（二）植物平行检索表

植物平行检索表的特点是编码均左边顶格，仍以木樨科 7 个属的分属检索为例说明。

1. 果实为翅果……………………………………………………………………………2
1. 果实不为翅果…………………………………………………………………………3
2. 单叶、全缘；果周围有翅…………………………………………………………雪柳属
2. 羽状复叶；果只顶端有翅…………………………………………………………梣属
3. 蒴果……………………………………………………………………………………4
3. 核果或浆果……………………………………………………………………………5
4. 花黄色；枝中空或具片状髓；叶常有锯齿………………………………………连翘属
4. 花紫色、白色或红色：枝具实髓，叶全缘或有裂…………………………………丁香属
5. 单叶对生；花为圆锥花序、总状花序或簇生………………………………………6
5. 羽状复叶或三出复叶，对生或互生，稀单叶；花为聚伞花序或伞房花序；浆果…………素馨属
6. 花冠裂片在芽中覆瓦状排列；花簇生于叶腋或成短圆锥花序；核果 ………………木犀属
6. 花冠裂片在芽中镊合状排列；花为顶生的圆锥花序或总状花序；核果状浆果…………女贞属

第二节　动物地理学野外实习

一、昆虫野外实习

（一）野外昆虫采集与记录

1. 采集工具

（1）捕虫网。根据用途不同，昆虫捕虫网可分为扫网、气网和水网 3 种。扫网用于捕捉草间或灌丛中的昆虫。网圈可用直径 5mm 铅丝或 3mm 钢丝制成，网口内径为 38cm；网袋用细布制成，长 66cm。气网也称飞网，用于捕捉蜻蜓、蝴蝶等空中飞翔的昆虫，其结构和扫网一样，但网袋用尼龙纱等孔径较大的材料制成，以减小兜捕时的空气阻力。水网用

于捞捕水生昆虫，网袋较浅，规格不限，用塑料纱制成。

（2）毒瓶。毒瓶常有两种规格：一种是直筒形（800mL 或 500mL）；另一种是试管形（20cm×5cm），都配有密闭的橡皮盖。瓶底放入 1.5cm 厚的氰化钾、敌敌畏、乙醚或氯仿等剧毒品，其上加 1cm 厚锯木屑，木屑上再盖一层带小孔的硬纸板（图 7-8）。使用时一定要注意安全，切不可随意丢弃、造成事故。

（3）吸虫管。吸虫管是专门用于采集树缝、墙隙等处微小昆虫的器具（图 7-9）。使用时，将吸虫管弯曲玻璃管对准虫子，把有胶皮管的另一端含在口中，吸虫入瓶中。

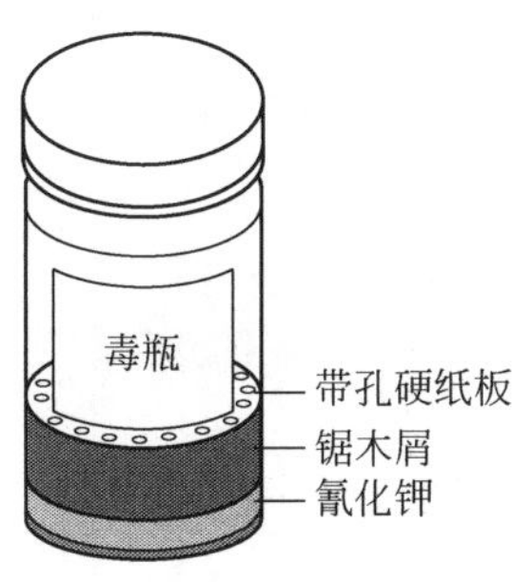

图 7-8　毒瓶

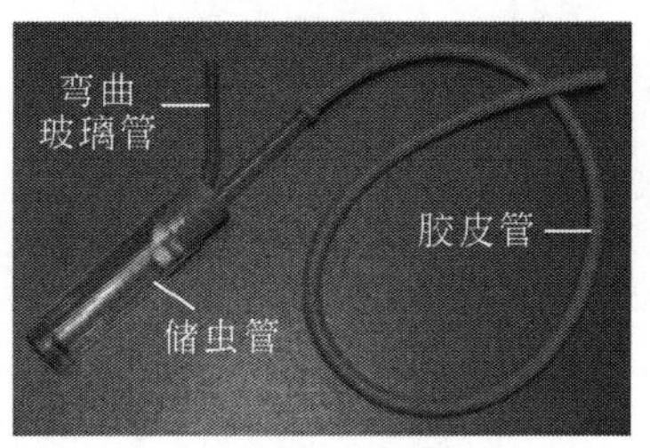

图 7-9　吸虫管

（4）搪瓷盘和毛笔。采集枯枝落叶层或苔藓丛中的小昆虫时，将昆虫抖入瓷盘后再用毛笔蘸少许酒精粘捕。

除上述工具以外，玻璃管、放大镜、镊子、胶水、皮筋、标签纸、记录本（卡）等都是不可缺少的。

2. 采集方法

昆虫的采集方法要根据昆虫习性来确定，通常有以下几种。

（1）兜捕。用气网兜捕捉能飞善跳的昆虫。

（2）扫捕。有许多昆虫具有巧妙的保护色，不易被人们觉察，可用扫网在草坪面上、灌木丛中扫捕。

（3）舀捕。用水网舀捕水生昆虫，如水黾、龙虱等。

（4）扣捕。有些弱小昆虫，无论在叶面或地面上爬行，不宜用镊子钳夹，应用空指管（玻璃管）套扣。左手拿空指管，右手拿木塞，将虫子赶入管内堵盖。

（5）其他方式。用镊子夹捕、用毛笔和盘子盘捕以及灯光诱捕、食物诱捕等。

3. 采集记录

采到昆虫标本后，要及时地做好记录，包括编号、采集日期、地点、采集人等（表 7-12）。如需对某类昆虫详细观察，则需将其生活场所的特点、活动姿态及其他习性等分别详细记载。

表 7-12　野外昆虫采集记录卡

<table>
<tr><td rowspan="3">野外采集
记录卡
编号（　）</td><td>分类或昆虫名：</td><td>采集人（组）：</td></tr>
<tr><td>时间：</td><td>地点：</td></tr>
<tr><td colspan="2">记录内容：</td></tr>
</table>

（二）昆虫种群密度调查

1. 样点设置

对于面积较大的调查区域，先在地图上将生境特点划分为若干个调查子区，将每个子区分为若干个面积相等的小方格，并随机选取若干方格做样方。样方规格一般为100m×100m 或 50m×50m，样方总面积应达到调查区域的 2%。

2. 调查与统计

选择昆虫每天活动高峰时期进行调查，并连续调查数天，统计出各个样方昆虫种类和数量平均值。若各样方的平均值差异太大，应改进调查方法，如改变样方大小、增加样方数量等。依据调查结果计算昆虫种群密度、多样性、优势度等指标（详见本章第一节）。昆虫密度计算公式如下：

$$D_i = \frac{N_i}{S_i} \tag{7-4}$$

式中，D_i 为样方 i 的昆虫密度（只/m^2）；N_i 为样方 i 的昆虫数量（只）；S_i 为样方 i 的面积（m^2）。

（三）昆虫标本制作

1. 清理

在采集昆虫时，虫体上常会黏附灰尘或其他物质，要轻轻地把这些黏附的物质吹去，或用毛刷细心刷掉。这不仅使标本更加美观，更主要的是能为将来鉴定带来方便。

2. 整形

（1）整肢。对蝗虫、甲虫、椿象等标本的触角、步足一一加以整形，使其栩栩如生。甲虫（鞘翅目昆虫）死后六足均蜷缩在腹下，在整肢时要用针逐一将其挑勾出来，按生活姿势加以固定，待附肢开始硬化时，才能拔去大头针的支架。

（2）展翅。蝴蝶、大蜂、蜻蜓等都要利用展翅板进行展翅，使之模拟飞翔状态。展翅板一般用聚氨酯泡沫塑料制成，长度为 30～40cm，宽 12～14cm，高 4cm。展翅后，用较厚的纸条压住昆虫的翅膜（图 7-10）。

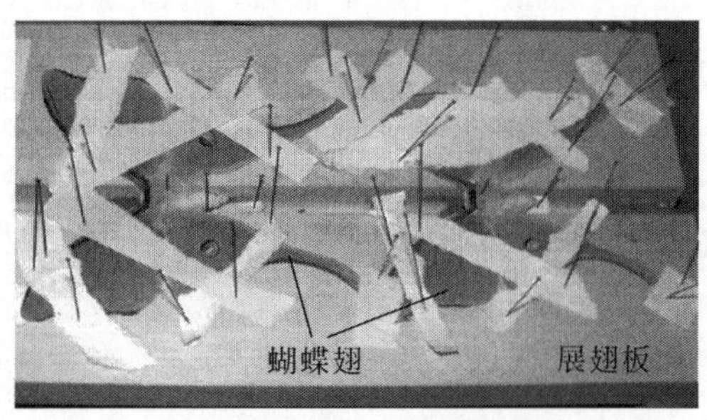

图 7-10　用展翅板展翅示例

3. 固定

固定指固定昆虫的身体结构，以便于识别与观察。昆虫可以分为体躯柔弱型和躯壳坚硬型两类。体躯柔弱型昆虫死后形体结构很快发生变化，乃至腐败或者干缩，必须用防腐液（通常是福尔马林溶液）浸泡制作，放在标本瓶中展出。躯壳坚硬型昆虫易于干制标本（少数容易霉变昆虫进行防腐处理），常采用针插法进行固定。若极其微小的昆虫，尚须制成玻片固定保存。

依据昆虫的大小、结构、种类的不同，针插法分为直接针插法、双重针插法和粘贴针插法 3 种。直接针插法就是直接用昆虫针插上虫体予以固定，针应和虫体垂直，使虫体保持水平［图 7-11（a）］。对于小型昆虫标本（如小蛾子等），为使标本美观和安全，往往可用双重针插法［图 7-11（b）］。有些小昆虫（如瓢虫等）可直接把标本粘贴在三角形卡纸尖上，此即粘贴针插法［图 7-11（c）］。

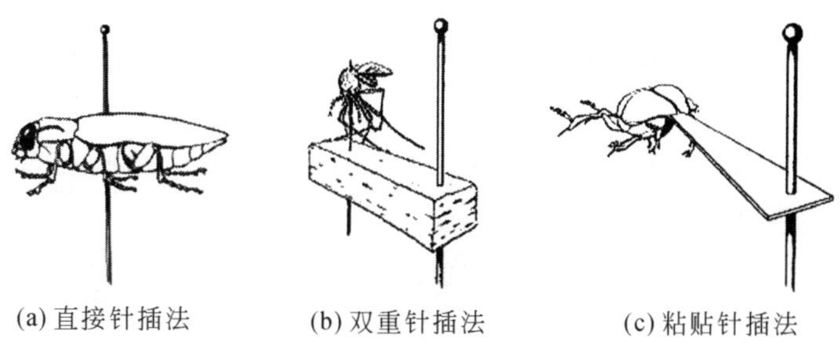

(a) 直接针插法　(b) 双重针插法　(c) 粘贴针插法

图 7-11　昆虫标本三种固定方法

4. 保存

每一个昆虫标本都必须附有标签。标签由白色卡纸制成，注明标本的中文名、学名（拉丁名）、采集日期、采集地点和采集人等。昆虫标本可采用标本盒（图 7-12）、塑料膜封闭、玻璃瓶密闭、玻片等多种方法进行保存。

图 7-12　昆虫标本盒

（四）昆虫的检索鉴定

昆虫纲隶属于节肢动物门，是动物界第一大纲，已知有 100 多万种，大约占全部动物种类的 75%。昆虫鉴定主要依据其形态特征，并结合昆虫检索表完成。在昆虫野外调查中，用昆虫（成虫）简易检索表可鉴定到亚科。

昆虫检索表所列形态特征都是在同一数字下，成对排列的。“目”条以阿拉伯数字加上

A、B 表示相对特征；“科”条以括号内的阿拉伯数字加上 a、b 来表示相对特征。在“目”条的 A、B 和“科”条的 a、b 之间，非此即彼。按表一一查对下去，直到条文后不再跟有数字为止，那便是我们要查检的昆虫名字了。

野外昆虫（成虫）目、科简易检索表举例

1A 无翅昆虫……2

1B 有翅昆虫……9

无翅昆虫类

2A 腹部不超过 6 节，腹面近末端有一弹跳器（体长 2～4mm，多生活在阴湿砖石下或落叶层中）……弹尾目

（1）a 体呈球形，腹部体节愈合……圆跳虫科

（1）b 体长大于体宽，腹部不愈合……（2）

（2）a 触角不超过头的长度……跳虫科

（2）b 触角远超过头胸长度……长角跳虫科

2B 腹部一般超过 6 节，无弹跳器……3

3A 腹部末端有 2 条或 3 条越过或相当于体长的尾须（丝）……4

3B 腹部无尾须，如有也很短，长不超过腹部……5

有翅昆虫类

9A 有两对翅……（10）

9B 有一对翅（后翅形成平衡棍）……双翅目

（1）a 触角超过 6 节（蚊蠓类）……（2）

（1）b 触角不超过 5 节（蝇虻类）……（4）

（2）a 翅无横脉，翅宽（形似微小蛾子）……毛蠓科

（2）b 翅有少数横脉，翅窄（形飞蛾状）……（3）

（3）a 胸部背面有一明显的 V 形沟（足长易断）……大蚊科

（3）b 胸背面无 V 形沟（翅脉上密披鳞毛）……蚊科

……

二、哺乳类动物调查

哺乳类又称为兽类，也是动物界最高级类群，其生态类型多样，适应范围广泛。哺乳动物中毛皮兽有较高的经济价值，但随着人类活动的干扰，许多大型兽类现已很难见到，而小型兽类（特别是啮齿类数量不断增加），已成为多种生境常见种和优势种。

（一）哺乳动物种类识别

哺乳动物的种类识别方法较多，但野外大致通过三种途径予以识别：一是直接识别，根据野外栖息的哺乳动物毛色、体态和大小的差异，能将哺乳类（特别是大、中型哺乳类）动物识别到科或属，加上一些特殊形态的特征，有时可准确地鉴定到属或种。二是捕捉识别，即用铗子诱捕动物，捕捉后可依分类特征进行鉴别，是最有效、最准确的识别方法。三是其他识别，即根据动物巢穴、洞穴的位置与形状，足迹，残留的粪便、毛发，以及啃咬东西留下的痕迹等，作为识别动物种类的依据。

（二）哺乳动物数量统计

1. 小型兽类数量统计方法

1）铗日法

铗日法是目前应用最广的一种兽类数量统计方法，也是森林地区最实用的一种方法。首先在调查地区沿直线或弧线每隔10m左右安放一排铗子（每排放50个铗子），每日观察登记一次被捕获的动物种类和数量（表7-13），计算捕捉率，公式如下：

$$D = \frac{\sum_{i=1}^{m} M_i}{\sum_{i=1}^{m}(50 - d_i)} \tag{7-5}$$

式中，D为兽类捕获率（%）；M_i为第i排铗子捕获的动物总数（只）；d_i为第i排铗子丢失的铗子数（个）；m为铗子总排数（个）。

表7-13　小型兽类数量登记表

时间	地点	生境类型	铗数/个	丢铗数/个	捕获总数/个	物种A/个	物种B/个	…	天气	备注
总计										

2）样地法

样地法是在固定的面积内安放铗子进行统计，这种方法对于草原和农田中体形较大啮齿类动物比较合适。使用这种方法捕获的结果要比样地内实际存在的动物数量多0.5～1.0倍，因为在布铗捕获过程中有些鼠类可能从周围地区跑到样地里来而被捕获。

2. 大型兽类数量统计方法

1）样线法

根据生境类型不同，在调查区选择若干样线，每条样线长5000m左右，样线分布要均匀，尽量避开公路、村庄。沿样线边走边进行观察和记录，行进速度控制在3km/h左右。调查过程中，用自动步行计数器测定路线长度，借助望远镜、罗盘等进行动物或痕迹观察和定位。调查内容包括动物个体、尸体残骸、足迹、粪便、洞巢、鸣叫等，随机选择若干地点，进行环境要素调查。观测范围可不限，但不要重复计数，填写样线调查表（表7-14）。

表7-14　大型兽类调查记录表

日期：　　地点：　　样地点：　　路线长/m：　　调查者：

统计线路草图	动物名称	观测目标	观测样地	数量/个	距离/m	方位角/（°）	性别	老体	成体	幼体	其他

注：观测目标包括动物个体、尸体残骸、足迹、粪便、洞巢、鸣叫等

用观测到的目标数量除以线路总长便可求得相对密度。各种观测目标可以分开单独计算，如用观测到的粪便堆数量除以样线总长，便可得到相对密度指标。

2）样地轰赶法

根据生境类型选择样地，样地一般为方形或长方形，面积约 $50hm^2$。调查人员 30 人左右，分成 4 组，分别从样地四个角同时沿顺时针方向行走，人与人间距约 100m，边走边观察、记录所遇见动物种类及数量，以及动物逃逸方向，最后将样地包围起来。之后，逐渐缩小包围圈，记录所遇见动物种类及逃逸数量。以逃逸出包围圈外的不同种类的动物数量除以样地面积，求得该动物的绝对密度。

3）毛皮等收购资料估计法

某些兽类的毛皮及其他部位如鹿茸、熊胆等有经济价值，各地收购部门都有详细的收购资料。对一个地区动物毛皮收购站的调查可以了解到该地区（一般以行政区为界）毛皮兽的种类与数量状况，这对于了解动物资源现状和历年动态有重要参考价值。20 世纪 30 年代罗特卡-沃尔特拉（Lotka-Volterra）捕食与被捕食关系模型，就是根据某公司所收购的山猫（捕食者）和山兔（被捕食者）的毛皮数量得出的（图 7-13）。

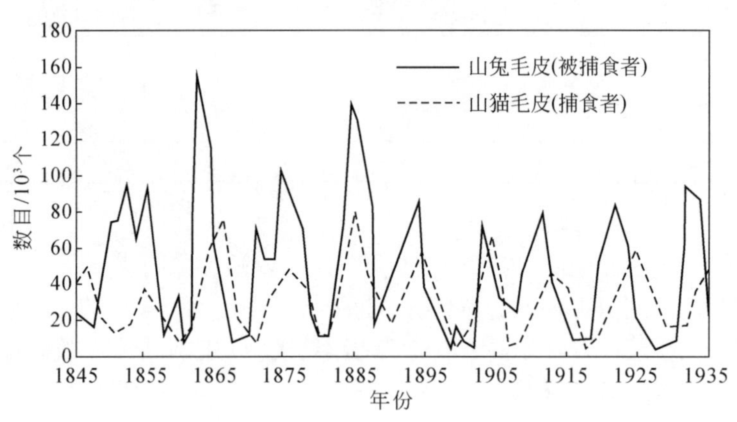

图 7-13　山猫和山兔的毛皮数量变化

4）航空调查法

航空调查法是利用飞机从空中调查地面动物的数量，适合调查开阔地带（如草原、平原和荒漠等）的大型动物数量，或冬季落叶的森林生态系统中的大型动物数量，获得的数据比较准确可靠。

三、鸟类野外调查

鸟类是人类生活中最常见的一大动物类群，全世界已发现鸟类有 9021 种，中国有 1186 种。鸟类具有很强的迁徙能力，因此野外调查有其自身的特点。

（一）鸟类野外识别

在野外快速而准确地鉴别鸟类，是根据其形态、羽色、活动姿态和鸣叫等综合确定的。图 7-14 给出了一般鸟类的形态结构及名称，这对于我们在野外鉴别鸟类很有帮助。

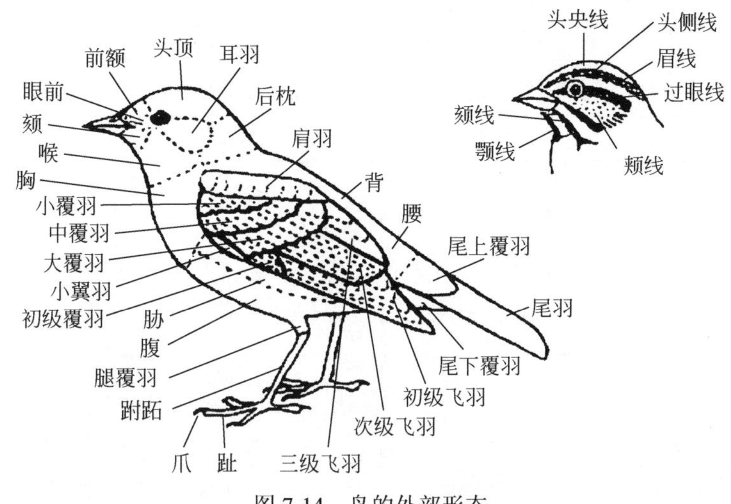

图 7-14　鸟的外部形态

1. 依据鸟类的形态特征识别

每一种鸟类的体形大小、尾形、喙形、羽毛的颜色等外部形态特征都不相同，据此可进行鸟类识别（表 7-15）。

表 7-15　依据形态特征识别鸟类

类别	特征	种类	类别	特征	种类
体型大小	大小如麻雀	燕雀、大山雀、金翅雀、文鸟属鸟类	羽色	黑色	大嘴乌鸦、黑啄木鸟、普通鸬鹚、噪鹃
	大小如八哥	鸫属、画眉、三道眉草鹀、啄木鸟科鸟类		黑白两色	家燕、灰喜鹊、丹顶鹤、大山雀、八哥、黑背燕尾
	大小如喜鹊	灰树鹊、灰喜鹊、山斑鸠、大嘴乌鸦		灰色	杜鹃科鸟类、灰卷尾、普通鳾、灰鹡鸰
	大小如鸽	小杜鹃、隼科鸟类		灰白两色	灰山椒鸟、银鸥、白头鹤、白额燕鸥、白胸苦恶鸟
	大小如鸡	环颈雉、披肩榛鸡、黑琴鸡		蓝色为主	三宝鸟、普通翠鸟、红嘴蓝鹊、蓝翅八色鸫、蓝马鸡
尾形	长尾	灰喜鹊、灰鹡鸰、寿带、银喉长尾山雀、白冠长尾雉		绿色为主	灰头绿啄木鸟、红嘴相思鸟、绯胸鹦鹉、柳莺属、绣眼鸟科鸟类
	尾分叉	家燕、普通燕鸥、雨燕科、鹰科、卷尾科等鸟类		黄色为主	金翅雀、黄腹山雀、黄雀、黄胸鹀、白冠长尾雉、黄鹂属鸟类
	短尾	小鸊鷉、日本鹌鹑、白胸苦恶鸟、蓝翅八色鸫		红色或锈色为主	棕背伯劳、黄腰太阳鸟、黑枕黄鹂、红隼、朱背啄木鸟、红腹锦鸡
喙形	长喙	普通翠鸟、啄木鸟科、鹳科、鹭科、鹤科等鸟类		褐色或棕色为主	画眉、环颈雉、山斑鸠、日本树莺、隼科鸟类、伯劳科鸟类
	喙向下弯曲	锈脸钩嘴鹛、朱鹮、戴胜、太阳鸟科鸟类		麻雀色	鸡、鹧鸪
	喙宽短三角	普通夜鹰、雨燕科鸟类、家燕			

2. 依据鸟类生态习性识别

各种鸟类的飞行姿态、停落姿态、栖息层位以及栖息环境等生态习性有所不同，据此可以帮助我们识别鸟类（表 7-16）。

表 7-16　依据飞行姿态、栖落姿态、栖息层位和栖息环境识别鸟类

类别	特征	种类
飞行姿态	波浪式	燕雀、灰头绿啄木鸟、鹡鸰属鸟类
	空中兜圈	三宝鸟、扇尾莺科鸟类
	鱼贯式	灰喜鹊、松鸦、红嘴蓝鹊
	滑翔	戴胜、鹰科、雕亚科鸟类
	悬停	普通翠鸟、蜂鸟科鸟类
	垂直起落	蒙古百灵、云雀
	列队飞行	雁亚科、大天鹅属及鹤科鸟类
栖落姿态	尾上下摆动	伯劳科鸟类、鹡鸰属鸟类
	尾左右摆动	山鹡鸰
	攀缘树干	旋木雀、雕亚科、啄木鸟科鸟类
	落于水面	鸭科、鸥科鸟类
	水边行走	鹡鸰属、鹤科、鹳科鸟类
栖息层位	草丛间	环颈雉、红胸田鸡、蝗莺属鸟类
	灌木中	巨嘴柳莺、短翅树莺、棕头鸦雀、灰头鹀
	乔木上	大山雀、灰头绿啄木鸟、黄鹂属、杜鹃科鸟类
栖息环境	居民点附近	麻雀、家燕、金腰燕、文鸟属鸟类
	农田	大嘴乌鸦、喜鹊、山斑鸠
	林缘灌丛	芦莺、日本树莺、画眉、鹀属鸟类
	落叶阔叶林	黑枕黄鹂、大杜鹃、灰椋鸟、山斑鸠、白眉歌鸫
	针阔混交林	四声杜鹃、灰喜鹊、三宝鸟
	针叶林	松鸦、星鸦、旋木雀、交嘴雀属鸟类
	水区	鸭科、鹤科、鹭科、鹳科、鸥科鸟类

3. 依据鸣声识别

由于鸟类大部分时间在飞行，其形态观察比较困难，所以熟悉鸟类的鸣叫就显得十分重要。繁殖期的鸟类，特别是雄鸟以唱鸣为主，几十分钟甚至几小时的长期鸣叫，并各具独特韵律，这对隐匿于密林中或远距离鸟类的识别尤为重要。根据鸣叫（表 7-17）识别鸟类再辅以前述的形态和生态习性的特征，是鸟类野外调查最常用的方法。

表 7-17　依据鸣声识别鸟类

鸣叫特征	种类
婉转多变	雀形目鸟类：云雀、蒙古百灵、画眉、红嘴相思鸟、大嘴乌鸦、八哥、黑枕黄鹂
两声一度	大杜鹃、褐柳莺、黑卷尾、锈脸钩嘴鹛、黄腹山雀、白胸苦恶鸟
三声一度	小灰山椒鸟、大山雀、棕颈钩嘴鹛、小鸦鹃、鹰鹃、灰胸竹鸡
四声一度	四声杜鹃、栗头蜂虎、蓝翅八色鸫、凤头鹀
五六声一度	小杜鹃、栗耳鹀
八九声一度	棕噪鹛、冠纹柳莺
吹哨声	红翅凤头鹃（二声一哨声）日本树莺（先一声后二声高亢哨声）
尖细颤抖声	绣眼鸟科鸟类、普通翠鸟、小燕尾、黑背燕尾、紫啸鸫、棕脸鹟莺

某一区域内的鸟类种类有限，通过以上方法的相互验证，基本能够准确识别各种鸟类。如有不能识别的鸟类，可进行捕获，并按形态分类特征，逐条识别或制成标本，进行鉴定。

（二）鸟类数量调查

1. 绝对数量调查

在鸟类繁殖期划定一定样方（通常为 50m×50m），并逐一搜索和记录样方内的所有鸟巢，每个鸟巢算一对鸟，这样就可以推算出整个调查区的鸟类数量。绝对数量调查一般按生境进行，样方的选择要具有代表性，调查面积根据区域大小决定。

2. 相对数量调查

鸟类相对数量调查采用路线调查。在某一生境内，以每小时遇见鸟类频率或每千米遇见鸟类数量来反映区内鸟类的相对数量，最适用于不同生境（或地区）鸟类数量的对比研究。选择路线尽量均匀地分布于调查区内，并能穿过所有的生境。统计时间最好在鸟类繁殖初期和鸟类活动的最强时刻进行，并填写鸟类统计野外记录（表 7-18）。

表 7-18　鸟类统计野外记录表

<table>
<tr><td rowspan="7">时间：　地点：　天气：
路线：　时段：
生物类群类型：
统计开始时段：
时段 1：
时段 2：
⋮
时段结束统计完成</td><td rowspan="2">鸟类种类</td><td>生境 1</td><td>生境 2</td><td>…</td></tr>
<tr><td>时段 1
数量/个</td><td>时段 2
数量/个</td><td>…</td></tr>
<tr><td></td><td></td><td></td><td></td></tr>
<tr><td></td><td></td><td></td><td></td></tr>
<tr><td></td><td></td><td></td><td></td></tr>
<tr><td></td><td></td><td></td><td></td></tr>
<tr><td></td><td></td><td></td><td></td></tr>
</table>

鸟类数量调查结束后，便可进行鸟类统计整理（表 7-19）。统计表左侧纵栏按数量多少排列鸟类；表上横行是各生境统计时段；右侧纵栏为鸟类成员型等级，每小时遇见 10 只以上的鸟为优势种（+++），1～10 只者为常见种（++），少于 1 只者为稀有种（+）。

表 7-19　鸟类种类统计表

<table>
<tr><td rowspan="2">鸟的种类</td><td colspan="3">统计时段</td><td rowspan="2">等级</td></tr>
<tr><td>生境 1</td><td>生境 2</td><td>…</td></tr>
<tr><td>种类 1</td><td></td><td></td><td></td><td></td></tr>
<tr><td>种类 2</td><td></td><td></td><td></td><td></td></tr>
<tr><td>⋮</td><td></td><td></td><td></td><td></td></tr>
</table>

第八章　自然地理系统综合实习方法

自然地理系统的野外实习旨在培养学生综合观察和分析自然地理系统的整体性规律、时间演变规律和地域分异规律的能力，使其掌握野外工作的方法和程序。自然地理系统野外实习的内容主要包括不同尺度自然地理系统地域分异规律实习，土地类型划分、土地类型图编制和土地评价实习，综合自然区划实习，以及人地关系实习等。本章仅着重介绍大尺度自然地理系统的考察性实习、中尺度自然地理系统垂直分异野外实习和大比例尺土地类型图编制的一般方法。

第一节　大尺度自然地理系统的考察性实习

我国幅员辽阔，南北纵跨近 50 个纬度，东西横跨 60 多个经度，地势起伏巨大，自然地理系统大尺度分异明显。《中国综合自然区划（初稿）》（中国科学院自然区划工作委员会，1959）自上而下将我国划分为东部季风区、蒙新高原区和青藏高原区 3 个自然大区，6 个热量带与亚带，18 个自然地区与亚地区，28 个自然地带和亚地带，90 个自然省。这些自然地理系统单位在空间上的尺度都比较大，均属于大尺度自然地理地域单位。对这些自然地理系统的考察性实习一般采用路线考察与典型区调查相结合的方法。通过路线考察使学生了解大尺度的地域分异和自然区划的空间分布，通过典型区调查使学生掌握各个自然地理系统的基本特征，从而印证和加深课堂所学的相关内容。

一、野外考察准备工作

（一）考察路线和典型区的选择

由于大尺度自然地理系统的空间规模较大，徒步进行难以完成任务，一般以汽车为交通工具。考察路线应该横穿几个自然地带或亚地带，如在一个自然地带内，则应该穿越尽可能多的自然省。这样才能了解不同自然地带之间的过渡性质，自然省与自然省之间的界线。具体设计考察路线时，可根据各高校所在位置向南或向北、向西或向东沿公路布设，同时避免走回头路。

在考察路线穿越的每一个自然地带或自然省的范围内，选定 1～2 个典型调查区，典型区必须能够反映该自然地带或自然省的一般特征。只有这样，才能做到既“走马观花”，又能“下马观花”和“解剖麻雀”，达到实习目的。

（二）资料准备

资料准备工作包括相关文字和图件准备。文字资料一般包括《中国综合自然区划（初稿）》（中国科学院自然区划工作委员会，1959）、《中国自然地理总论》（郑度，2015）、《中国省市区地理丛书》（王静爱，2010）等关于中国自然地理地域分异和综合自然区划的有关内容。

图件准备包括地形图、自然地理专业地图和遥感影像图（航空像片、MSS 影像、TM 影像和 Google Earth 影像等）三类。由于路线考察的范围较广，往往涉及一个省（自治区、直辖市）或几个省（自治区、直辖市），所以路线考察的地形图或影像图的比例尺以 1∶50 万或 1∶20 万为宜。比例尺过大，不能在可视范围内了解调查区的整体自然地理空间格局，也不利于宏观规划考察路线；比例尺过小，由于制图综合作用的影响，载图内容又显太粗。自然地理专业地图的准备包括收集考察省（自治区、直辖市）的地质图、地貌图、土壤图、植被图、土地利用图等及其相关文字说明，比例尺以 1∶20 万为宜。适合于典型地点调查的地形图最佳比例尺是 1∶1 万，没有 1∶1 万比例尺地形图时，可用 1∶5 万代替。由于调查的典型地点已在室内预先选定，所以只准备典型地点及其附近区域的大比例尺地形图即可。在 1∶1 万的地形图上，一般可以识别出“限区”或“地方”；在地形变化不太明显的地区，还可以识别出自然地理最小类型单位——相。在 1∶5 万的地形图上，只能识别出“地方”；在地形变化不太明显的地区，有时可以识别出“限区”。

（三）自然地理综合剖面图绘制

在收集到考察区自然地理有关图件和文字资料之后，要在室内认真阅读、分析资料。为了使学生掌握考察路线沿途自然地理各要素之间的相互联系及其地域分异规律，还要做一定的自然地理综合性工作，主要是根据收集的资料绘制一张自然地理综合剖面图，步骤如下。

第一步：图切地形剖面图绘制。按照第三章图切地貌剖面图绘制方法，在地形图上，将沿考察路线上的标志点（如山顶、河流、居民点等）和典型调查点折线连接，并测量出各个线段的走向方位角和水平距离；在横坐标上标出各个标志点和典型调查点，以各点海拔为纵坐标，并根据沿途地形变化大势将各点连成平滑曲线，用箭头标出各线段的方位角；根据各点海拔和地势起伏特点，判断出地貌类型。为了使地势起伏变化更直观，垂直比例尺要远远大于水平比例尺，纵坐标的起点高程一般是考察区域最低点的海拔。

第二步：在地形剖面线下方再画一条平行曲线，两线间隔不宜太大，能够指示土壤厚度即可。根据所收集到的土壤类型（土类或亚类）资料，以不同符号表示出不同土壤类型。

第三步：根据所收集到的地质资料，用不同符号将沿途见到的主要岩石类型和构造界线，标绘在土壤层（第二条曲线）下方。

第四步：根据所收集到的植被类型资料，用不同符号将沿途见到的主要植被类型及其界线，标绘在土壤层（第一条曲线）上方。

第五步：根据沿途地貌、岩石、土壤和植被类型及其界线，在横坐标下方分行列出地貌、岩石、土壤和植被类型名称及其对应的界线（竖线）。

第六步：剖面图整饰。在图的下方分别绘制出不同岩石、土壤和植被类型的图例，并给出图名。

如果路线考察的范围很大，跨越了多个省（自治区、直辖市），自然地理综合剖面图过大时，可分省（自治区、直辖市）绘制。自然地理综合剖面图可以直观地反映出岩石（风化壳）、地貌、土壤和植被之间的内在联系，以及自然带和自然省之间的过渡状况考察，有利于学生建立科学的自然地理系统的整体观和区域差异观。

二、野外考察的内容

（一）路线考察的主要内容

1. 对“地方”的初步研究

路线调查时应注重对“地方”沿剖面变化的顺序观察。因为“地方”是在地理上和发生上有联系的“限区”的组合，往往有明显的界线，所以在进行路线考察时，可以在车上观察出“地方”的变化及其界线，例如，棕壤丘陵、黄土台地等“地方”，在车上沿路线考察时可以非常清楚地辨别出来。在 1∶20 万卫星图像上，“地方”的界线也可以清楚地反映出来。经过室内预判后，到野外进行路线考察，则更容易看出它们的界线。

辨认出“地方”的界线，最重要的是注意观察沿途地形的垂直分化。如果有自然植被，可以利用植被对环境的反应来掌握“地方”的变化界线。此外，土壤的天然剖面也是路线考察时必须注意的，因为“土壤是景观的一面镜子”，它可以清楚地反映不同“地方”的特征。

2. 对自然地理区的考察

路线考察时，确定自然地理区（景观）的界线是很重要的任务。由于自然地理区（简称自然区）是“地方”有规律地重复出现的地区，又是地带性和非地带性因素共同作用的统一体，因此可以根据“地方”的组合形式不同，判定不同的自然区。这种组合形式不同，实质上反映的是自然结构的不同，也就是说，一个自然区有自己独特的、与众不同的自然结构。在路线调查时，在辨认“地方”“限区”的同时，就应研究它们之间出现的顺序、组合情况。当“地方”“限区”及其排列顺序和组合情况发生变化时，说明一个自然区消失而另一个新的自然区已经出现，自然区的界线就在自然结构发生变化的地方。所以，在路线调查时，只要能辨认出“地方”和“限区”，就不难找到自然区的界线，与遥感图像结合辨认自然区的界线（如山前过渡带的界线、冲积扇的界线等）更加一目了然。如果在室内已编制出考察区的地貌图、地质图、土壤图和植被图，并将这些图与卫星图像对比，在地形底图上勾绘出了自然区的界线，那么在野外识别自然区，辨认自然区的界线是不难的。此外，由于自然区是地带性和非地带性的统一体，在路线考察时重视地质和地貌的变化，对于辨认自然区也是很重要的。

3. 对自然地带的观察

要确定某地所属的自然地带，必须辨认平亢地上的植被与土壤，以便确定所属的景观类型，因为自然地带是以平亢地上占优势的景观类型为依据划分的。在路线考察时，应该力求寻找平亢地的处境，走下汽车，观察周围的地形、土壤和植被，以确定平亢地处境，从而确定该调查区属于什么自然地带。确定了自然地带归属之后，还必须确定自然地带的界线，这在路线考察时也是重要任务之一。不过，确定自然地带除了研究平亢地处境以外，还要注意地带内其他处境（水上处境与水下处境）及其相互关系，对比自然地带界线两旁的平亢地-水上处境-水下处境的变化，才能正确划分出自然地带的界线。

（二）典型区调查的主要内容

典型区调查的目的在于深入了解调查区的“相”、“限区”及“地方”的特点及其排列顺序和组合规律，并绘制大、中比例尺的土地类型图。典型区调查与路线调查是相互补充的。典型区调查可掌握土地单位分布的规律，路线调查可了解土地单元的组合性质及区域界线。

一般要求在每一个自然带或自然国范围内至少布设一个典型区。典型区应包括从高到低的整个生态序列，同时必须包括标准处境（即反映大气候与植被、土壤相一致的平亢地处境）和非标准处境。只有这样，才能观察到一个地区完整的“地方”特性。为此，应该首先开展典型区的地形分化调查。

1. 典型区地形分化的调查

研究典型区范围内的地形垂直分化，一定要先把区内的两个极端位置即海拔最高点与最低点找出来，然后从最高点或最低点开始走向另一极端位置，详细观察两个极端点之间各种环境状况及其变化，如从丘陵顶部、丘陵斜坡、坡麓、台地、各级阶地、河漫滩到河床的变化。

研究这种地形的垂直分化，实际上是生物地形学的一部分内容，即地形起伏对局部地方生物带来的影响。例如，高丘陵、低丘陵、切割台地和低平原、阶地与河漫滩等都是动植物的生活环境，随着地形变化植物群落会发生相应变化。

2. 综合同步序列调查法

综合同步序列调查法的实质是根据自然地理综合体沿地形剖面的更替规律，同步地研究这些自然地理综合体的方法。沿地形剖面出现的各个土地单元序列不是孤立的，而是相互联系的，如低山、丘陵、台地、阶地、河漫滩、河床等都不是互不相关的孤立地段，而是相互影响的整个序列的一部分。综合同步序列法要研究的正是这一受能量转化和物质迁移制约的整个生态序列。

综合同步序列法的剖面应穿过该典型调查区尽可能多的处境，然而事实上很难用一个剖面全部包含该典型调查区的处境，通常是要选定几个综合剖面。

（1）自然地理要素调查。在综合剖面线上，应着重研究由地形的垂直分化所决定的地形面。不同的地形面有不同的太阳能输入量、不同的水分收支情况，也有不同的地面组成物质和不同深度的潜水面。由于不同的地形面控制着水、热再分配，因此在典型区调查时，沿综合剖面线上划分出来的地形面，是研究其他组成要素变化规律和相互联系的基础。在野外，往往需要在不同地形面上，挖掘土壤剖面、开展植物群落调查，并对地面坡度、高度以及岩性进行详细调查和记录。

（2）土地类型划分与制图。在上述自然地理要素调查的基础上，沿着综合剖面线划分出“相”、“限区”及“地方”，确定各级土地类型的界线，并标注在等高线地形图上。将几个综合剖面线上的同种土地类型界线联结起来，就得到该典型区的土地类型平面图。

在土地类型平面图下方，还应绘制自然地理综合剖面图。综合剖面图的水平比例尺应与平面图的比例尺一致；垂直比例尺则要视地势起伏情况而定。绘制出的剖面图要符合人们的视觉习惯，不过分夸大也不缩小地势起伏的程度。一般来说，垂直比例尺应比水平比例尺大 3～5 倍。具体绘制方法详见本节前述“自然地理综合剖面图绘制”有关内容。

3. 土地利用调查

这里说的土地利用，不是解决土地利用现状分类、制图及面积量算等问题，而是在野外将典型区的土地自然类型与土地利用现状结合起来，诊断这样的土地自然类型和目前的利用方式是否合理；这样的利用方式获得的经济效益、生态效益如何；如果现在的利用不够合理，那么存在的问题是什么，怎样解决才算合理；倘若目前的利用方式是合理的，成功的经验又是什么；等等。

4. 典型区调查描述纲要

自然地理典型区调查的记录应按统一格式进行。除记载考察路线（从××出发，经××到××）、典型区位置（行政区、经纬度、典型地物方位等）与编号、天气和日期等一般项目外，还需要记录一些专业内容，主要有下列各项。

第一，基岩的种类、岩性、风化程度或疏松沉积物的成因、粒度特征和厚度等。

第二，地形的成因类型和形态名称，现代地貌过程（风化程度、片蚀、沟蚀、风蚀、风积等）。

第三，某观测点在综合剖面序列中的位置及立地特征，如标准（正常）立地（能反映该地区大气候水热条件、显域性土壤和植物特征的立地条件，如暖温带湿润地带的标准立地的自然植被是落叶阔叶林）、近标准（正常）立地（能近似反映该地区大气候水热条件、显域性土壤和植物特征的立地条件，如暖温带湿润地带的近标准立地的自然植被是针阔混交林）、超常立地（与当地大气候水热条件、显域性土壤和植物特征有较大差异的立地条件，如暖温带湿润地带的超常立地的自然植被是针叶林）、异常立地（与当地大气候水热条件、显域性土壤和植物特征有本质差异的立地条件，如暖温带湿润地带的异常立地的自然植被是灌丛或草甸）等。

第四，某观测点的海拔、坡向和坡度。

第五，湿润条件，包括水分来源、天然排水强度（如强烈、适中或微弱）、潜水埋藏深度、地表季节积水或常年积水等。

第六，土壤条件，包括土壤类型名称，各发生层的土壤质地（如壤土、砂土、黏土等）、厚度、颜色、结构、紧实度、干湿度、新生体、pH 和石灰反应等。

第七，生物条件，包括植被和动物状况。植被状况包括群落名称，各亚层的种类成分，主要种的多度、物候期（如营养期、孕蕾、开花、花落、结果、果落等），乔木层除记载主要树种的成分外还要记录年龄、高度、胸径等，动物状况除记录大型哺乳动物的足迹、粪便外，还要记录掘土动物的洞穴，尤其要注意土壤动物。

第八，自然单元的名称，与另一个自然单元的界线，以及界线的性质（如鲜明的、模糊的、假定的）和决定该界线的因素（如水陆交界线、陡坡、岩性、湿润条件等）；该自然单元的位置（如斜坡的下部、中部、上部或坡顶，封闭洼地的底部，平坦分水岭等部位）。

第九，自然单元的利用情况（如人工林、坡地梯田化、割草场、伐木场或自然保护地等）。

第二节　中尺度自然地理系统垂直分异野外实习

自然地理系统在大尺度水平分异的背景下，某些地区受非地带性因素（造山运动）的作用，地势出现较大的起伏变化，使自然地理系统在千米或数千米高度范围内发生有规律的变化，表现出垂直地带性规律。但与自然地理系统的大尺度水平分异相比，垂直地带性的空间尺度较小，属于中尺度地域分异。由于垂直地带性规律与水平地带性规律存在一定对应关系，通过垂直地带性规律实习，能够弥补大尺度自然地理系统考察性实习的范围受限的不足，使学生在较短的距离内便可以观察到较多的自然带或自然亚带。

一、实习准备工作

（一）实习地点的确定

实习地点的选择首先要考虑山地垂直带谱的完整性。山地垂直带谱的完整性主要取决于山体所处的纬度、距海距离以及山地的海拔。为了使学生看到尽可能多的垂直自然带，应选择纬度较低、相对高差较大的山地进行实习。有条件的话，也可以考虑在同一纬度地带内，选择距海洋不同距离的2～3座山体进行实习，以比较干湿度变化对垂直带谱的影响和变化规律。

（二）资料搜集与分析

需要收集的实习山地的资料主要包括1∶1万的遥感影像图，1∶1万和1∶5万的地形图，1∶20万的地质图、地貌图、植被图、土壤图、土地利用现状图等。此外，还要收集实习山地所在行政区的县（市）志、土壤志、林业区划、农业区划等基础文献资料。通过阅读这些基础资料，全面了解实习地区的自然地理状况，编制一系列自然地理要素组合图，包括地质-地貌组合图、气候-水文组合图、土壤-植被组合图及实习山体自然地理系统垂直分异草图。

二、实习的内容和方法

（一）实习内容

1. 垂直自然带形成条件及自然地理要素的调查

垂直自然带形成条件的调查包括山体所处的地理位置、山体海拔、基带类型等。自然地理要素调查包括地质、地貌、气候、土壤、植被、水文在垂直方向上的变化及其在垂直自然带形成中所起的作用。

2. 垂直带谱结构和特征的调查

调查内容包括构成垂直带谱的自然带数量和排列顺序，各自然带的基本特征、界线、厚度及过渡特点。通过对上述内容的调查，修正在室内所绘制的自然地理系统垂直分异草图。

3. 垂直带谱的空间变异调查

调查内容包括不同纬度地带、不同经度地带和不同坡向垂直带谱的变化。不同纬度地带上的垂直带谱组成不同，在山体高度相差不大的情况下，低纬地区的垂直带谱比高纬地区复杂。同一纬线不同经度地带的垂直带谱也存在明显的空间变化，在山体高度相差不大的情况下，越往内陆垂直带谱越复杂，同种自然带的分布界线也越高。同一山体的坡向不同，水热组合状况不同，其垂直带谱也不同，且同种自然带的分布高度也有差异。

（二）实习方法

垂直自然带的实习通常是和各部门自然要素实习相结合进行的，这样会产生较好的实习效果，也会节约很多时间。具体实习方法包括路线调查与典型山段调查，前者是后者的宏观指导，后者是前者的深化和补充，二者相辅相成。

1. 路线调查

路线调查的目的在于了解某山体垂直自然带的宏观变化规律、更替次序、界线和范围。调查路线的选择应与山体走向相垂直，并跨越山体两侧。如果路线调查路程太远，徒步进行难以完成任务，应结合交通工具来进行。在山体两侧进行路线调查时，应边行进边观察，随时记录海拔、各种自然地理条件的变化，确定自然地带的基本特征和过渡状况。条件允许时，可多选几条调查路线开展调查，以便全面掌握调查区自然地带的垂直分异规律。

对不同走向山体进行路线调查时，调查内容的侧重点应该有所区别。在对南北走向的山体调查时，应着重观察山体两侧水分状况的差异对垂直带谱（自然带更替次序及分布高度）的影响；而对东西走向的山体调查，应关注山体两侧热量状况的差异对垂直带谱的影响。

2. 典型山段调查

在路线调查的基础上，选定某垂直自然带所处的典型山段或相邻两个自然带过渡的地方开展详细调查。典型山段调查的内容包括海拔（用地形图或气压高度表确定）、地质地貌测量与描述、土壤剖面挖掘与描述、群落样方调查等。根据反映地域分异因素的主导标志如地貌形态指标，以及代表性的土壤和自然植被命名（地貌部位+植被类型+土壤类型）自然带，如嵩山垂直自然带中的低山丘陵灌丛褐土性土带（600m 以下）、低山针阔混交林带淋溶褐土带（600～900m）、中山落叶阔叶林带棕壤带（900m 以上）等。

3. 垂直自然带综合剖面图绘制

在路线调查和典型山段调查的基础上，通过讨论对比基带性质、各自然带的基本特征、界线两侧的变化情况、带谱的结构特征等，按照本章第一节中的自然地理综合剖面图绘制方法，绘制某山体垂直自然带综合剖面图，在图上标出各自然带的名称、界线高度和带幅宽度。

第三节　大比例尺土地类型图绘制

土地是位于地球表面具有一定垂直厚度，由各自然地理要素组成的、并受人类活动影响的低级次自然地理系统。科学地划分形形色色的土地类型，编制某一地区土地类型图是合理开发利用土地资源的基础。

土地类型图的编制是一项相当复杂和综合性很强的工作，制图本身的基本内容和表示方法不仅要多次进行试验，而且在成图时，还需多种制图资料和采用多种编绘方法。根据区域面积大小，土地类型图有不同比例尺。对于自然地理系统野外实习来说，主要是让学生掌握大比例尺（1∶1 万～1∶10 万）土地类型图的绘制。大比例尺土地类型图是在野外实地填绘出来的，精度较高，在生产实践上更具有现实意义。

一、土地类型的野外调查

（一）工作底图选择

确定工作底图比例尺是一项涉及因素很复杂的工作，需要综合考虑调查的范围、目的、任务以及成图的科学性等。若仅从工作区范围大小来考虑，底图比例尺选择标准如下：①当调查范围不足 500m^2 时，一般采用 1∶1 万～1∶2.5 万的底图，其适合最低一级土地类型调查与制图，制图单位是土地相（位于同一地形面，排水条件相同，并具有同一岩性、小气候、土系、植物群丛，土地利用相同的地段）。②当调查地区范围在 500～10000m^{2}时，一般采用 1∶2.5 万～1∶10 万的底图，其适合第二级土地类型调查与制图，制图单位是土地限区（由土地相合并而成，具有相似的小地貌、土属或植被群系，土地利用方向也基本相同）。

大比例尺工作底图的精度高、信息量大，在野外可以快速做到“四定”，即调查者能迅速对自己和目标进行定向和定位，对制图对象进行定性和定界。一般所使用的工作底图是大比例尺地形图和航空像片，其中以 1∶1 万的航片为最好，因为航片上的土地类型界线比较清楚，不仅可大大减少野外工作量，还可以加速制图过程和提高制图质量。

（二）野外调查的方法和内容

对较小范围进行土地类型调查时，一般采用全区测绘的方法，即逐片段地“蚕食”进行，直至全部结束。在进行较大范围土地类型野外调查时，或者实习时间较短时，可以采用路线调查与关键地段调查相结合的方法进行，但其精度要比第一种方法低些。路线调查往往结合关键地段调查相结合进行，下面主要介绍这种野外调查方法。

1. 路线调查

确定调查路线应根据航片的影像及地形图进行。一般来说，所选路线应横切不同地形单元，从调查区的最低点直到最高点来布置路线，如从河床、河漫滩、阶地、坡地直到局部分水岭。这样才能观察到更多的土地单元及其更替规律和相互依存关系。调查路线的间距视具体情况而定，地势平坦的地区相对稀疏一些，地形复杂或视线不能通透的情况下，可相对密集一些。

在具体野外作业时，调查人员边行进边观察土地单元之间的界线，研究不同土地单元的更替规律、利用状况等，并随时将土地单位的界线勾绘在底图上，做好观察记录。

野外记录应按土地单元分项进行，记录内容包括：①基岩的岩性、风化程度，松散沉积物的成因和性质等；②地形的成因类型和形态特征，现代地貌过程（如片蚀、沟蚀、风蚀、风积等）；③水分来源、排水强度、潜水埋藏深度，地表积水情况等；④土壤名称、质地类型、结构、厚度、颜色、pH 等；⑤植被类型名称、主要种类组成等；⑥土地单元及其利用情况，包括单元之间界线的性质（如鲜明的、模糊的等）、所处部位（如斜坡的上、中、下部或山顶等）、目前利用状况（如辟为耕地、人工林、自然林、草场、自然保护区等）；⑦使用航片作底图时，还要记录土地单元的影像特征，以便建立判读、解译标志。

2. 关键地段调查

关键地段调查是在路线调查过程中选择比较典型、面积较小的地段来进行深入细致的调查，以便根据调查所总结出来的规律进行外推，完成调查区的土地类型制图工作。

关键地段调查与路线调查是相互补充的。对关键地段进行详查的目的在于摸清区域内土地单元的基本性质和一般分布规律，路线调查则是为了了解各土地单元组合特征和边界。选择的调查路线及关键地段的数目越多，调查的质量就越高，但所需时间及劳动量也就越多。因此，要根据实习区域大小、实习时间及人数多少，来确定适宜的调查路线和关键地段数目。

二、拟定土地分类系统

完成野外调查工作后，应根据底图比例尺，确定土地类型图的基本制图单位，并拟定出实习区的土地分类系统。

大比例尺土地类型制图，一般是以“相”为制图单位；中比例尺以“限区”为制图单位；小比例尺以“地方”为制图单位。对每一级土地单元又可按“科—属—种”进行顺序分类，如相可以分为相科、相属、相种（表 8-1）。

表 8-1　伏牛山土地相的分类系列举例

相科	相属	相种
侵蚀切割山谷地	长流水溪谷地	缓流溪谷地
		急流溪谷地
		跌水溪谷地
	暂时流水沟谷地	基岩裸露沟谷地
		薄土层沟谷地

相同的相种其地形面、水流格局、土质、土壤变种和植被群丛均具有一致性，改造利用方向与途径也大体相同。相种的划分，视具体情况选择某些主要标志进行。在表 8-1 中主要侧重于水文要素和地形要素归纳相种，又按各相种水文特征的相似性把它们归纳为两个相属，再按地形的相似性把相属归纳为一个相科。

三、土地类型图的绘制

（一）勾绘土地单元界线

在进行过土地类型野外详查的调查区，可以直接将土地单元的界线勾绘在底图上。在没有进行详查的调查区，勾界的方法有以下几种。

1. 直接绘界法

如果调查区土地单元的界线比较清楚，而且有调查区的大比例尺的航空像片或高分卫星影像，那么就可以室内判读解译为主（参照野外调查判读标志），再加以适当外业补调，将土地类型单元的界线勾绘出来。

2. 外推绘界法

根据关键地段与路线调查的结果，分析调查区土地类型分布规律和相互关系，以此来绘出土地类型单元的界线。

3. 叠置绘界法

根据相关调查区部门发布的自然地理研究成果，首先将同比例尺的多种自然地理要素分布图（如气候类型图、地貌类型图、土壤类型图、植被类型图等）先后描绘在透明纸上，即得到多自然地理要素叠置图。然后选择重叠最多的线条作为土地单元的类型界线。

4. 标志绘界法

标志绘界法是在缺乏自然地理研究资料的情况下所采用的一种勾绘土地单元界线的方法。在综合分析土地分异因素的基础上，选择主导分异因素中的主导标志作为土地类型划界的依据。主导标志的选择是在地理相关分析的基础上来进行的。一般情况下，山区宜选择小（微）地貌与地面组成物质作为主导标志，平原地区宜选择土种或植被群丛作为主导标志。

需要说明的是，上述土地单元界线勾绘方法都有自己的优缺点。实际工作中，往往将上述两种或多种方法结合起来使用。例如，在土地单元界线比较清楚的地段，可以用直接绘界法；而在土地单元界线比较模糊的地段，可以用其他方法来绘界。

（二）拟定图例系统

在对土地单元进行分类的基础上，还需要进一步拟定图例系统。目前常用的土地类型图图例系统是顺序图例系统，即图例名称与土地分类系统的名称相一致，排列顺序也与土地分类系统相一致，用一套代号系统表示不同级别的土地类型。

（三）填图

在野外所绘制的土地单元界线草图的基础上，首先在工作底图上画出土地类型单元的轮廓；然后按所设计的图例系统对每个图斑予以说明。可以在图斑上直接填上土地类型的分类代号，也可以用不同形式的晕线表示不同土地类型。晕线图例系统简单明了，能充分反映出土地类型的综合特征，是比较常用的图例系统。

（四）制图综合

土地类型图的制图综合主要涉及不同比例尺之间的转换。除了遵循制图学的一般原则外，更重要的是在不同比例尺地图上通过改变制图单元的分类等级去实现制图综合。如前所述，不同比例尺，其制图单位不一样。大比例尺土地类型图的制图单位是“相”，如果将其在中比例尺地图上表示出来，就要把“相”合并为“限区”，即通过改变制图单位的等级实现制图综合。当然，制图综合同时也要对制图单位的轮廓界线、图例符号、底图要素等进行适当变换。

（五）成图

对经过上述作业的土地类型草图进行转绘、整饰、清绘等，最后形成一幅完整、美观的土地类型图。

下篇　自然地理野外实习基地建设

- 嵩山地区自然地理野外实习基地
- 连云港地区自然地理野外实习基地
- 林州太行山地自然地理野外实习基地
- 尧山地区自然地理野外实习基地
- 信阳鸡公山自然地理野外实习基地
- 信阳南湾地区自然地理野外实习基地

第九章　嵩山地区自然地理野外实习基地

嵩山地处中原，东西横卧，古称“外方”，夏商时称“嵩高”“崇山”，西周时称岳山。公元前 770 年周平王迁都洛阳后，以“嵩为中央、左岱、右华”，为“天地之中”，称中岳嵩山。嵩山耸立于河南省登封市境内，位于秦岭造山带东段，是秦岭东缘伏牛山地的余脉，地理坐标为 112°44′E～113°01′E、34°27′N～34°33′N，北临黄河，南达颍河，东西绵延近百公里，南北宽 20km，面积达 3000 多平方公里。嵩山分为少室山和太室山两部分。最高峰是位于少室山的连天峰，高 1512m；太室山主峰峻极峰，高 1491.7m；垂直高差近 1200m。

嵩山地区地质现象十分复杂而典型，地层出露比较齐全，构造形迹明显，被誉为“地质博物馆”，2004 年 2 月 13 日被联合国教育、科学及文化组织（简称联合国教科文组织）评选为“世界地质公园”。这里既有山地，又有丘陵和平原，在面积不大的范围内，可以见到构造地貌、重力地貌、流水地貌、黄土地貌和喀斯特地貌等多种地貌类型。具有典型的暖温带落叶阔叶林-棕壤与褐土景观。此外，嵩山地区还是我国著名的风景和文化旅游胜地，交通便利，是自然地理野外实习最理想的地区之一（图 9-1）。

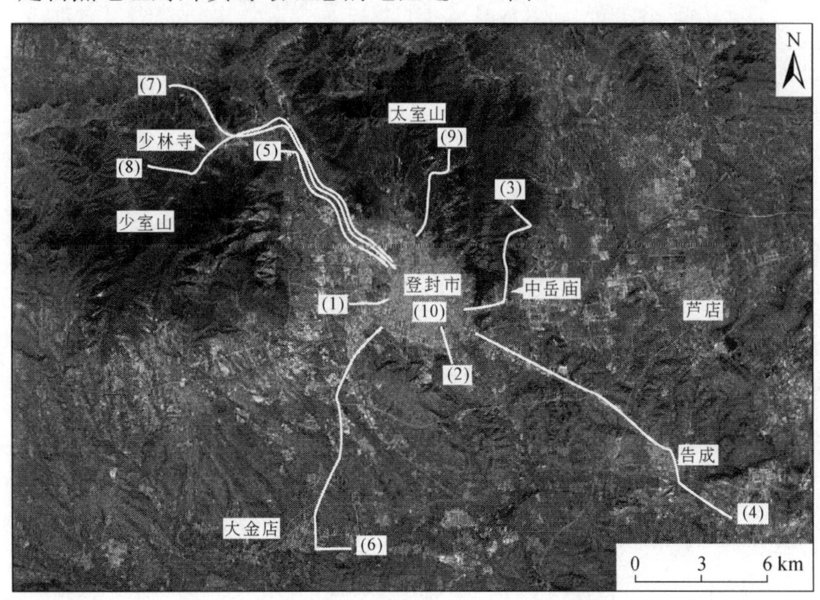

图 9-1　嵩山地区自然地理野外实习区域及实习路线（1）～（10）

第一节　地质与地貌概况

一、地层概述

嵩山位于华北地台南缘，古老的前寒武系和相伴出现的岩浆岩出露良好，各期构造运动形迹清晰可辨，展示了近 30 亿年的漫长地质发展史。完整的地层序列，错综复杂、纷繁多姿的构造形迹以及丰富的矿产资源，使嵩山地区素有“地质博物馆”之称，成为“世界地质公园”，也成了中外地质学家崇敬和注目的地质场所。

嵩山地区在方圆不到 400km^2 的范围内，清晰地保存着发生在距今 23 亿年、18 亿年和 5.7 亿年的三次规模很大的构造运动遗迹，地层不整合接触面清晰；地层齐全，连续完整地出露着太古宇、元古宇、古生界、中生界和新生界的岩浆岩、变质岩和沉积岩，被称为地层“五代同堂”（表 9-1）。

表 9-1　嵩山地区地层简表

宇	界	系	统(群)	组	地层代号	主要岩性组合	年代/Ma	构造运动
显生宇	新生界	第四系 Q	全新统 Q_4		Q_4	冲积砂、砾石层		
			上更新统 Q_3		Q_3	灰黄色黄土状粉黏土		
			中更新统 Q_2		Q_2	棕红色黏土含砂砾石层	2.6	
			下更新统 Q_1		Q_1	灰绿、棕红色冰碛泥砾	23.5	喜马拉雅运动
		新近系 N		洛阳组	N_1l	上部为黄绿色钙质粉砂岩与灰绿色泥岩互层，底部为紫红色砾岩		
		古近系 E		张家村组	E_2z	上部为暗红色粉砂岩，中部为细砂岩，下部为紫红色砾岩	65	印支-燕山运动
	中生界	三叠系 T	上三叠统 T_3	谭庄组	T_3t	黄绿色紫红色泥质粉砂岩与粉砂质泥岩互层夹泥灰岩		
				椿树腰组	T_3c	灰绿色泥岩、粉砂岩夹泥灰岩		
			中三叠统 T_2	油房庄组	T_2y	米黄色长石石英砂岩夹杂色泥岩		
				二马营组	T_2e	暗紫色泥岩、长石石英砂岩夹泥灰岩	250	
			下三叠统 T_1	和尚沟组	T_1h	紫红色钙质泥岩、粉砂岩夹紫红色长石石英砂岩		
				刘家沟组	T_1l	紫红色中粒石英砂岩夹紫红色粉砂岩和泥岩		
	古生界	二叠系 P	上二叠统 P_2	孙家沟组	P_2su	紫红色灰黄色长石石英砂岩、泥岩，顶部含钙质结核		
				上石盒子组	P_2s	灰白色厚层状中粗粒长石石英砂岩		
			下二叠统 P_1	下石盒子组	P_1x	灰黄色黄绿色长石砂岩、粉砂岩，紫斑泥岩、硅质泥岩夹煤层		
				山西组	P_1s	灰白色灰黄色长石砂岩、长石砂岩夹泥岩和煤层	295	
		石炭系 C	中石炭统 C_2	太原组	C_2t	深灰色灰岩、砂质页岩、页岩夹煤层		
				本溪组	C_2b	铁质黏土岩（山西式铁矿）、黏土岩、铝土矿	320	
		奥陶系 O	中奥陶统 O_2	上马家沟组	O_2s	白云岩、白云质灰岩		
				下马家沟组	O_2x	底部为砾岩、泥质白云岩，含牙形石，中部为厚层状角砾状灰岩，上部为白云岩	490	怀远运动

续表

宇	界	系	统(群)	组		地层代号	主要岩性组合	年代/Ma	构造运动
显生宇		寒武系$\in$	上寒武统$\in_3$	凤山组		$\in_3 f$	浅灰色中细晶白云岩，含燧石团块或条带		
				长山组		$\in_3 c$	泥质白云岩、鲕粒细晶白云岩		
				崮山组		$\in_3 g$	下部为黄灰色薄板状泥质白云岩，上部为厚层状白云岩含硅质团块		
			中寒武统$\in_2$	张夏组		$\in_2 z$	下部为青灰色薄板状灰岩。中部为青灰色厚层状鲕粒灰岩，上部为厚层状鲕粒白云岩，含柱状叠层石		
				徐庄组		$\in_2 x$	底部为海绿石石英砂岩，上部为鲕粒灰岩，顶部为黄绿色页岩		
				毛庄组		$\in_2 m$	紫红色页岩夹薄层灰岩		
			下寒武统$\in_1$	馒头组		$\in_1 m$	泥质灰岩、叠层石灰岩、紫红色页岩互层		
				辛集组		$\in_1 x$	上部为叠层石灰岩、豹皮状灰岩、白云岩，底部为砾岩、钙质石英砂岩、砂质白云岩	543	
元古宇	新元古界Pt_3	震旦系Z	—	罗圈组		Zl	底部灰绿色冰碛砾岩，上部为含冰碛砾石为砂质页岩	800	少林运动
	中元古界Pt_2	—	五佛山群Pt_2w	何家寨组		Pt_2h	紫红色页岩、泥质页岩、泥岩		
				马鞍山组		Pt_2m	上部为紫红色灰白色厚层状石英砂岩，局部夹粉砂岩和页岩，底部为砾岩	1800	中岳运动
	古元古界Pt_1	—	嵩山群Pt_1s	花峪组		Pt_1h	紫红色石英岩、千枚岩、大理岩		
				庙坡山组		Pt_1m	中粗粒石英岩夹细粒石英岩		
				五指岭组	三段	Pt_1w^3	底部为石英岩，中上部为绢云母石英片岩、千枚岩		
					二段	Pt_1w^2	绢云母石英片岩夹石英岩及白云大理岩		
					一段	Pt_1w^1	绢云母石英片岩与石英岩互层		
				罗汉洞组	三段	Pt_1l^3	灰白色厚层状粗粒石英岩夹少量绢云母石英片岩		
					二段	Pt_1l^2	灰白色中细粒石英岩夹绢云母石英片岩		
					一段	Pt_1l^1	变质砾岩、灰白色粗粒石英岩	2500	嵩阳运动
太古宇	—	—	登封群Ard	老羊沟组		Arl	上部为绢云母石英片岩，中部为绿泥石英片岩、少量石英片岩，下部为云英片岩、云母片岩		
				郭家窑组		Arg	下部为黄褐色暗绿色斜长角闪片岩、各种变粒岩，上部为二云石英片岩		
				石牌河组		Arsh	灰绿色灰黄色黑云斜长变粒岩、角闪斜长片麻岩		

太古宇：距今 36 亿～25 亿年，由海底基性岩浆和酸性岩浆侵入作用共同构成登封群（Ard）的花岗绿岩建造，铸就了嵩山的结晶基底。太古宇主要出露在君召乡以北的老羊沟、石牌河等地，为一系列深度变质岩。该群岩性复杂，产状紊乱，称为“登封杂岩”。主要岩性为片麻岩和片岩，自下而上分为石牌河组（Arsh）、郭家窑组（Arg）和老羊沟组（Arl）。

元古宇：距今 25 亿～5.43 亿年，为一套变质的碎屑岩、黏土岩和碳酸盐岩，主要是古元古界的嵩山群（Pt_1s）和中元古界的五佛山群（Pt_2w）。嵩山群与登封群呈角度不整合接触（嵩阳运动），构成了嵩山主体诸峰。嵩山群下部为灰白色厚层细粒石英岩，底部有数层不稳定的变质底砾岩，上部为白色厚层中粗粒石英岩，质地纯净。

古生界：距今 5.43 亿～2.5 亿年，发育有寒武系和奥陶系的滨海相碳酸盐岩，以及石炭系、二叠系的海陆交替沉积的灰岩、白云岩、碎屑岩、黏土岩，基本上没发生变质。古生界中可见煤、铁、铝等沉积矿产，以及丰富的动、植物化石。寒武系发育齐全，主要分布在嵩山大背斜北翼，自下而上可分为三统八组，即下寒武统的辛集组（ϵ_1x）、馒头组（ϵ_1m），中寒武统的毛庄组（ϵ_2m）、徐庄组（ϵ_2x）、张夏组（ϵ_2z），上寒武统的崮山组（ϵ_3g）、长山组（ϵ_3c）、凤山组（$\epsilon_3 f$）。奥陶系只有中奥陶统的上马家沟组、下马家沟组（O_2s、O_2x），底部为贾旺层，由灰黄色和橘黄色薄层状泥灰岩、泥质白云岩等组成；贾旺层之上为灰色、深灰色泥灰岩。古生界普遍缺失上奥陶统、志留系、泥盆系和中石炭、下石炭统地层。

中生界：距今 2.5 亿～0.65 亿年，发育着三叠系湖相碎屑岩、黏土岩夹煤线。在陆相盆地中普遍发育有紫红色泥岩，含有丰富的陆生动、植物化石。中生界普遍缺失侏罗系、白垩系地层。

新生界：距今 0.65 亿年～现在，沉积了古近系和新近系的紫红色砾岩、砂岩和泥岩等，以及第四系的各种松散沉积物。

二、地质构造

（一）褶皱构造

整个嵩山地区的褶皱构造由南北两条向斜夹中间一条大背斜组成，走向近乎东西。北边的向斜称参店-涉村向斜，南边的向斜称颍阳-石道向斜，中间的大背斜称登封大背斜或嵩山大背斜（图 9-2）。登封大背斜属于秦岭纬向构造带的一部分，是中生代中期经印支-燕山运动所形成的。该背斜轴部位于玉寨山、嵩山、五指岭一带，西伸至洛阳地区，向东倾伏没入华北平原之下，全长约 90km。核部由登封群、嵩山群以及古元古代末期岩浆侵入的花岗岩组成，翼部由五佛山群和古生界组成，北翼地层出露较完整，岩层南倒北倾；南翼受断裂破坏和古近系—新近系覆盖，出露不全，岩层北倒南倾。登封大背斜顶部张性裂隙发育、风化剥蚀强烈，形成了背斜谷地——登封盆地。目前的嵩山主体就是登封大背斜的北翼。

另外，由于登封群岩性较软，在太古宙末期嵩阳运动作用下，小型或微型褶皱多见。

（二）断层构造

从图 9-2 可以看出，嵩山地区断层构造十分发育，大致可分为东西向断层和西北向断层。规模较大的东西向断层主要是君召-太后庙断层，断层线走向北东东，大体与登封大背斜轴向平行，延伸约 50km。断面倾向南南东，倾角 30°～70°。该断层为正断层，上盘地层各段不一，由寒武系至二叠系组成；下盘为登封群片麻岩、嵩山群石英岩及花岗岩。断层面光滑，表面常有铁质渗出。断层破碎带附近的石英岩有硅化现象，碎裂岩石呈角砾状。该断层是登封地区地质构造的一条重要分界线，它控制了五佛山群沉积的南界和北侧奥陶系的发育，大金店-告成古近纪和新近纪的沉积盆地的北界也受其控制。断裂活动可能自古元古代晚期开始，后期又发生多次复活。

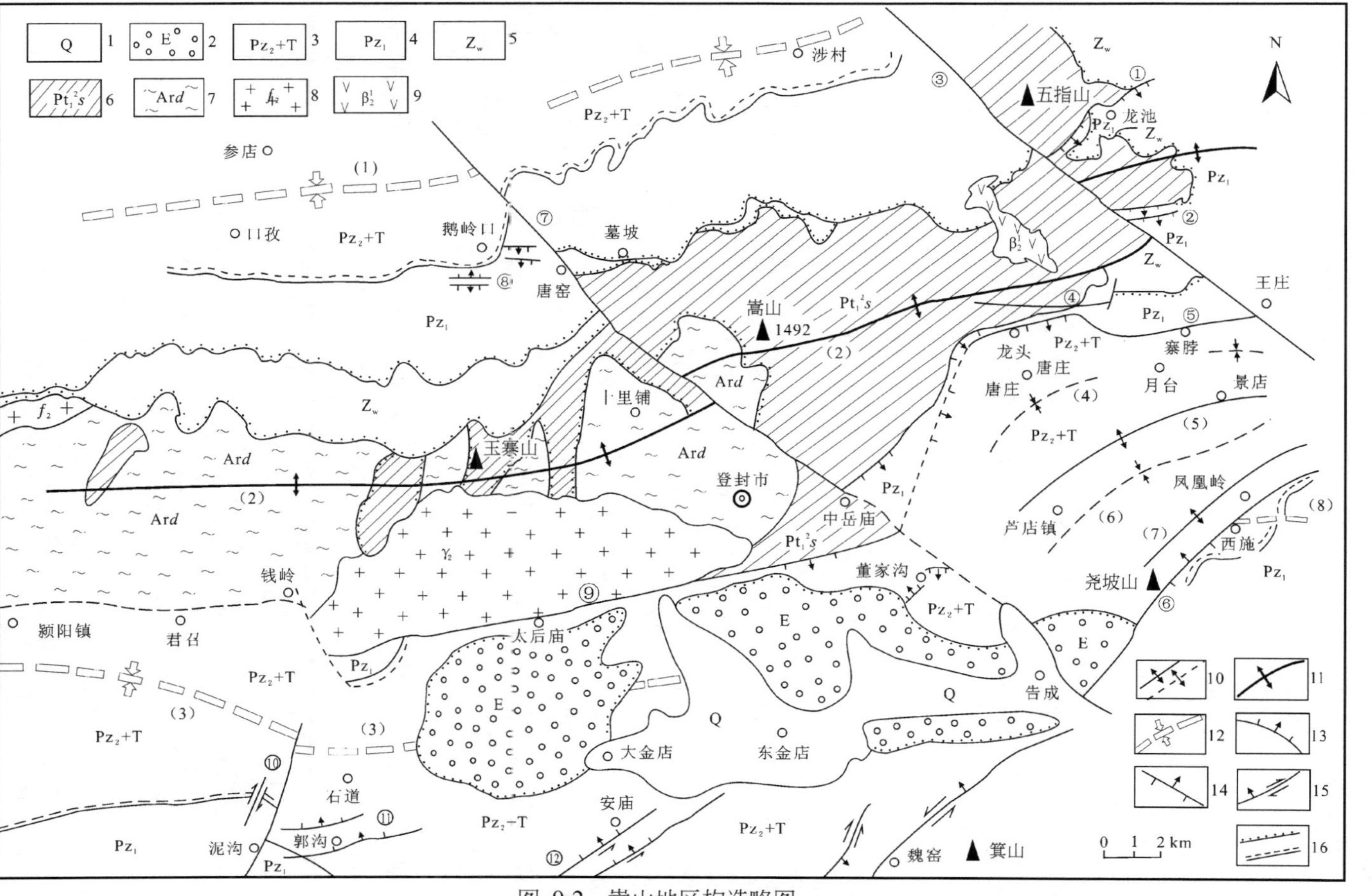

图 9-2　嵩山地区构造略图

1. 第四系；2. 古近系；3. 上古生界及古近系—新近系；4. 下古生界；5. 五佛山群；6. 嵩山群；7. 登封群；8. 元古宇花岗岩；9. 元古宇基性岩；10. 滑动形成的背斜和向斜；11. 东西向背斜；12. 东西向向斜；13. 正断层；14. 逆断层；15. 平推断层；16. 平行不整合及角度不整合。①石硐-龙池断层；②助泉寺断层组；③五指岭断层；④上寺沟断层；⑤龙头-寨脖断层；⑥尧坡山断层；⑦唐窑-中岳庙断层；⑧鹅岭口断层组；⑨君召-太后庙断层；⑩龙沟-龙泉寺断层；⑪郭沟断层；⑫安庙断层；(1)参店-涉村向斜；(2)登封大背斜；(3)颍阳-石道向斜；(4)月台向斜；(5)景店背斜；(6)芦店向斜；(7)凤凰岭背斜；(8)施村向斜规模较大的西北向断层主要是唐窑-中岳庙断层和五指岭断层。前者长约 30km，后者长约 50km，两者互相平行，总体走向均为北西，倾向北东（局部相反），倾角 65°～80°。断裂破碎带最宽达 250m，切割了太古宇、元古宇、古生界及中生界地层。这两条断层将登封大背斜截为三段，中段和东段分别向北西平移 2km 和 3km，两断裂的北东盘老地层均逆冲到南西盘较新地层之上，故均为压剪性逆断层。根据断层角砾大多被磨圆，并且被平直光滑的断裂面切割，又被多组节理切割破坏，以及角砾表面有多组镜面和擦痕等特征推断，两断面也具有长期、多次活动的特点。

三、构造运动与地质发展简史

嵩山地区地层有五个明显的不整合面，即登封群与嵩山群、嵩山群与五佛山群、五佛山群与寒武系、中奥陶统与中石炭统、上三叠统与古近系之间的不整合面，它们代表地壳不同时期的地壳运动。根据嵩山地区地层层序和构造运动遗迹特征，可以反演嵩山地区地壳发展和演变过程。

（一）太古宙晚期的嵩阳运动与统一古地块形成

在太古宙早期，嵩山地区的地壳很薄，海水广布，地壳运动频繁而剧烈。海底大量基性、超基性火山喷发，溢出的岩浆出现原始的火山岛，形成了最早的火山沉积岩系（花岗绿岩系）。这些岩石经后期的变质、混合岩化和花岗岩化作用，形成以登封群为主的嵩箕古陆核。

在距今 25 亿年前后，发生了一次强烈的地壳运动。1950 年，张伯声院士在嵩山地质考察中，正式将这次地壳运动定名为“嵩阳运动”。这次地壳运动的结果使花岗绿岩系受到近乎南北向的应力作用而褶皱隆起，慢慢出露于海平面之上，逐步形成区内的统一古地块。后来经过长期风化剥蚀，褶皱山地又被渐渐夷平，在低洼地带形成砾岩；加上地壳不断下降，夷平的陆地又被淹没在海水之下，又开始接受碎屑、泥质、钙镁质等巨厚沉积，经后期变质作用形成了嵩山石英岩、绢云母片岩、大理岩等嵩山群。这个过程大约经历了 10 多亿年，现存的嵩山群厚度超过 2100m，它与登封群共同组成了嵩山地区的褶皱基底。图 9-3 就是最为典型的嵩阳运动遗迹，它位于嵩山南坡海拔 1000m 附近。从嵩阳运动遗迹可以清楚地见到这次地壳运动所形成的构造底砾岩，底砾岩下部是太古宇的登封群（登封杂岩），上部是古元古界的嵩山群（主要岩性为嵩山石英岩），两套地层呈角度不整合接触。

图 9-3　嵩阳运动遗迹

（二）古元古代晚期的中岳运动与地台式基底形成

在距今 18 亿年的古元古代末期，嵩山地区发生了一次重要的构造运动。这次地壳运动使古元古界形成的巨厚石英砂岩、泥岩、碳酸盐岩等发生变质，形成石英岩、绢云母片岩和大理岩等，伴随大量岩浆活动（形成石秤花岗岩），并慢慢隆起，褶皱成山，露出海面以上，致使嵩山第二次屹立于中州大地。1954 年，张尔道教授将这次地壳运动定名为“中岳运动”，它与吕梁运动同期。由于这一次地壳运动的推挤力量来自东西方向，所以嵩山群都被推挤成走向接近南北的褶皱构造，轴面向西倾斜。构造运动十分强烈，有的岩层甚至被挤得直立了起来，如少室山玉皇寨的直立岩层。中岳运动后，嵩山再次风化、剥蚀、夷平，并开始下降，形成一套海侵层序，即中元古界轻微变质或未变质的五佛山群。在少林水库西山中上部可见到中岳运动遗迹（图 9-4），构造底砾岩下部是古元古界的嵩山群五指岭组（五指岭片岩），上部是中元古界五佛山群的马鞍山组（石英砂岩），两套地层呈大角度不整合接触。

图 9-4　中岳运动遗迹

（三）中元古代中晚期的少林运动与沉积盖层形成

在距今 8 亿年前后，嵩山地区发生了一次地壳运动，地面强烈抬升，形成巨大山系，嵩山第三次出露在海平面之上，自此再没有被海水淹没。局部地段被抬升到了雪线以上，故中元古代晚期曾出现冰碛物沉积（罗圈组）。1959 年，王曰伦教授正式将这次地壳运动命名为“少林运动”。少林运动使中元古界地层发生变形，形成近乎东西向的平缓开阔褶皱，并出现相应断裂。地表岩石接受风化、搬运、堆积，直到距今 5.4 亿年之后，地壳才开始缓慢下沉，接受沉积，形成了较完整的一套寒武系浅海相地层（盖层），从此结束了地球生命大爆发前的元古宙演化历史。因此，在下寒武统辛集组与五佛山群何家寨组之间，普遍存在一个角度不整合面。图 9-5 是少林运动遗迹，它出露于少林寺西边的鸡鸣山。不整合面的上部是寒武系辛集组底砾岩（俗称关口砂砾岩），下部是五佛山群何家寨组（何家寨页岩），两者呈角度不整合接触。

图 9-5 少林运动遗迹

(四)古生代早期的怀远运动与奥陶纪侵蚀面

在距今 4.9 亿年的早奥陶世、中奥陶世，嵩山地区同整个华北地区一样，发生了一次地壳运动，表现为升—降—升—降震荡运动。在沉积了寒武系上统凤山组以后，地壳均匀抬升；在中奥陶纪地壳下降，沉积中奥陶统下马家沟组的砂砾岩、砂岩、页岩（贾旺页岩）及灰岩；之后地壳复又抬升，长期接受风化剥蚀，在灰岩地层上形成古老风化壳（奥陶纪侵蚀面）。1939 年，李四光教授将华北地台南部的这次地壳运动命名为“怀远运动”。该运动早期的不整合面下部是上寒武统凤山组（主要岩性是含燧石团块白云岩或白云质灰岩），上部是中奥陶统下马家沟组的砂砾岩和贾旺页岩，两者为平行不整合接触，其间缺失了下奥陶统地层。

在中奥陶统下马家沟组致密灰岩风化壳的溶洞和低洼地带，产山西式铁矿、铝土矿、铝土页岩等。上覆地层为中石炭统的本溪组，其间缺失了上奥陶统、志留系、泥盆系和下石炭统地层。

(五)中生代中期的印支-燕山运动与基本地貌格局形成

怀远运动之后，从中石炭世开始到三叠纪末，嵩山地区海水时进时退，沉积了巨厚的海相地层，间有一定厚度的煤层。在中生代中期，嵩山地区受印支-燕山运动的影响，古生界地层发生褶皱与断裂，形成嵩山大背斜，它又被北西向的唐窑-中岳庙断层和五指岭断层所截断，使太室山、少室山和五指岭发生平错不连，奠定了现代嵩山地貌骨架。

(六)新生代早期的喜马拉雅运动与现代地貌格局形成

在新生代的古近纪末期，嵩山地区受喜马拉雅运动及新构造运动的影响，表现为大规模升降和掀斜运动，使山体相对上升。由于喜马拉雅运动具有阶段性，嵩山地区普遍发育四期夷平面，逐渐演变为现代地貌格局。

四、地貌概况

(一)基本地貌类型

嵩山地区基本地貌类型复杂多样，有中山、低山、丘陵、岗台地和平原等五种类型（图

9-6）。中山分布于鞍坡山、玉寨山、嵩山、五指岭一带，平均海拔在1000m以上，东西延伸约27km，南北宽2～7km。其中嵩山主峰和玉寨山诸峰平均海拔在1200m以上，相对高差在1000m以上。低山主要分布于中山南北两侧，以及中岳庙-青岗坪以东和小槐树山以西地区，平均海拔超过600m，多数山峰的海拔在600～700m，相对高度在200m以上，其中嵩山北坡、青岗坪、五乳峰和小槐树山以西的低山，相对高度大于500m。丘陵呈孤岛状分布于低山和登封盆地之间，相对高度在100m左右。岗地主要分布在登封盆地的石道至芦店之间，海拔400m左右，相对高度在100m以下，与颍河支流及沟谷相间分布。台地主要分布于大金店以西，以及玉寨山北侧的低山和河谷平原之间，相对高度30～50m。平原包括山前倾斜平原和平坦平原两大类。登封市北和玉寨山东侧的洪积扇平原及君召一带的洪积平原较为典型，由洪积物堆积而成，地表坡度较大，约4°。平坦平原主要是河流阶地和河漫滩，分布于颍河干流谷地两侧，坡度较小，约2°，是该区农业条件最好的耕作区。

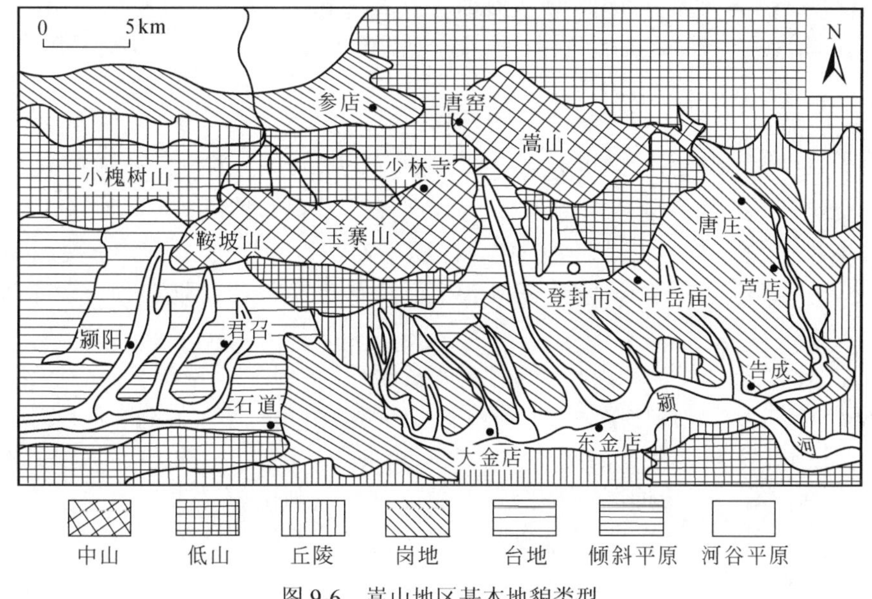

图9-6　嵩山地区基本地貌类型

如果某次地壳抬升后处于长期稳定状态，在流水等外营力作用下削高填洼，可逐渐变为起伏平缓的近似平原的地面，即夷平面。夷平面再次抬升，遭受流水切割，可形成各个山峰高度大致相同的山顶面，这是判断古老夷平面存在的重要依据。古老夷平面受到后来不同时期地壳运动的影响，发生滑落或位移，则可出现多级夷平面。嵩山地区的夷平面共有四级：一级夷平面海拔1300～1500m，多为中山山地，如少室山和太室山主峰的山顶面，形成于古近纪；二级夷平面海拔1100～1200m，也为中山山地，如五指岭、箕山等的山顶面，形成于新近纪；三级夷平面海拔750～850m，多为低山山地的山顶面，形成于早更新世；四级夷平面海拔350～450m，保存较为完整，多为低矮的丘陵或岗地顶面，形成于中更新世。

（二）主要地貌类型

1. 构造地貌

构造地貌主要包括褶皱构造地貌和断裂构造地貌。受多期地壳运动以及后期风化剥蚀作用的影响，嵩山地区的褶皱构造地貌已面目全非，残留的只是两翼的部分地层，大多表现为单面山。单面山是指由单斜岩层构成的山体，顺岩层走向延伸，两坡不对称，一坡与岩层面一致，长而缓，称为单面山的后坡（或构造坡）；另一坡与岩层面倾向相反，短而陡，一般是外力作用沿岩层裂隙破坏而成，称为单面山的前坡（或剥蚀坡）。现在的嵩山就是嵩山大背斜残留下来北翼，北坡是构造坡，南坡是剥蚀坡。

嵩山地区断裂构造十分发育，形成众多的断层崖和断层谷等断裂构造地貌。断层崖以嵩山南坡的规模为最大，东西绵延数十公里，坡度在 60°以上，许多地段几近直立。断层切穿山岭后，上升盘的断层崖往往形成断层三角面。在嵩山南坡逍遥谷西侧、玉寨山少阳河南侧等地常常可以见到断层三角面。断层崖经后期的重力作用和流水侵蚀，崩塌后退形成崩离壁，崩落的岩石堆积在断层崖下，形成崩离堆。在长期流水侵蚀作用下，沿断裂带可发育成断层谷。大多数断层谷两坡不对称，上升盘的断层镜面所在山坡的坡度大，下降盘的坡度较缓。在同一水平面上，断层谷的缓坡出露新岩层，陡坡出露老岩层。嵩山地区的断层谷很多，如少阳河谷、逍遥谷、三皇寨西侧的南北向谷地，以及颍河谷地等都是典型的断层谷。

2. 流水地貌

在湿润地区，地表流水是塑造地貌最重要的外营力。它不仅能侵蚀河流上游坡面，形成各种侵蚀地貌（如冲沟和河谷等），而且把侵蚀下来的物质，搬运堆积在低洼地带，形成各种堆积地貌（如冲出锥、洪积扇、冲积平原等）。虽然嵩山地区属于半湿润半干旱地区，但在季风影响下，降水年变率较大，山区常有洪水出现，因此流水地貌普遍存在。

（1）冲沟。在嵩山中、低山区季节性洪水的强烈侵蚀下，形成很多大小不等的冲沟，横剖面多呈“V”形，河床比降大。冲沟中有很多裂点，出现季节性跌水甚至瀑布。

（2）洪积扇。在冲沟的出口处，由于水动力条件（挟沙力）下降，大量砾石和泥沙堆积，形成洪积扇。嵩山地区的洪积扇主要分布在嵩山南侧、玉寨山的东侧和南侧。位于嵩山南侧双溪河沟口的洪积扇规模较大，扇缘向南一直到达玉皇庙一带。整个登封市区就坐落在洪积扇的扇中和扇缘地带，在北部的岗地顶部和部分台地面上才能见到扇顶相。

（3）河流地貌。河流地貌包括河床、河漫滩和河流阶地等。嵩山地区的河流地貌很发育，在很多河流两侧均可观察到，尤以大金店、东金店、告成一线的颍河谷地最为典型。河漫滩的组成物质具有二元结构，表层为漫滩相的细砂和亚砂土，下部是河床相的砾石和粗砂层。大金店附近的颍河谷地，河漫滩宽几百米至千米以上，高出河床 1m 左右。河漫滩原始表面比较平坦，后来由于当地居民挖沙和垦殖的影响，大部分已失去原貌或变得起伏不平。

大金店颍河两侧发育有四级阶地，一、二、三级为堆积阶地在南岸普遍存在，四级阶地面积较小，仅在部分地段有保存。一级阶地分布于颍河北岸，高出河床 2m 左右，阶地面宽从几十米到数百米，由全新世灰黄色亚砂土组成。由于河流侧蚀的影响，颍河南岸大部分地段缺失一级阶地，二级阶地直接与河漫滩或河床相连。二级阶地保存比较完整，高出河床 8m 左右，阶地面宽在 100m 左右，由晚更新世灰黄色亚黏土组成，内部可见碳酸钙结核（俗称砂姜）。三级阶地高出河床约 20m，阶地面宽数十米左右；下部为中更新世红色黏土，垂直节理发育；上部为晚更新世灰黄色亚黏土，中间有层状或分散的碳酸钙结核出现。四级阶地高出河床约 25m，阶地面宽 20～30m，仅在颍河南岸部分地段残存，上部是河流冲积物，下部有 10～30cm 厚的砾石层。

3. 黄土地貌

嵩山地区的黄土多属次生黄土，由风成黄土经流水搬运再沉积而形成，主要分布在山麓、洪积扇和河谷两侧。山麓地带的黄土分布在少林寺附近、逍遥谷沟口以及石灰岩分布区的山麓地带，节理发育，厚几米至十几米，下部颜色普遍较红。在很多洪积扇的剖面上，也有黄土分布，上部呈灰黄色，为亚砂土和亚黏土，有时可见碳酸钙结核；下部接近砾石层的黄土颜色稍深。沟谷中的黄土多以第三级堆积阶地面为分布的上限，厚度从几米至二三十米不等，多呈灰黄色，底部偏红，垂直节理发育，上部黄土中可见碳酸钙结核。上述黄土在外力的作用下，形成了黄土崖（阶地坎等）、黄土柱、黄土冲沟等多种地貌形态，但没有大型黄土墚和黄土峁分布。

4. 喀斯特地貌

在嵩山地区石灰岩分布区，也发育有一些喀斯特地貌，但由于水热条件的限制，该地貌并不十分典型，且规模较小。

位于告成镇东部石淙河汇入颍河的石淙河风景区，是嵩山地区喀斯特地貌集中分布区。该处的寒武系白云岩受流水的侵蚀和溶蚀作用，形成了喀斯特地貌。峡谷两岸的岩壁表面有大小不一的溶沟、石芽和溶坑（锅穴），溶坑直径几厘米至几十厘米。南岸岩壁上有溶洞发育，其中最大的溶洞直径 1m 左右，长 10m 左右，洞顶有小型石钟乳发育。另外，鹅岭口西侧奥陶系下马家沟组灰岩的顶部，发育有一个古溶洞，洞高十余米，被铝铁矿充填。

第二节　气候与水文概况

嵩山地区属暖温带大陆性季风气候，四季分明，雨热同期，夏季炎热多雨，冬季寒冷干燥，春季雨少风多，秋季晴朗日照长。在全国气候区划中属暖温带半湿润气候区，在河南省气候区划中属豫西、豫西北丘陵干热少雨区。

一、气温与降水

据登封市气象站（海拔 370.7m）多年观测，当地年平均气温为 14.2℃，最冷月（1 月）平均气温 0.4℃，最热月（7 月）平均气温 26.3℃，≥10℃积温为 4523.8℃；气温年较差为 25.9℃（图 9-7），日较差为 9.7℃。嵩山气象站（海拔 1178.4m）观测，当地多年年平均气温为 9.5℃，≥10℃积温为 3426.6℃，与登封市气象站之间的气温直减率约 0.58℃/100m。从≥10℃积温来看，嵩山南坡海拔 1200m 以下属于暖温带，以上属于中温带。该区的温度场在山区为相对低温区，而河川平原和丘陵一带则为相对高温区。

登封市区多年平均降水量为 563mm，最多年达 935mm，最少年为 379mm。降水主要集中在夏季（占 52%），冬季最少（4%），秋季多于春季（图 9-7），年降水变率为 18.2%。嵩山南侧降水量从山麓的 563mm 上升到山顶的 840mm 左右，海拔每升高 100m，年降水量递增 32.5mm。本区降水量从东南向西北递减，深山区为相对多雨区，河川和丘陵地带为相对少雨区。

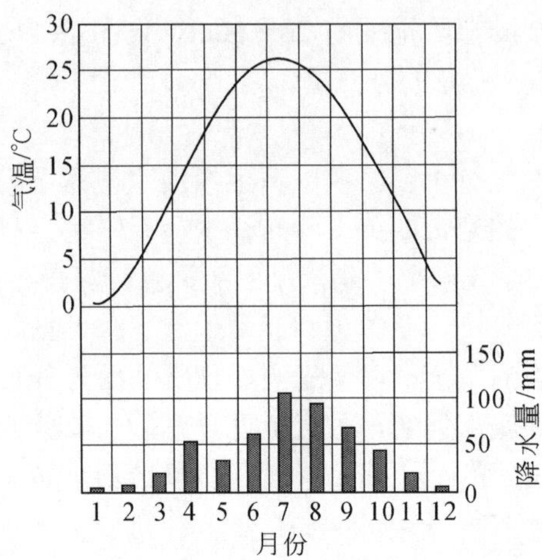

图 9-7　登封气象站年平均历月气温与降水量

登封市区干燥度（可能蒸发量与降水量之比）为 1.474，属于半湿润地区。嵩山气象站所在位置的干燥度为 0.833，属于湿润地区。根据前述气温和降水与海拔的关系推算，嵩山南坡半湿润与湿润的分界线大致位于海拔 600～700m。此界线以下干燥度大于 1，为半湿润气候；此界线以上干燥度小于 1，属湿润气候。

二、光热资源

嵩山地区日照时间比较长，各地的年日照时数在 2248.3～2338.8h，日照百分率在 51%～53%。从登封气象站和嵩山气象站的日照时数来看，除了 7、8 月山下多于山上外，其他各月的日照时数是山上多于山下，这是由于 7、8 月是雨季，水汽充分，对流云易于形成。但是，山顶的年日照时数却多于山下，这是一个比较特殊的现象。

嵩山地区太阳总辐射比较充裕，变化在 479.17～491.73kJ/cm^2，与河南省平均值（481.39kJ/cm^2）基本持平。光合有效辐射（用总辐射的 0.49 来估算）年平均值在 234～241kJ/cm^2，年内变化同总辐射基本一致。嵩山地区主要作物生长期和生长季内的光合有效辐射也较丰富，可基本满足作物生长发育的需要。

嵩山地区山上与山下的热量资源差别很大。嵩山气象站≥0℃、≥10℃的持续日数和积温比登封气象站分别少 28d、10d 和 1610.7℃、1097.1℃。海拔每升高 100m，≥0℃持续天数减少 3.5d，积温减少 199℃；≥10℃的天数减少 1.2d，积温减少 136℃。嵩山南麓平均初霜日在 11 月 4 日，最早在 10 月 23 日，最晚在 11 月 13 日；平均终霜日在 3 月 24 日，最早在 3 月 8 日，最晚在 4 月 14 日。平均无霜期 224d，最长达 241d，最短 195d。从积温总量看，海拔 1000m 以下的地带可满足作物一年两熟的需要。

三、流域和水系特征

嵩山地区处于淮河流域和黄河流域的分界处，大部分区域属于淮河流域，面积 1067.5km^2，占总面积的 88.37%，其中，颍河流域面积为 1037.5km^2，汝河流域面积为 30km^2。属于黄河流域的伊洛河流域面积较小，为 140.5km^2，仅占总面积的 11.63%（图 9-8）。

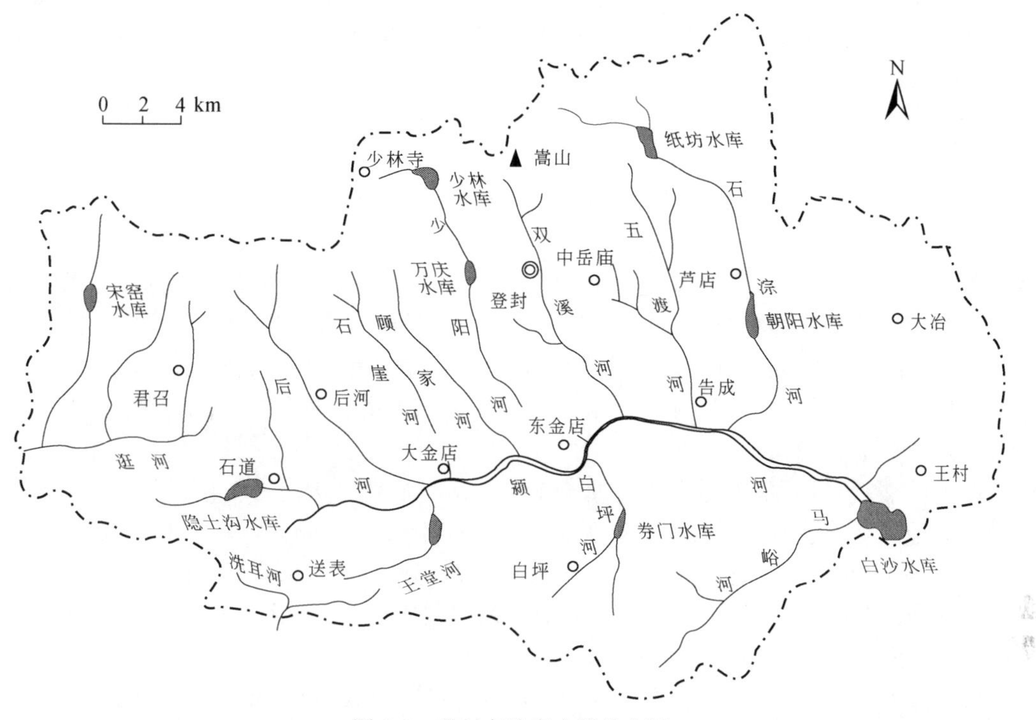

图 9-8　登封市地表水系分布图

嵩山地区的水系主要具有以下两个特征：①支流众多，不对称性明显。颍河干流在本区中南部东西横贯全境，总长 57km。颍河支流众多，比较大的支流有 13 条，较大的是后河、石崖河、顾家河、少阳河、双溪河、五渡河和石淙河等。这些支流近乎南北走向，左岸支流长，右岸支流则相对短小，呈不对称的羽状分布，不对称系数为 0.7。这一特点使干流河槽偏向右岸，面积较大的阶地及河谷平原多分布于左岸。②多山地型河流。嵩山地区地势起伏悬殊，绝大多数河流水流湍急，河床纵剖面变化明显，上游多跌水和瀑布。

目前，嵩山地区共有大、中、小型水库 58 座，其中大型 1 座（白沙水库），中型水库 3 座（纸坊水库、券门水库、少林水库），小（1）型水库 11 座，小（2）型水库 43 座。

四、河川径流特征

嵩山地区的河川径流深度东部大于西部，南部大于北部，山区大于平原，年径流等深线呈东南西北走向。东南部径流深度在 200mm 以上，西北部径流深度小于 100mm。150mm 年径流等深线大致经少林寺—中岳庙—白沙水库一线。根据告成水文站多年实测资料，嵩山地区年平均径流深度为 147.5mm，年平均径流量为 17812 万 m^3。

受温带大陆性季风气候的影响，嵩山地区河川径流的年内和年际分配不均。每年 7～10 月为汛期，径流量约占全年径流量的 50%以上，7 月径流量最大；12 月～次年 2 月为枯水期，径流量仅占全年径流量的 10%左右，2 月径流量最小。据后河水文站多年实测数据，最大径流量出现在 1964 年，最小径流量出现在 1966 年，径流年际极值比（年均最大径流量/年均最小径流量）为 2.65。

嵩山地区平水年 50%保证率的地表水资源量为 16150 万 m^3，中等旱年 75%保证率的地表水资源量为 10804 万 m^3，多年平均地表水资源量为 17812 万 m^3。人均地表水资源量只有 $250m^3$。

五、地下水概况

根据地质情况以及含水岩的富水性，嵩山地区的地下水赋存可划分为五个区。

（1）浅层富水区：分布在颍阳、君召、石道、大金店、东金店、告成、唐庄、芦店等乡镇的部分地区。属古近系—新近系和第四系，岩性以砂岩和砾岩为主。地下水埋深 1～15m，富水程度 20～$80m^3/h$。

（2）浅层贫水区：分布在颍阳、君召、石道、市区、白坪、东金店、告城、王村、大冶等乡镇的部分地区。岩性以亚砂土、粉砂土、黄土为主，夹少量砾石。地下水埋深 5～20m，富水程度 5～$20m^3/h$。

（3）碳酸盐类孔隙岩溶水区：主要分布在市区、唐庄、大冶、王村、徐庄、送表等乡镇的部分地区。岩性为不同时期的石灰岩。地下水埋深 50～200m，富水程度 10～$80m^3/h$。

（4）花岗岩类裂隙和孔隙水区：主要分布在东起市区的玉皇庙村，西至君召乡的水磨湾村，南到大金店镇的太后庙村，北到青泥宫的岩浆岩分布区，东西长约 16km，南北宽约 3.5km。地下水埋深 1～20m，富水程度 5～$15m^3/h$。

（5）深山贫水区：主要分布在南北山区，地下水埋深 20～100m，富水程度 5～$25m^3/h$。

浅层地下水主要分布在第四系的砂岩和砾岩中，多为孔隙水，埋深多在 5～30m。水质类型属碳酸钙型或碳酸镁型，矿化度一般为 13～90mg/L，pH 为 6～6.8，总硬度变化在 50～200mg/L。深层地下水分布在石灰岩和石英岩地区，多为溶隙和裂隙水，埋深大多在 30m 以下。

嵩山地区平水年浅层地下水 50%保证率的资源量为 10483.22 万 m^3，中等干旱年 75%保证率的地下水资源量为 7256.74 万 m^3。多年平均浅层地下水资源量为 9127.16 万 m^3，深层地下水资源量为 31000 万 m^3，合计约 40127 万 m^3。人均地下水只有 $565m^3$，即便加上人均地表水资源量，合计人均水资源量仅为 $815m^3$，远远低于我国人均淡水资源量（$2173m^3$）。所以，嵩山地区是一个严重缺水的地区。

第三节　土壤与植被概况

一、土壤类型与分布

（一）土壤类型划分

在暖温带大陆性季风气候和落叶阔叶林地带性植被下，叠加地貌、母质和人类活动的影响，形成了嵩山地区多种多样的土壤类型。登封市土壤普查办公室于 1984～1986 年对全市开展了土壤普查工作。根据实际数据和《全国第二次土壤普查工作分类暂行方案》（1984），经过认真对比，将嵩山地区土壤划分为 3 个土类，8 个亚类，20 个土属（表 9-2）。其中，棕壤相当于土壤系统分类中的简育湿润淋溶土，褐土相当于干润淋溶土，潮土相当于潮湿雏形土。

表 9-2　嵩山地区土壤分类系统

土类	亚类	土属
棕壤	典型棕壤	砂质棕壤（Ⅰ$_{1-1}$）
	粗骨棕壤	砂质粗骨棕壤（Ⅰ$_{1-2}$）
褐土	典型褐土	垆土（Ⅱ$_{1-1}$）
	淋溶褐土	灰岩淋溶褐土（Ⅱ$_{2-1}$）
		砂质淋溶褐土（Ⅱ$_{2-2}$）
		淡岩淋溶褐土（Ⅱ$_{2-3}$）
		黄土质淋溶褐土（Ⅱ$_{2-4}$）
		泥质淋溶褐土（Ⅱ$_{2-5}$）
	碳酸盐褐土	白面土（Ⅱ$_{3-1}$）
	褐土性土	红黏土（Ⅱ$_{4-1}$）
		灰石土（Ⅱ$_{4-2}$）
		砂石土（Ⅱ$_{4-3}$）
		泥石土（Ⅱ$_{4-4}$）
		上浸白干土（Ⅱ$_{4-5}$）
		上浸砾质土（Ⅱ$_{4-6}$）
		淡石土（Ⅱ$_{4-7}$）
		洪淤褐土性土（Ⅱ$_{4-8}$）
	潮褐土	潮褐土（Ⅱ$_{5-1}$）
		潮垆土（Ⅱ$_{5-2}$）
潮土	潮土	两合土（Ⅲ$_{1-1}$）

各类褐土是嵩山地区最主要的土壤类型，分布广泛，约占总面积的 92%；棕壤和潮土面积很小，分别仅占总面积的 5%和 3%左右。

（二）土壤分布

1. 土壤水平分布

嵩山地区地带性土类是棕壤与褐土。从图 9-9 可以看出，典型褐土主要分布在登封盆地和颍河谷地两侧，呈斑状分布。淋溶褐土主要分布在高丘陵上部或低山地区。碳酸盐褐土主要分布在东部地区，即芦店—告成一线以东的地区。褐土性土面积广大，分布在低山、丘陵和岗地区。潮褐土主要分布在颍河谷地两侧的高阶地上。棕壤集中分布于北部的少室山和太室山中上部。潮土是本区最主要的非地带性土壤，集中分布在颍河谷地两侧的低阶地上，呈条带状分布，地势平坦，水源充足，土层深厚，是嵩山地区较肥沃的土壤，农业生产水平较高。

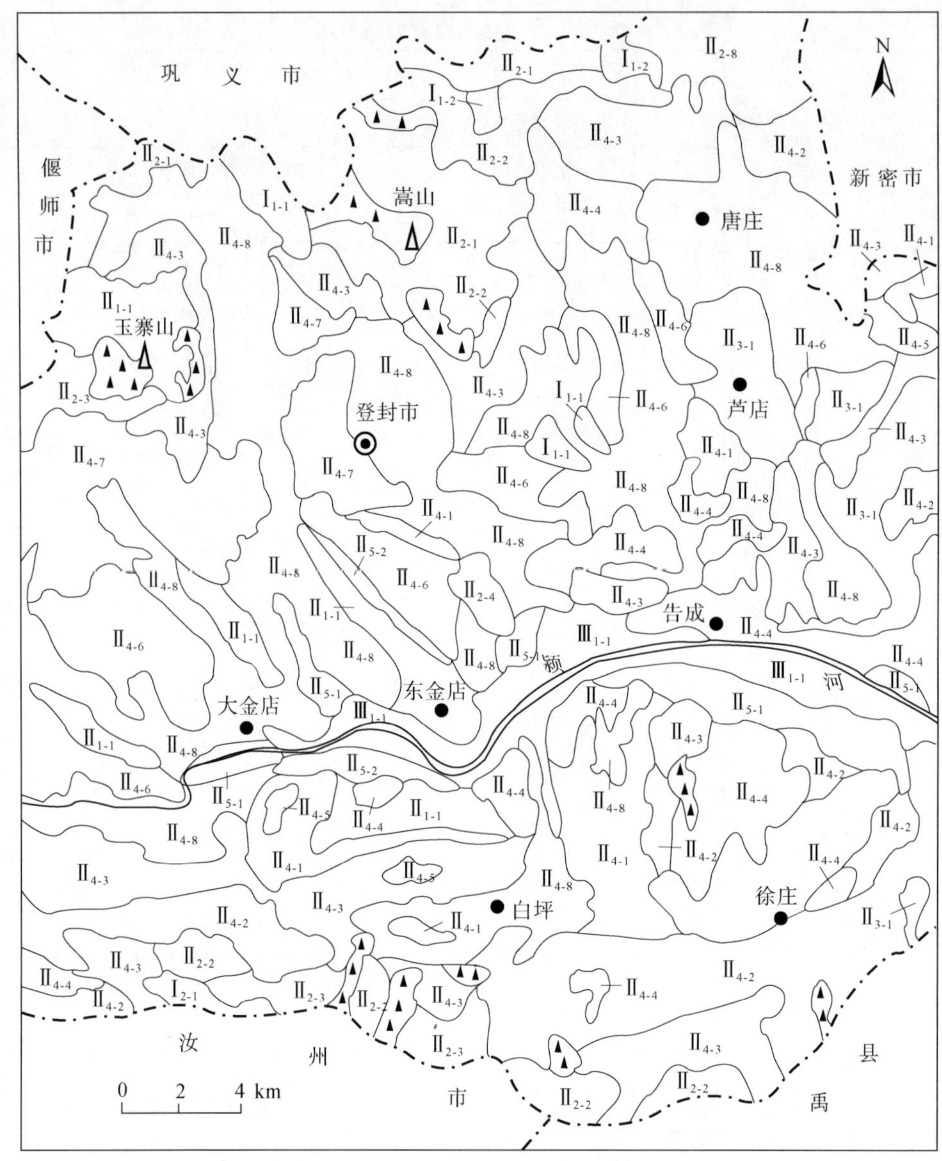

图 9-9　嵩山地区土壤分布图

据登封市土壤普查办公室《登封土壤》(1986) 改绘，▲为裸岩区，其他符号见表 9-2

2. 土壤垂直分布

嵩山地区地势起伏大，南北两侧地势较高，中部较低，相对高度在 1200m 以上，土壤垂直地带性分异明显（图 9-10）。海拔 800m 以上的中、低山地区为棕壤分布区，海拔 800m 以下的低山、丘陵、岗地区为褐土分布区。淋溶褐土分布在海拔 550～800m 的低山和高丘陵地带，褐土性土分布在海拔 300～550m 的低山、丘陵和岗地区，以及沿河高阶地上。潮土分布位置最低，上接潮褐土，下邻草甸土。嵩山地区草甸土面积很小，零星分布在颍河谷地河漫滩低洼地段，故在分类系统中没有体现。

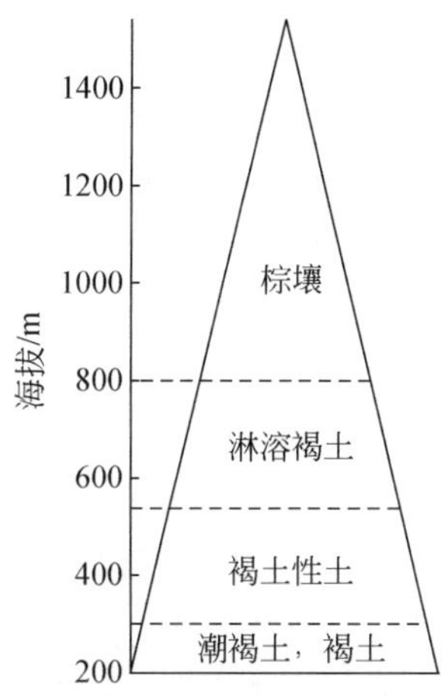

图 9-10　嵩山地区土壤垂直分布

3. 区域性土壤分布

（1）山区的土壤分布。海拔 800m 以上的中低山地区，酸性岩面积广大，分布的是棕壤；少量碳酸盐岩（石灰岩和白云岩）山地分布的是淋溶褐土。淋溶褐土下限在酸性岩山地区为 500～600m，在碳酸盐岩山地区为 600～700m。淋溶褐土以下广泛分布着褐土性土，但由于地形和母质等因素的影响，淋溶褐土与褐土性土呈交错分布。

（2）丘陵区的土壤分布。嵩山地区的丘陵按地表物质组成可分为石质丘陵、黄土丘陵和山前洪冲质丘陵三种。在石质丘陵区，成土母质为各种基岩风化残积和坡积物。由于成土母质不同，石质丘陵区发育着各种类型的褐土性土（土属）。例如，在碳酸盐母质上形成灰石土，在石英岩、石英砂岩及砾岩母质上形成砂石土，在页岩、绢云母石英片岩、千枚岩母质上形成泥石土，在花岗岩、片麻岩母质上形成淡石土。在黄土丘陵区，发育的是碳酸盐褐土——白面土。在山前洪冲质丘陵上，主要分布的是洪积褐土性土、上浸白干土、上浸砾质土等。另外，在侵蚀较严重的丘陵下部常有残余红土出露，形成红黏土。

（3）山前洪积扇的土壤分布。洪积扇上的土壤分布随洪积物的组成而异。在扇顶相，沉积物分选性差，砾石含量高且颗粒粗大，形成洪淤褐土性土中的多砾质洪淤壤土；在扇中相，沉积物分选性较好，砾石含量逐渐减少，颗粒变细，形成洪淤褐土性土中少砾质洪淤壤土；在边缘相，沉积物分选性好，颗粒细小，几乎无砾石，形成的土壤是垆土。

（4）河流阶地的土壤分布。河流阶地的土壤形成与发育因地势高低和受地下水影响而异。在低阶地上，地下水位较浅，常有潮土发育；在高阶地上，地下水位较深，常形成潮褐土、垆土和碳酸盐褐土等。

二、主要土壤类型简介

（一）棕壤

棕壤的成土母质是基岩风化残积和坡积物。土壤形成具有明显的黏化过程、淋溶过程和较旺盛的生物小循环过程。在整个剖面中，可溶性盐分已淋失殆尽，表层黏粒和活性铁、铝有下移淀积的趋势。棕壤的典型土体构型为 O-A-B-C 型。O 层是枯枝落叶层，厚度 2～10cm；A 层是有机质层，颜色灰棕和暗棕色，有机质含量高达 2%～9%，向下急剧减小；

B 层是淀积层（黏化层），呈亮棕色，质地黏重，结构面上有时可见铁锰胶膜；C 层为母质层。整个土壤剖面无石灰反应，呈微酸性反应，pH 6.5～7.0。嵩山地区的棕壤因环境条件的差异，剖面厚薄不一，砾石含量有高有低，据此可将棕壤划分为典型棕壤和粗骨棕壤两个亚类。

1. 典型棕壤

典型棕壤主要分布在缓坡地带和背阴坡，土层较厚，土体层次明显，植被较好，pH 为 6.5 左右。本亚类只有砂质棕壤一个土属，现以嵩山顶部附近的松树洼（海拔 1370m）的剖面为例说明其剖面形态。

0～15cm：黑褐色，中壤，粒状结构，松散，根系多，无石灰反应，砾石含量 16%。

15～39cm：灰褐色，中壤，碎块结构，紧实，根系多，无石灰反应，砾石含量 15%。

39～64cm：黄棕色，中壤，块状结构，紧实，少量根系，无石灰反应，砾石含量 20%。

64～115cm：红棕色，重壤，棱块状结构，极紧，无石灰反应，有铁锰胶膜淀积，砾石含量 5%。

2. 粗骨棕壤

粗骨棕壤与典型棕壤或淋溶褐土呈交错分布，多分布在山地向阳坡，地形陡峭，坡度较大，植被较棕壤差，水土流失严重。该亚类剖面浅薄，层次不明显，土体构型多为 A-C（R）型。A 层在 30～50cm，颜色较暗，有机质含量稍低于典型棕壤，而 pH 稍高于典型棕壤，砾石含量高（一般在 40%左右）；A 层之下大多与母质层，有时直接与母岩（R）相接触。现以登封市林场塔湾北（海拔 1050m）的剖面为例说明其剖面形态。

0～30cm：浅灰色，重壤，粒状结构，松散，多根系，无石灰反应，砾石含量 35%。

30～54cm：棕黄色，中壤，棱块状结构，紧实，少量根系，无石灰反应，砾石含量 30%。

＞54cm：基岩。

（二）褐土

同棕壤分布区相比，褐土区降水量较少，植被郁闭度较低，甚至为灌草丛或农田。褐土形成过程的主要特点是具有明显的黏化和钙化过程。土体淋溶作用较弱，可溶性盐部分被淋出土体，碳酸盐表层淋溶，中部淀积形成钙化层。典型的褐土剖面构型为 Ah-Bt-Bk-C。O 较薄或缺失，Bt 为黏化层，黏化层出现部位比棕壤浅；Bk 为钙积层，钙积形态有粉末状、假菌丝状和结核（砂姜）状等。褐土 pH 在 7.0～8.5；表层有机质含量比棕壤低，平均为 1.79%。嵩山地区的褐土包括典型褐土、淋溶褐土、碳酸盐褐土、褐土性土和潮褐土 5 个亚类。

1. 典型褐土

典型褐土一般分布在地势比较平缓的洪积扇前缘及河流两侧的高阶地上。黏化作用比较明显，剖面中具有紧实且有铁锰胶膜淀积的淀积层。现以登封市卫生学校东侧剖面说明其剖面形态。

0～17cm：灰褐色，中壤，粒状结构，松散，多根系，弱石灰反应。

17～30cm：灰褐色，中壤，块状结构，稍紧，多根系，弱石灰反应。

30～51cm：暗灰色，重壤，核状结构，紧实，少根系，弱石灰反应，有铁锰胶膜淀积。

51～100cm：暗灰色，重壤，核状结构，紧密，极少根系，弱石灰反应，有铁锰胶膜淀积。

2. 淋溶褐土

淋溶褐土分布在棕壤之下，下限海拔在 550～600m。由于其分布位置较高，淋溶作用相对较强，所以土体上部碳酸盐淋溶较为彻底，碳酸钙含量一般小于 0.3%，全剖面无石灰反应，有时土体下部可有微弱的石灰反应。淋溶褐土发生层次明显，土体下部常有铁锰胶膜淀积，土壤质地黏重，pH 在 7.0～8.0。现以老母洞西南（海拔 800m）的剖面为例说明其剖面形态。

0～15cm：暗灰色，轻壤，粒状结构，松，根系多，无石灰反应，砾石含量 7%。

15～40cm：灰黄色，中壤，块状结构，紧，根系多，无石灰反应，砾石含量 5%。

40～57cm：灰黄色，轻壤，块状结构，紧，根系少，无石灰反应，砾石含量 8%。

＞57cm：基岩。

3. 碳酸盐褐土

碳酸盐褐土发育在黄土丘陵岗地区。土体淋溶作用较弱，心土层有不太明显的黏化现象，心土层和底土层有较明显的石灰淀积，淀积形态主要为假菌丝状和粉末状，有时可见少量砂姜，通体呈强石灰性反应，pH 在 8.3 左右。现以大冶乡刘沟村东剖面为例说明其剖面形态。

0～20cm：灰黄色，中壤，粒状结构，散，根系多，石灰反应弱，含少量砂姜。

20～34cm：灰黄色，中壤，块状结构，紧，根系多，石灰反应强，含少量砂姜。

34～74cm：灰棕黄色，中壤，粒状结构，紧，根系少，石灰反应强，含少量砂姜。

74～100cm：灰棕黄色，中壤，块状结构，紧，无根系，石灰反应强，有粉末状碳酸钙少量砂姜。

4. 褐土性土

褐土性土是嵩山地区面积最大的土壤类型，占褐土面积的 76.73%，占登封市土壤总面积的 71.28%。由于褐土性土形成时间短或受侵蚀严重，所以褐土的主要诊断土层——黏化层不明显，剖面发育微弱。质地类型随母质和熟化程度的不同而不同，土壤有机质含量也因植被不同或人类活动影响程度和性质的不同而有变化。石灰反应常随母质不同而有差异，在石灰母质上发育的褐土性土，石灰反应较强；而在酸性岩母质上发育的褐土性土，一般无石灰反应。pH 变化于 7.0～8.5。现以登封市城关镇南庄西南剖面为例说明其剖面形态。

0～11cm：浅灰色，砂壤，粒状结构，松散，根系多，无石灰反应，砾石含量 70%。

11～22cm：灰黄色，砂壤，粒状结构，松散，根系少，无石灰反应，砾石含量 80%。

＞22cm：花岗岩半风化物。

5. 潮褐土

潮褐土是褐土向潮土过渡的土壤类型，主要分布在河流高阶地以及丘陵向平原过渡的缓坡地带，其性质兼有潮土和褐土的主要特征。从土壤发育和演替序列来说，潮褐土的前身为潮土，地势低平，地下水位较高，土壤发生潴育化过程；此后地面相对抬升，侵蚀基准面下降，河流下切，地下水位下降，土壤发生脱潮化过程，黏粒和碳酸钙分异现象逐渐表现出来，不断向褐土转变。土层深厚，剖面下部往往有锈纹锈斑出现，心土层有黏化现象，并常有粉末状石灰淀积，pH 在 8.0 左右。现以大金店西地村西的剖面为例说明其剖面特征。

0～20cm：灰黄色，轻壤，碎块结构，松，根系多，石灰反应强。

20～38cm：灰黄色，轻壤，块状结构，较紧，根系多，石灰反应中等。

38～62cm：灰黄色，轻壤，块状结构，紧，根系少，石灰反应中等，有粉末状碳酸盐淀积。

62～105cm：灰黄色，轻壤，块状结构，紧，无根系，石灰反应强，有锈纹锈斑。

（三）潮土

嵩山地区的潮土仅发育在颍河两岸低阶地上，母质为河流冲积物，地势平坦，地下水位季节变化较大。在雨季，地下水上升，土壤剖面下部一部分或全部为水分所饱和，发生潜育化过程，铁锰被还原，形成蓝灰色条纹；在干旱季节，地下水位下降，地下水离开土体，原来被还原的物质重新发生氧化，形成红褐色锈纹和铁锰结核。目前，潮土几乎全部被开发利用为农田，是登封地区最主要的农作区。在人类长期耕作影响下，剖面构型为耕作层-犁底层-母质层。耕作层有机质含量在1%左右，土体呈灰黄色，全剖面石灰反应强烈，pH 为 8.0～8.4，呈微碱性反应。现以告成镇蒋庄东南剖面为例说明其剖面形态。

0～25cm：褐黄色，轻壤，粒状结构，散，根系多，石灰反应强。

25～55cm：灰黄色，轻壤，碎块结构，紧，根系少，石灰反应强。

55～100cm：灰黄色，轻壤，块状结构，紧，根系少，少量锈纹锈斑，石灰反应强。

三、植物区系特征

据《嵩山植物志》，嵩山地区有维管植物 147 科 643 属 1540 种（包括亚种及变种）。其中蕨类植物 21 科 36 属 70 种，裸子植物 5 科 9 属 10 种，被子植物 121 科 598 属 1460 种（双子叶植物 104 科 467 属 1208 种，单子叶植物 17 科 131 属 252 种）。嵩山地区维管植物统计及与河南省和全国的比较见表 9-3。含 30 种以上的大科有菊科、禾本科、蔷薇科、豆科、唇形科、百合科、十字花科、毛茛科、莎草科、蓼科等。含 8 种以上的属有蓼属、栎属、藜属、铁线莲属、绣线菊属、悬钩子属、蔷薇属、委陵菜属、李属、卫矛属、胡枝子属、葡萄属、堇菜属、鹅绒藤属、槭属、忍冬属、薹草属等。这些大科和大属是嵩山植物区系和植被的主要成分。

表 9-3　嵩山地区维管植物统计及与河南省和全国的比较

类别＼科属种类	科数				属数				种数			
	嵩山地区	河南省	全国	占河南省比例/%	嵩山地区	河南省	全国	占河南省比例/%	嵩山地区	河南省	全国	占河南省比例/%
蕨类和拟蕨类	21	29	52	72.4	36	73	204	49.3	70	255	2600	27.5
裸子植物	5	10	10	50.0	9	25	34	36.0	10	75	193	13.3
被子植物	121	160	251	75.6	598	1009	2946	59.3	1460	3500	24357	41.7
合计	147	199	313	73.9	643	1107	3184	58.1	1540	3830	27150	40.2

在中国植物区系分区中，嵩山地区属泛北极植物区——中国-日本森林植物亚区的华北植物地区，以温带成分为主，兼有一定的热带成分，具有南北交汇过渡的特点。种子植物有 15 个分布区类型（表 9-4），其中温带分布类型 367 属，占本区属数的 68%；热带分布类型 140 属，占本区属数的 26%。温带分布中以北温带分布最多（189 属 575 种），占温带分布属的 51.5%，栎属、榆属、椴属、槭属、杨属、鹅耳枥属等是本区森林植被的重要成分；其次是旧世界温带分布（66 属）和东亚分布（55 属），分别占温带分布属的 18%和 15%。

热带分布中以泛热带分布最多（78 属），占热带分布属的 55.7%，常见的有牡荆属、黄檀属、菝葜属、白茅属；其他热带分布类型数量明显较少。热带亚洲至热带美洲分布有 7 属，如苦木属、雀梅藤属等；旧世界热带分布有 17 属，如扁担杆属、八角枫属等；热带亚洲至热带大洋洲分布有 12 属，如臭椿属、柘属等；热带亚洲至热带非洲分布有 11 属，如杠柳属、荩草属等；热带亚洲分布有 15 属，常见构属、蛇莓属等。中国特有分布有 8 属，占总属数的 1.5%，如虎榛子属、青檀属、蝟实属等。中国特有属和单种属的分析表明，嵩山地区的植物区系具有一定的古老性，现代植物区系有古近纪和新近纪古老植物区系的历史背景。

表 9-4　嵩山地区种子植物属的分布区类型

分布区类型	属数	比例/%
世界分布	70	—
泛热带分布	78	14.5
热带亚洲至热带美洲分布	7	1.3
旧世界热带分布	17	3.2
热带亚洲至热带大洋洲分布	12	2.2
热带亚洲至热带非洲分布	11	2.0
热带亚洲分布	15	2.8
北温带分布	189	35.2
东亚和北美洲际间断分布	37	6.9
旧世界温带分布	66	12.3
温带亚洲分布	20	3.7
东亚分布	55	10.2
地中海区、西亚至中亚分布	15	2.8
中亚分布	7	1.3
中国特有分布	8	1.5
合计	607	100

注：不包括世界分布属。

四、植被类型与分布

嵩山地区植被在《中国植被区划》中属于暖温带落叶阔叶林区域，暖温带南部落叶栎林亚地带；在《河南省植被区划》中属于伏牛山山地栎林植被片。因此，嵩山地带性植被是落叶阔叶林，以落叶栎林为主，还有多种其他类型的植被。由于本区地形比较复杂，水热条件和土壤条件空间差异显著，植物种类丰富多样，加之开发历史悠久，人为影响强烈，所以现存植被多为天然次生植被或人工植被。

（一）主要植被类型划分

依据《中国植被》对植被分类的原则、单位及系统，可将嵩山地区主要植被划分为 6

个植被型、52 个群系和若干群丛（表 9-5）。群丛是植被分类的基本单位，凡层片结构相同，各层片优势种或共优种相同的植物群落联合为一个群丛，各层最主要的优势种为群丛名称。群系是植被分类的中级单位，凡建群种或共建种相同的植物群落联合为一个群系，建群种名称即为该群系名称。植被型是植被分类最重要的高级单位，是建群种生活型相同或相近，同时对水热条件一致的植物群系的联合，根据其生活型及对水热条件的需求特点进行命名。

表 9-5 嵩山地区主要植被类型

<table>
<tr><th>植被型</th><th>群系</th><th>群丛</th></tr>
<tr><td rowspan="25">落叶阔叶林</td><td rowspan="4">栓皮栎林</td><td>栓皮栎-短柄胡枝子-羊胡子草群丛</td></tr>
<tr><td>栓皮栎-牡荆-羊胡子草+苔草群丛</td></tr>
<tr><td>栓皮栎-小叶鼠李+山合欢-风毛菊群丛</td></tr>
<tr><td>栓皮栎-黄檀-苔草群丛</td></tr>
<tr><td rowspan="3">锐齿槲栎林</td><td>锐齿槲栎-美丽胡枝子-宽叶薹草群丛</td></tr>
<tr><td>锐齿槲栎-黄刺玫-宽叶薹草群丛</td></tr>
<tr><td>锐齿槲栎-六道木-铃兰群丛</td></tr>
<tr><td>锐齿槲栎、短柄枹混交林</td><td>锐齿槲栎+短柄枹-连翘-铃兰群丛</td></tr>
<tr><td>短柄枹林</td><td>短柄枹-照山白-羊胡子草群丛</td></tr>
<tr><td>锐齿槲栎、山杨混交林</td><td>锐齿槲栎+山杨-黄刺玫-薹草群丛</td></tr>
<tr><td rowspan="2">槲树林</td><td>槲树-蔷薇-羊胡子草群丛</td></tr>
<tr><td>槲树-牡荆-苔草群丛</td></tr>
<tr><td>杂木林</td><td>—</td></tr>
<tr><td>山杨林</td><td>山杨-黄刺玫-宽叶薹草+羊胡子草群丛</td></tr>
<tr><td rowspan="2">化香林</td><td>化香-牡荆-羊胡子草群丛</td></tr>
<tr><td>化香-薄叶鼠李-羊胡子草群丛</td></tr>
<tr><td>黄连木、栾树混交林</td><td>黄连木+栾树-海州常山-糙苏群丛</td></tr>
<tr><td>鹅耳枥林</td><td>—</td></tr>
<tr><td>山合欢林</td><td>—</td></tr>
<tr><td rowspan="2">人工刺槐林</td><td>刺槐-牡荆+枸子-黄背草+苔草群丛</td></tr>
<tr><td>刺槐-酸枣-白羊草+黄背草群丛</td></tr>
<tr><td rowspan="3">橿子栎林</td><td>橿子栎-黄刺玫-宽叶薹草+萱草群丛</td></tr>
<tr><td>橿子栎-山刺玫-羊胡子草群丛</td></tr>
<tr><td>橿子栎-牡荆-艾蒿群丛</td></tr>
<tr><td style="display:none"></td><td style="display:none"></td></tr>
<tr><td rowspan="3">温性针叶林</td><td rowspan="2">人工侧柏林</td><td>侧柏-牡荆-黄背草+卷柏群丛</td></tr>
<tr><td>侧柏-牡荆+酸枣-白羊草群丛</td></tr>
<tr><td>人工油松林</td><td>油松-白刺花-芒+黄背草群丛</td></tr>
<tr><td rowspan="4">灌丛与灌草丛</td><td>黄栌灌丛</td><td>黄栌-胡子草群丛</td></tr>
<tr><td>牛奶子灌丛</td><td>牛奶子-黄背草群丛</td></tr>
<tr><td>连翘灌丛</td><td>连翘-野古草群丛</td></tr>
<tr><td>胡枝子灌丛</td><td>胡枝子-野古草群丛</td></tr>
</table>

续表

植被型	群系	群丛
灌丛与灌草丛	牡荆灌丛	牡荆-黄背草群丛 牡荆-白羊草群丛
	美丽胡枝子灌丛	美丽胡枝子-野古草群丛
	中华绣线菊灌丛	中华绣线菊-野古草群丛
	盐肤木、葛灌丛	盐肤木+葛-白羊草群丛
	珍珠梅灌丛	—
	欧李灌丛	—
	杠柳灌丛	—
	腺柳灌丛	—
	柘树灌丛	—
	杭子梢灌丛	—
	芫花灌丛	—
	小叶鼠李灌丛	—
	野山楂灌丛	—
	黄蔷薇灌丛	—
	绿叶胡枝子灌丛	—
	枸杞、委陵菜灌草丛	—
	牡荆、白羊草灌草丛	—
	酸枣、黄背草灌草丛	—
	胡枝子、大油芒灌草丛	—
草甸	羊胡子草草甸	—
	白羊草草甸	—
	千屈菜草甸	—
	白茅草甸	—
	萱草草甸	—
	黄背草草甸	—
	大油芒草甸	—
	瓜叶乌头草甸	—
	野古草草甸	—
	杂草草甸	—
沼泽	芦苇沼泽	—
	灯芯草沼泽	—
	香蒲沼泽	—
水生植被	—	—

(二)植被垂直分布

气候和土壤是影响植物分布的重要生态因子，这些因素在空间分布上受地形条件约束，尤其是海拔的制约；人类活动对植被的分布也有较大影响。本区受嵩山山体的影响，随着海拔的升高，水热条件和土壤条件发生有规律的变化，人为影响的程度也发生一定的改变，使得植被从山麓到山顶有明显的变化，在不同的高度地带形成不同的植被带。以嵩山南坡为例，自下而上大体可以分为 4 个植被垂直带（图 9-11）。

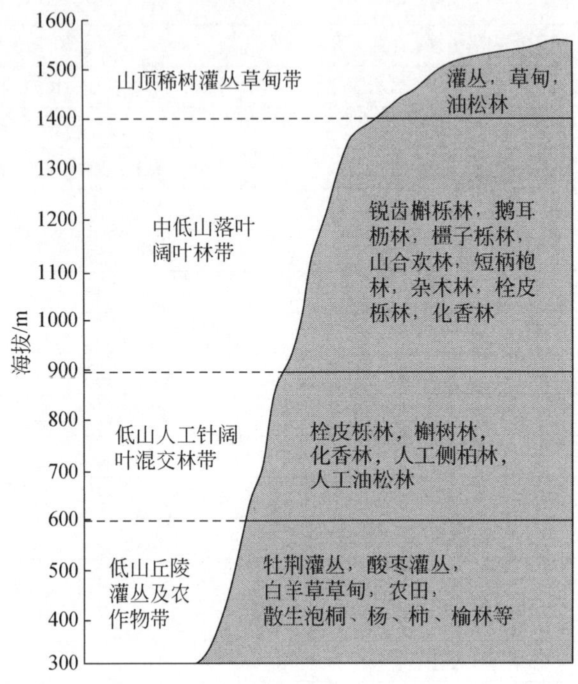

图 9-11　嵩山南坡植被垂直分布示意图

1. 低山丘陵灌丛及农作物带

海拔 600m 以下的低山丘陵河谷平川地带，土壤主要为褐土。因地势起伏不大，离居民点较近，故开发利用早，大多被辟为农田，天然森林已被破坏。自然植被仅在一些不宜耕作的丘坡和山坡地段呈孤岛状分布，水土流失严重，土壤瘠薄。主要是由耐旱的牡荆、酸枣、白刺花、白羊草、黄背草和蒿类等植物组成的灌草丛和草甸，是一类比较稳定的次生植被。在某些丘陵和低山坡麓地段，尤其是 400～600m 的地段，有人工侧柏林的分布。农作物主要有冬小麦、玉米、甘薯、豆类等，其中散生有泡桐、刺槐、臭椿、楝、柿、桃等人工或半人工栽培乔木树种。

2. 低山人工针阔叶混交林带

分布于海拔 600～900m 的低山地带，土壤主要为淋溶褐土，落叶阔叶林与人工针叶林镶嵌分布为主或落叶阔叶树与针叶树混合生长。落叶阔叶林主要为栓皮栎林、化香林、人工刺槐林等，局部地段有槲树林分布。除刺槐林为人工林外，一般为天然次生林。针叶林主要是侧柏林，其次有少量的油松林，大多为人工林，天然植株也有零星分布。

3. 中低山落叶阔叶林带

分布于海拔 900～1400m 的山地，坡度大多较陡，土壤为棕壤。坡度大的地段，林木多呈灌木状，林相低矮；在较平缓的地段，树木高大，林相整齐。由于山高坡陡，远离居民区，受人为影响相对较小，林木覆盖度较大，是本区森林集中分布的地区。森林类型较多，主要有栓皮栎林、鹅耳枥林、化香林、山合欢林、橿子栎林、短柄枹林、锐齿槲栎林、杂木林等，大多为天然次生林。

4. 山顶稀树灌丛草甸带

分布于海拔 1400m 以上的山顶地带，气温低，风速大，土壤为棕壤。植被以灌丛、草甸为主，散布有少量乔木，局部有一定数量的人工油松林。灌丛和草甸的植物种类主要有缕丝花、风毛菊、鼠麹草、大火草、鸦葱、蓬子菜、野古草、荻、大油芒、野青茅、披碱草和蒿属植物等。

五、主要植被类型简介

（一）栓皮栎林

栓皮栎林分布广泛，是嵩山地区最主要的落叶阔叶林之一。分布在海拔 700～1100m 的中低山地，坡度 10°～30°，土壤为棕壤与褐土。林龄多在 30 年以下，为天然次生林或人工林。

1. 栓皮栎-短梗胡枝子-羊胡子草群丛

本群丛主要分布于海拔 1000m 左右的缓坡山顶或阴坡、半阴坡。乔木层郁闭度约 80%，林相整齐，优势种为栓皮栎，伴生种很少，主要有槲树、山合欢等。灌木层盖度 60%以上，高低不齐，种类丰富，优势种为短柄胡枝子，伴生种有鹅耳枥、胡枝子、黄栌等。草本层盖度 26%，优势种是羊胡子草，伴生有山萝花、艾蒿、绵枣儿等。层间植物不多，常见的有铁线莲、野大豆等。

2. 栓皮栎-小叶鼠李+山合欢-风毛菊群丛

本群丛多分布在海拔 800m 左右的山地阳坡，土壤浅薄，有的地方岩石裸露。乔木层郁闭度约 30%，林相零乱，可分两个亚层：第一亚层郁闭度 20%，种类单一，优势种是栓皮栎；第二亚层郁闭度 10%，优势种是化香。灌木层郁闭度 30%，种类较多，优势种是小叶鼠李和灌木状的山合欢。草本层郁闭度 28%，优势种是风毛菊，伴生种多为耐旱喜光的种类。层间植物常见的是铁线莲等。

（二）短柄枹林

短柄枹林分布于海拔 1200～1350m 的山坡或较平缓的山脊上。其上界为锐齿槲栎林，下界为栓皮栎林或橿子栎林，在与栓皮栎交界的地带可与其形成混交林。该类型集中分布在玉寨山，其他山地因人为砍伐，目前已所剩无几，典型群落是短柄枹-照山白-羊胡子草群丛。乔木层郁闭度 70%，优势种是短柄枹，共优种是锐齿栎，伴生种有橿子栎、栓皮栎等。灌木层盖度 30%，优势种是照山白，伴生种是鹅耳枥、连翘等。草本层盖度不足 20%，优势种是羊胡子草。

（三）锐齿槲栎林

锐齿槲栎林是海拔 1200～1500m 山地的主要森林，多分布在玉寨山北面的缓坡地段。

1. 锐齿槲栎-美丽胡枝子-宽叶薹草群丛

本群丛的乔木层郁闭度 40%，优势种是锐齿槲栎，伴生种有短柄枹、毛山荆子、河南海棠、山杨、鹅耳枥等。灌木层盖度可达 36%，种类较丰富，优势种是美丽胡枝子，伴生种有狭叶绣线菊、楼斗菜叶绣线菊等。草本层盖度可达 70%，种类繁多，优势种是宽叶薹草，伴生种是河南唐松草、糙苏、玉竹等耐阴湿种类。层间植物较发达，常见的有三叶木通、蛇葡萄、南蛇藤、插田泡等。

2. 锐齿槲栎-黄刺玫-宽叶薹草群丛

本群丛乔木层郁闭度 40%，优势种是锐齿槲栎，伴生种是短柄枹、鹅耳枥等。灌木层盖度 25%，种类较丰富，优势种是黄刺玫，高 1.7m，伴生种是楼斗菜叶绣线菊、连翘等。草本层盖度 65%，种类繁多，优势种是宽叶薹草，伴生种有萱草、羊胡子草等。层间植物较发达，常见的有穿龙薯蓣、五味子等。

（四）槲树林

槲树林是温带和暖温带山地丘陵地区的一种重要植被类型，在该区分布于海拔 700～1100m 的山坡上。土壤为棕壤或褐土，常岩石裸露，立地条件差。由于树干尖削度较大，干形差，木材生长量小，多被人为砍伐，故大部分呈幼林或灌丛状，林相不整。典型群落是槲树-蔷薇-羊胡子草群丛。乔木层有两个亚层：第一亚层郁闭度 40%，优势种是槲树，平均高 10m，胸径平均 12cm，伴生有君迁子、锐齿槲栎、化香等；第二亚层郁闭度约 30%，化香占优势，伴生有山核桃和野山楂等。灌木层盖度 30%，种类繁多，优势种是蔷薇，伴生种有胡枝子、欧李、大花溲疏等。草本层盖度 27%，种类不多，优势种是羊胡子草，伴生种常见的有日本薹草、风毛菊、山萝花等。层间植物较丰富，常见的有山葡萄、茜草、三叶木通等。

（五）橿子栎林

嵩山地区的橿子栎林主要分布在玉寨山海拔 1000～1300m 的险峻地段，坡度可达 50°，生态条件比较严酷。该群落可分橿子栎-黄刺玫-宽叶薹草群丛、橿子栎-山刺玫-羊胡子草群丛、橿子栎-牡荆-艾嵩三个群丛。

（六）山杨林

山杨林是温带中、低山地比较常见的一种星散分布的群落，嵩山地区主要分布于玉寨山海拔 1300m 左右的地带。其典型群落是山杨-黄刺玫-宽叶薹草+羊胡子草群丛。乔木层郁闭度 50%，山杨占绝对优势，伴生种是锐齿槲栎、山荆子等。灌木层盖度 38%，优势种是黄刺玫，伴生种是狭叶绣线菊等。草本层盖度 38%，种类繁多，优势种是宽叶薹草，常伴生有萱草、唐松草等。层间植物是大叶铁线莲、蛇葡萄等。山杨是采伐迹地上的先锋树种，随着演替的进行，将会从群落中退出。

（七）化香林

化香林是在栓皮栎林等的采伐迹地或火烧迹地上发展起来的一种次生植被。在嵩山地区分布较广，一般集中分布在海拔 750～1200m 的山地。

1. 化香-牡荆-羊胡子草群丛

本群丛的乔木层郁闭度可达 95%，优势种是化香，伴生种有牛奶子、黄檀等。灌木层盖度 25%，种类单一，牡荆为优势种。草本层盖度 35%，优势种是羊胡子草，伴生种有麦冬、丹参等耐荫种类。

2.化香-鼠李-羊胡子草群丛

本群丛由化香-牡荆-羊胡子草群丛演化而来。由于间伐抚育，乔木层郁闭度减为 70%左右，化香的重要值也减小，而白榆、山合欢等有所增加。灌木层郁闭度为 30%，草本层出现了地榆等喜光种类。

（八）黄连木林

黄连木林在嵩山地区分布不广，仅出现于 700～900m 的阴坡、半阴坡的沟谷中。土壤为淋溶褐土或棕壤，土层薄，多砾石，林内湿度较大，有苔藓和蕨类植物。典型群落是黄连木-海州常山-糙苏群丛。乔木层郁闭度 50%，优势种是黄连木，伴生种是栾树、化香等。林下灌木稀疏，高低不一，盖度 13%，优势种是海州常山，伴生种有白花龙、接骨木等少数种类。草本层盖度低，仅 12%左右，但种类丰富，优势种是糙苏，伴生种有天南星、玉竹、鹿药、七叶一枝花等。层间植物多为三叶木通、鸡矢藤、乌蔹莓等。

（九）人工侧柏林

侧柏林在嵩山地区大多为人工栽培的中、幼龄林，分布较广，是本区主要的人工林之一。多分布在海拔 400～1000m 的石灰岩山地或泥岩、页岩、片麻岩山地的南坡或东南坡，如中岳庙、会善寺、少林寺等林区。土壤一般干燥贫瘠、偏碱性、土层薄、裸岩多。

（十）人工油松林

嵩山地区的油松林多为人工中、幼龄林，分布于海拔 900m 以上的缓坡或山顶土层较厚的地段，上界到嵩山顶和玉寨山顶，木本层和草本层在不同地段有较大差异。

（十一）牡荆灌丛

牡荆灌丛广泛分布于海拔 1000m 以下的向阳坡或山脚下的缓坡，土壤干燥瘠薄。由于人工刈割或放牧的影响，大多稀疏零乱。最常见的是牡荆-黄背草群丛。灌木层盖度 20%，除牡荆外，有酸枣等少数种类伴生；草本层盖度 35%，种类较少，多为喜光耐旱类型，如黄背草、荩草、白羊草等。

（十二）黄栌灌丛

黄栌灌丛一般分布在 600～1100m 的山坡或林间。典型群落为黄栌-羊胡子草群丛。灌木层盖度为 32%，种类丰富，优势种是黄栌，伴生种是连翘等。草本层盖度 30%，优势种是羊胡子草，伴生有风毛菊、淫羊藿等。层间植物有乌蔹莓、三叶木通等。

（十三）胡枝子灌丛

胡枝子灌丛分布于海拔 1000～1300m 的砍伐迹地或林间空地。典型群落是胡枝子-野古草群丛。灌木层盖度 50%，胡枝子的分盖度为 40%，占绝对优势；伴生种是杭子梢、水栒子等。草本层稀疏，盖度仅 10%，优势种是野古草，伴生有黄背草、白羊草等。

（十四）连翘灌丛

连翘灌丛分布于海拔 900m 以上的山坡或林间空地。典型群落是连翘-野古草群丛。灌木层盖度30%，连翘为优势种，伴有生灰栒子、杭子梢等。草本层盖度40%以上，优势种是野古草，伴生有黄背草、丹参等。

第四节　自然地理分区与土地类型

按照全石琳等（1985）拟定的《河南省综合自然区划》，嵩山地区属于暖温带地带、嵩山温和半湿润半干旱地区、嵩山低山丘陵区。自然地理水平地域分异和垂直地域分异均比较明显，且受地质和地貌格局的控制。水平分异表现为近乎东西方向延伸的条带状。根据嵩山地区自然地理系统地域分异规律，按照区内相似性和区间差异性原则，以地貌作为主导指标，结合地表组成物质、土属和植物群系等，将其划分为北部中低山亚区、中部河川亚区和南部低山丘陵亚区，每个亚区又根据土地的相似性和差异性、相似程度和差异程度划分为不同土地类型。

一、北部中低山亚区

嵩山北部中低山亚区大致以竹园、中岳庙、嵩阳书院、十里铺、崔扒、陈瑶一线为界，总体上呈东北—西南向展布。该亚区受燕山运动和喜马拉雅运动的影响，形成一系列侵蚀山地和谷地，起伏悬殊，海拔多在1000m以上，部分山峰可高达1500m。自东向西分布着五指岭、嵩山、玉寨山、挡阳山、鞍坡山、马鞍山，河流沿断层发育，形成岭、谷东西延伸，平行排列、相间分布的格局。由于地势较高，降水量多且集中，地表风化和流水侵蚀作用比较强烈，基岩裸露面积广大。地下水多为裂隙水。成土母质为风化残积物和坡积物，土层厚度随地形部位和坡度的变化而不同。地表起伏较大，气候、土壤与自然植被的垂直地带性明显。自山麓到山顶依次出现低山丘陵-褐土性土和潮褐土-灌丛及农作物带（600m以下）、低山-淋溶褐土-针阔混交林带（600～900m）、中山-棕壤-落叶阔叶林带（900m以上）。适宜发展林业，适当发展牧业。林业要以水土保持林为主，有选择地发展经济林（核桃、板栗、柿子、大枣等），同时要加强对森林的管理，促使林木有效地更新。

本亚区可以划分为中山陡坡地、中山缓坡地和中山河谷地三种土地类型。

中山陡坡地：分布在海拔1000m以上，坡度大于30°。基岩主要为石英岩、登封杂岩和石灰岩，地下水为裂隙水，土壤为棕壤，植被多为较稀疏低矮的落叶阔叶林或灌丛。

中山缓坡地：分布在海拔1000m以上，坡度小于30°。基岩同中山陡坡地，地表风化残积物和坡积物相对较厚，阳坡地表较干燥，阴坡地表较湿润，不同高度上的土壤和植被类型不同，但大多为棕壤和落叶阔叶林。

中山河谷地：分布于中山河谷地带，有季节性河流小溪，切割深度大，在深大断裂带有泉水出露。谷底被厚层的近代洪积和冲积物所覆盖，土壤多为淋溶褐土或棕壤，经过耕作大部分已辟为农田。

二、中部河川亚区

嵩山中部河川亚区大致呈东西向延伸，东西长约60km，南北宽约10km。其北部与中低山地为邻，南部大致以逛水河、颍河干流以南1km处为界。本亚区处于地堑之中，地形比较平坦开阔，多为洪积、冲积倾斜平原，河网密度较大。水平分异表现为山麓洪积扇-岗地与河岸阶地-河漫滩相间分布。成土母质多为河流洪积冲积物，土壤多为褐潮土和潮土，土质肥沃，是嵩山地区最重要的农业耕作区，自然植被已荡然无存，残留的植被全是次生植被。在利用改造方面，应结合流域规划，统一安排水土保持设施，工程措施与生物措施并举，蓄水防洪与农田灌溉相结合，重点是排除暴雨期的洪涝，预防冬春的干旱。农业生产以耕作为主，因地制宜发展林、牧、副、渔各业。

本亚区可以划分为微斜平地、残丘平岗地、河岸阶地和河漫滩地四种土地类型。

微斜平地：分布在山麓与河谷冲积平原的过渡地带，呈条带状分布，地势向河谷平原微倾。成土母质以洪积物为主，颗粒较粗，土层较厚，土壤类型主要是褐土性土，水分条件较差，肥力一般。

残丘平岗地：主要分布在颍河北岸，呈西北—东南向与各支流谷地相间排列，地势较高，相对高度一般在 10～20m。风化剥蚀比较强烈，岗顶平缓。基岩主要是页岩，土壤是褐土性土。

河岸阶地：主要分布在坡麓倾斜平地与河漫滩地之间，地势相对高，呈阶梯状向河漫滩递降。阶地面平坦宽阔，边缘呈陡坎状。土层深厚，成土母质为亚砂土或亚黏土，排灌条件好，耕作历史悠久，熟化程度高，土质肥沃。

河漫滩地：主要分布于河流沿岸，地势低平，表面微有起伏。组成物质为现代河流冲积物，上部为亚砂土或亚黏土，下部为砂土和砾石，在垂直方向上具有二元结构特征。土壤类型为潮土，土层深厚，虽灌溉便利，但夏秋季节易遭受洪涝灾害。

三、南部低山丘陵亚区

低山丘陵亚区分布在嵩山地区的南部，北边与中部河川亚区为邻，海拔都小于 1000m。岩石多为砂页岩和灰岩，受新构造运动差异升降的影响，现代流水侵蚀强烈，地表支离破碎，地貌以起伏不平的侵蚀低山和丘陵为主。地理景观组合规律性较强，自南到北依次出现低山景观—微起伏垅岗景观—伏牛低丘景观—河谷平原景观—河谷谷地景观—平缓垅岗景观—黄土沟谷景观—河谷冲积平原景观。成土母质为基岩风化残积和坡积物，土壤类型主要为褐土，也有少量棕壤分布。石质低山、丘陵起伏显著，土层相对较薄；黄土丘陵起伏小，土层深厚。适宜发展综合性的农业生产，走多种经营的发展道路。农业生产的主要障碍因素是“干旱”和“水土流失”，因此必须采取有效的水土保持措施，发展灌溉，提高抵御自然灾害的能力。

本亚区划分为低山陡坡地、低山缓坡地、丘陵坡地、残丘垅岗地和陵间浅盆地五种土地类型。

低山陡坡地：海拔介于 750～1000m，坡度大于 30°。基岩由砂页岩、石灰岩和石英岩组成，山体上部裸岩面积占 30%以上，土壤是棕壤和淋溶褐土，大部分土层浅薄；山体下部植被覆盖度较大，土层较厚，土壤类型主要是淋溶褐土。

低山缓坡地：海拔和基岩大致与低山陡坡地相同，但坡度小于 30°，裸岩面积小于 30%。残积、坡积物较厚，土壤是淋溶褐土，部分已被开垦成农田。

丘陵坡地：分布在低山缓坡地的下部，坡度小于 30°。成土母质为基岩风化残积坡积物，土层较厚，土壤类型主要是褐土性土和碳酸盐褐土，多被辟为农田。

残丘垅岗地：分布在丘陵坡地的下部，面积较大。基岩主要由砂页岩和石灰岩构成，也有黄土分布。土层较厚，土壤类型主要是褐土性土和碳酸盐褐土，多被辟为农田。

陵间浅盆地：陵间浅盆地与丘陵坡地和残丘垅岗地相间分布，面积较小。地表组成物质主要是洪积和冲积物，土层深厚，地下水较浅，肥力高，土壤类型主要是潮土和潮褐土，是嵩山地区南部重要的农耕土地。

第五节　自然地理实习路线与主要观测点概况

根据自然地理学实习要求，结合嵩山地区自然地理要素的空间差异，共设计 10 条实习路线（图 9-1），并对每条实习路线上的观测点及其主要实习内容进行简单介绍，供各个高校选择参考。

一、实习路线一（登封采石场）

从登封市区出发，沿登封大道向南，进入 G207 国道（登汝公路），至登封市气象局向西进入采石场（侵华日军旧机场），进行第一观测点实习；之后到达 G207 国道 1140km 路标处，进行第二观测点实习（图 9-12）。

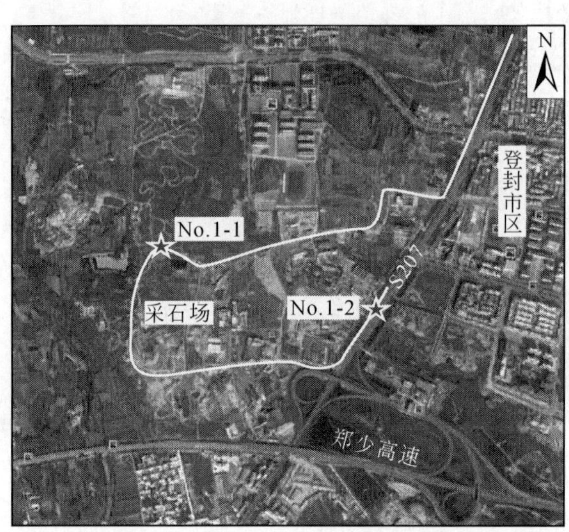

图 9-12　登封采石场实习路线及观测点

（一）教学目的

（1）了解嵩山地区地质与地貌概况。

（2）罗盘构造及其使用，地形图定位与定向。

（3）观察嵩山地区第四级夷平面。

（4）观察描述石秤花岗岩及其节理。

（5）观察描述石秤花岗岩与登封杂岩接触关系。

（二）观测点及其主要实习内容

No.1-1：该观测点位于采石场之内，主要实习内容如下。

（1）嵩山地区地质与地貌概况。讲解嵩山地区地层“五代同堂”，五次地壳运动，嵩山大背斜，唐窑-中岳庙断层、君召-太后庙断层、五指岭断层，基本地貌类型与分布。

（2）罗盘构造及其使用。认识罗盘的磁针、刻度盘、测斜器、水准器和瞄准器，掌握罗盘测量方位角和竖直角，应用罗盘进行地形图定向和定位的方法。

（3）石秤花岗岩及剪切节理。此处的花岗岩岩株（γ_2）新鲜断面呈灰白色，风化面呈黄褐色。由于该处有一完整的花岗岩体（高 3m，围 13m），形似巨大的秤砣；不远还有一片面积较大的花岗岩平地，形似秤盘，故称之为石秤。这是将此处的花岗岩称为石秤花岗岩的由来。石秤花岗岩为等粒显晶结构，块状构造。主要矿物成分是斜长石、石英、角闪石，还有少量黑云母。斜长石呈灰白色，半自板形晶，玻璃光泽；石英呈油脂光泽、他形晶，不规则粒状；角闪石呈暗绿色，针状；黑云母呈黑褐色，珍珠光泽，鳞片状。石秤花岗岩的形成年代大约在中元古代末期（K-Ar 绝对年龄为 15.24 亿年）。

石秤花岗岩形成时的纵横节理以及后期地壳运动所形成的剪切节理十分发育。一条剪切节理走向是 110°～290°，另一条是 150°～330°，由此推测其压性面走向为 130°～310°，挤压应力来自于东北方向（40°）。

（4）嵩山地区四级夷平面。采石场所在位置海拔在 400m 左右，地势开阔，是嵩山地区四级夷平面遗迹。夷平面证据：一是海拔在 350～450m，地面比较平坦，面积较大；二是现代河流发育，切割古洪积和冲积物，沟谷宽浅；三是低洼地段有河流相洪流相沉积物，砾石大小不等、分选性差、磨圆度较好、岩性来源复杂（石英、辉绿岩、砂岩、石英岩等）；四是有低矮残丘分布。

No.1-2：该观测位于 G207 国道 1140km 路标处西侧，可观察到石秤花岗岩与太古宇登封杂岩（Ar*d*）的接触关系断面。断面北部出露的围岩是登封群郭家窑组的角闪斜长片麻岩和黑云斜长片麻岩，南部出露石秤花岗岩。角闪斜长片麻岩呈灰绿色，粒状变晶结构，片麻构造；主要矿物成分有角闪石、斜长石和石英等，斜长石含量多于石英。黑云斜长片麻岩呈黄褐色，鳞片变晶结构，片麻构造；主要矿物成分有黑云母、斜长石和石英等。石秤花岗岩受后期地壳运动的影响，有纵横交错的伟晶岩脉穿插。在石秤花岗岩靠近登封群的地方，可以见到围岩捕虏体，并且越靠近围岩，花岗岩的结晶颗粒越细小。

在断面上部还覆盖一层第四系河流冲积物，与下覆的登封群和花岗岩呈角度不整合接触（图 9-13）。

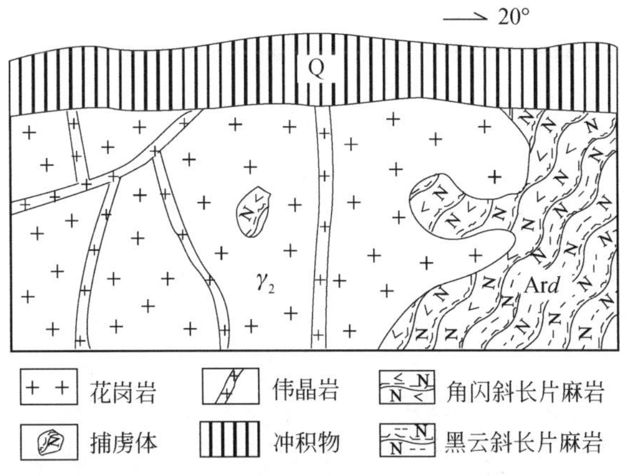

图 9-13　石秤花岗岩与登封杂岩侵入接触关系信手剖面图

二、实习路线二（玉皇庙）

从登封市区出发，沿滨河路向南，至玉皇庙村西，穿过双溪河（书院河）到达古堆坡，本条路线共设计 9 个观测点（图 9-14）。

图 9-14　玉皇庙古堆坡实习路线及观测点

（一）教学目的

（1）观察石秤花岗岩边缘相（风化花岗岩）及其与围岩的侵入接触关系。

（2）观察君召-太后庙断层，寻找断层证据，测量断层镜面产状，确定断层性质。

（3）观察古元古界嵩山石英岩、二叠系砂页岩、古近系砂砾岩和第四系河床相沉积物的岩性及其接触关系。

（4）绘制古堆坡信手地质剖面图。

（二）观测点及其主要实习内容

No.2-1：见到石秤花岗岩岩株的边缘相，风化严重，呈黄褐色。主要矿物成分是斜长石、石英和黑云母（呈黑色斑点状，风化后变为蛭石，呈黄色）。等粒显晶结构，长石和石英颗粒可以剥离；块状构造，新鲜断面为淡黄色。

No.2-2：从 No.2-1 向南约 50m，见到石秤花岗岩与嵩山石英岩（围岩）之间的侵入接触关系。在花岗岩一侧靠近石英岩的部位可见大小不等的石英岩捕虏体。

No.2-3：从 No.2-2 向南约 10m，见到嵩山石英岩。大约形成于距今 20 亿年的古元古代时期，为嵩山群的罗汉洞组（Pt_1l），由石英砂岩变质而成，故属副变质岩。嵩山石英岩厚度约 3m，十分破碎，岩块棱角明显。主体颜色呈白色或灰白色，表面常有铁锈色条纹；隐晶变晶结构，层理构造；致密坚硬。

No.2-4：在嵩山石英岩的南侧，可观察到断层存在。该断层是君召-太后庙大断层的一部分（图 9-4），判断断层的主要依据是：第一，断层镜面。嵩山石英岩南侧存在一个比较完整的滑动面（断层镜面），镜面高约 4m，宽约 5m，表面比较平滑，表面有断层发生时强烈动力作用导致的铁锰游离物质沉积，呈棕褐色。镜面的产状为 170°（倾向）∠40°（倾角），走向 74°～254°。第二，断层阶步和擦痕。在镜面上保留有比较明显的阶步，阶步的陡坎大多指向下方，还可见到不太明显的岩石相互摩擦留下的痕迹（擦痕）。第三，断层破碎带。从断层镜面的侧面可以发现，嵩山石英岩十分破碎，大多呈菱形，棱角明显，已有糜棱化，表面有游离铁锰物质淀积。第四，断层镜面两侧地层年代不连续。镜面的下盘（北盘）是糜棱化的古元古界嵩山石英岩，上盘（南盘）是古生界二叠系砂页岩，中间缺失了很多年代的地层。

从断层镜面上的阶步陡坎指向下方以及前人的地质调查结果来看，该断层是正断层，力学性质是地层受到拉张应力而形成的，形成时间大约在中生代末期（印支-燕山运动）。

No.2-5：断层镜面南侧出露二叠系上石盒子组的砂页岩（P_2s），厚度约 10m，但由于滑坡体的覆盖，仅在上部的滑坡体后沿附近有少部分出露。主要岩性是黄绿色砂页岩、粉砂岩和长石砂岩，矿物成分主要是长石和石英，中粗粒碎屑结构，层理构造。

No.2-6：从 No.2-5 向上走约 10m 到达滑坡壁前沿，抬头向西观察可见第四系河床相和漫滩相沉积物（Q），厚度 3～5m，产状近乎水平。第四系沉积物可分为两层。下部为河床相沉积物，砾石大小混杂，层理不清，磨圆度较好，砾石成分多为石英岩和砂岩，砾石之间填充黏土或亚黏土物质，胶结松散；上部为黏土或亚黏土，呈浅棕色，厚 10～30cm。第四系沉积物与其下部的二叠系砂页岩和石秤花岗岩呈角度不整合接触。

No.2-7：从观测点 No.2-6 向下走到小路，然后沿小路向南约 40m，在小路右侧见到另一个断层破碎带。破碎带宽约 3m，主要岩性是二叠系长石砂岩，层理紊乱，砾石大小不一，棱角明显，有些呈透镜体状。由于岩性较软，故无明显断层镜面形成。破碎带产状与君召-太后庙断层基本一致，但倾角稍大。下盘是二叠系长石砂岩，上盘是古近系紫红色角砾岩。据研究，该断层也属于正断层，形成时间在古近纪之后。

No.2-8：从观测点 No.2-7 沿小路继续向南约 30m 路西，见到古近系张家村组的紫红色角砾岩（E_2z），角砾状碎屑结构，厚层状构造，层理不甚清晰，产状近乎水平。砾石磨圆度和分选性差，棱角明显，大小不一。砾径最大的约 30cm，最小者约 1cm，一般在 5～10cm。砾石主要成分是砂岩和石英岩，泥质胶结，胶结比较松散。

No.2-9：从观测点 No.2-8 原路返回到双溪河东岸公路旁，向西观察古堆坡地貌、构造界限、岩性及其接触关系，绘制玉皇庙古堆坡信手地质剖面图（图 9-15）。

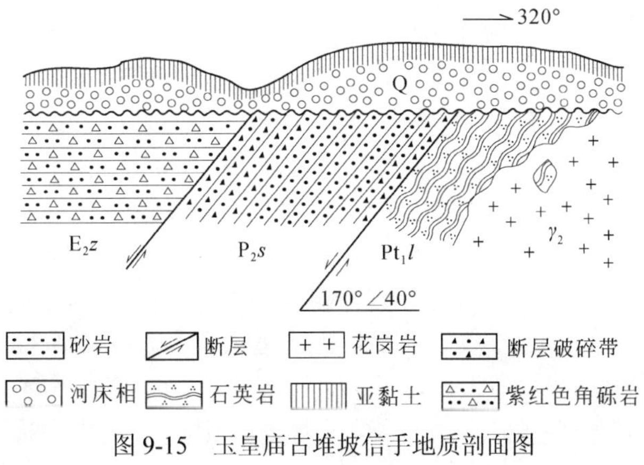

图 9-15　玉皇庙古堆坡信手地质剖面图

三、实习路线三（中岳庙后山—金龙沟）

首先从登封市区向东沿省道 S316 到达中岳庙；然后沿中岳庙西侧登山小路到达小顶山（黄盖峰，因峰顶有一座亭子，俗称嵩亭），进行第一和第二观测点实习；之后继续北上抵达严家门西侧 200m 左右的金龙沟，开展第三观测点实习（图 9-16）。

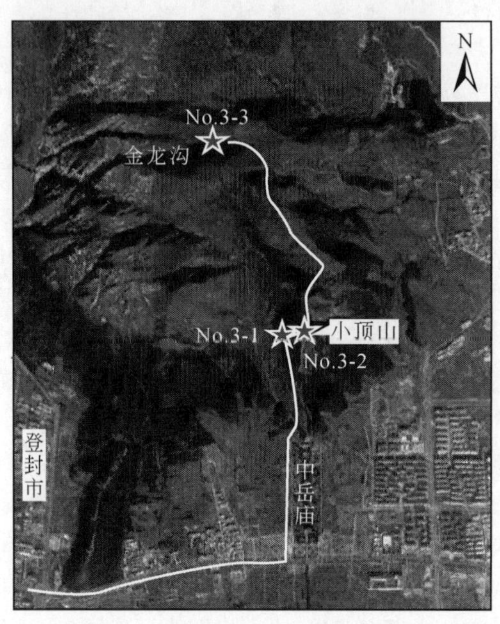

图 9-16　中岳庙后山实习路线及观测点

（一）教学目的

（1）观察认识千枚岩和中粒石英岩。

（2）观察唐窑-中岳庙断层和小顶山逆掩断层。

（3）观察金龙沟紧密褶皱。

（二）观测点及其主要实习内容

No.3-1：在小顶山西北约 150m 的半山腰，见到嵩山群五指岭组的千枚岩（Pt_1w），颜色多变，呈银灰色、灰白色、紫红色和灰绿色等。主要矿物成分是鳞片状绢云母，少量石英，丝绢光泽，有滑腻感。显微变晶结构，千枚状构造。千枚岩中往往夹有石英片岩或石英片岩透镜体。由于这种岩石比较柔软，易发生形变，所以常常形成微型褶皱，也易风化。

No.3-2：在嵩亭北侧，见到嵩山群罗汉洞组上部的石英岩（Pt_1l），呈灰白色和肉红色。与玉皇庙断层下盘的石英岩相比，此处的石英岩变质程度较轻，石英颗粒比较明显，显晶变晶结构，厚层状构造。由表 9-1 可知，五指岭千枚岩的形成时间晚于罗汉洞组石英岩，但这里的千枚岩却出现在了石英岩的下方，层序发生了倒置。推测这里曾发生过逆掩冲断层，将下部的石英岩推覆在了千枚岩之上。也就是说，小顶山实质上是“飞来峰”。

由于唐窑-中岳庙断层在嵩亭北侧穿过，因此在这里形成了宽约 100m 的破碎带。破碎带出现在石英岩中，剪切节理十分发育，使石英岩多呈菱形角砾岩，菱面上断层擦痕明显。据研究，该断层产状 225°∠65°～80°，倾向 225°，为逆断层，同时发生平推，下盘向西北平移 2～3km。

No.3-3：金龙沟在严家门村西，呈西北—东南走向。在沟谷东北崖壁上，五指岭片岩和嵩山石英岩的交接部位出现连续同斜褶皱，尤其是五指岭片岩地层岩性较软，小型褶皱众多，所有褶皱的轴面产状基本一致（图 9-17）。因在水平 200m 范围内，出现众多小型褶皱，故称其为紧密褶皱。

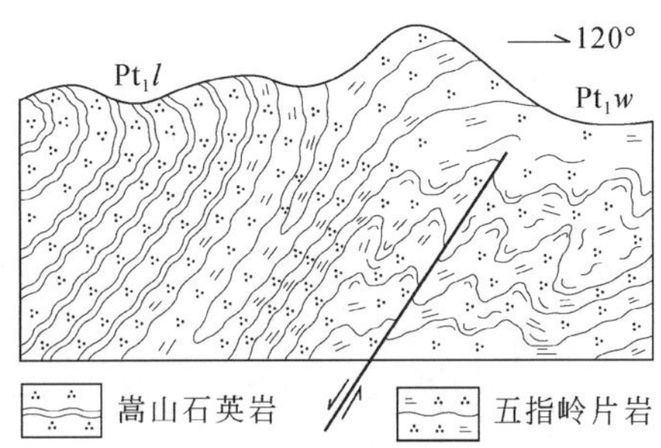

图 9-17　金龙沟紧密褶皱信手剖面图

四、实习路线四（石淙会饮—观星台）

从登封市区出发，沿东南方向乡间公路约 12km 到达告成镇，再向东约 3km 到达石淙河景区，开展第一、第二和第三观测点实习；之后沿原路返回到告成镇，参观观星台（图 9-18）。

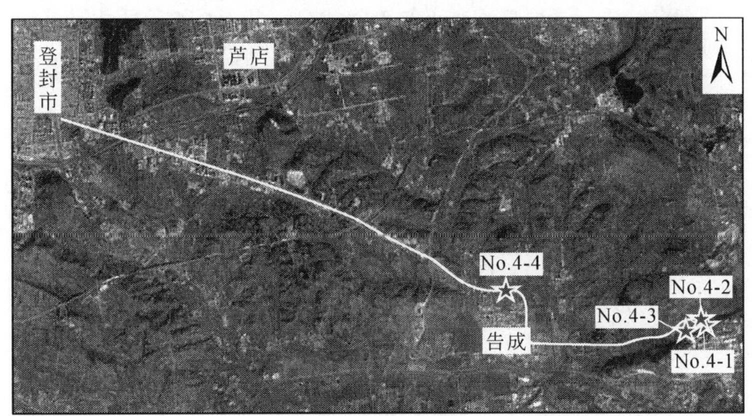

图 9-18　石淙河景区—观星台实习路线及观测点

（一）教学目的

（1）观察石淙会饮喀斯特地貌。

（2）寻找石淙河断层证据，测量断层产状。

（3）观察石淙河阶地。

（4）参观元代观星台，了解我国古代伟大的天文学成就。

（二）观测点及其主要实习内容

No.4-1：石淙河景区位于石淙河下游。石淙河又名平乐涧，发源于嵩山东部的九龙谭，在告成镇南注入颍河。石淙河景区面积不大，但怪石嶙峋，石间流水淙淙，故名石淙河。

武周圣历三年（公元 700 年），武则天游览嵩山时，曾在石淙河景区大宴群臣，饮酒赋诗，故名石淙会饮。

石淙会饮处的岩石是上寒武统崮山组的白云岩（Є_3g），呈灰白色，微晶粒结构，厚层状构造，产状为 325°∠12°。白云岩含碳酸钙，遇到含有 CO_2 的雨水，可发生岩溶作用，形成各种各样的喀斯特地貌。由于嵩山地区水热条件的限制，喀斯特地貌并不典型，主要是溶沟、石芽、壶穴，仅有 3 个规模不大的溶洞。

（1）溶沟与石芽。溶沟和石芽相伴生，是一类岩石表面的小起伏组合形态。溶沟是水流沿可溶性岩石表面节理不断溶蚀而形成的沟槽，溶沟之间相对凸起的称石芽。石淙会饮处的溶沟长几米至十几米，宽度和深度几十厘米至 1m，大多石芽的高度在几十厘米至 2m，顶部平坦者居多，直径几十厘米，个别石芽形体较大，直径和高度可达数米。在很多大的石芽上还出现次一级的小规模的溶沟与石芽。

（2）壶穴。在河流跌水的地方，流水夹杂泥沙对岩石长期溶蚀和磨蚀，形成四壁光滑的圆坑，谓之壶穴或溶坑。壶穴直径几十厘米至 1m，深数十厘米，分布在高出河床数米的岩壁上。这是壶穴形成之后，河流下切，岩壁相对抬升所致。

（3）溶洞。在石淙河南岸的岩石上，出现 3 个规模不大的溶洞，其中一个溶洞长数米，洞径 2m 左右，洞壁不规则，偶见小型石钟乳。

No.4-2：在石淙河北岸与谷坡交汇处，有一断层发育。断层证据主要有三个：第一，断层破碎带及断层角砾岩。破碎带厚约 3m，砾石棱角明显，砾径多在 0.5～1cm，砾石成分主要是白云岩，夹少部分燧石。第二，断层镜面。镜面完整、清晰，上有阶步和擦痕，产状 350°∠52°。第三，地层不连续。断层下盘（南盘）是上寒武统崮山组的白云岩（Є_3g），上盘（北盘）是下二叠统山西组的砂页岩（P_1s），中间缺失了奥陶系、石炭系，以及上寒武统的长山组和凤山组地层。砂页岩呈灰色或灰黄色，主要矿物成分是长石，碎屑结构，层理构造，产状 7°∠13°。断层性质为正断层（图 9-19），形成时代在印支-燕山期。

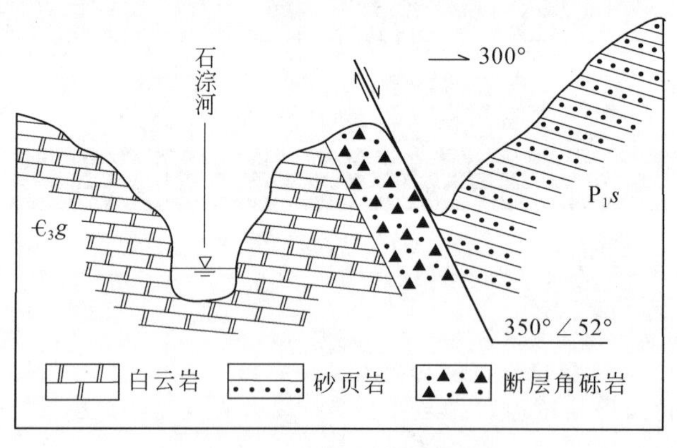

图 9-19　石淙河断层信手剖面图

No.4-3：从石淙河景区沿河谷向西约 200m，可见到石淙河堆积阶地和基座阶地。其中北岸只保留有一级阶地（堆积阶地），阶地面平整，宽约 10m；南岸一级阶地为基座阶地，阶地前缘陡坎下部出露崮山组白云岩，厚约 0.5m；南岸的二级阶地是堆积阶地，受人类活动干扰和侵蚀作用影响，阶地面不甚完整，出现多个陡坎（图 9-20）。石淙河是沿石淙河断层发育的，河床位于断层破碎带上。

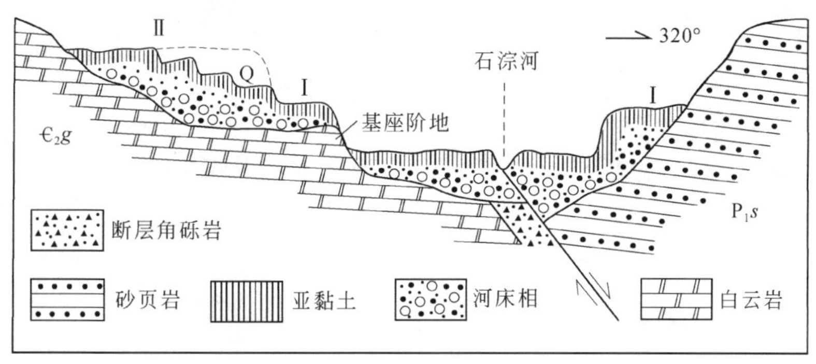

图 9-20　石淙河阶地信手剖面图

No.4-4：告成观星台内现存我国古代天文学建筑两座，一是周公测景台，二是观星台。早在东周时期，周公曾在此用土圭之法进行天文测量，现已不存。唐代天文学家张遂（一行）在开元十一年（723 年）为了纪念周公对天文学的贡献，在此建造了石质圭表，即周公测景台，距今已有 1200 多年的历史，是我国现存最早的天文学建筑。在周公测景台北约 50m 处，坐落着规模宏大的告成观星台。告成观星台大约建于元朝至元十三年（1276 年），系郭守敬“四海测量”时所建的观星台之一，是目前唯一被完整保存下来的元代观星台。告成观星台的表台高 12.62m，石圭长 31.196m。因为观星台圭表规模较大，所以大大提高了日影周年变化的精度，据此郭守敬制定了当时世界上最先进的历法——“授时历”。授时历比西方国家目前所使用的格里高利历早约 300 年，其回归年长度为 365d 5h 49min 12s，与现在所使用的回归年长度仅差 26s。1961 年，告成观星台被国务院公布为第一批国家重点文物保护单位；2007 年，被列为世界十二大古天文台之一，排第二位。

五、实习路线五（少林水库）

从登封市区出发，沿 G207 国道向西北方向到达少林水库实习点（图 9-21）。

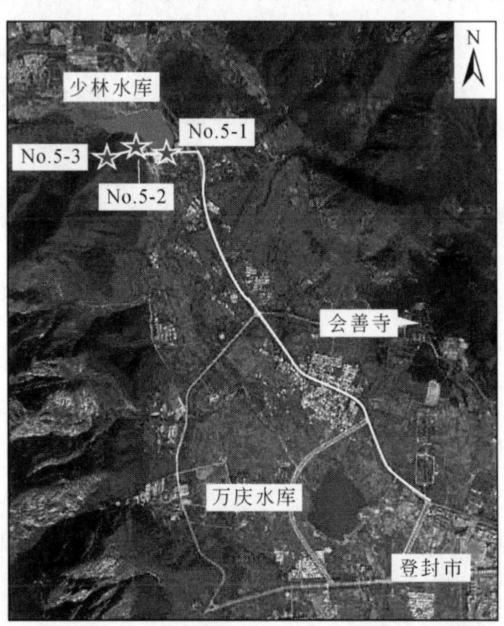

图 9-21　少林水库实习路线及观测点

（一）教学目的

（1）认识少林水库的主要水工建筑物及其功能。

（2）认识嵩山地区暖温带落叶阔叶林主要植物种类，掌握植被样方调查方法。

（3）观察淋溶褐土的剖面特征，掌握土壤剖面调查与样品采集方法。

（4）测量中岳运动遗迹，认识相关岩性。

（二）观测点及其主要实习内容

No.5-1：少林水库位于太室山和少室山之间的少阳河上，建于 1972 年，是一座为登封市提供饮用水源为主，兼顾防洪、养殖和灌溉的中型水库。少林水库控制流域面积 41km^2。按 50 年一遇洪水设计，总库容 1154 万 m^3，兴利库容 744 万 m^3，养殖水面约 27hm^2，设计灌溉面积 1100hm^2。主要水工建筑区有拦河大坝、输水闸、输水洞和溢洪道。大坝为黏土心、干砌块石护坡墙坝，坝高 42m，坝顶宽度 5m，坝长 538.5m，防浪墙高度 1.4m。溢洪道位于大坝西侧与山体之间（侧堰式），底宽 15m，长 295m，最大泄量 717m^3/s。输水洞位于大坝中偏西部，为钢筋混凝土压力管，总长 156.8m，钢板闸门，最大泄量 38m^3/s。

No.5-2：从少林水库大坝西头登少林水库西山至海拔 600m 左右，植被比较茂密。在此处附近开展植物群落和土壤剖面调查。

1. 植物群落调查

首先讲解嵩山地区主要植被类型及其分布规律；然后带领同学们辨认少林水库西山的主要植物种类；最后分组开展植物样方调查，填写相关表格。

该地段的植物群落结构可分为乔木层、灌木层、草本层和地被层。建群树种是栓皮栎，其他常见树种有鹅耳枥、化香、榆树、黄连木、山合欢等；林下常见的灌木有牡荆、荆条、黄栌、酸枣、小叶鼠李、达乌里胡枝子等；草本层常见有白羊草、荩草、丛生隐子草、狗尾草、委陵菜、猪毛菜、茜草、缕丝花、紫堇、瓦松、狗娃花、艾蒿、白莲蒿、加拿大蓬等蒿属植物；地被层主要为中华卷柏。层间植物不发达，藤本植物以草质或半本质为主，攀缘能力不强，主要有葎草属、铁线莲属、菝葜属等。附生植物有苔藓、地衣，多数生长在树干上。

植物群落的生活型谱表现为地面芽植物和地下芽植物占优势，高位芽植物比例较低。群落外貌的季相更替极为明显。建群的乔木在冬季完全无叶，春季气温回暖，重新抽出新叶；至夏季，群落生长旺盛，枝叶茂密，树冠郁闭；秋季气温下降，叶色转黄、脱落。

2. 土壤剖面调查

首先讲解嵩山地区主要土壤类型及其分布规律；然后选一典型土壤剖面，讲解土壤剖面分层、形态特征的鉴定与描述、样品采集方法；最后分组挖掘土壤剖面，完成剖面分层、形态特征的鉴定与描述、样品采集等工作，填写土壤剖面记载表。

该处土壤类型是淋溶褐土，主要成土特点是弱淋溶过程、较旺盛的生物小循环过程以及弱黏化过程。土体构型为 O-A-Bt-C 型。

O 层（0～1cm）：枯枝落叶层。

A 层（1～4cm）：灰黑色，碎块状结构，壤土，干，较松，pH7.0，无石灰反应。

Bt 层（4～18cm）：棕色，块状结构，黏壤，润，紧实，pH7.0，无石灰反应。

C 层（＞18cm）：浅黄色，块状结构，壤土，润，极紧。pH7.0，无石灰反应。

No.5-3：从观测点 No.5-2 垂直上升约 50m 到达少林水库西山陡崖处（海拔约 650m），见到中岳运动遗迹。陡崖下部是古元古界嵩山群五指岭组的绢云母石英片岩、千枚岩（Pt_1w）。岩层褶皱强烈，产状为 80°∠86°，岩层近乎直立。绢云母石英片岩呈灰紫色，丝绢光泽，鳞片变晶结构，片状构造，主要矿物成分为石英和绢云母。岩性较软，易风化，故坡度缓，土层厚，植被生长良好。

构成陡崖的岩石是中元古界五佛山群马鞍山组（Pt_2m），下部是底砾岩，上部是石英砂岩。底砾岩厚约 4m，砾状碎屑结构，厚层状构造，产状为 335°∠15°。砾石成分主要是石英岩，其次是片麻岩和脉石英，多为次圆状，分选性差，最大砾径可达 50cm，小的只有 5cm，一般在 10～20cm；胶结物质为硅质和铁质，呈紫红色。上部是肉红色石英砂岩，碎屑结构，层理构造，波痕和泥裂等层面构造多见，产状与底砾岩相同。可见，底砾岩与石英砂岩属于整合接触，与下部的绢云母石英片岩呈角度不整合接触，所指示的地壳运动就是发生在古元古代与中元古代之间的中岳运动（图 9-22）。

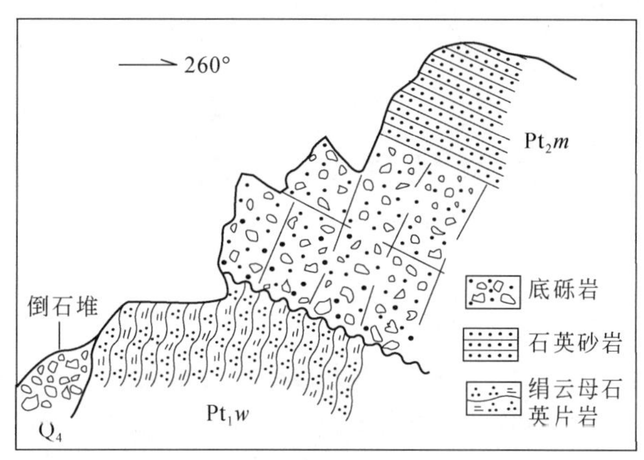

图 9-22　少林水库西山中岳运动遗迹

六、实习路线六（大金店颍河谷地）

从登封市区出发，沿 G207 国道向南约 12km 到达大金店镇南头颍河大桥；再沿颍河北岸防洪堤向东步行约 1km，到达水莲寨（在颍河南岸）北（图 9-23）。

（一）教学目的

（1）观察认识河漫滩形态和物质组成特征。

（2）观察认识河流阶地的形态特征及分级。

（3）观察次生黄土特征及其地貌表现。

（4）掌握河流实测断面的方法，绘制大金店颍河谷地实测剖面图。

（5）挖掘碳酸盐褐土剖面，了解碳酸盐褐土形成和性状特征。

（6）了解嵩山地区流域和地表水系特征，测量颍河流速与流量。

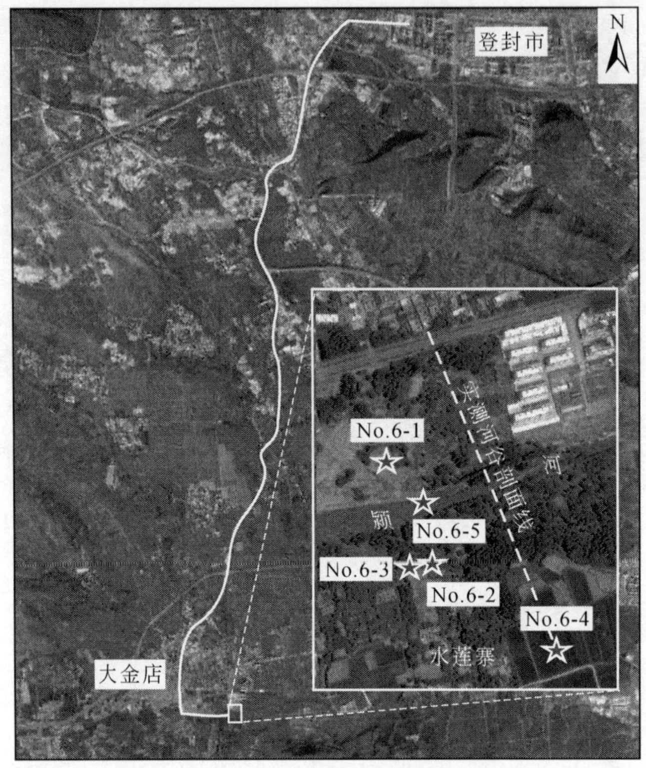

图 9-23　大金店颍河谷地实习路线及观测点

（二）观测点及其主要实习内容

No.6-1：地点在颍河北岸河漫滩处。该处河漫滩南北宽约 300m，高出河床 1m 左右，地表杂草丛生，因当地居民采沙表面起伏不平。河漫滩物质组成具有明显的二元结构，上部 10～30cm 为河漫滩相沉积，由细砂或亚黏土组成；下部为河床相沉积，砾石大小不一，磨圆度较好，厚度数米以上。尽管受到人类活动的强烈扰动，从河床向北过渡，总体地势仍有逐渐降低的趋势。

从此处向南隔河相望，可见到南岸存在三个比较明显的呈断续分布的阶地面，自下而上分别是第二、第三和第四级阶地，缺少一级阶地。二级阶地保存比较完整，高出河床 8m 左右，阶地面宽 100m 左右。三级阶地高出河床约 20m，阶地面宽 200m 左右。四级阶地规模不大，高出河床约 25m，宽 20～30m。一级阶地分布于颍河北岸河漫滩北侧，高出河床 2m 左右，阶地面宽从几十米到数百米，由全新世灰黄色亚砂土组成。可以看出，颍河谷地是不对称谷地，南岸陡，北岸缓。推测颍河谷地是断层谷，南岸是上升盘，北岸是下降盘，断层面南倒北倾。

No.6-2：从 No.6-1 向南跨过颍河河床和河漫滩，到达二级阶地陡坎前沿，可见到黄土崖（黄土墙），近似直立，高约 7m。由灰黄色粉砂质黏土构成，为晚更新世（Q_3）次生黄土（原生黄土被流水冲刷、搬运和再堆积而成的黄土），内部可见大小不一的碳酸钙结核（砂姜）、小型碎石块和螺壳，黄土崖垂直节理发育而水平层理不甚清楚，有的地方垂直节理扩大，形成了雏形黄土柱。

No.6-3：从 No.6-2 向西，再沿通往水莲寨村的土路向南约 50m 路东，见到碳酸盐褐土自然剖面（二级阶地面）。该剖面可分为三层：第一层是耕作层，0～20cm，灰黄色，多见根系，碎块状结构，黏壤，疏松，石灰反应弱；第二层是犁底层，20～30cm，灰棕黄色，核状结构，黏壤，较紧实，大量碳酸钙结核（多呈长条状沿节理垂直分布），石灰反应强烈；第三层在 30cm 以下，是黄土母质层，灰黄色，黏壤，棱柱状结构，石灰反应强烈。该土壤已被开发利用，是嵩山丘陵岗地区的主要农业土壤，但由于水分条件的限制，生产水平不高。

No.6-4：从 No.6-3 继续沿土路向南，在水莲寨村东头向东拐弯处，见到第四级阶地下部的古近系紫红色砂页岩。上到第四级阶地面上，向北观望，寻找垂直于颍河，位于颍河北岸一级阶地面的高大建筑物或特殊标志物，布设颍河谷地实测剖面方位线。应用测绳和罗盘，分组实测剖面线上地貌拐点之间的距离及其坡度，做好记录。根据实测数据，以颍河水面高度为基准（0m），选择合适的纵、横比例尺，绘制大金店颍河谷地实测剖面图（图 9-24）。

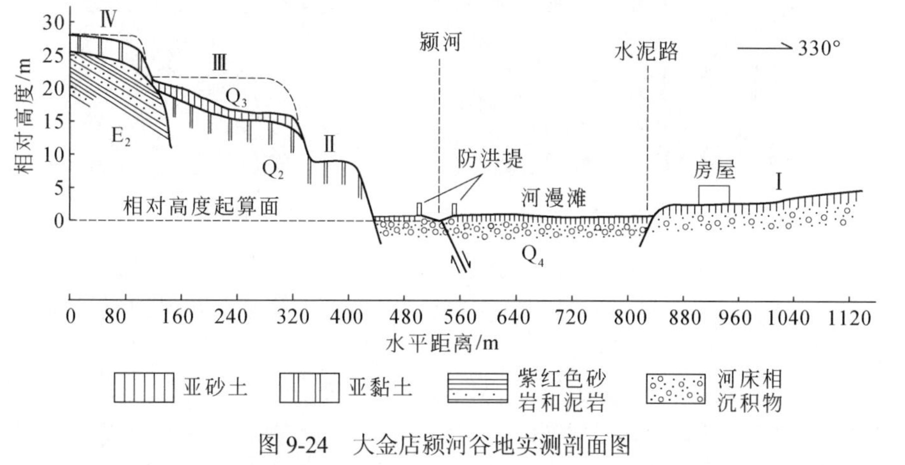

图 9-24　大金店颍河谷地实测剖面图

No.6-5：在通往水莲寨的颍河小桥处，讲解嵩山地区流域和地表水系特征。分别应用测深垂线法和浮标法，测量双溪河流速和流量。

七、实习路线七（鹅岭口—少林口）

从登封市区出发，沿 G207 国道向西北到达鹅岭口，下车步行至奥陶纪侵蚀面；然后沿 G207 国道步行返回至少林口，沿途边走边实习。本条实习路线共设计 8 个观测点（图 9-25）。

（一）教学目的

（1）观察奥陶纪侵蚀面及其铁铝矿产。

（2）观察测量怀远运动遗迹。

（3）观察认识寒武系的主要岩性。

（二）观测点及其主要实习内容

No.7-1：在奥陶纪末期，开始了加里东运动的序幕，整个华北地台出露海平面之上，经历了志留纪、泥盆纪，一直持续到石炭纪早期才再次下降。陆地遭受风化剥蚀，形成

图 9-25　鹅岭口—少林口实习路线及观测点

奥陶纪侵蚀面。侵蚀面的下部是中奥陶统上马家沟组（O_2s）的灰黑色灰岩，上部是上石炭统本溪组的黑色致密灰岩（C_2b），两套地层呈平行不整合接触。在奥陶纪侵蚀面的洞穴中沉积了三氧化二铁、三氧化二铝等岩石风化最终产物，形成了铁矿和铝土页岩。铁矿主要是褐铁矿和赤铁矿，铁矿与铝土矿共生。矿体主要呈透镜状、囊状、巢状。形似鸡窝，故称其为鸡窝式铁矿，因山西省这种铁矿分布广，储量大，所以也称山西式铁矿。该处奥陶纪侵蚀面的鸡窝式铁矿和铝土矿（铝土页岩）储量不大，分布较少。在登（封）洛（阳）老公路“十八盘”南侧废弃的采石场区，可见到散落的铁矿和铝土页岩。图 9-26 是该处奥陶纪侵蚀面及其矿产赋存示意图。

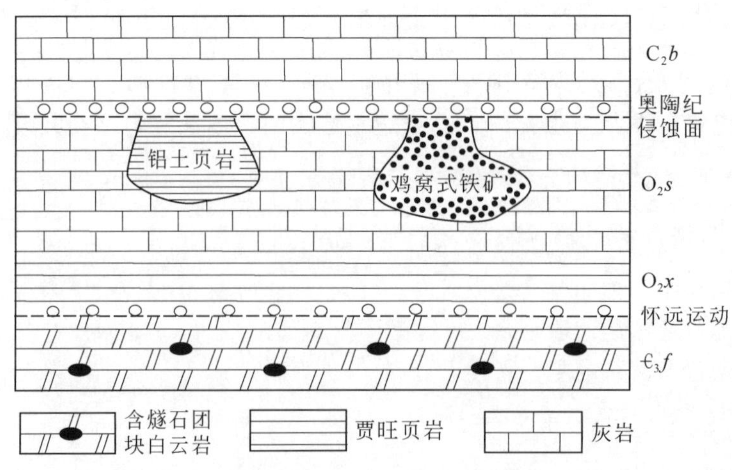

图 9-26　鹅岭口奥陶纪侵蚀面及其矿产赋存示意图

上马家沟组灰岩：呈灰青灰色、黑灰色，隐晶质结构，断口致密，结晶颗粒不明显，在阳光下无闪亮，厚层状构造。主要成分是碳酸钙，遇稀盐酸有大量泡沫放出。

山西式铁矿：呈红棕色或深褐色夹土黄色条纹或斑点，碎屑结构，钙质胶结，质地比较坚硬，层理构造不明显，多呈鸡窝状或囊状产出。

铝土页岩：呈土黄色、米黄色、灰白色，泥质结构，质地较软、易碎，层理构造不明显，湿润后有滑腻感。

No.7-2：从 No.7-1 沿小路向东，至向南拐处西侧见到怀远运动遗迹。这次运动的不整合面之上是中奥陶统的下马家沟组（O_2x），岩性为土黄色页岩，俗称“贾旺页岩”；之下是上寒武统的凤山组（$\epsilon_3 f$），岩性为含燧石团块白云岩。两套地层呈平行不整合接触，不整合面产状 340°∠18°。

贾旺页岩：浅黄色或土黄色，泥质结构，层理构造。但由于贾旺页岩质软易碎，在地壳运动作用下，变形强烈，层理十分紊乱。不整合面附近，可见到破碎的角砾状页岩和小褶皱。

含燧石团块白云岩：青灰色，细粒结构，厚层状构造。主要化学成分是碳酸钙和碳酸镁，结晶程度比灰岩好，新鲜断口在阳光下闪闪发亮，遇稀盐酸无泡沫反应或泡沫较少。内含透镜体状燧石团块，主要成分是二氧化硅，硬度大，呈黑灰色，油脂光泽。燧石团块大小不等，多在 1～5cm，长轴与岩层平行。

No.7-3：从 No.7-2 沿 G207 公路向东南行走 400m 左右，在路东侧丘陵上见到上寒武统长山组（$\epsilon_3 c$），主要岩性为白云质灰岩。呈灰白色，细粒结构，新鲜断口在阳光下闪闪发亮，遇稀盐酸无泡沫反应或泡沫较少，厚层状构造。

No.7-4：从 No.7-3 沿公路向东南行走 500m 左右，在路东侧丘陵上见到上寒武统崮山组（$\epsilon_3 g$），主要岩性为鲕状白云岩。呈灰白色，鲕状结构，厚层状构造。鲕粒为球形或椭球形，粒径一般小于 2mm。鲕状结构指示其形成环境为浅海。浅海海水的翻动常将细小颗粒物处于悬浮状态，海水中过饱和的碳酸钙围绕碎屑颗粒沉淀包壳，久而久之便形成具有同心纹包壳的鲕粒。

No.7-5：从 No.7-4 沿公路向东南行走 500m 左右，在路东侧采石场见到中寒武统张夏组（$\epsilon_2 z$），主要岩性为鲕状灰岩，青灰色，鲕状结构，厚层状构造。

No.7-6：从 No.7-5 沿公路向东南走 300m 左右，在路东侧见到中寒武统徐庄组（$\epsilon_2 x$），主要岩性为泥质条带灰岩。灰岩呈青灰色，隐晶质结构，厚层状构造。在灰岩某些层理面上出现一些透镜体状的泥质条带，呈土黄色，泥质结构。石灰岩和泥质条带彼此平行产出。泥质条带大小不等，厚度一般在一厘米至十几厘米之间，长几厘米至数米。泥质条带灰岩是在海平面升降频繁变化过程中形成的，水深时形成灰岩，水浅时形成泥质条带。由于形成石灰岩的沉积环境时间较长，而形成泥质条带的沉积环境时间较短，就形成了薄薄的泥质条带与厚层石灰岩交错出现的泥质条带灰岩。

No.7-7：从 No.7-6 继续沿公路向东南走 400m 左右，在路东侧见到中寒武统毛庄组（$\epsilon_2 m$），主要岩性为紫红色砂页岩。呈紫红色，细粒结构，页理构造。表面和断口在阳光下闪闪发亮，疏松易碎。紫红色砂页岩中往往出现厚度不等的粉砂岩层，一般厚度在十几厘米至 2m 之间，细粒结构，层理构造。

No.7-8：在少林口停车场公路北侧，见到下寒武统馒头组（$\epsilon_1 m$），主要岩性为紫红色页岩。呈紫红色，泥质结构，页理构造。受地壳运动的影响，剪切理发育，如刀切斧砍一般。岩性较软，易风化。

八、实习路线八（鸡鸣山）

先从登封市乘车到达少林口，然后步行到达少林寺。参观少林寺和塔林之后，沿少阳河谷（少林寺西沟）向西南至河南少林武术学院，从此处向北登山到达鞍部附近，开展第一观测点实习。接着沿山路至柏峪沟沟头，再向西南约 1km，抵达鸡鸣山，进行第二和第三观测点实习（图 9-27）。

图 9-27　鸡鸣山实习路线及观测点

（一）教学目的

（1）观察少林运动遗迹，认识不整合面上下岩性。

（2）观察单面山形态特征。

（3）观察少阳河南岸断层三角面。

（二）观测点及其主要实习内容

No.8-1：从此处向东和东北方向观望，在少阳河南岸可见到 3 个相邻的山梁突然中断，其横剖面大致呈三角形。从少阳河南北出露地层来看，南岸是中元古界五佛山群马鞍山组的石英砂岩，北岸是一套下古生界寒武系地层，南北两岸之间缺失了新元古界地层。再从少阳河南北两岸的地形来看，南岸（玉寨山）较陡、地势高，北岸（五乳峰）地势相对较低。由此可以判断，少阳河是断层谷，断层呈东北—西南走向，断层面东南倒西北倾，为正断层。所以，上述 3 个三角形断面无疑是断层三角面（图 9-27）。由于断层三角面形成时间较长，断面岩石有风化、剥蚀和崩塌后退现象，表面已粗糙不平。

No.8-2：从鸡鸣山东侧鞍部（海拔约 1050m）向西北观望，发现鸡鸣山山体南北两侧不对称。山体上部的岩石是砂砾岩，产状 2°∠15°。鸡鸣山北坡是顺向坡，坡度只有十几度，土层厚，植被茂密；南坡是逆向坡，坡度较陡，60°～80°，植被稀疏，裸岩面积大。因此，鸡鸣山是典型的单面山地貌（图 9-28）。

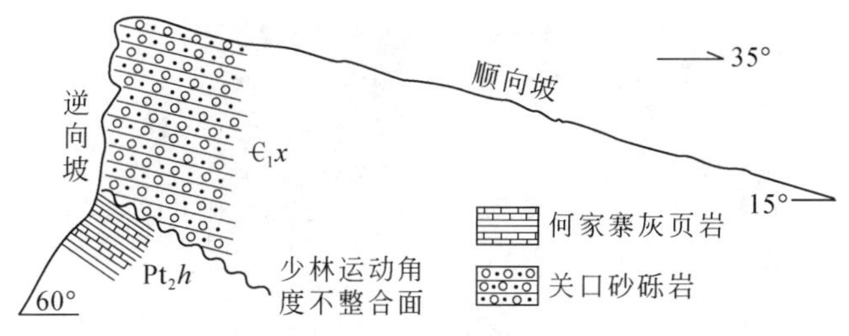

图 9-28　鸡鸣山岩性及单面山形态

No.8-3：从 No.8-2 向东南方向沿山坡下降约 100m，到达少林运动遗迹处。该处地层角度不整合面清晰可见。不整合面下方是中元古界五佛山群何家寨组（Pt_2h），岩性为页岩和灰岩互层（灰页岩）。呈紫红色，俗称何家寨灰页岩，页理构造明显，泥质结构；灰岩呈薄层状产出，一般厚数厘米，微晶质结构，层理构造。灰页岩的岩性较软，小褶皱常见，产状多变，大部分是 260°∠40°。不整合面上方是下寒武统辛集组的砂砾岩（ϵ_1x），俗称关口砂砾岩，砾状碎屑结构，层状构造，产状 2°∠15°。关口砂砾岩的垂直厚度约 30m，下部砾石直径 10～20cm，上部 2～3cm，胶结物质是泥沙和硅质；砾石成分复杂，有石英岩、砂岩、片麻岩、石英脉等。砂砾岩坚硬，垂直节理发育，崩塌后形成近乎直立的陡崖（图 9-28）。

九、实习路线九（逍遥谷—峻极峰）

从嵩阳书院东侧沿登山步道登山，在逍遥谷沟口附近（海拔 500m 左右）开展第一观测点实习，在海拔 600m 左右开展第二观测点实习。然后继续登山，经过老母洞和峻极宫（石船），到达海拔 1000m 左右的嵩阳运动遗迹处，开展第三观测点实习。最后登上嵩山顶——峻极峰，在峻极峰附近进行第四观测点实习（图 9-29）。返程时，可参观中国古代四大书院之一的嵩阳书院，领略中原悠久的历史文化。

（一）教学目的

（1）观察描述洪积扇的扇顶相沉积物特征。

（2）观察描述太古宇登封杂岩与辉绿岩墙。

（3）观察逍遥谷断层及断层三角面。

（4）观察描述嵩阳运动不整合面及其岩性。

（5）观察棕壤形成条件，描述其形态特征。

（二）观测点及其主要实习内容

No.9-1：登封盆地有双溪河和少阳河分别从太室山和少室山自北向南流过，在盆地北部山前地带形成了规模不等、相互交叉重叠的洪积扇。双溪河在嵩阳书院以上有两个主要支流，东支来自逍遥谷，西支来自嵩岳寺沟，逍遥谷和嵩岳寺沟前都有洪积扇发育，规模较大，边缘相可以到达玉皇庙附近，南北长约 6km。整个登封市区就坐落在双溪河洪积扇上。该观察点的位置大约在海拔 500m 处的登山步道东侧，见到逍遥谷洪积扇的扇顶相沉积。沉积物厚度大于 10m，砾石大小混杂、分异性和磨圆度差，无层理；砾石直径大的有 2～3m，小的只有几十厘米，砾石间孔隙大，填充物为亚砂土或亚黏土，地下水位深；砾

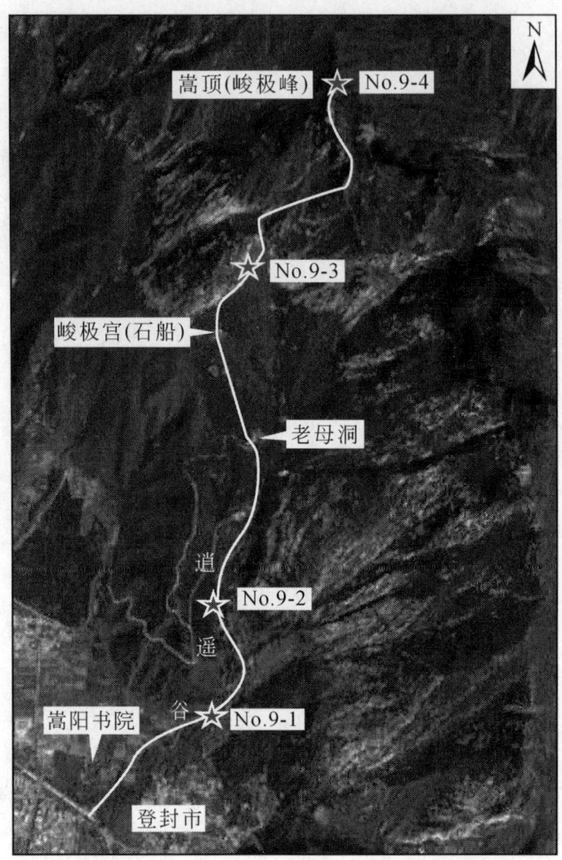

图 9-29　逍遥谷—峻极峰实习路线及观测点

石成分大多为灰白色或浅灰色嵩山石英岩，也有太古界的登封杂岩；表面覆盖 30～60cm 厚的亚砂土或亚黏土，利用方式多为荒草坡，部分开辟为农田。从此处向南逐渐过渡到洪积扇中间相和边缘相，砾石直径逐渐变小，坡度越来越小，地下水位越来越浅（图 9-30）。

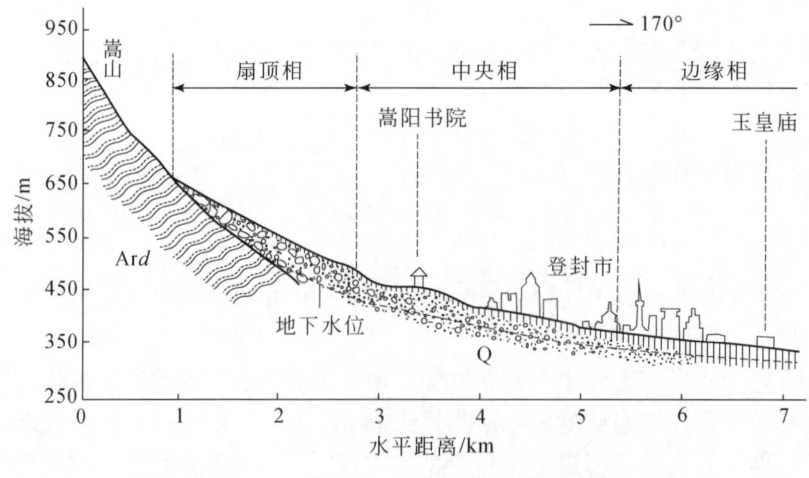

图 9-30　逍遥谷—玉皇庙洪积扇剖面图

No.9-2：实习位置在登山步道 35 号路灯灯柱的西侧谷地西岸，海拔大约 600m。

（1）登封杂岩。在逍遥谷西侧岩壁上见到太古界登封群（Ar*d*）。岩性极为复杂，在短距离内即可见不同的岩石类型，有花岗片麻岩、角闪斜长片麻岩、绿泥角闪片麻岩、长英片麻岩等，变质程度深，有一定的混合岩化现象，颜色多变，大部分呈灰绿色和灰黄色，显晶变晶结构，片麻构造。受地壳运动及岩浆活动的强烈影响，岩层产状紊乱，小规模褶皱和破裂随处可见，不同期的岩脉（伟晶质、石英质、长英质、辉绿质等）纵横交错，故称之为“登封杂岩”。

（2）辉绿岩墙。逍遥谷西岸的登封群被一大型辉绿岩墙所穿插。辉绿岩墙近乎直立，宽约 8m，呈东北—西南走向，延伸数千米。辉绿岩墙南界波状弯曲，北界参差不齐。辉绿岩呈灰绿色，表面风化后呈黄褐色，辉绿结构（斜长石自形晶或半自形晶三角格架，被他形晶的辉石颗粒填充形成的一种特殊结构），块状构造。主要矿物成分是辉石、斜长石，还含有少量黄铁矿、磁铁矿等。岩墙南北两侧宽度在 20cm 范围内，矿物结晶颗粒细小，呈辉绿隐晶质或微晶质结构；而脉体中间的矿物结晶颗粒较大，呈辉绿显晶质结构。这是由于在岩浆侵入登封杂岩围岩时，边缘部分的岩浆温度下降快，矿物来不及充分结晶就发生凝固。

（3）逍遥谷断层。断层证据为三：一是逍遥谷东西两岸不对称，西岸高大陡峻，东岸相对低矮缓和；二是东西两岸同一水平面上岩性不同，东岸为古元古界的嵩山石英岩，西岸为太古宇的登封杂岩；三是辉绿岩墙中断于逍遥谷。由此综合判断，逍遥谷是断层谷，断层面西倒东倾，西盘（下盘）相对上升，东盘（上盘）相对下降，属正断层性质（图 9-31）。

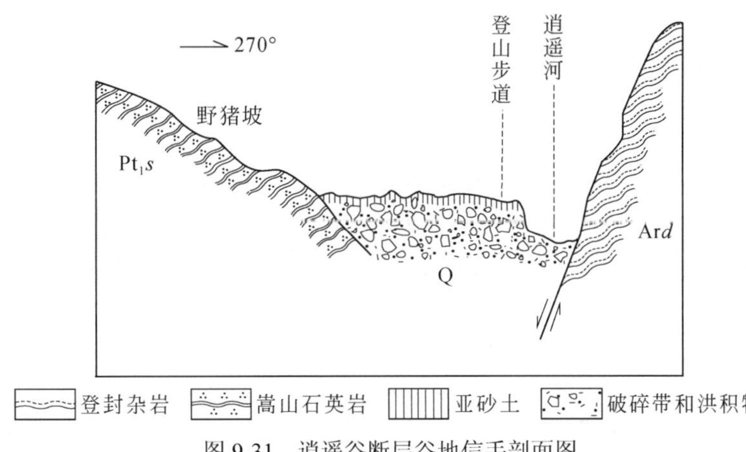

图 9-31　逍遥谷断层谷地信手剖面图

（4）断层三角面。从逍遥谷上到登山步道，向西观望辉绿岩墙和登封杂岩所在的山体，可以发现山体断面大致呈三角形，是逍遥谷断层发生时西盘相对上升所形成的断层三角面。

No.9-3：大约在登山步道海拔 1000m 处的北侧岩壁上，见到一层底砾岩。底砾岩的下方是太古宇登封群老羊沟组（Ar*l*），岩性是绢云母石英片岩。呈银灰色，丝绢光泽，有滑腻感，显晶变晶结构，片状构造，主要矿物成分是绢云母和石英；岩性较软，多见小型褶皱，产状比较紊乱，大部分露头的产状是 310°∠40°。底砾岩厚约 2.2m，大致分为三个层段：下层厚约 65cm，砾石大小不一，平均 5cm 左右，含量中等；中层厚约 55cm，砾石含量较少；上层厚约 1m，砾石含量较多。砾石成分主要是来自登封杂岩中的脉石英，磨圆度较好，呈定向排列，长轴与岩层层面平行。胶结物质主要是石英砂岩变质而形成的石英岩，含铁质条带，比较致密。砾状碎屑结构，厚层状构造。产状稳定，为 225°∠30°。底砾岩之上是古元古界嵩山群罗汉洞组（Pt_1l）的石英岩，呈灰白色或青灰色，显晶变晶结构，厚层状构造；致密坚硬，常形成陡崖，产状与下覆的底砾岩一致，两者呈平行整合接触（图 9-32）。

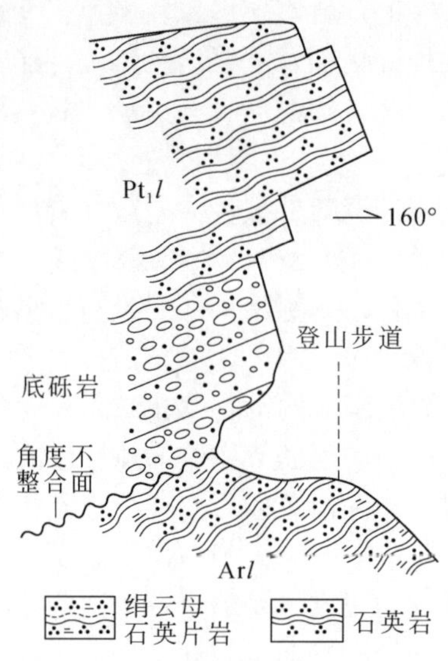

图 9-32 嵩阳运动遗迹信手剖面图

综合上述分析，底砾岩是发生在太古宙与古元古代之间（距今约 25 亿年）的一次地壳运动形成的，因其典型遗迹出现在嵩山南坡，故名“嵩阳运动”。

No.9-4：在该观测点，有两项实习内容：一是棕壤剖面观察与描述；二是绘制嵩山南坡自然地理系统垂直分异图切剖面图。

（1）棕壤剖面观察与描述。在峻极峰西南 200m 的地段（海拔约 1480m）挖掘土壤剖面。地形为缓坡，坡度 18°；成土母质是石英岩风化残积物；植被类型为稀树灌丛草甸，乔木主要是油松。土壤类型是棕壤，形成过程具有明显的淋溶过程和有机质积累过程，较弱的黏化过程。主要性质是土层浅薄、表层有机质含量高、呈酸性反应。该地点土壤剖面形态特征以及理化性质如下。

O 层（0～3cm）：枯枝落叶层。

A 层（3～14cm）：黑棕色，团粒结构，壤土，松，潮，pH5.56，有机质含量 29.05g/kg，阳离子交换量 22.34cmol（+）/kg。

B 层（14～22cm）：暗棕色，块状结构，少砾质壤土，稍紧，潮，pH6.11，有机质含量 21.19g/kg，阳离子交换量 17.03cmol（+）/kg。

BC 层（22～31cm）：暗棕色，块状结构，中砾质壤土，稍紧，润，pH5.80，有机质含量 20.52g/kg，阳离子交换量 16.75cmol（+）/kg。

C 层（＞31cm）：母质层。

（2）嵩山南坡自然地理系统垂直分异图切剖面图绘制。自登封市区到峻极峰，垂直高差超过 1000m，自然地理各要素垂直分异比较明显。根据沿途观察到的地貌、岩性和植被变化，结合本章土壤和植被垂直分布规律（图 9-10 和图 9-11），按照图切剖面图的绘制方法（详见第三章第三节有关内容），综合绘制嵩山南坡自然地理系统垂直分异剖面图。图 9-33 是嵩山登山步道附近地形图，是制作图切剖面图的基础图件。图 9-34 是沿嵩阳书院—峻极峰剖面线制作的嵩山南坡自然地理系统垂直分异剖面图。

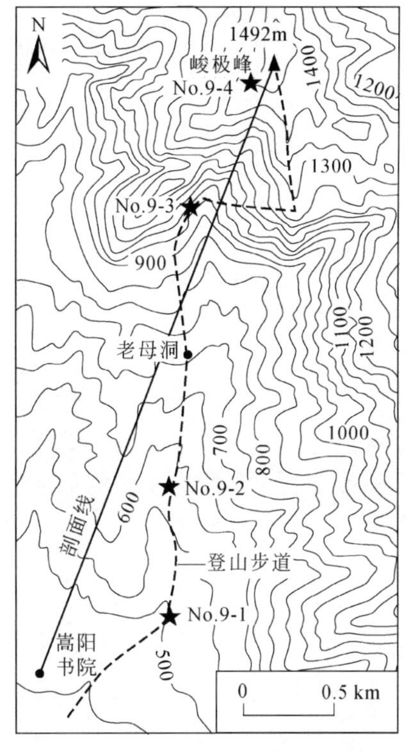

图 9-33　嵩山登山步道附近地形图

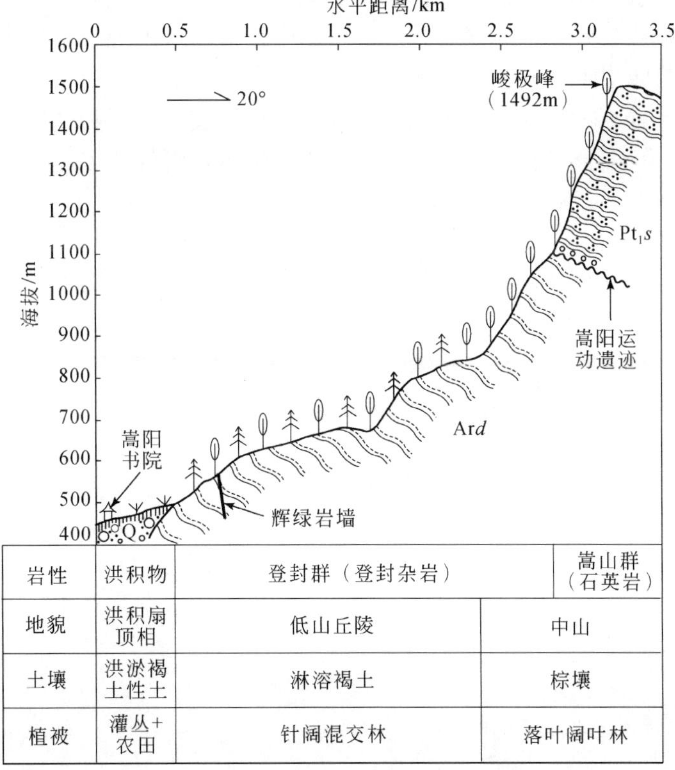

岩性	洪积物	登封群（登封杂岩）	嵩山群（石英岩）
地貌	洪积扇顶相	低山丘陵	中山
土壤	洪淤褐土性土	淋溶褐土	棕壤
植被	灌丛+农田	针阔混交林	落叶阔叶林

图 9-34　嵩山南坡嵩阳书院—峻极峰自然地理系统垂直分异剖面图

十、实习路线十（登封市气象站—嵩山世界地质公园）

（一）教学目的

（1）了解登封市气候与气候资源概况。

（2）观察标准气象观测场仪器布局，了解仪器操作要点。

（3）从宏观上了解嵩山地区地质发展史和地质构造，认识更多的岩性与矿产。

（二）主要实习内容

1. 登封市气象站实习

登封市气象站位于登封市区西南登封大道（G207 一段）与颍河路交叉口西北角。主要实习内容有两项：一是请气象站专业技术领导介绍登封地区气象观测历史，只要气候特征及气候资源概况。二是参观气象观测场仪器设备布设，由业务人员讲解各种观测仪器的性能、用途及观测主要事项等。

2. 嵩山地质博物馆实习

嵩山地质博物馆位于登封市区西北嵩山南麓，西距嵩阳书院 500m。嵩山地区以独特的地质遗产于 2001 年被批准为第一批国家地质公园，2004 年被联合国教育、科学及文化组织正式授予世界地质公园称号。河南嵩山世界地质公园在登封市和偃师市境内，主体位于登封市，公园总面积为 264.30km^2。嵩山地质博物馆就是为了展示、宣传河南嵩山世界地质公园的地质遗产，于 2003 年投资兴建的，占地约 3hm^2，建筑面积 18000m^2。馆内设有地球科普厅和嵩山地质公园厅。地球科普厅采用多媒体技术形象地展示嵩山海陆变迁与地质演化历史，地质公园厅陈列有嵩山地区太古宙、元古宙、古生代、中生代和新生代不同地质历史时期的各种岩石、矿物和古生物化石标本。由于实习时间和实习路线的限制，我们只见到了其中很少一部分岩石和矿物，古生物化石标本在野外很难见到，请同学们认真观察标本，做好记录。

第十章 连云港地区自然地理野外实习基地

连云港市位于江苏省东北部，东濒黄海，与朝鲜、韩国、日本隔海相望，北与山东日照市接壤，西与山东临沂市和江苏徐州市毗邻，南连江苏宿迁市、淮安市和盐城市。连云港古称“海州”，因面向东西连岛、背倚云台山，又有海港，故名。连云港处于33°59′N～35°07′N、118°24′E～119°48′E，南北长约132km，东西宽约129km，土地总面积7499.9km^2，其中水域面积1759.4km^2。连云港是我国首批沿海开放城市、新亚欧大陆桥东方桥头堡、“一带一路”交汇点城市。

连云港地区地质现象复杂，构造形迹明显。在地貌上处于鲁中南丘陵与淮北平原的结合部，地势自西北向东南倾斜，分为西部岗岭区、中部平原区和东部沿海区三大单元。气候类型属于温带海洋性季风气候，但处于暖温带与北亚热带的过渡地带，气候、土壤、植被等自然地理要素均具有明显的过渡特点。连云港依山傍海，自然条件复杂多样，交通便利，是自然地理野外实习的理想地区之一（图10-1）。

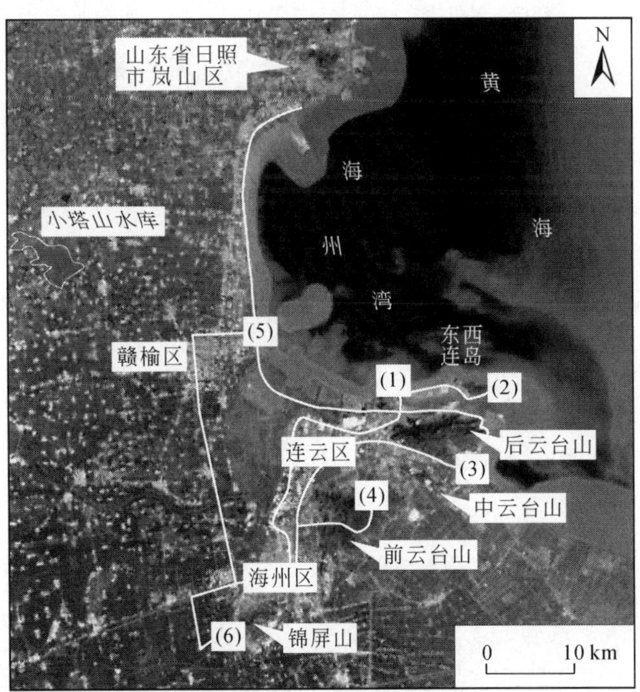

图10-1 连云港地区自然地理野外实习区域及实习路线（1）～（6）

第一节　地质与地貌概况

一、地层概述

（一）地层特征

连云港地区处于华北地台（或称中朝准地台）胶辽地盾的东南部，属苏鲁地垒的一部分。长期以来，云台山一直处于断块抬升状态，见不到古生代以后各时代的地层，结晶基底裸露，主要是元古宇的中深变质片麻岩、片岩及混合岩。由于经过多次地壳运动，地质构造较为复杂。元古宇地层以白云斜长片麻岩为主，夹有片岩、石英岩、大理岩和磷块岩等，是古老沉积岩受区域变质作用以及不同程度的混合岩化作用而形成的副变质岩。平原和海岸附近被第四系陆相和海相松散沉积物覆盖，部分滨海地带还有第四系海滩岩分布。此外，在东海县西部还有较大面积的中生代花岗岩和石英岩脉出露，形成了储量丰富的水晶矿藏，因此，东海县被誉为“中国水晶之乡”。

连云港低山丘陵区的地层属古元古界和中元古界，自上而下分为云台组、锦屏组和朐山组（表 10-1）。

表 10-1　连云港地区主要地层及岩性表

界	群	组	岩性特征
新元古界	石桥群	莲沱组	主要是石英岩和千枚岩
中元古界	海州群	云台组	主要是混合岩（钾长变晶混合岩和条带状混合岩）、变粒岩、白云斜长片麻岩、钠长绿帘绿泥片岩、白云片岩和石英岩等
		锦屏组	以白云斜长片麻岩和白云岩为主，夹有大理岩、石英片岩、钠长绿泥角闪片岩、磷块岩等，局部有混合岩，底部为底砾岩
古元古界	东海群	朐山组	主要是白云斜长片麻岩、片岩、混合岩等

云台组可分为上、中、下三段。上段为钾长变晶混合岩，厚度大于 2230m；中段为混合岩化白云（或黑云）斜长片麻岩与条带状混合岩，厚度 1307m；下段以白云斜长片麻岩、白云片岩为主，混合岩化作用微弱，厚度 2150m。

锦屏组可分为上、下两段。上段为白云斜长片麻岩，夹大理岩、磷块岩及片岩、局部混合岩，厚度 1380m；下段以白云片岩为主，夹大理岩、石英岩、白云斜长片麻岩和角闪片岩。厚度 105～400m，混合岩化作用轻微，与下部的朐山组呈角度不整合接触。其上部与下部地层中均含磷矿层，呈层状或透镜状断续分布（厚 10～30m）。

朐山组以白云斜长片麻岩为主，夹片麻岩和片岩，混合岩化作用强烈，大多形成混合花岗岩及钾长均质混合岩，厚度大于 1731m。

（二）主要岩石类型

1. 片岩

在连云港高公岛上，可以见到由片岩组成的海蚀平台。片岩是区域变质岩的一种，由结晶的片状、柱状和粒状矿物组成，一般为鳞片变晶结构、纤状变晶结构和斑状变晶结构，片状构造。片岩的主要片状和柱状矿物为云母、绿泥石、滑石、角闪石、阳起石等，粒状矿物以石英为主，长石次之。高公岛上的片岩主要为云母片岩，其原岩为泥岩和中酸性火山岩、钙质页岩等。片岩矿物成分以云母为主时，称为云母石英片岩；以石英为主时，称为石英云母片岩。片岩的次要矿物有斜长石、石榴石、蓝晶石、十字石等。高公岛上的片岩具斑状变晶结构，变斑晶为铁铝榴石，基质为白云母、黑云母、石英及少量斜长石。

2. 片麻岩

在连云港云台山大桅尖附近可见到大量的白云斜长片麻岩。片麻岩的主要矿物成分为斜长石、石英（其中长石和石英含量大于 50%，长石多于石英），片状和柱状矿物有云母、角闪石、辉石等。颜色呈灰褐色，可见发亮的片状云母，显晶等粒变晶结构，片麻构造。

3. 混合岩

混合岩是混合岩化作用形成的一类岩石，在高公岛等地有大量分布。在混合岩化作用较弱的岩石中，可观察到基体和脉体两个基本组成部分。基体是角闪岩相或麻粒岩相变质岩，表示混合原岩或多或少受到改造，又称古成体；脉体是花岗质物质，代表混合岩中新生部分，又称新成体。混合岩的形态多种多样，成分、结构和构造的变化也很大，说明混合岩的形成条件是复杂多样的。混合岩是介于变质岩和岩浆岩之间的过渡性岩类，主要特点是岩石中的矿物成分、结构和构造很不均匀。一般来说，混合岩呈显晶变晶结构，条带状构造和斑杂构造。

4. 海滩岩

在西墅码头可见海滩岩。其形成原理是海风把海边的细沙和贝壳碎屑吹到海岸高处沉积下来，贝壳类物质经过风化变成粉状，和砂砾混合在一起，经黏结而形成。一般来说，海滩岩胶结程度比较低，呈碎屑结构，不明显的层状构造。海滩岩对研究海陆变迁、古气候演变、海洋水质、生物群落生态演变等都有着重要意义。

二、地质构造

（一）褶皱构造

连云港地区的褶皱构造主要为锦屏山倒转背斜，轴向北东东，核部为朐山组，两翼为锦屏含磷组，轴面向南东东倾斜，倾角 35°～50°，东翼缓而西翼陡甚至倒转。此背斜由于北北东和北东东的断层错开呈不连续状。在北（后）云台山可见到大的背斜构造，岩层受到挤压而弯曲，两侧相背倾斜。在东连岛上可见到断层错动形成的小型牵引褶皱。

（二）断裂构造

连云港地区断裂构造十分发育，按方向大致可归并为南北向（或北北东向）、北西向（或北西西向）和北东东向 3 组（图 10-2）。南北向断裂构造形成时间较早，多为压扭性冲断层；北东东向为张性和张扭性的正断层或平推断层；北西向则主要为高角度的张性正断层。根据断裂发育程度和两侧的岩层相对错位的情况分为节理和断层两类。

节理指岩层发生了裂开但两盘岩石没有发生明显相对位移的断裂构造。在连云港看到的节理主要为剪节理，沿最大切应力方向发育，延伸很远、细而密集。

断层指断裂两盘的岩石已发生了明显相对位移的断裂构造。在云台山和连岛上看到的断层主要为正断层，是在拉张力和重力作用下而形成的，断层面倾角较陡，通常在 45°以上。

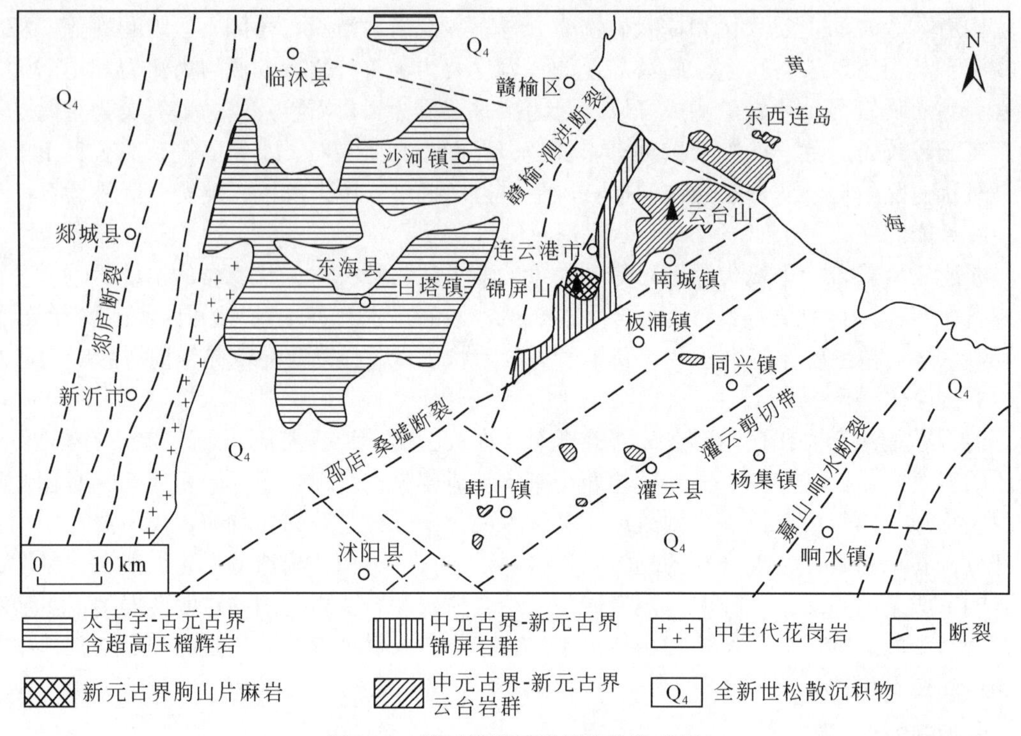

图 10-2　连云港地区岩性和构造略图

据邱海峻等（2003）改绘

三、地质发展简史

在太古宙，连云港地区被海水覆盖，接受了一定厚度的海相沉积，大部分是碳酸盐碎屑建造。太古宙末，在阜平运动（距今 25 亿年）的作用下，连云港地区抬升出露海面之上，并伴随褶皱、断裂和岩浆侵入或喷出，岩石发生了区域变质作用，形成古老的苏鲁陆核。

元古宙时期，在吕梁运动（距今 17 亿年）的作用下，地势继续隆起，岩石进一步发生区域变质作用。在中元古代成为胶辽古陆南端部分，并在锦屏山附近形成了东海式磷矿，期间还发生多次海侵。在新元古代，受苏鲁超高压造山变质带的影响，发生了大规模的岩浆活动和变质作用，形成了大面积的超高压榴辉岩。

震旦纪以来，连云港地区长期处于上升隆起状态。地表接受风化、剥蚀，缺少古生代、中生代、新生代的古近纪和新近纪地层。但是，在中生代末受燕山运动的影响，地层发生强烈的褶皱和断裂，东海县等地发生了大规模的酸性岩浆侵入，形成了花岗岩侵入体和众多的石英脉。

新近纪以来，特别是第四纪以来，受新构造运动（喜马拉雅运动）的影响，连云港地区发生了剧烈的断块升降运动，形成了一系列地垒和地堑。云台山、锦屏山以及西部丘陵就是此时形成的，东西连岛也在此时出露于海面以上，本区的大地貌格局基本形成。由于长期的风化与河流泥沙沉积作用，地垒式山地不断遭到剥蚀成为低山丘陵，地堑式盆地不断接受沉积成为平原。特别是宋金时期黄河南泛，夺淮入海，在连云港地区沉积大量泥沙，海岸线迅速后退，前（南）云台山、中云台山和后（北）云台山相继脱海成陆，逐渐形成了现代地貌格局。

四、地貌概况

连云港地区是以平原为主的地区，整个地势自西北向东南倾斜，依次出现低山丘陵、残丘垅岗和平原，其中低山丘陵占 13.2%，残丘垅岗占 17.2%，平原占 69.6%。

（一）低山丘陵

连云港境内的低山丘陵面积约 836.04km^2，主要分布在云台山、西部和北部地区，共有大小山峰 214 座。连云港市区附近的构造剥蚀山地总称云台山，由西南向东北的主要山体依次是锦屏山（主峰马耳峰，海拔 429m）、前云台山（主峰玉女峰，海拔 625.3m，是江苏省境内的最高峰）、中云台山（主峰推磨顶，海拔 289m）、后云台山（主峰大桅尖，海拔 605.4m）、东西连岛的鹰游山（主峰海拔 357.8m），以及墟沟北部的北崮山（主峰大棺材，海拔 235.9m）和徐圩镇西的东陬山（最高峰海拔 86.4m）等。

云台山周围，还散布着一些低矮石质丘陵，如赣榆区境内的夹山和抗日山等，东海县境内的马陵山、羽山和房山等，以及灌云县境内的大伊山和伊芦山等。这些低山丘陵多由元古宇中深变质岩系构成，如锦屏山出露的岩石是中元古界海州群锦屏组的大理岩、片岩、变粒岩、磷块岩等，云台山出露的是新元古界云台组的浅粒岩、变粒岩等，岩层产状多为 38°/128°∠23°～∠28°（马广钦和任翰，2001）。新近纪以来，连云港地区新构造运动差异明显，云台山地强烈上升，其南部大幅度下降。第四纪初期，北西西向断裂切割山体形成一系列地垒和地堑。根据观察，目前山地仍处于抬升过程中。在云台山北麓和东西连岛南麓都发现有大的正断层存在，证明云台山和连岛之间的鹰游海峡是一个巨大的地堑。

云台山的山体形态多为单面山，北（西北）坡陡而南（东南）坡缓，北坡陡崖多为断层崖。相对而言，前云台山和后云台山的山势高耸，多陡崖峭壁，重力崩塌作用较强烈。山间谷地有流水作用形成的阶地等河流地貌。

云台山古时为海岛，1851 年才全部与陆地相连。云台山与大陆相连的原因，除新构造运动上升外，还与大量陆源泥沙的堆积有关。这些泥沙一部分是由从山东低山丘陵南流的河流带来的，但主要是由黄河夺淮入海造成的。

（二）残丘垅岗

残丘垅岗大多位于剥蚀低山丘陵外围，面积 1082.37km^2，主要分布在赣榆区中部、东海县西部和灌云县西部等。其顶部起伏平缓，土层瘠薄，海拔一般在 100m 以下，相对高度在 20～50m，坡度 3°～5°。

（三）堆积平原

连云港地区的平原属于黄淮平原的一部分。大部分平原地区的海拔在 3～5m，地表第四纪松散堆积物厚度大致自锦屏山—云台山一线向北和向南呈阶梯状增大的趋势。根据成因，连云港境内的平原可分为山前剥蚀倾斜平原、洪积-冲积平原和滨海海积平原 3 类。山前剥蚀倾斜平原主要分布在赣榆区境内，面积 481.38km^2，海拔在 10m 左右，地表以剥蚀残积物为主，坡度一般在 1°～3°，只在低山丘陵的过渡带可达 5°左右。洪积-冲积平原主要分布在赣榆区和灌云县境内，东海县次之，市郊也有少量分布，总面积 1470.02km^2，海拔 5～10m，坡度在 1°以内，比降为 0.3‰左右。滨海海积平原主要分别在灌云县、市区东部和赣榆东南部，面积为 2457.19km^2，海拔 2～5m，比降 0.3‰～1.0‰。其中，北自绣针河口，南至灌云河口的滨海沿岸为滩涂地，面积 7.34 万 hm^2，包括潮上带 5.39 万 hm^2 和潮间带 1.95 万 hm^2。

（四）复合型海岸

连云港地区海岸类型较为齐全，包括基岩海岸、泥质海岸和砂质海岸 3 种类型（图 10-3）。基岩海岸由变质岩构成；砂质海岸主要由变质岩和生物贝壳的碎屑构成，是天然海滨浴场；泥质海岸主要由陆地河流搬运的泥质物质构成，常常位于地表径流入海口和海湾处。连云港的海岸线北起苏鲁交界的绣针河口，南至与盐城交界的灌河口，总长 210.75km。其中，基岩海岸 40.25km，砂质海岸 30km，泥质海岸 104.5km。另外，还有 30.6km 的岛屿海岸线。

图 10-3 连云港海岸类型（刘家润等，2014）

连云港的基岩海岸主要分布在墟沟的西墅到高公岛一线，以及东西连岛北侧，海蚀穴等海蚀地貌发育。很多情况下，连云港的泥质与砂质不易区分，往往是二者的混合型海岸。例如，海头镇的海岸带即为典型的泥砂质混合型海岸。这里受海头镇龙王河入海和海州湾潮汐潮流的双重影响，潮间带宽阔（＞600m）、平坦，沉积物为砂泥质，以砂质为主，含有较多生物碎屑，且主要分布在高潮线附近。在沉积表面发育有波痕，波脊延伸方向基本与海岸线平行，沉积物内发育有潮汐层理。

连云港拥有 20m 等深线以内的浅海水域 26.7 万 hm^2。沿海岛礁 21 个，其中海岛 14 个。这些海岛全部为基岩岛屿，总面积为 6.15km^2，其中最大的是连云港市区对面东西连岛，面积 5.4km^2。

海州湾海底地貌主要有水下浅滩、海底残留砂平台和古河道 3 种。水下浅滩系指海州湾西部和南部潮间带以下的水下堆积岸坡，向东北方向倾斜至大约 10m 水深处，沉积物以粉砂质黏土为主。在水深 10～20m 为海底残留砂平台，表层被细沙覆盖，其上有密集的流蚀浅洼地分布。海底残留砂平台中央有两个形态明显的古河道，分别与临洪河口和灌河口相对应，由西南向东北延伸。

（五）海蚀地貌

连云港的海蚀地貌分布在基岩海岸处，形态比较齐全，有海蚀穴、海蚀柱（海蚀蘑菇）、海蚀沟、海蚀崖、海蚀平台等（图 10-4）。

图 10-4　连云港海蚀地貌类型（刘家润等，2014）

海蚀穴是海面（高潮海面）与基岩海岸接触部位受海水磨蚀、掏蚀和溶蚀作用而形成的不规则圆形凹坑。如果地面抬升或海平面下降，海蚀穴可出现在现代海面以上不同高度处。海蚀柱是海岸受海浪侵蚀、崩塌而形成的与岸分离的柱状岩体。有时海蚀柱下部受海浪侵蚀作用，比上部岩体细小，形成上大下小的海蚀蘑菇。海蚀崖是海蚀穴被拍岸浪不断冲蚀扩大，使凹槽上方的岩石悬空，一旦失去重力支撑，便崩塌坠落，海岸步步后退而形成的陡壁。连云港地区的海蚀崖多分布于西墅码头岸坡较陡、波浪作用较强烈的岸段。海蚀平台是在海浪作用下，海蚀崖不断后退，在海蚀崖向海一侧形成的微微向海倾斜的石质平台。

连云港地区的海蚀地貌不仅见于现代的基岩海岸处，在云台山不同高度处也可见到不同时期形成的海蚀地貌（马广钦和任翰，2001）。在海拔 100～200m 的地带，如棺材山、东陬山的山顶为略微向东倾斜的平台，周围岩石上有大量海蚀穴分布，临海一侧是陡峻的海蚀崖。在海拔 200～300m 的地带，如中台山、孔望山、北崮山、伊芦山和大伊山的山顶，有古侵蚀平台和清晰可辨的海蚀穴。在海拔 300～500m 的锦屏山、大板山和狮怀山顶，也有侵蚀平台和海蚀穴分布。例如，狮怀山顶的海蚀穴虽然遭到了强烈风化，但比较大的海蚀穴依然可辨，直径一般在 0.3m，深度因风化侵蚀而变浅，只有 0.2m 左右。海拔 500m 以上的前云台山的花果山玉女峰、后云台山的大桅尖，不仅有大面积的海蚀平台，周围岩石上也可见到海蚀穴的痕迹。例如，玉女峰南侧有一处海蚀穴集中分布区，当地人称之为“海浸石”，是花果山的旅游景点之一。

云台山不同高度上的海蚀地貌的分布，是新构造运动间歇式抬升的有力证据。随海拔的上升，海蚀穴数量渐少、深度越来越浅、形状越来越模糊，说明位置越高，海蚀穴形成时间约久，风化程度越高。据此推知，新近纪以来的新构造运动使连云港地区形成了四级古侵蚀面，一级古侵蚀面海拔 100～200m；二级古侵蚀面海拔 200～300m；三级古侵蚀面海拔 300～500m；四级古侵蚀面海拔 500m 以上。当然，第四纪冰期的冷暖变化导致的海平面升降，也会使当时的海蚀地貌出现在现代山体的不同高度。但是，总体来说，第四纪冰期的海平面是下降的，小暖期的海平面也不会升高至现代山体的 100m 以上，所以云台山不同高度上的海蚀地貌主要是新构造运动间歇式抬升造成的。

（六）海积地貌

海积作用受制于潮汐作用或河流沉积作用，或两者的共同作用。在基岩海岸，沉积的是较大的基岩破碎物以及生物贝壳碎屑，地貌类型是砾质海滩；在砂质海岸带，表现为岩石、矿物和贝壳等砂级颗粒的沉积，地貌类型是沙滩；在泥质海岸带，沉积物主要来源于河流、潮流所搬运的细粒物质，地貌类型是泥质海滩。这几种海积地貌类型在连云港海岸附近都可以见到。连云港地区的沙滩主要有西墅湾、东西连岛上的大沙湾和苏马湾、高公岛的黄窝、赣榆区的海头湾等，都是良好的海滨浴场。

五、海平面变化和海岸线变迁

（一）海平面变化

连云港沿海的海平面变化包含全球性可比的海平面变化部分和地壳运动造成的局部性海平面变化部分。在第四纪大冰期期间，气候波动强烈，我国曾出现鄱阳、大姑、庐山与大理 4 个亚冰期，各个亚冰期之间是亚间冰期。亚冰期期间，海平面下降；亚间冰期期间，海平面上升。在云台山外围平原第四系中夹有几个含海生生物化石的沉积层，北云台与东西连岛的鹰游海峡南端和北端钻孔岩心中存在晚更新世以来的 3 个含海生生物化石的沉积层，说明在中更新世中晚期以来，该地区被亚间冰期高海面海侵沉积所超覆，而且自此以来曾发生多次高海面淹没连云港地区。有研究指出，连云港地区在第四纪曾发生过 6～8 次海侵，最高海面比现在要高（图 10-5）。

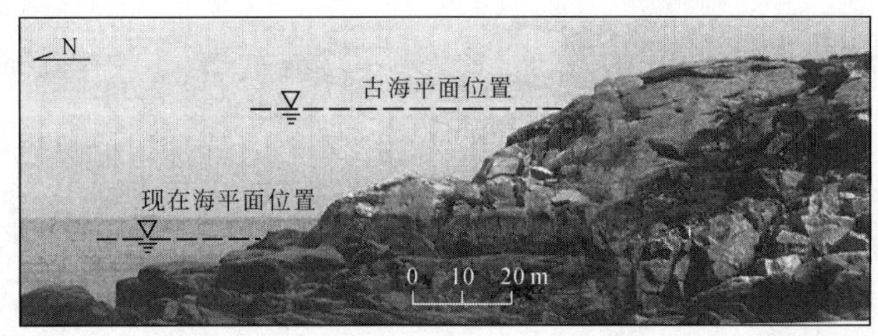

图 10-5　连云港古今海平面位置（刘家润等，2014）

在末次冰期（大理冰期）中期（距今 5 万～6 万年），海州湾的海平面比现在低 2～8m；距今 1.8 万年的盛冰期时，海平面比现在低约 130m，现在海州湾中的一些岛屿是陆地的一部分，故此在现今海底残留砂平台上留下了临洪河和灌河的古河道。在距今 1.5 万年以来，海平面开始较快上升，在距今 1 万～0.9 万年，连云港东侧海面上升到了-24～-22m，在晚更新世古地面上开始沉积含海生生物化石的地层。在距今 5000 年到距今 3300 年，连云港地区曾出现有过一次明显海平面上升的停顿甚至下落的情况，因此，海相淤泥层中发育了泥炭或陆相夹层。

由于新构造运动抬升的影响，古海平面海蚀遗迹（如海蚀穴等）出现在云台山几百米的高处，并非指示古海平面曾到达该高度。

（二）海岸线变迁

由于连云港沿海的岸线变迁与海面变化、海岸水动力作用的方式与强度的变化、海岸物质的补给及其变化、海岸物质的组成和沿海陆地的构造运动及侵蚀作用的变化等许多因素有关，连云港的岸线变迁是比较复杂的。

根据赣榆区南部古贝壳堤的分布和测年资料，7682±250a B.P.时，古海州湾的海岸线曾后退到徐朱孟村；2640±105a B.P.时，又后退到郑园村东的四新桥；之后海岸线曾向东推进到四号桥东黄沙村附近；秦汉前，海岸线又曾后退到郑园村附近，形成了厚达 4m 的郑园沙堤。

中晚全新世海侵时，海州湾西部贝壳堤的内侧曾是艾塘湖（后称武强湖），湖周边是秦汉时代的居民点；在云台山南部古灌河入海口以西的低洼地曾是硕项湖（青伊湖，以及后来的三湖十八荡等）。随着海岸线向东推进并形成一道道沙堤，上述的湖泊洼地被淤塞，直至开垦为良田。海岸线不断向东推进，与1855年以前黄河曾长期南涉在苏北入黄海，带来大量泥沙沉积有非常重要的关系。

据《云台新志·山海》记载，清康熙初年，海州与云台山之间有黑风口海峡相隔；康熙四十年（1701年），海州东部的恬风渡淤塞；至康熙五十年（1711年），海州与云台山之间"忽成陆地"，只有在暴风潮时才被海水淹没；至1860年，海水才从云台山周围全部退去。乾隆二年（1737年）绘制的《东海云台胜境图》也表明，云台山本是海中的孤岛，之后才与陆地相连。

在基岩海岸和岬角处，海蚀作用比较强烈，海岸线是不断后退的。例如，赣榆区北的海头、九里等地，2000多年以来海岸线逐渐被侵蚀后退。

第二节　气候与水文概况

一、气温与降水

连云港地区的气候类型为暖温带湿润季风气候，略有海洋性气候特征，且具有从暖温带向北亚热带过渡特征。四季分明，冬无严寒，夏无酷暑，温和湿润，光照充足，降水量适中，气候宜人。年平均气温为14℃；最冷月（1月）平均气温-0.4℃，极端低温-19.5℃；最热月（7月）平均气温26.5℃，极端高温39.9℃；无霜期为220天。冬夏温度变化比较和缓，气温年较差为27℃。多年平均降水量为920mm，由南向北、由东南向西北方向递减。降水量年际变化较大，年内分配不均，6～8月的降水量约占全年降水量的60%（图10-6）。

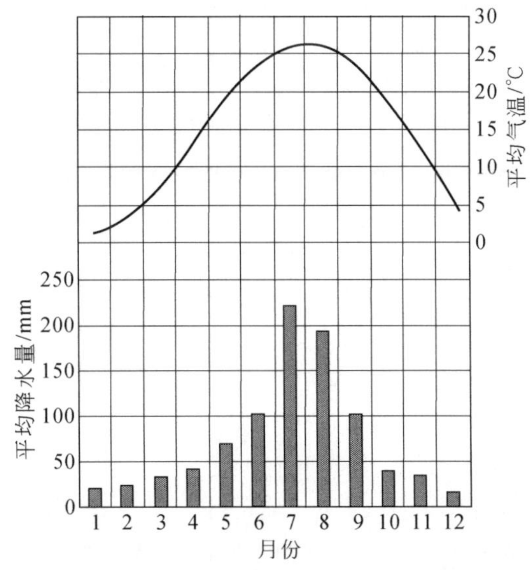

图10-6　连云港各月多年平均气温与降水量

云台山北部西侧具有典型的暖温带季风气候特点，南侧具有北亚热带季风气候特点。由于云台山最高海拔只有 625m，垂直自然带分异并不十分明显，但气温和降水的垂直变化仍比较明显。

二、光热资源

连云港全年平均日照时数为 2400～2600 小时，年日照百分率在 50%以上。从季节分配来看，日照时数夏季最多，冬季最少，春季多于秋季。海州湾的年平均太阳总辐射为 502～527kJ/cm^2，≥10℃的持续期在 220 天以上，≥10℃积温为 4500℃。由于连云港地区日照条件相对好，晴朗天气较多，连云港海域海水盐度较高，为制盐工业提供了有利的气候条件。

三、风向和风速

（一）风向

连云港地区的主导风向和次多风向以 N—NE 和 SE 为主，冬季盛行偏北风，夏季盛行东南风，但在春、秋转换季节，主导风向不是非常突出。

连云港市东临大海，背倚云台山，地形较为复杂，以致有时形成了特有的风场。据 1982 年 1～12 月逐日“10 分钟平均”自记风速实测资料分析，各月最大风速都出现在夜间 20 时至次日 3 时之间，且多为 SSE 大风，以春季（4 月）表现最为明显。当地百姓称突如其来的夜间偏南大风为“鬼风”，风力一般为 5～7 级，强时可达 8 级以上。这种“鬼风”，自连云港市陶庵镇可波及西连岛，故对夜间船舶航行和停泊都有一定的影响。

（二）风速

1. 风速日变化

内陆地区（这里特指连云港离海岸较远地区，下同）的风速日变化呈现明显的峰谷特征，峰值出现在午后，谷值出现在凌晨。海岸区和近海区风速日变化均较平缓，但峰值出现时间存在差异。海岸区风速呈现较弱的单峰特征，峰值出现在中午前后；近海区风速呈现较弱的双峰特征，峰值分别出现在清晨和夜间，而白天风速却相对较小。

海面与陆地风速日变化差异的原因，主要是所处下垫面性质不同，以及海、陆气温日变化差异所引起的动量下传。陆地下垫面为砂质泥土地表，气温日变化明显，夜间地表辐射冷却，大气层结稳定；白天由于太阳辐射，地面升温，大气层结趋于不稳定，有利于空气对流和空气动量下传，特别是在午后动量下传更为显著，因而午后风速也达到最大。海上情况则完全不同，海水热容量大，使得海面水温日变化远小于陆地。夜间，海面低层空气降温较慢，近海面大气容易出现不稳定层结，利于空气对流发展、动量下传，造成夜间风速较大；白天，海面低层空气升温较慢，层结相对稳定，不利于空气动量下传，从而造成海面风速略小或变化不大的现象。

在海州湾地区，南北走向海岸的海陆风比西北—东南走向的海岸海陆风弱。海陆风转换的时间不同，冬、夏季，南北走向海岸“陆转海”和“海转陆”的时间均比西北—东南走向海岸迟 2～4 小时。海陆风维持的时间也不同，陆风维持时间达 13～14 小时，海风维持时间为 10～11 小时。海风向内陆地区水平伸展距离在 45km 左右，夏季海风的垂直伸展高度可达 625m 或以上。

2. 风速季节变化

内陆地区的风速季节变化较海岸区及近海区更为显著，平均风速最大月份在 3 月和 4 月，最小在 9 月前后。例如，灌云气象站春季的平均风速（2.75m/s）为全年各季最大，比全年平均风速（2.34m/s）高 17.5%；秋季风速最小（1.89m/s），仅为年平均风速的 80.8%。由此可见，连云港内地的风能蕴藏有一个重要特点，就是季节变化十分显著，呈现“冬春大、夏秋小”；而海岸区和近海区由于常年受海洋影响，且下垫面平坦，性质均一，风速的季节性变化不甚明显，除春季风速较全年略偏高 4.7%～7%外，其他各季风速变化不大，风力发电受季节影响较小。

3. 风速年际变化

20 世纪 70 年代以来，风速总体呈持续减弱趋势。从减幅来看，内陆大于近海。内陆区在 80 年代后期到 90 年代初期，减弱趋于平缓，达到谷值；90 年代中后期以来，风速有所增大并趋于稳定。近海区自 90 年代后期以来风速趋于稳定并略有增大。内陆区各观测站 37 年间的风速值普遍减小 20%以上，其中新浦站减幅最大，达 41%。初步分析，除气候变化以外，城市的快速发展造成各站观测环境恶化也是不容忽视的一个重要原因。相对于内陆区而言，近海区风速年际变化相对较小，西连岛站 37 年风速减小仅为 14%。据此分析，从 70 年代后期开始，连云港市风能储量呈逐年减少之势，到了 90 年代后期风能储量则趋于平稳，海上风能由于受地形特征影响小，风能资源储备丰富，具有更为广阔的开发前景。

4. 风垂直变化

通过对近海区和海岸区各高度层风切变指数计算发现，在近地层，由于海面平滑，各高度层之间的风切变指数是近海区（0.12～0.16）小于海岸区（0.14～0.24），表明虽然同一高度近海区风速比海岸区大，但近海区风速随高度上升的增加速度却没有海岸区快。另外，随着高度增加，近海区和海岸区风切变指数都在减小，表明风速增加速度趋于平缓。

（三）台风

连云港外海域每年 5～11 月都有可能遭受台风影响，其中 7 月中旬到 9 月中旬为台风影响最多时期。台风的主要致灾因子是狂风以及随之而来的暴雨，当台风发生时东西连岛风速可增至 17.0m/s，一天中可降 100～300mm 的大暴雨，甚至可达 500～800mm。该区域 66%的特大暴雨由台风引起。台风还伴随 10～11 级以上的大风，当台风与天文大潮汛耦合时就会形成罕见的风暴潮。

四、水文与水资源

（一）陆地水文与水资源

连云港地区的水系属于淮河流域的沂（河）沭（河）泗（水）水系，另外还有很多自西向东独流入海的小型河流。沂沭泗河水系发源于山东沂蒙山区，沂河和沭河自此平行南下。沂河流经山东临沂至江苏新沂入骆马湖，沂河在刘家道口辟有分沂入沭水道，在江风口辟有邳苍分洪道，分沂河洪水分别入沭河和中运河。沭河流至山东大官庄分为新沭河和老沭河。泗水流入南四湖，汇集沂蒙山西部及湖西平原各支流后，经韩庄运河、中运河、骆马湖、新沂河入海。

实质上，连云港地区的较大水系仅仅是沂河与沭河临近入海口的河道，分别称新沂河与新沭河（图 10-7）。新沂河从连云港南部地区自西向东流过，新沭河从北部地区自西向东流过，两者是该地区主要的排洪河道，故有“洪水走廊”之称。境内还有龙王河、蔷薇河、善后河、盐河、玉带河、龙尾河、兴庄河、青口河、锈针河、柴米河等大小干支河道 40 余条，有 17 条为直接入海河流。盐河等直接与运河及长江相通。

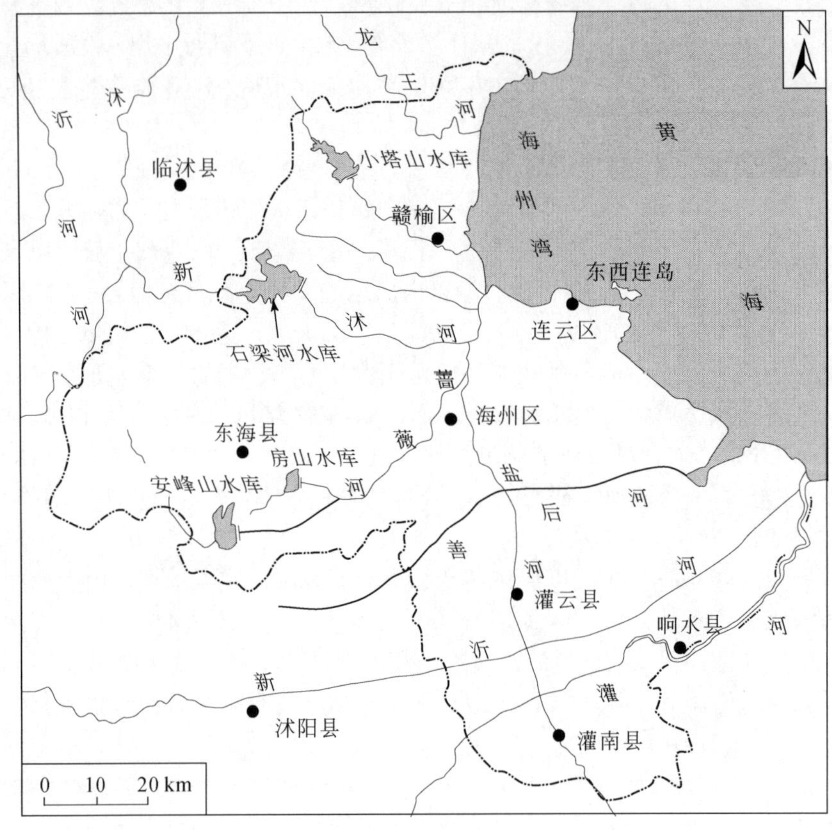

图 10-7　连云港地区水系简图

连云港市共有各种类型的水库 168 座，其中石梁河、小塔山、安峰山水库较大（图 10-7）。石梁河水库也称海陵湖，位于赣榆区和东海县交界处的新沭河中游，属于大（2）型水库，是江苏省最大水库。于 1958 年动工，1962 年竣工，功能以防洪为主，兼顾灌溉、养殖、发电和旅游。总库容 5.31 亿 m^3，防洪库容 3.23 亿 m^3，兴利库容 2.34 亿 m^3，死库容 0.32 亿 m^3，控制流域面积 15365km^2。

小塔山水库是位于赣榆区西北部塔山镇境内的大（2）型水库，是江苏省第二大水库。于 1958 年开工，1959 年竣工，功能以防洪为主，兼顾农业灌溉、城镇供水、发电与养殖等。总库容 2.7 亿 m^3，兴利库容 1.16 亿 m^3，控制流域面积 386km^2。

安峰山水库是位于东海县的安峰镇和曲阳乡境内，蔷薇河上游的大（2）型水库。于 1957 年动工，1958 年竣工，功能以防洪和灌溉为主，兼顾养殖和发电。总库容 1.2 亿 m^3，防洪库容 0.71 亿 m^3，兴利库容 0.71 亿 m^3，死库容 300 万 m^3，控制流域面积 175km^2。

连云港地区水资源总量丰富，但可利用水资源有限。据统计（王礼焦等，2010），连云港市多年平均入境水量为 68.26 亿 m^3，过境水量 60.48 亿 m^3，这些入境水大部分出现在夏季，利用率低，多成为“弃水”流入大海。多年平均水资源量为 23.13 亿 m^3，时空分布不均，夏季水多而利用率不高。可利用水资源总量为 8.97 亿 m^3，利用率仅为 38.78%。地下水资源总量为 5.62 亿 m^3，可利用浅层地下水资源量为 4.89 亿 m^3，但由于对地下水开采的限制，实际利用率很低。例如，2011 年，全市用水总量的 99.4%是取用的地表水，取用地下水仅 0.18 亿 m^3，占用水总量的 0.6%（连云港市水利局和江苏省水文水资源勘测局连云港分局，2011）。

（二）海洋水文

1. 环流与水团

1）环流

从整体来看，黄海海流微弱，流速通常只有最大潮流速度的十分之一左右。表层流受风力制约，具有风海流性质。在盛行偏北风季节，多偏南流；在盛行偏南风季节，多偏北流。黄海环流主要由黄海暖流和黄海沿岸流所组成。黄海暖流是对马暖流在济州岛西南伸入黄海的一个分支（有人称之为“对马暖流西分支”），大致沿黄海槽向北流动，平均流速约 10cm/s（在源地也不超过 25cm/s）。它是黄海外海水的主要来源，具有高盐（冬季兼有高温）特征，但在北上途中逐渐变性。当它进入黄海北部时已成为强弩之末，再向西转折，经老铁山水道进入渤海时，势力已相当微弱。

黄海沿岸流是黄海沿岸流系（包括西朝鲜沿岸流、辽南沿岸流、苏北近岸局部性沿岸流等）中的一支，是低盐（冬季兼有低温）水流，水色混浊，流速小于 25cm/s。它上接渤海沿岸流，沿山东半岛北岸东流，在成山角附近转向南或西南流，绕过成山角后大致沿 40～50m 等深线的走向南下，在长江口北（32°N～33°N 附近）转向东南，越过长江浅滩侵入东海，前锋有时可达 30°N 附近。这支沿岸流在山东半岛北岸一带流幅较宽，夏季最宽时可达 50km。在成山角一带，流幅变窄，流速增大，越过成山角后流速剧减，而自海州湾往南，流速又渐增，至 34°N 附近，增至 25cm/s 左右。

黄海暖流和黄海沿岸流的基本流向终年比较稳定，流速皆有夏弱冬强的变化。黄海暖流及其余脉北上，而黄海沿岸流南下，形成气旋型环流。夏季，特别是在北黄海，此气旋型环流因黄海冷水团密度环流的出现而趋于封闭。

2）水团

沿岸水团、黄海中央水团和南黄海高盐水团是黄海最基本的 3 类水团。黄海沿岸水团指黄海沿岸 20～30m 等深线以内的海域，入海江河淡水与海水混合，形成的辽南沿岸水、鲁北沿岸水、苏北沿岸水和西朝鲜沿岸水。这些沿岸水团的共同特征是，盐度终年较低（大多数低于 32.0‰），海水混浊，透明度小，温度和盐度的季节变化大，水团的水平范围夏大而冬小，但厚度是夏浅而冬深。黄海中央水团分布在黄海中央水下洼地区域，其南端可进入东海。它是由进入大陆架浅海的外海水与沿岸水混合后，在当地水文气象条件的影响下形成的混合水团。冬半年（11 月至次年 3 月），水团呈垂直均匀状态，温度为 3～10℃，盐度为 32.0‰～34.0‰。夏半年（4～10 月），由于增温降盐作用，黄海中央水团明显地分为上、下两层。上层为高温（25～28℃）、低盐（31.0‰～32.0‰）水，厚度为 15～35m；下层为低温（6～12℃）、高盐（31.6‰～33.0‰）水，称为“黄海底层冷水”（习惯上称为“黄海冷水团”）。

黄海冷水团是一个温差大、盐差小，以低温为主要特征的水团。这一冷水团实际上是冬季时残留在海底洼地中的黄海中央水团。它在增温季节，相对于变性剧烈的上层水和周围的沿岸水，才显现为冷水。12 月至次年 3 月为冷水团温盐特性的更新期，4～6 月为冷水团的成长期，7～8 月为强盛期，9～11 月为冷水团向冬季更新过渡的消衰期。黄海冷水团以成山角至长山串连线为界，分成南、北两个部分。南黄海冷水团与北黄海冷水团相比，温度和盐度均略高。相应地，黄海冷水团有南、北两个冷中心。北黄海冷水团中心位置较稳定，约位于北黄海中部偏西，水深大于 50m 范围内，最低温度变化范围为 4.6～9.3℃。南黄海冷中心位置变化较大，大致位于 35°30′N～36°45′N、124°E 以西区域；最低温度变化范围为 6.0～9.0℃。黄海冷水团所盘踞的区域，特别是其边缘部分，夏季形成气旋式密度环流。环流速度自冷中心向外逐渐增大，最大值为 20～30cm/s，出现在冷水团的外缘等温线密集之处。

南黄海高盐水团，也称黄海暖流水团，位于黄海东南部，是伸入黄海的对马暖流高盐水与黄海中央水团混合形成的。冬季，呈现为高温高盐特征。夏季，由于上层中央水的扩展而消失，而下层仍然位于黄海的东南部，保持着冬季的特征。

2. 海温和盐度

黄海的温度和盐度地区差异显著，季节变化和日变化较大，具有明显的陆缘海特性。由南向北，由海区中央向近岸，温度和盐度都均匀地降低。海区东南部，表层海水年平均温度为 17℃，盐度通常大于 32.0‰；北部鸭绿江口，表层年平均温度小于 12℃，盐度一般小于 28.0‰，为全海区盐度最低的区域。冬季，随着黄海暖流势力加强，高温高盐水舌一直伸入黄海北部，温度和盐度水平梯度较大，近岸区域温度和盐度较低（温度 0～5℃，盐度 31.0‰～33.0‰），中部较高（温度 4～10℃，盐度 32.0‰～34.0‰），济州岛附近最高（温度 10～15℃，盐度＞34.0‰）。夏季，表层水的温度升至最高，全区盐度普遍降低。南部海域的表层水温略高于北部；近岸区域，如济州岛—木浦、仁川、成山角和江苏北部沿岸多出现孤立的弱低温区（23～26℃）。中部海域的表层盐度约为 31.0‰，鸭绿江口和长江口外形成低盐（盐度分别小于 23.0‰和 5.0‰）水舌，后者可影响南黄海西南部。

黄海是中国近海温跃层最强而盐跃层最弱的区域。温跃层主要是海面增温和风混合造成的季节性跃层（也称“第一类跃层”），有时也出现“双跃层”现象。而盐跃层主要是由两种温盐性质不同的水团叠置形成的，即“第二类跃层”。黄海的温跃层在 4～5 月开始普遍出现，跃层深度多在 5～15m，厚度大部分小于 15m；6 月以后，强度和范围逐步增大；至 7～8 月达到最强，深度最浅（一般小于 10m），厚度最小；9 月以后开始衰退，到 11 月则基本上消失。强温跃层区位于北黄海中部和青岛外海，最强盛时中心区域最大强度分别为 1.28℃/m 和 1.80℃/m。强盐跃层区出现在长江冲淡水区和鸭绿江口外，中心值盐度变化为 0.5‰/m 左右。

3. 波浪特征

黄海北部一般以风浪为主，南部则多见涌浪。从 9 月至次年 4 月，北部多西北浪或北浪，南部以北浪为主。6～8 月，北部多东南浪或南浪，南部以南浪为主。秋冬两季的风浪最大，浪高常有 2.0～6.0m；当强大寒潮过境时，浪高有时达 3.5～8.5m。春夏时风浪稍小，浪高一般为 0.4～1.2m。如有台风过境，浪高则可达 6.1～8.5m。夏季台风来临时，在南黄海西部沿岸曾观测到波高 8.5m 的巨浪。大浪区出现在成山角和济州岛附近海区。黄海的涌浪夏、秋季大于冬季，浪高一般多为 0.1～1.2m，受台风侵袭时可出现高 2.0～6.0m 的涌浪。

4. 潮汐特征

自南部进入黄海的半日潮波与山东半岛南岸和黄海北部大陆反射回来的潮波互相干

涉，在地转偏向力的影响下，形成了两个逆时针旋转的潮波系统。无潮点分别位于成山角以东和海州湾外。黄海大部分区域为规则半日潮，只有成山角以东至韩国大青岛一带和海州湾以东海区为不规则半日潮。潮差东部大于西部。东部（朝鲜半岛西岸）潮差一般为4～8m，仁川港附近最大可能潮差达10m，是世界闻名的大潮差区之一。西部（中国大陆沿岸）潮差一般为2～4m，成山角附近潮差不到2m，为黄海潮差最小的区域。但是，江苏沿海弶港至小洋口一带海域的潮差较大，平均潮差可达3.9m以上；小洋口近海的最大可能潮差达6.7m，长沙港北为8.4m。

除烟台近海和渤海海峡等处为不规则半日潮流外，其他区域为规则半日潮流。流速东部大于西部。强潮流区位于朝鲜半岛西端的一些水道，曾观测到最大流速为4.8m/s；其次为西北部的老铁山水道，最大流速达2.5m/s以上。吕泗、小洋口及斗龙港以南水域，潮流也较强，最大潮流流速可能达2.6m/s以上。

第三节　土壤与生物概况

一、土壤类型与分布

中华人民共和国成立以来我国开展了两次全国性土壤普查。第一次土壤普查的时间是1958～1960年，以土壤农业性状为基础提出了全国第一个农业土壤分类系统，完成4图（土壤图、土地利用现状图、土壤改良分区图、土壤养分图）1志（土壤志）；第二次土壤普查的时间是1979～1992年，完成了不同比例尺的土壤图、土地利用资源图、土壤养分图、土壤改良利用分区图。本书以江苏省第二次土壤普查工作分类为基础（喻长新等，1995），建立连云港地区土壤分类简表（表10-2）。由表10-2可见，连云港地区共分布有棕壤、粗骨土、紫色土、砂姜黑土、潮土和滨海盐土6个土类，13个亚类。除棕壤是地带性或显域性土壤类型外，其余均为非地带性或隐域性土壤类型。

表10-2　连云港地区土壤分类简表

土类	亚类	土类	亚类
棕壤	棕壤	砂姜黑土	砂姜黑土
	白浆化棕壤		盐化砂姜黑土
	潮棕壤	潮土	潮土
粗骨土	酸性粗骨土		脱盐潮土
	中性粗骨土		盐化潮土
紫色土	中性紫色土	滨海盐土	潮盐土
			草甸盐土

连云港位于南温带和北亚热带的过渡地带，其气候、土壤、植被等成土因素均具有明显的过渡特点，加上海洋影响，土壤发育相当复杂（图10-8）。由图10-8可见，连云港地区分布比较广泛的土壤类型是棕壤、滨海盐土、潮土和砂姜黑土，粗骨土和紫色土面积很小。棕壤主要分布在云台山区、西部和北部低山丘陵区，以连云区、海州区、赣榆区和东海县分布较多，灌云县只有少量分布。在丘陵岗地间的低平地带，分布的是在湖相沉积物

基础上发育的砂姜黑土，从赣榆区向西南一直到东海县安峰镇，形成一条砂姜黑土带，多已被辟为农田。东海县的少数地方经淹水灌溉，有零星水稻土分布。滨海盐土大致分布在赣榆区—海州区—灌云县一线的东部滨海地带。潮土主要分布在市境南部新沂河、灌河与善后河冲积平原上，以及北部新沭河冲积平原上。粗骨土主要分布在低山丘陵坡度较陡、水土流失比较严重的地带，面积不大。

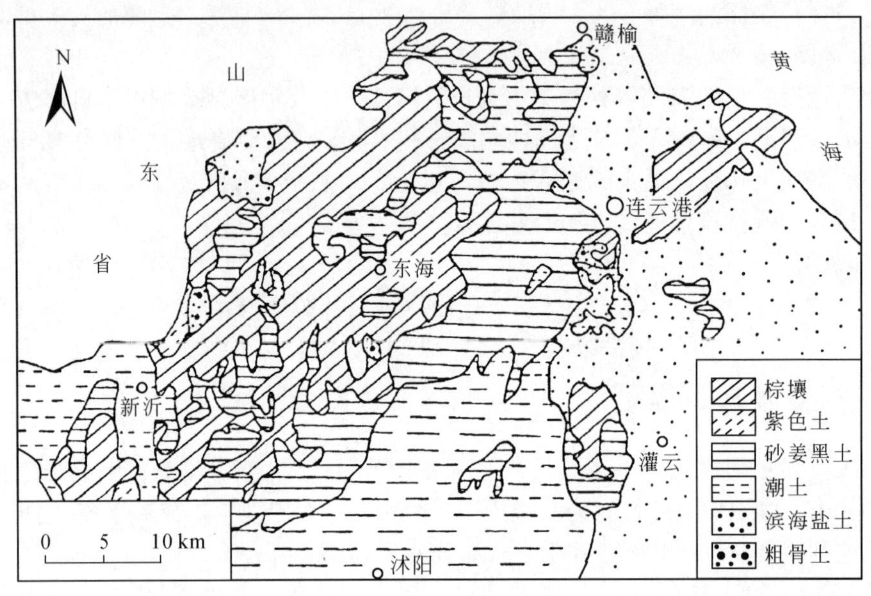

图 10-8　连云港地区土壤分布

二、主要土壤类型简介

在实习过程中，认识和了解当地各种土壤类型的剖面特征和理化性质是非常重要的。下面简要介绍一些连云港地区分布的主要土壤类型的剖面特征和理化性质。

（一）棕壤

在中国土壤分类系统中，棕壤相当于简育湿润淋溶土，是暖温带落叶阔叶林下发育的典型土壤。

在低山丘陵区，棕壤的成土母质多为酸性变质岩（片麻岩和混合岩等）的风化残积和坡积物；山前缓坡地带，成土母质则为厚层洪积和冲积物。在暖温带湿润条件下，土壤的矿物质风化和有机物分解强烈，淋溶作用、黏化作用和生物积累作用较强烈。母岩风化后产生的钙、镁、钾、钠等盐基成分已被淋失，盐基不饱和，通体无石灰反应，微酸性至酸性，pH 在 5.5～6.2；在耕作熟化情况下，土壤反应才接近中性，盐基饱和。典型的棕壤剖面构型为 Ah-Bt-C 型，Ah 层为暗棕色有机质层，Bt 为棕红色黏化淀积层，C 为母质层。表层有机质含量可达 5%～9%，向下急剧降低；表层呈微酸性反应，向下过渡到酸性反应；表层盐基饱和度在 80%以上，下部各层稍低。黏化淀积层的黏粒含量明显高于其上下土层。

随地形变化，在不同的地貌部位发育有不同类型的棕壤。低山陡坡上部背阴地带，草本植物生长茂盛，在片麻岩残积、坡积物上形成了厚层生草棕壤；陡坡向阳地带，侵蚀作用强烈，植被生长差，形成粗骨棕壤；缓坡地带的纯针叶林下，形成典型棕壤；坡麓古老洪积物母质上，由于滞水而形成白浆化棕壤；坡积物母质上因地下水较浅而形成潮棕壤。坡度较小地带的棕壤大多开发为农田（当地群众称其为黄堰土或黄坚土），仅有一些低山丘陵区尚有自然棕壤分布。

（二）滨海盐土

在滨海平原地区，长期受海水浸渍作用，在滨海相沉积物中进行着积盐过程，故而形成滨海盐土。与其他盐土相比，滨海盐土具有两大特点：一是土壤和地下水的盐分组成与海水一致，都是以氯化钠为主，氯离子占阴离子总量的 80%～90%，因此又称为氯化物盐土；二是含盐量除表土稍多外（多为 0.6%～1.0%），以下各层都比较均匀，含量多在 0.4%～0.8%。滨海盐土的土层分异不甚清楚，除表层颜色稍暗外，下部较浅，结构性差，剖面构型一般为 A-C 型。有机质含量低，一般小于 1%；呈弱碱性反应，一般 pH 在 8.0 左右。表层有机质含量略高于下层（近海盐土上下层差别不大），离海越远，有机质含量越高（表 10-3）。

表 10-3　滨海盐土有机质变化

土壤（*n*=51）	有机质含量统计				变异系数
	平均值	最大值	最小值	标准差	
近海上层	0.487	0.697	0.268	1.293	26.6
近海下层	0.489	1.099	0.147	2.448	50.1
远海上层	0.729	1.583	0.285	2.822	16.3
远海下层	0.670	1.613	0.261	3.232	48.2

资料来源：据严海兵等（2008）修改。

滨海盐土的成土母质是在河流搬运、海水顶托以及洋流、海啸、潮汐、海浪和絮凝等多种因素作用下形成的浅海沉积物。根据离海远近、盐分含量和盐分组成可将其划分为潮盐土、草甸盐土、沼泽盐土 3 个亚类。潮盐土分布在距海较远的滨海平原，母质为河流冲积物，在海水影响下，形成轻度盐土，目前已开垦为农田。草甸盐土主要分布于河流冲积平原，其形成受地下水常年上下活动的影响，积盐过程和草甸过程相伴进行，而以积盐过程为主。沼泽盐土零星分布于浅平洼地，在积盐过程的同时附加有沼泽化过程，生长耐盐湿生植被，土壤有机质积累较强，土体中下部有明显的潜育化特征。

（三）砂姜黑土

砂姜黑土是发育在第四系河湖相沉积物上经脱沼泽作用而形成的一种半水成土壤，多分布于低山丘陵与平原的交接洼地、岗丘间洼地和河间洼地。淮北平原是我国最大的砂姜黑土分布区。其前身是湖沼景观，耐湿性植物周而复始生长和死亡，有机质在干湿季的嫌气与好气条件下，发生腐烂分解，腐殖质胶体与河湖相沉积物复合，将土壤染成黑色，形成黑土层（潜育层）。同时在气候干湿季节交替条件下，富含碳酸钙的地下水中的碳酸钙在剖面底部固结，或随毛管上升到一定高度固结，形成大小不同、形态不规则的砂姜（碳酸钙结核）。后经人为排水、垦殖，地下水位逐渐下降，潜育层发生脱潜育化，逐渐分化为耕作层、犁底层及残余黑土层。因此，砂姜黑土的剖面构型是耕作层—犁底层—残余黑土层。

砂姜黑土表层颜色灰暗，但有机质含量并不高，仅1%左右，主要原因是土粒被黑色有机质染色。砂姜一般分布于残余黑土层及其以下。土壤淋溶作用较弱，硅铝铁率（SiO_2/R_2O_3）在2.5～3.0。土壤表层呈中性至微碱性反应，pH在7.2～8.3，向下有增加趋势，一般无石灰反应。土壤质地黏重，多为重壤土和轻黏土，黏粒含量变化在30%～40%（张俊民，1991）。

根据砂姜黑土距海远近，可进一步划分出典型砂姜黑土和盐化砂姜黑土。盐化砂姜黑土分布在距海较近的地方，除具有砂姜黑土的一般特征外，还具有一定的盐渍化作用，盐分含量较高，但尚未达到盐土的标准。

三、植物区系特征

植物区系是指某一地区或者是某一时期，某一植物分类群或某类植被所有植物种类的总称，是植物界在一定自然环境中长期发展演化的结果。同时，植物区系是组成一个地区植被的基础。植物区系包括自然植物区系和栽培植物区系，但一般是指自然植物区系。认识一个地区的自然地理特征和植被特征需要全面了解一个地区植物区系。

连云港地区在中国植被区划中属暖温带落叶阔叶林地带的南部。由前述自然条件可知，本区适宜多种植物生长，植被的植物种类相当丰富。云台山东临黄海，南接淮海平原，总面积约166km^2，主峰海拔625.3m。由于这里地处暖温带南缘，又有海洋性气候带来的优越水热条件，加上丘陵山地复杂地形造成的多种小气候环境的存在，植物种类十分丰富，区系成分较为复杂。根据多年来作者的野外调查和前人的研究成果，现以云台山地区植物区系来分析连云港地区的植物区系成分。

云台山共有种子植物127科，462属，820种或变种（另外还有240多种被《江苏植物志》收录的庭院、温室观赏植物和栽培作物未计入本书的统计内），其中木本植物246种，占总数的30%。云台山种子植物约占江苏省总科数的75%，总属数的57.9%，总种数的41.5%。在云台山127科种子植物中，种数超过15种的科有12个（表10-4）。

表10-4　云台山种子植物种数超过15种的科

科	种数	科	种数	科	种数
菊科	78	十字花科	19	唇形科	30
豆科	45	毛茛科	17	蓼科	20
莎草科	40	禾本科	62	石竹科	18
百合科	27	蔷薇科	41	伞形科	15

表10-4中12个科基本都是温带分布的科，所含的种数共计412种，占云台山种子植物总种数的50%。从上述优势科的排列来看，大多数种类属华北成分，明显地反映出植物区系为暖温带的性质，植被以暖温带的类型为主。但是，由于本区位置偏南，接近北亚热带，又受某些局部小气候的影响，许多亚热带的种类在本区也有分布。

参照吴征镒先生的中国植物分布区系类型划分，云台山462属种子植物可分为15种地理成分（表10-5）。

表 10-5　云台山种子植物地理分布区系类型

分布区系类型	云台山属	占总属数比例/%	全国属数	占全国总属数比例/%
世界分布	73	15.80	103	2.45
泛热带分布	71	15.37	377	2.39
热带美洲-热带亚洲分布	13	2.81	89	0.44
旧大陆热带分布	15	3.25	163	0.50
热带亚洲-热带澳洲分布	10	2.16	143	0.34
热带亚洲-热带非洲分布	8	1.73	151	0.27
热带亚洲分布	18	3.90	543	0.61
北温带分布	107	23.16	296	3.60
东亚、北美分布	29	6.28	117	0.98
旧大陆温带分布	39	8.44	157	1.31
温带亚洲分布	10	2.16	63	0.34
地中海-中亚～西亚分布	9	1.95	166	0.30
中亚分布	1	0.22	112	0.03
东亚分布	53	11.47	298	1.78
中国特有分布	6	1.30	196	0.20
总计	462	100.00	2974	15.53

从表 10-5 可以看出，云台山种子植物区系成分十分复杂，与世界各地的植物区系都有一定的联系。这里和我国其他许多地区一样，反映出世界两大植物区系——泛北极区系和古热带区系的交汇和过渡。但是，从各类成分所占的比例来看，云台山种子植物区系的温带性质甚为明显。温带分布类型共有 248 属，占总属数的 53.68%；热带分布类型共有 135 属，占总属数的 29.22%。

在云台山种子植物区系的温带分布类型中，北温带成分尤为突出。它的属数不仅有 107 属，占总属数的 23.16%，居首位，而且还是云台山植被的主要组成成分。例如，松属、栎属、槭属、椴树属、鹅耳枥属、栗属、胡桃属、柳属、杨属、花楸属、樱属和榆属等属的种类均是云台山森林群落中的建群种或重要伴生种。木本植物包括松属、栗属、栎属、鹅耳枥属、榆属和槭属等属。灌木包括忍冬属、荚蒾属、杜鹃属和山楂属等属。主要物种如麻栎、栓皮栎、侧柏、圆柏、榆树、臭椿等。此外，在云台山植被中较为显著的一些小乔木、灌木和草本种属，如盐肤木属、山楂属、蔷薇属、蒿属、委陵菜属、地榆属、唐松草属、野古草属、拂子茅属、碱茅属等属的种类也是典型的北温带成分。

在云台山种子植物区系的温带类型中，东亚成分也较为丰富，计有 53 属，占 11.47%。其中的刚竹、枫香、糙叶树、乌桕、海桐、大叶胡颓子、山胡椒、化香、黄连木、黄檀、刺楸、小野珠兰、野鸦春、木防己、木通和兔儿伞等均是云台山植被中的常见属和种。

云台山种子植物区系中的热带成分所占比例，与全国情况相比有较大的下降，尤其是热带亚洲成分下降更为明显。这是因为云台山处于暖温带南部，许多热带属种已不能在此自然分布。但是，不少泛热带成分的种类，因其生态幅度较宽而仍能向北分布到云台山一带乃至更北的地区，从而造成了云台山区系中泛热带成分的比例相对有所升高，达 71 属，占总属数的 15.37%。少数热带成分经过亚热带地区延伸到云台山一带，并成为当地植被中的显著成分，如黄檀、山合欢、糙叶树、臭椿、芫花、黄背草、柿属、朴属、牡荆属、白檀、乌桕属、山胡椒属、算盘子属、安息香属、芒属、野古草属等属和种。

在云台山某些特殊的小生境中，还自然分布有一些典型的亚热带种类，如红楠、野桐、马松子、臭檀、紫金牛、鱼腥草等。人工栽植的茶、油茶、杉木、油橄榄等在这一带均生长良好，并能正常开花结果。云台山植物区系中含有较多的热带或亚热带的种属，在我国整个暖温带地区是比较突出的。这一方面是历史因素以及较为接近北亚热带北缘的缘故；另一方面也与海洋性气候带来的优越水热条件以及复杂的山地地形造成的多种小生境有关。云台山植物区系含有较多的热带性起源的植物也表明，它与我国南方亚热带植物区系之间存在着密切的联系。这里的泛热带类型植物大部分可分布到温带，但部分属局限于亚热带，表明该地植物具有南北过渡的特点。

云台山植物区系中的中国特有属仅有 6 属，其中只有牛鼻栓、盾果草和枳是自然分布的成分。云台山特有属较少而广布，以及生态幅度较宽的泛热带成分和北温带成分较多，可能与该山自然植被遭受多次破坏，植被次生性质明显有关。

四、植被类型与分布

在连云港地区大气候背景下，内部地形差异，导致了水、热和土壤等自然条件的差异，形成了多种生态环境。不同的环境中发育着不同的植物组合而构成不同的植被类型。从宏观上看，连云港地区的植被可分为山地植被和海滨植被，二者无论在种类组成、群落结构以及外貌上都极不相同。目前，连云港地区实有林地面积 175.88 万 hm^2，其中有林地面积 145.14 万 hm^2，森林覆盖率为 23.45%，林木覆盖率为 26.05%。

（一）山地植被

山地植被的森林群落主要是赤松林、栎林、松栎混交林和杂木林。其中以赤松林、松栎混交林面积最大，约占 80%，栎林和杂木林面积最小。除此之外，还有一定面积的灌草丛等其他一些群落。

1. 赤松林

赤松林是山区分布最广的一种森林群落，除了少数山沟和某些局部地方外，一般为本群落所覆盖。群落下的土壤为棕壤，成土母质多为片岩或片麻岩类的坡积-残积物，排水良好。土壤剖面除表土为富含有机质的暗棕色壤质外，其下大多为棕色，质地比较黏重，呈弱酸性，土层厚度随坡度和地形部位不同而有所不同。本群落的垂直结构可明显分为乔木、灌木、草本和地被 4 个层次。

乔木层由赤松组成，某些地方伴生有黑松。灌木层种类组成比较复杂，常见的有黄檀、山牡荆、柘树、盐肤木、酸枣、野山楂、胡枝子等，此外还有算盘子、扁担杆、山柿、绣线菊等。草本层以禾本科、菊科、莎草科、蔷薇科、唇形科的植物最多，重要的草本植物有羊胡子草属、黄背草、白茅、野古草、扭鞘香茅等属和种，此外常见的还有蕨、缕丝花、女娄菜、地榆、委陵菜、珍珠菜、土三七、酢浆草、桔梗、轮叶沙参、兔儿伞、射干等。地被层主要由中华卷柏、苔藓地衣构成。层间植物以茅莓、金银花、木防己、葛、络石等藤本植物为常见种，另外海金沙、杠板归、锦毛马兜铃等比较常见。

构成赤松林群系的群丛主要有赤松-黄檀-羊胡子草群丛、赤松-山牡荆-羊胡子草群丛、赤松-柘树-番杏+羊胡子草群丛和赤松-酸枣-蕨群丛 4 种。

2. 栎林

受人为及其他一些自然因素影响，连云港地区的栎林分布面积较小，但它是本地区典型的地带性植被类型，即落叶阔叶林。栎林下的土壤一般为棕壤，土层较厚，个别地方有岩石裸露。

栎林的乔木层主要是壳斗科栎属中的麻栎、栓皮栎、短柄枹等落叶种类，有的为单优种，有的混合生长，有些地方还有少量的赤松。灌木层常见的种类有黄檀、化香幼苗、阔荚合欢、柘树、山牡荆、盐肤木、扁担杆、算盘子等。草本层的优势种为羊胡子草、黄背草和白茅，还有野古草、牡蒿、一年蓬和白头翁等。

3. 杂木林

云台山的森林被人为破坏以后，少数山沟因距市镇较远或其他原因，而形成了一些次生杂木林。杂木林呈星散分布，其中以宿城附近的面积最大。杂木林一般分布在沟谷避风处，水源充足，土层较厚。

组成杂木林的种类很复杂，比较多的有黄连木、楸、枫香、茶条槭、朴树、栓皮栎、麻栎、板栗、楝、臭椿、赤松、黄檀、化香等。杂木林多经砍伐，林相多不整齐，成层现象也不显著。在适宜的地点，大致可观察到五层：由楸、黄连木、枫香、栓皮栎、板栗、楝等组成的乔木层，由黄檀、山柿、桑树、朴树、榆树组成的小乔木层，由盐肤木、野山楂、山牡荆等组成的灌木层，由透骨草、泽兰属、藜、酢浆草、野艾蒿和少数禾本科草类组成的草本层，以及苔藓地衣层。在十分郁闭的林下，灌木草本极少。

除上述植被类型外，连云港地区还有一定面积的松栎混交林、灌草丛、竹林、枫香林，以及人工栽培的板栗林、茶园等。

（二）海滨植被

海滨地区受潮汐淹灌和海风吹送浪花的影响，土壤中含有大量的可溶盐类，一般植物不能生长，只有少数几种耐盐碱植物能够生存而形成特殊的植被——盐生植被。在黏质盐土上，生长的是由碱蓬、獐毛、二色补血草等组成的盐生植物群落；在砂质盐土上生长的是由猪毛菜、筛草、肾叶打碗花、匍匐苦荬菜等组成的沙滩植物群落。

1. 沙滩植物群落

沙滩植物群落分布在高潮线以上的沙滩上，距高潮线 10m 至百余米，高出高潮面 0.2～2m。该群落分布范围较小，见于墟沟以北的湾头湾及黄窝附近、东西连岛的大路口北边和苏马湾等地。

组成群落的主要种类是无翅猪毛菜、匍匐苦荬菜、肾叶打碗花、筛草、砂引草、珊瑚菜等。根据其优势可进一步分为无翅猪毛菜群落、肾叶打碗花+筛草群落。无翅猪毛菜群落距高潮线最近，常为单种群落，向海一侧较稀，地势较高的一侧较密，成簇生长。在无翅猪毛菜群落边缘，有少量的肾叶打碗花、筛草生长；再向上方逐渐以肾叶打碗花、筛草占优势，形成肾叶打碗花+筛草群落。此群落一般高出高潮面 1.2～2.0m，除了优势种外，还混生有无翅猪毛菜、矮生薹草、砂引草和珊瑚菜等。

2. 盐生植物群落

盐生植物群落在连云港滨海地区分布最广。在山地丘陵和岗地以外的黏土质平原，即“盐碱荒地”或“碱滩”，以及沙滩上方的平坦之处，都分布着这种群落。群落所在地的地形平坦，海拔 3～4m，土壤为盐土。植物种类组成以藜科、白花丹科、禾本科、菊科的为主，因地形的微小差异，排水状况和土壤含盐量不同，又形成几种优势种不同的群落。

（1）碱蓬群落。碱蓬群落分布在地形低洼、排水较差，但地下水位仍在地面以下的地段。土壤含盐量较高，约为 1.5%。该群落的种类组成最简单，常为单优种群落，有的地方伴生有二色补血草、獐茅、滨藜和香附子等，在水分过多的地段可出现盐角草。

（2）碱蓬+滨鸦葱群落。碱蓬+蒙古鸦葱群落分布位置高于碱蓬群落，排水良好，如盐田的田埂、沟地的堤岸等地段。土壤含可溶性盐含量稍低，约 1.3%。群落的种类组成较丰富，除优势种外，还混生有萹蓄、藜、蓼属等植物。

（3）芦苇群落。芦苇群落的生境有两种：一种是地下水位终年在地面之上，即常年积水的地方；另一种是地下水位一年中大部分时间在地面以下，但距地面较浅。在前一种生境下，伴生有水生植物；后一种生境下，除芦苇外，还杂有野西瓜苗、萹蓄、香附子、白茅、狗尾草等植物。

盐生植物群落除了上述三种外，还有白茅群落、杠柳+达乌里胡枝子群落等。在某些局部地段，盐生植物群落和沙滩植物群落可以同时存在，形成群落复合体。这种情况最易反映盐生植物对地形和土壤的依存关系。

五、野生植物资源

1）用材植物资源

连云港地区木本用材植物比较丰富，约有 120 种，绝大部分是乔木，少数为木质较硬的灌木。这些乔木构成了本地区森林植被的优势种和建群种，也是用材植物的主要资源，其中较为著名的有赤松、板栗、山柿、黄檀、化香、短柄枹和槲栎等。

2）果树植物资源

连云港地区有野生果树 35 种，主要是蔷薇科、壳斗科、柿树科和胡桃科等的植物。数量较多的果树植物如板栗、山柿、野山楂、山核桃、山葡萄、茅莓等。此外，当地近年来栽培水果也十分丰富，如苹果、桃、白梨、枇杷和草莓等。

3）观赏植物资源

连云港地区共计 131 种观赏植物，包括草本花卉、观赏藤本植物、观赏乔木和灌木。比较著名的观赏植物有锦带花、杜鹃、栀子、紫珠、秋海棠、樱花、梓树、白蜡树、石楠和珍珠梅等。此外，当地还引种有水杉、鹅掌楸和油橄榄等多种。

4）淀粉植物资源

连云港地区有淀粉植物 53 种，集中分布在禾本科、壳斗科、蓼科、百合科和天南星科。比较突出的淀粉植物种有板栗、麻栎、地榆、拳参、荞麦、百合、菱和天南星等。

5）油料植物资源

连云港地区共有油料植物 156 种，如食用油植物有核桃、野花椒和竹叶椒等；芳香油植物有山牡荆、薄荷等；工业用油植物有乌桕和油桐等。

6）纤维植物资源

连云港地区共有可提供纤维的植物 89 种。可用于编织的植物有香蒲、杠柳、杞柳和杭子梢等；可用于造纸的植物主要是禾本科植物，如芦苇和黄背草等。

7）药用植物资源

连云港地区共有药用植物 436 种，比较著名的有紫花补血草、沙参、吴茱萸、天门冬、天南星、柴胡、列当、南蛇藤和何首乌等。

8）其他植物资源

在连云港地区，还分布着可割采生漆的漆树，可采制茶叶的茶，还有一些有毒植物如乌头和芫花等。此外，当地引种的水杉为国家一级保护植物，还有一些国家和江苏省保护的珍稀濒危植物。

六、野生动物资源

（一）陆地动物资源

连云港地区野生动物资源丰富，尤以云台山、前三岛（指海州湾内的车牛山岛、达念山岛、平山岛）最具代表性。云台山动物种类相当丰富，其中鸟类资源最为丰富。云台山区的鸟类共有 20 目，58 科，302 种，包括 8 种国家一级保护鸟类，34 种国家二级保护鸟类。前三岛地处连云港市东北部，位于亚洲东部候鸟迁徙的主要路径上，是大批候鸟的迁徙驿站和多种海鸟的栖息场所，被誉为海州湾中的“鸟岛”。连云港地区的主要有珍稀鸟类有丹顶鹤、白鹳、白头海雕、白腹军舰鸟、大天鹅、疣鼻天鹅、大鸨、鸳鸯、灰鹤、石鸡、岩鸽、震旦鸦雀、蓝翅八色鸫、小雅鹛、黑鹳、黑脸琵鹭等。除此之外，连云峰地区还有大量兽类、两栖类、爬行类等动物以及淡水鱼类等，人工饲养的畜禽有 12 科，18 属，90 多个品种。

（二）海洋动物资源

连云港地区濒临东海，海洋动物资源十分丰富，海州湾渔场是中国八大渔场之一。据初步统计，连云港海洋鱼类有 59 科，100 种以上，主要经济鱼类包括带鱼、鳓鱼、黄鱼和加吉鱼 4 大类。除此之外，还有扁头哈那鲨、孔鳐、黑线银鲛、凤鲚、海鳗、鳕、鲻鱼、花鲈、真鲷、鲐鱼、马鲛鱼、银鲳、鲬鱼、牙鲆、半滑舌鳎、绿鳍马面鲀、海马属物种、海龙科物种等。

据王玉玲和闫永锋（1999）对连云港海滨无脊椎动物的历年调查，共采集标本 82 份，分属 9 个门（软体动物、节肢动物、环节动物、腔肠动物、棘皮动物、腕足动物、扁形动物、纽形动物和半索动物），主要以软体动物和节肢动物为主。软体动物主要有红条毛肤石鳖、函馆锉石鳖、笠贝、短滨螺、中间拟滨螺、扁玉螺、微黄镰玉螺、脉红螺、疣荔枝螺、褐蚶、黑荞麦蛤、中国金蛤、褶牡蛎、四角蛤蜊和长蛸等，节肢动物主要有白脊藤壶、海蟑螂、鲜明鼓虾、乳斑虎头蟹、红线黎明蟹、日本蟳、宽身大眼蟹、肉球近方蟹和绒毛近方蟹等，环节动物主要有巢沙蚕和内刺盘管虫等，腔肠动物主要有棍螅、沙箸、黄海葵和纵条矶海葵等，棘皮动物主要有滩栖蛇尾和海棒槌等，腕足动物主要有海豆芽和大海豆芽等。

第四节　自然地理实习路线与主要观测点概况

根据自然地理学实习要求，结合连云港地区自然地理要素的空间差异，共设计 6 条实习路线，并对每条实习路线上的观测点及其主要实习内容进行简单介绍，供读者参考使用。

一、实习路线一（西大堤—北崮山）

从连云港市区乘车向北沿 G327 国道，转大浦路向北，再沿 G242（大港西路）向东到达盐场附近，设置第一个观测点。然后继续沿 G242 向东到达北崮山生态公园，设置第二个观测点。最后沿海棠北路向北抵达西大堤西端，设置第三个观测点（图 10-9）。

图 10-9　西大堤—北崮山实习路线及观测点

（一）教学目的

（1）观察海滨盐场利用海水制盐的过程。

（2）认识盐生植物，观察盐土的特征。

（3）认识北崮山生态公园主要绿化植物。

（4）了解西大堤附近的地质状况、基岩海岸和淤泥海岸。

（二）观测点及其主要实习内容

No.1-1：观测点位置在北崮山西侧、大港西路北侧的盐场附近。主要实习内容是了解利用海水制盐的过程、认识盐生植物、观察盐土的基本特征。

（1）连云港地区有大面积的盐田，它是利用自然蒸发海水制取食盐的一种古老而经济的方法。这种方法是在海岸边修建很多像稻田一样的池子（盐池或盐田），包括蒸发池和结晶池两种。先将海水引入蒸发池，经日晒蒸发将海水浓缩到一定程度；再导入结晶池，继续日晒，成为食盐的饱和溶液，继之逐渐析出食盐（粗盐）。食盐结晶后的剩余液体称为母液（也称“苦卤水”），可从中提取多重化工原料。粗盐中除含有钠和氯离子外，还含有镁、钙、硫酸根离子和泥沙等杂质，可进一步用化学（添加氯化钡、氢氧化钠、碳酸钠等化学物质）和物质过滤方法，除去杂质，再次蒸发结晶即得到纯净的食盐。

（2）在盐田附近，土壤可溶性盐含量高，一般都大于 0.6%，发育的是滨海盐土。滨海盐土上的植被是盐生植被，主要植物种类有盐角草、碱蓬、芦苇、猪毛菜、肾叶打碗花和匍匐苦荬菜等，它们要么具有茎叶肉质化特征，要么具有泌盐功能，植物覆盖度低。

（3）讲解连云港地区的成土因素、主要土壤类型及其分布规律，土壤剖面挖掘、土层划分、土壤形态特征描述以及土壤样品采集方法。适当的地点，将学生分为若干实习小组，分组挖掘盐土剖面，或利用人工剖面，观察盐土剖面特征，填写盐土剖面记载表。盐土剖面构型一般为 A-C 型，层次不明显，除表层稍暗外，通体呈灰黄色，有机质含量低，呈弱碱性反应。

No.1-2：观测点在北固山生态公园。首先讲解连云港地区主要植被类型及其分布规律，然后带领同学们认识北固山生态公园的主要植物种类。该地段的植物群落以人工栽培的园林植物为主，也可见到地带性植物种类。乔木树种有朴树、樟、臭椿、刺槐、板栗、杨树、法国梧桐、侧柏、乌桕、女贞、广玉兰、白玉兰等，小乔木和灌木有大叶黄杨、海桐、小叶女贞、栀子、紫薇、木槿、紫荆、紫丁香、法国冬青、贴梗海棠等，草本有狗尾草、狗牙根、黑麦草、酢浆草、玉簪、金鸡菊等。

No.1-3：地点位于北固山隧道东出口附近，西大堤的西端。

（1）参观西大堤，讨论大堤给连云港带来的影响，如西大堤建设引起的冲淤变化、对连云港港口的影响、对旅游的影响、对近岸滩涂养殖的影响等。

西大堤横跨东西连岛与北固山，从墟沟黄莺嘴到连岛，全长 6.7km，建于连云港墟沟湾北侧平均水深 1～2m 的水下浅滩之上，是我国最长的一条抛石体拦海大堤，被誉为“神州第一堤”。西大堤的建成，使原来的云台山和东西连岛之间的鹰游海峡变成了一个半封闭式的 30km^2 的优良港湾，为连云港的发展奠定了基础。

（2）观察西大堤附近的地质状况、基岩海岸和淤泥海岸。观察点在棺材山的东端。棺材山山顶平缓，南坡陡峭，植被稀疏，坚硬的变质岩裸露，是断层发育形成的断块山。棺材山北坡临海，从山麓到山顶的岩石表面密布纵向的浅沟和深浅不同的海蚀穴。它们是在古海平面附近，岩石受拍岸浪的侵蚀形成的，后经内力抬升作用，山体隆起，使原先形成的海蚀穴出露在现代海面以上不同高度。

墟沟湾位于西大堤西端的南侧。由于西大堤的修建，这里变成了向东敞开的长袋状港湾的底部。沿岸洋流和涨潮流从东边涌进来，到这里已经是强弩之末，流速最小，于是细小颗粒沉积下来形成了黑色的泥质滩涂，且不断向东增长，使得港湾出现不断变小变浅的趋势。

二、实习路线二（东西连岛）

首先从连云港市区出发，沿港城大道、连霍高速、西大堤到东西连岛的西连岛。然后向东沿环岛公路步行或乘车到达各个观测点。本条实习路线共布设 7 个观测点（图 10-10）。

东西连岛呈东西向延伸，由东连岛和西连岛组成，南部隔鹰游海峡与后云台山相望，是江苏省最大的海岛。东西连岛面积 7.6km^2，海岸线长 17.66km。东西连岛的地形基本上丘陵，古称鹰游山，现称大板山，主峰大桅尖在东连岛，海拔 357.8m。东西连岛是集青山、碧海、茂林、海蚀奇石、天然沙滩、渔村于一体的重要旅游胜地之一。

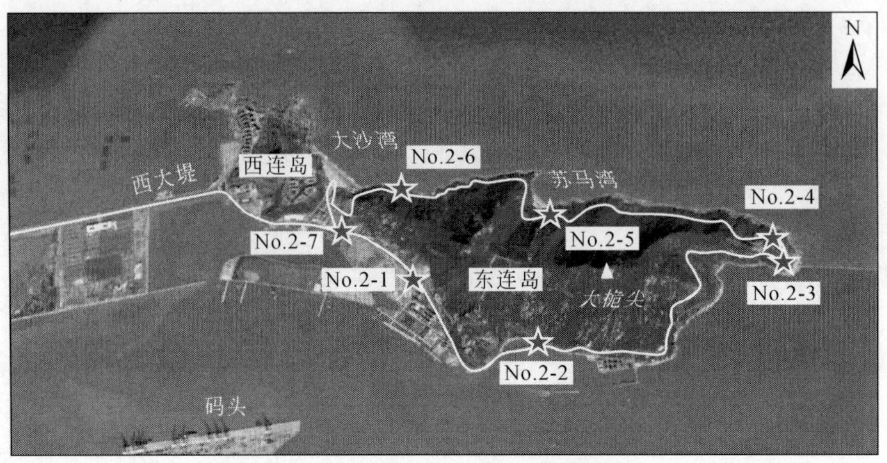

图 10-10　东西连岛实习路线及观测点

（一）教学目的

（1）了解东西连岛的地质与地貌概况。

（2）观察东西连岛周围的海蚀地貌。

（3）认识东西连岛周围的盐生植物。

（4）参观苏马湾沙滩和生态园。

（5）参观连云港海底世界，认识主要海洋生物。

（二）观测点及其主要实习内容

No.2-1：观测点位于东西连岛中路镇海寺站北侧，主要了解该岛的地质与地貌概况。东西连岛的地质构造及地貌形态较为复杂，属剥蚀块状山地。由深变质的片麻岩类构成，主要岩性是混合岩化的白云母片麻岩、白云母斜长石片麻岩等。岩石主要成分是石英，含长石较少，有少量的云母、角闪石和其他矿物成分，具有显晶变晶质结构，斑杂构造和片麻构造。岩石色淡而坚硬，断裂和褶皱构造发育，加上海浪的长期冲蚀，海蚀地貌遍布全岛。由于沿岸缺少物质来源，海滩不甚发育，只在岛屿北侧分布面积不大的苏马湾沙滩和大沙湾沙滩。

No.2-2：观测点位置在连岛中路的水岛站。从此处南望，可见连岛南侧基岩海岸，礁石低缓连片，外力作用以海浪侵蚀为主，泥沙沉积少，属于正在形成过程中的海蚀平台。

No.2-3：观测点位置在连岛东路邓小平公园站。道路在此由东西方向转为北东方向，公路边出现一处裸露的天然岩层露头，称“南大嘴”。出露的岩石为石英片岩，呈灰白色，致密坚硬，片状构造，细粒变晶结构，为沉积岩经变质作用而形成。岩层呈东西走向，向南倾斜，倾角约为 30°。

No.2-4：观测点位置在连岛东路灯塔山下。从南大嘴沿道路西拐不远处，向东眺望鹰游海峡的东口，正前方是灯塔山。左侧是一个个小海湾，均是由碎石组成的海岸；右侧可见两条相向延伸的防波堤守卫在海峡的东口，两只航标灯中间是船舶进出港口的主航道。

No.2-5：观测点位置在东连岛北侧的苏马湾生态园。苏马湾三面环山，一面向海，独特的地理位置造就了世外桃源般的胜境。苏马湾沙滩岸线长度为 0.26km，沙粒均匀、细腻、松软。此观测点还可见到苏马湾瀑布、海蚀地貌以及海天一色的壮观美景。

No.2-6：观测点位置在连岛西北部的大沙湾东侧。此处可见到各种海蚀地貌，主要有海蚀洞穴、海蚀柱、海蚀沟、海蚀崖、海蚀平台等。东西连岛的四周多为陡崖，崖前水深3～5m，水下有岩石平台。现代高潮位处有一层海蚀穴。在高潮位以上，分布有高程为4m、7m、20m和40m等多级海蚀阶地和海蚀穴。

No.2-7：观测点位置在西连岛和东连岛结合部南侧（大路口）东300m，环岛南路北侧，主要实习内容是参观连云港海底世界。连云港海底世界占地约3000m^2，展出300多种、1000多只活体海洋动物，是国内展示活体珊瑚品种数量最多的海洋馆。在这里可以观察认识五颜六色的珊瑚、小巧玲珑的水母、多姿多彩的贝类，还有许多美丽的珊瑚鱼等海洋生物。在海底世界的尽头还有一段海底隧道，可以亲身感受漫步在大海深处，各种海洋生物从身边和头顶游弋的壮观场面。

三、实习路线三（宿城水库）

从连云港市区出发，乘车沿港城大道、临海公路、板宿路，到宿城乡所在地的"世外桃源"（船山飞瀑）景区，进行第一观测点实习；之后步行到达宿城水库，进行第二观测点实习（图10-11）。

图10-11 宿城水库实习路线及观测点

（一）教学目的

（1）了解后云台地区地质与地貌概况。

（2）观察宿城船山飞瀑景区三级瀑布。

（3）观察了解水库的一般构造。

（二）观测点及其主要实习内容

No.3-1：观测点位于船山飞瀑风景区。首先讲解后云台地区的地质与地貌概况，然后观察船山飞瀑景区三级瀑布。云台山是构造剥蚀山地，主要山体由西南向东依次有锦屏山、前云台山、中云台山、后云台山、东西连岛大板山。此外，在墟沟北还有北崮山和徐圩镇西的东陬山等。这些山体均由古老的片麻岩、混合岩和片岩等组成，变质程度较深。在地壳运动作用下，被一系列近似平行的北西西向高角度的正断层所切割。上升的地垒部分成为山地，下降的地堑部分成为谷地，再经后期风化剥蚀形成了今日的低山丘陵。其中，前云台和后云台山山势高耸，东北和西南两坡由于断层切割，多陡崖峭壁，重力崩塌作用较强烈。部分山体西北坡陡而东南坡缓，呈单面山形态。

船山飞瀑景区的地表流水沿岩石“X”节理冲刷，裂点处形成瀑布。船山飞瀑是一处由三级瀑布构成的瀑布群。最上部的第一级瀑布，宽约 3m，从第一道悬崖——“阎王鼻”飞流直下，落差达 50m。第二级瀑布在一级瀑布数十米远的下方，从高约 10m 的悬崖跌落下来。这崖壁之下有一个长约 10m、宽 8m、高 2m 的岩洞，称“帘洞”。第二级瀑布下方的流水流淌约 200m，又从一高 10m、宽约 20m 的“滴水崖”上跌落，形成第三级瀑布。滴水崖下北端，有一天然石洞，从洞里向外看，洞顶瀑布变作无数细流宛如串串珍珠滴落而下，故名滴水崖。

No.3-2：观测点位于宿城水库。宿城水库始建于 1958 年，分别于 2002 年和 2005 年加固，是一座以防洪为主，兼顾灌溉、宿城乡供水和旅游观光的小（1）型水库。库区水面面积 5.23km^2，总库容 326.81 万 m^3，兴利库容 225.27 万 m^3，坝顶高程 22.8m，最高水位 22.14m，泄洪水位 19.65m。防洪标准为 500 年一遇，按 1000 年一遇洪水标准校核。主要工程由大坝、溢洪道和输水洞等组成。

宿城附近的岩石节理十分发育，经长期风化后形成了很多奇石。例如，水库西南炮台阳坡的卧牛石，生动形象；张楼东山口的风动石，高、宽各 3m，孤立矗立在斜坡上，似乎用手轻轻一推便能将它推下山去，一阵风吹过来它又似乎在轻轻摇动。

四、实习路线四（花果山）

从连云港市区乘车出发，首先沿港城大道，转圣湖路到达花果山停车场。然后步行进入花果山（前云台山最高峰周围山地）景区，沿途布设 7 个观测点，进行实习（图 10-12）。

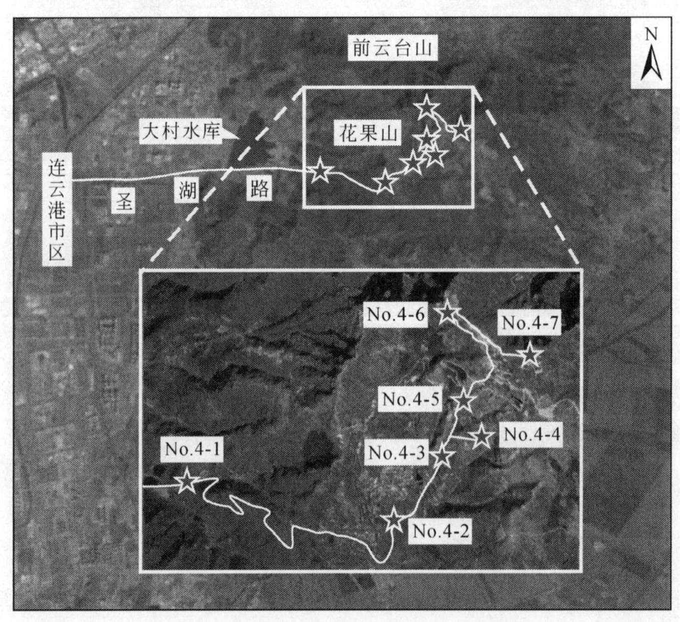

图 10-12 花果山实习路线及观测点

（一）教学目的

（1）了解花果山地区的地质与地貌概况。

（2）掌握植物群落调查、土壤剖面挖掘与描述方法，了解花果山地区落叶阔叶林组成和结构特点，以及棕壤特征。

（3）参观花果山雷达气象观测站，了解雷达气象观测的原理和作用。

（二）观测点及其主要实习内容

No.4-1：观测点位于花果山景区门口，主要实习内容是了解花果山地区的地质与地貌概况。在大地构造上，花果山地处秦岭褶皱系大别-苏胶褶皱带的苏北-胶南背斜之上，属于“苏鲁造山带”的一部分。地层由片麻岩、混合岩和浅粒岩构成，变晶结构，片麻构造、斑杂构造或块状构造，属中元古界上部和新元古界下部地层（距今 11 亿～8 亿年），夹有较多的基性脉体，被命名为“云台群”。大约从距今 2 亿年开始，花果山的岩石从地壳深处向上抬升，经过近 1 亿年后，出露地表。之后，在地壳运动作用下，花果山又向东北方向平移了一段距离。晚白垩世至新近纪，花果山缓慢上升，接受风化剥蚀。第四纪以来，受新构造运动的影响，断裂构造十分发育，花果山表现为地垒且不断升高，在内外力综合作用下逐渐形成了现今的地貌形态。花果山层山叠峦，其最高峰——玉女峰，是江苏省最高峰。

No.4-2：观测点位于九龙桥附近。九龙桥又名“万寿桥”，位于前云台山的南天门和三元宫之间。因东、北、西三面群峰回环，有九条山涧汇于桥下，故名“九龙桥”。据地方志和碑刻记载，此桥筑于明末。九龙桥是砖石结构的拱桥，桥身宽 8m、高 6m、长 30m。桥边有一株古银杏树，高 25.5m，腰围 4.23m。

No.4-3：观测点位于多宝佛塔和三元宫之间。这里土层深厚、植被茂盛，是开展花果山落叶阔叶林和棕壤观测实习的理想场所。

（1）落叶阔叶林群落调查实习。首先讲解连云港地区主要植被类型及其分布规律；然后带领同学们辨认观测点附近的主要植物种类；最后分组开展植物样方调查，填写相关表格。

该地段的植物群落结构可分为乔木层、灌木层、草本层和地被层。建群树种是栓皮栎，伴生种主要有麻栎、短柄枹、樟、化香、朴树、赤松、刺楸、黄连木和山合欢等；林下常见的灌木有盐肤木、化香、黄檀、扁担杆、算盘子、柘树、白檀、短柄枹、木蜡树和野珠兰等；草本层常见有羊胡子草、白茅、野古草、牡蒿、野蔷薇、草莓和天门冬等。层间藤本植物以草质或半本质为主，主要有菝葜、薯蓣、铁线莲和络石等。附生植物有苔藓、地衣等，多数生长在树干上。

（2）棕壤剖面观察与描述实习。首先讲解实习地点附近的地貌部位、基岩与成土母质状况；然手选择合适的地点挖掘棕壤剖面，或者寻找自然出露的剖面，分组描述剖面特征，填写棕壤剖面记载表。

这里的棕壤剖面构造一般是 O-Ah-Bt-C（R）。O 层是枯枝落叶层，厚薄不一。Ah 层是有机质层，呈灰棕色或黑棕色，团粒结构或小块状结构。Bt 层是黏化层，一般呈浅棕色或亮棕色，较 Ah 层紧实，块状结构。C 层是母质层，多为基岩风化残积-坡积物，砾石多。有的地方，Bt 层之下直接和坚硬连续的母岩（R）相接触。

No.4-4：观测点位于照海亭附近，可观察到多个洞穴，有“七十二洞”之称。七十二洞是千万年前造山运动留下的痕迹，许多巨大石块交叉垒叠，自然形成了一大批洞穴。海天洞是七十二洞中最大的一个，因是高僧悟五营造，故称为悟五洞。

No.4-5：观测点位于水帘洞附近。花果山水帘洞是一个天然裂隙洞穴，内有人工隧道可通往下层平台。水帘洞古书称之为“海上仙山”，自古就有“东海第一胜境”和“海内外四大灵山之一”的美誉。

No.4-6：观测点位于玉女峰。站在玉女峰上可眺望前云台山全貌，以及东北方向的中云台山和西南方向的锦屏山，还可观察到三山西侧近乎南北向的断层谷地（连云港海州区所在地）和三山之间西北向断层谷地（农田和村落）。花果山岩层走向为东南—西北向，均由元古宙片麻岩及片岩组成，西北坡坡陡谷深，东南坡坡缓沟浅，形成山脊涧谷或山坡台地，特别是东南坡形成许多三面环山的开口小盆地，形成特殊区域性小气候，利于多种植物的生长。

No.4-7：观测点位于花果山雷达气象观测站，主要实习内容是参观雷达气象观测站，听取有关专家的介绍。2000 年以来，连云港完成了花果山新一代天气雷达站、气象高速通信网络、气象信息服务平台、较高密度自动气象监测网络等现代化基础设施建设，建立了新一代预报平台和工作流程，实现了气象卫星网、省局远程网、市县局域网、因特网“四网互联”。雷达气象站是利用气象雷达对有效范围内进行雷达气象探测的气象站，是全国天气监测网的组成部分之一。雷达探测获取的天气现象（如降水区）的回波照片、图表、数据等，是进行短期（0～72h 或 0～12h）天气预报，特别是降水预报的重要依据，更是从事临近（0～2h）天气预报服务的主要工具。

五、实习路线五（海州湾）

海州湾以北的岚山头（山东省日照市岚山区境内）至南部的东西连岛连线为界与黄海相通，面积约 820km^2。在地质构造上，海州湾位于苏鲁隆起与苏北南黄海拗陷的过渡地带，是进行海岸地貌实习的理想场所。从连云港市区出发，首先乘车沿沈海高速、烟沪线，到赣榆区的海州湾。然后沿 G204 国道和 G228 向南，顺着海州湾布设 3 个观测点（图 10-13）。

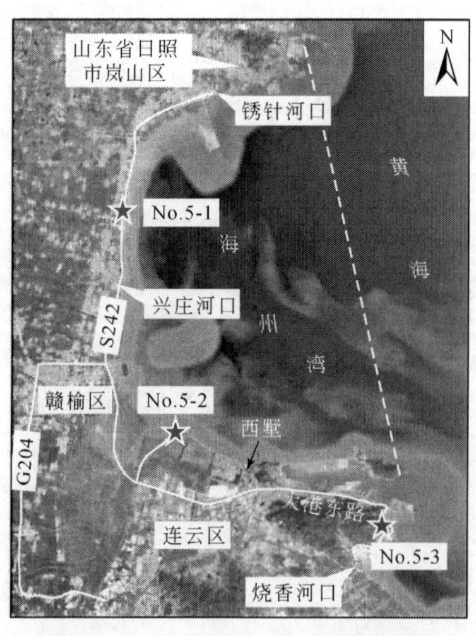

图 10-13　海州湾实习路线及观测点

（一）教学目的

（1）观察波浪、潮流河口对海岸的侵蚀和堆积作用。

（2）了解平原型海岸和基岩型海岸的地貌差别及形成原因。

（二）观测点及其主要实习内容

No.5-1：观测点位于绣针河口与兴庄河口之间适当位置。海州湾北段（绣针河口—兴庄河口）为冲刷后退的砂质平原型海岸，岸线呈南西南走向，长约 27km，潮间带宽约 1km，海滩物质以小于 1mm 的石英细砂为主。可以观察到波浪破碎位置、破碎后的波浪（破浪）以及拍岸浪上冲和回水的过程。观察每次拍岸浪作用前后，滩面波纹的变化。观察回水过程中水的下渗过程。赤脚站在沙滩上，感觉沙子随海水上冲的过程以及随回水下移的过程。在拍岸浪到达之前，在沙滩上挖个坑、堆个丘，观察波浪冲击之后对它们的改造，看是否被夷平或填平，多长时间被夷平或填平。在有海岸沙堤发育的地方，观察和测量沙堤分布的高度以及延伸的方向。

No.5-2：观测点位于兴庄河口与西墅之间适当位置。海州湾中段（兴庄河口—西墅）为淤泥质平原型海岸，长约 26km，潮间带宽为 3～6km，组成物质为青灰色粉砂淤泥。观察潮流对海岸的作用以及潮沟的形成。

No.5-3：观测点位于西墅与烧香河北口之间适当位置。海州湾南段（西墅—烧香河北口）为基岩型海岸，长约 44km，岸线曲折，有的地方也有海滩（砂质或泥质）出现，但滩面狭窄，海蚀地貌（海蚀崖、海蚀穴、海蚀柱、海蚀平台和海蚀阶地等）十分发育。

六、实习路线六（连云港市气象站）

连云港市原来的气象观测站位于市区内，由于城市化进程的不断加快，气象观测的自然环境受到了人类活动的强烈干扰。2009 年在海州区锦屏山西部郊区、蔷薇河北岸的潘庄，建立了连云港市新的气象站，并投入使用。从连云港市区出发，乘车沿 S323 国道向西到包庄，转关沭公路向南至张湾村，再沿张曲公路抵达潘庄连云港气象站（图 10-14）。

图 10-14　连云港市气象站位置

（一）教学目的

（1）了解连云港市气象气候特征和气候资源概况。

（2）观察标准气象观测场的仪器布局，了解仪器操作要点。

（二）主要实习内容

首先请气象站专业技术人员介绍连云港地区气象气候特征及气候资源概况。然后在气象站专业技术人员带领下参观气象观测场的仪器设备布设，讲解各种观测仪器的性能、用途及观测注意事项等。

第十一章　林州太行山地自然地理野外实习基地

林州市位于 113°37′E～114°04′E，35°41′N～36°22′N。地处太行山南段东侧，河南省西北隅。市境南北长 70km，东西宽近 30km，总面积 2446km^2。其中，深山区面积 467km^2，占 22.8%；浅山区 700km^2，占 34.2%；丘陵区 593km^2，占 29%；盆地区 286km^2，占 14%。从地形上看，表现为西高东低中间凹。海拔从 250m 上升到 1600m 之多。西部为太行山的支脉——林虑山，沿河南省界为山区中心地带，山脉呈东北—西南走向，山峰多在 1000m 以上，最高峰是四方脑，海拔 1632m。中心地带以东和以南为低山丘陵区，海拔在 400～800m，多为浑圆状。在山地和丘陵之间为两串大小不等的串珠状盆地，东串有东岗、河顺、横水、东姚四个盆地，面积较小；西串有任村、城关、原康、临淇四个盆地，面积较大。构成山体的岩石类型齐全，出露良好。同时这里还有原始森林、古冰川遗迹、第四纪黄土等自然景观。

林州太行山地自然地理野外实习基地横跨山地-丘陵-山前洪积扇-盆地等不同的地形单元（图 11-1），自然景观表现出鲜明的水平地带性和垂直地带性，自然和人文地理景观丰富，多年来一直是河南省某些高校和北京大学开展山地科学研究的关键区域。

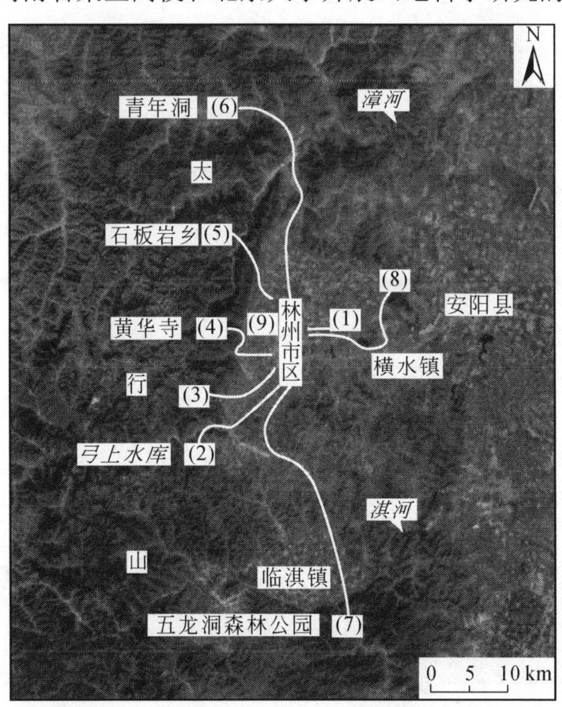

图 11-1　林州太行山地自然地理野外实习区域及实习路线（1）～（9）

第一节　地质与地貌概况

一、地质

（一）地层概述

在大地构造上，林州属华北地区豫西分区林州小区，地层发育比较齐全，有太古宇、元古宇与下古生界地层，上古生界和中生界地层大部分缺失或被新生界地层所覆盖（表11-1）。实习区内沉积岩、岩浆岩和变质岩三大岩类皆有出现。

表 11-1　林州地区岩性特征及分布（张启珍和张吉献，2004）

地层	系（组）	地层剖面图	厚度/m	岩性特征	分布地点
新生界	第四系		0~50	黄土、坡积物、冲积物	广泛分布于林州市境内各盆地、河谷两岸和山麓
	新近系 古近系		20 ~40	砾岩，砾石成分为灰岩、片麻岩、石英岩等	
中生界	三叠系		350	黄色页岩	林州盆地东部
古生界	二叠系 石炭系		600	以含煤层的砂质页岩为主，夹灰岩和页岩，底部为黏土和山西式铁矿	林州盆地东部的横水、东岗等乡镇
	奥陶系 马家沟组		700 ~900	深灰色致密灰岩，夹虎皮泥质条带灰岩和角砾岩，底部有2~3 m的淡色页岩。中性岩浆侵入与石灰岩接触变质，形成变质赤铁矿（镜铁矿）。含珠角石化石	石灰岩广泛分布于林州东部及各小盆地的分水岭。闪长岩与石灰石的接触变质带分布于东岗镇和城关的蜜蜂山。珠角石化石主要分布在蜜蜂山
	奥陶系 冶里组		120	深灰色白云质灰岩，中部为黄色结晶白云岩，上部为含燧石团块和燧石条带的白云岩	分布于太行山的上部、河涧镇红英汇流处
	寒武系		400 ~600	下部为紫色页岩间以石灰岩，含莱氏虫化石；中部为深灰色鲕状灰岩；上部为竹叶状灰岩	分布于太行山中部、河涧小寒村等处
元古宇	新元古界 中元古界		120 ~140	厚层状棕黄色、棕红色石英岩，层面上具有泥裂、波痕等构造，含叠层石化石	太行山悬崖主体。太古宇和元古宇的不整合接触出露在太行隧道和八达村
太古宇				角闪片岩、云母石英片岩、花岗片麻岩、辉长片麻岩等多种片（麻）岩和岩脉	分布于太行山下部

1. 太古宇

太行山山体底部是一套太古宇深变质岩，构成了华北地台的基底。在八疙瘩—桃园一带为太古宇的上部地层，主要岩性为花岗片麻岩、角闪花岗片麻岩和角闪片岩；在黄华谷—南谷洞一带为太古宇的中部地层，主要岩性为黑云花岗片麻岩、黑云斜长片麻岩、大理岩和蛇纹化大理岩；在青年洞一带为太古宇的下部地层，主要岩性为变质最深的眼球状混合岩和眼球状花岗片麻岩。太古宇片麻岩的上覆地层是元古宇石英岩和石英砂岩，是华北地台的盖层。这两套地层呈角度不整合接触，说明太古宇末期发生了一次造山运动，使太古宇地层抬升，遭受剥蚀，然后地壳下降，形成元古宇石英岩和石英砂岩。太古宇出露厚度从山体上部的元古宇石英岩底部到沟底部约有500m，不同岩性出露在不同高度上。

由于太古宇地层变质较深，与华北地区的赞皇群属于同期产物，与嵩山地区登封群时代相同，所以也有人把林州太古宇的各种片麻岩称为登封群。

（1）花岗片麻岩。花岗片麻岩出露在黄华村、桃园村西沟等山体的下部。从整体颜色来看，新鲜面呈肉红色，风化面呈黄褐色，主要成分有正长石、石英、黑云母，石英颗粒较细，全晶变晶结构，片麻构造。

（2）角闪花岗片麻岩。角闪花岗片麻岩出露在黄华村，是在定向压力下受高温作用而形成的，其角闪石比花岗片麻岩多，全晶变晶结构，片麻构造。

值得提出的是，以上两种岩石中都有石英脉、长英脉、伟晶脉穿插。岩脉厚度各不相同，石英脉较窄，伟晶脉较宽，局部地方有顺层贯入现象。这三种岩脉是不同期的产物，因为三者呈相互穿插关系。

（3）角闪片岩。角闪片岩是由含钙镁铁成分较多的页岩变质而来的。在八疙瘩村出露最好，呈深灰绿色或黑绿色，主要矿物有黑绿色的针状角闪石和灰白色的细小斜长石。矿物的排列关系为黑白相间的定向排列，全晶变晶结构，片状构造。该岩石形成时代较早，变质程度较深，重结晶的程度更强，属于中深变质岩。形成后又经过多次岩浆侵入活动，有石英脉和长石脉等岩脉穿插。

（4）大理岩和蛇纹化大理岩。大理岩出露在黄华谷中，是太古宇地层与元古宇地层接触部位的岩层。太古宇超基性岩、阳起磁铁石英岩和斜辉磁铁石英岩经热液蚀变而形成大理岩，并非沉积变质大理岩（蒋永年，1989）。这种大理岩中的方解石重结晶作用相当明显，方解石颗粒大小不一，解理也比较发育。大理岩常呈细粒变晶结构，块状构造。蛇纹化大理岩在黄华谷分布较多，是大理岩进一步受岩浆热液交代作用形成的，有灰绿色条带状蛇纹石生成，质地比较坚硬，常为斑状变晶结构，厚层状或块状构造。蛇纹化大理岩主要用作建筑装饰面，质量较好者称为“黄华玉”。

2. 元古宇

林州地区的元古宇下部地层是石英岩和石英砂岩，上部为页岩。在林县盆地西侧山地有广泛出露，构成了太行山的陡壁。

（1）石英岩和石英砂岩。石英岩是由石英砂岩高温、高压作用下，石英砂粒之间的胶结物发生重结晶而形成的，细粒变晶结构或隐晶变晶结构，层状构造；质地致密坚硬，颜色多为灰白色，也有清灰色和肉红色者。石英砂岩多为灰白色，未变质或变质轻微，断口粗糙，碎屑结构，层状构造。本区石英岩一般有三层，每层厚约200m，分别构成了山体的三个陡壁，使太行山蔚为壮观。

（2）页岩。页岩主要由黏土矿物组成，紫红色或黄绿色，具典型的泥质结构，质地均匀细腻，页理构造。元古宇下部的页岩往往与厚层砂岩以互层出现，易风化，因此，页岩常以缓坡的形式出露在坚硬陡峭的石英岩之上，二者形成堡垒式的地貌景观。

在太行隧道—马鞍垴和弓上水库等地所见地层均为该类地层。在太行隧道西口沿滑翔路到马鞍垴，所见地层主要是元古宇石英岩和页岩互层。在马鞍垴村，可见到元古宇石英岩与寒武系的黄绿色、紫红色页岩呈平行接触关系。在弓上水库，所见地层为元古宇震旦系石英岩、石英砂岩和寒武系紫红色页岩，属震旦系上部地层，50～60m。在弓上水库大坝附近的石英岩层面上，有许多层面构造（如龟裂、波痕等）和交错层理，说明石英岩是由浅海沉积而成的石英砂岩经后期变质而形成的。此外，该套岩层垂直节理十分发育，经剥蚀沿节理发生崩离而形成峭壁。石英岩、石英砂岩和页岩的交错出现，说明本区海洋环境发生了多次升降变化。

3. 古生界

林州地区的古生界地层主要为寒武系和奥陶系，二者呈假整合接触关系。寒武系主要是石灰岩和页岩。下寒武统的页岩见于马鞍垴与合涧镇小寨东，中寒武统的鲕状灰岩见于太行山顶，但未见到上寒武统薄层黄色页岩出露。奥陶系主要为石灰岩。

（1）页岩。在马鞍垴村见到的页岩呈黄绿色、紫红色，泥质结构，有黑色燧石团块出现，页理构造，与元古宇石英岩呈平行接触关系。这套页岩定为下寒武统页岩原因是，在页岩中有黑色燧石出现，是胶体二氧化硅沉积，也是华北地区下寒武统底部沉积物的特点。除此之外，该套地层还具有以下特点：第一，页岩只是固结没有变质，因此岩性较软，手捻之易碎，具有很强的可塑性和吸水性，湿水后黏性强，透水性差。第二，在小寨东广泛出露紫红色页岩夹薄层泥灰岩。页岩主要由黏土矿物及少量白云母组成，层理非常清楚，在每一个层理面上，都可见到阳光照耀下闪闪发光的小片白云母。受后期构造运动的影响，“X”节理发育，将页岩切割成菱形块体，节理面相当光滑。在页岩中有厚薄不等的黄灰色泥灰岩。

（2）鲕状灰岩。中寒武统鲕状灰岩主要见于太行山山顶、淅河河谷的二道河桥东、八疙瘩附近的山沟等处，厚约300m。呈深灰色，鲕状结构，厚层状构造。其中含有黄色泥质条带，节理面上常有红色铁质氧化物。鲕状灰岩中可见喀斯特溶洞，且出露在同一高度上，说明地质历史时期，该区水、热配合较好，经溶蚀作用形成了溶洞，后来地层抬升出露于地面以上，是新构造运动的证据之一。

（3）白云质灰岩和灰岩。在合涧镇山坡上有奥陶系的下部地层出露，为灰白色的白云质灰岩，厚度约70m，晶粒结构，层理构造，每层约1m。矿物组成为方解石和白云石，以白云石为主，化学成分为碳酸钙镁，盐酸反应弱。在林州盆地的东、北、南部丘陵地区，为奥陶系的中部地层，统称为马家沟灰岩。灰岩呈青灰色，微晶质或隐晶质结构，厚层状构造。灰岩破碎现象比较明显，说明这套岩层形成后受到了强烈的构造运动影响。

另外，在曲山村东北、蜜蜂山下，可见中奥陶统灰岩与闪长岩的侵入接触。同时有以下几种现象：①，在石灰岩中有明显的破碎现象或小褶皱，属于闪长岩侵入挤压而致，其根据是破碎石灰岩有上拱的褶皱现象。②在石灰岩的岩面上有烘烤现象，是岩浆上升过程中受岩浆热力烘烤作用而形成的。③少量石灰岩发生大理化，大理化石灰岩出现在接触带局部地区，说明仅局部地区受到了闪长岩的热力烘烤作用。④蜜蜂山半山腰和山顶均可见到珠角石和盘螺化石，进一步证明了本区的石灰岩为中奥陶纪的地层。

4. 新生界

林州地区的古近系和新近系主要是砾岩，第四系主要是黄土和冲积物。

（1）砾岩。砾岩出露较好的地点在桃园渡桥附近。砾石成分复杂，有石英岩、片麻岩、石灰岩等，但主要是石灰岩；砾石大小不等，大者直径在 50cm 左右，小者只几厘米，但大多在 10cm 左右；砾石的磨圆度除石英外，大部分较好；钙质胶结，胶结程度高。从砾石成分来看，它与断层上盘所出露的岩性有密切关系。太行山自下而上是片麻岩、石英岩、页岩和鲕状灰岩等，这些岩层在上升过程中遭受侵蚀成为河床物质的来源，说明新近系砾岩的形成与断块山上升有直接关系。太行山山顶在新近纪以前是一个稳定的夷平面，之后受构造运动影响，遭受剥蚀，便为低洼河谷提供了砾石来源。

（2）黄土。黄土覆盖在山口、山前及盆地中，是当地主要的农业用地。在安阳至林州的公路两侧以及邵家窖村北的人工剖面上，可见到大面积出露较好的黄土，垂直剖面 3～5m 不等。本区黄土类型有离石黄土和马兰黄土，下层为中更新统的离石黄土，颜色暗红，盐酸反应剧烈；黄土中还有钙质结核，形状不规则，像马铃薯或生姜，所以称为砂姜石；上层为上更新统的马兰黄土，颜色呈浅黄色。该区黄土质地均一，无沉积层理，但垂直节理发育。黄土颗粒之间孔隙较多，黄土遇水浸湿后，具有明显的湿陷性。在道路两侧，时而能见到黄土崖和黄土柱。

（二）地质构造

本实习区在地质构造上属于山西陆台背斜东部边缘的太行山隆起。中生代的构造运动使太行山南段的早中生代地层形成宽阔的背斜，并伴随着大量的断裂、褶皱和岩浆侵入活动。古近纪以后的新构造运动发生强烈抬升，形成高大的断块山和断陷盆地。

1. 断裂构造

林州地区的断裂构造多为中生代燕山运动的产物，主要有任村-西洛平、任村-河顺与合涧大断裂三条。

（1）任村-西洛平大断裂。任村-西洛平大断裂又称林州大断裂或太行山东大断裂，是区内的主导断裂。断裂走向为 NNE，倾向 EES，断层东侧（上盘）为林州盆地，西侧（下盘）为太行山地（图 11-2）。盆地西部断层长达 50km，其中以合涧附近的上庄为界，向北至省界以北北东向延伸 45km，向西南至省界以东北—西南向延长 5km。断层的上升盘位于断层线西部，基部出露的是太古宇片麻岩，上覆元古宇震旦系石英岩和古生界页岩、鲕状灰岩、竹叶状灰岩以及奥陶系下部的白云质灰岩。断裂中段东西垂直落差近千米，壁陡如削、雄伟挺拔；北段垂直落差较小，400～500m。由于岩层软硬相间，构成了太行山特殊的“堡垒式”地貌形态。断层的下降盘是林州盆地，为黄土所覆盖，局部地区可见奥陶系灰岩与太古宇片麻岩相接触，为断层的重要证据。盆地东部丘陵和西部断崖附近都可以见到岩层的错乱和破碎现象，也是断层的佐证。

林州大断裂形成于中生代，到了古近纪，在长期的外力侵蚀作用下山地被剥蚀夷平，形成了古夷平面。进入新近纪，在新构造运动影响下，老断裂复活，西盘复又上升，东盘复又下降。时至今日，在内外力的共同作用下形成了巍巍太行山景观。断层的东盘在下降过程中，受东西向断裂的影响，形成了一系列串珠状盆地，林州盆地便是其中之一。

（2）任村-河顺大断裂。任村-河顺大断裂是一条垂直于林州大断裂的东西向断裂，位于林州盆地北部。它的发育与林州大断裂一样，也是新构造运动时期，老构造复活，北盘上升成为低山，南盘下降为盆地。

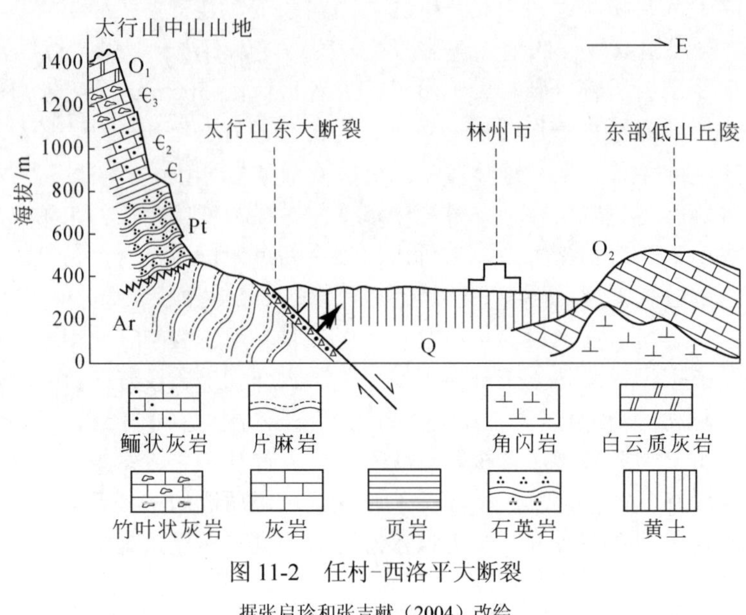

图 11-2　任村-西洛平大断裂

据张启珍和张吉献（2004）改绘

（3）合涧大断裂。合涧大断裂也是一条垂直林州大断裂的东西向断裂，位于林州盆地南部。它的出现使林州盆地南部成为低山丘陵区。

2. 褶皱构造

区内的褶皱构造主要是任村复背斜。它是宽缓的大型背斜构造，西翼向西延伸到山西台地，东翼展布于盆地的低山丘陵区，轴向近于南北（NE10°～15°），向北延伸至河北境内。受林州大断裂切割的影响，复背斜核部的太古宇地层出露，而且被后期的断裂和岩浆侵入破坏比较严重，支离破碎。

在实习区内，小型褶皱随处可见。在合涧桥南淅河河谷内，可以观察到小型背斜和向斜。在背斜、向斜核部，破碎现象明显。

（三）岩浆活动

本区岩浆活动的岩浆既有酸性的、中性的，又有基性的，表现为各种侵入体，如酸性伟晶岩和石英岩侵入、中性闪长岩侵入以及基性辉绿岩侵入。

1. 伟晶岩侵入

在古老的太古宇片麻岩中，随处可以观察到伟晶岩脉侵入，脉长数百米，宽度 0.1～1m 不等，长石、石英颗粒非常粗大，伟晶结构，块状构造。侵入体以岩脉、岩墙的形式出现。

2. 辉绿岩侵入

在黄华寺的河谷中可见到太古宇花岗片麻岩中侵入的辉绿岩体。侵入体与花岗片麻岩之间发生热力烘烤和交代作用，使接触带发生蚀变形成了蛇纹化大理岩。

3. 闪长岩侵入

在林州东部蜜蜂山下可见到闪长岩与奥陶系灰岩的侵入接触关系（图 11-2）。闪长岩为中性深成岩，呈带深绿斑点的灰色或浅绿色，块状构造，中粗粒结构。主要矿物有黑绿色角闪石和灰白色中性斜长石。角闪石呈长柱状晶体，解理中等，分布均匀，大者约 1cm，一般在 5mm 左右；中性斜长石呈灰白色，填充于角闪石周围。

（四）新构造运动

新构造运动是发生于新近纪末和第四纪的构造运动。新构造运动在本区表现极为明显，对山地、盆地和河谷等地貌形态都有着深刻影响。老构造运动形成了基本地貌的骨架，新构造运动又对基本地貌形态进行了塑造，二者共同形成了今日的地貌形态。

在桃园河谷可见到“V”形河谷，局部为嶂谷，反映桃渡桥上游的新构造运动呈上升状态，且位于太行断层的上升盘。沟谷流水除切穿新近纪砾岩外，也向下切割至太古宇褶皱基底。这种切割状况，充分说明在古近系和新近系砾岩形成后，地壳持续上升，流水切割加速，是新构造运动在本区表现的结果。

新构造运动在本区的表现还有以下特征：①继承性。受新构造运动的继续作用，老构造发生复活而出现新的构造形迹，如太行山东大断裂所造成的西盘上升形成了太行山脉，东盘下降形成了华北平原。②差异性。西部山地上升约 1500m，东部华北平原下降约 1000m，断层两盘的升降反差值超过 2000m，也说明新构造运动对本区的影响是巨大的。③活动性。本地区的新构造运动仍在频繁活动。据统计，自 1967 年林州市当地有地震仪器记录以来，至 1992 年记录的小地震有 13751 次。这些小震的发生与本区断层活动有关，因下降盘在下降过程中受挤压，岩石破碎程度较大，所以在构造应力作用下，表现出边积累边释放的特点，致使小震频繁发生。又由于太行山山前大断裂是华北地区的一条具有控制性的大断裂，华北及华北邻区的地震活动在本区都有前兆表现，本区小震活动成了预报邻区地震的窗口。④阶段性。新构造运动呈间歇式运动，以多级地形面和河流阶地的形式表现出来。本区地形有六级地形面，海拔分别为 200～400m、400～550m、600～700m、800～1000m、1150～1300m 及 1500～1600m；河流两侧常发育有 2～3 级阶地。

（五）主要矿产

林州地区的岩浆侵入活动是随着强烈的断裂、褶皱运动而多期多次发生的。构造的复杂性、岩浆活动的多期性，为矿产资源生成提供了有利条件，使林州地下埋藏着丰富的矿产资源，已探明的矿藏主要有铁矿、煤矿、铅矿、白云石矿、石英矿、耐火黏土矿、白垩土矿、石灰矿等。

（1）铁矿。铁矿主要分布于林州市北部、东部和东南部，品位均在 40%左右，原探明储量约 3331 万 t。有东冶、杨家庄、石村、东街、晋家庄、东姚、曹家庄等七大矿区。富铁矿集中在东冶矿区，占总储备量的 20%以上，余者均为贫矿。铁矿的成因是中生界闪长岩侵入奥陶系灰岩中，在气水热液的作用下，形成的夕卡岩型铁矿。

（2）白云石矿。白云石矿出现于下奥陶统白云质灰岩中，主要位于河顺镇的天台山，原探明储量 8.2953 亿 t。

（3）石英矿。石英矿主要有两处：一处是位于城郊乡黄华村的黄华石英矿，品位 96%，原储量约 1230 万 t；另一处是位于任村镇牛岭山村的牛岭山石英矿，品位 97.03%，储量不详。此矿出现于中生代岩浆活动形成的酸性伟晶岩脉和石英岩脉中。

（4）煤矿。煤矿主要分布在横水镇的马店村一带，原探明储量 1200 万 t，1985 年年底残存量仅 320 万 t，除个别地方可供开采外，其余均丧失开采价值。此矿生成于林县盆地中，属沉积矿产。

（5）耐火黏土矿。耐火黏土矿分布在横水镇的乔家屯村、马店村、寒镇村以及原康镇口上村，原探明储量 2254t。

（6）铅矿。铅矿分布于东岗镇的教场村及五龙镇的良峪村，品位 80%，储量约 100 万 t。

（7）白垩土矿。白垩土矿主要分布于城郊乡的曲山村，质量高，储量 2 万 t。另外，在任村、横水等镇也有分布。

（8）石灰矿。石灰矿主要是中奥陶统马家沟灰岩，分布广泛，集中于东部的低山丘陵区，储量相当丰富，质量较好。

（六）地质发展简史

早在距今 28 亿年前，太行山区海水分布。直到新元古代（震旦纪）之前，林州地区开始上升形成陆地，海相沉积岩发生褶皱变质，形成太古宙的片麻岩和片岩。到了元古宙后期，在蓟县运动作用下，本区又多次上升、下降，形成了一套砂岩和页岩互层。这套岩层在后来地壳运动影响下，发生变质，形成今日的石英岩、页岩互层。由于这个时期为浅海环境，在石英岩中有大量波痕、龟裂出现。同时，海洋中已有藻类出现，故在石英岩中有时可见藻类化石。

到了古生代，本区和华北地区一样，也是海洋环境，形成了下寒武统紫红色页岩、泥灰岩，中寒武统鲕状灰岩及上寒武统的白云质灰岩等。鲕状灰岩和白云质灰岩地层中有三叶虫化石出现。值得提出的是，在中寒武世，本区海水动荡明显，形成了鲕状灰岩；到了奥陶纪，海水加深，形成厚层的纯灰岩。在灰岩中，有大量的珠角石和盘螺化石出现。

在下古生代末期，由于加里东运动的影响，本区缺失了晚奥陶世、志留纪、泥盆纪、早石炭世地层，直到中石炭世才开始接受沉积。在实习区内，也有石炭-二叠系地层出露，并伴有煤层，说明石炭纪和二叠纪时期，本区是一个海陆交替沉积的时期，植物爬上陆地，生长茂盛。

在中生代，本区受印支-燕山运动影响，产生了大的断裂带和闪长岩侵入，陆地急剧上升，使本区缺少了大部分中生代地层。

到了古近纪，由于长期风化剥蚀作用，本区变成一个夷平面。新近纪的新构造运动，使老构造复活，升降明显，并在外力作用下形成了今天的地貌格局。

二、地貌

（一）基本地貌类型

1. 中山山地

林州盆地的西部属太行山中山地，大致呈南北走向，海拔一般在 1000～1600m，主峰是四方垴，海拔 1632m。山体基部由片麻岩组成，主体为石英岩、页岩和石灰岩，山体陡峭，绝壁连绵不断。太行山大致以淅河为界，分为南北两段，北段为断块中山，南段为褶皱中山。

岩性对山地地形的影响很大。石英岩坚硬，节理发育，崩落之后往往形成悬崖峭壁和峡谷；石英岩之上的寒武系红色页岩，岩性较软，容易风化，形成陡崖之上的缓坡；缓坡之山顶的中寒武统的鲕状灰岩、竹叶状灰岩等，受降水的化学溶蚀，则形成浑圆状坡面；石英岩之下的山体基部是太古宇片麻岩，容易风化，形成山麓的缓坡。在寒武系和奥陶系的石灰岩和白云质岩中，还可以见到由于崩落作用的岩柱，以及溶蚀作用生成的石芽、溶沟和溶洞等地貌。

林州西部太行山因断裂作用，形成很多错落有致的断层崖，崖壁近乎直立，蔚为壮观。断层崖又被次级横向断裂分割，河流下蚀作用强烈，形成很多“V”形谷。因此，断层崖就切割成一个个南北排列、处于壮年期的断层三角面。各级三角面相对海拔大多在100m。自林州盆地西望断层崖和断层三角面，宏伟陡峭，呈堡垒状。

中山山区东西向峡谷较多，自北而南主要有漳河谷、黄华谷、关岭谷、桃园谷、南庵谷和淅河谷等，各谷相距3～5km，长度不等。诸峡谷有溪流汇入，在出山口附近干涸，出山后复而流出，反映了峡谷都是顺断裂破碎带发育而成的。这些峡谷处于幼年期，两壁陡峻呈“V”形，谷底基岩裸露，或者有很薄的砾石层，阶地不甚明显。特别是漳河谷，在出山前切入太行山底部石英岩深达30m以上，呈嶂谷形态，形成长1000m的深潭和跌水，有“小三峡”之称。

太行山东坡断层崖上的岩石风化后，沿节理崩塌，在断层崖前的山麓地带形成坡度相对较缓（约30°）、高达200m左右的倒石堆或坡积裙，堆积物分选极差。

2. 低山丘陵

丘陵主要分布于林州盆地的东北部、东部和东南部淇河以北，相对高度200m左右。低山主要分布于东南部淇河以南。丘陵海拔一般在600～800m，少数超过1000m，相对高度在200m左右。丘顶多呈浑圆状，岭坡一般较缓，奇峰险崖少见。各丘陵之间有许多不规则的小型盆地及平缓的宽谷，河流迂回其间。

3. 盆地

林州地区断陷盆地较多，自北向南有任村盆地、林州盆地、合涧盆地、原康盆地和临淇盆地。盆地之间以低山丘陵相隔。盆地内部主要被黄土覆盖并有宽浅河谷分布，为本区主要的农业区。这些盆地都分布在太行山大断裂的下降盘上，随断层下降盘的凹陷而产生。在诸盆地中，以林州盆地最大，南北长约35km，东西宽约15km，形态最为完整，西依巍峨高峻的太行山，基部为太古宇片麻岩；东、北、南三面是浑圆丘陵，由奥陶纪灰岩构成。林州盆地西高东底，中心较平，海拔在300～400m。盆地略有土岗起伏，偶见奥陶纪灰岩缓丘。盆地底部以砾石为基，上部覆盖着第四纪黄土和近代冲积物。

季节性流水沿东西向诸峡谷流入林州盆地后，水流变缓，挟沙力减小，在山前的盆地边缘形成多个洪积扇。大的洪积扇从山麓延伸到盆地中部，并彼此相连形成洪积裙。山前洪积裙微微向东倾斜，物质分选明显。在姚村一带的洪积裙末端有潜水出露形成沼泽，现多被改造为水田。

在盆地河流两侧，常发育2～3级阶地，第一级和第二级阶地多属堆积阶地，第三级有些为基座阶地。

（二）地貌与岩性、断裂的关系

1. 岩性对地貌的影响

岩石是地貌形成的物质基础，对地貌有重要影响，关于这一点在林州地区表现尤为典型。

软硬岩层相间分布是太行山断块山地呈塔状的主要原因。在太行山东坡的断层崖上，出露的岩石自基部到山顶依次为片麻岩、石英岩、紫色页岩和鲕状灰岩等（图11-2）。片麻岩和页岩的岩性较软，极易风化破碎；而石英岩和鲕状灰岩的岩性相对较硬，抗风化能力较强。在断层面上软硬岩石上下相间叠置，片麻岩和页岩风化破碎之后，耐风化的石英岩和鲕状灰岩失去支撑，就会沿节理面发生崩塌。随着断层崖不断后退，使太行山东坡形成了缓坡和陡崖相间分布的塔状地形（图 11-3）。

图 11-3　林州盆地西侧塔状山地景观

在林州西部的太行山顶部，以及林州盆地东部和南部的低山丘陵区，都有大面积的石灰岩和白云质灰岩出露。在季节性流水的化学溶蚀作用下，沿石灰岩节理形成了大量的石芽和溶沟。溶沟一般深 20～30cm，沟间距 3m 左右。但是，由于林州地区水热条件的限制，石芽和溶沟没有进一步发育成石林景观。在五龙镇南部低山丘陵的半山腰处，还分布有地质历史时期形成的溶洞。

2. 断裂构造对地貌的影响

太行山东大断裂绵延于林州盆地西部边缘，长达 50km。与大断裂相垂直的横向断裂也十分发育，它们和太行山东大断裂在平面上大致呈“E”形分布。同时，在盆地东部还有一些呈北北东向的小型断裂。

太行山东大断裂控制林州区地貌的宏观组合。受大断裂的控制，本区形成了西部中山、中部盆地、东部低山丘陵三个南北延伸、东西排列的地貌组合类型。太行山东大断裂的上升盘形成了西部北北东向延伸的褶皱断块中山；下降盘凹陷并被黄土和近代冲积物所覆盖，形成了中部的中小型盆地。这些盆地南北向排列，且其形状都是南北较长，东西狭窄。可见，这些盆地的分布和走向与大断裂的走向一致，受大断裂构造线的控制。东部受下降盘牵引褶皱及小型北北东向断裂的影响，形成了丘陵。这些丘陵的走向也多数呈北东向延伸，和大断裂构造线方向基本一致。

小型横向断裂控制着本区次级地貌的形成与组合。横切太行山东大断裂的小型断裂，后来发育成了东西向谷地，如淅河谷、南庵谷、桃园谷、关岭谷、黄华谷等。本区的河流多顺小断裂出峡谷，自西向东流入盆地，在盆地内形成了一个个以谷口为扇顶的洪积扇。因此，在次级地貌组合上形成了“谷-扇”结构，以林州盆地西侧表现最为典型。盆地内的河流还会受其他小断裂的控制，发生流向急转。例如，淅河顺淅河谷向东进入合涧盆地后，在合涧镇附近转而向南，又转向东南，呈“之”形汇入淇河。又如，在林州盆地内，源于姚村镇附近的洹河，向东南流到达莲池附近转向西南，又在横水镇附近急转为东北向，且河水时出时没。这反映了河床顺小型断裂破碎带发育，流向受小断裂构造线控制的特点。

总之，本区的地貌虽然是内外营力长期共同作用的结果，但地貌的形成与组合深受岩性和各级断裂构造线的控制和影响。

第二节　气候和水文概况

一、气候

（一）气温

林州市属暖温带大陆性季风气候，四季分明。多年平均气温 12.8℃，夏季平均气温 25.3℃，冬季平均气温−1.1℃（图 11-4），温暖年份平均气温 13.9℃，温冷年份平均气温 11.8℃，最热月（7 月）平均气温 25.8℃，最冷月（1 月）平均气温−2.5℃，年均日照时数为 2251.6 小时，无霜期 192 天。由于各地的海拔和地形不同，气温的空间分布差异很大。总的气温分布特征是：东部高，西部低；山下高，山上低。海拔 500m 以下的丘陵区，年平均气温为 12～14℃；500～1000m 的低山区，年平均气温为 10～12℃；1000m 以上的中山区，平均气温在 10℃以下。年均温 10℃等温线大致位于低山区与中山区的过渡地带，是冬小麦种植高度的上限。

从海拔 250 到 1600m，气温随海拔升高而递减，直减率为 0.6℃/100m。在冬季，太行山对来自西伯利亚和蒙古高原的寒流起屏阻作用，使得一部分冷空气在太行山西坡堆积，一部分冷空气越山东侵，在背风的东坡下沉增温。随着山体海拔的降低，增温效应越来越明显，平均增温为 1.1℃，甚至有时出现焚风。除此之外，中、小地形也对温度有一定影响。东部等温线稀疏，西部等温线密集且基本平行，说明西部气候受水平距离影响小，主要是海拔的升高和太行山大地形的影响。

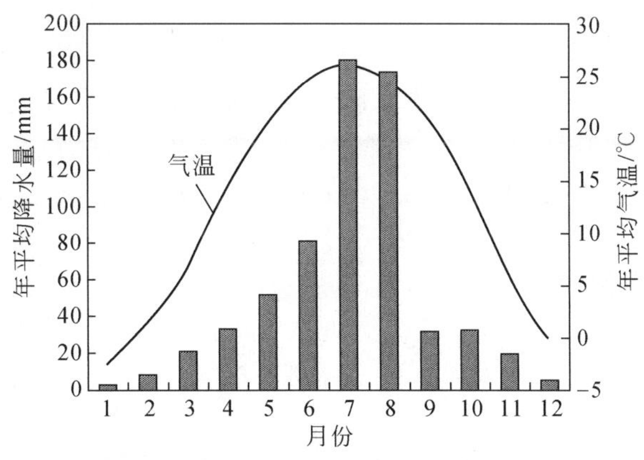

图 11-4　林州市年平均气温和降水量

（二）降水

林州市年均降水量为 676.7mm，年最大降水量 1081mm，年最少降水量 369mm。在空间分布上，西部山区和南部淇河流域降水较多，在 700mm 以上；中部盆地在 650～700mm；北部和东部丘陵区降水较少，在 500～600mm。总体来看，林州地区降水量较为充沛，但季节分配不均，主要集中在夏季的 7、8 月（图 11-4），降水变率大，年际变化明显。地形对降水影响显著，形成了以下三个多雨区和两个少雨区。

太行山东坡多雨区：因为太行山对东南来的暖湿气流具有阻挡作用，气流动力抬升，成云致雨，所以太行山东坡降水较多。

河流上游及水库多雨区：东南来的暖湿气流顺横向河谷流动时，受地形抬升作用，在露水河上游的石板岩镇及南谷洞水库区、桃园河上游的桃园水库区、淅河上游的弓上水库区，形成三个多雨中心区。

林州盆地多雨区：林州盆地四面环山，夏季午后，受热面积大，增温快，空气受热膨胀，垂直运动加强，在盆地上空形成地方性热力对流雨，形成多雨区。

北部低山丘陵少雨区：林州盆地北部的任村、东岗镇附近地区的年降水量在全县最少，仅 500～600mm。

东部丘陵少雨区：河顺、横水、采桑和东姚一线以东的地区为一长条形少雨区。

（三）盛行风

由于林州市紧靠南北向太行山，其盛行风是南风。风速小且静风天气多，年均风速 1.7m/s，年静风频率为 41%。

（四）主要气象灾害

1. 干旱

干旱是林州市的主要气象灾害，春旱最为严重，初夏旱次之，秋旱较轻，基本无伏旱。3～5 月发生的春旱，不但影响小麦的拔节、灌浆以及植树造林，还影响棉花的播种和红薯的插秧，对农作物生长不利。春旱发生频率高，平均两年一遇。6 月出现的初夏旱，虽然有利于夏收，但对夏种造成较大影响，严重时还能使套种的玉米死亡。虽然红旗渠在一定程度上能缓解干旱，但仍不能满足需要。

2. 冰雹

林州的雹害在各种气象灾害中，出现次数居首位，是河南省多雹地区之一，也是豫北冰雹的来源地。雹害一般出现在 3 月 3 日～11 月 15 日多伴随大风和雷电，损失巨大，但也有利于缓解春旱和初夏旱。形成冰雹的主要原因，是地面受热强烈，产生对流，在太行山区形成冰雹云后东移至林州市上空降雹。有时冷锋过境也会形成冰雹，时间长，范围较大。目前防治雹灾的措施主要有：在雹灾严重的地区，种植一些抗雹能力较强的植物，如玉米、山药等；在雹线上，尤其是冰雹发源地，建造防护林带，改变山区植被条件，调节局地气候，消除冰雹生成的环境条件；提高冰雹预报的准确率，实施人工消雹措施等。

3. 干冷风

干冷风是林州地区冬季的一种特殊灾害，主要表现为干害（少雨、缺雪）、冷寒（长冬严寒）和风灾（风多且阵性风大）。干、冷、风三种灾害同时发生，加重灾害程度，是冬季农业、林业生产中的一种重要灾害。目前防治干冷风的主要措施有：选育抗寒品种、适时浇好越冬水、多施农家肥等。

4. 干热风

林州是华北地区干热风危害较严重的地区之一，平均每年 2.2 次。干热风发生在每年 5、6 月对小麦生长的影响尤为显著，使小麦青干、籽粒不满而减产，是影响林州小麦稳产的重要气象灾害之一。目前采取的防治干热风的措施主要有：浇麦黄水，或者向麦田喷洒草木灰水、磷酸二氢钾等，保持小麦的水分供应；选用抗干热风作物品种，适时早播，错过 6 月上旬的干热风高发期。

二、水文与水资源

（一）河流

林州地区接纳降水量约 14.3 亿 m^3/a，除去蒸发、渗透、填洼、植物截流和吸收后，形成的地表径流多年平均为 3.35 亿 m^3，目前已开采利用的约 600 万 m^3/a。

林州市地表水比较缺乏，境内的河流有浊漳河、洹河、淅河和淇河四条，均属海河流域卫河水系。除浊漳河水源较充沛外，其余河流流量不太大或为季节性河流。此外，还有“人工天河”——红旗渠、英雄渠，以及南谷洞水库和弓上水库等（图 11-5）。

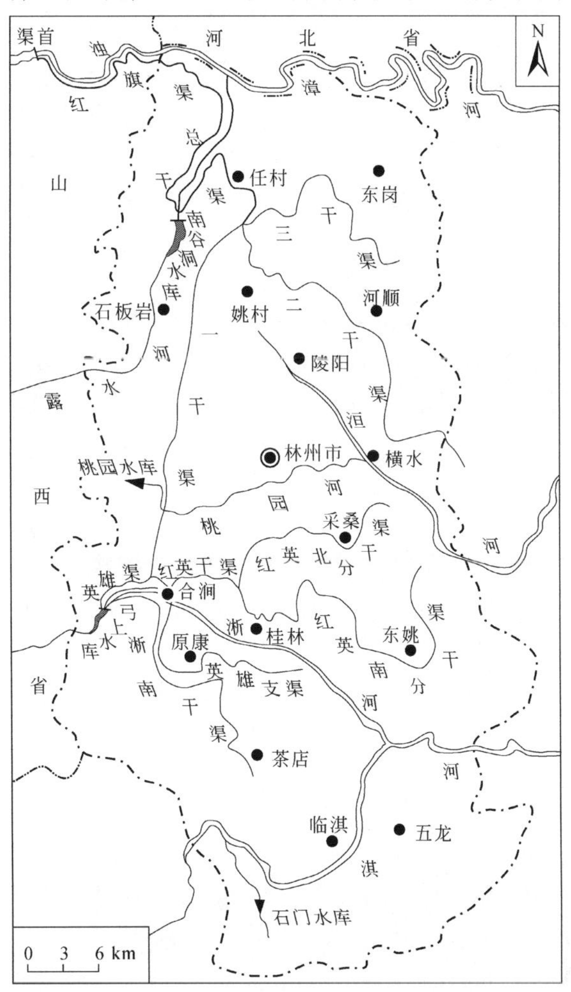

图 11-5 林州市地表水体

1. 浊漳河

浊漳河是漳河支流，发源于山西省，是林州市北部的界河，市境内长约 30km。露水河是林州市境内汇入浊漳河的最大支流，其他支流较小。林州境内浊漳河流域面积约 400km^2（包括石板岩镇、任村镇和东岗镇），占全市总面积的 19.55%。浊漳河林州段属峡谷型河流，河道弯曲，断谷和跌水较多。浊漳河年径流量变化在 1.04 亿～20.92 亿 m^3，年平均流量 8.09 亿 m^3，多集中在汛期，降水是地表径流的主要来源。

2. 洹河

洹河发源于林州北部的林虑山，林州境内长约 40km，流域面积 840km^2（主要包括姚村、城郊、横水、河顺、采桑、合涧和东姚等乡镇），占全市总面积的 41.05%。洹河平时流量为 3～6m^3/s，遇干旱年份，即干枯无水，年平均径流量为 0.46 亿 m^3，变化在 0.28 亿～0.81 亿 m^3。洹河水在横水镇郭家窑村西潜入地下，到安阳市善应山露出，故有洹水“逢横而入，逢善而出”之说。洹河除上游流经太行山，河床窄、纵坡大外，其余河段因流经城关盆地，地势坦荡，河床较宽，纵坡较小，易发生洪水灾害。

3. 淅河

淅河是淇河的一条较大支流，发源于山西省，在合涧镇嘴上村西入林州市，过合涧、原康、茶店，到临淇河口村汇入淇河，林州境内长约 35km。淅河在枯水季节潜入地下，到茶店镇干家岗村潜水出露。淅河流域地形复杂，合涧以上河床较陡，两岸冲沟发育；合涧以下河床略为平坦。降水是地表径流的主要来源，多集中在汛期。河流两岸有较多的泉水出露，较大的泉水有双窖泉、万泉山泉等。由于淅河纵坡很大，两岸多山谷，每逢暴雨，山洪陡涨陡落，水势凶猛，行人涉渡困难，当地群众有“淅河不过膝”之说。

4. 淇河

淇河发源于河南省辉县，在辉县要子街村入林州市，穿越临淇盆地，到黄华营村东入鹤壁市。林州境内流域面积 806km^2（主要包括合涧、茶店、原康、东姚和临淇等镇），占全市总面积的 39.4%。淇河流域有 4 条较大支流（淅河、苇涧河、野猪泉河和泉河）。年径流量变化在 1.4 亿～13.3 亿 m^3，年平均径流量为 4.8 亿 m^3。淇河两岸泉水也较多，有欠十步泉和梨林泉等。淇河水源较充沛，是林州市南部地区饮用水和农业用水的重要水源。

5. 红旗渠

红旗渠是人工开凿的输水渠道，目的是解决林州盆地缺水问题。广义红旗渠包括红旗渠和英雄渠，英雄渠修建早于狭义的红旗渠。狭义的红旗渠于 1960 年 2 月动工，1969 年 7 月全面完成，被称为“人工天河”。渠首在山西省平顺县石城镇，设坝截流，引浊漳河水入林州。红旗渠工程分总干渠、干渠、支渠、斗渠和农渠等不同等级的渠道，还修建了众多的小型水库（48 座）、塘堰（346 座）和小型水电站，形成了完整的“引、蓄、提、灌、排、电”体系，为林州社会经济发展奠定了基础。整个工程架设渡槽 151 座（总长 12.5km），开凿隧洞 211 孔（总长 53.7km），修建各种建筑物 12408 座，挖砌土石达 2225 万 m^3。红旗渠的建成，彻底改善了林州人民靠天等雨的生存环境，解决了 56.7 万人和 37 万头家畜吃水问题，3.6 万 hm^2 耕地得到灌溉，被林州人民称为“生命渠”和“幸福渠”。

红旗渠总干渠（渠首-分水岭）长 70.6km，渠底宽 8m，渠墙高 4.3m，纵坡为 1∶8000，实际最大过水量 18.6m^3/s。从分水岭向不同方向建设了三个干渠：一干渠沿林虑山东侧南下，到合涧镇西与英雄渠汇流，全长 39.7km；二干渠向东南，经姚村、河顺到横水镇马店村，全长 47.6km；三干渠向东北到东岗镇东芦寨村，全长 10.9km。

英雄渠是林州市中西部的人工输水渠道。渠首在弓上水库，向东北经河西、茶饭庄、大安、上庄村至合涧，全长 13.8km。1957 年动工，1958 年竣工。渠底纵坡 1∶1000，底宽 3.2m，渠墙高 2.1m，断面流量为 $8m^3/s$。之后，从英雄渠向东南方向又修建了英雄支渠。1959～1960 年，从红旗渠一干渠与英雄渠汇流处，向东修建了红英干渠（全长 11.8km）、红英南分干渠（30.2km）和红英北分干渠（38km），灌溉面积 $7500hm^2$。

除此之外，1965～1970 年在英雄支渠的南侧修建了淅南干渠，渠首在弓上水库坝下游约 0.7km 处，全长 29.4km，灌溉面积 $2000hm^2$。

（二）水库

林州市境内水库众多，但绝大多数是小型水库和塘堰，比较大的水库有南谷洞、弓上和石门水库 3 座。

1. 南谷洞水库

南谷洞水库也称太行平湖，位于露水河上，是一座以灌溉为主，兼顾发电和养殖的中型水库，1958 年动工，1960 年竣工。控制流域面积 $270km^2$，总库容 5804 万 m^3，兴利库容 3762 万 m^3。设计洪水标准为 100 年一遇，校核洪水标准为 1000 年一遇。大坝长 205m，顶宽 10m，高 78.5m。

2. 弓上水库

弓上水库位于淅河上游，与南谷洞水库同时修建，是一座供水及灌溉，兼营发电的中型水库。控制流域面积 $605km^2$，总库容 3191 万 m^3，兴利库容 1580 万 m^3，死库容 38 万 m^3。设计洪水标准为 100 年一遇，校核洪水标准为 1000 年一遇。

3. 石门水库

石门水库位于林州市南部淇河支流欠十步沟上，是一座以防洪、供水、灌溉为主的水库。始建于 1958 年，原为小（1）型水库，1973 年扩建为中型水库。控制流域面积 $43km^2$，总库容 1112 万 m^3，兴利库容 844 万 m^3。水库防洪标准按 50 年一遇设计，500 年一遇校核。

（三）地下水

林州市石灰岩广泛分布，在漫长地质演化中，逐渐形成了地下岩溶洞，为地下水的赋存和运动创造了条件。

1. 浅层地下水

浅层地下水主要集中分布在城关盆地和临淇盆地，面积 $230km^2$，埋深在 1～38m，合计储量 0.67 亿 m^3，许可开采量占 80.8%，为林州的主要井灌区。

2. 泉

泉主要出露于林州西部和南部较老的地层中，中部出露的泉水多为间歇性小泉，较大的井泉如下。

（1）万泉山泉。万泉山泉又名南觅泉，位于原康镇的南觅村康王庙西，涌水量随季度变化，雨季泉水涌出量达 $1m^3/s$。

（2）双窑泉。双窑泉又名高峰泉，位于合涧镇的小庙村西北，季节性变化明显，平时涌水量为 $0.5m^3/s$，降水后涌水量增大，最旱年也能保持 $0.2m^3/s$ 的涌水量。

（3）万米泉。万米泉首起城郊乡席家凹村东，尾至姚村镇杨家泊村，系人工开挖的截潜工程。

（4）桃花洞泉。桃花洞泉位于石板岩镇的桃花洞村，由两处泉水汇合而成，涌水量大于 $10m^3/s$，雨季泉水涌量大，旱季泉水量很小，约为 $0.1m^3/s$。

（5）梨园坪泉。梨园坪泉位于石板岩镇的梨园坪村，雨季涌水量大于 $10m^3/s$，旱季涌水量较小，约 $0.05m^3/s$。

第三节 土壤和植被概况

一、土壤类型

林州地区地势起伏大，自然条件复杂，土壤类型多样。经 1985～1988 年第二次土壤普查，林州市共划分褐土、棕壤、潮土、草甸土和水稻土等 5 个土类，32 个土属，87 个土种（林州地方史志办公室，2004），其中，褐土和棕壤是地带性植被。林州市土壤绝大部分是褐土，其占全市土壤面积的 95.8%，遍及各个乡镇；水稻土面积很小，仅分布在临淇镇南园村和姚村镇的三孝村，面积只有 $20hm^2$ 左右。部分褐土和潮土是林州市主要的农业土壤，据 1985 年和 1995 年调查检测，全市农业土壤耕作层平均养分含量如表 11-2 所示。

表 11-2 林州市农业土壤耕层养分含量（林州地方史志办公室，2004）

年份	速效氮/（mg/kg）	速效磷/（mg/kg）	速效钾/（mg/kg）	有机质/%
1985	73	16.3	164	1.44
1995	74	17.1	152	1.62

（一）褐土

褐土土类主要分布在 1000m 以下的低山丘陵和盆地，包括典型褐土、碳酸盐褐土、潮褐土、淋溶褐土和褐土性土 5 个亚类，除淋溶褐土外，大多数呈碱性，具有石灰反应。淋溶褐土分布位置最高，其上是棕壤；潮褐土分布位置最低，主要分布在河流两侧的高阶地上；典型褐土与褐土性土呈复区出现，主要分布在丘陵区和洪积扇上，前者分布在植被覆盖度较好的缓坡和丘顶，后者分布在植被覆盖度较差的陡坡地带。碳酸盐褐土主要分布在黄土母质上。褐土又可以划分出很多土属，下面介绍其主要的土属。

1. 栗黄土

栗黄土俗称黄黏土，主要分布在任村盆地，东岗镇的香炉脑、北木井至河顺镇的马家山、西皇墓，采桑镇的呼家窑、南峪至桂林镇的西油村、董街，临淇盆地的淇河沿岸，合涧镇的木篡、合涧、屹世沟一带，占土壤总面积的 25.2%。耕层质地适中，下层比较黏重，有机质含量 1.3%，全氮含量 0.05%～0.06%，速效氮含量 50.3mg/kg，速效磷含量 13.4mg/kg，速效钾含量 160mg/kg，pH 在 8.1 左右。

2. 垆土

垆土俗称黑鸡粪土，主要分布在姚村镇的赵家河、杨家泊至城效乡辛桥一带，占土壤总面积的 1.7%。有机质含量 1.8%，全氮含量 0.1%，速效氮含量 68.8mg/kg，速效磷含量 11.3mg/kg，速效钾含量 127mg/kg，pH 在 8.1 左右。

3. 红黄土

红黄土俗称两合土，主要分布在姚村镇的东张、龙泉庄，河顺镇的郎垒、申村、沙蒋，以及原康镇的小东坡、原康、石家庄、重兴店、五龙镇、南沃等，占土壤总面积的8.9%。该土壤性状优良，适耕期长，保水保肥性能强。全氮含量0.08%，有机质含量1.4%，速效氮含量78mg/kg，速效磷含量8.9mg/kg，速效钾含量115mg/kg，pH在7.0左右。

4. 红土

红土主要分布在姚村镇的西贤城至横水镇的蒋里、晋家庄、东赵村、郭家窑，临淇镇西南山区，东姚镇的天井沟、黄蟒峪，采桑镇的幸福庄至桂林镇北马巷、雷街、刘家崭一带，占土壤总面积的8.3%。该土壤多位于浅山丘陵的坡麓地带，土层厚薄不一。有机质含量1.3%，全氮含量0.07%，速效氮含量43.6mg/kg，速效磷含量8.2mg/kg，速效钾含量151mg/kg，pH在8.1左右。

5. 白面土

白面土俗称白土，主要分布在任村镇的盘阳村，东接东岗镇的下燕科、大井、东岗、八角，南拐经河顺镇的郭家庄、官庄、河顺至横水镇的西河、前后白壁、东屯、南屯和采桑镇的郎舍、采桑一带，占土壤总面积的21.2%。土壤颜色发白，有机质含量1.3%，全氮含量0.085%，速效氮含量37.5mg/kg，速效磷含量9.42mg/kg，速效钾含量159mg/kg，pH在8.2左右。

6. 红黏土

红黏土主要分布在姚村镇的焦家屯，茶店镇的路家庄，五龙镇东南山区至东姚镇南部山区，占土壤总面积的14.2%。土壤色红质黏，湿时泥泞，平时坚硬龟裂，因此适耕期短，易遭干旱。有机质含量低（平均1.7%），全氮含量0.04%，速效氮含量49.4mg/kg，速效磷含量25.29mg/kg，速效钾含量13mg/kg，pH在7.8左右。

7. 褐土性黄土

褐土性黄土土属包括厚层褐土性黄土和少砾质厚层褐土性黄土两个土种。集中分布在城关盆地西半部和原康盆地西北部，占土壤总面积的9.8%。该土属是在洪水搬运堆积物基础上发育而形成的，离山较远的地方，质地相对较细，含砾石量为7%，土层比较深厚，保水保肥性能尚可，称厚层褐土性黄土，也称砂土。而离山较近的地方，质地偏粗，砾石含量在10%～30%，保水保肥性能差，称少砾质厚层褐土性黄土。该土属无石灰性反应，pH在7.1左右。

8. 淡石土

淡石土主要分布在任村镇的马家岩、鸡冠寨至石板岩镇露水河东岸，占土壤总面积的1.8%。土层薄，质地粗，养分含量少。土壤有机质为1%，速效氮含量38.1mg/kg，速效磷含量11.9mg/kg，速效钾含量122mg/kg，无石灰性反应，pH在7.9左右。

9. 山地砾砂土

山地砾砂土俗称石渣土，主要分布在东岗镇的杨家寨、河顺镇的北苇地、横水镇的上台、石板岩镇的三亩地等村，占土壤总面积的4.3%。土壤质地粗，含砾量在10%～30%。但是，土壤养分含量较高，有机质含量为2%。速效氮含量85mg/kg，速效磷含量33.9mg/kg，速效钾含量170mg/kg，无石灰性反应，pH在7.0左右。

（二）棕壤

棕壤土类集中分布在林州西部1000～1500m以上的中山区，占土壤总面积的1.63%。根据基岩和母质不同，该土类包括灰岩粗骨棕壤和砂岩粗骨棕壤两个土属。两者的共同特征是质地粗、砾石含量高、土层薄，无石灰反应，大多未经开垦，植被覆盖度大，表层有机质和养分含量高。由于灰岩粗骨棕壤的母质是灰岩风化残积物或坡积物，富含碳酸盐，因此pH偏高。相反，砂岩粗骨棕壤的pH相对较低，在6.6左右。

（三）草甸土

草甸土土类主要分布于西部海拔1500m以上的四方垴和任村镇的石柱村附近山顶，属于高山草甸土，占土壤总面积的0.15%。气温低，风大，植被是高山草甸，土层薄，表层为5～10cm厚的草毡层，颜色灰黑，有机质含量高。

（四）潮土

潮土土类主要分布在浊漳河、淇河、淅河和洹河的低阶地上，以及城郊乡和姚村镇交界处的洼地区，占土壤总面积的2.25%。该土壤的地下水位浅且季节变化明显，土层深厚、肥力高，酸碱度适中，是当地的主要耕地类型之一。

二、植被概况

林州地区的自然植被属于温带落叶阔叶林，但因位置特殊，处于西部太行山地和东部华北平原过渡地带，所以植物区系成分复杂。本区有高等植物200多科，1000多种，占全省总数的1/3。据初步调查，仅林虑山地的主要种子植物就有80多科，350多种。下面仅介绍林虑山区的主要植物群系。

1. 油松林

油松林主要分布在海拔800～1600m地带，土壤主要是棕壤，植被盖度20%～50%。群落分层简单，林下灌木多为栒子、胡枝子和毛榛子等。

2. 侧柏林

侧柏林多为人工种植林，主要分布于低山丘陵区，以石灰岩分布区最多，土壤主要是淡石褐土和山地砾砂土。群系生长不良，树高多在10m以下，盖度20%～40%，林下伴生有荆条、小叶鼠李、黄栌等。

3. 辽东栎林

辽东栎林零星分布于1000m以上的陡崖下的坡积物上，土壤多为棕壤。群落结构复杂，高低错落，盖度60%～80%，林下伴生种类很多，如鹅耳枥、陕西荚蒾和糙苏等。

4. 鹅耳枥林

鹅耳枥林分布于山体中上部，以阴坡和半阴坡分布较多，土壤是棕壤。以鹅耳枥建群，伴有五角枫和槲栎等，盖度60%～80%。灌木有绣线菊、野茉莉、连翘、忍冬、紫丁香等。

5. 麻栎+槲栎林

麻栎+槲栎林是低山区森林破坏后的次生演替类型，以麻栎和槲栎为建群种，盖度为50%～70%，平均树高20m，林下多为次生灌丛。

6. 黄栌灌丛

黄栌灌丛多分布于山体上部的石灰岩基质上，土层较薄，以黄栌为建群种，盖度 40%～60%，株高 2～5m，伴以小叶鼠李、侧柏、绒毛绣线菊等。

7. 酸枣+荆条灌丛

酸枣+荆条灌丛分布于土层瘠薄的山地阳坡。群落外形稀疏，株高 1m 左右，盖度 20%～30%，灌丛内生长有白羊草和黄背草等。

8. 绣线菊+小叶鼠李灌丛

绣线菊+小叶鼠李灌丛是森林被破坏后次生的中生灌丛，多分布在阴坡和半阴坡。盖度 40%～60%，伴以胡枝子和榛子等。

9. 薹草+中生杂类草甸

薹草+中生杂类草甸多分布于海拔 1500m 以上的平缓山地顶部，以四方垴面积最大，土壤是高山草甸土。群落由多种中生杂类草本植物组成，主要有薹草、火绒草、棉团铁线莲、石竹、马蔺、叉分蓼、风毛菊和麦瓶草等。盖度在 60%～70%，株高 40～60cm。

第四节　自然地理野外实习路线与主要观测点概况

一、路线一（蜜蜂山）

从林州市区出发，沿东环路步行到曲山村东头的河谷设第一个观测点；再到蜜蜂山南麓，设第二个观测点；最后到达蜜蜂山山顶，设第三个观测点（图 11-6）。

图 11-6　蜜蜂山实习路线及观测点

（一）教学目的

（1）学会岩性描述方法。

（2）学会岩层产状的测量方法。

（3）观察认识侵入接触关系。

（4）了解林州地区宏观地貌格局。

（二）主要观测点及其主要实习内容

No.1-1：观测点在曲山村东头河谷旁。主要实习内容是观察闪长岩侵入体及闪长岩的岩性特征。闪长岩属于中性深成岩，灰黑色，主要矿物是角闪石和斜长石，中粒等粒结构，块状构造。

No.1-2：在蜜蜂山南麓某人工剖面，可以清楚地观察到闪长岩与奥陶系灰岩的侵入接触关系（图 11-7）。灰岩属中奥陶统，俗称马家沟灰岩，灰黑色或青灰色，微晶或隐晶质结构，厚层状构造。在闪长岩与灰岩侵入接触带上，可见到岩浆侵入的烘烤和交代作用，导致灰岩变质现象，形成厚度不等的大理岩。大理岩呈白色，全晶质变晶结构或变余结构，层状构造。闪长岩侵入年龄在 0.97 亿～1.23 亿年，属中生代燕山期岩浆活动的产物。

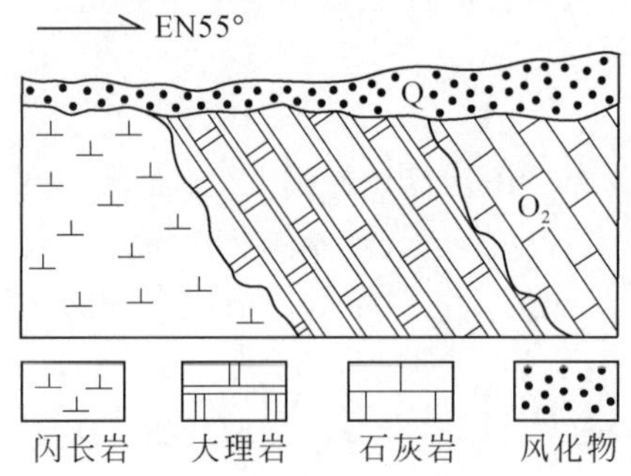

图 11-7　蜜蜂山南麓灰岩与闪长岩侵入接触关系

No.1-3：在蜜蜂山山顶，测量奥陶系灰岩产状；寻找珠角石、盘螺化石；观察本区宏观地貌景观。在奥陶系灰岩中有时可见到珠角石和盘螺化石，它们是中奥陶世的标准化石。从蜜蜂山山顶环顾四周，如果天气晴好，可以观察到林州地区的宏观地貌格局：西部是太行山，海拔 1500～1600m；东部是丘陵，海拔 300～400m；中部是两串大小不等的串珠状盆地；南部和北部是低山区，海拔 500～1000m，为太行山余脉。

二、路线二（合涧—弓上水库）

从林州市区出发，乘车沿省道 S228 到合涧大桥南头的河口村设第一个观测点，再返回合涧镇沿 S302 公路向西分别到达第二、第三、第四和第五个观测点，最后至弓上水库，设第六个观测点（图 11-8）。

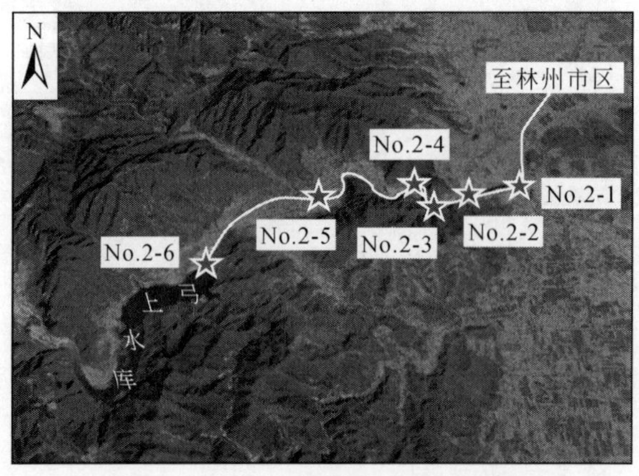

图 11-8　合涧—弓上水库实习路线及观测点

（一）教学目的

（1）观察震旦系及下古生界各统的岩性。

（2）观察单斜构造和褶皱构造。

（3）测量石英岩和石英砂岩产状。

（4）了解水库的一般构造。

（二）主要观测点及其主要实习内容

No.2-1：在合涧镇淅河大桥南头，往西约80m处的路边可观察到单斜构造，实质上是褶皱构造的一翼。自下而上出露的岩性依次是震旦系、下寒武统、中寒武统、上寒武统、下奥陶统，各地层呈整合接触关系。路边是震旦系石英岩，细粒变晶结构或隐晶变晶结构，厚层状构造。在淅河河谷，可观察到河漫滩、一级阶地和二级阶地，阶地面平整，被辟为农田。

No.2-2：在合涧镇虎山路边人工开挖约30m的剖面上，观察到下奥陶统白云质灰岩，呈灰白色，细粒结构，厚层状构造，每层厚约2m。该地层在华北地区称冶里灰岩，因不能烧制石灰，故多用作建筑石料。

No.2-3：在虎山西公路旁，观察到上寒武统的薄层灰岩间竹叶状灰岩。竹叶状灰岩也称风暴岩，是在海水中沉积了碳酸钙之后，因构造运动发生破碎，在风暴作用下被磨成扁粒状，复又沉积而形成的，是上寒武统的标准地层。竹叶状灰岩为竹叶状化学结构、层状构造，每层厚20～30cm。

No.2-4：在淅河河谷二道河桥东，观察到中寒武统的鲕状灰岩。青灰色，鲕状结构，鲕粒一般在0.5mm左右，厚层状构造。在鲕状灰岩中，可见到小型溶洞。

No.2-5：在小寨村东头，观察到下寒武统的馒头组页岩。紫红色，泥质结构，页理构造。馒头组页岩中有时可见到中华莱德利基虫（三叶虫之一）化石。

No.2-6：在淅河上游弓上水库大坝两侧，观察到震旦系石英岩和石英砂岩，层面上有波痕等层面构造。观察认识弓上水库大坝、溢洪道、输水洞和电站。

三、路线三（八疙瘩西山）

从林州市区出发，乘车先沿省道S228在三池村转023乡道到八疙瘩村（也称八达村），然后沿山道走约1.5km到达第一个观测点，再沿河沟向上到达八疙瘩西山设第二个观测点（图11-9）。

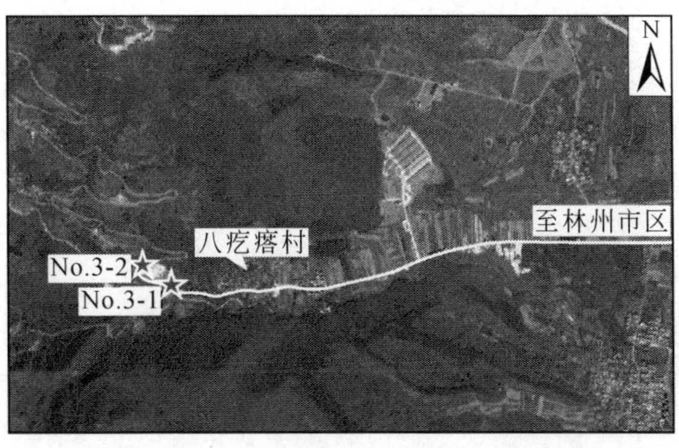

图11-9　八疙瘩西山实习路线及观测点

（一）教学目的

（1）寻找断层证据，观察认识林州大断层。
（2）观察描述太古宇片麻岩和片岩。

（二）主要观测点及其主要实习内容

No.3-1：在八疙瘩村西山东麓的小山沟，观察到太古宇片麻岩与中寒武统鲕状灰岩的断层接触关系，此断层即为林州大断层，也称太行山东大断层。主要证据如下。

第一，地层时代不连续。在八疙瘩村西小桥边，见到出露良好的太古宇地层，形成时间距今约 25 亿年。主要岩性有片麻岩，全晶质变晶结构，片麻构造。其东侧 50m 左右，见到中寒武统的鲕状灰岩，形成时间距今约 5 亿年。两套地层时代相差 20 亿年，中间缺失了元古宇的石英岩和下寒武统的馒头组页岩。据此推测，两套地层呈断层接触。

第二，岩石破碎。在太古宇片麻岩与中寒武统鲕状灰岩的交界地带，岩石比较破碎，可能是断裂构造作用形成的断层角砾岩，推测两套地层之间是断层接触（图 11-10）。

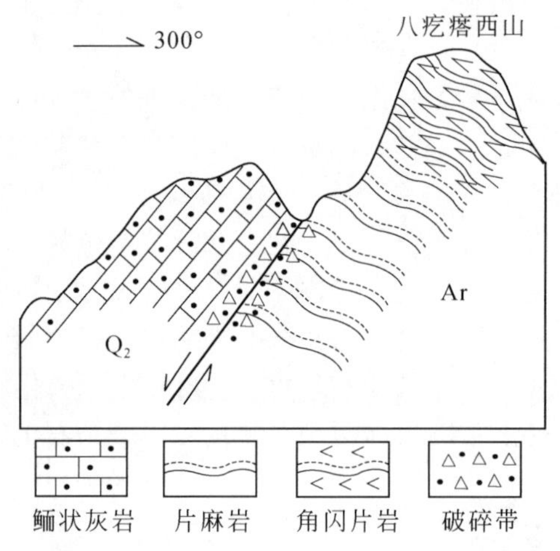

图 11-10　八疙瘩西山石桥南断层接触关系示意图

第三，地貌线突然中断。此观测点以西，是坡度陡峻的中山山地；东侧是地势比较平缓的林州盆地，地形变化十分显著，故推测此观测点附近有断层存在。

综合上述各点，确定 No.3-1 附近就是林州大断层所在位置，断层走向 NNE，倾向 EES，西侧是上升盘，东侧是下降盘，为正断层（图 11-10）。断层发生时间是中生代，受印支-燕山运动影响而形成。

No.3-2：在八疙瘩西山，观察到太古宇角闪片岩及岩脉穿插。角闪片岩呈深绿色，主要矿物是角闪石和云母，中粗粒变晶结构，片状构造。

四、路线四（桃园—黄华寺）

从林州市区出发，乘车沿桃园大道和县道 X009 至桃园渡槽（桃园水库大坝下方）到达第一个观测点。然后沿 X009 返回至桃园大道西端，再沿 042 乡道向北到黄华村第二个观测点。最后沿 013 乡道分别到达第三个和第四个观测点（图 11-11）。

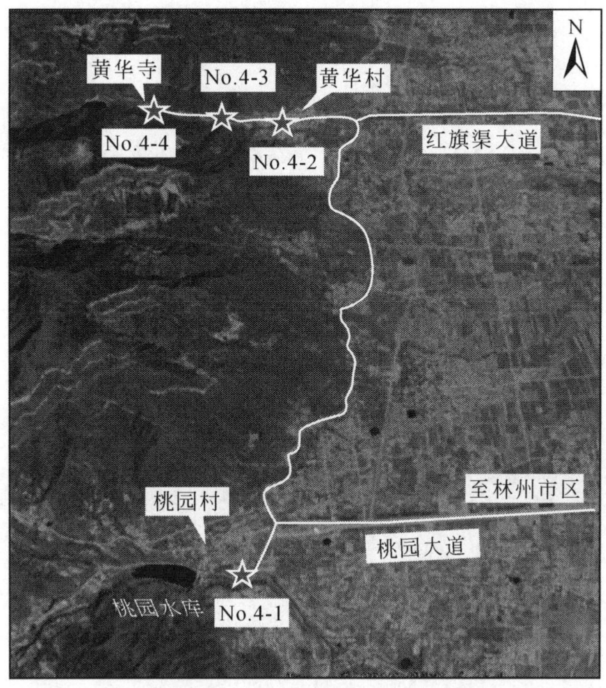

图 11-11　桃园—黄华寺实习路线及观测点

（一）教学目的

（1）观察描述新近系砾岩。

（2）通过观察河谷地貌分析新构造运动。

（3）观察太古宇花岗片麻岩、角闪花岗片麻岩及岩脉穿插关系，辉绿岩与花岗片麻岩的侵入接触关系。

（二）主要观测点及其主要实习内容

No.4-1：在桃园渡桥，可观察到桃园河河谷两侧新近系砾岩。砾岩中的砾石大小混杂，分选性差，砾径变化在 1～35cm，磨圆度较好；砾石成分有石英岩、石英砂岩、灰岩等；胶结物质为钙质和硅质，胶结程度较好。在桃园河河谷两侧可以见到两级阶地，一级阶地已被辟为农田，二级阶地坐落着村庄。这反映了新构造运动的影响，地势抬升，河流下切，形成阶地。阶地上部是物质组成较细（砂土和亚黏土）的河漫滩相，下部是较粗（未胶结砾石层）的河床相，具有二元结构。

No.4-2：在黄华村公路两侧斜坡上，可观察到太古宇花岗片麻岩、角闪片麻岩以及石英脉、长英脉、伟晶岩脉的穿插关系。

No.4-3：在黄华谷地，可观察到太古宇花岗片麻岩中的辉绿岩侵入体，产状形式是岩墙。辉绿岩呈黑灰色或灰绿色，主要由辉石和基性长石组成，含少量橄榄石、黑云母和石英，细中粒显晶质辉绿结构，块状构造。辉绿结构指辉石包裹斜长石的现象。辉绿岩墙的侵入时间大约在中生代。

No.4-4：在黄华寺东，可观察到花岗片麻岩与辉绿岩侵入接触带。由岩浆侵入对花岗片麻岩的热力烘烤和交代作用所形成的蛇纹化大理岩，呈米黄色或黄绿色，显微变晶结构，块状构造。这种岩石致密、滑润、透亮、硬度较大，当地群众称之为“黄华玉”。

五、路线五（太行隧道—马鞍垴）

从林州市区出发，乘车沿林石线（林州—石板岩）到太行隧道入口处，设第一个观测点；在太行隧道西出口向北沿石东线（石板岩—东岗）到达海拔 1000m 附近，设第二个观测点；继续沿石东线至马鞍垴村，设第三个观测点（图 11-12）。

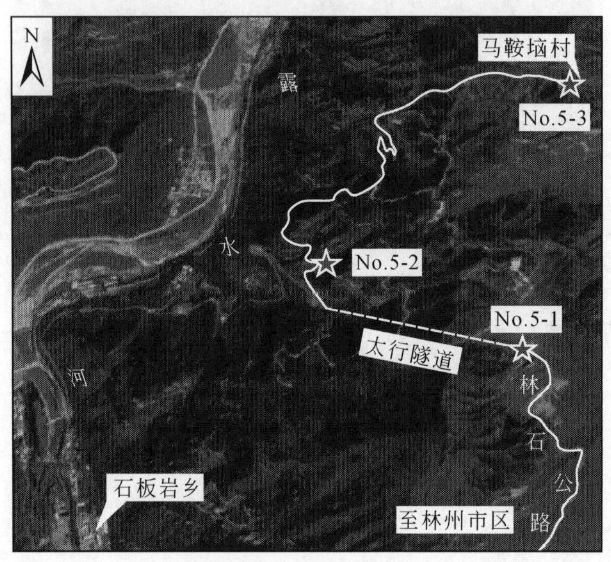

图 11-12　太行隧道—马鞍垴实习路线及观测点

（一）教学目的

（1）观察描述太古宇与元古宇角度不整合接触关系。

（2）观察太行大峡谷地貌与新构造运动的关系。

（3）观察描述太古宇与古生界整合接触关系。

（4）掌握土壤剖面挖掘和描述方法、植物群落样方调查方法，了解棕壤剖面特征、落叶阔叶林种类组成和结构特征。

（二）主要观测点及其主要实习内容

No.5-1：在太行隧道东口处附近，见到太古宇与元古宇之间的角度不整合面。不整合面之上是元古宇石英岩下部的底砾岩，之下是太古宇片麻岩，两套地层呈角度不整合接触。底砾岩中的砾石大小不一，主要成分是脉石英，硅质胶结，胶结程度很高。表明不整合面下伏的太古宇地层经历了一次地壳运动，抬升出露在海水之上，接受风化剥蚀，形成砾石层；之后地壳再次下降，接受沉积。所以底砾岩的出现指示上下两套地层之间发生过明显的沉积中断，存在古风化剥蚀面，是地壳运动的证据之一。这次地壳运动与嵩山地区的嵩阳运动属于同期。

太行隧道东口位于太古宇片麻岩与元古宇石英岩的接触地带，隧道底部是太古宇片麻岩，洞身为元古宇石英岩。

No.5-2：太行隧道西口北部沿石东线到达海拔1000m左右，此处土壤为棕壤，植被为落叶阔叶林。在林东线附近挖掘棕壤剖面，分层描述土壤形态特征，并填写土壤剖面记载表。同时，在土壤剖面附近开展植物样方调查，填写植物样方调查表。

图 11-13 太行大峡谷绝壁之上的马鞍垴村

No.5-3：马鞍垴是石板岩镇太行大峡谷东侧山脊上的一个村（图 11-13），因绝壁上有一马鞍形的山头而得名。从太行隧道到马鞍垴村沿线，可见到流水深切的“V”形谷和嶂谷，是新构造运动上升的主要证据。在马鞍垴村可见到元古宇石英岩与古生界寒武系页岩的平行连续接触关系。石英岩、石英砂岩的岩性较硬，垂直节理发育，加上断层的存在，岩石崩塌后形成了近乎直立的绝壁，以及绝壁夹峙的深渊。页岩的岩性软，易风化，常形成上、下两个陡壁之间的缓坡地貌形态。

六、路线六（红旗渠—络丝潭）

从林州市出发，乘车沿省道 S228 到达分水岭，设第一个观测点；继续前行至青年洞，设第二个观测点；最后抵达浊漳河络丝潭，设第三个观测点（图 11-14）。

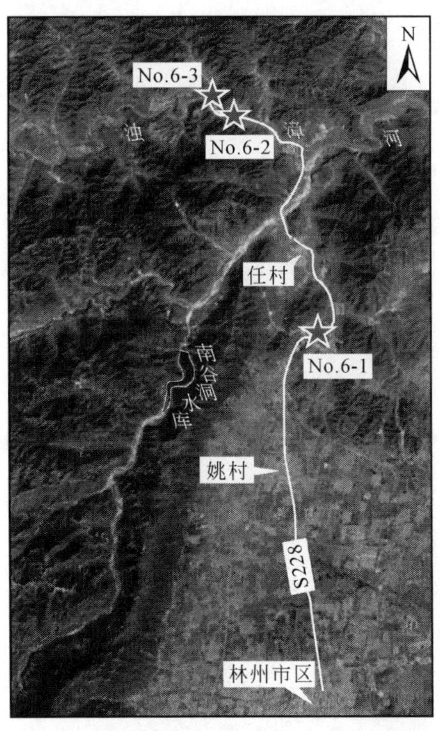

图 11-14 红旗渠—络丝潭实习路线及观测点

（一）教学目的

（1）观察“人工天河”——红旗渠引水工程和引水状况，体验工程的艰辛，增强热爱祖国和林州的情感。

（2）观察认识太古宇眼球状花岗片麻岩。

（3）观察浊漳河断堑跌水地貌。

（二）主要观测点及其主要实习内容

No.6-1：在分水岭村，主要观察红旗渠总干渠上游来水的分流情况。自此分别向西南、东南和东北分出第一、第二和第三干渠。

No.6-2：青年洞是红旗渠总干渠的咽喉工程之一，修筑在太行山腰的峭壁之上，是红旗渠工程建设最艰巨的渠段。青年洞总长 616m，高 5m，宽 6.2m。

在青年洞附近的崖壁上可观察到眼球状花岗片麻岩。球状花岗片麻岩属于混合岩的一种，是太古宇花岗片麻岩在地壳运动作用下下沉，发生不完全熔融，重新变质而形成的。眼球状花岗片麻岩的突出标志是长石呈眼球状斑晶，有时有深色条带，斑晶变晶结构，块状构造。从球状花岗片麻岩的形成来看，它应属于太古宇下部的地层。

No.6-3：在青年洞西约 1km 的牛岭山东垴村浊漳河两岸，可观察到浊漳河上著名的断堑跌水地貌——络丝潭。浊漳河河道行走在峡谷之中，跌水较多，素有“九峡十八断”之称。河水从峡谷断崖上飞泻成瀑，坠入水深百米的络丝潭，峡谷风光旖旎。

络丝潭附近的岩石是中元古界的石英岩。在络丝潭峡谷的南侧，可见到河水激流淘蚀形成的深近百米、高 20m、宽 8m 的天然石洞，名曰神龟洞。

七、路线七（万泉湖—五龙洞）

从林州市区出发，乘车沿 S226 线到河头村，然后向西沿乡道到达万泉湖景区，设置第一个观测点；再转 S226 到五龙镇五龙洞国家森林公园，设置第二个观测点（图 11-15）。

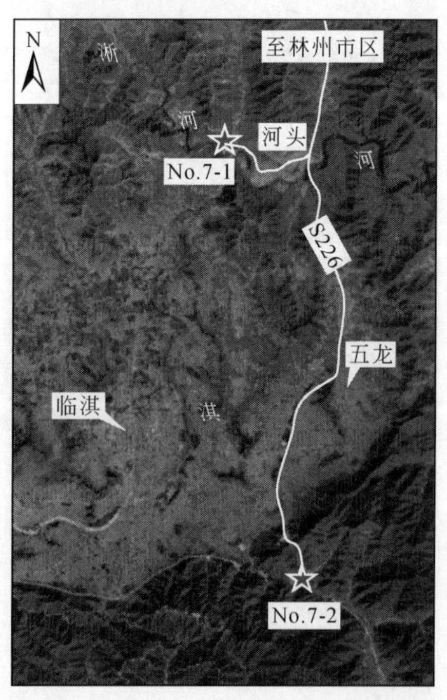

图 11-15　万泉湖—五龙洞实习路线及观测点

（一）教学目的

（1）观察万泉湖景区泉水出露情况并分析其形成原因。

（2）观察万龙洞岩溶洞穴地貌并分析其形成原因。

（二）主要观测点及其主要实习内容

No.7-1：万泉湖位于林州市区南部的淇河与淅河交汇处，北侧还有一条淇河小支流自北向南汇入淇河，断裂构造十分发育。地貌类型属于小盆地，周围丘陵的降水沿断裂带下渗，在地势低洼的石门附近自然涌出，形成豫北最大的涌泉群——石门涌泉。大小泉眼众多，著名的有红泉、寺泉、金牛泉、接鱼泉、响泉、吃水泉和浣纱泉等。这些泉水汇流在一起，形成了长约 5000m、宽约 100m、深约 20m 的湖泊——万泉湖。实习内容主要是观察主要泉水的位置和涌水量，分析其与断裂构造的关系。

No.7-2：五龙洞国家森林公园清风山的岩性是奥陶纪灰岩，在其半山腰绝壁之上发育有较大的溶洞，其中最大的溶洞是五龙洞，洞长约 200m，最宽处 60m，最高处 44m；洞内大厅面积 1100m^2，可容纳 2000 余人，被誉为太行山第一大溶洞（图 11-16）。洞内无流水，岩溶沉积随处可见，有石笋、钟乳石、石幔、石花等多种形态。该区除五龙洞以外，在相近高度上还分布有桃花洞和送子观音洞等大小不等的溶洞。从这些溶洞都分布在半山腰分析，溶洞形成时间已经很久（有专家认为已有 2 亿年），在后期构造运动作用下，特别是新构造运动作用下抬升至现在高度。

图 11-16　五龙洞洞口

八、路线八（横水—邵家窑）

从林州市区出发，乘车沿省道 S301 到横水镇附近的洹河谷地，设置第一个观测点；再转乡道向东北到达邵家窑村，设置第二个和第三个观测点（图 11-17）。

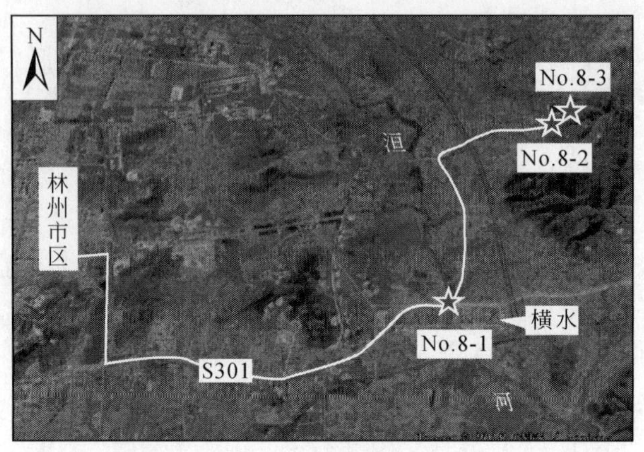

图 11-17　横水—邵家窑实习路线及观测点

（一）教学目的

（1）观察认识河漫滩沉积物二元结构特征。

（2）观察描述石炭系煤层。

（3）观察描述第四纪黄土的组成和性质。

（二）主要观测点及其主要实习内容

No.8-1：在横水桥南洹河谷地，可见到具有二元结构的河漫滩物质。河漫滩的二元结构是指下层是河床相沉积物，由粗砂和砾石等粗粒物质组成，常富集重金属矿物；上层是河漫滩相沉积物，主要由细砂、粉砂和黏土等细粒物质组成，是洪水期河流泛滥沉积。

No.8-2：在邵家窑原造纸厂门口，可见到石炭系煤层。煤层上覆地层是二叠系红色砂岩和黄绿色页岩，与煤层呈整合接触。此处煤层较薄，分布面积小，煤矸石含量高，开采价值不大。

No.8-3：在邵家窑原造纸厂东北小路旁，有黄土分布。此处的黄土由上、下两部分组成，下层为中更新统的离石黄土，颜色暗红，质地稍黏；上层为上更新统的马兰黄土，颜色浅黄，以粉砂为主。黄土垂直节理发育，盐酸反应剧烈，有时可见碳酸钙结核。部分黄土是由原状黄土经流水搬运再次沉积形成的，其主要标志是其中含有较大的石块。附近地区的土壤是白面土，石灰反应明显，属于碳酸盐褐土亚类的一个土属。

九、实习路线九（林州市气象站）

（一）教学目的

（1）了解登封市气候与气候资源概况。

（2）观察标准气象观测场的仪器布局，了解仪器操作要点。

（二）主要实习内容

林州市气象站位于林州市区翠微路 72 号。主要实习内容有两项：一是请气象站专业技术人员介绍林州地区气象观测历史、主要气候特征及气候资源概况；二是参观气象观测场的仪器设备布设，由业务人员讲解各种观测仪器的性能、用途及观测注意事项等。

第十二章　尧山地区自然地理野外实习基地

尧山地区是指伏牛山东段以尧山为主体的自然地理单元（图 12-1）。尧山位于平顶山市鲁山县城西部 78km，地处暖温带与北亚热带的过渡地区，具有典型的中国南北地理过渡属性。尧山主体的地理坐标为 112°11′E～112°17′E，33°41′N～33°45′N，南邻南召县，西面和北面与嵩县相接壤，面积 55km²。

图 12-1　尧山地区自然地理野外实习区域及实习路线（1）～（6）

相传，尧山因尧帝嫡孙刘累为祭祖立尧祠而得名。在民间，因尧山上有一石柱形似人体，故又俗称石人山或石人垛。尧山东部与东北部山势陡峭，南部和西南部坡度较缓。山体东西延伸，构成豫西南阳与洛阳的自然屏障。南部向东延伸的支脉形成汉水与淮河水系的分水岭。地貌为中等切割的波状低山丘陵和强烈切割的脊状中山，相对高差 1800m，山脊起伏呈锯齿状，主峰蛤蟆石（玉皇顶）海拔 2153.1m，为伏牛山东部最高峰。淮河支流之一的沙河源自尧山北麓，横贯尧山镇全境。山体岩石主要是中生代燕山期花岗岩（侏罗纪和白垩纪），主要矿藏有石英、铁、萤石、锰、铜、银、铝等。土壤多为棕壤、褐土和黄棕壤等。生物多样性丰富，森林覆盖率达 95%，郁闭度在 0.6～0.8，仅种子植物就有 1607 种，列入国家级保护的植物 29 种，省级保护的 27 种，千年古树达 15 万株以上。

尧山集“雄、险、秀、奇、幽”于一体，是国家地质公园、国家级自然保护区、国家 5A 级旅游景区。区内构造地貌和流水地貌发育；气候、生物和土壤具有暖温带向北亚热带过渡特点，且垂直分异显著；同时还有独特的地热汤泉等景观。所以，尧山地区是学生认识了解我国自然地理南北过渡特征的理想野外实习地区之一。

第一节　地质与地貌概况

一、地层概述

尧山地区属华北地层区豫西分区的渑池—确山小区。区内地层比较复杂，有太古界太华群，古元古界侵入岩、中元古界熊耳群和汝阳群、中新元古界宽坪群、新元古界震旦系二郎坪群大庙组，古生界寒武系、石炭系、二叠系、白垩系，以及第四系等地层（图 12-2）。总体来看，尧山地区元古界地层和燕山期岩浆岩广泛发育，古生代和中生代地层缺失较多。

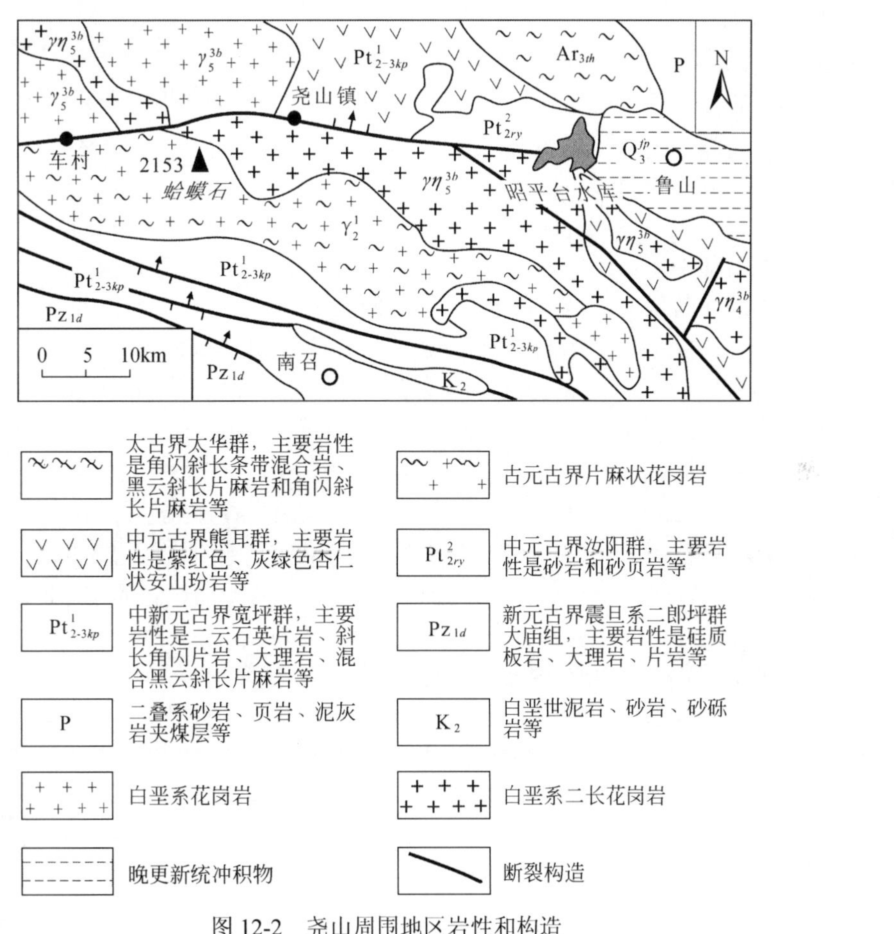

图 12-2　尧山周围地区岩性和构造

太华群分布在昭平台水库北部，由一系列深变质的片麻岩和混合岩组成，主要岩性有角闪斜长条带状混合岩（显晶变晶结构，条带状构造）、黑云斜长片麻岩和角闪斜长片麻岩（均具有显晶变晶结构，片麻构造）等。古元古界酸性侵入岩构成了尧山的主体，发生一定程度的变质作用，岩性为片麻状花岗岩（显晶变晶结构，片麻状或似斑状构造）。熊耳群分布在尧山镇的东北部，昭平台水库东南部，其西部和南部与燕山期花岗岩相接。岩性是中性喷出岩中的杏仁状安山玢岩，呈紫红色或灰绿色，主要矿物是角闪石和斜长石，斑状结构，杏仁构造。汝阳群分布于昭平台水库西北部，主要岩性是变质轻微的砂岩（粗粒碎屑结构，层理构造）、页岩（细粒碎屑结构或泥质结构，页理构造）和砂质页岩构成。宽坪群分布在尧山南侧、南召县北部，面积较大，基本上呈东西向延伸，逆冲在南部大庙组之上（任升莲等，2013），由中深变质的石英片岩（显微变晶结构，片状构造）、斜长角闪片岩（显晶变晶结构，片状构造）、大理岩（显晶变晶结构，厚层状构造）、混合黑云斜长片麻岩构成。大庙组是元古宇上部地层，分布在南召县城的西南部，主要岩性是硅质板岩（细晶质结构，板状构造）、大理岩和石英片岩等。二叠系分布在鲁山县城东北部，主要岩性是砂岩、页岩、泥灰岩夹煤层。该区域还出现寒武系白云质灰岩、石炭系灰岩、白垩系砂岩等地层。燕山期花岗岩侵入体位于古元古界片麻状花岗岩分布区的北部，面积广大，主要岩性是白垩系花岗岩和二长花岗岩。鲁山县城周围是第四系晚更新统的河流冲积物。

二、地质构造

尧山地区属于伏牛山地的一部分，在大地构造上位于华北地台南缘，南以栾川-确山-固始深断裂为界与秦岭褶皱系相邻，属于横涧（卢氏县）—回龙寺（桐柏县）中条期背斜褶皱束，构造线为北西西向。

在古元古代与中元古代之间的中条运动期间，褶皱和断裂作用强烈。中生代燕山运动期间，深断裂活动加剧，形成了大量的断裂构造。区内大型的断裂构造主要有两条：一是栾川-确山-固始深断裂；二是车村-下汤深大断裂。

栾川-确山-固始深断裂从陕西省向东南，经卢氏、栾川、南召、明港、固始，进入安徽省，是一条区域性大断裂。尧山南部的断裂是栾川-确山-固始断裂的一段，形成于中条运动（古元古代与中元古代之间的一次地壳运动，也称吕梁运动）末期。该断裂由多条近乎平行的断层组成，走向北西西，倾向北北东，属于大型逆断层或冲断层（李文勇等，2004）。

车村-下汤深大断裂（简称车-下断裂）位于尧山北麓，是车村-鲁山-漯河大断裂的主要部分。该断层发生在中生代燕山期，断层线走向285°～105°，长度约140km，断距在2000m左右，倾向北北东，倾角50°左右。南盘上升，北盘下降，属于正断层。断裂带宽5～6m，沿断裂带可见断层角砾岩，并有断层崖出现。沿断裂带在上汤、中汤、温汤、下汤和碱场等地有热泉水出露（图12-3）。按照断裂带构造特征和发育情况，可划分为内、中、外三带。内带是断裂活动最剧烈的地带，宽度较小，发育有断层泥和糜棱岩，沿断层线有温泉出露；

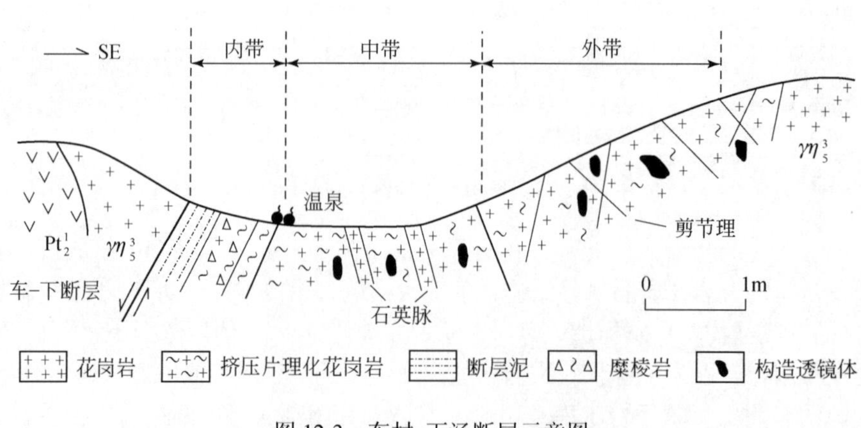

图12-3　车村-下汤断层示意图

据吕志涛等（2006）改绘

中带由挤压片理化花岗岩组成，有石英岩脉和长英岩脉穿插其间，夹有构造透镜体，宽度较大；外带宽度与中带相近，挤压片理化花岗岩中的“X”形节理比较发育，也夹有构造透镜体（吕志涛等，2006）。

中条期和燕山期断裂活动，尤其是燕山期规模巨大的由南向北的构造推覆作用，使断裂带内及其附近地带的岩浆活动非常活跃，花岗质岩浆沿断裂带上升，形成中条期混合花岗岩、燕山期花岗岩等。

三、地质发展简史

尧山地区处于华北地台的南缘，秦岭地槽和华北地台之间，是一个古老的陆块。尧山地区前期下沉，后期缓慢上升，发育过程可分四个阶段。

1. 地台褶皱基底发育阶段

在太古宙时，尧山地区为古海所占据，早期岩性以类复理石建造的碎屑-碳酸盐沉积为主；之后仍以类复理石建造为主，但碎屑物较多，显示了海退趋势，地槽趋于上升。古元古代末期的吕梁运动使太古宙发生褶皱、断裂和岩浆活动，岩石变质作用明显，构成了该区的褶皱基底。

2. 地台盖层沉积阶段

从震旦纪到二叠纪，地壳以下沉为主，尧山地区基本上处于海侵过程中。沉积物以碳酸盐岩建造为主，还有陆源碎屑-火山岩建造。在此期间，曾经有过两次短暂升起，即中奥陶世和志留世—中泥盆世期间（受加里东运动影响）发生抬升隆起，接受风化剥蚀。所以，该区普遍缺失这两个时期的地层。

3. 地壳上升和褶皱断裂阶段

二叠纪以后，在海西运动影响下，地壳稳定上升，从此脱离海侵历史。中生代侏罗纪—白垩纪时，受燕山运动影响，以断块活动为主，地层再次发生褶皱、断裂。燕山晚期的深断裂活动伴有强烈的岩浆侵入，中酸性熔岩重熔产生的花岗质岩浆，沿断裂带上升，形成了尧山主体。

4. 地壳急剧上升成山阶段

中生代末期或古近纪初期，尧山地区发生了大规模的夷平作用，处于准平原状态。在中新世的喜马拉雅运动中，断块运动增强，古老的夷平面遭到破坏，使尧山主体又急剧上升形成了北仰南倾、高耸的多级断块山地。

第四纪的新构造运动在尧山地区表现为间歇式上升运动，形成多级剥蚀面。在长期的风化剥蚀作用下，前期各次花岗侵入体的围岩逐渐变成疏松物质而被搬离原地，侵入岩体直接暴露地表，形成了现今典型的花岗岩山地地貌。

四、地貌概况

（一）基本地貌类型

在《河南省地貌区划》（张光业等，1985）中，尧山地区属于伏牛山中山区。基本地貌类型表现为强烈切割的脊状中山和中等切割的波状低山丘陵，其中以深中山和浅低山为主，山脊起伏呈锯齿状，相对高差达 1800m 以上。在内营力作用下形成高峻的断块山地，山体主要为燕山期花岗岩。在此基础上，外营力对断块山地进行了强烈的塑造。

1. 中山

中山又分为深中山（海拔大于 1000m，相对高度大于 1000m）和浅中山（海拔大于1000m，相对高度 500～1000m）。尧山地区的深中山分布在主峰蛤蟆石（海拔 2153.1m）附近地区，海拔在 1800m 以上，岩性是元古宙和燕山期花岗岩。北坡陡峭，坡度多在 40°以上，有些地方超过 80°；南坡较和缓，坡度在 25°～40°。由于断层和节理发育，流水切割强烈，所以谷地多呈“V”形谷。沟谷两侧悬崖高峻，沟间山脊呈锯齿状，山峰尖峭，多是孤峰、岩柱。有名的崖壁如千丈崖、滴水崖、明石墙、西城墙、虎头崖、白松崖等，其中千丈崖的相对高度高达 325m。泽恩寺后一高耸石壁（西城墙），为一狭窄山脊，最窄处只有 1m 宽，两边直挂，高 300～400m。在一些断层崖壁面上能观察到断层镜面及擦痕，如漆树坪以上 300m 处的断层面。植被覆盖度高，以针叶林和落叶阔叶混交林为主。

浅中山分布于深中山外围，海拔 1200～1800m，相对高度一般在 800m 左右。浅中山的形态与深中山相似，流水侵蚀是主要的地貌作用，重力崩塌时有发生。

2. 低山

低山的海拔在 1000m 以下，相对高度小于 500m，主要分布于浅中山外围。流水切割强烈，山体比较破碎，坡度较缓，谷地较宽阔；植被类型多为人工林，缓坡地带出现一些农田。

3. 丘陵

丘陵的海拔在 400m 以下，相对高度小于 200m，面积较小，仅分布在昭平台水库附近和鲁山县城东南部。丘顶平缓，坡度较小，属剥蚀残丘，基岩裸露或被黄土状物质覆盖。目前多被辟为农田，或栽种经济林。

（二）主要地貌类型

1. 峰林和石柱

在尧山景区的中山和低山区，可见到很多峰林和石柱（孤峰）。区内 700m 以上的山峰484 座，形成峰林地貌景观。其中，海拔 2000m 以上的山峰 30 座，1800m 以上的山峰 39 座，1500m 以上的山峰 76 座，1000m 以上的山峰 160 座。它们是地下岩浆沿裂隙上升冷凝而成侵入岩体，之后地壳抬升，围岩遭受剥蚀，侵入岩体直接暴露于地表，经过长期的风化侵蚀作用而形成的。岩体垂直节理发育，沿节理面发生风化剥蚀，形成峻峭奇秀的山峰和石柱。区内相对高度在 200m 以上的石柱有 40 多个（图 12-4），最高的石柱是大将军，相对高度达 333m。

图 12-4　尧山的石柱景观（远处形似人体的石柱为石人）

2. 夷平面

中生代末期或古近纪初期，尧山地区长期处于稳定阶段，形成了波状起伏的夷平面。虽然后经喜马拉雅运动发生断块上升，古老的夷平面遭到破坏，但本区内还可见到一些残留的古老剥蚀面。例如，尧山景区内的 4 个观景台就是残留的古老剥蚀面，南观景台海拔在 1800m 左右，览胜台海拔在 2000m 左右。

3. 石蛋

花岗岩沿枕状节理破裂成块后，棱角部位最易风化，逐渐形成球状岩块，在泥石流的带动下沿沟谷分布，形成壮观的石蛋地貌景观。在尧山地区，多处可见石蛋地貌，如伴仙居下的跑马场、聚景台、老虎窿等都可以见到。

4. 洞穴地貌

洞穴包括岩溶洞穴和非岩溶洞穴。岩溶洞穴是可溶性岩石（碳酸盐岩类）在水的作用下，经过溶蚀和机械冲蚀形成的洞穴；非岩溶洞穴是由机械支撑或其他非岩溶作用形成的洞穴。尧山地区可溶性岩石分布很少，所以没有大型岩溶洞穴发育，但非岩溶洞穴较多，如龙王洞和高石窑是石棚洞穴，是由一块或几块巨石叠压支撑，相互依棚形成的洞穴；银洞等是人工采矿遗留下的洞穴；羚羊洞等是岩石风化脱落形成的洞穴。

5. 河谷地貌

尧山北侧沿东西向车村—下汤断裂带发育的河流，属淮河支流的沙河上游。在沙河谷地的很多地段，发育有河漫滩和阶地。在中山区内部，河流多是深切谷地，河漫滩和阶地发育不良。

第二节　气候与水文概况

尧山地区的气候类型属暖温带向北亚热带过渡的大陆性季风气候，四季分明，雨热同期，夏季炎热多雨，冬季寒冷干燥，春季雨少风多，秋季晴朗日照长。在全国气候区划中属暖温带半湿润气候区。

一、气温与降水

据鲁山县气象站（海拔约 93m）多年观测，县城平原地区年平均气温为 14.8℃，最冷月（1 月）平均气温 1.1℃，最热月（7 月）平均气温 26.9℃，≥10℃积温为 4884.8℃；气温年较差为 26.4℃（图 12-5）。尧山地区的气温比平原地带明显偏低，多年平均气温仅为 3～

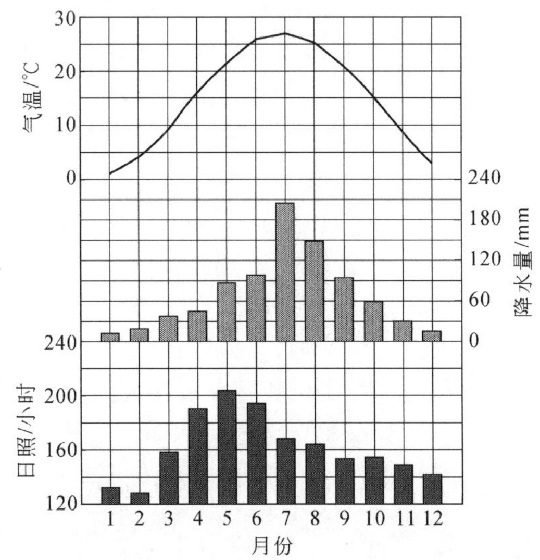

图 12-5　鲁山县气象站年平均历月气温、降水量与日照

5℃，最热月（7 月）平均气温为 14℃，最冷月（1 月）平均气温为-6℃。据实测，尧山地区海拔每上升 100m，气温下降 0.45℃；≥5℃的持续天数减少 5 天，年积温减少 153℃；≥10℃的持续天数减少 8 天，年积温减少 215℃。

鲁山县城附近平原地区多年平均降水量为 840mm，最大年降水量达 1250mm，最小年降水量为 463mm。降水主要集中在夏季（占 53.4%），冬季最少（5.1%），秋季多于春季（图 12-5），年降水变率为 19.7%。尧山地区受地形的影响，降水量较平原地区多，海拔每上升 100m，降水量可增加 50～200mm。海拔 1230m 的土地崖，多年平均降水量为 1180mm，最高年份可达 1700mm。尧山地区是暴雨频发的地区，如 1957 年 7 月 6 日单日降水量高达 329.4mm。高大山体的屏障作用，常形成地形雨，因此降水的 60%以上集中在夏季；而冬季受冷高压的控制，盛行偏北风，降水较少，只占年降水量的 5%左右，春秋两季降水各占 15%～20%。

二、光热资源

据鲁山县气象站多年观测，县城附近平原地区多年平均日照时数为 1932 小时，年日照百分率为 44%，主要集中在 4～6 月，1 月和 2 月日照时数最少（图 12-5）。尧山地区日照时数受地形、降水、云雾等条件的影响，比周边平原地区要少。尧山地区全年日照时数为 1724 小时，较周边平原地区偏少 100～500 小时，年日照百分率为 39%左右。全年太阳总辐射为 460.55～502.42kJ/cm，有效辐射 110～120kJ/cm。总辐射量年内分布不均，夏季最多，占全年的 33%～34%；冬季最小，占全年的 16.0%～16.5%。

尧山地区≥10℃的活动积温在 2000℃以上，无霜期 205 天，比附近平原地区多 60 天左右。云雾天气较多，年平均总云量在 5.0～6.0，6～8 月为全年云量最多月份，月平均最大云量多在 8.0 以下，冬季平均云量则只有 3.0。夏季盛行偏南风，冬季盛行偏北风，平均风速 3.8m/s，年平均湿度系数为 1～1.4，且随海拔升高有增大的趋势。

三、地表水特征

尧山地处黄河流域、淮河流域和长江流域三大流域的分水岭。尧山北侧水系属淮河流域一级支流沙颍河上游的沙河水系，南侧属于长江流域一级支流汉江上游的唐白河水系（图 12-6）。沙河流经鲁山、平顶山、叶县进入舞阳境内与北汝河相汇。鲁山境内沙河长度为 175.8km，流域面积 3910.46km^2。

尧山地区的沙河水系有以下两个特征：第一，支流众多，两岸几乎对称性分布。沙河干流东西横贯全境，总长 83.9km。沙河河源是玉皇庙沟，较大的支流有木札岭河、荡泽河、清水河、想马河、应河和澎河等。这些支流多呈南北走向，左岸支流稀疏，右岸支流相对短小，略呈对称的羽状水系，不对称系数为 0.05。这一特点使干流河槽无显著偏倚，左右岸均有面积较大的阶地及河谷平原分布。第二，多山地型河流。昭平台水库上游地区地势起伏悬殊，河流水流湍急，河床纵剖面变化明显，多跌水和瀑布，支流多为季节性河流。

鲁山县境内共有大、中、小型水库 30 余座，其中大型水库 1 座（昭平台水库），中型水库 2 座（米湾水库、澎河水库）。昭平台水库位于沙河干流上游，控制流域面积 1430 亿 km^2，水域面积 38km^2，是一座以防洪、灌溉为主，同时具有发电、供水、养殖和旅游等多种功能的大（2）型水利工程。设计水位 177.6m，设计库容 5.36 亿 m^3；兴利水位 174m，兴利库容 3.94 亿 m^3；死水位 159m，死库容 0.36 亿 m^3（蔡长明等，2010）。

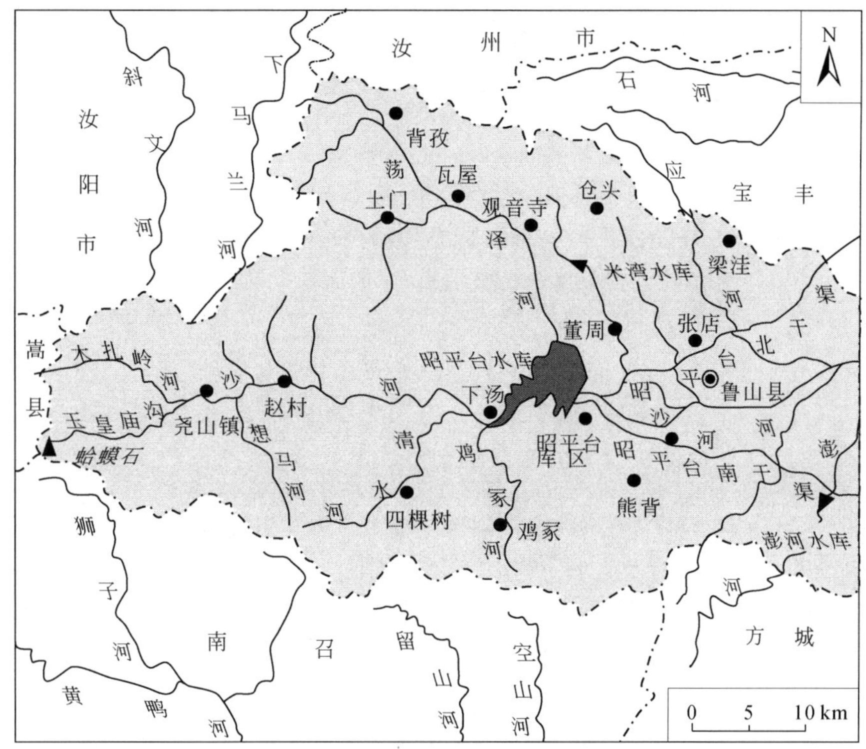

图 12-6　尧山附近地区地表水系

该工程于 1958 年开工，1959 年基本建成。后经 1966 年、1976 年、1985 年三次续建配套和除险加固，工程逐渐完善。2000 年开始第四次除险加固，2005 年全部完工。水库防洪标准达到 100 年设计、5000 年校核标准。水库大坝主坝长 2315m，副坝长 923m，最大坝高 35.5m。水库设尧沟溢洪道和杨家岭非常溢洪道。尧沟溢洪道设 5 孔 10m×10m 闸门，最大泄量 4680m^3/s。杨家岭非常溢洪道设 16 孔 10m×9m 闸门，最大泄量 9152m^3/s。水电站共 6 台机组，总装机容量 7700kW。水库下方建设南、北两条灌溉干渠，总长 134.7km，设灌溉计面积 7 万 hm^2。

尧山地区的河水以雨水补给为主。据昭平台水库 1952～2008 年径流量分析，多年平均天然径流量为 5.63 亿 m^3，多年平均径流深 397.6mm。50%保证率的天然径流量为 5.43 亿 m^3，径流深 383.5mm；75%保证率的天然径流量为 3.72 亿 m^3，径流深 263mm；97%保证率的天然径流量为 1.53 亿 m^3，径流深 108.1mm（蔡长明等，2010）。径流量年内分配很不均匀，7 月和 8 月的径流量占全年的 50.7%，1 月的径流量仅占全年的 1.4%。沙河初汛一般开始于 5 月，6～8 月为洪水多发期。洪水年际变化呈周期性，一般间隔 3～5 年发生一次较大洪水，10 年左右发生一次大洪水。因沙河源头处于河南省暴雨中心，洪涝灾害频繁。受温带大陆性季风气候的影响，沙河流量变化很大，因山体基岩为花岗岩，地下水资源缺乏，冬季对河流补给不足，冬季几乎断流。

四、地下水概况

尧山地区地下水类型主要是第四系松散沉积物孔隙水、岩石孔隙-裂隙水和基岩水 3 类。断裂构造发育，在新构造运动的影响下，热液活动比较显著，沿车村-下汤深大断裂带有多处温泉出露，成为该地区地下水的重要特征。

（一）第四系松散沉积物孔隙水

第四系松散沉积物含水层主要为全新统冲积砂砾层，分布在冲洪积扇、冲洪积裙中下部，在尧山地区面积较广，另外在河谷两岸也有零星分布。含水层厚 4～20m，富水性较好，上部砂土层入渗系数为 0.5m/d，下部砂砾层渗透系数为 50～120m/d，井降深（降水前后井水位差）2m 左右，单井出水量一般为 800～3000m^3/d，最大单井出水量可达 5000m^3/d。中-上更新统松散沉积物分布于河流两岸二级以上的高阶地上，上部一般为亚黏土、亚砂土，下部为砂砾夹少量黏土，含水层厚度 2～15m。因堆积物位置较高，侵蚀切割较严重，储水和导水性能较差，且上覆黏性土不易接受雨水的补给，故水量贫乏，单井出水一般为 10～200m^3/d。

（二）岩石孔隙-裂隙水

孔隙-裂隙水是储存于岩石孔隙、浅层风化裂隙、层面裂隙和构造裂隙中的水分。由于孔隙含水层和裂隙含水岩层交织在一起，渗透系数比较复杂，富水性中等，平均渗透系数一般为 0.4m/d，井泉流量一般为 0.08m^3/s。因为孔隙发育程度不同，所以单井出水量随成井深度、孔隙的性质、介质的不同而不同。

（三）基岩水

基岩水主要赋存并运行在坚硬岩石连续性间断面的壁面间隙中。基岩水的分布受地质构造影响，因此基岩水空间分布不均。在该区域基岩水一般是岩溶水和裂隙水，钻孔涌水量在 0.007～13.6m^3/h。

（四）地热水

地下热水资源是地下水资源的一种类型，同时又是地热资源的一种赋存形式。它不仅是水资源，也是一种重要的热能资源。

鲁山地热田由五组泉群（上汤、下汤、中汤、温汤和碱场）组成，沿东西向沙河两侧展布，热水断续出露长度约 30km（图 12-7）。

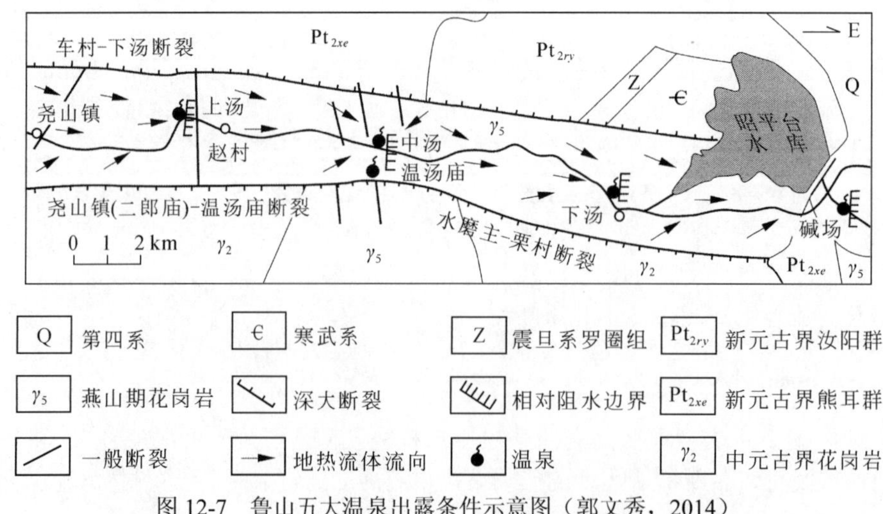

图 12-7　鲁山五大温泉出露条件示意图（郭文秀，2014）

地下热水的形成受多方面因素影响，但主要控制因素是地质构造，其次是岩浆活动、地势起伏、地下水活动和围岩的可溶性等。鲁山地处豫西隆起区，隆起带的断裂构造是控制地下热水的分布、运动的主导因素。鲁山地热在地质构造上处于东西向构造带上的车村-下汤大断裂南侧，热水点出露在燕山期花岗岩中。车村-下汤断裂规模大，破碎带发育，宽3～6km，东宽西窄。近东西向（120°～300°）的压裂面密闭程度好，而10°～190°和20°～200°张裂面开启程度较好，因此后者常成为储水场所或泄水通道，前者则形成阻水帷幕，为鲁山地下热水的形成、储存、排泄创造了有利的地质环境。地热田的热源主要来自地壳内部，其次为断裂活动的动力热和花岗岩体侵入余热。热田西部山区的地下水和降水，通过花岗岩裂隙及断裂，下渗到地下深处，并在大断裂中运移，加热获取热量，受阻后沿构造通道排泄到地表，形成热水天然露头。

由于鲁山地下热水出露处为花岗岩，且来自于地壳深处，水在循环过程中与花岗岩反复接触，较多地吸收了地壳的热量、放射性元素及氟等微量元素，热水中含放射性氡高于7.4×10^4Bq/m，氟的含量为15～25mg/L，属低矿化度重碳酸-硫酸钠型热水（表12-1）。

表12-1　尧山地区五大温泉基本情况（郭文秀，2012）

泉名	泉眼数/个	总自流量/（m^3/h）	水温/℃	水质				水质类型
				pH	矿化度/（g/L）	氟含量/（mg/L）	偏硅酸/（mg/L）	
上汤	5	53.4	48～63	8.2～9.0	0.57	15.44	78.8	$HCO_3\cdot SO_4$-Na
中汤	3	10.7	61～63	8.2～8.9	0.56	16.70	89.3	$HCO_3\cdot SO_4$-Na
温汤	1	2.2	45	7.8～8.5	0.46	17.78	78.3	$HCO_3\cdot SO_4$-Na
下汤	7	30.7	63	8.2～9.1	0.61	17.26	97.0	$HCO_3\cdot SO_4$-Na
碱场	3	4.6	27～35	8.1～8.5	0.72	13.60	85.6	$HCO_3\cdot SO_4$-Na

第三节　土壤与植被概况

一、成土因素

尧山地区由于地理位置的特殊性，气候、植被具有明显的过渡性，加之山地的影响，使水、热的水平地带因素又进行了再分配，因而土壤分布更为错综复杂。

第四纪以来的新构造运动，使尧山沿断裂上升为相对高度达1800m的山地，为土壤垂直地带的形成奠定了基础，并对南、北坡的自然带垂直分布产生了一定影响。例如，南坡亚热带北界的上限在1000m左右；而北坡只有在坡麓地带（海拔200～500m），由于局部河谷、小盆地的影响，才出现北亚热带的土壤和植被。

海拔的增加，水热状况的垂直变化，深刻地制约着植被的垂直分布。因此，由山麓到山顶依次出现含有常绿成分的落叶阔叶林—落叶阔叶林—针阔叶混交林—灌丛矮曲林的更替。不同植被下，土壤类型和性质存在很大差别。

地貌和地下水条件对土壤的形成和发育也起着一定的作用，影响局部地区土壤发育的方向，形成某些非地带性土壤。例如，在上汤一带，受地下温泉出露的影响，形成了黑油土，而在河谷低洼地区，因地下水很浅，往往形成草甸土。

尧山地区成土母质类型复杂多样。山区的成土母质一般是坡积、坡积-残积物，以花岗岩风化、半风化物为主，也有片麻岩、安山玢岩、石英岩等风化物，其上发育的土壤一般土层浅薄，且多含砾石。在丘陵和浅山坡度平缓之处，分布着一定厚度的残积母质和黄土，其上发育的土壤比较深厚，质地相对较细。沙河两侧阶地上多为冲积物，土层也比较深厚，质地相对偏砂。

在中山和深低山地区，人类活动影响微弱，土壤基本上维持着自然状态；而在浅低山、丘陵和大型河谷两岸，人类活动强烈，很多自然土壤已被开垦为农田。在长期人工熟化作用下，土壤性质已与其前身的自然土壤发生了重大改变。

二、主要土壤类型及其分布

在上述各种成土因素综合作用下，尧山地区发育的主要自然土壤类型有棕壤、暗棕壤、褐土、黄棕壤、黄褐土、草甸土和粗骨土 7 个土类。另外，在大型河流两侧，还分布有潮土和水稻土。棕壤、暗棕壤、褐土、黄棕壤和黄褐土属于地带性土壤，草甸土、粗骨土、潮土和水稻土属于非地带性土壤。棕壤土类又划分为典型棕壤、灰化棕壤、生草棕壤 3 个亚类，褐土又划分为典型褐土、淋溶褐土、石灰性褐土、粗骨褐土 4 个亚类；黄棕壤又划分为典型黄棕壤和黏盘黄棕壤（黄褐土）2 个亚类。本节仅介绍几种尧山地区分布面积广、比较典型的土壤。

尧山地区土壤垂直分布规律明显（图 12-8）。从图 12-8 可以看出，尧山南、北坡土壤垂直带谱不同。南坡自下而上依次出现黄褐土、黄棕壤、棕壤、暗棕壤和山地草甸土，北坡依次出现褐土+黄褐土、褐土、棕壤、暗棕壤和山地草甸土，并且分布高度的界线范围不同。总体来看，同种土壤类型在南坡分布位置较高，北坡分布位置较低；越往高处，南、北坡同种土壤类型的分布高度差别越小，在山顶附近，草甸土的分布高度趋向一致。

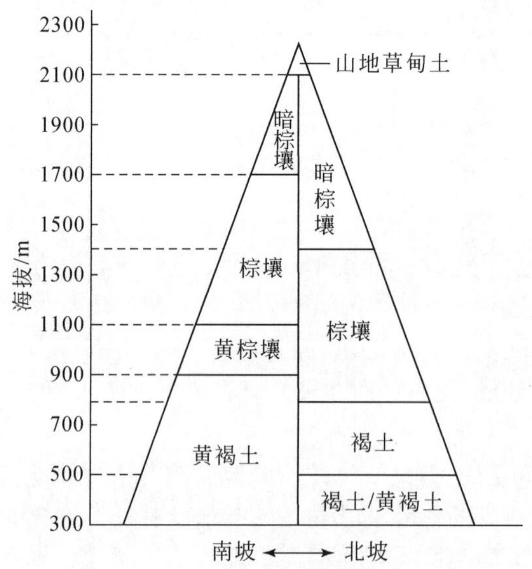

图 12-8　尧山南北坡土壤分布规律

据平顶山学院环境与地理科学系（2012）改绘

（一）棕壤

尧山南坡的棕壤分布在海拔 1100～1700m，北坡分布在 800～1400m 的中山地带。气候温暖湿润，降水量略大于蒸发量。植被类型主要是落叶阔叶林、针阔叶混交林或针叶林，成林的主要树种有栓皮栎、麻栎、白桦、红桦、华山松、油松等。林下灌木草本植物比较繁茂，林木覆盖率在 60%以上。母岩是花岗岩风化残积物、坡积物和残积-坡积物。

棕壤的主要成土过程是较明显的黏化作用和强烈的生物循环（有机质积累和分解）作用。尧山地区气候温暖湿润，水分适中，土壤矿物质发生分解，其中一部分分解成可溶性盐类随水流失，另一部分则转变成黏土矿物。黏土矿物颗粒非常细小，可高度分散于水中形成悬浮液。黏土物质随水向土壤下部淋溶过程中，由于水分的渗吸或土壤固相颗粒的机械过滤作用等，在土体中部发生沉淀，形成黏化层。由于棕壤分布区水热条件较好，生物活动旺盛，每年有大量的枯枝落叶凋落到地表，有机质含量较高。土壤淋溶作用较强，呈酸性反应。

本区的棕壤根据成土条件的差异可分为典型棕壤、灰化棕壤、生草棕壤 3 个亚类。典型棕壤的土体构型为 O-Ah-Bt-C。O 层为枯枝落叶层，一般厚 1～2cm，呈半分解状态；Ah 层为土壤腐殖质层，一般厚 10～20cm，呈暗棕色或灰棕色，壤质黏土，团粒结构，疏松、根系很多；Bt 层为黏化层，厚度 30～40cm，呈棕色，比较紧实，质地黏重，块状结构；C 层为母质层，颜色较浅，质地较轻，碎石较多，保持原始风化物的性状。棕壤全剖面以棕色为主，中部黏粒明显聚集；全剖面无石灰反应，pH 在 6.0 左右；表层有机质含量较高，一般在 5%左右，高者可达 10%以上，向下急剧下降。

灰化棕壤的分布位置较高，植被类型以华山松或油松等针叶林为主。它与棕壤的主要区别是土体有一定的灰化作用，即在酸性淋溶条件下 SiO_2 积聚，铁铝氧化物被淋洗出土体，土壤剖面黏化层不甚明显，颜色发灰。土层较薄，粗颗粒较多，酸性强于典型棕壤。

生草棕壤主要发育于松栎林或松桦林破坏后的灌丛与草坡上，因生草作用强烈，表层积累有深厚的腐殖质，酸度弱于典型棕壤。

（二）褐土

褐土分布在尧山北坡海拔 500～800m 的低山丘陵区，上部与棕壤相接，下部与潮土相连。在 200～500m 的岗地和高阶地上也有褐土分布，常常与黄褐土呈复域分布。气候特点与棕壤分布区相近，但相对干旱一些，年蒸发量大于或接近降水量。成土母质主要是第四纪黄土沉积物、河流冲积物及花岗岩风化残积-坡积物。植被为暖温带半湿润落叶阔叶林，树种主要有栓皮栎、麻栎、侧柏等，林内的灌木和草本植物比较茂盛。

褐土形成的特点是具有明显的黏化过程和钙化过程。褐土的黏化过程与棕壤相似，但由于褐土地区降水量较少，淀积黏化作用弱于棕壤，以残积黏化作用为主。由于淋溶作用较弱，一价盐类随水流失，但二价盐类发生表层淋溶，中下层淀积，形成碳酸钙积累的钙化层。腐殖质积累过程也较明显，并与钙离子结合，形成结构稳固的褐色腐殖质层。

尧山地区的褐土分为典型褐土、淋溶褐土、石灰性褐土、粗骨褐土 4 个亚类。典型褐土的土体构型为 O-Ah-Bt-Bk-C。O 层较薄，且不连续；Ah 层厚 10～15cm，呈灰褐色，团粒结构，较疏松，根系较多，呈中性反应；Bt 层呈棕色，黏重、紧实，块状或核状结构；Bk 层为钙化层，颜色稍浅，碳酸钙积聚形态有假菌丝和结核（砂姜）等，呈碱性反应。

淋溶褐土位于典型褐土的上部，其上和棕壤相接。土壤淋溶作用强于典型褐土，土壤呈中性和弱酸性反应，无钙化层。

尧山地区的石灰性褐土面积较小，主要分布在黄土母质上，植物是中旱生灌草丛和低矮乔木，现被开辟为农田。主要性状特征是有机质含量较低，通体有石灰反应，呈碱性。

粗骨褐土也称褐土性土，多分布于山体阳坡中部及上部，坡度较大，植被稀疏，水土流失比较严重，土壤浅薄，砾石含量高，几乎无黏化层存在，常常与典型褐土和淋溶褐土呈复域分布。

（三）暗棕壤

暗棕壤分布在尧山北坡海拔 1400～2100m，南坡海拔 1700～2100m 的山体中上部。植被是华山松林和秦岭冷杉林等针叶林，母质为花岗岩风化坡积物。典型暗棕壤的土体构型与棕壤相似，也为 O-Ah-Bt-C。但由于暗棕壤分布区气温较低，有机质分解较慢，Ah 层的有机质含量更高，可达 5%～10%，呈暗棕色或黑棕色，pH 在 5.5 左右；黏化作用较弱，B 层不明显。

（四）山地草甸土

山地草甸土发育在尧山山顶地势较平缓的地带。植被为茂密的亚高山草甸或灌丛草甸，土壤母质为花岗岩风化残积物。成土特点是生草过程旺盛，有机质分解缓慢，有机质含量比暗棕壤更高；黏化作用不明显。典型山地草甸的土体构型为 As-Ah-Cu-C。As 为草毡层，厚薄不一，根系交织成网，松软，有弹性；Ah 层十分发育，厚 30cm 左右，呈灰黑色，有机质含量在 10%左右；Cu 为锈纹锈斑层，是由于湿度大且季节变化明显导致的氧化还原交替进行，铁锰氧化物淀积的结果，砾石含量高。山地草甸土呈酸性反应，pH 在 5.5 左右，表土层略低于下层。

（五）黄棕壤

黄棕壤分布在尧山南坡海拔 900～1100m，是北亚热带的地带性土壤类型之一，其上部是棕壤，下部是黄褐土。母质为花岗岩风化残积-坡积物，气候属于北亚热带湿润季风气候，植被是含有常绿成分（如马尾松、青冈、杉木等）的落叶阔叶林（主要是栎类）或针阔混交林。

在上述成土因素综合作用下，黄棕壤的形成过程主要是弱富铁铝化过程和强黏化过程。黄棕壤分布区的水热条件优于棕壤，母质风化的部分一价、二价盐类和 SiO_2 发生淋溶，而部分铁、铝和锰氧化物游离出来，以胶膜或结核的形式淀积在土壤中，表现出弱富铁铝化过程。黄棕壤的黏化过程比棕壤更强，既有残积黏化，又有淀积黏化，常形成黏重的心土层，甚至形成黏磐。

黄棕壤的土体构型是 O-Ah-Bts-C。Ah 层呈暗棕色或灰棕色，有机质含量在 3%～5%，团粒状或碎块状结构，pH 为 5.5～6.0；Bts 层是黏粒和铁锰淀积层，黄棕色或红棕色，质地偏黏，核状或块状结构，结构体面上有黑褐色铁锰胶膜，结构体内常见有黑褐色圆球状铁锰结核（俗称铁子）。

（六）黄褐土

黄褐土主要分布在尧山南坡海拔 900m 以下的低山丘陵和岗地区，面积较广；北坡海拔 500m 以下的丘陵岗地和小盆地中也有小面积分布。黄褐土分布区的气候和植被与黄棕壤相似，只是温度更高、降水量较少，植被比较稀疏，多为次生植被，很多地方被辟为农田，水土流失比较明显。

与黄棕壤相比，黄褐土形成的特点表现在较弱的淋溶、腐殖质积累和黏化过程，较强的富铁铝过程。黄褐土剖面构型为 Ah-Bts-C。Ah 层呈暗褐色或黄棕色，小块状结构，有机质含量在 1%左右。Bts 层呈黄棕色或淡红棕色，大块状或核状结构，有暗褐色黏粒胶膜、铁锰胶膜和结核。在基岩风化物上形成的黄褐土，砾石含量高，土层薄，黏化层不甚明显，铁锰胶膜和结核也不甚明显；但在下蜀黄土母质上形成的黄褐土，土壤深厚，质地十分黏重，铁锰胶膜和结核多见。全剖面一般无石灰反应，土壤呈中性偏微碱性，pH 在 6.5～7.5。

三、植物区系特征

尧山地区位于北亚热带和暖温带的过渡地区，秦岭东端、伏牛山主脉北部，自然条件复杂，为多种植物的繁衍提供了良好场所。这里不仅是我国南北植物区系成分的交汇地带，还有西南、华西、西北和东北的一些植物成分散生其间。

（一）植物种类比较丰富

据丁圣彦等（1996）调查鉴定，尧山自然保护区内的种子植物有 125 科（裸子植物 6 科，被子植物 119 科），546 属（裸子植物 12 属，被子植物 534 属），1607 种（包括种以下的单位，裸子植物 20 种，被子植物 1587 种），分别占河南省种子植物科的 73.55%，属的 52.8%，种的 44.95%（表 12-2）。

表 12-2　尧山自然保护区种子植物统计表（丁圣彦等，1996）

植物类别	保护区			河南省			中国		
	科	属	种	科	属	种	科	属	种
裸子植物	6	12	20	10	25	75	10	34	193
被子植物	119	534	1587	160	1009	3500	291	2946	24357
合计	125	546	1607	170	1034	3575	301	2980	24550

（二）植物区系具有一定的古老性

首先，尧山自然保护区内有不少原始的孑遗植物，如三尖杉、杜仲、领春木、连香树、青钱柳等。其次，单种科属和少种科属植物丰富，如单种科的植物中昆栏树科的领春木，杜仲科的杜仲和红豆杉科的红豆杉等。从进化角度来看，它们大多属于原始的或古老的科属。最后，与最原始的木兰科相近的原始科分布也比较广泛，如昆栏树科、连香树科、小檗科、三白草科、毛茛科、金缕梅科等。包括木兰科在内的上述 9 科，共有 102 种，占该区全部被子植物的 6.42%。区内还存在着大片原始性森林，其中近熟林和过熟林面积占 70%左右。

（三）植物区系成分具有明显的过渡性

尧山地区的植物区系属于泛北极植物区，中国-日本森林植物亚区，以华北、华中植物区系成分为主，兼有西南地区的区系成分。华北成分是区内的主要建群种和优势种，如栓皮栎、油松、千金榆和绣线菊属的物种等；华中成分如化香、牛鼻栓、湖北枫杨，及木兰属等物种；西南成分如华山松、太白杜鹃等；个别其他成分如华东成分的马尾松、诸葛菜，西北成分的西北栒子等也有少量分布。

四、主要植被类型

尧山地区的植被类型大致可分为针叶林、针阔叶混交林、落叶阔叶林、灌丛等，还包括一些人工植被类型。

（一）针叶林

1. 华山松林

华山松为北亚热带中山区常见的树种，但并不局限于亚热带地区，常向北推进至暖温带山区。华山松林是尧山地区常见的常绿针叶林，多分布在海拔 1500m 以上的地带，如姐妹峰上部、蛤蟆石下方、大将军沟、石人南侧、赶坡岭、凤凰岭和大南坡等附近。在海拔 1200～1500m 较缓的坡地上有人工华山松林分布，但面积不大。20 世纪 60 年代前后，自然生长的华山松成年林被大量砍伐，现在的自然林多分布在人迹罕至的山脊或陡坡上。林下土壤为棕壤和暗棕壤，土层较薄，平均有机质含量为 6.4%，平均 pH 为 5.82。

华山松林冠呈圆锥形，多为中龄林。群落外貌苍翠，人工华山松林的林冠较整齐，自然林的林冠整齐度不均。群落层次结构较为明显，可分为乔木、灌木和草本三个基本层次，地被层不明显，附生植物也较少。乔木层以华山松占绝对优势，盖度在 50%～80%，人工林盖度大于自然林。华山松平均高度 8～15m，胸径 10～15cm，冠幅在 2.2m×2.5m 左右，枝下高 2～5m。伴生种主要有白桦、五角枫、坚桦和锐齿栎等，在海拔较低处还有油松等。灌木层高度一般为 1～2m，盖度在 40%以下，常见的种类有短枝六道木、胡枝子、卫矛、连翘、照山白等。草本层高度 30～60cm，盖度 20%～40%，主要种类有野古草、羊胡子草、活血丹、橐吾等。在林下较阴湿地段的树干上或地表枯木上有苔藓生长。此外，还有少数藤本植物，如华中五味子等。

2. 秦岭冷杉林

秦岭冷杉属松科，是国家二级保护植物。秦岭冷杉林仅分布在蛤蟆石下方，海拔 1900～2150m 内，沿山脊呈带状。土壤是暗棕壤，枯落物层厚，表层土壤有机质含量高达 12.8%，pH 为 6.0 左右。

群落外貌呈暗绿色，树冠呈圆锥形，林冠参差不齐。群落结构可分为乔木层、灌木层、草本层三个基本层次。乔木层高度 20～25m，层盖度 50%～80%，以秦岭冷杉占绝对优势，单株高一般为 20～25m，最高达 30m；胸径 20～25cm，最大可达 64cm；树年龄在 200 年以上，但 2004 年，秦岭冷杉大面积死亡，目前仅存少量幼树。群落伴生种主要有华山松、坚桦、红桦和鹅耳枥等。灌木层高 2～4m，盖度 40%～50%，以短枝六道木、箭竹、河南杜鹃等占优势，伴生种以照山白为主，还有茅莓、野蔷薇、中华绣线菊等。草本层高 0.8～1m，盖度 25%～35%，主要种类有鬼灯檠、活血丹、橐吾、羊胡子草、佩兰、龙芽草等。

因群落生境阴暗潮湿，常见苔藓、地衣生于树干、树枝或阴湿的地面上。

3. 油松林

尧山地区的油松林面积较小，主要分布在海拔 800～1500m 的东一枝蜡后岭和东观景台两侧的山梁上，以及海拔 1480m 的凤凰岭山坳内。林下土壤是棕壤，偏酸性，地表枯落物层较薄，表层腐殖质较少。

群落外貌呈油绿色，林冠较为整齐。群落层次较为明显，可分为乔木层、灌木层、草本层三个基本层次。乔木层高度 10～15m，层盖度 50%～60%，局部地段可达 85%。油松为绝对优势种，伴生种主要有短柄枹，局部地段散生有锐齿栎、鹅耳枥、华山松等。油松单株高一般 10～15m，最高可达 20m；胸径一般 15cm，最大可达 30cm。灌木层高度一般为 1～3m，盖度 20%～30%，优势种有照山白、胡枝子、映山红等；并有一些短柄枹幼树、鹅耳枥幼树、锐齿栎幼树、华山松幼树、山梅花等。草本层高度一般 50cm，盖度在 40%左右，优势种有羊胡子草、野古草等，伴生种有佩兰、蕨、轮叶沙参、东风菜、山苦荬等。层间植物主要有菝葜等。

（二）针阔叶混交林

尧山地区的针阔混交林主要有华山松-锐齿栎混交林、油松-锐齿栎混交林和油松-短柄枹混交林等，其中以华山松-锐齿栎混交林分布较为广泛。华山松-锐齿栎混交林分布在鸡冠石沟、二道楼、土地垭、石人南侧、骆驼峰尾、东一枝蜡和西一枝蜡等处，海拔 1300～1900m。油松-锐齿栎混交林主要分布在三道楼附近，海拔 1600～1700m。油松-短柄枹混交林主要分布在东观景台附近，海拔 1500～1600m。

（三）落叶阔叶林

尧山地区的落叶阔叶林分布广泛，类型较多，包括锐齿栎林、栓皮栎林、山杨林、鹅耳枥林、漆树林、红桦林、坚桦林、沟谷杂木林等。本节仅介绍几种分布相对广泛的落叶阔叶林。

1. 锐齿栎林

锐齿栎林是尧山地区森林植被的优势类型，广泛分布于海拔 1500～1900m 的山坡上。较低海拔处多为中幼林，林相整齐，树高 15～17m；较高海拔地区，多为成熟林或过熟林，局部地段还保留有原始林，郁闭度 70%～90%。群落组成较为复杂，100m^2 样方内有植物 80～120 种。群落层次明显，乔木层除建群种锐齿栎以外，还有华山松、油松、五角枫、漆树、千金榆、灯台树和山杨等；灌木层常见的有胡枝子、三裂绣线菊、毛叶小檗、短枝六道木、粉团蔷薇和太白花楸等；草本层盖度 20%～60%，常见的有宽叶薹草、兔儿伞、马先蒿、藜芦、狼尾花和珍珠菜等；层间植物有粉背南蛇藤、山葡萄等。群落天然更新良好，是本区重要的水源涵养林和用材林。

2. 栓皮栎林

栓皮栎林广泛分布在尧山南、北坡海拔 600～1300m 的浅山及丘陵地带。下界与农作区相接，上界与短柄枹林、锐齿栎林相接或与其形成混交林。浅山区多为中幼林或萌生状态的蚕坡栎林，深山区多为成熟林。成熟的栓皮栎林结构简单，林相整齐，树高 10～15m。在 100m^2 样方内有植物 50～80 种。乔木层伴生的树种有化香、山杨、茅栗、槲栎、短柄枹、鹅耳枥、油松、野核桃和漆树等；灌木层常见的有胡枝子、山莓、中华绣线菊、卫矛、盐肤木、黄栌、照山白、花木蓝、山梅花、连翘和野茉莉等；草本层主要有丝叶薹草、蕨、披针薹、大火草、珍珠菜、石沙参和深山堇菜等；层间植物有山葡萄、穿龙薯蓣和清风藤等。

3. 山杨林

山杨林常成小片状分布于海拔1000～1700m的向阳坡，镶嵌在锐齿栎林和短柄枹林中。群落外貌整齐，树干挺直，高 9～16m，郁闭度 40%～75%。100m^2 样方内有植物 50～70种。乔木层伴生的树种有白桦、槲栎、短柄枹、漆树和千金榆等；灌木层常见的有胡枝子、太平花、荚蒾、白檀、三桠乌药、针刺悬钩子、通梗花和连翘等；草本层主要有金星蕨、糙苏、红根草、风毛菊、柔毛淫羊藿、珍珠菜和假升麻等；层间植物有复叶葡萄、南蛇藤等。山杨是林间空地上的先锋种，为速生短命的用材林植物，最后将被其他植物代替。

4. 红桦林

红桦林多分布于尧山海拔 1600～1900m 的山坡上部和平缓山脊处，周围多为华山松林和锐齿栎林。树干通直，高 12～14m，盖度 40%～60%。100m^2 样方内有植物 72 种。乔木层除建群种外，还常见有锐齿栎、五角枫、暖木、槭、油松、坚桦、花楸树、冷杉和鹅耳枥等；灌木层高 0.8～1.8m，常见有红脉钓樟、荚蒾、刚毛忍冬、挂苦绣球、华北绣线菊、三桠乌药和箭竹等；草本层主要有丝叶薹草、宽叶薹草、披针薹草、珠芽艾麻、东风菜、凤丫蕨、糙苏和异叶泽兰等；层间植物较少，主要是华中五味子。

5. 坚桦林

坚桦林分布于海拔 1800m 以上的山脊或山顶，面积较小。由于山顶风大，坚桦多分枝，主杆弯曲，树冠不整，群落低矮，一般高 3～6m，盖度 50%～70%。乔木层伴生有锐齿栎、五角枫、暖木、华山松、山樱花和鹅耳枥等；灌木层主要有菰帽悬钩子、荚蒾、六道木、挂苦绣球和太白花楸等；草本层主要有羊胡子草、地榆、盘果菊、岩败酱、龙牙草和糙苏等。

6. 沟谷杂木林

沟谷杂木是尧山地区分布最广的植被类型，在海拔 1000～2000m 的很多沟谷中都有分布。外貌不整齐，结构不明显。因其生长地段的环境条件差异较大，群落组成差异很大。尧山南侧海拔 800m 以下的杂木林中，往往混生有北亚热带常绿树种，如青冈栎和杉木等。

7. 油桐林

油桐是大戟科油桐属的亚热带植物，是我国特有油料树种。在尧山南北两侧海拔 500m以下的沟谷阳坡或小盆地中有小面积分布，林下土壤多为黄褐土。油桐林是人工种植的经济林，其果实可榨取桐油，桐油是重要的工业原料。

（四）灌丛

尧山地区的灌丛大多是森林遭受破坏后发展起来的植被类型，属次生类型，由落叶或常绿灌木和多年中生禾草类植物组成。灌丛类型多样，从低海拔到高海拔山地都有分布。700m 以下的低山丘陵地区广泛分布的是荆条灌丛、黄栌灌丛、鼠李灌丛、毛花绣线菊、杠柳灌丛、野山楂灌丛等；700～1500m 主要分布有照山白灌丛、绿叶胡枝子灌丛、白檀灌丛等；1500m 以上主要有小叶忍冬灌丛、河南杜鹃灌丛、六道木灌丛、美丽胡枝子灌丛、连翘灌丛、三裂绣线菊灌丛、山顶矮灌丛等。在沟谷主要是珍珠梅灌丛、三裂绣线菊灌丛等。

1. 河南杜鹃灌丛

河南杜鹃灌丛主要分布于海拔 1900m 以上的山顶或山脊，呈小片状分布，灌丛高 0.2～

2.5m，郁闭度 70%～90%。虽然河南杜鹃是常绿灌木，但季相变化明显，在开花期，色彩斑斓。群落伴生植物有黄栌、秀雅杜鹃、照山白、白檀、大花溲疏、盐肤木、小叶鼠李和栓皮栎萌生枝条等。

2. 胡枝子灌丛

胡枝子是尧山分布最为广泛的一种植物，常在海拔 1700m 以下的阔叶林下形成优势灌木层。一旦上层乔木遭受破坏，胡枝子即可发展成灌丛。它也是农田四周、村宅旁、路边最常见的灌丛之一。

3. 荆条灌丛

荆条灌丛是尧山低山丘陵地区极为常见的一种群落类型，是在森林群落遭破坏后发展起来的。由于枝条屡遭砍伐或被家畜啃食，植株常呈丛状。群落结构比较简单，伴生植物多为一些旱生性灌木，如黄栌、酸枣、小叶鼠李和柘树等。

五、植被垂直分布规律

随着山体海拔的上升，气候因素和土壤条件变化较大，从而使尧山地区的植被类型有明显的垂直变化，形成了比较完整的垂直带谱。尧山北坡与南坡在温度、湿度以及两者的配合状况上存在着较大差异，故植被类型和物种组成也不尽相同（图 12-9）。南坡自下而上

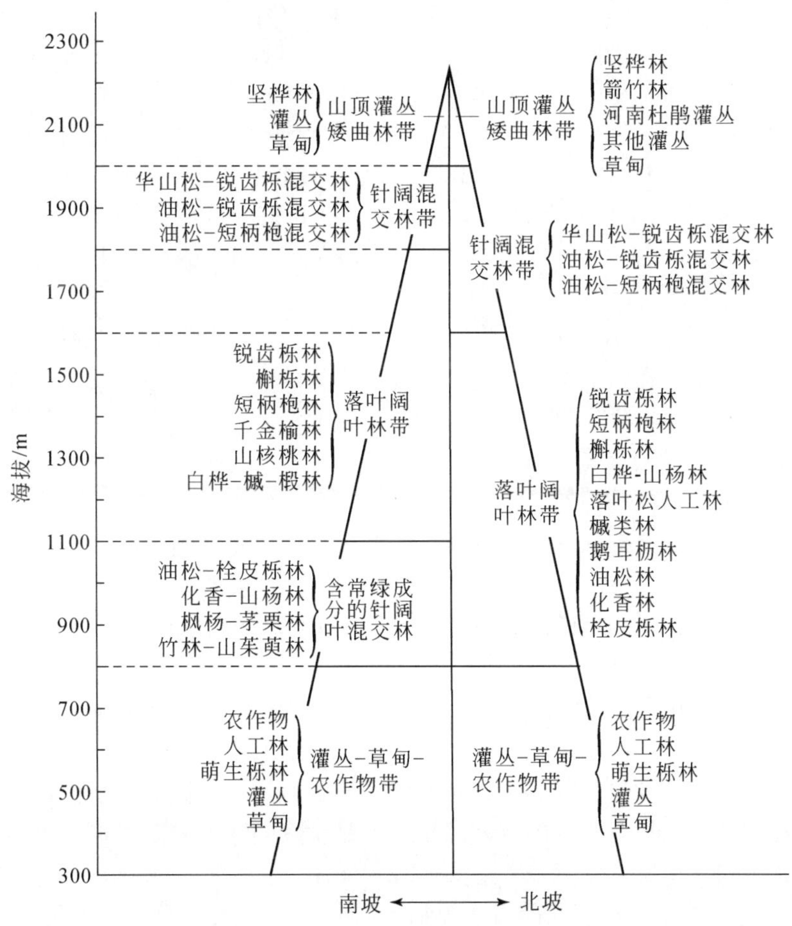

图 12-9　尧山南北坡植被垂直分布

分布有灌丛-草甸-农作物带、含常绿成分的针阔叶混交林带、落叶阔叶林带、针阔混交林带和山顶灌丛矮曲林带等 5 个植被带，北坡自下而上分布有灌丛-草甸-农作物带、落叶阔叶林带、针阔混交林带和山顶灌丛矮曲林带等 4 个植被带。山体中上部同种植被带的分布下限，南坡高于北坡。海拔 1200m 以上，南、北坡的群落类型和区系组成趋向一致。

六、植物资源

（1）用材植物。尧山地区的用材植物共有 160 种，绝大部分是乔木。其中分布数量较多、蓄积量较大的有锐齿栎、栓皮栎、槲栎、鹅耳枥、坚桦、山杨、化香、野核桃、华山松、油松和秦岭冷杉等 41 种。

（2）果树植物。尧山地区的野生果树共有 63 种，主要分布在蔷薇科、猕猴桃科、壳斗科、葡萄科、柿科、胡桃科和木兰科等。其中，分布较多、营养比较丰富、经济价值较大的有板栗、五味子、野山楂、河南海棠、山核桃、山葡萄、中华猕猴桃和柿等 21 种。

（3）观赏植物。尧山地区观赏植物（包括草本花卉、观赏藤本植物、观赏乔木和灌木）共计 147 种。一些花卉可直接引种于山外，用作城市绿化或庭院种植，也可开发为商品花卉。有些观赏乔木可引种于城市作行道树。较为重要的观赏植物有栾树、七叶树、铃兰、锦带花、太平花、河南杜鹃、满山红、凤仙花、黄栌、大花溲疏、秦岭翠雀花和草芍药等。

（4）淀粉植物。尧山地区有淀粉植物 83 种，集中分布于禾本科、壳斗科、蓼科、蔷薇科、百合科和天南星科。多数植物的淀粉储藏在果实或种子中，如板栗、栓皮栎、麻栎以及禾本科植物等；少数种类的淀粉储藏在块根、块茎或鳞茎中，如地榆、拳参、黄精和百合等。

（5）油料植物。尧山地区共有油料植物 209 种，按具体用途可分为 3 类：第一类是食用油植物，如山核桃、榛、毛梾、风花菜、野花椒和竹叶椒等；第二类是芳香油植物，如野艾蒿、百里香和薄荷等；第三类是工业用油植物，如牛蒡、乌桕、油桐、油松和华山松等。

（6）纤维植物。尧山地区的纤维植物共有 137 种。用于纺织或编织的纤维植物有苎麻、苦皮藤、杠柳等；用于造纸的纤维植物主要是禾本科的一些种，如芦苇、黄背草等。

（7）药用植物。尧山地区的药用植物较多，共计 562 种，而且资源量较大，分布较广。稀有名贵的大宗药材如山茱萸、石斛、杜仲等，它们是本区的传统产品。其他比较著名的药材有天麻、三七、七叶一枝花、细辛、桔梗、半夏、天南星、党参、五味子和山楂等。

（8）牧草饲料植物。尧山地区可以用作牧草或饲料的植物有 176 种，主要分布于禾本科、藜科、苋科、十字花科、豆科、菊科、蓼科和眼子菜科。牛、羊爱吃的草类有狗尾草、画眉草、求米草、车轴草等；可作鸡、猪饲料的草类有灰绿藜、碎米荠、草木犀和野豌豆等。

（9）鞣料、染料和生漆植物。壳斗科、蔷薇科、胡桃科、漆树科和槭树科等植物的根、树皮、果实或种子含有鞣质成分，可作为工业原料。尧山地区较为重要的染料植物有化香、栓皮栎、麻栎、龙牙草和凤仙花等，以及悬钩子属、槭属和蔷薇属的一些植物，共计 133 种。漆树分布较多，从树干割取的乳液即生漆，是优良的涂料和防腐剂，可用以涂饰海底电缆、机器、车船、建筑、家具及工艺品等。

（10）有毒植物。尧山地区共有有毒植物 42 种，比较重要且分布较多的有乌头、草乌、大戟、泽漆、升麻、毛茛、独角莲和苎麻等。

（11）珍稀濒危植物。尧山地区的珍稀濒危植物资源比较丰富。有国家级保护植物 29 种，占全省的 88%。其中国家二级保护植物有连香树、秦岭冷衫、水青树、银杏、山白树和独兰花等 9 种，国家三级保护植物有领春木和瘿椒树等 20 种。尧山地区有河南省级保护植物 27 种，如河南杜鹃、河南猕猴桃和铁木等，占全省的 60%。

第四节　自然地理实习路线与主要观测点概况

尧山地区自然地理野外实习的驻地可设在尧山镇，共设计 6 条实习路线。这些路线原则上每天一线，依教学内容和当日天气状况安排为宜，供各个高校实习时选择参考。

一、实习路线一（木扎岭河—沙河）

从鲁山县尧山镇出发，沿 311 国道向西步行至姚庄南木扎岭河桥处，设置第一个观测点；然后过木扎岭河，沿北岸向西北到达姚庄西的河谷处，布设第二个观测点；再沿木扎岭河北岸东行到达木扎岭河和玉皇庙沟交汇处，布设第三个观测点（图 12-10）。

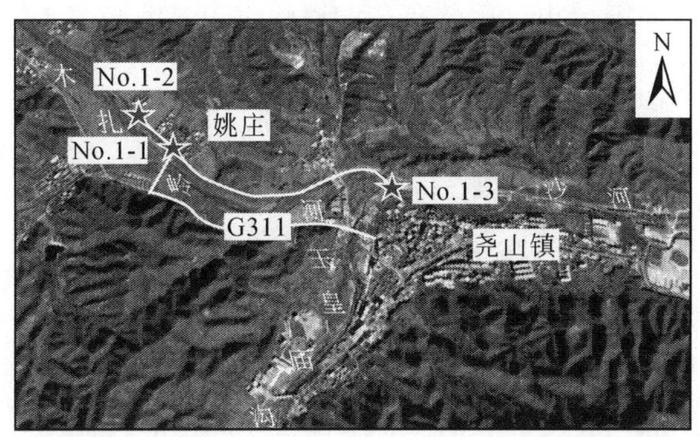

图 12-10　木扎岭河—沙河实习路线及观测点

（一）教学目的

（1）观察认识和测量河流阶地。

（2）了解尧山地区土壤形成条件、成土过程、土壤类型及其分布规律，掌握土壤剖面挖掘、土壤形态特征描述和样品采集方法，了解潴育型水稻土剖面特征。

（3）了解尧山地区流域和水系特征，掌握河流水位、流速和流量的测量方法。

（二）观测点及其主要实习内容

No.1-1：观测点位于姚庄南木扎岭河大桥附近。木扎岭河是沙河的上游支流之一，在尧山镇附近与玉皇庙沟汇合后，始称为沙河。

首先讲解尧山地区的流域和水系特征，河流水位、流速和流量测量的原理及方法。然后分组测量木扎岭河姚庄断面的水情要素，并将测量数据填入河流水情要素测量数据表。

（1）水位测量。用 GPS 测量河流中泓线部位的高程作为河流水位。

（2）河道横断面测量。先将过水断面以测深垂线为分界划分为若干部分。注意布置测深垂线时要选择在河床底部地形有转折的地方。然后测出各垂线的水深（H）和垂线之间的水平间距（d）。根据 H 和 d 求出各部分的面积（S_i）和过水断面的总面积 S。

（3）流速测量。选取水流阻力较小的顺直河道，用浮标法测量河流平均流速（V），具体测量方法详见第五章第一节有关内容。

（4）流量计算。采取“流速面积法”，即 $Q=V\times S$ 计算出断面流量。

No.1-2：观测点在姚庄西木扎岭河河谷。主要实习内容是观察河谷地貌、测量河谷横剖面、挖掘水稻土剖面。

（1）首先讲解河谷地貌的发育过程、河漫滩的形态特征和二元结构。然后观察认识木扎岭河两侧阶地（可分出两级阶地）、阶地要素和物质组成，新构造运动和外力作用等对河谷地貌发育的影响，以及河谷剖面测量和绘制方法。最后分组用皮尺和罗盘测量每级阶地的高度、阶地陡坎的长度和坡度、阶地面的宽度等数据，绘制“姚庄木扎岭河谷横剖面图”。

（2）讲解尧山地区土壤形成条件、发育的土壤类型及其分布规律，土壤剖面挖掘、土层划分、形态特征描述和鉴定方法、土壤标本采集方法。以木扎岭河北岸一级河流阶地上的典型剖面为例，讲解水稻土的形成过程和性状特征。分组挖掘水稻土剖面，描述性态特征，填写水稻土剖面记载表，采集土壤样品。

尧山地区的水稻土面积很小，仅分布在沙河两岸。姚庄水稻土属于潴育型水稻土，受灌溉水和地下水双重影响，母质是河流冲积物，土体构型为 W-Ap-Bghs-Cg。W 层为水耕层，厚度 15cm 左右，水淹时呈蓝灰色，落水时呈灰棕色，团粒状或碎块状结构；Ap 层是犁底层，厚度 15cm 左右，浅棕色，较紧实，片状或块状结构，有锈纹锈斑；Bghs 层为潴育层，厚度 20cm 左右，核块或棱柱状结构，淡棕色，有大量锈纹锈斑；Cg 层是潜育层，呈蓝灰色。

No.1-3：观测点位于玉皇庙沟与木札岭河汇合处。主要实习任务是按照 No.1-1 的方法测量玉皇庙沟与沙河的水位、流速和流量，分析玉皇庙沟人为修整河道后对河流横断面和流速的影响，以及玉皇庙沟和木札岭河汇合后流速和流量的变化。

二、实习路线二（想马河）

从尧山镇出发，沿 311 国道向东步行至想马河桥，再向南进入想马河景区，沿景区道路布设各个观测点（图 12-11）。

（一）教学目的

（1）认识燕山期二长花岗岩，测量岩层节理产状。

（2）观察描述花岗岩的风化作用，分析岩性和构造对地貌影响。

（3）观察山地河谷地貌，了解河流发育与岩性和地质构造的关系。

（二）观测点及其主要实习内容

No.2-1：观测点位于想马河景区入口处，想马河水库旁。

（1）观察描述花岗岩岩性、风化作用，采集花岗岩标本。此处的花岗岩形成于晚白垩世（距今 1.4 亿～1.0 亿年），主要矿物有石英、正长石、酸性斜长石、黑云母，称为二长花岗岩，显晶等粒结构，块状构造。

（2）测量花岗岩节理的产状（走向、倾向和倾角），分析节理构造的成因。

（3）观察想马河河谷地貌，了解河流发育、流向与岩性和地质构造的关系。想马河河谷属于山地河谷，壁陡谷深，横剖面呈“V”字形，多跌水与瀑布，河床由基岩构成。河谷走向与该地北北东向的断层有关（见图 12-7），属于断层谷，河流转折受花岗岩节理的影响。

图 12-11　想马河实习路线及观测点

No.2-2：观测点位于想马河景区鹰嘴石和双鹰峰附近。主要实习内容是观察花岗岩绝壁，分析地貌、岩性与构造运动的关系。这里的花岗岩节理十分发育。喜马拉雅运动以来，由于尧山的不断抬升，降水沿花岗岩体的节理和裂隙冲刷、切割，以及崩塌等外力作用，形成了峻峭的花岗岩绝壁地貌。外力作用沿花岗岩“X”形节理或某一倾斜节理长期侵蚀，形成了一些奇形怪状的岩峰，如“鹰嘴石”是沿“X”形节理侵蚀发育形成的，“双鹰峰”是沿倾斜节理发育形成的。

No.2-3：观测点位于想马河景区的清心潭附近，是一山间小型盆地。

（1）清心潭及其心滩的形成。由于观测点位于山间小型盆地中，地势比较平坦，河谷比较开阔，积水形成了清心潭。水流在清心潭中突然减慢，卵石和泥沙大量堆积，在潭中形成了水下堆积体。一旦水下堆积体形成，水流就会出现岔流，在横向环流作用下，凹岸发生侵蚀，凸岸发生堆积，逐渐形成月牙形心滩，月牙尾端指向水流方向。

（2）花岗岩席状节理的形成。席状节理是释重节理：花岗岩上部的岩层受到剥蚀、崩落，使下部解除载荷压力而形成的席片状张性节理。席状节理经风化和流水作用，在重力作用下部分脱落，形成席片状错落叠置的地貌。

（3）瀑布群的形成。由于小盆地的陷落，以及花岗岩节理发育等，在清心潭周边发育有含羞瀑、雪花瀑等瀑布。含羞瀑落差约 6m，雪花瀑落差约 12m。

No.2-4：观测点位于想马河景区的倒石堆附近，可见到倒石堆和离心石堆。

（1）倒石堆的形成及特征。倒石堆是沿斜坡崩塌的石块在坡麓堆积形成的岩堆，其平面形态呈半圆形或三角形。岩堆上尖下圆呈半锥状，上部岩块较小而下部岩块较大。崩落使坡面上部后退，岩堆向坡面下部前伸，于是坡度逐渐变缓。

（2）离心石堆的形成。河流流经弯曲河道时，在离心作用下，表层水流趋向于凹岸，底层水流流向凸岸，出现横向环流。在横向环流作用下，凹岸发生侵蚀后退，侵蚀物质或上游输运来的物质被底层水流携带至凸岸堆积。由于山区河流流速快，堆积下来的多为石砾。随着地壳上升，堆积的石砾出露在水面以上，而形成离心石堆。此处的离心石堆形状不规则，砾石多为次圆状或圆状。

三、实习路线三（画眉谷）

从尧山镇出发，乘车沿 311 国道向西行至四道河村，再沿画眉谷景区道路向西北行进。先在画眉谷景区六叠飞瀑处布设第一个观测点，然后行走至海拔 900m 左右，布设第二个观测点（图 12-12）。

图 12-12　画眉谷实习路线及观测点

（一）教学目的

（1）掌握植物群落调查和植物标本采集方法，了解温带落叶阔叶林群落特征。

（2）挖掘棕壤剖面，了解棕壤形态特征。

（3）观察多级瀑布——六叠飞瀑。

（二）观测点及其主要实习内容

No.3-1：观测点位于画眉谷景区六叠飞瀑处，实习内容主要是观察六叠飞瀑，了解其形成原因：新构造运动的影响，地势升高，流水沿花岗岩断层或节理长期下切侵蚀形成了壮观的六级瀑布——“六叠飞瀑”。其中，以第三级形似莲花洞穴的莲花瀑、第四级犹如飞珠溅玉的飞玉瀑及第五级恰像仙女洗浴的浴女瀑最为奇特壮观。六叠瀑之下，有神龟潭。瀑布右侧绝壁为仙掌峰。

No.3-2：观测点位于画眉谷沟头附近，海拔 900m 左右，主要实习内容是进行温带落叶阔叶林样方调查及其林下棕壤剖面认识。

（1）植物样方调查。首先选择比较典型的温带落叶阔叶林样地（栓皮栎林），带领学生辨认样地内生长的植物种类，讲解植物样方调查和植物标本采集方法。然后分组采集样地内主要植物标本，开展植物样方调查，填写有关样方调查表格。

（2）在样方内挖掘棕壤剖面，分层描述形态特征，填写棕壤剖面记载表。此处棕壤的土体构型为 O-Ah-Bt-C。O 层呈半分解状态；Ah 层呈灰棕色或黑棕色，团粒结构；Bt 层呈棕色，质地比较黏重，块状结构；C 层碎石较多。

四、实习路线四（上汤）

从尧山镇出发，乘车沿 311 国道向东至上汤村沙河拦河坝，设置第一个观测点；然后向西到达温泉理疗区，设置第二个观测点（图 12-13）。

图 12-13 上汤实习路线及观测点

（一）教学目的

（1）观察上汤沙河滚水坝，比较滚水坝和一般水库大坝的区别。

（2）观察上汤温泉，了解鲁山五大温泉的形成原因。

（二）观测点及其主要实习内容

No.4-1：观测点位于上汤村北沙河滚水坝。滚水坝也称壅水坝或溢流坝，实际上是一种高度较低的拦水建筑物，主要作用是在非汛期抬高水位，达到自流引水的水位，即正常壅水位。在汛期，多余的河水可从坝顶或溢流口向下游排泄。由于滚水坝对河水的壅塞作用，上游水面比较开阔，类似于小型水库。但与一般水库不同，坝高并非按照流域文水特征计算的，也没有特殊的防洪标准，与滚水坝的配套水工建筑物较少，没有溢洪道、输水洞和电站等。上汤附近的沙河段有三道滚水坝，分别形成三片面积不大的水域，主要功能是为佛泉寺（包括中原大佛）景区和温泉疗养区增加景观水域面积，增加新的水上游乐项目，同时也为当地居民提供水源。

No.4-2：观测点位于上汤温泉疗养区。主要实习内容是观察上汤温泉的分布，分析温泉成因等。

（1）上汤温泉概况。上汤温泉位于赵村乡上汤村西北部的沙河河谷阶地上，是鲁山五大温泉之一，是“百里温泉带”最西部的一处温泉，向东依次是中汤（离温场温泉很近）、下汤和碱场温泉，彼此几乎沿沙河河谷等距分布。上汤温泉群共有泉眼 5 个，自流量比较稳定，平均 $53.4m^3/h$，是鲁山五大温泉中流量最大的温泉群。泉水温度变化在 48～63℃，总矿化度平均为 0.57g/L，平均氟含量为 15.44mg/L，平均偏硅酸含量为 78.8mg/L，pH 为 8.2～9.0，为重碳酸-硫酸钠型地热水（表 12-1）。目前，泉眼已被封闭在坚固的大棚之内，用于温泉洗浴。温泉水洗浴，具有松弛肌肉、扩张血管、促进血液循环、增强新陈代谢和免疫机能等作用。同时温泉水中含有多种微量元素和碱性物质，具有消炎灭菌的作用，对一般感染性或寄生性皮肤病有很好的疗效。

（2）鲁山温泉的成因。地下热水的形成受多方面因素影响，但主要控制因素是地质构造。五大温泉带的北界为车村-下汤深大断裂，南界为二郎庙-温汤庙断裂和水磨主-栗村断裂，尤其是车村-下汤深大断裂，是深部热液向上对流的主要通道（图 12-7）。五大温泉的热源主要来自地壳内部，其次为断裂活动的动力热和花岗岩体侵入余热。五大温泉西部山区的地下水和降水，通过花岗岩裂隙及断裂，下渗到地下深处，并在大断裂中运移，加热获取热量，受阻后沿构造通道排泄到地表，形成热水天然露头。

车村-下汤断裂带是区域性的断裂带，温泉的形成和出露均受此断裂的控制，五大温泉均沿其断层面南侧溢出。车村-下汤断裂不仅经历了多次构造活动，而且也是热液活动带，断层带中的花岗岩受挤压破碎强烈，为地下热水运移、储存提供了有利构造环境。据野外调查，车村-下汤断层上盘（北盘）的 NE 向剪性断裂十分发育，五大温泉恰恰位于北东向断裂构造密集带上，带宽 500～800m，且具有东西向等间距分布的特点（间隔为 10km 左右）。北东向的次生断裂是二级控热、导热构造，决定了五大温泉的等间距出露特征。

上汤温泉的热储岩性主要为花岗岩。温泉为低温地热资源，属隆起断裂对流型，无良好的隔热保温盖层，为裂隙脉状地热水。大地热流值基本上是以近东西向的车村-下汤断裂带为界，向南北两侧降低，即车村-下汤断裂带控制着该区的地温场特征。地貌相对较高的地区为温泉的补给区，补给区地温场相对较低，受到垂直方向的补给，并把循环途中吸收的热量带到更远的排泄区，从而造成了排泄区地温场相对较高。

车村-下汤断裂的破碎带构成了一个含水带，地下水沿断裂带循环，在地势较低的沙河谷地处，遇到局部阻水层，地下水涌出地表成泉。显然，鲁山五大温泉属于断层泉。地貌条件对温泉形成和出露也具有重要影响，主要有两方面：一是断层谷地提供了温泉出露的地貌条件；二是切割强烈的地貌形态使得泉水补给区到排泄区形成了较大的高差，增大了水头差，缩短了热水上升的流程，使地下热水易于露出地面。五大温泉的水化学成分相似，都属于重碳酸-硫酸钠型地热水，说明它们之间有紧密的水力联系，有着同样的大气降水补给和花岗岩裂隙通道。根据同位素高程效应推算，地下热水的补给高程在 900～1200m。补给区位于五大温泉的西北、西、西南三面的山地。

地震活动与温泉水温的变化有一定的关系。地震越强烈，地热水的温度越低；在地震活动平静期，水温则升高。这是因为地震发生时，断裂带附近的岩石中蓄积的能量以地震波形式释放了出来，泉水温度随之降低，反之则升高。

自新生代以来，尧山地区岩浆活动极弱，所以鲁山温泉的热源与岩浆活动和岩浆余热关系不大。燕山期虽然有酸性岩浆多次侵入活动，但岩浆余热对区内现今地温场已无影响。由此可以推测，鲁山温泉的热源来自正常大地热流的增温，与车村-下汤深切断裂的关系更为密切。车村-下汤深切断裂一方面使得区内的地下水到达更深的地壳深部，接受更长时间的地热增温；另一方面也提供了深部热流上升的通道和空间，从而使区内地下热水获得了更高的温度。

五、实习路线五（玉皇极顶）

从尧山镇出发，沿 028 乡道向西南行至尧山景区山门，布设第一个观测点。再沿景区道路行走到达玉皇极顶（简称玉皇顶），沿途布设其他 5 个观测点（图 12-14）。

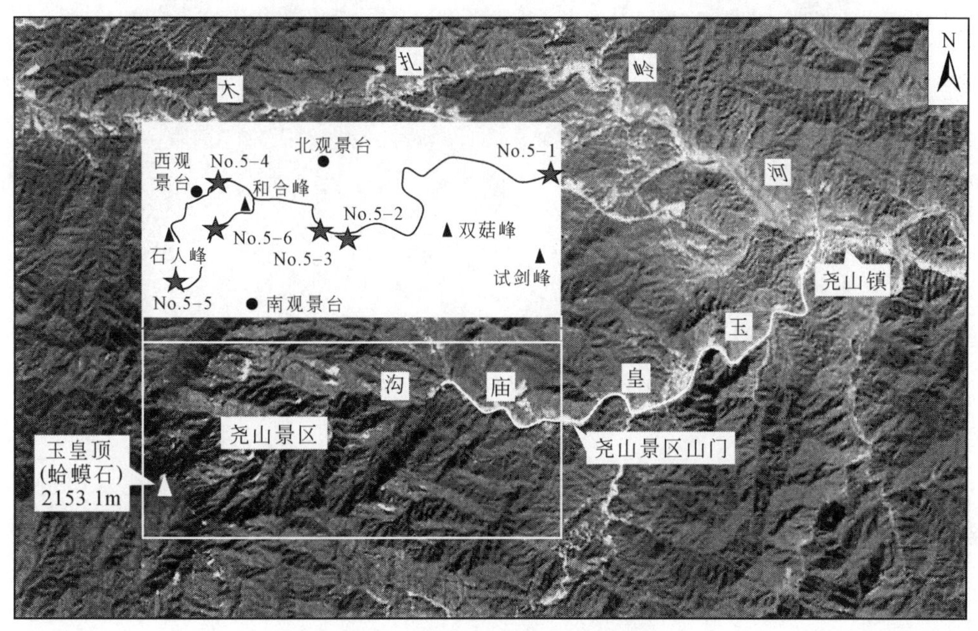

图 12-14　玉皇极顶实习路线及观测点

（一）教学目的

（1）掌握气温、气压、湿度等气象仪器使用方法，观察尧山植物、土壤、气候、地貌、水文等自然地理要素随海拔升高的垂直地带性规律。

（2）观察尧山花岗岩岩性变化，分析区域地质地貌演化历史。

（二）观测点及其主要实习内容

No.5-1：观测点位于尧山景区大门内，海拔 550m 左右。植被是人工栓皮栎林，土壤为褐土。讲解气温、气压、湿度等气象仪器使用方法，分组沿景区道路每隔海拔 50m 观测一次气象要素，并列表进行记录。同时，观察不同海拔植物、土壤、气候、地貌、水文等自然地理要素的变化现象，并做好记录，观察自然带的垂直地带性规律。

No.5-2：观测点位于尧山风景区迎风树附近，海拔 900m 左右。植被已由灌丛-草甸-农作物带变化为温带落叶阔叶林带（典型栓皮栎林），土壤为棕壤。在观测点附近可观察九曲瀑布，呈三弯九曲状，落差约 70m，宽 1～6m。系燕山运动使花岗岩抬升形成断崖，后经水流侵蚀而成，断崖上有数个深 0.3～1.5m 的凹窝。

No.5-3：观测点位于尧山风景区半仙居旁边的跑马场。主要实习内容是观察石蛋地貌，分析其形成原因。跑马场堆积的是大小不等的花岗岩乱石，石砾遭受风化呈次棱角状，直径 0.5～3m。这些石砾分布在一条沟谷中，宽约 15m，长约 80m，形成壮观的石蛋地貌（图 12-15）。石蛋地貌的形成原因，可能与很早以前的泥石流有关。泥石流沿山谷堆积的细颗粒，在后期流水作用下被冲走，较大的石砾残留下来形成了石蛋地貌。

图 12-15　石蛋地貌景观

No.5-4：观测点位于尧山景区的白牛城、西一支蜡、石棚洞穴附近。海拔 1700m 左右，植被是锐齿栎林，土壤是暗棕壤。

（1）花岗岩峰林地貌。燕山运动使尧山抬升，花岗岩侵入岩体上部的围岩被剥蚀，花岗岩岩体出露地表。外力作用沿花岗岩节理和断层长期侵蚀，形成了花岗岩峰林地貌，较为集中分布的十多个山峰，海拔在 1500～1800m，各山峰下部基岩相连。

（2）西一支蜡。西一支蜡是一座花岗岩孤峰，是外力作用沿花岗岩水平和垂直节理长期侵蚀，周围的岩石被剥蚀而形成的。残留的石柱，形似一支蜡烛。

（3）石棚洞穴。石棚洞穴是由两块或数块巨石叠压支撑形成的洞穴，在登山步道旁边多处出现。

（4）一瓢泉。“一瓢泉”是沙河的源头，泉水长年不断，清澈甘洌。

No.5-5：观测点位于尧山的主峰——玉皇顶（蛤蟆石），海拔 2153.1m。植被是灌丛矮曲林，土壤是山地草甸土；部分植被是华山松林和巴秦岭杉林，土壤为暗棕壤。

（1）整理气象观测数据，绘制“尧山北坡气象要素垂直变化图”。虽然不同海拔的气象要素观测不是同步的，但因时间间隔并不长，也能大致反映出气象要素随海拔的变化，气温和气压随海拔升高不断下降，湿度不断增加。

（2）根据沿途观察到的植被和土壤垂直变化规律，绘制“尧山北坡植被和土壤垂直变化图”。

（3）观察描述玉皇顶附近的新元古界片麻状花岗岩发生过一定的变质作用，显晶结构，似斑状构造。

（4）分析尧山地区地质演化和地貌形成过程。尧山地区处于秦岭造山带的逆冲断褶带的重要部位，有着极其复杂的构造演化历史。先后经历了多次地壳运动，保存有熊耳群、汝阳群、洛峪群组等地层，出露不同期次的多个侵入体。在漫长的地质演化中，构造运动、岩浆活动、变质作用和沉积作用共同造就了尧山地区各种地质地貌景观。尧山地区地质发展演化可划分为 4 个阶段（详见本章第一节“地质发展简史”部分）。

No.5-6：观测点位于尧山景区青龙背附近。主要实习内容是观察和合峰和青龙背的形态，分析形成原因。

（1）和合峰。和合峰是尧山峰林景观之一，两个山峰上粗下细、一高一矮、紧紧相依，山峰顶部青松挺立。和合峰是流水沿花岗岩垂直节理长期侵蚀，再加上崩塌作用而形成的（图 12-16）。

（2）青龙背。青龙背是一条 NW—NE 走向的狭窄山脊，脊长 400m，脊宽只有 0.5～3m，两侧都是万丈深渊。山脊犬牙交错、植被繁茂、蜿蜒起伏，形似一条青色巨龙，故名青龙背。青龙背为一燕山期花岗岩侵入体，产状是岩墙，在后来构造运动中抬升，经过长期风化、侵蚀而形成。

图 12-16　和合峰

六、实习路线六（栾川县鸡冠洞）

除昭平台水库西北隅有很小面积的可溶性灰岩外，尧山地区的岩性主要是花岗岩，因此基本上没有岩溶地貌分布。但是，距尧山镇西 70km（直线距离）的栾川县城西 3km 的

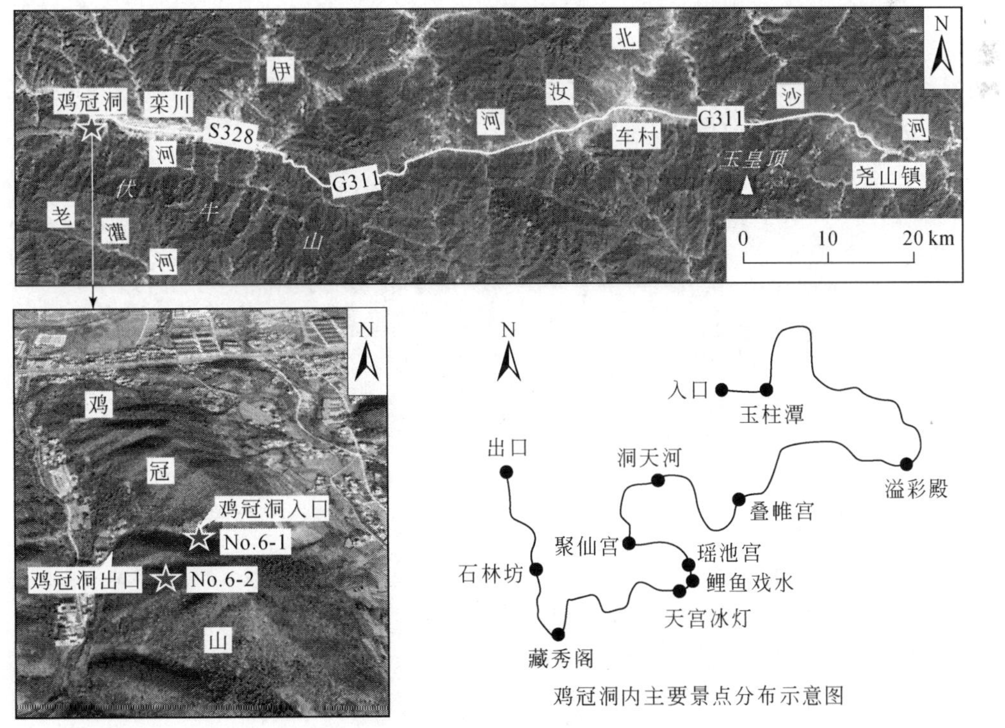

图 12-17　鸡冠洞实习路线及观测点

鸡冠山，发育有大型溶洞——鸡冠洞，洞内洞穴化学沉积非常典型，是实习岩溶地貌的理想场所。从尧山镇乘车沿 311 国道一直向西，至栾川县庙子镇；再沿庙子大道（S328 的一段）穿过栾川县到达鸡冠洞景区。首先在鸡冠洞内实习洞穴岩溶地貌（第一观测点），然后出鸡冠洞上到鸡冠山上，布设第二个观测点（图 12-17）。

（一）教学目的

（1）观察岩溶洞穴化学沉积的主要类型，分析溶洞形成原因。

（2）了解鸡冠洞洞穴水化学组成特征。

（3）观察描述鸡冠山大理岩特征。

（二）观测点及其主要实习内容

No.6-1：观测点位于鸡冠洞内。主要实习内容是观察岩溶洞穴化学沉积地貌的类型，了解洞穴水的化学性质。

（1）鸡冠洞的形成。鸡冠洞入洞口在鸡冠山半山腰，海拔约 900m。洞长约 5600m，分上下 5 层，落差约 138m。目前已开发的洞长 1800m，观赏面积达 $2300m^2$，有“北国第一溶洞”的美誉。溶洞形成时间大约在距今 6 亿年的寒武纪，洞穴化学沉积的年龄大约距今六七万年的早更新世、中更新世。寒武纪时，该地区为暖热的浅海环境，形成了碳酸盐类沉积，后抬升出露海面之上。溶解有 CO_2 的地表水沿大理岩节理、裂隙和断层下渗并发生岩溶作用，使裂隙不断扩大，逐渐形成溶洞。鸡冠洞形成以后的很长时间内，洞内的水处于承压状态，并与地表河流相通。之后由于新构造运动的影响，断块升高，溶洞中的水才出现自由水面，并逐渐出露到现在的高度。

（2）洞穴化学沉积地貌及成因。鸡冠洞内的岩溶洞穴化学沉积地貌非常发育，形态各异，有石钟乳、石笋、石柱、石瀑布（石幔）和石华等（图 12-18）。岩溶洞穴化学沉积是含有碳酸的大气降水沿大理岩裂隙和节理下渗发生岩溶作用，遇到溶洞后，由于温度升高、水承受的压力下降，溶蚀水中的 CO_2 逸散出来，$CaCO_3$ 发生淀积，便形成上述多种多样的化学沉积地貌。

图 12-18　鸡冠洞岩溶沉积形态集锦

（3）洞穴水地球化学特征。据刘肖等（2015）2009～2013 年对鸡冠洞地下河、池水和滴水化学成分的分析（表 12-3），洞穴水化学类型主要是 HCO_3^--Ca^{2+}-Mg^{2+} 和 HCO_3^--mg^{2+}-Ca^{2+}型，阴离子中 HCO_3^- 占 80%以上，阳离子中 Ca^{2+}和 Mg^{2+}占绝对优势，并且雨季的浓度高于旱季。属中性偏弱碱性水，pH 变化在 6.90～8.22。地下河水常年处于溶蚀状态，池水和滴水处于沉积状态。

表 12-3　鸡冠洞洞穴水化学特征（刘肖等，2015）

洞穴水类型		平均水温/℃	离子浓度/（mg/L）		
			Ca^{2+}	Mg^{2+}	HCO_3^-
地下河水	雨季	14.11	50.87	15.11	131.26
	旱季	13.84	45.28	12.44	108.58
池水	雨季	16.38	68.65	32.41	259.25
	旱季	15.82	51.54	29.22	220.71
滴水	雨季	16.61	100.70	32.95	372.86
	旱季	16.65	96.30	31.66	344.93

No.6-2：观测点位于鸡冠山上。主要实习内容是了解鸡冠山大理岩及自然地理特征。

（1）地质地貌状况。鸡冠山属于秦岭余脉伏牛山支脉，山顶恰似鸡冠，故名鸡冠山。主要构造是向南逆冲的推覆断层，构造线为北西西向。受逆冲作用往往形成倒转褶皱，轴面多北倾，断裂构造十分发育。地层属于秦岭地层区北秦岭分区西峡—南召小区，地表出露的岩石是上元古界震旦系大理岩，主要矿物成分是方解石和白云石，粒状变晶结构，厚层状构造。大理岩是碳酸盐岩类可溶性岩石的一种，为岩溶地貌发育提供了条件。鸡冠山山体浑圆，最高处海拔 1021m，相对高差 200m 左右，属于浅低山。地表岩溶地貌不甚发育，仅表现为溶沟和石芽。

（2）植被土壤状况。鸡冠山植被为次生针阔混交林，乔木主要有栓皮栎、麻栎、油松和侧柏等，灌木主要有小叶鼠李、牡荆、小果蔷薇和扁担杆等，林下草本植物比较茂盛。土壤类型属于棕壤，土层浅薄，厚度一般在 30cm 以下。

第十三章　信阳鸡公山自然地理野外实习基地

中国以鸡公山命名的山有两座，一座位于云南省昭通市昭阳区大山包国家级自然保护区内，另一座位于河南省鸡公山国家级自然保护区内。本章的鸡公山自然地理野外实习基地是位于豫鄂两省交界处的信阳鸡公山，北距信阳市区 38km。鸡公山属于大别山区的一部分，南部和东南部与湖北广水市接壤，北部和西部与信阳市浉河区的李家寨镇为邻。地理坐标为 114°01′E～114°06′E，31°46′N～31°52′N，面积约 2917hm^2，最高峰——报晓峰，海拔 768m，相对高差 600m 左右。自然地理特征具有明显的南北过渡性，地处长江和淮河水系分水岭，北亚热带季风气候区北缘，植被类型主要是含有常绿成分的落叶阔叶林。山顶 7 月气温比南部百余公里的武汉市低 5℃之多，是与北戴河、庐山、莫干山齐名的中国四大避暑胜地之一。鸡公山上有清末民初不同国别和风格的建筑群，有“万国建筑博物馆”之称。G107 国道和京广铁路可直达鸡公山自然保护区，交通便利，是河南、湖北和安徽等省有关高校重要的自然地理野外实习基地之一（图 13-1）。

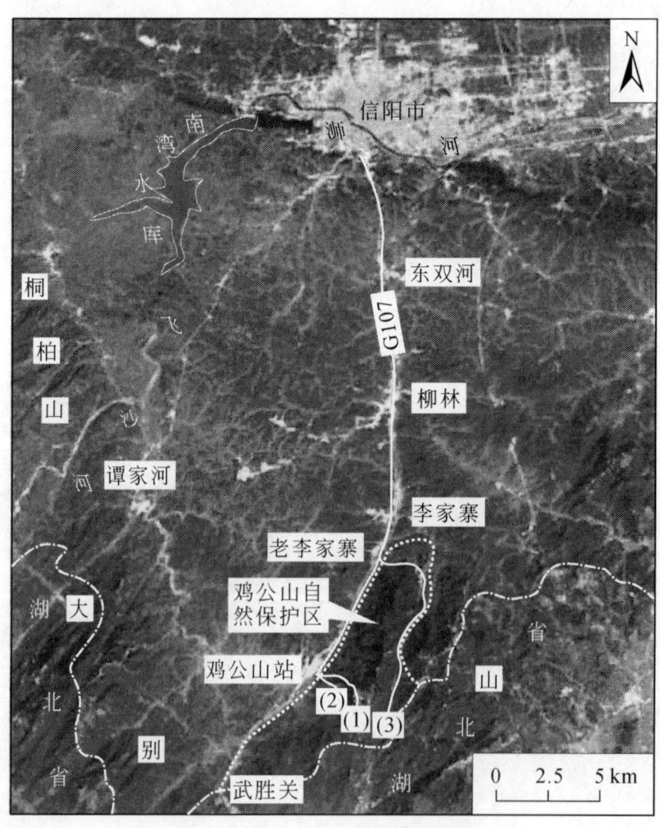

图 13-1　鸡公山自然地理野外实习区域及实习路线（1）～（3）

第一节　地质和地貌概况

一、地层概述

鸡公山地区的大地构造属于秦岭褶皱系东段的桐柏-大别褶皱带。地层属于秦岭地层区中的桐柏-大别分区。地层特征具有“一老一新”的特点。老地层是太古宇大别群和古元古界苏家河群，新地层是新生界第四系。

大别群形成于距今 25 亿年以前，大体上可以与华北地台的登封群、太华群对比。大别群沿桐柏-大别山南麓近东西向展布，构成了桐柏-大别复背斜的核部，是秦岭地层区中最古老的地层，由各种深变质片麻岩、变粒岩等构成。在鸡公山自然保护区，大别群出露面积较小，仅分布在保护区的南部。苏家河群形成于距今 19 亿年以前，出露在鸡公山自然保护区以北，局部呈斑块状残留在燕山期花岗岩分布区之内。苏家河呈单斜构造产出，自下而上分为浒湾组和定远组，广泛受到程度不同的混合岩化作用，主要岩性是中深变质的片麻岩、片岩等。苏家河群不整合在大别群之上，界线清晰，相当于嵩山地区的嵩阳运动不整合面。

第四系广泛分布于山间盆地、山前洼地、垄岗、沟谷两侧，沉积类型复杂多样，厚度为 2～50m 不等，局部可达百米。岩性为黏土、砂土及泥砂砾石层。

二、主要岩石类型

鸡公山自然保护区的南部一隅是太古宇片麻岩，构成鸡公山主体的岩石主要是鸡公山混合花岗岩和灵山复式花岗岩（图 13-2）。

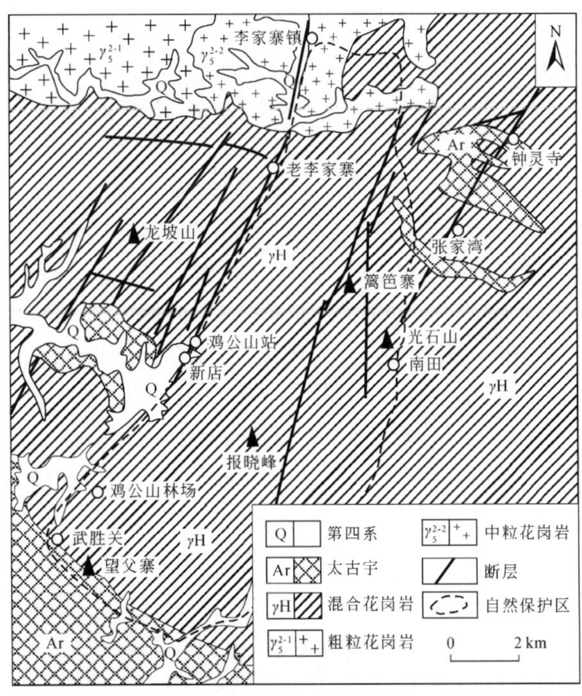

图 13-2　鸡公山地区地质略图

据宋朝枢（1994）改绘

（一）混合花岗岩

鸡公山混合花岗岩属中元古代岩基侵入体，在自然保护区分布面积很大，约占 90%。混合花岗岩位于大别群与苏家河群不整合面附近，构成了中深区域变质岩、混合岩、混合花岗岩三位一体的分布格局。混合岩的岩石类型变化较大，以中粒黑云母花岗岩和闪长花岗岩为主，其次为闪长岩、黑云角闪石英二长岩、花岗闪长岩等，并且混合岩内有大别群与苏家河群残留体。混合花岗岩的颜色多呈灰白色、浅肉红色等，风化后呈灰黄色、灰褐色等。结构为斑晶变晶结构，斑晶以钾长石、斜长石为主；构造为似片麻状、条带状和块状等。

（二）复式花岗岩

灵山复式花岗岩在鸡公山自然保护区分布面积很小，仅出现在北部边界附近，是燕山晚期（白垩纪）酸性岩浆 4 次侵入活动的综合产物（γ_5），产状是岩基。出露的李家寨岩体属于燕山晚期第 2 次侵入活动的产物，南边与鸡公山混合花岗岩相接。复式花岗岩没有发生明显的变质作用，根据不同期次的侵入有细粒、中粒和粗粒花岗岩之分，显晶变晶或似斑状结构，块状构造。

三、地质构造及地质发展简史

（一）地质构造

鸡公山地区的大地构造属于秦岭褶皱系东段桐柏-大别褶皱带的一部分，地质构造演化具有多旋回螺旋式不均衡发展的特点。构造以断裂为主，褶皱次之。

鸡公山地区的褶皱构造属于桐柏-大别复背斜的一部分，走向 EES，核部是鸡公山混合花岗岩和灵山复式花岗岩，由于后期强烈的风化作用，花岗岩上覆地层被剥蚀，花岗岩出露地表。

断裂构造十分发育，主要断层有柳河断层、钟灵寺断层、南田断层、老李家寨断层等（图 13-2）。西部存在多条平行的张扭性正断层，如柳河断层（在区内为李家寨至鸡公山站一线的断层）的走向为 NNE，断层面倾向 270°～300°，倾角 40°～80°，东盘为上升盘，西盘为下降盘。由于扭动作用，这些 NNE 向的断层将东西向或近乎东西向的断层错断。东部也存在多条平行正断层，如钟灵寺断层，走向 NNE，断层面倾向 130°～130°，倾角 50°～70°，东盘为下降盘，西盘为上升盘；南田断层，走向近乎南北向，断层面倾向 260°～280°，倾角 60°～80°，东盘上升，西盘下降。在鸡公山东西两侧一系列几乎平行的正断层作用下，中间地块被抬升，形成 NNE 向延伸的地垒式鸡公山山体（横向山）。除此之外，鸡公山地区还有一些规模不大的东西向断裂构造，如老李家寨断层，走向 EW，断层面倾向 180°～190°，倾角 80°～70°，为压性逆断层，北盘为下降盘，南盘为上升盘。这些断层多是中生代燕山运动造成的。

（二）地质发展简史

鸡公山地区地质演化历史大体经历了洋壳活动与古陆核生成、陆壳分裂与再拼接、陆壳稳定发展和陆块边缘活动等 4 个阶段。

1. 洋壳活动与古陆核生成阶段（太古宙—古元古代）

距今 30 亿年以前，鸡公山地区是浩瀚的海洋，其沉积建造由三部分组成：下部以基性火山岩为主，夹杂有中酸性火山岩和沉积岩；中部主要是中酸性火山岩，夹沉积岩；上部为泥砂质复理岩和夹基性-中酸性火山岩。太古宙末期，地壳活动加剧，发生了嵩阳运动（距今 25 亿年），产生了强烈褶皱与混合岩化作用，形成最古老的大别群，构成桐柏-大别岛弧状古陆核。

古元古代的鸡公山地区为海滨-浅海环境，接受了巨厚的浅海泥沙沉积。古元古代末期的中条运动（也称吕梁运动，距今 20 亿年），又一次产生了强烈褶皱与混合岩化作用，形成了深度变质的苏家河群，并形成东西向的巨型桐柏-大别复背斜，与其北部的嵩山古陆核连为一体。

2. 陆壳分裂与再拼接阶段（中元古代—新元古代）

在中元古代，鸡公山地区发生了差异升降运动和断裂，沉降区沉积了浅海-滨海相沉积，同时发生了花岗质岩浆侵入。中元古代末期的王屋山运动（距今 14 亿年），使该区强烈褶皱抬升，浅海-滨海相沉积发生了变质形成信阳群，花岗岩变质形成了鸡公山混合花岗岩。后来经过晋宁运动（距今 8 亿年）和少林运动（距今 5.4 亿年），在晚元古代末地壳转为整体以上升为主的升降运动，使秦岭地槽的大洋地壳最终关闭，统一的中朝地台最终形成。

3. 陆壳稳定发展阶段（古生代）

在早古生代，鸡公山地区一直处于隆起剥蚀状态。所以，本区缺失了震旦系、寒武系、奥陶系、志留系和泥盆系地层。大约在加里东运动（距今 3.75 亿年）的强烈断裂活动之后，大别山北麓地区发生沉降，南部上升，形成了商城-信阳断陷盆地，接受了石炭纪沉积。晚古生代的沉陷区，地势相对平缓、水体较浅，氧气充足，属于温湿到湿热气候环境，从而生物界达到昌盛时期。大约在中石炭世晚期的华西运动（距今 3 亿年）以后，才最终形成秦岭褶皱系。

4. 陆块边缘活动阶段（中生代—新生代）

大约在距今 1.95 亿年以前的印支运动期间，鸡公山地区表现为上升运动，褶皱作用微弱，岩浆活动弱。但是，在中生代三叠纪末至白垩纪末（距今 2 亿～0.8 亿年），由于燕山运动的影响，该区断裂活动和岩浆侵入十分强烈，先后经历了 4 次岩浆侵入，形成了灵山复式花岗岩基。此时，鸡公山地区的地质和地貌格局已基本确定。

新生代时期，在喜马拉雅运动影响下，桐柏-大别山发生间歇式抬升，长江、淮河流域及主干水系基本定型。在后来长期风化剥蚀和流水切割作用下，逐渐形成了目前的地质和地貌景观。

四、地貌概况

按全国地貌分类，桐柏-大别山系处于第二级地貌台阶，属于我国二三级地貌台阶过渡的中低山构造侵蚀地貌类型。

鸡公山自然保护区所在的山脉称横向山，处于豫鄂两省交界处，桐柏山以东，大别山西端，属大别山系的一条支脉。虽然桐柏-大别山系呈近乎东西走向，但由于受 NNE 向断裂带的控制，横向山也呈 NNE 走向。横向山南部从大羊山起，向北经报晓峰、篱笆寨、笸箕垧至和尚山，全长 10km。山脊比较开阔、起伏不大，形似“鱼脊”，故名鱼脊峰。鸡公山位于横向山的中南部，主峰为报晓峰（又名鸡公头），海拔 768m，巍峨耸立，形似雄鸡报晓，故名；北主峰为篱笆寨，海拔 811m；西主峰为望父寨，海拔 533.6m；东主峰为光石山，海拔 830m。全区相对高差 400～500m，侵蚀基准面海拔为 100m，属于中低山地貌类型。由于区内地质体产状的倾角较陡，地表径流侵蚀作用强烈，沟谷切割较深，山坡的坡度多在 30°以上。由于河流横向切蚀山体，形成了一系列东西向峡谷和横向山岭。新近纪以来，新构造运动使区内不断抬升，使鸡公山成为长期隆起强烈剥蚀区，现代地貌就是从这时承袭下来并发育演化的。

沟谷地貌发育在横向山鱼脊峰的两侧，呈梳状东西向排列。峡谷纵剖面上有很多裂点，发育有谷中悬崖，形成很多跌水和瀑布。峡谷横剖面呈"V"形，有的地方还发育有套谷，是新构造运动间歇式抬升的结果。在谷地两侧，有时可见有宽度不大的阶地。

鸡公山地貌的另一特征，是横向山顶部有盆地。在篱笆寨以南的红花屋脊、报晓峰与宝剑溪一带，发育着开口甚小的山顶盆地。该盆地呈椭圆状，长轴走向约 20°，长 1.2km，宽 1km。盆地内沉积有第四系冲积、残积和坡积物，主要是黏土、亚黏土、砂土和砾石。山顶盆地是中生代燕山运动、新近纪以来的喜马拉雅运动与河流侵蚀联合作用的产物。

鸡公山混合花岗岩垂直节理、剪切节理比较发育，在流水侵蚀切割和重力作用下，崩塌、滑坡等重力地貌比较多见。

第二节　气候和水文概况

鸡公山地处我国南北分界线南侧，气候类型是北亚热带季风气候，主体山脉是长江流域和淮河流域的分水岭，气候和水文状况具有明显的过渡性。气候特征是四季分明，光、热、水同期。春季迟，气温变幅大；夏季较短，炎热多雨；秋季早，凉爽，温差小；冬季漫长而寒冷，雨雪稀少。

一、气温与降水

（一）气温

据鸡公山气象站（海拔 710m）资料，鸡公山年平均气温为 12℃；7 月气温最高，为 23.5℃；1 月气温最低，为−0.6℃；气温年较差 29.5℃（图 13-3）。而北边离鸡公山 900km 之外的北京市 7 月平均气温为 25.1℃，南边离鸡公山百余公里的武汉市 7 月平均气温为 29.0℃，均高于鸡公山。山顶日最高气温≥35℃的日数平均只有 0.1 天。所以，鸡公山夏季气候凉爽宜人，成为我国四大避暑胜地之一。

鸡公山相对高度约 600m，年平均气温直减率为 0.53℃/100m。夏季气温直减率最大，为 0.63℃/100m，7 月山上和山下的温差为 4℃；冬季气温直减率最小，为 0.43℃/100m，1 月山上和山下的温差为 2.6℃（表 13-1）。

（二）降水

鸡公山地区降水量比较充沛，但时空分布不均。鸡公山站年平均降水量为 1374.8mm，主要集中在夏季（6～8 月），占全年降水量的 46.06%，冬季（12 月～次年 2 月）只占全年降水量的 7.63%（图 13-3）。降水年际变化很大，洪涝年（1956 年）多达 1654.1mm，干旱

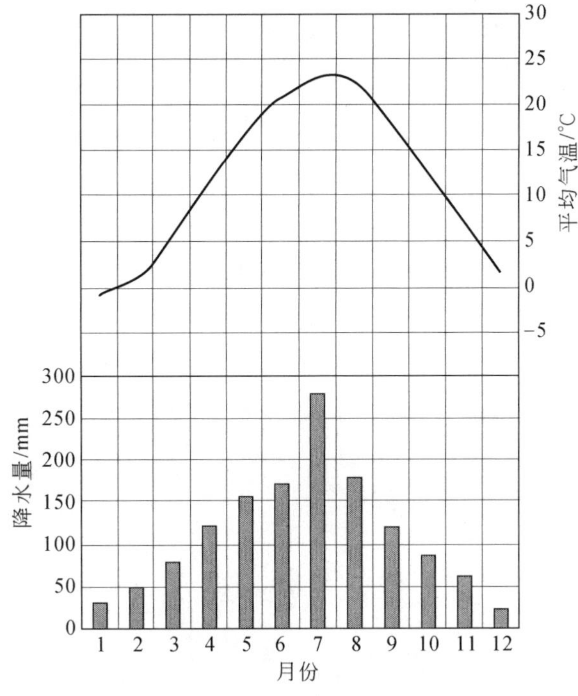

图 13-3　鸡公山气象站历月平均气温和降水量

表 13-1　鸡公山附近不同海拔月、年平均气温（叶永忠等，2014）　（单位：℃）

气象站	海拔/m	月份												全年
		1	2	3	4	5	6	7	8	9	10	11	12	
鸡公山	710	−0.6	0.9	5.8	12.0	17.0	21.1	23.5	23.1	18.5	13.6	7.4	1.8	12.0
七区	380	1.9	3.6	8.4	13.5	18.9	23.5	26.4	25.0	19.7	14.6	9.0	3.7	14.0
信阳	115	2.0	3.6	9.0	15.5	20.8	25.0	27.5	26.7	21.4	16.1	9.9	4.2	15.2

年（1966 年）仅有 617.6mm。随海拔上升，降水量增加。例如，鸡公山山麓的新店（海拔 160m）年平均降水量为 1261.4mm，到鸡公山站（海拔 710m）增加了 113.2mm，平均递增率为 20.6mm/100m。

二、光热资源

鸡公山地区年均日照时数为 2063.3 小时，日照百分率为 47%。夏季年日照时数最多，占全年的 32%；冬季最少，占 20%；春秋季分别占 25%和 23%。年日照时数随海拔增加而递减，平均直减率为 23.7 h/100m。但是，在海拔 300～500m 的地带，云雾日数较多，形成一个少日照带，年日照时数在 1800～1750 小时，这有利于“信阳毛尖”茶叶的生长和品质的提高。

区内年均总辐射为 4 928.70MJ/m。夏季总辐射最多，占全年的 34.3%；冬季最少，占 16.4%；春季和秋季分别占 27.1%和 22.2%。总辐射的垂直变化与云雾关系密切，从山麓到山顶，年辐射量随高度增加呈递减趋势。同时，总辐射还受坡向、坡度影响，南坡最多，北坡最少，坡度越大，总辐射越少。生理辐射（绿色植物能吸收的辐射）与总辐射之比为 0.49∶1。年生理辐射为 2415.06MJ/m，是河南省高值区之一，这为种类繁多的生物生长提供了条件。

鸡公山地区日平均温度稳定通过≥0℃、≥5℃、≥10℃和≥15℃的界线温度分别为

5476℃、5117℃、4881℃和 3961℃。平均初霜日在 11 月 6 日，终霜日在 3 月 29 日，无霜期为 220 天。

三、流域特征与地表水概况

桐柏-大别主体山脉是长江与淮河两大流域的分水岭。鸡公山自然保护区大部分属于淮河流域，长江流域仅分布在南部和东南部边缘。区内淮河流域的河流是东双河与谭家河（也称西双河）的上游支流，两者均汇入浉河，复入淮河；长江流域的河流是广水河的上游支流，在孝昌县城附近汇入环水，之后入汉水，复入长江（图 13-4）。

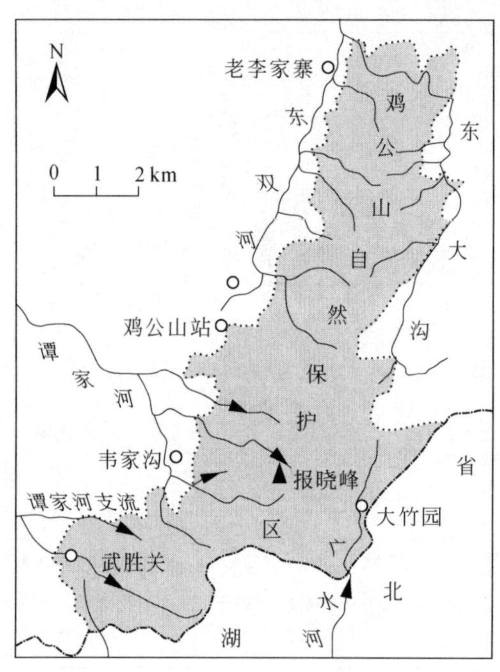

图 13-4 鸡公山自然保护区地表水系

鸡公山地区的地表水系格局受地质构造的控制，尤其是受断层走向的控制。横向山西部的河流主要受 NNE 向的柳河断层控制，发育有东双河；东部河流主要受 NNE 或近乎南北向的钟灵寺断层和南田断层等控制，发育有东大沟（或称大深沟）和广水河上游支流。自 NNE 向的横向山东西两侧分别发育有很多近乎东西向的沟谷流水，并且西侧多、东侧少，形成比较典型的羽状水系。这些沟谷较短，多为季节性流水。

区内有许多小型水库，如月湖、星湖、韦家沟、鸡公沟、九个湾、石门等水库，主要用途是灌溉和生活用水。例如，报晓峰下的月湖建于 1983 年，湖水面积 0.23km^2，总湖容 10 万 m^3，主要用途是解决鸡公山天街（包括北街和南街）及游客用水问题和美化环境。鸡公山自然保护区共有瀑布 21 处，集中发育在东大沟一线，如松林湾瀑布、高峰瀑布、大小滴水瀑布、青龙潭瀑布等。

鸡公山地区的地表水体以大气降水为主要补给源，其次为孔隙水。地表水水质良好，无色、无嗅、无悬浮物，清凉甘甜可口。水质地球化学类型以 HCO_3-Na 型或 HCO_3-Ca-Na 型水为主，局部为 HCO_3-Ca-Mg 型水，矿化度均小于 0.5mg/L，pH 为 6.7～7.3。

四、地下水

鸡公山地区的地下水包括孔隙水和裂隙水两大类，其中裂隙水又包括构造裂隙水、基岩裂隙水和风化带裂隙水。孔隙水主要分布在河谷两侧、山间洼地、山顶盆地和山脚等处，呈斑块状或条带状分布，包气带物质组成为第四系亚黏土、砂和卵石层，大气降水补给，水量较丰富。

裂隙水广泛分布在太古宇和元古宇变质岩、鸡公山混合花岗岩、灵山复式花岗岩地区。由于风化壳发育较好，含风化壳裂隙潜水，但水量一般不大。断层裂隙水的蓄水性，取决于断裂的性质、规模、产状、充填物、胶结物及所处的地貌等因素。区内断裂构造纵横交错，从而含有构造裂隙脉状水。在花岗岩分布区，节理十分发育；在变质岩分布区，层间裂隙发育。所以，在基岩分布区的地下，广泛赋存着基岩孔隙裂水，水量较稳定、水质优良。

地下水的化学特点与岩石化学成分有密切关系。花岗岩分布区的地下水属于 HCO_3-Na 或 HCO_3-Na-Ca 型水，Na、Ca 离子含量较高；变质岩分布区的地下水主要是 HCO_3-Ca-Mg 型水。重碳酸盐型水分布广泛，占区域的 95%以上，而氯酸盐型水仅分布在人类活动频繁的居住区。区内地下水总矿化度低，为 0.19g/L，pH 为 6.0～7.2，属极低至中等弱矿化、中性至弱酸性水。

第三节　土壤和生物概况

在鸡公山北亚热带季风气候和花岗岩风化母质的基础上，发育了地带性土壤——黄棕壤（相当于中国土壤系统分类中的铁质湿润淋溶土）及其之上的常绿落叶阔叶混交林和落叶常绿阔叶混交林（含常绿成分的落叶阔叶林）生态系统。自然景观具有明显的北亚热带与暖温带过渡特征。

一、土壤分类与分布

（一）土壤分类

按照 1988 年全国土壤普查分类系统，鸡公山地区的土壤划分为 4 个土类，5 个亚类、7 个土属和 14 个土种（表 13-2）。

表 13-2　鸡公山自然保护区土壤分类系统（叶永忠等，2014）

土类	亚类	土属	土种
黄棕壤	黄棕壤	硅铝质黄棕壤	厚层硅铝质黄棕壤
			少砾厚层硅铝质黄棕壤
			多砾厚层硅铝质黄棕壤
			薄腐少砾中层硅铝质黄棕壤
			薄腐多砾中层硅铝质黄棕壤
			薄腐少砾厚层硅铝质黄棕壤
			薄腐多砾厚层硅铝质黄棕壤
			厚腐少砾中层硅铝质黄棕壤

续表

土类	亚类	土属	土种
黄棕壤	黄棕壤性土	硅铝质黄棕壤性土	多砾中层硅铝质黄棕壤性土
		砂泥质黄棕壤性土	多砾中层砂泥质黄棕壤性土
石质土	硅铝质石质土	硅铝质石质土	多砾薄层硅铝质石质土
粗骨土	硅铝质粗骨土	硅铝粗骨土	多砾薄层硅铝质粗骨土
		泥砾石质土	少砾薄层泥砾粗骨土
水稻土	潴育型水稻土	黄棕壤性潴育型水稻土	黄沙泥田

（二）土壤分布

土壤地理分布与生物群落、气候条件相适应，表现为广域的水平分布规律；也受地方性的母质类型、地貌、水文和成土年龄等因素的影响，表现为中域和微域分布规律。同时，土壤分布又受人类生产活动的影响，在长期耕作、排灌等作用下，土壤性状发生了一定变化。

鸡公山自然保护区地带性土壤是黄棕壤，占土壤总面积的 57.7%，主要分布在坡度较缓的山坡和山梁上，植被为常绿针阔叶混交林和含常绿成分的落叶阔叶林，覆盖度大。石质土面积占总面积的 33.3%，主要分布在坡度较陡的石质低山丘陵，植被多为荒草坡。粗骨土面积占总面积的 8.9%，主要分布在森林植被比较稀疏的地段，水土流失比较严重，常与石质土呈复域分布。水稻土面积很小，占总面积的 0.1%，仅分布在某些沟谷两侧。

鸡公山土壤具有一定的垂直地带性变化，垂直带谱的结构随山地坡向及高度而变化。图 13-5 是韦家沟-大竹园北沟一线，横跨横向山的土壤垂直变化图。由图 13-5 可以看出，鸡公山建谱土壤为黄棕壤（海拔 500m 以下），东西坡向、坡度不同，土壤垂直带谱有一定差异。西坡自建谱土壤向上依次为石质土（海拔 500～520m）—黄棕壤（海拔 520～580m）—石质土（580m 以上）；东坡自建谱土壤向上依次为石质土（海拔 500～650m）—黄棕壤（海拔 650～680m，山顶盆地）—石质土（680m 以上）。山脚处有些黄棕壤被辟为旱地，塝冲处分布有少量水稻土。从塝田到冲上段一般为潴育型水稻土，冲下段至库塘脚下为潜育型水稻土。

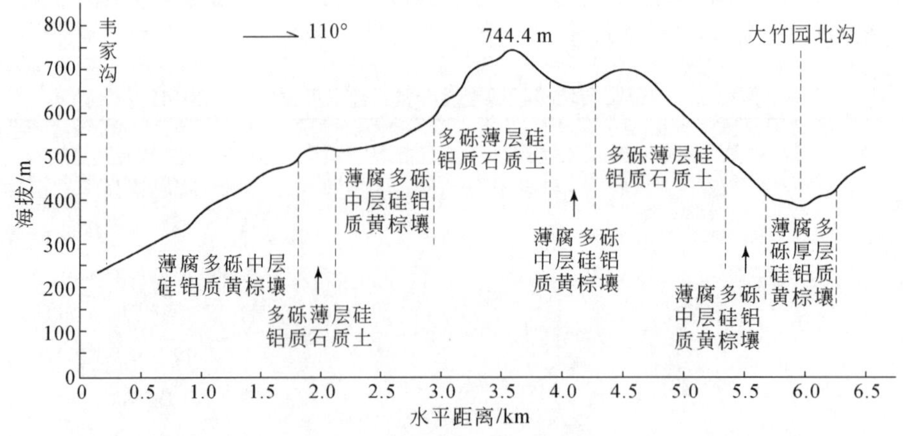

图 13-5　鸡公山土壤垂直分布

据宋朝枢（1994）改绘

二、主要土壤类型简介

（一）黄棕壤

黄棕壤土类是在北亚热带生物气候条件下形成的一种地带性土壤，大多发育在花岗岩风化物上。其形成特点是具有弱富铁铝化、较强的黏化和较旺盛的生物循环过程。土体呈黄棕色，盐基不饱和，呈弱酸性反应。鸡公山的黄棕壤包括黄棕壤和黄棕壤性土两个亚类。黄棕壤亚类分布面积最大，植被是落叶阔叶林、常绿落叶阔叶混交林和常绿针叶林；黄棕壤性土亚类面积不大，坡度较大、植被与黄棕壤亚类相似，但比较稀疏。

1. 黄棕壤

鸡公山的黄棕壤亚类发育在花岗岩风化残积-坡积物上，土层较厚，砾石含量不高，只有硅铝质黄棕壤一个土属。硅铝质黄棕壤土属的剖面构型一般为 O-Ah-Bts-BC-C，现以鸡公山某处的剖面为例予以说明。

O 层（0～9cm）：枯枝落叶层，灰褐色，松散。

Ah 层（9～48cm）：腐殖质层，暗棕色，轻壤，团粒结构，根系多，有大量菌丝体和虫孔、虫粪。

Bts 层（48～67cm）：铁铝氧化物和黏粒淀积层，黄棕色，黏壤，块状结构，结构体表面可见铁锰胶膜，根系较少。

BC 层（67～89cm）：淀积层与母质过渡层，棕黄色，砂壤，块状结构。

C 层（＞89cm）：母质层，花岗岩半风化物。

有机质层的有机质含量较高，一般为 1.06%～5.58%，最高可达 7.40%以上。淀积层黏粒含量较高，一般在 14.05%～30.96%。呈弱酸性反应，pH 在 5.4～6.6。

2. 黄棕壤性土

黄棕壤性土亚类主要分布在黄棕壤遭受侵蚀的部位，堆积明显的沟谷、山麓等地貌单元上。剖面层次发育不明显，含有数量不等的砾石，处于幼年阶段。鸡公山黄棕壤性土亚类面积较小，只占总面积的 1.8%。该亚类包括硅铝质黄棕壤性土和砂泥质黄棕壤性土两个土属，其中主要是硅铝质黄棕壤性土，砂泥质黄棕壤性土分布面积很小，仅占总面积的 0.1%。下面只简要介绍硅铝质黄棕壤性土的剖面特征和理化性质。

硅铝质黄棕壤性土发育在花岗岩风化物上，地表植被稀疏，水土流失比较严重。剖面构型与黄棕壤亚类基本相似，只是土层较薄，淀积层不明显而已，一般为 Ah-BC-C。现以鸡公山某处的硅铝质黄棕壤性土剖面为例予以说明。

Ah 层（0～17cm）：灰棕黄色，砂壤，砾石含量＞30%，单粒状结构，松散，有大量根系，少量菌丝体和虫孔。

BC 层（17～39cm）：浅棕黄色，壤土，砾石含量中等，碎块状结构，有少量根系。

C 层（39～100cm）：黄棕色，中壤土，块状结构，有少量铁锰胶膜，较紧。

表层黏粒含量为 14.09%～16.59%，有机质含量为 2.27%，全氮含量为 0.17%，全磷含量为 0.12%，速效磷含量为 12.6mg/kg，速效钾含量为 98.2mg/kg，代换量为 15.62cmol（+）/kg，pH 为 6.4。

（二）石质土

石质土土类分布区水土流失严重，植被很差，土层浅薄，砾石含量一般在 70%以上。剖面构型多为 Ah-R，Ah 层很薄，一般为 10～15cm，之下即为基岩（R）。鸡公山地区的石质土只有硅铝质石质土一个亚类。现以鸡公山某处的硅铝质石质土剖面为例予以说明。

Ah 层（0～13cm）：灰褐色，轻壤土，碎块状结构，疏松，有植物根系，砾石含量＞70%。

R 层（＞13cm）：为花岗岩基岩。

表层有机质含量为 2.17%，全氮含量为 0.15%，全磷含量为 0.06%，速效磷含量为 11.1mg/kg，速效钾含量为 106.2mg/kg，代换量为 18.27cmol（+）/kg，pH 为 6.2。

（三）粗骨土

粗骨土与石质土的主要区别是粗骨土的土层稍厚，一般在 20cm 左右，剖面构型多为 Ah-C。鸡公山的粗骨土类只有硅铝质粗骨土一个亚类，包含硅铝质粗骨上和泥砾质粗骨土两个土属，其中主要是硅铝质粗骨土，泥砾质粗骨土仅占总面积的 0.2%。下面简要介绍硅铝质粗骨土土属。

硅铝质粗骨土发育在花岗岩风化残积-坡积物上，地表植被状况好于石质土，而不及黄棕壤性土，水土流失状况也介于石质土和黄棕壤性土之间。现以鸡公山某处的硅铝质粗骨土剖面为例予以说明。

Ah 层（0～20cm）：灰黄色，轻壤土，碎块状结构，松散，有大量植物根系，少量虫粪和菌丝体，砾石含量在 30%以上。

C 层（＞20cm）：为花岗岩风化物或半风化物。

表层有机质含量为 2.50%，全氮含量为 0.18%，全磷含量为 0.09%，速效磷含量为 11.3mg/kg，速效钾含量为 108.0mg/kg，代换量为 12.64cmol（+）/kg，pH 为 5.8。

（四）水稻土

鸡公山地区的水稻土多为潴育型水稻土亚类，受灌溉水和地下水双重影响，母质是河流冲积物，土体构型为 W-Ap-Bghs-Cg。W 层为水耕层，Ap 层为犁底层，Bghs 层为潴育层，Cg 层为潜育层。现以鸡公山某处的黄棕壤性潴育型水稻土剖面为例予以说明。

W 层（0～18cm）：淹水季节呈蓝灰色，落干季节呈灰黄色，中壤，碎块状结构，疏松，大量根系，根系周围有铁锈斑纹。

Ap 层（18～37cm）：浅黄棕色，重壤，核状结构，紧实，根系比上层少，有明显的锈纹锈斑和少量铁锰结核。

Bghs 层（37～82cm）：淡棕色，中壤，块状结构，紧实，有少量根系，大量锈纹锈斑铁锰结核淀积。

Cg 层（82～100cm）：蓝灰色，轻壤，块状结构，较紧，有铁锰结核。

水耕层黏粒含量为 39.13%，有机质含量为 2.39%，全氮含量为 0.04%，全磷含量为 0.42%，速效磷含量为 6.0mg/kg，速效钾含量为 56.0mg/kg，代换量为 9.51cmol（+）/kg，pH 为 5.7。

三、物种组成

鸡公山自然保护区自然条件具有南北过渡性，为南北方物种传播、繁殖和生长提供了良好的生境，物种多样性丰富。叶永忠等（2014）经过多年的实地调查和鉴定，发现鸡公山自然保护区的真菌界共有大型真菌 50 科，136 属，464 种。植物界共有 250 科，1059 属，2726 种或亚种或变种，其中苔藓植物 51 科，103 属，254 种（包括 1 亚种和 17 变种）；蕨类植物 33 科，67 属，156 种（包括 4 变种）；种子植物 166 科，889 属，2316 种或变种。动物界共有 52 目，264 科，2078 种或亚种，其中哺乳动物 6 目，18 科，39 属，51 种或变种；鸟类 17 目，59 科，320 种；爬行类 2 目，7 科，22 属，34 种或亚种；两栖类 2 目，6 科，11 属，13 种；鱼类 7 目，13 科，71 种；昆虫 18 目，161 科，1589 种。

（一）大型真菌

在鸡公山自然保护区大型真菌中，仅含 1 种的科有 10 科，占全部科的 20%；含 2～4 种的科有 15 科，占全部科的 30%；含 5～9 种的科有 14 科，占全部科的 28%；含 10 种以上的科有 11 科，占全部科的 22%。含 40 种以上的大科有红菇科（60 种）、口蘑科（55 种）、多孔菌科（47 种）。

仅含 1 种的属有 53 属，占全部属的 38.97%；含 2～4 种的属有 54 属，占全部属的 39.71%；含 5～9 种的属有 23 属，占全部属的 16.91%；含 10 种以上的属有 6 属，占全部属的 4.41%。10 种以上大属是红菇属（44 种）、鹅膏菌属（21 种）、乳菇属（15 种）、丝膜菌属（11 种）、马勃属（10 种）和环柄菇属（10 种）。

（二）植物

1. 苔藓植物

鸡公山自然保护物共有苔类植物 18 科，20 属，43 种，1 变种；藓类植物 33 科，83 属，193 种，1 亚种，16 变种。在苔藓植物中，含 5～9 种的科有 11 科，含 10 种以上的科有 6 科，分别是青藓科（21 种）、丛藓科（19 种）、灰藓科（18 种）、真藓科（16 种）、羽藓科（14 种）和提灯藓科（12 种）。优势属主要有青藓苔属（12 种）、真藓属（11 种）、凤尾藓属（9 种）、光萼苔属（8 种）等。

2. 蕨类植物

鸡公山自然保护区共有蕨类植物 33 科，67 属，156 种（包括 4 变种）。含有 1 种的科有 15 个科，占总科数的 45.45%；含有 20 种以上的大科有 3 科，分别是鳞毛蕨科（26 种）、水龙骨科（24 种）和蹄盖蕨科（23 种）。含种数最多的属是鳞毛蕨属，占总种数的 8.97%；其次是卷柏属、瓦韦属、石韦属、耳蕨属、铁角蕨属、蹄盖蕨属、木贼属和凤尾蕨属。

3. 种子植物

鸡公山自然保护区共有种子植物 166 科，889 属，2316 种或变种。其中裸子植物 7 科，27 属，72 种或变种；被子植物 159 科，862 属，2244 种或变种。含有 1 种的科有 30 科，如连香树科、水青树科、银杏科、杜仲科、透骨草科等，共占所有科的 18.07%。含有 2～9 种的寡种科有 77 科，占所有科的 46.39%。含有 10～30 种的科有 43 科，占所有科的 25.90%。含有 30～50 种的科有 9 科，占所有科的 5.42%。含有 51～100 种的大科有 3 科（唇形科 78 种，莎草科 79 种，百合科 79 种），占所有科的 1.81%。含有 101 种以上的特大科有 4 科（豆科 106 种，蔷薇科 127 种，菊科 174 种，禾本科 181 种），占所有科的 2.41%。在这些大科和特大科中，除蔷薇科和豆科的少数属是木本植物外，其他均为草本植物，对鸡公山地区森林植被的建造作用并不明显，而含属种较少的壳斗科、松科、樟科、杉科、桦木科、杨柳科、榆科、槭树科是森林植被的主要成分。

含有 1 种的属有 434 属，占总属数的 48.83%。含有 2～5 种的属有 363 属，占总属数的 40.83%。含有 6～10 种的中等属有 67 属，占总属数的 7.53%。含有 11～20 种的大属有 20 属，占总属数的 2.25%，如眼子菜属、胡枝子属和大戟属各 11 种，飘拂草属和卫矛属各 12 种，委陵菜属、山胡椒属、鹅绒藤属和蔷薇属各 13 种，绣线菊属、莎草属和景天属各 14 种，铁线莲属、珍珠菜属和荚蒾属各 15 种，槭属 16 种，堇菜属 17 种。含有 20 种以上的特大属有 5 属（松属 20 种、悬钩子属 23 种、薹草属 24 种、蒿属 25 种、蓼属 26 种），占总属数的 0.56%。

被子植物中的原始科较多，共有 16 科（木兰科、马兜铃科、三白草科、金粟兰科、樟科、睡莲科、五味子科、木通科、防己科、毛茛科、小檗科、罂粟科、角茴香科、昆栏树科、连香树科和杜仲科），占所有科的 9.64%。

鸡公山自然保护区珍稀濒危植物较多，共有国家级保护植物 25 科，30 属，31 种（表 13-3）。其中，国家一级保护植物 2 种（秃杉和水杉），占河南省国家一级保护植物的 100%；国家二级保护植物 11 种，占河南省国家二级保护植物的 78.5%；国家三级保护植物 18 种，占河南省国家二级保护植物的 74%。

表 13-3　鸡公山自然保护区国家级保护植物（叶永忠等，2014）

植物名称	保护等级	分布海拔/m	种群数量	植物名称	保护等级	分布海拔/m	种群数量
秃杉	1	300～400	++++	八角连	3	200～500	++
水杉	1	100～600	++++	天女花	3	300～500	++
狭叶瓶尔小草	2	400～700	+	黄山木兰	3	350～700	++
银杏	2	150～700	++++	厚朴	3	200～600	++
金钱松	2	600 以下	+	凹叶厚朴	3	200～600	++
连香树	2	350～650	+	天竺桂	3	250～500	++
水青树	2	350～650	+	天目木姜子	3	200～700	++
山白树	2	400～700	++	楠木	3	150～350	+++
杜仲	2	600 以下	++	玫瑰	3	150～600	++++
紫茎	2	350～650	++	野大豆	3	700 以下	++++
秤锤树	2	500～600	+	红豆树	3	200～700	+
香果树	2	200～500	+++	金钱槭	3	250～500	+
独花兰	2	300～500	+	明党参	3	800 以下	++
胡桃楸	3	250～500	++	蝟实	3	500	++
华榛	3	350～700	+++	天麻	3	150～750	+++
青檀	3	150～600	++++	—	—	—	—

注：+表示 1～10 株，++表示 11～50 株，+++表示 51～200 株，++++表示 201 株以上。

（三）动物

在鸡公山自然保护区的脊椎动物中，以鸟类和爬行类相对比较丰富，分别占全国的13.31%和7.71%；而哺乳类、两栖类和鱼类相对比较贫乏（表13-4）。哺乳类的优势种主要有马铁菊头蝠、亚洲长翼蝠、小家鼠、褐家鼠和黄鼬。鸡公山地区有国家级保护的哺乳类动物7种，其中金钱豹是一级保护动物，原麝、小灵猫、大灵猫、水獭、青鼬和豺是二级保护动物。

表13-4 鸡公山自然保护区脊椎动物与全国的比较（叶永忠等，2014）

类别	种类			国家重点保护动物		
	鸡公山	全国	鸡公山占全国/%	鸡公山	全国	鸡公山占全国/%
哺乳类	51	1163	4.39	7	193	3.62
鸟类	320	2405	13.31	47	326	14.42
爬行类	34	441	7.71	—	17	—
两栖类	13	386	3.37	2	6	33.33
鱼类	71	1168	6.08	—	—	—
合计	489	5563	8.79	56	542	10.33

常见的鸟类有小鹏鹏、白鹭、斑嘴鸭、环颈雉、山斑鸠、红角鸮、普通翠鸟、灰头绿啄木鸟、山鹡鸰、白头鹎、棕背伯劳、八哥、灰喜鹊、白颈鸦、乌鸫、画眉、棕头鸦雀、麻雀、凤头鹀等。国家重点保护鸟类主要是鹰科、隼科、鸱鸮科和鸭科的一些珍稀濒危物种，其中一级保护鸟类4种（东方白鹳、中华秋沙鸭、金雕和白鹤），二级保护鸟类43种。

区内发现游蛇科、龟科、鳖科、壁虎科、蜥蜴科、石龙子科和蝰科爬行类动物34种，其中主要是游蛇科动物，占总种数的64.71%。常见的爬行动物有丽斑麻蜥、山地麻蜥、红点锦蛇、虎斑颈槽蛇大陆亚种、赤链华游蛇、华游蛇指名亚种等。

常见的两栖类主要是东方蝾螈、中华蟾蜍指名亚种、黑斑侧褶蛙、泽陆蛙、叶氏肛刺蛙等。小溪中栖息的中国大鲵（别名娃娃鱼）是国家二级保护动物。

在区内71种鱼类中，以鲤形目的种类（如草鱼、鲤、鲫鱼、鲢、泥鳅等）最多，占总种数的71.83%；其次是鲇形目（黄鳝和黄颡等）和鲈形目（如乌鳢和黄黝鱼等）的一些种类，分别占总种数的11.27%和9.86%。

四、种子植物区系特征

（一）植物种属以温带和热带成分为主

对鸡公山自然保护区植物种属的地理成分统计表明，区内的植物与世界各大陆都有不同的联系。温带成分有506属，占全部属（除世界广布属外）的62.79%，主要由北温带分布型、变型及间断分布型，旧世界分布型，温带亚洲分布型，地中海区至中亚分布型，中亚分布型，以及东亚分布型组成。热带成分有264属，占全部属（除世界广布属外）32.75%，主要由泛热带分布型、热带亚洲至热带美洲分布型、旧世界热带分布型、热带亚洲至热带大洋洲分布型、热带亚洲至热带非洲间断分布型、热带亚洲分布型组成。植物种的统计同样也反映出上述区系特征。温带分布种共计 656 种，占全部种（除世界广布种外）的 28.84%，主要由旧世界温带分布种和北温带分布种组成；热带分布种共计 393 种，占全部种（除世界广布种外）的 17.27%。

（二）起源古老、残遗属种多

一般认为被子植物的离心皮类和柔荑花序类是最古老、最原始的类群。它们大多出现在古近纪前，有的甚至在侏罗纪就在地球上出现。鸡公山自然保护区有离心皮类植物 7 科，35 属，92 种；有柔荑花序类植物 10 科，40 属，116 种。区内古近纪之前的残遗植物很多，除原始的蕨类植物外，还有银杏、连香树、三尖杉、水青树、领春木等。起源于古近纪的植物也很多，如栎属、栗属、桦木属、榆属、榉属、槭属、构属等物种。

（三）区系成分东西交汇，南北过渡

鸡公山自然保护区的植被属于泛北极植物区中的中国-日本植被亚区，位于华中地区、华东地区、华北地区的交汇点上，是华中、华东、西南、华北植物区系的交汇地，各种成分兼容并存，区系成分表现出东西交汇、南北过渡的特点。从中国特有种的地理分布来看，与华中地区共有的中国特有种有 697 种，占本区中国特有种的 82.98%；与华东地区的共有种有 588 种，占本区中国特有种的 70.00%；与西南地区的共有种有 352 种，占本区中国特有种的 41.90%；与华北地区的共有种有 246 种，占本区中国特有种的 29.36%；与东北地区的共有种有 175 种，占本区中国特有种的 20.83%。此外，本区还是南北植物分布的天然界线之一，以此为北界的植物有 55 属，107 种；以此为南界的植物有 8 属，21 种。

大别山是中国西南成分、华中成分向华东地区扩展、散布的通道，鸡公山正好是这条通道上的一个重要节点。西南植物区系成分大致从滇北、藏东、川西北，沿秦岭向东进入河南，再沿伏牛山南坡、桐柏山进入本区。华中植物区系成分或经大巴山、汉中平原与秦岭相接，或经武当山、大洪山与桐柏山相连，再经桐柏山、大别山进入华东地区。同样，华东植物区系成分也可沿此通道向西散布。

五、主要植被类型与分布

（一）植被类型划分

根据《中国植被》和《河南植被区划》，鸡公山的植被属于亚热带常绿阔叶林区域的桐柏-大别山地丘陵松栎林植被片，是我国北亚热带东部偏湿性常绿落叶阔叶林，具有南暖温带向北亚热带过渡的性质。天然灌丛与草甸面积不大，零星分布在山顶和山脊。人工植被在区内有一定面积。经济林面积较小，种类较单一。由于人类活动的影响，天然植被发生了较大的变化，均为天然次生植被，呈现出天然植被与人工植被交错分布的格局。

根据植被的种类组成、外貌特征、生态地理特点及演化趋势，将鸡公山植被划分为 6 个植被型、15 个植被亚型、83 个群系、145 个群丛（表 13-5）。

表 13-5　鸡公山地区植被类型划分（宋朝枢，1994）

植被型	植被亚型	群系	群丛
针叶林	常绿针叶林	马尾松林	马尾松-小构树-求米草群丛，马尾松-油茶-求米草群丛，马尾松-山胡椒-羊胡子草群丛，马尾松-山胡椒-荩草群丛，马尾松-山胡椒-求米草群丛，马尾松-连翘-野苎麻群丛，马尾松-连翘-人字草群丛，马尾松-盐肤木-白茅群丛，马尾松-盐肤木-野苎麻群丛，马尾松-盐肤木-羊胡子草群丛，马尾松-黄荆-丹参群丛，马尾松-牡荆-羊胡子草群丛，马尾松-美丽胡枝子-黄精群丛，马尾松-圆菱叶山蚂蟥-求米草群丛，马尾松-山莓-野苎麻群丛，马尾松-绿叶甘橿-求米草群丛，马尾松-化香-蕨群丛
		黄山松林	黄山松-胡枝子-野苎麻群丛，黄山松-美丽胡枝子-鹅观草群丛，黄山松-圆叶胡枝子-野苎麻群丛，黄山松-山胡椒-野苎麻群丛，黄山松-盐肤木-大花金鸡菊群丛，黄山松-绿叶甘橿-求米草群丛，黄山松-灰木-辣蓼群丛，黄山松-山莓-求米草群丛，黄山松-勾儿茶-羊胡子草群丛
		黄山松、马尾松混交林	黄山松、马尾松-美丽胡枝子-鸭跖草群丛
		油松林（人工）	油松-连翘-野苎麻群丛，油松-绿叶甘橿、盐肤木-大花金菊群丛
		黑松林（人工）	黑松-茅栗、盐肤木-求米草群丛
		赤松林（人工）	赤松-槐蓝-求米草群丛
		火炬松林（人工）	火炬松-茅栗、映山红-羊胡子草群丛
		晚松林（人工）	晚松-山胡椒-黄背草群丛
		湿地松林（人工）	湿地松-牡荆-羊胡子草群丛，湿地松-美丽胡枝子-白茅群丛
		柳杉林（人工）	柳杉-高粱泡-野苎麻群丛，柳杉-山胡椒-羊胡子草群丛，柳杉-茅栗-野苎麻群丛
		杉木林（人工）	杉木-盐肤木-络石群丛，杉木-盐肤木-五节芒群丛，杉木-胡枝子-野苎麻群丛，杉木-扁担杆-蕨群丛，杉木-山胡椒-野苎麻群丛，杉木-山胡椒-连线草群丛，杉木-求米草群丛，杉木-绿叶甘檀-求米草群丛
阔叶林	落叶针叶林	池杉林（人工）	池杉-丛枝蓼、荩草群丛
		落羽杉林（人工）	落羽杉-求米草、辣蓼群丛
		水杉林（人工）	水杉-辣蓼群丛
	针阔叶混交林	马尾松、麻栎、栓皮松混交林	马尾松、麻栎、栓皮栎-美丽胡枝子-羊胡子草群丛，马尾松、麻栎、栓皮栎-盐肤木-结缕草群丛
		马尾松、化香混交林	马尾松、化香-白鹃梅-荩草群丛
		黄山松、麻栎、栓皮栎混交林	黄山松、麻栎、栓皮栎-白鹃梅-五节芒群丛
		化香、马尾松混交林	化香、马尾松-茅栗-五节芒群丛
		化香、黄山松混交林	化香、黄山松-映山红-求米草群丛
	常绿落叶阔叶混交林	白栎、枫杨混交林	青冈、白栎、枫杨-山胡椒-求米草群丛
		青冈、化香混交林	青冈、化香-山胡椒-薹草群丛
		青冈、黄檀混交林	青冈、黄檀-盐肤木-蕨群丛 青冈、榉树-檵木-薹草群丛

续表

植被型	植被亚型	群系	群丛
阔叶林	常绿阔叶林	青冈林	青冈-高粱泡-白茅群丛
	落叶常绿阔叶混交林	栓皮栎、青冈混交林	栓皮栎、青冈-美丽胡枝子-显子草群丛
	落叶阔叶栎林	白栎林	白栎-山胡椒-羊胡子草群丛
		槲栎林	槲栎-绿叶甘橿-求米草群丛
		麻栎、栓皮栎混交林	麻栎、栓皮栎-茅栗-羊胡子草群丛
		栓皮栎林	栓皮栎-山胡椒-异穗薹草群丛
		栓皮栎、麻栎、化香混交林	栓皮栎、麻栎、化香-山胡椒-求米草群丛
		栓皮栎、黄檀、化香混交林	栓皮栎、黄檀、化香-山胡椒-求米草群丛
		栓皮栎、野樱桃混交林	栓皮栎、野樱桃-山胡椒-羊胡子草群丛
		栓皮栎、麻栎、化香混交林	栓皮栎、麻栎、化香-山胡椒-求米草群丛
		短柄枹、枫香混交林	短柄枹、枫香-叶下珠-玉竹群丛
	落叶阔叶杂木林	短柄枹、化香混交林	短柄枹、化香-白蜡树-泽兰群丛
		化香、栓皮栎混交林	化香、栓皮栎-映山红-白茅群丛
		化香、小叶朴混交林	化香、小叶朴-胡椒-大丁草群丛
		化香、小叶榉混交林	化香、小叶榉-求米草群丛
		化香、大叶朴混交林	化香、大叶朴-山胡椒-野苎麻群丛
		黄檀、流苏树混交林	黄檀、流苏树-白背叶-芒群丛
		黄檀、化香混交林	黄檀、化香-卫矛-鹅观草群丛
		黄檀林	黄檀-小叶女贞-木盖蕨群丛，黄檀-山胡椒-大油芒群丛
		枫香、麻栎混交林	枫香、麻栎-油桐-鳞毛蕨群丛
		枫香、黄檀混交林	枫香、黄檀-三尖杉-显子草群丛
		枫杨林	枫杨-接骨木-连钱草群丛，枫杨-簸箕柳-水芹群丛
		小叶朴、野樱桃混交林	小叶朴、野樱桃-卫矛-白茅群丛
		朴、野樱桃混交林	朴树、野樱桃-省沽油-络石群丛
		五角枫林	五角枫-山胡椒-异叶爬山虎群丛
		紫弹树林	紫弹树-省沽油-柳叶菜群丛
		黄连木林	黄连木-盐肤木-求米草群丛
		刺楸、枫香混交林	刺楸、枫香-山胡椒-四叶郁群丛
		山合欢、黄檀混交林	山合欢、黄檀-山胡椒-求米草群丛
		梧桐林（人工）	梧桐-高粱泡-白茅群丛，梧桐-高粱泡-土牛膝群丛
		刺槐林（人工）	刺槐-山胡椒-野苎麻群丛
		短柄枹、化香混交林	短柄枹、化香-白蜡树-泽兰群丛
		化香、栓皮栎混交林	化香、栓皮栎-映山红-山莓群丛

续表

植被型	植被亚型	群系	群丛
竹林	单轴型竹林	毛竹林（人工）	毛竹-虎杖-络石群丛
		桂竹林（人工）	桂竹-山胡椒-爬山虎群丛
		刚竹、桂竹混交林	刚竹、桂竹-山胡椒-鱼腥草群丛
灌木林	常绿灌丛	檵木灌丛	檵木-薹草灌丛
		茶	茶园
	落叶灌丛	白鹃梅、连翘-芒灌丛	白鹃梅、连翘-芒灌丛 白鹃梅、连翘-柴胡灌丛
		白鹃梅、胡枝子灌丛	白鹃梅、胡枝子-五节芒灌丛
		连翘、映山红灌丛	连翘、映山红-羊胡子草灌丛
		连翘、白鹃梅、映山红灌丛	连翘、白鹃梅、映山红-羊胡子草灌丛
		连翘、盐肤木灌丛	连翘、盐肤木-山莓灌丛
		连翘灌丛	连翘-细叶薹草灌丛
		黄荆、白鹃梅灌丛	黄荆、白鹃梅-白茅群丛
		牡荆、白鹃梅灌丛	牡荆白鹃梅-白茅群丛
		胡枝子灌丛	胡枝子-艾蒿灌丛
		胡枝子、白鹃梅灌丛	胡枝子、白鹃梅-羊胡子草灌丛
		美丽胡枝子灌丛	美丽胡枝子-艾蒿灌丛
		山胡椒灌丛	山胡椒-芒灌丛
		映山红灌丛	映山红一羊胡子草灌丛
		湖北枸子、连翘灌丛	湖北枸子、连翘-苺草灌丛
		华中枸子、连翘灌丛	华中枸子、连翘-苺草灌丛
	灌草丛	蕨类灌草丛	蕨灌草丛，铁芒箕灌草丛
		禾草灌草丛	五节芒灌草丛，白茅灌草丛，野古草灌草丛
草甸	典型草甸	杂草类草甸	艾蒿、牛至草甸，大花金鸡菊草甸
		根茎禾草草甸	结缕草草甸，羊胡子草草甸
沼生和水生植被	沼泽植被	草本沼泽	香蒲沼泽，芦苇沼泽，灯心草沼泽，莎草类沼泽
	水生植被	挺生植被	莲群丛（人工），荸荠群丛（人工），慈姑群丛，空心莲子草群丛，黑三棱群丛，石菖蒲群丛，雨久花群丛
		浮水植被	大薸群丛，浮萍、紫萍群丛，荇菜群丛，满江红、槐叶苹群丛，菱群丛
		沉水植被	狐尾藻群丛，黑藻群丛，眼子菜群丛，金鱼藻群丛，狸藻群丛

（二）植被分布

1. 水平分布

鸡公山的落叶阔叶林面积最大，分布在横向山的北部和东南部；其次是针阔混交林，主要分布在横向山中部和西南一隅。再次是常绿针叶林，分布在横向山的西南部；其他植被类型面积较小，分布也比较零散。例如，落叶针叶林分布在山体北部山顶地段，周围被落叶阔叶林包围；竹林分布在山体中部西坡某些地段；常绿落叶阔叶混交林主要有两块，一块分布在从鸡公山火车站到景区的公路两侧，沿沟谷呈 EES 向延伸；另一块分布在山体东南部，沿东大沟呈南北向延伸（图 13-6）。

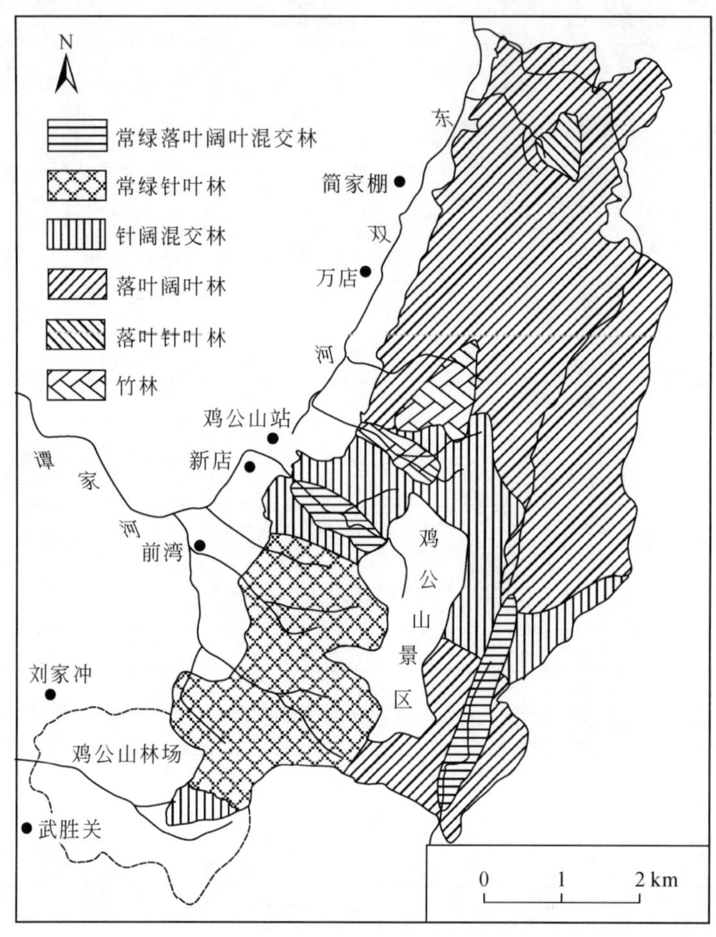

图 13-6　鸡公山植被类型分布简图（叶永忠等，2014）

2. 垂直分布

随海拔的升高，鸡公山的植被垂直分布大致分为盆地植被区、丘陵植被区、山地植被区。

（1）盆地植被区。海拔在 200～400m，多为农地，而且以水稻为主，部分为旱地，种植玉米、蔬菜、冬小麦等作物，田边村旁有楝、刺槐、臭椿、乌桕、油桐、油茶等。

（2）丘陵植被区。海拔在 300～600m，相对高度为 200m 左右。该地带的森林多被破坏，除部分次生杂木林外，大部分是灌丛或灌草丛。常见的灌木种类有荆条、胡枝子、山矾、山胡椒、紫穗槐、野山楂、悬钩子和野蔷薇等，并间杂着栓皮栎、麻栎、化香、漆树和苦皮藤等小乔木。

（3）山地植被区。海拔在 500～800m，大部分被森林覆盖，也有一定面积的灌木林和灌草丛，但垂直分带不太明显。

（三）主要植被类型简介

1. 常绿针叶林

（1）马尾松林。马尾松林是我国东南部亚热带地区分布最广、资源量最大的森林类型，也是鸡公山典型地带性植被之一。鸡公山是马尾松分布的北缘，生长状况不如中亚热带，仅分布在海拔 600m 以下的低山丘陵，耐瘠薄、干燥，喜酸性土壤，是荒山荒坡造林的先锋树种。本区马尾松林既有天然林，也有人工林，在海拔 700m 以上，如生境优越，生长也较好，主要分布在东大沟、鸡公沟、韦家沟，将军石、武胜关等地。天然马尾松林树龄 30～50 年，树高 12～16m，胸径 12～30cm，林内往往混有少量阔叶树种。乔木层分两层，总郁闭度在 60%～95%。上层为马尾松，郁闭度 50%～60%；下层为栓皮栎、麻栎、黄檀、黄连木、化香、山合欢等，郁闭度 20%～30%，树高 5～10m。灌木层高 1～4m，有山胡椒、山矾、化香、连翘、盐肤木、胡枝子、山莓、白茅、羊胡子草、野苎麻和荩草等。层间植物较少，主要是络石、蛇葡萄、五味子、三叶木通和茜草等。

马尾松群系在该区有 17 个群丛，天然环境下种群更新良好，幼苗量多且生长快，群落稳定。选择条件优越的地段营造人工马尾松林，可以提高林木蓄积量。

（2）黄山松林。鸡公山是黄山松在河南分布的最西界，只在海拔 600m 以上呈零星分布，并且常与马尾松、落叶栎类形成小片混交林。在报晓峰至篱笆寨之间的山顶，多见黄山松林，是较好的封顶森林群落。黄山松树龄在 60 年以上。乔木层分两层，上层为黄山松，郁闭度 30%～50%，树高可达 18m，胸径 62cm；下层为槲树、化香、蒙桑等，树高 8～12m，郁闭度 30%左右。灌木层盖度 30%，高 1～4m，种类较多，优势种为山胡椒、三尖杉、绿叶甘橿、山莓、盐肤木和郁香忍冬等。草本层以羊胡子草、荩草、天门冬和求米草为优势种，盖度 10%～30%，高 20～50cm。

黄山松林在该区有 9 个群丛，更新良好，群落稳定。人工黄山松林多为纯林，林龄 15～30 年，树高 5～10m，胸径 7～12cm。

（3）杉木林。鸡公山地区的杉木林均为人工林，分布在海拔 250～700m 的山坡中下部、凹坡、沟谷等地段，呈小片状。杉木树龄为 30～50 年，树高 7～20m，胸径 5～24cm，郁闭度在 90%以上。由于人工杉木林栽培密度较大，林下透光差，林下灌木种类少，只有少量的山胡椒、绿叶甘橿和小构树等，盖度 10%，高 1～2m。草本层稀疏，盖度 5%，高 20cm，种类单一，多为荩草、羊胡子草、蕨、鱼腥草和求米草等。

（4）其他常绿针叶林。除上述针叶林外，通过引种栽培，鸡公山地区还有面积不大的柳杉林、湿地松林、火炬松林、赤松林、油松林、黑松林和晚松林等常绿针叶林，其群落特征见表 13-6。

表 13-6　鸡公山地区某些小面积的常绿针叶林群落特征

群落	分布地点	树龄/年	树高/m	胸径/cm	乔木层郁闭度/%	灌木种类及盖度/%	草本种类及盖度/%
柳杉林	狮子石、月湖	40～50	7～13	16～36	90	稀少，50	稀少，30
湿地松林	和尚山、碾子把	38	10～15	12～16	80	较多，50	较多，60
火炬松林	松林包子、长沟	38	8～10	10～14	45	较多，60	较多，50

续表

群落	分布地点	树龄/年	树高/m	胸径/cm	乔木层郁闭度/%	灌木种类及盖度/%	草本种类及盖度/%
赤松林	龙子口	49	10～14	16～26	60	较少，60	较多，30
油松林	雷达站等地	49	4～7	10～12	80	较多，40	较少，20
黑松林	篱笆寨等地	40～50	10～13	10～19	70	较多，80	较少，20
晚松林	七区等地	30	5	10	30	较多，30	较多，40

注：据宋朝枢（1994）修改。

2. 落叶针叶林

鸡公山的落叶针叶林主要有池杉林、水杉林、落羽杉林等，面积较小，其群落特征见表 13-7。

表 13-7　鸡公山地区主要落叶针叶林群落特征

群落	分布地点	树龄/年	树高/m	胸径/cm	乔木层郁闭度/%	灌木种类及盖度/%	草本种类及盖度/%
落羽杉	红卫林区	72	27～32	46～70	95	极少，10 以下	较多，35
池杉	六区等地	48～53	18～22	26～28	80	较少，30 以上	较多，90
水杉	武胜关等地	40～45	20～25	16～20	70	较少，20 以下	较多，30

注：据宋朝枢（1994）修改。

3. 针阔叶混交林

鸡公山的针阔叶混交林面积较大。乔木层郁闭度 60%～80%，建群种有马尾松、黄山松、栓皮栎、麻栎等，树高 10～14m，胸径 12～16cm。灌木层郁闭度 40%，高 2～3m，种类较多，主要有盐肤木、山胡椒、白鹃梅、美丽胡枝子和映山红等。草本层盖度 20%～30%，优势种常为羊胡子草、五节芒、荩草和结缕草等。

4. 常绿阔叶林

鸡公山的常绿阔叶林只有青冈林 1 个群系。青冈林是典型亚热带地带性植被之一。本区的青冈林多为人工纯林，郁闭度 90%，树龄 45 年，树高 17m，胸径 20～22cm。有的地方也混生有冬青、山楠、豹皮樟等常绿树种，以及无患子、黄檀和栓皮栎等落叶树种。灌木层盖度为 10%，种类较少，主要是高粱泡、檵木、山桃和小果蔷薇等。草本层盖度 70%，种类较多，常见种类是耐荫的山茅、荨麻、牛膝和灯心草等。

5. 常绿落叶阔叶混交林

常绿落叶阔叶混交林是北亚热带向暖温带过渡的指示性植被类型之一。鸡公山地区的常绿落叶阔叶混交林面积很小，多呈片状分布于海拔 300～450m 的向阳坡或沟谷两岸。常绿树种主要是青冈，落叶树种有黄连木、榉类、化香、黄檀和栎类等。乔木层优势种是青冈，多呈丛状，郁闭度在 60%以上，树高 10～12m，胸径 12～16cm；落叶树种的郁闭度在 20%～30%，树高 10～12m，胸径 10～18cm。灌木层盖度 30%，高 3m 左右，种类较多，既有常绿成分，如檵木、楠木、枸骨、胡颓子和乌药等，也有落叶成分，如山胡椒、盐肤木、六月雪、卫矛、崖花海桐和马鞍树等。草本层盖度 15%，种类稀少，多为薹草属、苍术和石蒜属等耐荫植物。另外，林内还有络石、爬山虎和三叶木通等藤本植物。

6. 落叶常绿阔叶混交林

落叶常绿阔叶混交林又称含常绿成分的落叶阔叶林，也是北亚热带向暖温带过渡的指示性植被类型之一。鸡公山的落叶常绿阔叶混交林主要是栓皮栎、白栎与青冈混交林，多分布在海拔 300～500m 的丘陵地带。乔木层郁闭度 60%～70%，乔木上层的落叶树种有栓皮栎、短柄枹、白栎和麻栎等栎类，以及枫香、化香、山合欢和黄檀等杂木，树高 10～14m，胸径 10～18cm；乔木亚层为常绿的青冈、青栲等少数种类，树高 5～7m，多呈丛状，郁闭度 10%～20%。灌木层盖度 80%～90%，种类较多，多为落叶灌木，如映山红、满山红、山胡椒、路边花、美丽胡枝子、山豆花、牛奶子、山莓、卫矛和野桐等；也有不少常绿成分，如檵木、枸骨、胡颓子、乌药和崖花海桐等。草本层稀疏、盖度 10%～20%，但种类较多，如薹草、芒、山麦冬、牛膝和蕨等。层间植物较少，只有菝葜、络石等少数几种。

7. 落叶阔叶栎林

落叶阔叶栎林是暖温带最重要地带性植被之一，在鸡公山地区分布广泛，发育良好。优势种以栓皮栎、麻栎、白栎、槲栎和短柄枹等落叶栎类为主，兼有化香、黄檀、枫香等伴生种类。鸡公山落叶阔叶栎林包括很多群系。

（1）麻栎栓皮栎混交林。鸡公山地区很少有麻栎纯林和栓皮栎纯林，多是以两者为优势种的混交林，面积较大，分布较广，从山脚到山顶均可见到。乔木层由两个亚层组成，上层的建群种为麻栎和栓皮栎，树高 12～26m，胸径 16～30cm，郁闭度 40%～60%；下层以槲栎、锐齿槲栎、短柄枹、化香、黄檀和山合欢为主，高 5～7m，胸径 12～20cm，郁闭度 20%。灌木层盖度 70%，高 1～4m，种类丰富，优势种有小叶女贞、山胡椒、茅栗、垂珠花、白背叶和美丽胡枝子等喜光耐旱种类。草本层盖度 20%左右，高 20～40cm，以异穗薹草、羊胡子草、求米草和荩草等为主。层间植物较少，只有三叶爬山虎、蛇葡萄、圆叶菝葜等。

（2）槲栎林。槲栎林分布在海拔 500～700m，常与栓皮栎、短柄枹和化香等混交，很少有纯林出现。槲栎是其乔木层的建群种，郁闭度 70%～80%，树高 12～15m，胸径 14～20cm，伴生有少量的栓皮栎、短柄枹、锐齿槲栎和化香等树种。灌木层盖度 20%～30%，灌木高 1～3m，种类较多，以胡枝子、连翘、绿叶甘橿、映山红、六道木和圆叶鼠李等为优势种。草本层零乱，盖度不足 10%，但种类很多，常见有求米草、三褶脉紫菀和荩草等。层间植物有五味子、三叶木通、野葡萄等。

（3）短柄枹林。短柄枹林多分布在海拔 500～700m，呈小片状分布。乔木层的建群种是短柄枹，郁闭度 40%～60%，树高 12～16m，胸径 14～22m，常伴生有种化香、枫香、黄檀、栓皮栎和麻栎等。灌木层较发育，盖度 30%左右，高 1～4m，种类丰富，有白蜡、山胡椒、叶下珠、灰木、白鹃梅、卫矛、野茉莉、野桐和中华石楠等。草本层盖度 20%～30%，高 20～40cm，多为泽兰、玉竹、苍术、桔梗、野菊、麦冬、小头蓼、杏叶沙参和条叶百合等耐荫种类。层间常见有三叶木通、葛、南蛇藤、中华常春藤和清风藤等。

（4）白栎林。白栎林在鸡公山地区分布较少，仅见于十二区等地。乔木层优势种是白栎，郁闭度 60%，树高 14m，胸径 12cm，伴生有栓皮栎和槲栎等。灌木层盖度 70%，高 1～4m，主要种类有山胡椒、杜鹃、山矾、卫矛、盐肤木、美丽胡枝子、白鹃梅和白蜡树等。草本层盖度 20%，常见有羊胡子草、人字草、三褶脉紫菀、轮叶黄精和泽兰和垂盆草等。

8. 落叶阔叶杂木林

鸡公山地区落叶阔叶杂木林（简称阔杂林）面积很大，分布广泛，几乎各林区均有出现。乔木优势种有化香、黄檀、枫香、小叶朴、黄连木、刺楸、五角枫和紫弹树等，形成20多个群系。但是，由于该区海拔较低、人为影响较大，很少形成单纯林。

（1）以化香为主的阔杂林。以化香为主的阔杂林多分布在海拔300～650m的山坡上。化香分别与栓皮栎、小叶朴、大叶榉、小叶榉等混交形成多种阔杂林群系。乔木层盖度60%～80%，优势种化香高7～10m，胸径8～14cm。灌木层盖度40%～50%，高2～4m，常见优势种有山胡椒、映山红、野桐、算盘子和美丽胡枝子等。草本层盖度20%～40%，高20～30cm，多为茅、求米草、荩草、显子草和野苎麻等。层间植物稀少。

（2）以黄檀为主的阔杂林。鸡公山地区几乎没有黄檀纯林，多与其他树种混生，分布在海拔600m下的向阳坡，属于天然次生林。乔木层郁闭度40%～60%，优势种是黄檀，树高8～12m，胸径9～14cm，共建种有小叶朴、化香、流苏树和山合欢等。灌木层盖度40%～70%，优势种有山胡椒、白背叶、小叶女贞、八角枫和杜鹃等。草本层盖度20%～30%，常见有芒、羊胡子草、鹅观草、荩草和柴胡等喜光耐旱种。

（3）以枫杨为主的阔杂林。枫杨林分布于海拔400m以下的谷地或溪边，为天然次生林，面积较小。枫杨纯林少见，常与麻栎、黄檀和栓皮栎等混生。乔木层郁闭度70%左右，优势种枫杨高12～20m，胸径14～30cm。灌木层盖度20%，种类较多，主要有接骨木、簸箕柳、水杨梅、叶下珠和野桐等。草本层盖度30%～70%，主要有连钱草、水芹、丛枝蓼和鱼腥草等湿生植物。

（4）以枫香为主的阔杂林。枫香林分布在海拔400～600m的谷地或山坡下部。枫香纯林少见，常与麻栎、栓皮栎、黄檀、山合欢和黄连木等组成各种阔杂林。乔木层郁闭度80%，优势种是枫香，树高15～25m，胸径20～30cm。灌木层盖度30%，优势种有油桐、三尖杉、山核桃、牛鼻栓、异叶榕和野樱桃等。草本层盖度60%，种类丰富，常见有显子草、求米草、沿阶草、贯众和鳞毛蕨等。

另外，鸡公山地区的落叶阔叶杂林还有五角枫林、刺楸林、山合欢林、黄连木林等天然次生林，以及少量的刺槐林、梧桐林等人工林。

9. 竹林

鸡公山的竹林属于单轴型竹林，主要有毛竹林、桂竹林及刚竹林等，多分布在海拔500m以下的山谷和溪边。

（1）毛竹林。毛竹林主要分布于九区、武胜关和南岗等地，土层深厚、肥沃、湿润，系人工林，呈小片栽植。竹高达12m，直径可达12cm，林下常有虎杖、络石、萱草、麦冬、华东膜蕨、毛果堇菜和鱼腥草等植物伴生。

（2）桂竹林。因为桂竹对生境的要求比毛竹低，所以鸡公山的桂竹林分布较广，主要为人工林，也有半野生林。竹高6m，直径可达5cm，林下灌木及草本较少，有少数山胡椒、山蚂蟥、稀花蓼和毛果堇菜等。

10. 常绿灌丛

鸡公山的常绿灌丛除茶园外，只有亚热带典型常绿灌丛——檵木灌丛，主要分布在茶沟海拔300m左右的沟边上。优势种是檵木，盖度70%以上，丛生状，高7m，伴生有柃木、黄檀和山胡椒等。草本层盖度30%，主要是薹草、聚花过路黄、大頁井口边草、鹅观草和天门冬等。

11. 落叶灌丛

鸡公山的落叶灌丛类型不多，优势种有白鹃梅、连翘、黄荆、牡荆、胡枝子、山胡椒和映山红等，零星分布于山顶、山脊或土壤干燥等乔木群落不易生长的地方。

12. 灌草丛

鸡公山的灌草丛呈片状分布在山顶或坡度较陡的地段，如山坡上的蕨菜灌草丛、铁芒萁灌草丛，以及山顶上的五节芒灌草丛、白茅灌草丛及野古草灌草丛等。

第四节　自然地理实习路线与主要观测点概况

根据自然地理学实习要求，结合鸡公山自然地理的实际，设计 3 条实习路线，供各高校实习时选择与参考。

一、实习路线一（鸡公山报晓峰）

虽然鸡公山景区有对外宾馆，但客房有限、价位普遍较高，再考虑鸡公山距离信阳市区只有 38km 左右，交通比较便利，建议实习队的驻地安排在信阳市区。从信阳市区乘车出发，沿 G107 国道南行至京广铁路李家寨火车站南，穿过铁路北行，在路东布设第一个观测点。然后继续沿 G107 国道南行至京广铁路鸡公山火车站北，穿过铁路到达鸡公山景区大门。再沿景区公路到达鸡公山天街（北街和南街），分别在月湖、报晓峰、鸡公山气象站和鸡公山自然博物馆布设第二至第五个观测点（图 13-7）。

图 13-7　鸡公山报晓峰实习路线及观测点

（一）教学目的

（1）了解鸡公山地区地质与地貌概况。

（2）观察描述鸡公山混合花岗岩和灵山复式花岗岩。

（3）观察报晓峰层裂、花岗岩球形风化、次生节理及重力崩塌现象。

（4）了解小型水库（月湖）的构造及作用。

（5）参观鸡公山气象观测站，了解鸡公山气象与气候特征。

（6）参观鸡公山自然博物馆，全面了解鸡公山自然保护区现状和未来发展。

（7）参观清末民初不同国别和风格的建筑群，感受避暑胜地的气候特征。

（二）观测点及其主要实习内容

No.1-1：观测点位置在李家寨火车站南道路东侧。首先讲解鸡公山地区的地层、构造和地质发展简史（见本章第一节有关内容），然后寻找柳河断层的依据，观察断层两盘的岩性，量测断层产状，分析其发生年代。

在李家寨火车站南东双河东岸可观察到一段断层崖（断层镜面），岩性比较破碎（断层破碎带），有东双河自南向北流过。据上述综合判断，该处有一断层存在。对照图 13-2 可以发现，该断层属于柳河断层的一段。断层走向 NNE，断层面倾向 270°～300°，倾角 40°～80°，东盘为上升盘，西盘为下降盘，为张扭性断层。断层崖的岩性是灵山复式花岗岩，侵入时代为中生代白垩纪，属燕山期花岗岩的某次侵入体。此处的花岗岩比较破碎，呈灰白色，主要成分是长石、石英和云母，中粒结构，块状构造。

No.1-2：观测点位置的鸡公山报晓峰东北 300m 左右的月湖拦水坝附近。月湖是一小型水库，建于 1983 年，湖水面积 0.23km^2，总湖容 10 万 m^3，主要是解决鸡公山天街居民及游客用水问题、养殖和美化环境，水质清澈、甘甜。因水库形似弯月，故名月湖。拦水坝长约 60m，西侧有小型溢洪道。在月湖东北 450m，还有一小型水库，名曰星湖，其构造和作用与月湖相同。

No.1-3：观测点位于报晓峰。首先讲解鸡公山地区的地貌概况（见本章第一节有关内容），然后观察认识鸡公山报晓峰的混合花岗岩，花岗岩层裂、节理、球状风化，以及崩塌地貌。

鸡公山花岗岩岩体沿构造线呈北西—东南向带状展布，西南侧侵入于片麻岩之中，北、北东侧被车云山岩体和灵山岩体侵入，南侧侵于南华-震旦系，内部有片麻岩残留体。花岗岩遭到一定程度的混合岩化作用，部分发生变质，被称为鸡公山混合花岗岩。花岗岩是拉张环境下幔源岩浆上升侵入过程中熔融深部火成岩和古老地壳，在浅部分异结晶形成的。锆石 U-Pb 测年结果显示，鸡公山岩体的形成时代为 13.8 亿年左右（中元古代）。主要岩性有似斑状中细粒黑云母二长花岗岩和细粒—中粗粒二长花岗岩，岩体内部的围岩捕虏体或残留体多呈不规则状或棱角状。混合花岗岩的颜色多呈灰白色、浅肉红色等，风化后呈灰黄色、灰褐色等。结构为斑晶变晶结构，斑晶以钾长石、斜长石为主；似片麻状、条带状、块状构造等。

在报晓峰附近的花岗岩体中可见到伟晶岩脉，成群产出。矿物晶体粗大，是由富含挥发分的硅酸盐残浆，侵入火成岩或围岩裂隙中缓慢结晶形成的。

鸡公山混合花岗岩的层裂和次生节理十分发育（图 13-8）。层裂是形成于地下较深处的岩石，因有上覆岩石而承受较大的压力，当上覆岩石被剥蚀而出露地表时，便解除了原来的压力，体积膨胀。由岩石体积膨胀产生的张应力，可使岩石产生平行于地表的裂隙，即层裂。次生节理是在岩石成岩以后形成的节理，包括构造节理和非构造节理。构造节理是由地壳运动所产生的构造应力形成的节理，分布有一定的规律性，常与褶皱、断层等构造有一定的联系。非构造节理是由外营力形成的节理，如风化、崩塌、人工爆破等所形成的节理。

图 13-8　报晓峰花岗岩的层裂和节理

鸡公山花岗岩中被同方向的裂隙所切割，水和气体沿裂隙侵入，产生由表及里，层层风化剥离。由于裂隙交汇处岩块的表面积较大，风化作用的强度和深度相对也大，岩块棱角逐渐钝化，内部未受风化的部分呈球形，因此称球状风化。球状风化的风化碎屑物质被剥离以后，残留的球形岩块称为“石蛋”（图 13-9）。

图 13-9　报晓峰附近的花岗岩球状风化

由于鸡公山混合花岗岩的层裂和节理十分发育，岩体比较破碎，较陡斜坡上的岩块在重力作用下常常发生崩落、滚动，堆积在坡脚（或沟谷）处，形成崩积锥。

No.1-4：观测点位置在报晓峰广场东侧的鸡公山气象站。鸡公山气象站是国家一般气象站，建于 1958 年。该观测点的实习任务有两项：一是请气象站技术人员介绍鸡公山气象气候概况；二是参观气象观测场的仪器布设，了解观测规范等。

No.1-5：观测点位置在鸡公山气象站南100m处的鸡公山自然博物馆。该观测点的任务主要是参观自然博物馆，全面了解鸡公山自然保护区及其保护状况。自然博物馆建于1992年，分为鸡公山概念性规划厅、鸡公山历史文化厅、鸡公山自然资源厅、河南省国家级自然保护区厅和中国自然保护区厅5个展厅，展出各种动植物标本2000余件。

二、实习路线二（鸡公山长生谷）

从鸡公山下的景区大门附近的图腾柱，进入长生谷景区。长生谷景区集山石、瀑布、深潭、老藤古树为一体，风景秀丽，被称为“小小九寨”。进入景区三四百米，在秀女潭设置第一个观测点。然后沿长生谷景区道路到达海拔400m左右的“树木园”，设置第二个观测点。实习结束之后可沿小路走到鸡公山登山古道上段，沿登山古道下山，沿途进一步观察鸡公山植被变化及其他景点（图13-10）。

图13-10　鸡公山长生谷实习路线及观测点

（一）教学目的

（1）认识鸡公山常绿落叶阔叶林的主要植物种类，掌握植被样方调查方法。

（2）了解黄棕壤的形成过程，掌握土壤剖面挖掘、形态特征描述与土壤样品采集方法。

（3）观察山区河流上游河谷特征，分析其与新构造运动的关系。

（二）观测点及其主要实习内容

No.2-1：观测点位于秀女潭附近。此处可观察到山区河流上游河谷的形态。沟谷两侧坡度较陡，河谷较窄，床底是基岩，河道中分布有两侧山坡滚落的砾石，横剖面呈“V”形；纵剖面起伏不平，有很多裂点，形成跌水和瀑布。响水塘瀑布高约15m，瀑下有一潭，潭水深约2m，面积约300m^2。瀑布和水潭的组合恰似一位秀女的洗发，故名秀女潭。在水量较大的季节，飞瀑泄入深潭，在山谷的共鸣作用下，发出巨大声响，故又名响水潭。

No.2-2：观测点在树木园附近，海拔400m左右的山坡。主要实习内容是开展常绿落叶阔叶混交林样方和黄棕壤剖面调查。

（1）植物群落调查。首先讲解鸡公山的主要植被类型及其分布规律和样方调查方法。然后带领学生辨认树木园附近的主要植物种类。最后分组开展植物样方调查，填写有关表格。长生谷的植物群落结构可分为乔木层、灌木层、草本层。乔木层的建群种为青冈，共建种有栓皮栎、麻栎、白栎、槲栎、马尾松、杉木、黄山松、化香、黄檀、小叶朴和五角枫等；灌木层有檵木、白檀、山胡椒、绿叶甘橿、盐肤木、绿叶胡枝子、小叶鼠李等；草本层有求米草、大花金鸡菊、蕨、黄背草、细叶薹草、野苎麻、三脉紫菀等。

（2）土壤剖面调查。首先讲解鸡公山主要土壤类型及其分布规律。然后选一典型土壤剖面，讲解土壤剖面的挖掘、分层、形态特征的鉴定与描述，以及土壤样品采集方法。最后分组挖掘土壤剖面，完成剖面分层、形态特征的鉴定与描述、样品采集等工作，填写土壤剖面记载表。在北亚热带气候与常绿落叶阔叶混交林条件下，形成的地带性土壤是黄棕壤。黄棕壤的剖面构型一般为 O-Ah-Bts-C。O 层为枯枝落叶层，灰褐色；Ah 层为有机质层，厚 30cm 左右，暗棕色，轻壤，团粒结构，根系多，有大量虫孔、虫粪。Bts 层为铁铝氧化物和黏粒淀积层，厚 20cm 左右，黄棕色，黏壤，块状结构，结构体表面可见铁锰胶膜。C 层为母质层，是花岗岩半风化物。Ah 层有机质含量高，一般在 3%左右。淀积层黏粒含量较高，一般在 15%～30 %。通体呈弱酸性反应，pH 为 5.5～6.5。

三、实习路线三（河南大学鸡公山生态站—东大沟）

从信阳市区乘车，向南沿 G107 国道到达老李家寨村，下车徒步沿七区气象站山路向东到达海拔 200m 左右的河南大学鸡公山生态站，设置第一个观测点。之后原路返回到老李家寨村，乘车向东沿东大沟公路到达天街东坡的景区索道处，设置第二个观测点（图 13-11）。

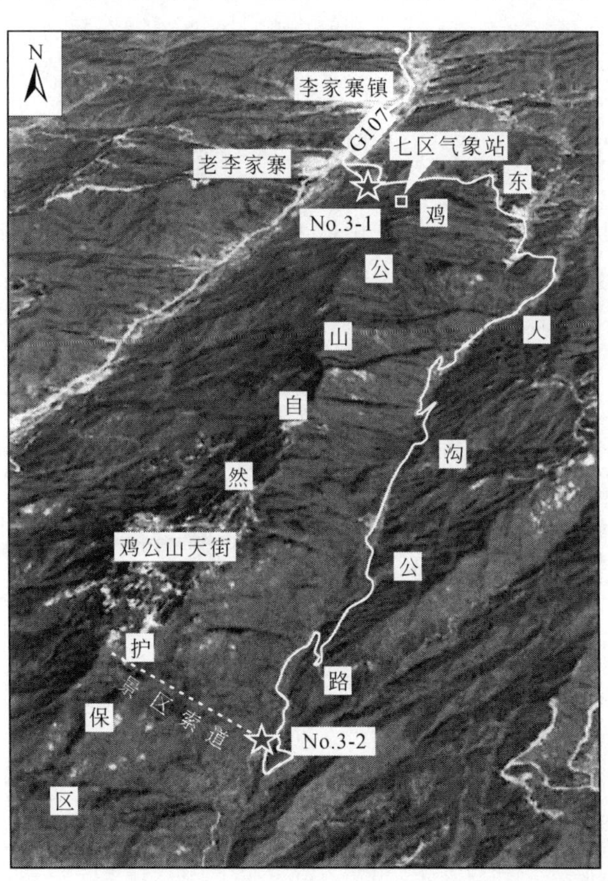

图 13-11 河南大学鸡公山生态站—东大沟实习路线及观测点

（一）教学目的

（1）参观河南大学鸡公山生态站“林冠模拟氮沉降和降雨野外实验平台”，了解其模拟过程及科学意义。

（2）了解鸡公山东大沟地质地貌特征，观察东大沟瀑布群。

（二）观测点及其主要实习内容

No.3-1：观测点位置在河南大学鸡公山生态站。实习内容包括认识生态站附近的落叶阔叶林和常绿落叶阔叶混交林，参观鸡公山“林冠模拟氮沉降和降雨野外实验平台”。

鸡公山“林冠模拟氮沉降和降雨野外实验平台”位于落叶阔叶林内。群落明显分为乔、灌、草三层，乔木层优势种为麻栎、栓皮栎和枫香，树高约25m，树龄约50年，林冠郁闭度约 90%。灌木层以常春藤、三角槭和枫香幼树为优势种。在“实验平台”的东侧 200m左右，可见到常绿落叶阔叶混交林，常绿树种是青冈，落叶树种主要是枫香等。

鸡公山“林冠模拟氮沉降和降雨野外实验平台”的主要仪器有树干径流和穿透雨收集装置、树干径流监测装置、土壤温度和湿度监测装置、凋落物收集网、微根管根系生态监测系统、树木生长环及小型气象站等。该实验平台主要通过林冠和林下模拟施氮、林冠模拟降雨及其交互作用，揭示大气氮沉降和降雨变化对森林结构和功能的影响，回答全球环境变化对鸡公山森林生态系统的影响，进而探索退化森林生态系统恢复的关键科学与技术问题。

No.3-2：观测点位于鸡公山天街东坡的景区索道处。主要实习内容：一是了解鸡公山东大沟地质地貌特征；二是观察东大沟瀑布群。从图 13-2 可见，东大沟正好与南北向断层重合，所以该沟谷是断层谷。推测其断层性质与其东侧的南田断层相同，是正断层，断层面向西倾斜，倾角较大，沟谷东侧为上升盘（海拔较高，主峰光石山海拔 830m），西侧为下降盘。

在东大沟有瀑布群20处，如松林湾瀑布、高峰瀑布、青龙潭瀑布、双龙潭瀑布、大滴水瀑布、小滴水瀑布、三叠瀑布和龙宫瀑布等。松林湾瀑布落差16m，宽2m。高峰瀑布落差30m，宽3m。青龙潭瀑布落差12m，宽2m，瀑布下方有一潭，潭水清澈，深2.5m，面积 300m^2，在潭水出口有一株枫杨（又称大叶柳或河柳）挺拔而立，称“砥柱柳”。大滴水瀑布高差 42m，宽 3m。在大滴水瀑布的悬崖边，有一棵古茶树，直径 28.3cm，树龄在400～500年，是信阳迄今为止发现的最古老的“古茶王”。

第十四章　信阳南湾地区自然地理野外实习基地

南湾地区是指河南省信阳市南湾水库（也称南湾湖）附近地区，实习范围包括库区和笔架山（也称贤山）地区（图 14-1）。南湾水库位于信阳市西南部，距市中心 5km，是集防洪、发电、养殖、供水、航运于一体的综合性水库，总库容 16.3 亿 m^3。笔架山位于南湾水库大坝东侧，因山体形似笔架而得名，最高峰——大山头，海拔 326.4m，相对高差 240m。南湾地处北亚热带向暖温带过渡的地区，雨量充沛，气候温和；适宜多种动植物生长，生物资源丰富，兼具南北特色。1996 年，该区被国家林业局（现国家林业和草原局）批准为国家森林公园，2001 年又被水利部批准为国家水利风景区。南湾地区集山、水、林于一体，是进行北亚热带地区自然地理野外实习比较理想的地区之一。

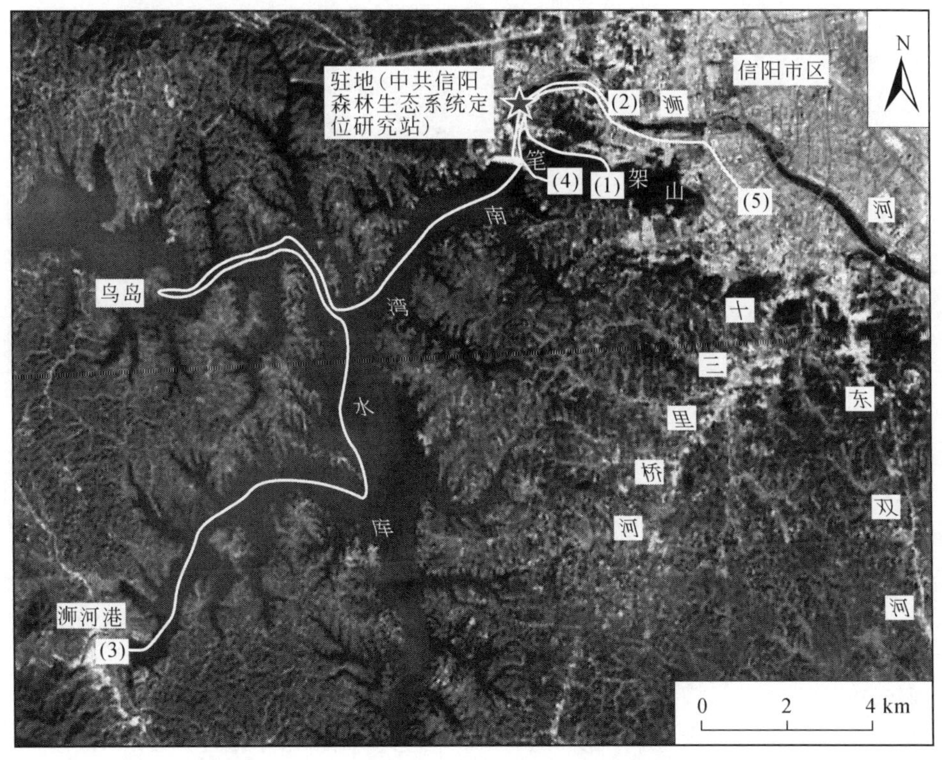

图 14-1　南湾地区自然地理野外实习区域及实习路线（1）～（5）

中共信阳市委党校位于笔架山西北麓，南湾水库大坝下方约 1km，距离各条实习路线都比较近，并且可容纳 100 人住宿和就餐，所以南湾地区自然地理野外实习的驻地可安排这里。

第一节　地质与地貌概况

一、地层概述

南湾地区在大地构造上属于淮阳地盾西段北侧，即“北淮阳拗断带”的西段。总体构造线方向为NWW，岩层走向多为280°～300°，倾向SW，局部地区倾向NE。区内出露地层以新元古界信阳群下部的龟山组、古生界的石炭系和燕山期花岗岩为主（图14-2）。

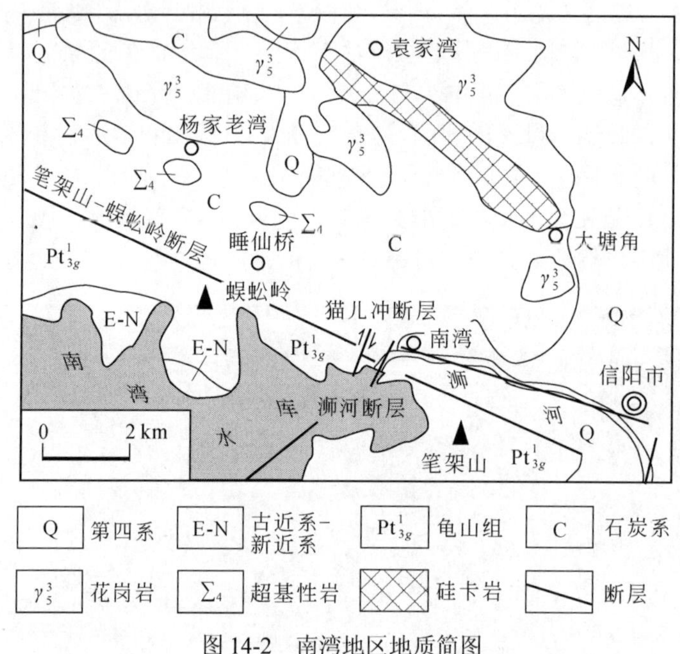

图14-2　南湾地区地质简图

（一）龟山组

龟山组出露在南湾水库北部及东北部，呈近东西向带状分布。其南部与信阳群上部的南湾组呈整合接触，北部在笔架山和蜈蚣岭北麓以断层接触覆于石炭系之上。龟山组下部岩性是绢云母石英片岩、白云母石英片岩；中部为角闪片岩；上部为千枚岩、白云母石英片岩、变质粉砂岩等。在笔架山和蜈蚣岭断层南侧仅见本组的下部岩石，岩石自北向南依次为石英岩、绢云母石英片岩、石英绢云母片岩。

1. 石英岩

石英岩呈灰白色或灰黄色，主要矿物成分是石英。隐晶变晶结构，厚层状构造。受断层运动的影响，比较破碎，与下部的灰岩呈断层接触关系，与上部的石英绢云母片岩呈整合接触关系。

2. 绢云母石英片岩

绢云母石英片岩呈灰白色，风化后为灰黄色，丝绢光泽，主要矿物成分是石英和绢云母，石英含量大于绢云母。鳞片状显晶变晶结构，片状构造。绢云母石英片岩覆于石英绢云母片岩之上，是组成笔架山和蜈蚣岭的主要岩石。

3. 石英绢云母片岩

石英绢云母片岩呈褐色，风化后为灰褐色，丝绢光泽，主要矿物成分是绢云母和石英，绢云母含量大于石英，含少量绿泥石，有石英岩透镜体。鳞片显晶状变晶结构，片状构造。覆于石英岩破碎带之上，上与绢云母石英片岩呈整合接触。

（二）石炭系

石炭系出露在笔架山和蜈蚣岭北麓以北的广大地区，呈东西方向延展，南部与龟山组呈断层接触，北部在大塘角和杨家老湾一带与燕山期中粗粒花岗岩呈侵入接触。形成年代可能在晚石炭世，当时发生了不同程度的区域变质和接触变质作用。主要岩石种类有角闪斜长片麻岩、长石片麻岩、角闪片岩、白云质大理岩、板岩、碳质页岩、石灰岩等。

1. 角闪斜长片麻岩

角闪斜长片麻岩是本区出露最广泛的一种岩石类型，呈深灰色，风化后为灰白色，主要矿物成分是角闪石和斜长石。粒状变晶结构，片麻构造。

2. 长石片麻岩

长石片麻岩呈黄褐色，风化后为黄灰色，主要矿物成分是长石、石英，含少量云母、角闪石，常呈条带状夹于角闪斜长片麻岩中。中粒变晶结构，片麻构造。

3. 角闪片岩

角闪片岩呈黑绿色，风化后呈深灰色，主要矿物成分是柱状或针状角闪石，有的含少量斜长石。纤维状变晶结构，片状构造。

4. 白云质大理岩

白云质大理岩呈灰白色、白色，主要矿物成分是白云石和方解石，有的含少量白云母、黄铁矿。细粒变晶结构，块状构造。

5. 板岩

板岩呈灰褐色，风化后为黄灰色，主要矿物成分是石英、云母等，呈薄层状覆于角闪斜长片麻岩之上。隐晶变晶结构，板状构造。

6. 碳质页岩

碳质页岩呈黑色，风化后为灰黑色，主要成分为石墨和黏土矿物，变质程度轻微。泥质结构，页理构造。

7. 石灰岩

石灰岩呈深灰色或灰白色，矿物成分主要为方解石，含黄褐色泥质灰岩和同生角砾，细粒变晶结构，层状构造。

（三）古近系和新近系

南湾地区的古近系和新近系出露面积较小，仅分布在南湾水库西北局部地区。岩性以红色砂砾岩为主，胶结较松散，胶结物多为砂泥质和铁质。为古近纪和新近纪盆地沉积，与下覆老岩层呈不整合接触。

（四）第四系

第四系出露在浉河河谷两岸及山麓地带，由冲积、洪积和坡积作用而成，岩性多为黏土、亚黏土、亚砂土、砂土和砾石等。

（五）海西期和燕山期岩浆岩

南湾地区内岩浆岩分布于笔架山和蜈蚣岭以北的地区，主要有海西期（古生代末期）的超基性岩和浅色脉岩，以及燕山期（中生代末期）的花岗岩。

1. 超基性岩

超基性岩零星分布在石炭系地层中，呈深绿色或暗绿色，按矿物成分差异可分为含角闪石较多的角闪岩，含橄榄石、蛇纹石较多的蛇纹石化橄榄岩。前者出露在笔架山北麓肖家湾西北，后者出露在睡仙桥西北一带。这两种岩体一般都呈小规模沿石炭系变质岩的裂隙侵入，是古生代末期海西运动的产物。

角闪岩是一种超铁镁岩，深色的角闪石占半数以上，还有透辉石、铁铝榴石和黑云母等深色矿物，浅色的矿物主要是斜长石，无石英或很少。粒状变晶结构，块状构造。

橄榄岩呈橄榄绿色，主要矿物是橄榄石和辉石，次要矿物有角闪石、黑云母等，偶见斜长石，不含石英。橄榄石受热液蚀变易形成蛇纹石，即蛇纹石化橄榄岩。粒状变晶结构，块状构造。

2. 花岗岩

花岗岩呈小岩株体出露在睡仙桥以北的大塘角、杨家湾和张家湾一带。呈灰白色或浅肉红色，矿物成分主要有长石、石英和云母。中粗粒结构，块状构造。在大别山北麓，这种花岗岩侵入到古元古界、石炭系及二叠系煤层等不同时代的地层内，据推断属燕山早期的产物。

当花岗岩酸性岩浆侵入石炭系白云质大理岩中时，接触带围岩中的富钙或富镁的硅酸盐矿物发生热液接触交代变质作用，可形成硅卡岩。矿物成分主要是石榴子石类、辉石类和其他硅酸盐矿物。颜色较深，常呈暗褐、暗绿等色，相对密度较大。细粒至中粗粒不等粒变晶结构，斑杂状和块状构造。

3. 酸性脉岩

在元古宇变质岩系中，常常可以见到灰白色长石和石英组成的酸性脉岩，其中有结晶较细的长英岩脉和结晶粗大的伟晶岩脉，厚度几厘米至十几米。岩脉受后期构造动力和热力影响，一般都有变质现象，使脉岩中的长石、石英颗粒增大。根据其侵入元古宇变质岩系和变质现象推断，此脉岩的侵入时代可能是海西期。

二、地质构造

南湾地区的主要地质构造受基底构造控制，主要构造线方向与大地构造一致。地质构造以断裂构造为主，褶皱构造不甚发育。

（一）断裂构造

1. 笔架山-蜈蚣岭断层

在笔架山和蜈蚣岭北麓的石英岩和石灰岩之间存在一条区内最大的断层。主要证据有三：一是存在断层破碎带，宽度达 25～40m，岩性是断层角砾岩和断层泥，角砾成分主要是石英岩和灰岩；二是破碎带两侧的岩石年代不连续，南部是较老的新元古界龟山组，北部是古生界的石炭系；三是破碎带两侧地貌形态存在较大差异，南部地势陡峻，北部相对和缓。断层线走向 280°左右，与岩层走向基本一致，断层面倾向与岩层倾向吻合，为 SSW

向，倾角45°左右。上盘（南盘）是上升盘，下盘（北盘）是下降盘，因此笔架山-蜈蚣岭断层性质属于逆断层（图14-2）。由断层下盘有石炭系出露可以推知，该断层是古生代末期海西运动造成的。

2. 浉河断层

浉河断层又称浉河河槽断层，位于笔架山和蜈蚣岭之间的浉河河段。断层走向340°左右，倾向WS，倾角65°左右。与笔架山和蜈蚣岭断层几乎垂直，是张性正断层，上盘（东盘）上升，下盘（西盘）下降。在南湾水库大坝东头的电站附近，可见到断层崖、断层镜面。浉河沿断层发育切穿坚硬的岩层，向北流至南湾村后又向东流去，形成急转90°的水系形态（图14-2）。浉河断层发生年代晚于笔架山-蜈蚣岭断层，推断是中生代燕山运动造成的。

3. 猫儿冲断层

猫儿冲断层位于南湾水库西侧溢洪道附近，走向10°左右，与笔架山-蜈蚣岭断层几乎垂直，与浉河断层基本平行，断层面西倾。断层两侧的岩层错断，形成显著的构造不连续。断层西侧向北水平推移，东侧相对向南水平推移，属平移断层。该断层的发生年代与浉河断层同期，也是燕山运动造成的。

（二）复式单斜构造

复式单斜构造位于笔架山-蜈蚣岭北麓以北，由石炭系变质岩系构成，走向280°～300°，倾向南西。受近南北向构造压力的影响，大的单斜构造中发育有开阔的小背斜和小向斜，形成石炭系复式单斜构造。

三、地质发展简史

在元古宙，信阳南湾地区是一个沉降区，接受碎屑物质、黏土物质和化学沉积。后经成岩作用形成了原始的碎屑岩、黏土岩和化学岩。吕梁运动时期，本区发生强烈构造抬升，隆起为陆，形成了开阔的褶皱。原始沉积岩系在热力和动力作用下发生不同程度的变质，形成了信阳群和龟山群变质岩。

吕梁运动后，地壳相对稳定。震旦纪、早古生代本区一直是供应陆屑物的侵蚀区，直至晚古生代中期（石炭纪）才开始下降接受沉积。因此，本区缺失寒武纪、奥陶纪、志留纪和泥盆纪等地层。

晚古生代中期后，受海西运动的影响，在元古宙拗陷带的北部发生了断裂下陷。之后海水时进时退，沉积了海陆交互相沉积。海西运动末期，全面上升隆起为陆，使石炭系发生构造变动。伴随此次运动有酸性岩浆和超基性岩浆活动，形成了酸性脉岩和超基性侵入岩体。随着构造运动和岩浆活动，区内的沉积岩产生了不同程度的变质作用。

中生代，一直处于隆起阶段，遭受强烈侵蚀。燕山运动时期有广泛的花岗岩侵入和断裂活动发生，形成了本区的基本构造轮廓。燕山运动早期的花岗岩侵入，与石炭系变质灰岩相接触，形成了一条广阔的硅卡岩带，有接触交代铁矿产出。

新生代的古近纪和新近纪期间，本区西南部出现断陷盆地。因当时气候干燥，氧化强烈，沉积了红色砂砾岩层。喜马拉雅运动在本区相当强烈，不仅使红色砂砾岩层上升，发育切过红色砂砾岩层的断裂；也有继承性的特点，即在燕山运动的基础上进一步发展。

喜马拉雅运动之后，本区受新构造运动影响，一直处于上升隆起状态，同时在相对低注的地区沉积了厚度不等的第四纪沉积物，覆盖于前期各地层之上。

四、地貌概况

（一）地貌格局

南湾地区位于大别山脉北侧的丘陵地带，广泛分布着侵蚀剥蚀丘陵，局部有低山。地势起伏平缓，一般海拔在 250m 以下，最高峰在笔架山的大山头，海拔 326.4m，相对高度一般小于 200m。

地貌格局受单斜构造和断层构造的影响极为深刻。受单斜构造影响，笔架山呈单面山形态。在 NWW 断层构造线的影响下，区内地貌类型大致沿 NWW 方向呈条带状分布。自南向北依次出现的地貌类型是低丘陵、高丘陵、低山、高丘陵、低丘陵、河谷、低丘陵，分布规律十分明显（图 14-3）。

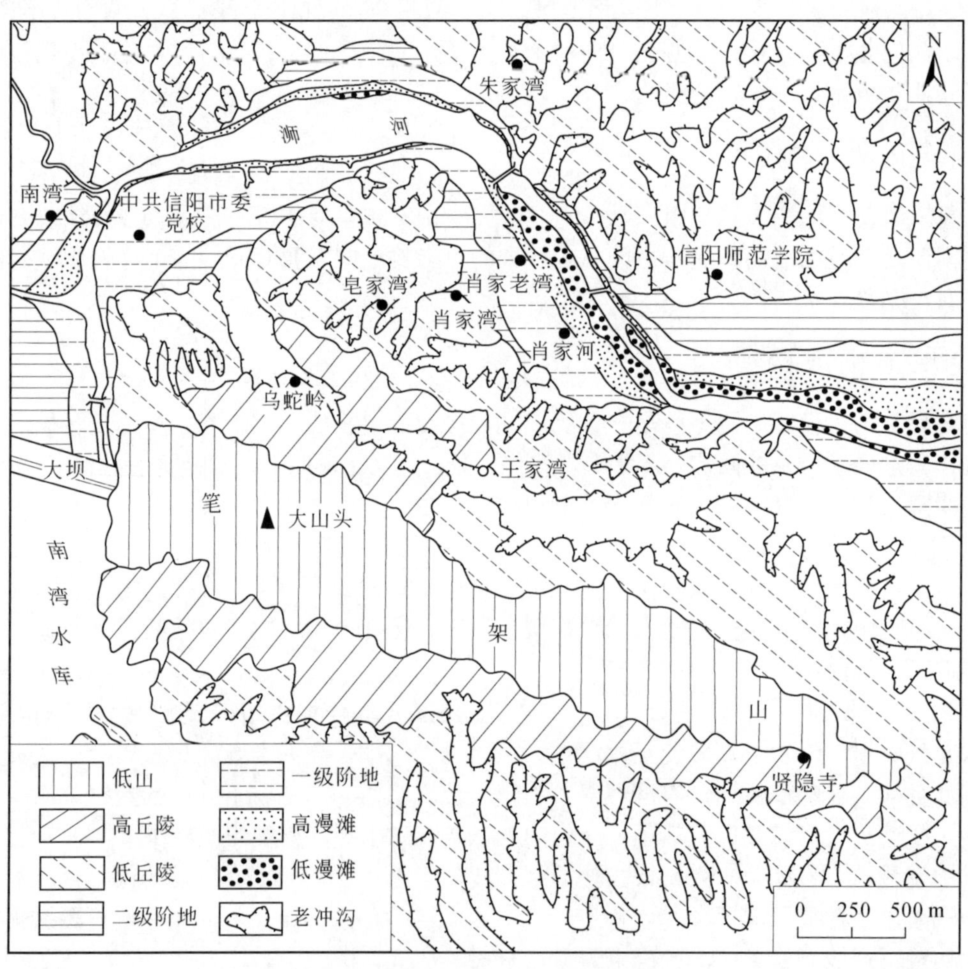

图 14-3　南湾笔架山地区地貌类型图

据周华山（1983）改绘

（二）主要地貌类型

1. 低山

南湾地区的低山分布面积较小，主要是笔架山和蜈蚣岭。岩石组成主要是绢云母石英片岩、石英绢云母片岩和石英岩等，岩层倾向 SW，倾角 45°左右。受 NWW 向笔架山-蜈蚣岭逆断层的影响，南盘上升、北盘下降，形成单斜构造。山体北坡陡峭，下部坡度 45°左右，上部超过 60°，局部为基岩裸露的悬崖，虽然海拔不太高，但具有明显的低山形态特征。山体南坡坡长且和缓，坡度一般小于 30°，植被茂密。可以看出，笔架山呈典型的单面山形态（图 14-4）。坡麓地带的坡度在 20°～25°，坡积物较厚，最厚可达十几米。

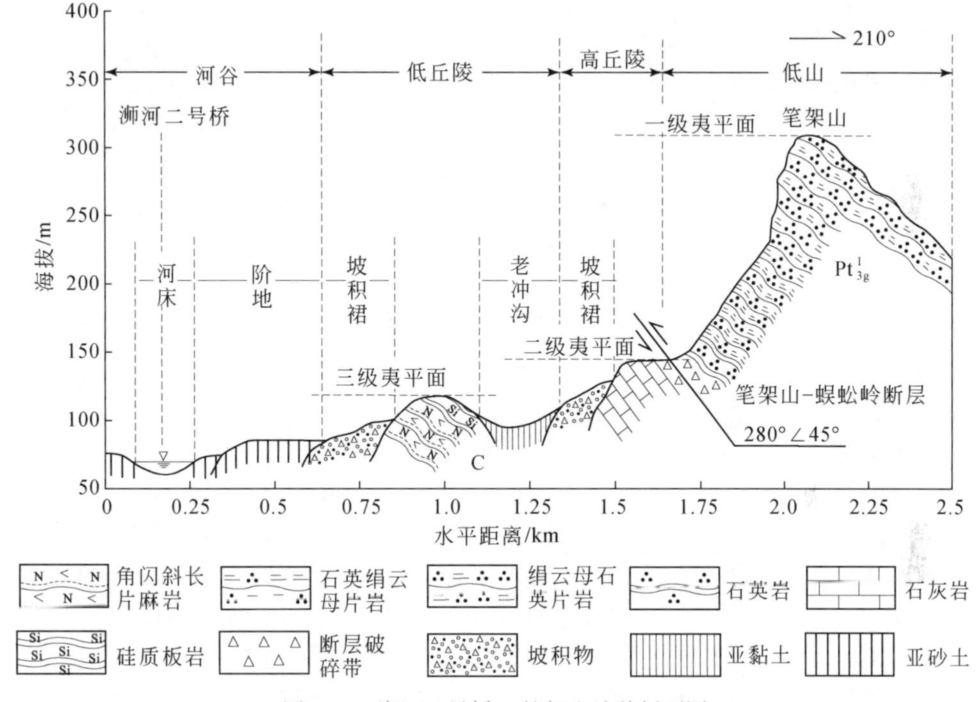

图 14-4　浉河二号桥—笔架山地貌剖面图

笔架山也称贤隐山，简称贤山。东西长约 4km，西段较高，海拔在 200～300m，局部超过 300m，如最高峰大山头海拔 326.4m；东段较低，海拔在 200～250m。整个笔架山由 13 个山峰和 14 个山垭组成，山岭相对起伏在 20～30m，最大 50m 左右。峰尖垭窄，呈锯齿状，形似笔架，故名。

笔架山原来与蜈蚣岭连为一体，后来由于猫儿冲的发生，两者才分离开来。笔架山相对上升，蜈蚣岭相对下降。笔架山东部也有一条近乎南北向的断层，西盘上升，东盘下降。笔架山受东、西两端南北向断层，以及东西向笔架山-蜈蚣岭断层的综合作用，整体发生了倾斜式抬升，后经长期风化剥蚀形成了目前的山体形态。

2. 丘陵

南湾地区的丘陵分布十分广泛。根据丘陵的绝对高度和相对高度，可将本区的丘陵分为高丘陵和低丘陵两类。高丘陵海拔 140～200m，相对高度 70～130m；低丘陵海拔<140m，相对高度 30～70m。

（1）高丘陵。高丘陵分布在低山南、北两侧，面积比较小，岩石组成主要是绢云母石英片岩、石英片岩和石灰岩等。顶部微微突起，坡度 15°左右，丘坡下部坡积物较薄，大多在 2～4m，与下部的沟谷沉积物相连，形成坡积裙。

（2）低丘陵。低丘陵广泛分布在北部高丘陵的北侧和南部高丘陵的南侧，面积很大，岩性组成比较复杂，有石炭系片麻岩、硅质板岩、大理岩和灰岩等。丘坡平缓，坡度 8°～12°，丘顶片状侵蚀明显，丘麓地带坡积物较厚，几米至十几米不等，与下部的阶地或沟底逐渐过渡，界线不明显。

3. 冲沟和洪积扇

南湾地区现代冲沟少见。在丘陵坡麓及浉河一级阶地前缘可见少量浅沟或切沟，且有进一步发展的趋势。在南湾实验林场南边可见到一条典型的现代冲沟，沟长 10m 至百米以上，上部沟深不到 1m，沟口深度达 5～6m，沟坡陡峻，坡度 50°～60°，横剖面呈深切“V”形。在浉河沿岸阶地边缘也可见“V”形冲沟，长度较短，20～30m。

区内老冲沟分布十分广泛。按形态可分小冲沟、大冲沟和畈 3 类。小冲沟长度几百米，没有或很少支冲沟。大冲沟长度达 1000 多米，宽约 50m，有支冲沟。畈长几千米，宽数百米，有一级和二级支冲沟。老冲沟沟坡平缓，沟底较平坦，有很厚的冲积物（图 14-4）。有些畈的沟头筑有堰坝，可蓄水自流灌溉农田，是主要的农业区，当地群众称之为“冲田”和“畈田”。

有的老冲沟沟口可见小型冲积扇或洪积扇。在南湾实验林场和南湾疗养院东部的浉河二级阶地上有一明显的洪积扇。扇面中轴坡度约 5°，扇边呈弧形，弓径长＞100m，物质组成为亚黏土。

4. 河谷地貌

区北最大的河流是浉河，河谷地貌比较典型。浉河河床宽 50～100m，河谷宽 200～250m，河床纵比降小，水流平缓，没有险滩和急流，河槽沉积物为沙和卵石。

浉河沿岸河漫滩和阶地比较发育。河漫滩呈带状分布于河流的凸岸河段。低漫滩宽 10～150m，多砂质，高出河面不到 1m；高漫滩宽 30～50m，泥砂质，高出河面 2～3m。在纵跨浉河的信阳师范学院—肖家河村一线，可见到 3 级阶地（图 14-5）。一级和二级阶地是堆积阶地，三级阶地是基座阶地。一级阶地高出河面约 5m，宽度 30～200m。物质组成垂直变化明显，自下而上可分为 7 层：第一层是卵石层，厚度 0.7m，卵石呈半棱角和次圆状，多为石英岩砾石，长轴 3～5cm，胶结较紧密；第二层是淤泥层，厚度 0.5～1m，呈青灰色；第三层是细小砾石层，厚度 0.25m；第四层是粗砂层，厚 0.5m，夹有少量砾石；第五层是细砂层，厚 0.5m；第六层为亚砂土，厚 0.85m；第七层是亚黏土，厚 2.1m。二级阶地由亚黏土构成，宽 100～200m。三级阶地的阶地坎中部出现石炭系的片麻岩，故为基座阶地。目前，三级基座阶地大部分被破坏，仅残存小部分，呈低丘状。

5. 夷平面

根据笔架山地区的地貌特征和相关沉积，本区存在三级夷平面（图 14-4）。第一级夷平面即低山山顶面，海拔 250～330m，形成于晚更新世，与一级阶地的形成同期。第二级夷平面相当于大部分高丘陵的丘顶面，海拔 150～190m，形成于中更新世，与二级阶地的形成同期。第三级夷平面相当于大部分低丘陵的丘顶面，海拔 100～130m，形成于早更新世，与三级阶地的形成同期。

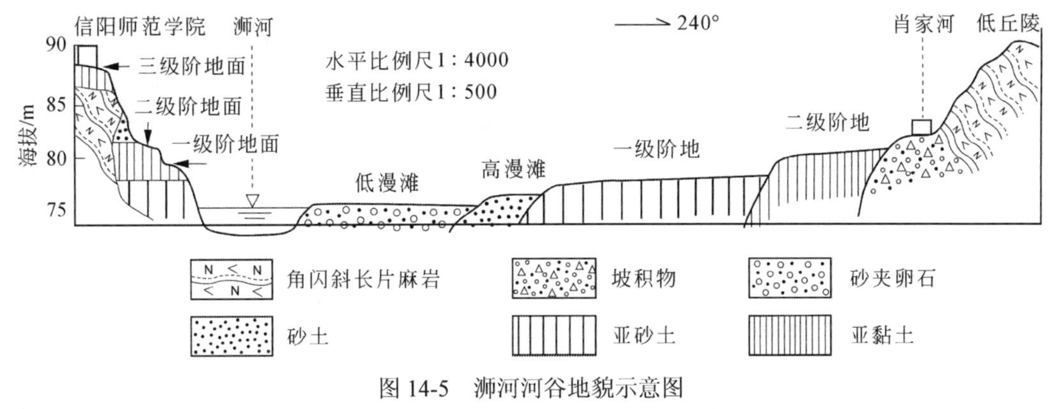

图 14-5　浉河河谷地貌示意图

（三）地貌发育简史

南湾地区地貌的形成和发展，是内力和外力共同作用的结果。中生代末期的燕山运动使本区地壳抬升，形成 NWW 向构造线，奠定了构造基础。新近纪末的喜马拉雅运动对地貌发育有重大影响，形成了近东西向的构造线和近南北向构造线，使浉河流向由近南北向转变为近东西向。喜马拉雅运动之后，地壳长期稳定，在外力作用下，高处被削平，低处接受堆积，形成残丘分布、略微起伏的准平原形态。至早更新世，准平原在内力作用下抬升，形成现今的一级夷平面和三级阶地（基座阶地）。之后又发生一次准平原化过程，到中更新世再次抬升，形成现在二级夷平面和二级阶地。在晚更新世，复又发生一次准平原化和抬升过程，形成现在三级夷平面和一级阶地。目前，南湾一带广泛分布的老冲沟就是切割二级夷平面的线状侵蚀沟谷，这些沟谷把夷平面切割开来，形成起伏平缓的低丘。

南湾地区地势起伏和缓，绝对高度和相对高度均较小，优势地貌类型为丘陵，整个地貌发育阶段处于壮年晚期至老年初期。

第二节　气候与水文概况

信阳南湾地处淮河以南，属于北亚热带季风气候，具有亚热带向暖温带过渡的特征，气候温和，光热充足，雨量充沛，雨热同季，是河南省境内水热条件优越的地区之一。地表水系属于淮河流域支流——浉河水系，区内有大（1）型水库——南湾水库。

一、气候特征

南湾地区年平均气温 15.1℃，东部地区略高于西部，极端最高气温 40.9℃（1952 年 8 月 23 日），极端最低气温-20℃（1955 年 1 月 9 日）；无霜期 223 天；年平均地表温度 16.9℃，10cm 地温 16.6℃。年平均降水量 1150mm，自北向南递增，山区多于平原；降水的季节分配不均，冬季最少，夏季最多，春、秋季居中，春雨多于秋雨。年平均蒸发量 935mm，平均相对湿度 76%。

春季（3～5 月）平均气温 14.8℃，平均降水量为 292.2mm，气温波动较大，阴雨偏多。夏季（6～8 月）平均气温 26.6℃，平均降水量 598.4mm，占全年降水量的 52.03%，相对湿度最大可达 81%；天气炎热，干旱、暴雨、水涝时有发生。夏季若遇夏季风过强，可能干旱少雨，形成伏旱；若遇夏季风较弱，降水带停留在江淮一带，造成降水偏多，暴雨成灾。

秋季（9～11 月）平均气温 15.8℃，平均降水量 207.7mm，相对湿度最小为 74%，降水适中，天高气爽。冬季（12 月～次年 2 月）平均气温为 3.1℃，平均降水量 100.7mm，偏北风盛行；寒冷期短，日平均气温低于 0℃的日数仅 30 天左右（图 14-6）。

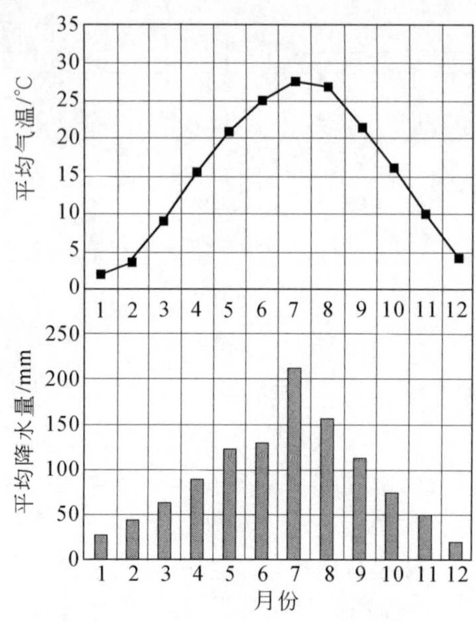

图 14-6　信阳市各月年平均气温与降水量

年平均太阳辐射量为 492.75 kJ/cm^2，光合有效辐射总量 241.44 kJ/cm^2，日均气温≥10℃的光合有效辐射总量 169.86 kJ/cm^2，占全年的 70%。太阳辐射总量呈现出自西北向东南递减的趋势，且月变化和季节变化明显。夏季太阳辐射总量较多（7 月最大），冬季较少（1 月最小），春秋居中。年平均日照时数为 2172.9 小时，平均日照率为 49%，9 月最大，为 57%，3 月最小，为 40%。≥10℃的年积温为 5490.4℃，自东部向西部递减，生长期约 264 天。

风向变化具有规律性。一般夏季为偏南风，冬季为偏北风或北风，平均风速 2.3m/s；春季风速最大，平均为 2.8m/s；秋季最小，平均为 1.8m/s。

气候灾害主要有雨涝、旱灾、连阴雨、冰雹和干热风暴等。其中，以雨涝和旱灾较为严重。雨涝以夏涝最多，山区春涝和夏涝出现的概率基本相同，平原地区秋涝多于春涝，丘陵地区季节性雨涝差异不明显。洪涝灾害的程度以夏涝最重，秋涝重于春涝。春涝一般出现在 4 月上旬至 5 月下旬，频率高达 80%左右。严重雨涝平均 2～3 年一遇。汛期降水量可达 300～500mm，最多可超过 600mm。秋旱出现频次大于伏旱和初夏旱，往往先涝后旱，先旱后涝，旱涝交替。

二、水文特征

（一）浉河

南湾地区位于淮河上游右岸的一级支流——浉河流域。根据国家水文区划，该区属于足水地带。水系发育受地质地貌条件制约，形状独特，河网呈不对称羽毛状，右岸支流较少，左岸支流特别发育，河道延伸多急剧转折。

浉河干流发源地有两种意见：一种认为浉河发源于湖北省武胜关西南的韮菜坡，经谭家河乡界河村入境，注入南湾水库，全长93.5km，汇流面积1589km^2。另一种认为浉河发源于浉河港西部的四望山，向南汇入湖北省花山水库，再经飞沙河水库，向北流经谭家河乡汇入界河，最后入注入南湾水库，全长141.5km，流域面积2070km^2。出南湾水库后，浉河流经信阳老城、三里店、平桥、震雷山、两河口、中山铺至五里店入罗山境，汇入淮河干流。浉河主干流在南湾水库大坝至两河口的长度为15.27km，流域面积138.1km^2。其支流有西双河、东双河、杜河、十三里河、小浉河、五道河、老官河、新中河和青龙河等。

浉河的河道平均比降1.36‰，河网密度0.66km/km^2。上游为山区型河道，中、下游为宽浅型砂质河床。上、中游山高坡陡，层峦叠嶂，森林茂密；下游川岗相间，类似狭长形盆地。浉河干支流上建有南湾、花山、飞沙河等大中型水库及水力发电站，基本控制了下游旱、涝等灾害。出南湾水库以后的浉河河段，受人为控制失去了天然河道的水文特征而被渠流化，水库以上河段受水库回水影响也改变了水文的自然特征。

浉河水的补给主要来源于坡面径流，仅在冬春少雨季节才有显著的地下水补给。据南湾水文站记录，浉河多年平均径流量为18.2m^3/s，径流模数17.33m^3/s·km^2，径流深度547.5mm，径流总量5749亿m^3。年内水量变化与降水量变化一致，枯水期出现在冬季，洪水期一般为5～8月，春季（3～5月）也可出现洪汛，但水量不及夏季。浉河全年很少结冰，封冰期不足10天。浉河水矿化度不高，属于低矿化软水，离子总浓度为57.44～77.47mg/L，总硬度1.57°～2.18°（德国度，1=10mg/L CaO），呈中性或微碱性，pH为7.2～7.5。河水中Ca^{2+}和Mg^{2+}含量占阳离子总量的75%以上，HCO_3^-含量占阴离子总量的90%以上。

（二）南湾水库

南湾水库也称南湾湖，位于浉河上游，大坝建在笔架山和蜈蚣岭之间。工程于1952年12月动工，1955年11月建成蓄水，总库容16.3亿m^3，是一座以防洪和灌溉为主，兼顾发电、养殖、城市供水及旅游开发的大（1）型水库，是河南省仅次于小浪底和三门峡水库的第三大水库。控制流域面积1100km^2，多年（1956～2008年）平均天然来水量为5.32×10^8m^3，折合径流深487.8mm。

水库工程由大坝、溢洪道、输水洞及电站等建筑物组成。大坝为黏土心墙砂壳坝，坝长816m，坝顶海拔114.1m，最大坝高38.3m，坝顶宽8m。库区长19km，最大宽度5.5km，平均宽度2.5km。库区正常水面77.66km^2，死水位面积12.04km^2。注入南湾水库的河流有浉河、五道河、董家河、小泗河和飞沙河等5条，因此水库叉湾很多，形状极不规则，岸线发展系数为5（岸线长度与库区同面积圆周长之比）。

库区最大水深30m，平均水深17.1m。现在的防洪标准为万年一遇，设计洪水位110.41m，相应库容13.40亿m^3；校核洪水位110.56m，相应库容13.55亿m^3；死水位88.00m，相应库容0.42亿m^3；兴利水位103.5m，相应库容6.7亿m^3。

水库年平均水温17.4℃，最冷月（1～2月）水温在5℃以上，最低水温高于4℃，适合多种水生生物生长。水质优良，大部分指标符合国家《地表水环境质量标准》（GB 3838—2002），且有逐年变好的趋势（表14-1）。

表 14-1　南湾水库主要水质指标变化　　（单位：mg/L）

年份及其他	COD_{Mn}	BOD_5	溶解氧	总氮	总磷
2000	8.64	1.17	7.17	0.09	0.021
2001	8.77	2.15	7.92	0.40	0.020
2002	9.32	2.09	8.48	0.41	0.016
2003	6.21	0.98	8.42	0.52	0.015
2004	9.06	0.90	8.02	0.57	0.026
2005	6.69	0.88	8.27	0.61	0.049
2012～2013	6.7～16	0.9～3.7	—	0.32～3.31	0.02～0.14
Ⅰ类标准①	15	3	7.5	0.2	0.01
Ⅱ类标准①	15	3	6.0	0.5	0.025

①《地表水环境质量标准》(GB 3838—2002)。

目前，南湾水库电站装机容量 6800 kW，年均发电量 1500 万 kW · h（度）。年取水量约 1.22 亿 m^3，供自来水集团公司水厂、铁路水厂、华豫电厂水厂、平桥电厂，城市生态环境（冲污）需水和灌溉使用。水库设计灌溉面积 7 万 hm^2，多年平均灌溉水量为 1.74 亿 m^3。水库养殖水面 4573 hm^2，年捕捞鲜鱼 75 万 kg。据资料（1956～2008 年），南湾水库多年平均可利用水量为 3.86 亿 m^3，多年平均可利用率为 72.6%。

水库运营 50 多年来，拦蓄洪水 52 次，抗旱供水 56 亿 m^3，产生防洪减灾效益 240.16 亿元，其中防洪效益 139.13 亿元，兴利效益 101.03 亿元。

（三）水塘

南湾地区的水塘星罗棋布，多用于农田灌溉。水塘大致有四种类型：一是滨河水塘，水源主要为河水补给，地势较低，仅限于灌溉低平农田；二是古冲沟末端水塘，水源来自雨后冲沟内的暂时径流；三是山麓水塘，水源来自于山坡的坡面径流；四是小冲沟上部水塘，因分布地段最高，农田可用其自流灌溉，但因集水面积有限，遇干旱年份会出现“干塘”。

（四）地下水

南湾地区地下水水量不丰富。潜水多以裂隙水的形式埋藏在片岩、片麻岩、石英岩等岩石裂隙中；在滨河河床冲积层和丘麓洪积层中有孔隙潜水。潜水埋藏深度不大，一般在数米以内，局部地段小于 1m，甚至浸润地表。潜水的出露多发生在滨河地带或古老冲沟的中下部，以下降泉的形式涌出，水量小，一般出水量不足 0.01m^3/s，个别地段涌水量可达每秒数十立方米。地下水属低矿化软水，SO_4^{2-}、Na^+含量较高，总硬度 4°～9°，无色、无味、无嗅、透明度好。地下水除供居民生活用水外，多未利用。

第三节　土壤与生物概况

一、土壤类型与分布

（一）土壤分类

南湾地区的地带性土壤是黄棕壤和黄褐土，农业土壤主要是水稻土，此外还有少部分草甸土。根据全国第二次土壤普查（1978～1992 年）拟定的“中国土壤分类系统”，结合历年野外实习现场调查，确定南湾地区土壤高级别分类系统，如表 14-2 所示。

表 14-2　南湾地区土壤高级别分类系统简表

<table>
<tr><th>土纲</th><th>亚纲</th><th>土类</th><th>亚类</th></tr>
<tr><td rowspan="4">淋溶土</td><td rowspan="4">湿暖淋溶土</td><td rowspan="2">黄棕壤</td><td>黄棕壤</td></tr>
<tr><td>黄棕壤性土</td></tr>
<tr><td rowspan="2">黄褐土</td><td>黏盘黄褐土</td></tr>
<tr><td>黄褐土性土</td></tr>
<tr><td>半水成土</td><td>暗半水成土</td><td>草甸土</td><td>潜育草甸土</td></tr>
<tr><td rowspan="2">人为土</td><td rowspan="2">人为水成土</td><td rowspan="2">水稻土</td><td>潜育水稻土</td></tr>
<tr><td>淹育型水稻土</td></tr>
</table>

（二）主要土壤类型简介

1. 黄棕壤

黄棕壤土类主要分布在石质低山和丘陵，成土母质是基岩风化残积和坡积物，质地偏砂且含有数量不等的砾石，当地群众称之为黄砂石土。黄棕壤形成特点是具有弱富铁铝化、较强的黏化和较旺盛的生物循环过程。大部分土体呈黄棕色，盐基不饱和，弱酸性反应，pH 为 5.5～6.5。典型黄棕壤亚类分布在森林植被覆盖较好的地段，主要植被类型是针阔叶混交林和常绿针叶林；黄棕壤性土亚类分布在坡度较陡的地段，植被与黄棕壤亚类相似，但比较稀疏。

（1）黄棕壤。黄棕壤亚类的成土母质是角闪斜长片麻岩、二长片麻岩的残积物，石英片岩和绢云母石英片岩的坡积物，植被类型主要是马尾松林或针阔叶混交林。土层较厚，砾石含量相对较少。剖面构型一般为 O（枯枝落叶层）-Ah（有机质层）-Bts（铁锰和黏粒淀积层）-BC-C（母质层），现以蜈蚣岭北坡海拔 200m 处的剖面为例说明黄棕壤的剖面形态特征。

O 层（0～4cm）：枯枝落叶层。

Ah 层（4～15cm）：暗棕色，中砾质壤土，团粒状、碎块状结构，稍紧，润，根系多。

Bts 层（15～24cm）：黄棕色，多砾石中壤，块状结构，紧实，湿润，铁锰胶膜较多。

BC 层（24～48cm）：黄棕色，中砾质重壤，大块状结构，极紧，湿润，大量铁锰胶膜。

C 层（＞48cm）：半风化母质层。

（2）黄棕壤性土。黄棕壤性土亚类主要分布在坡度较陡的地段，侵蚀较强烈，植被主要为稀疏栎林，成土母质是绢云母石英片岩和片麻岩的残积物。与典型黄棕壤的主要区别是土壤较薄，层次不明显，含有较多的砾石，铁锰胶膜不明显，处于幼年阶段。现以笔架山南坡海拔 250m 处的剖面为例说明黄棕壤性土的剖面形态特征。

O 层（0～4cm）：枯枝落叶层。

Ah 层（4～23cm）：灰褐色，中砾质轻壤，团粒状、碎块状结构，较松散，稍湿，多根系。

B 层（23～39cm）：黄棕色，重砾质中壤，块状结构，稍紧实，稍湿。

C 层（>39cm）：半风化母质层。

2. 黄褐土

黄褐土广泛分布在低丘和岗（台）地区，成土母质主要是下蜀黄土和冲积物。在下蜀黄土母质上形成的黄褐土，质地黏重，是黏盘黄褐土亚类。因其颜色以浅红棕色为主，故当地群众称其为“马肝土”。在冲积物形成的黄褐土，质地偏砂，成土时间较短，是黄褐土性土亚类。因其颜色浅以褐黄色为主，故当地群众称其为“黄白土”。黄褐土的形成与黄棕壤相似，只是淋溶作用相对较弱，脱硅富铝化过程不甚明显，土壤发育程度低，土壤 pH 在 6.5～7.0，呈中性至弱酸性反应。

（1）黏盘黄褐土。黏盘黄褐土亚类分布于切割丘陵或岗地上，在浉河大转弯的肖家河村附近、中共信阳市委党校南部、信阳师范学院西部零星分布。植被多为灌草丛，成土母质为下蜀黄土，质地黏重。因表土流失严重，表现为腐殖质层浅薄，淀积层深厚，铁锰胶膜多，偶在深处见到砂姜。黏盘黄褐土的土体构型为 Ah-Bts-BC-C，现以信阳师范学院教工食堂西 40m 处的剖面为例说明其剖面形态特征。

Ah 层（0～14cm）：棕褐色，重壤，核状结构，较紧实，干。

Bts 层（14～34cm）：棕褐色，黏壤，核状结构，铁锰胶膜多，较紧实，湿润。

BC 层（34～79cm）：浅红棕色，黏壤，棱柱状结构，少量铁锰胶膜，紧实，湿润。

C 层（>79cm）：红棕色，黏壤，棱柱状结构，铁锰胶膜较多，极紧实，湿润。

（2）黄褐土性土。黄褐土性土亚类多分布在浉河阶地上，成土母质是近代河流冲积物。成土时间短，土壤发生层不明显。土壤以褐黄色为主，有的稍显黄色或浅棕色。质地偏砂，夹杂有小砾石。表层有机质含量低，仅 1.0%左右。土壤整体呈中性反应，下层呈微碱性反应。个别土层可见少量铁锰胶膜和沿孔洞发育的管状结核。目前，黄褐土性土大多被辟为旱田，基本土体构型是耕作层-犁底层-底土层，现以肖家老湾村附近的剖面为例说明其剖面形态特征。

耕作层（0～20cm）：灰褐色，砂壤，小块状结构，松散，较干。

犁底层（20～33cm）：浅黄色，砂壤，小块状结构，稍紧，润。

底土层（>33cm）：棕黄色，细砂，粉状、小块状结构，松散，湿润。

3. 草甸土

草甸土是一种非地带性（隐域性）土壤，分布在浉河两岸的河漫滩上。成土母质是近代河流冲积物，地下水位很浅，植被是湿生草甸。土壤形成过程的特点主要是生草化过程和潜育化过程。草甸植物茂盛，根系发达，有机质积累多。由于草甸土地下水很浅，甚至表层积水，土壤通气不良，发生还原反应，形成蓝灰色的潜育层。土壤呈中性，通体无石灰反应。草甸土的典型土体构型为 Ah（有机质层）-AG-G（潜育层）-C（母质层），现以肖家老湾村附近浉河河漫滩（海拔 75m）某剖面为例说其剖面形态特征。

Ah 层（0～5cm）；暗灰色，砂壤，小块状结构，湿，松散。

AG 层（5～15cm）：暗黄色，砂壤，块状结构，湿，少量锈纹锈斑。

G 层（15～40cm）：蓝灰色稍带棕色，砂质黏壤，大块状结构，湿，稍紧实，大量锈纹锈斑。

C 层（>40cm）：浅黄色，粗砂，粉状结构，湿，松散。

4. 水稻土

由于南湾地区水热条件较好，适合水稻生长，在笔架山北侧丘间小盆地、大冲沟与河流阶地上，经长期种植水稻、水耕熟化，形成了水稻土。根据地貌部位和地下水位深浅不同，南湾地区的水稻土主要分为潜育型水稻土和淹育型水稻土。前者分布在地势低平、地下水位浅、排水不畅的地段，土壤潜育化比较明显，当地群众称之为青泥田或乌泥田；后者分布在小冲沟的两侧或上部，水分来源是降水或灌溉水，潜育化明显弱于潜育型水稻土，当地群众称之为黄泥田。

（1）潜育型水稻土。在笔架山北麓较大的冲沟下游，潜育型水稻土分布面积较大，是冲田和畈田的主要土壤类型。土壤剖面发育层次明显，土壤熟化程度和有机质含量较高，受冷浸影响较大，通体较黏重。潜育型水稻土的基本土体构型为 W（淹育层）-G（潜育层）-C（母质层），现以中共信阳市委党校东 800m 处某剖面为例说其剖面形态特征。

W 层（0～20cm）：淹水季节呈青灰色，落水季节呈棕色或灰棕色，黏壤，块状结构，疏松，潮湿，植物根系多根。

G 层（20～35cm）：蓝灰色，黏壤，块状结构，紧实，湿，有锈纹锈斑和少量铁锰结核。

C 层（＞35cm）：青灰色稍带红色，黏壤，块状结构，极紧实，湿，有铁锰结核。

（2）淹育型水稻土。淹育型水稻土是塝田的主要土壤类型，经长期水旱轮作熟化而成。耕层质地黏重，为黏壤或黏土，易板结，耕性极差。表层在淹水季节发生还原，呈灰、浅灰或黄灰色；落干季节发生氧化，呈浅黄色或棕黄色。耕层之下土体多为黄褐色或黄棕色。淹育型水稻土的基本土体构型为 W（淹育层）-P（渗育层）-PC-C（母质层），现以南湾附近海拔 90m 处某剖面为例说明淹育型水稻土的剖面形态特征。

W 层（0～20cm）：灰色，中壤，小块状结构，稍松，湿，少量锈纹锈斑。

P 层（16～28cm）：灰棕色，黏壤，大块状结构，较紧实，湿，多锈纹锈斑，少量铁锰结核。

PC 层（28～52cm）：灰棕色，黏壤夹小砾石，块状结构，紧实，湿，多锈纹锈斑。

C 层（＞52cm）：黄棕色，黏壤夹小砾石，块状结构，紧实，潮湿。

（三）土壤分布

由于信阳笔架山地区范围较小，相对高度差别不大，土壤水平地带性和垂直地带性分布规律不明显。但是，土壤地方性分布规律却十分明显。具体表现为自浉河谷地到笔架山顶，随着人类活动、成土母质和海拔的变化，土壤从草甸土开始，经黄褐土性土+水稻土、黏盘黄褐土+水稻土、黄棕壤性土变化到黄棕壤（图 14-7 和图 14-8）。在高丘陵上部，坡度大，水土流失较强，有一定面积基岩裸露，形成黄棕壤性土。在低山、高丘陵缓坡和坡麓地带，以及石质低丘陵上，坡度小，表土侵蚀弱，土层深厚，形成黄棕壤。在下蜀黄土覆盖的低丘陵或岗地上，分布的是黏盘黄褐土。在浉河阶地上，母质是近代河流冲积物，发育的是黄褐土性土。水稻土与黏盘黄褐土、黄褐土性土呈复域分布。淹育型水稻土分布位置较高，潜育型水稻土分布位置较低。浉河河漫滩上，发育的是草甸土。

二、植被概况

1. 南湾水库库区植被概况

根据《中国植被区划》，南湾水库库区周边地区位于北亚热带含有常绿阔叶成分的落叶阔叶林亚带的北部。由于长期人类活动的影响，原始植被大多被破坏，目前分布的主要是

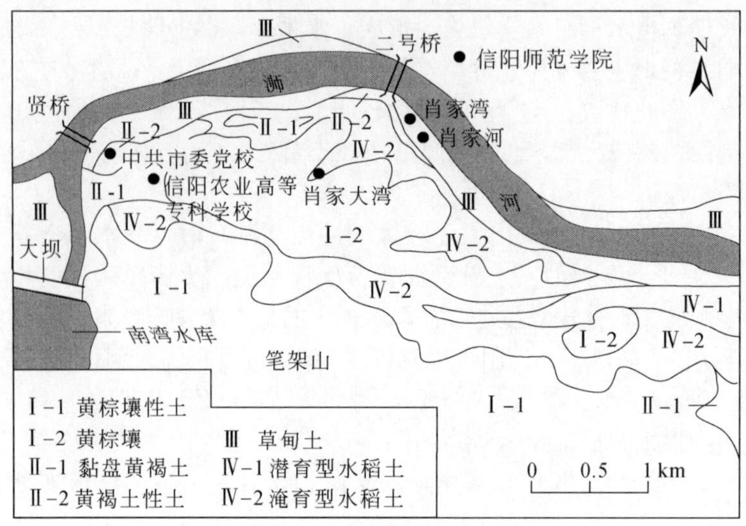

图 14-7　信阳南湾笔架山地区土壤分布概图

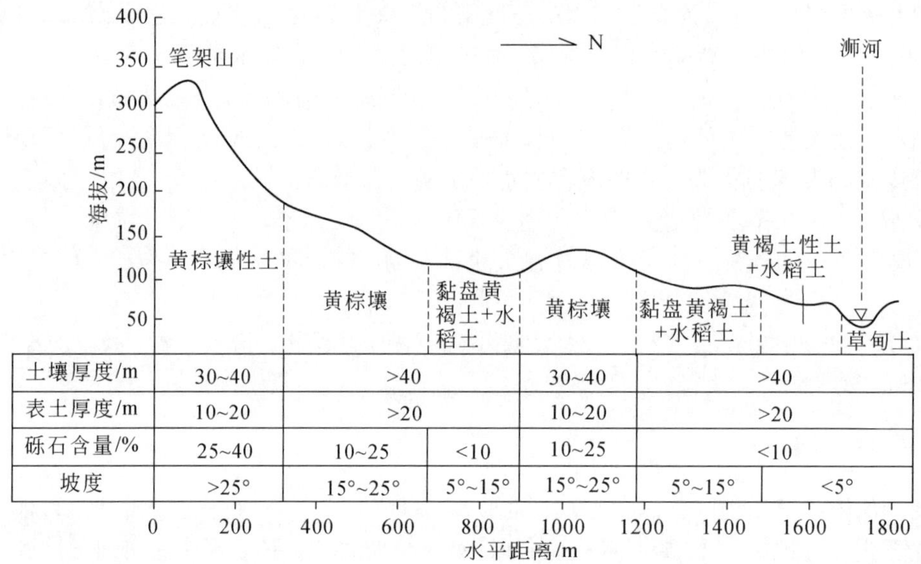

图 14-8　南湾地区笔架山—浉河一线土壤分布

次生林和人工林，部分地区为灌丛、杂草和农田。信阳市南湾实验林场在南湾水库水上林区和贤山林区的基础上，于 1991 年成立南湾森林公园，1996 年升格为国家级森林公园。

本区植被的区系成分比较复杂，具有从北亚热带向暖温带过渡的特色。其中，属于亚热带的植物种类有马尾松、杉木、乌桕、枫香、青冈、白檀、茶叶、油桐等；属于暖温带的植物种类主要有侧柏、黑松、槲栎、麻栎、栓皮栎、毛白杨、榆树和臭椿等。此外，近 30 多年来，南湾实验林场还引进种植有檫木、黄山松、火炬松、湿地松、柳杉、鹅掌楸和喜树等。林下常见灌木有山胡椒、黄连木、六月雪、胡枝子、野山楂、白鹃梅、黄栌、连翘和杜鹃等，草本植物主要有羊胡子草、黄背草、白茅、兔儿伞和细叶薹草等。

南湾水库库区植被类型多样。据王光军等（2007）调查，库区周边分布有 40 多个植物群系，其中主要有 20 多个植物群系（表 14-3）。

表 14-3　南湾水库库区主要植被类型

植被型	群系	分布状况	群落特征
针叶林	杉木林	人工林，高丘陵，分布广	树种单一，结构简单
	马尾松林	多为人工林，高丘陵，分布广	乔、灌、草层次分明
	黄山松林	人工林，低山，小片状	乔、灌、草层次分明
	柳杉林	人工林，低山，小片状	结构简单
	落羽杉林	人工林，低丘陵，小片状	结构简单
	湿地松林	人工林，低丘陵，片状	结构简单
	火炬松林	人工林，低丘陵，片状	结构简单
阔叶林	杨树林	人工林，道路两边、田边	乔、灌、草层次分明
	檫木林	人工林，低丘陵，条块状	人为干扰程度较严重
	麻栎林	天然次生林，分布广，条块状	人为干扰程度较严重
	喜树林	人工林，低丘陵，零星块状	林下灌、草少
	鹅掌楸林	人工林，低丘陵，零星块状	人为干扰程度较一般
	银杏林	人工林，低丘陵，零星块状	结构简单
	枫香林	人工林，分布广，零星块状	更新较好
竹林	南竹林	人工林，分布较广，片状	人为干扰程度较一般
	桂竹林	人工林，零星小片状	人为干扰程度较一般
灌丛	胡枝子灌丛	天然野生，分布广，零星	原生植被破坏后形成，干扰严重
	野山楂灌丛	天然野生，分布广，零星	原生植被破坏后形成，干扰严重
	杜鹃灌丛	天然野生，贫瘠土壤与岩石缝隙	原生植被破坏后形成，干扰严重
经济林	茶园	人工林，面积大，成片	结构简单
	板栗林	多为野栗嫁接，面积较大，成片	结构简单
	杜仲林	人工林，零星小片	结构简单

注：据王光军等（2007）修改。

从各种植物群落的林龄来看，区内大部分是中龄林和幼龄林，过熟林和成熟林面积很小（图 14-9）。中龄林和幼龄林面积分别占森林总面积的 33.67%和 31.80%，过熟林和成熟林分别仅占森林总面积的 0.66%和 6.75%。

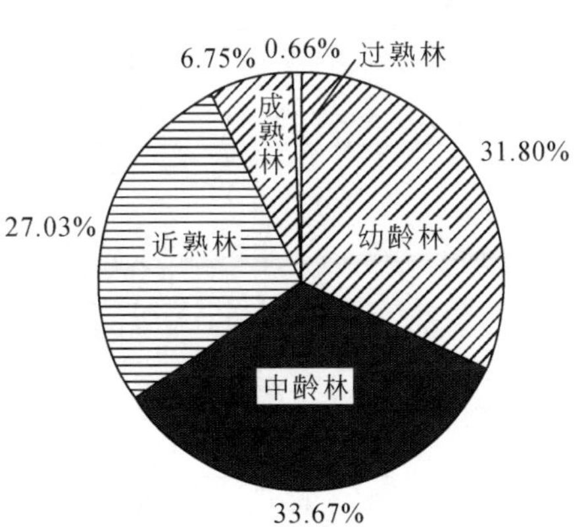

图 14-9　南湾水库库区森林林龄构成

据李国柱（2001）数据绘制

2. 笔架山地区植被概况

根据笔架山地区的植物种类组成、结构和生境的差异，其主要有含有常绿成分的落叶阔叶林、落叶阔叶林和针阔混交林三大类，具体群丛主要有以下四个。

（1）马尾松+构树-络石群丛。该群丛分布于笔架山北麓，土壤为黄棕壤。乔木层优势种为马尾松、构树。10m×10m 样方内有马尾松 4 株，构树 13 株，树高 4～17m，胸径 5～21cm，总郁闭度 0.3；伴生种有麻栎、栓皮栎和槲栎。灌木层主要有山胡椒、野山楂、六月雪和拓树等。草本层优势种为络石，盖度 20%，伴生种有土元胡、驴蹄草、中国蕨、凤尾蕨和贯众等。层间植物有防己和圆叶菝葜。

（2）构树-八角枫-猪殃殃群丛。该群丛分布于笔架山东北坡中上部，海拔 250m 左右，土壤为黄棕壤性土，土层较薄。乔木层优势种为构树，样方内有 9 株，郁闭度 0.7，平均高度 12m，胸径 24cm；伴生种有刺杉。灌木层优势种为八角枫，盖度 5%，高度 95cm，伴生种有青榨槭、野蔷薇。草本层优势种是猪殃殃，盖度为 75%，高 2cm；伴生种有白茅、贯众、羊胡子草、铁苋菜、海金沙、凤尾蕨和紫萁等。

（3）麻栎-荆条-络石群丛。该灌丛分布于笔架山山脊附近，海拔 300m 左右，土壤为黄棕壤性土或黄棕壤。乔木层建群种为麻栎，样方内有 9 株，郁闭度 0.8，平均高度 12m，胸径 18cm；伴生种有槲栎，盖度 2%，高 3m 左右。灌木层优势种为荆条，盖度 10%，高 3.9m，伴生有圆叶菝葜。草本层优势种为络石，盖度 5%，高 23cm，伴生种有海金沙、野蔷薇、苦参和马兜铃。层间植物有抱石莲和山葡萄。

（4）麻栎+栓皮栎-疏花卫矛-鹅观草群丛。该群丛分布于笔架山东北坡中部，海拔 200m 左右，土壤为黄棕壤性土或黄棕壤。乔木层以麻栎和栓皮栎为主，样方内有麻栎 9 株，栓皮栎 4 株，高度 9～14m，胸径 6～7cm，总郁闭度 0.9。灌木层优势种为疏花卫矛，样方内有 13 丛，盖度 18%，高 2m；伴生种有薄叶鼠李、荆条、水蜡烛、野山楂和小叶蔷薇等。草本层优势种是鹅观草，盖度 10%，高 40cm；伴生种有中华蕨、贯众和羊胡子草等。层间植物有圆叶菝葜和野葡萄。

三、南湾水库渔业资源

根据水利部淮河水利委员会、南湾水库管理局水产站以及何涛（2006）等对南湾水库鱼类资源的调查，共有鱼类 7 目 13 科 47 属 61 种（表 14-4）。其中，以鲤科鱼类最多，共 28 属 37 种，分别占总属数和总种数的 59.57%和 60.66%。在鲤科鱼类中又以鳙、鲢、青鱼、草鱼、鲌类的数量最多。据南湾水库管理局网站报道，目前年鲜鱼捕获量在 75 万 kg 左右。

表 14-4 南湾水库鱼类名录（何涛，2006）

目	科	种
鲑形目	银鱼科	太湖新银鱼，大银鱼
鳗鲡目	鳗鲡科	鳗鲡
鲤形目	鲤科	马口鱼，宽鳍鱲，青鱼，草鱼，鳡鱼，赤眼鳟，餐条，银飘鱼，寡鳞飘鱼，似鱎，武昌鱼，鲂，鳊，翘嘴鲌，青梢红鲌，蒙古鲌，红鳍原鲌，高体近红鲌，黄尾密鲴，细鳞鲴，银鲴，中华鳑鲏，高体鳑鲏，彩石鲋，麦穗鱼，蛇鮈，花䱻，黑鳍鳈，川西黑鳍鳈，棒花鱼，小口棒花鱼，棒花鮈，鲤，鲫鱼，鳙，鲢
	鳅科	中华花鳅，泥鳅，大鳞副泥鳅，中华沙鳅，武昌副沙鳅，中华间吸鳅
鲇形目	鲇科	鲇鱼
	鮠科	黄颡，瓦氏黄颡鱼，短尾鮠
颌针鱼目	鱵科	中华鱵
合鳃鱼目	合鳃鱼科	黄鳝
鲈形目	鮨科	鳜鱼，斑鳜，暗鳜，大眼鳜，长身鳜
	鰕虎鱼科	子陵栉鰕虎鱼
	塘鳢科	黄黝鱼
	鳢科	乌鳢
	刺鳅科	刺鳅

四、南湾水库库区野生鸟类资源

经过很多学者（李延娟等，1990；周保林等，1996；林英华等，2012）多年的不懈努力，南湾水库库区（主要是鸟岛）野生鸟类资源状况终于查清，共发现野生鸟类 16 目 35 科 110 种(表 14-5)。从鸟类组成来看，以雀形目的种类为最多，计有 60 种，占总数的 54.55%，尤其是鹟科（包括过去的鹟科、鸫科、莺科、鸦雀科、画眉科）的种类占比最大。从区系组成来看，古北界鸟类 42 种，占总鸟类的 38.18%；东洋界鸟类 35 种，占 31.82%；广布种 33 种，占 30.00%。从居留类型来看，夏候鸟 38 种，占总鸟类的 34.55%；冬候鸟 10 种，占 9.09%；旅鸟 22 种，占 20.00%；留鸟 40 种，36.36%。

表 14-5　南湾水库库区鸟类名录

目	科	种
䴙䴘目	䴙䴘科	小䴙䴘，凤头䴙䴘，赤颈䴙䴘
鹈形目	鸬鹚科	普通鸬鹚
鹳形目	鹭科	苍鹭，池鹭，牛背鹭，中白鹭，大白鹭，夜鹭，黄嘴白鹭
雁形目	鸭科	绿头鸭，斑嘴鸭，栗苇鸭，鸿雁，白眉鸭
隼形目	鹰科	黑鸢，普通鵟，赤腹鹰，松雀鹰，雀鹰
	隼科	游隼
鸡形目	雉科	环颈雉，白冠长尾雉
鸻形目	鸻科	凤头麦鸡，灰头麦鸡，剑鸻
	鹬科	白腰草鹬，矶鹬
鸥形目	鸥科	红嘴鸥，银鸥，普通燕鸥
鸽形目	鸠鸽科	山斑鸠，珠颈斑鸠，火斑鸠
鹃形目	杜鹃科	红翅凤头鹃，鹰鹃，四声杜鹃，大杜鹃，棕腹杜鹃
佛法僧目	翠鸟科	冠鱼狗，普通翠鸟，蓝翡翠
䴕形目	啄木鸟科	斑姬啄木鸟，大斑啄木鸟，星头啄木鸟，黑枕绿啄木鸟
鹤形目	秧鸡科	黑水鸡，白胸苦恶鸟
鸮形目	鸱鸮科	斑头鸺鹠
夜鹰目	夜鹰科	普通夜鹰
雀形目	八色鸫科	蓝翅八色鸫
	山椒鸟科	暗灰鹃䴗，灰山椒鸟
	百灵科	云雀
雀形目	鹎科	领雀嘴鹎，黄臀鹎，白头鹎
	黄鹂科	黑枕黄鹂
	卷尾科	黑卷尾，灰卷尾，发冠卷尾
	椋鸟科	丝光椋鸟，灰椋鸟，八哥
	鸦科	松鸭，红嘴蓝鹊，喜鹊，白颈鸦
	绣眼鸟科	暗绿绣眼鸟
	雀科	燕雀，金翅雀
	山雀科	大山雀
	文鸟科	山麻雀，白腰文鸟
	长尾山雀科	红头长尾山雀，银喉长尾山雀
	鹀科	黄喉鹀，黄胸鹀，三道眉草鹀
	鹡鸰科	灰鹡鸰，树鹨，水鹨，白鹡鸰，山鹡鸰
	伯劳科	牛头伯劳，虎纹伯劳，棕背伯劳
	燕科	金腰燕，家燕
	鹟科	橙头地鸫，虎斑地鸫，乌鸫，白腹鸫，北红尾鸲，红胁蓝尾鸲，鹊鸲，大苇莺，黄腰柳莺，极北柳莺，暗绿柳莺，白眉姬鹟，寿带鸟，黑背燕尾，棕颈钩嘴鹛，黑脸噪鹛，画眉，棕头鸦雀

注：据周保林等（1996）和林英华等（2012）整理。

库区国家二级保护鸟类有 6 目 7 科 9 种，分别是䴙䴘目䴙䴘科的赤颈䴙䴘，鹳形目鹭科的黄嘴白鹭，隼形目鹰科的黑鸢、普通鵟、雀鹰和隼科的游隼，鸡形目雉科的白冠长尾雉，鸮形目鸱鸮科的斑头鸺鹠，雀形目八色鸫科的蓝翅八色鸫。

据林英华等（2012）统计，南湾水库库区最常见的鸟类是斑头鸭和棕头鸭雀，其次是小鹏鹏、普通鸬鹚、苍鹭、绿头鸭、黑鸢、白冠长尾雉、领雀嘴鹎、黄臀鹎、黑枕黄鹂、八哥、松鸭、红嘴蓝鹊、喜鹊、红胁蓝尾鸲、云雀、大山雀、红头长尾山雀、银喉长尾山雀、燕雀、金翅雀等。每年4月，数万只鹭科鸟类从南方来到南湾库区的鸟岛上筑巢、产卵、育雏，到深秋全部迁回南方；秋冬季节，鸬鹚、云雀、白眉鸭、灰椋鸟等冬候鸟又群集于此，至次年春来临时再飞往北方；岛上常年有苍鹭、八哥、喜鹊、画眉、山麻雀等留鸟。

第四节　自然地理实习路线与主要观测点概况

根据自然地理学实习要求，结合南湾地区附近自然地理特征，共设计 5 条实习路线（图 14-1），下面对每条实习路线上的观测点及其主要实习内容进行简单介绍，供各高校实习时选择参考。

一、实习路线一（笔架山—南湾水库大坝）

从中共信阳市委党校出发，沿茗阳路一直向东路步行约 3.5km，到达贤山天下城居民小区，其次沿土路向东抵达贤凤庭院小区，再向南沿攀登笔架山小道至海拔 170m 左右，布设第一个观测点。该观测点实习结束后，继续登山至山顶，沿山脊向西到达笔架山最高峰——大山头，布设第二个观测点。然后下山至南湾水库大坝东端水电站附近，布设第三个观测点。最后沿大坝向西到达溢洪道附近，布设第四个观测点（图 14-10）。

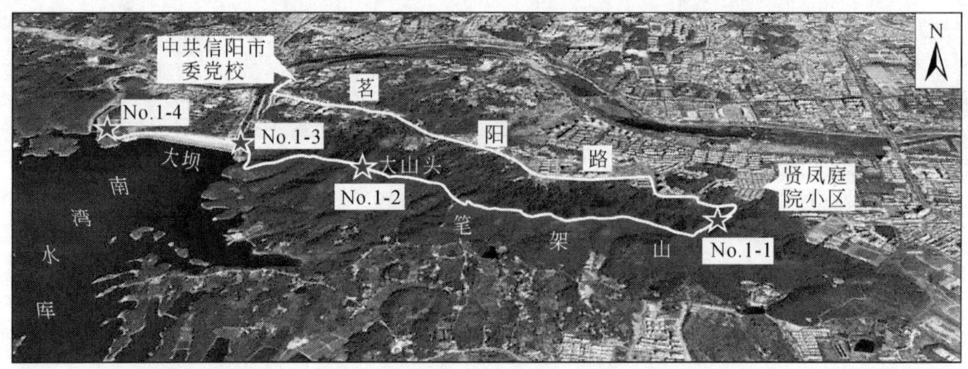

图 14-10　笔架山—南湾水库大坝实习路线及观测点

（一）教学目的

（1）掌握野外判断断层存在的依据，学会应用罗盘测量岩层产状。

（2）了解南湾地区地质与地貌概况。

（3）了解水库的一般构造及功能。

（二）观测点及其主要实习内容

No.1-1：观测点位于笔架山东北坡海拔 170m 左右，可见到笔架山-蜈蚣岭断层。判断该处存在断层的主要依据有三个：一是存在东西向延伸的岩石破碎带，系由断层发生时两盘岩石相对错动、挤压所形成；二是破碎带两侧岩性不同、年代不连续，上部是新元古界变质程度较高的石英岩、石英绢云母片岩，下部是石炭系石灰岩；三是破碎带两侧地貌差异显著，上部坡度较大，下部坡度较小。根据前人调查研究，该断层是逆断层，上盘相对上升，下盘相对下降。

断层上部的石英岩呈灰白色，主要矿物是石英，致密坚硬，比较破碎，隐晶变晶结构，厚层状构造。石英岩之上是石英绢云母片岩，两者呈平行整合接触。石英绢云母片岩呈褐灰色，丝绢光泽，主要矿物是绢云母和石英，绢云母含量大于石英，鳞片状显晶变晶结构，片状构造。断层之下的石灰岩呈深灰色，矿物成分主要是方解石，含同生角砾，细粒变晶结构，层状构造。这三种岩石的产状基本一致，且与断层的产状相吻合，经岩石产状测量，断层线走向 280°左右，倾向 SSW，倾角 45°左右。

No.1-2：观测点在笔架山大山头，海拔 326.4m。在观测点环顾四周，可以清楚地观察到南湾地区的地貌格局和水系特征。首先讲解南湾地区的地质和地貌特征，详见本章第一节有关内容。然后观察认识大山头附近的绢云母石英片岩，量测产状。绢云母石英片岩与 No.1-1 的石英绢云母片岩均呈灰白色，丝绢光泽，鳞片状显晶变晶结构，片状构造，其主要区别是前者的石英含量高于后者，石英颗粒比较粗大。绢云母石英片岩的走向 280°左右，倾向 SSW，倾角 45°左右。然后面向东方，观察笔架山单斜山地貌，绘制笔架山地质地貌信手剖面图（图 14-11）。

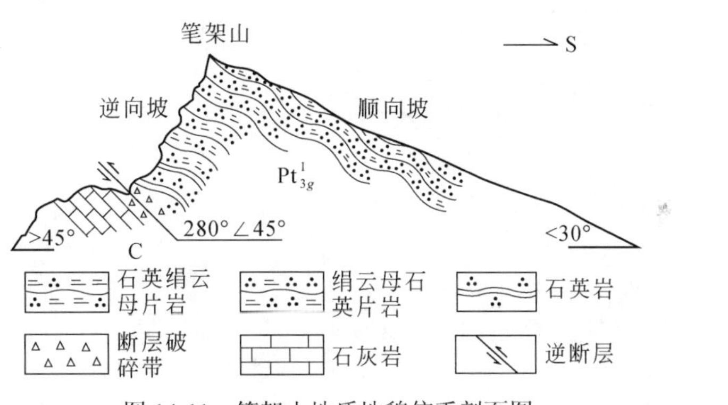

图 14-11 笔架山地质地貌信手剖面图

No.1-3：观测点位于南湾水库大坝东端。在大坝东侧水电站调压塔和静水池附近可见到小型倒转背斜和浉河断层镜面。倒转背斜出现在龟山组中，核部是灰黄色绢云母石英片岩和石英片岩，致密坚硬。两翼出现较软的碳质云母片岩和绢云母石英片岩。背斜轴向 80°，轴面倾向 S，两翼倾角 30°～40°（图 14-12）。该褶皱是在南北向挤压作用下形成的，形成时期可能与笔架山-蜈蚣岭大断层同期。受中生代燕山运动的影响，形成了浉河断层。断层东盘上升，在南湾水库大坝东端倒转背斜处形成断层崖。断层走向 NNW20°，倾向 SW，倾角 65°左右。虽然断层崖受后期构造运动和风化剥蚀的影响，但断层镜面及其之上的擦痕仍然可以被观察

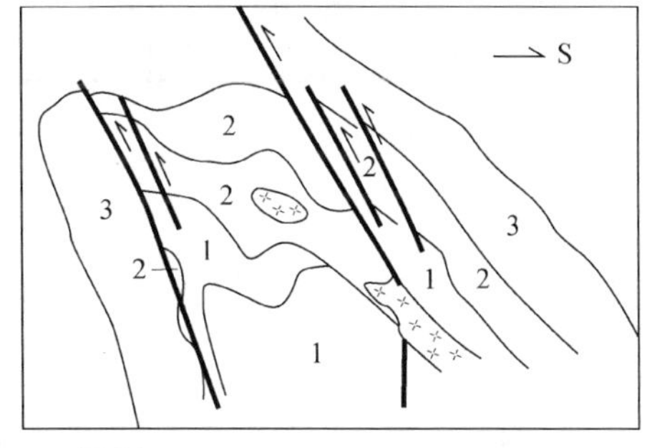

图 14-12 南湾水库大坝东端倒转背斜

据邹志悝（2007）改绘

到。浉河在这里沿断层谷自南向北流过，逐渐形成了目前的南北向峡谷形态。

No.1-4：观测点位于大坝西端溢洪道附近，主要实习任务是了解南湾水库水工建筑。南湾水库控制流域面积 1100km^2，总库容 16.3 亿 m^3，是一座以防洪和灌溉为主，兼顾发电、养殖、城市供水及旅游开发的大(1)型水库。现有防洪标准为万年一遇，设计洪水位 110.41m，相应库容 13.40 亿 m^3；校核洪水位 110.56m，相应库容 13.55 亿 m^3；死水位 88.00m，相应库容 0.42 亿 m^3；兴利水位 103.5m，相应库容 6.7 亿 m^3。

大坝横跨笔架山和蜈蚣岭之间的浉河断层，水工建筑物包括大坝、溢洪道、输水洞及电站等。大坝为黏土心墙砂壳坝，走向 290°，坝长 816m，坝顶海拔 114.1m，最大坝高 38.3m。溢洪道位于大坝西部的猫儿冲断层谷地处，底板海拔 98.6m，最大泄洪量 1473m^3/s。输水洞和电站位于大坝东端，电站装机 6800 kW，年均发电量 1500 万 kW·h。水库设计灌溉面积 7 万 hm^2。养殖水面 4573 hm^2，年捕捞鲜鱼 75 万 kg。

二、实习路线二（笔架山北麓）

从中共信阳市委党校出发，沿茶韵路向南 200m，向东进入茗阳路，约行走 800m，在路北侧冲沟处布设第一个观测点。继续沿茗阳路向东 800m，在路北侧丘陵处布设第二观测点。最后穿过茗阳路向南，到达笔架山北坡 200m 左右，布设第三观测点（图 14-13）。

图 14-13　笔架山实习路线及观测点

（一）教学目的

（1）掌握淹育型水稻土和黄棕壤的形成过程与剖面特征。

（2）认识笔架山北坡主要亚热带和温带植物种类，掌握植物标本采集与压制方法、植物样方调查方法，了解亚热带北缘针阔混交林的群落特征。

（二）观测点及其主要实习内容

No.2-1：观测点位于茗阳路北 50m 老冲沟内，海拔约 100m，成土母质是冲洪积物，土壤类型为淹育型水稻土。首先讲解南湾地区土壤形成条件、主要土壤类型和分布规律（详见本章第三节）。然后挖掘淹育型水稻土剖面，讲解土壤剖面发生层划分、形态特征观察描述和土壤样品采集方法。最后将学生分为若干小组挖掘土壤剖面，开展土壤形态特征观察描述、土壤样品采集等工作，填写土壤剖面记载表。

潜育型水稻土多分布在较大的老冲沟下部，质地黏重，地下水位浅。形成过程主要是潜育化和水耕熟化。土壤剖面发育层次明显，土体构型为 W（淹育层）-G（潜育层）-GC-C（母质层）。

W 层（0～20cm）：淹水季节呈青灰色，落水季节呈棕色或灰棕色，黏壤，块状结构，疏松，潮湿，植物根系多根。

G 层（20～35cm）：青灰色，黏壤，块状结构，紧实，湿，有锈纹锈斑，少量铁锰结核。

GC 层（＞35cm）：青灰色稍带红色，黏壤，块状结构，极紧实，湿，有铁锰结核，63cm 以下出露地下水。

No.2-2：观测点位于 No.2-1 东 800m 茗阳路北。地貌类型为丘陵，海拔 130m 左右，坡向 S，坡度 63°。植被类型是针阔混交林（主要乔木种类是马尾松和栎类），成土母质是角闪斜长片麻岩和二长片麻岩风化物。首先讲解黄棕壤的形成过程和形态特征，然后分组挖掘土壤剖面，开展土壤形态特征观察与描述等工作，填写土壤剖面记载表。

黄棕壤的形成特点是具有弱富铁铝化、较强的黏化和较旺盛的生物循环过程。土体较厚，呈黄棕色，比较黏重，盐基不饱和，呈弱酸性反应。剖面构型一般为 O（枯枝落叶层）-Ah（有机质层）-Bts（铁锰和黏粒淀积层）-BC-C（母质层）。

O 层（0～2cm）：枯枝落叶和半腐解植物残体。

Ah 层（2～17cm）：棕灰色，壤土，团粒和小块状结构，松散，潮。

Bts 层（17～52cm）：黄棕色，中壤，块状结构，稍松，稍湿。

BC 层（52～130cm）：黄棕色，重壤，核状结构，紧实，湿润，少量铁锰胶膜。

C 层（＞130cm）：角闪斜长片麻岩风化物，少量铁锰胶膜。

No.2-3：观测点位于笔架山北坡海拔 200m 左右，土壤是黄棕壤。首先在老师带领下认识观测点周围的主要植物种类，了解植物标本采集、压制方法，植物群落样方调查方法。然后分组开展植物群落样方调查，填写有关表格。

观测点附近的植被类型是马尾松+构树-络石群丛。乔木层优势种是马尾松和构树，总郁闭度 0.3，伴生种有山胡椒、麻栎、栓皮栎、槲栎。灌木层主要有野山楂、六月雪和柘树等。草本层优势种为络石，伴生种有土元胡、驴蹄草、中国蕨、凤尾蕨和贯众等。层间植物有防己和圆叶菝葜。

三、实习路线三（南湾水库鸟岛—浉河港）

从中共信阳市委党校出发至南湾湖风景区，坐船进入南湾水库，在鸟岛进行第一观测点实习，之后到达浉河港的房河进行第二观测点实习（图 14-14）。

（一）教学目的

（1）了解南湾水库鸟岛主要鸟类，分析鸟岛鸟类丰富的原因。

（2）掌握流速仪使用方法，测量房河的流速与流量。

图 14-14 南湾水库鸟岛—浉河港实习路线及观测点

（二）观测点及其主要实习内容

No.3-1：观测点位于南湾水库鸟岛上。鸟岛距大坝直线距离约 8km，面积 15hm^2，是南湾水库最大的一个岛屿。最高海拔 126m，相对高差 20m 左右。年平均降水量 1000mm 左右，年平均气温 15.2℃，气候温暖湿润。植被类型主要是麻栎林，其次是麻栎-马尾松混交林，树木高大茂密，森林覆盖率大于 85%。林下土壤是黄棕壤。岛屿周围多库湾和浅滩，人为干扰比较轻微。

鸟岛的这些自然条件为众多鸟类栖息和繁殖提供了理想场所。野生鸟类资源十分丰富，共发现野生鸟类 16 目 35 科 110 种（李延娟等，1990；周保林等，1996；林英华等，2012）。以雀形目的种类为最多，占总数的 54.55%。国家二级保护鸟类有 6 目 7 科 9 种（赤颈䴙䴘、黄嘴白鹭、黑鸢、普通鵟、雀鹰、游隼、白冠长尾雉、斑头鸺鹠和蓝翅八色鸫）。每年 4 月，数万只鹭科鸟类从南方来到鸟岛，到深秋再迁回南方；秋冬季节，鸬鹚、云雀、白眉鸭、灰椋鸟等冬候鸟又群集于此，至来年初春再飞往北方；岛上的留鸟主要有苍鹭、八哥、喜鹊、画眉、山麻雀等。

No.3-2：观测点位于浉河港镇北部房河的顺直河段处。房河是浉河的一条支流，南湾水库建成后，该河在浉河港镇东直接注入水库。主要实习内容是利用流速仪测定房河流速与流量。首先讲解流速仪的使用方法、测流断面和测流垂线布设方法、流速和流量计算方法。然后分组测量房河流速和流量，填写有关表格。

由于房河注入南湾水库河段的水面较窄（25m 左右）、较浅（水深<1m），在测流断面上布设 4 条测深垂线即可。首先，用测深杆量出每个测深垂线的水深，按照“一点法”将流速仪的铅鱼放置在 0.6 倍水深处，测量各垂线的水流流速。然后，按照本书第五章第一节的要求计算出各测深垂线之间、边岸与最近垂线之间的分面积及其平均流速（其中边岸

分面积的流速系数取 0.7)；将各个分断面的面积与其平均流速相乘，得到各分断面的流量。最后，将各个分断面的流量相加，即得到该测流断面的总流量。表 14-6 所列数据是 2015 年 5 月初房河测流断面的流速实测值和流量计算表。

表 14-6　房河流速实测值和流量计算（2015 年）

测深垂线	垂线起点距/m	水深/m	垂直测点流速/（m/s）	分断面面积/m^2	分断面平均流速/（m/s）	分断面流量/（m^3/s）	测流断面总流量/（m^3/s）
边岸	0	0	0				
				1.05	0.022	0.023	
1	3	0.70	0.032				
				1.89	0.044	0.083	
2	6	0.56	0.056				
				1.89	0.050	0.095	0.268
3	9	0.70	0.043				
				1.89	0.030	0.057	
4	12	0.56	0.017				
				0.84	0.012	0.010	
边岸	15	0	0				

四、实习路线四（浉河谷地）

从中共信阳市委党校门口向南约 200m，到达南湾水库溢洪道与浉河汇流处附近，布设第一个观测点。之后沿浉河南岸的茶韵路向北，再向东到达“茗阳阁”（与信阳师范学院隔河相望）附近的浉河南岸，布设第二个观测点（图 14-15）。

图 14-15　党校—浉河实习路线及观测点

（一）教学目的

（1）认识河床相与河漫相物质组成及形态特征。

（2）了解河流堆积阶地和基座阶地的特征。

（二）观测点及其主要实习内容

No.4-1：观测点位于南湾水库溢洪道与浉河汇流处北侧的浉河谷地，主要实习内容是观察浉河河床相、河漫滩相沉积物特征，一级堆积阶地的形态和沉积物特征。

该段浉河河谷呈 NNE 向，宽约 190m，现代河槽位于东侧。河床相沉积物厚度约 10m，分上下两层。上层为细砂层，厚 5～6m，砂粒均匀；下层为砂卵石层，厚 1～3m。砂层与砂卵石层交界处或砂层内部有零星透镜状灰黑色淤泥分布。河漫滩位于河床西侧，宽度约 150m。河漫滩横剖面中部比东西两侧低约 1m，这是洪水漫过河漫滩时，水动力锐减，滨床部分沉积物大量沉积造成的。河漫滩西部高于中部，可能是西侧阶地崩塌或受人类活动影响的缘故。从河漫滩垂直方向上的物质组成来看，明显分为上下两层，二元结构十分典型。上层是河漫滩相，物质组成较细，以亚黏土为主；下层是河床相，物质组成较粗，主要是砂与砂卵石。

河谷东西两侧分布有一级阶地，东侧阶地面宽 250m 左右，西侧宽 150m 左右，高出河床 5～8m。一级阶地属于堆积阶地，物质组成主要是亚黏土。目前，一级阶地大部分被各种建筑物所覆盖，少部分为农田。中共信阳市委党校就坐落在一级阶地上。

根据上述观察描述，可绘制信阳南湾浉河南北向河段河谷横剖面示意图（图 14-16）。

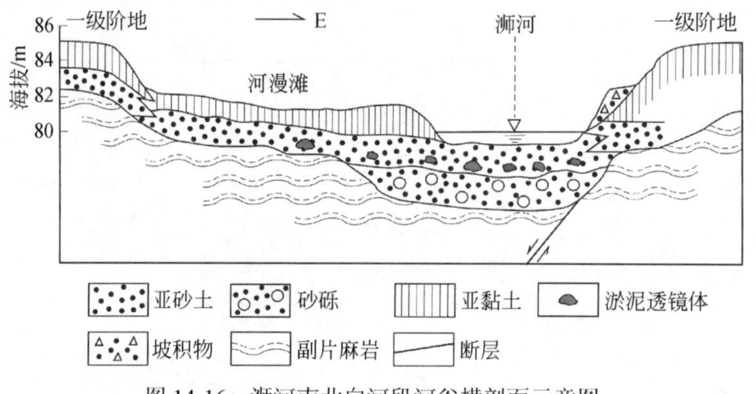

图 14-16　浉河南北向河段河谷横剖面示意图

No.4-2：观测点位于信阳师范学院附近的浉河南岸，实习内容是观察浉河三级阶地。浉河三级阶地保留很少，且为基座阶地。信阳师范学院附近的浉河三级阶地高出水面 11m，北侧的一、二级阶地已被侵蚀，荡然无存。在垂直方向上，阶地物质组成可分三层：下层为片麻岩（基座），厚度约 7m，岩层南倾；中间为砂卵石层，厚约 30cm；上层为红褐色亚黏土，厚度＞3m（图 14-17）。受流水切割影响，该阶地较破碎，呈低丘垅岗形态。

五、实习路线五（信阳市气象站）

信阳市气象站位于笔架山东部，浉河南岸。可从中共信阳市委党校乘车沿茶韵路到虹桥，再沿 G107 国道向南行至正商大道交叉口，即到达信阳市气象站（图 14-18）。

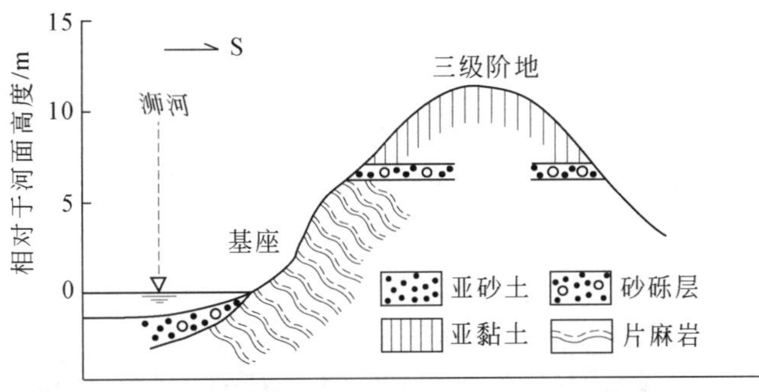

图 14-17　信阳师范学院南浉河三级阶地示意图

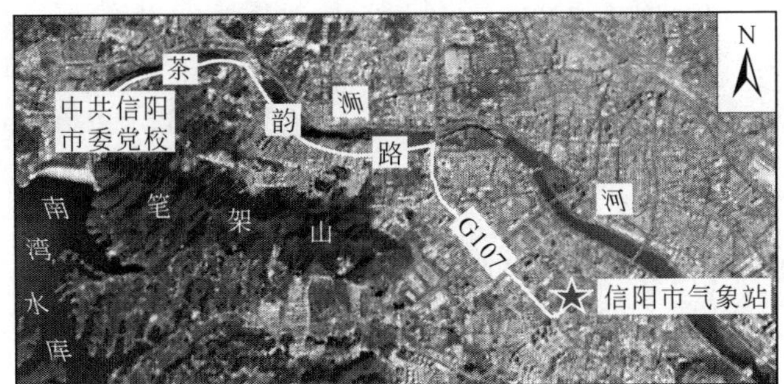

图 14-18　信阳市气象站实习路线

（一）教学目的

（1）了解信阳市气象气候特征和气候资源概况。

（2）观察标准气象观测场的仪器布局，了解仪器操作要点。

（二）主要实习内容

首先请气象站业务人员讲解信阳市气候类型、气象气候特征、气候资源和主要气象灾害。然后由气象观测技术人员带领，进入气象观测场，了解各种气象观测仪器的布局及其观测技术规范。最后到气象科技服务中心，了解气象数据处理和天气预报的工作流程。

信阳市气象站成立于 1950 年，是国家基本气象站之一。站点海拔 114.5m，114°03′E，32°08′N。

主要参考文献

蔡长明，左惠玲，刘华. 2010. 昭平台水库流域水资源特征分析. 河南水利与南水北调，(6)：55-56.

陈波涔，马建华，1992. 自然地理野外实习. 开封：河南大学出版社.

程年训. 1996. 透明天球仪在教学中的应用. 教学仪器与实验，11（1）：3-6.

程胜利，孙宝玲，苗雨国. 2008. 嵩山地质实习指南. 北京：地震出版社.

丁圣彦，王磐基，商富德. 1996. 河南省石人山自然保护区的自然地理特征. 河南科学，14（1）：61-65.

董东平. 2007. 土壤与植物地理野外调查研究. 呼和浩特：内蒙古大学出版社.

董东平. 2008. 嵩山与鸡公山自然保护区植物区系比较研究. 武汉植物学研究，26（1）：47-52.

董东平，郑敬刚，叶永忠. 2009. 河南嵩山国家森林公园木本植物区系. 林业科学，45（3）： 160-166.

高东方，盛利芳. 2015. 嵩山“石淙会饮”地貌成因探讨. 西部探矿工程，(10)： 89-90.

郭建侠，陈挺，张建磊，等. 2014.气象探测环境保护规范 地面气象观测站（GB 31221—2014）. 北京：中国标准出版社.

郭文秀. 2012. 河南省鲁山县百里温泉地热资源勘查、开发利用及保护建议. 地球科技，(9-10)：34-38.

郭文秀. 2014. 河南省鲁山县百里温泉地热资源的成因分析. 中小企业管理与科技，(19)：123-124.

郝汉舟. 2013. 土壤地理学与生物地理学实习实践教程. 成都：西南交通大学出版社.

河南省地质矿产局. 1989. 河南省区域地质志. 北京：地质出版社.

何涛. 2006. 河南省南湾水库渔业资源现状调查及开发利用. 武汉：华中农业大学硕士学位论文.

华栋. 1985. 云台山种子植物区系的调查研究. 江苏师范大学学报（自然科学版），(1)：99-104.

蒋永年. 1989. “太古界大理岩”的成因探讨. 中国地质科学院天津地质矿产研究所所刊，23：1-6.

景贵和，周人龙，徐樵利. 1990. 综合自然地理学. 北京：高等教育出版社.

李国柱. 2001. 南湾实验林场森林资源分析及永续利用的意见. 河南林业科技，21（4）：7-8.

李文勇，夏斌，路文芬. 2004. 东秦岭的地球物理、构造分带特征及演化. 地质与勘探，40（1）：36-40.

李延娟，鞠长增，王捷，等. 1990. 河南信阳南湾水库牌坊鸟岛鸟类调查报告. 信阳师范学院学报（自然科学版），3（2）：163-167.

李自荣. 2007. 南湾水库水质状况调查及治理对策. 水利渔业，27（5）：65-66，116.

连云港市水利局，江苏省水文水资源勘测局连云港分局. 2011. 连云港水资源公报（2011）.http：//www.doc88.com/p-9993541019416.html.

聊城大学环境与规划学院. 2010. 自然地理野外实习指导. 开封：河南大学出版社.

林英华，杜志勇，溪波，等. 2012. 河南信阳南湾湖鸟类调查与多样性分析. 湿地科学与管理，8（3)：48-52.

林州地方史志办公室. 2004. 林州市志（卷一：地理）. 郑州：中州古籍出版社.

刘家润，吴俊奇，蔡元峰. 2014. 江苏及若干邻区基础地质认识实习.2 版. 南京：南京大学出版社.

刘敏，刘羽霞，任可心，等. 2014. 种-面积曲线三种扩大样地面积的方法比较. 首都师范大学学报（自然科学版），35（5）：60-63.

刘肖，杨琰，彭涛，等. 2015. 河南鸡冠洞洞穴对极端气候的相应及其控制因素研究. 环境科学，36（5)：1582-1589.

刘学富，张燕平，李志岸，等. 2004. 基础天文学配套光盘. 北京：高等教育电子音像出版社.

罗怀良. 2012. 综合自然地理学. 北京：科学出版社.

罗文金，陈少茹，陈少茹，等. 2006. 河南省五大温泉成因研究及综合开发利用规划. 地下水，28(4)：42-44.

马广钦，任翰. 2001. 新构造运动在连云港的地貌响应. 安阳师范学院学报，(2)：104-106.

马建华. 1993. 告成观星台. 地理知识，(2)：14.

马建华，张桂宾，刘玉振. 2006. 嵩山地区自然地理及其实习. 北京：科学出版社.

马建华，朱玉涛. 2009. 嵩山景区旅游活动对土壤组成和性质的影响. 土壤学报，46（1)：164-168.

平顶山学院环境与地理科学系. 2012. 尧山自然保护区植被与土壤调查及其关系分析. https：//wenku.baidu.com/view/cb9e6324192e45361066f5c5.html.

其和日格，李景朝，杨东来，等. 2015. 区域地质图图例（GB/T 958—2015）. 北京：中国标准出版社.

邱海峻，许志琴，张建新，等. 2003. 苏北连云港地区蓝闪绿片岩相岩块的发现. 岩石矿物学杂志，22（1)：34-40.

全石琳. 1988. 综合自然地理学导论. 开封：河南大学出版社.

全石琳，司锡明，冯兴祥. 1985. 河南省综合自然区划. 郑州：河南科学技术出版社.

任健美. 2011. 自然地理实验与实习教程. 北京：气象出版社.

任升莲，宋传中，Lin Shoufa，等. 2013. 伏牛山构造带变质流体脉变形特征经济构造意义. 地质科学，48（3)：626-637.

尚富德，苗琛，王磐基. 1996. 江苏省连云港市植物区系和植物资源的研究. 河南科学，(s1)：66-68.

尚富德，苗琛，张培强. 2001. 连云港市植物区系和植物资源的研究. 河南大学学报（自然科学版)，31（1)：84-86.

宋朝枢. 1994. 鸡公山自然保护区科学考察集. 北京：中国林业出版社.

田朝阳. 1988. 嵩山植被分类及群落的初步研究. 河南农业大学学报，22（4)：502-510.

田朝阳. 1990. 嵩山植被垂直分布规律. 河南林业科技，(1)：21-22.

王光军，田大伦，朱凡. 2007. 南湾库区森林植被恢复与可持续经营研究. 安徽农业科学，35（32)：10268-10269，10277.

王荷生. 1997. 华北植物区系地理. 北京：科学出版社.

王建. 2012. 江苏沿海地理学综合实习指导纲要. 北京：科学出版社.

王静爱. 2010. 中国省市区地理丛书. 北京：北京师范大学出版社.

王静爱，左伟. 2009. 中国地理图集（中国土壤成土母质图）. 北京：中国地图出版社.

王礼焦，孙皓，杜永，等. 2010. 连云港市水资源状况与节水农业发展探讨. 现代农业科技，23：239-242.

王永昌，刘道平，张金池. 2006. 江苏云台山森林群落学特征研究. 西南林业大学学报，26（6)：10-14.

王玉玲，闫永锋. 1999. 连云港海滨无脊椎动物调查报告. 商丘师专学报，15（6)：89-92.

王卓理，耿鹏旭. 1999. 石人山自然保护区地貌的形成. 平顶山师专学报，14（2)：59-61.

吴忱. 2008. 华北地貌环境及其形成演化. 北京：科学出版社.

吴忱，马永红，张秀清. 1999. 华北山地地形面地文期与地貌发育史. 石家庄：河北科学技术出版社.

吴坤杰，汪炳炎，陈向明. 2006. 信阳市大型水库的水质分析及浮游植物初级生产力的测定. 河南水产，67（2)：33-35.

伍光和，蔡运龙. 2004. 综合自然地理学. 北京：高等教育出版社.

熊黑钢，陈西玫. 2010. 自然地理野外实习指导——方法与实践能力. 北京：科学出版社.

徐军，阎传海. 2001. 连云港地区木本植物区系特征及其城市绿化策略. 江苏师范大学学报（自然科学版)，19（2)：61-62.

严海兵，陈敏东，李秉柏. 2008. 江苏滨海盐土有机质含量的空间变异研究. 江苏农业科学，(3)：224-228.

杨士弘. 2002. 自然地理学实验与实习. 北京：科学出版社.

叶永忠. 1992. 中岳嵩山植物资源的初步研究. 自然资源学报，7（1）：91-96.
叶永忠，吴顺卿. 1993. 嵩山植物志. 北京：中国科学技术出版社.
叶永忠，李培学，瞿文元. 2014. 河南鸡公山国家级自然保护区科学考察集. 北京：科学出版社.
尤宾. 2003. 浉河信阳市段水环境现状及污染总量控制. 水资源保护，19（3）：18-21.
喻长新，李桂荣，周传槐，等. 1995. 江苏土壤. 北京：中国农业出版社.
张光业，周华山，孙宪章. 1985. 河南省地貌区划. 郑州：河南科学技术出版社.
张吉献. 2010. 林州太行山地质地貌野外实习的实践与探索. 实验技术与管理，37（4）：150-152.
张佳平，丁彦芬. 2012a 江苏云台山天然植物群落调查与配置模式分析. 东北林业大学学报，40(11)：90-95.
张佳平，丁彦芬. 2012b. 连云港云台山野生草本植物资源调查、应用及保护研究. 草业学报，21(4)：215-223.
张俊民. 1991. 江苏省的砂姜黑土资源及其利用. 地理研究，10（3）：43-50.
张启珍，张吉献. 2004. 申报建立林州国家地质公园的地质环境综述.中国煤炭地质，16（5）：39-42.
赵永久. 1999. 嵩山地质地貌. 香港：香港文慧国际出版有限公司.
赵媛. 2010. 南京地区地理综合实习指导纲要. 北京：科学出版社.
郑度. 2015. 中国自然地理总论. 北京：科学出版社.
中国科学院自然区划工作委员会. 1959. 中国综合自然区划（初稿）. 北京：科学出版社.
中国气象局. 2003. 地面气象观测规范. 北京：气象出版社.
中国气象局综合观测司. 2016.地面气象观测业务技术规定. https：//wenku.baidu.com/view/ 473c5d8e33687e21ae45a938.html.
中国植被编辑委员会. 1980. 中国植被. 北京：科学出版社.
周保林，李国柱，陈光禄，等. 1996. 信阳南湾鸟岛湿地鸟类资源的调查及保护. 河南农业大学学报，30（4）：384-390.
周华山. 1983. 笔架山地区地貌发育特点的初步分析. 河南大学学报（自然科学版），(1)：63-68.
周强，陈克龙，肖景义，等. 2005. 自然地理学野外实习——原理、方法与实践. 西宁：青海人民出版社.
邹志惶. 2007. 南湾水库坝基顺河断层带渗透稳定性研究. 郑州：华北水利水电大学硕士论文.

附录 1 剖面线与岩层走向不垂直时的岩层真、假倾角换算表

假倾角 β / 真倾角	剖面线与岩层走向间夹角																
	80°	75°	70°	65°	60°	55°	50°	45°	40°	35°	30°	25°	20°	15°	10°	5°	1°
10°	9°51′	9°40′	9°24′	9°5′	8°41′	8°13′	7°411′	7°6′	6°28′	5°46′	5°12′	4°15′	3°27′	2°37′	1°45′	0°53′	0°10′
15°	14°47′	14°31′	14°8′	13°39′	13°34′	12°28′	11°36′	10°47′	9°46′	8°44′	7°38′	6°28′	5°14′	3°33′	2°40′	1°20′	0°16′
20°	19°43′	19°23′	18°53′	18°15′	17°30′	16°36	15°35′	14°25′	13°10′	11°48′	10°19′	8°45′	7°6′	5°23′	3°37′	1°49′	0°22′
25°	24°43′	24°15′	23°39′	22°55′	22°0′	20°54	19°39′	18°15′	16°41′	14°58′	13°7′	11°9′	9°3′	6°53′	4°37′	2°20′	0°28′
30°	29°37′	29°39′	28°29′	27°37′	26°34′	25°18	23°51′	22°12′	20°21′	18°19′	16°6′	13°43′	11°10′	8°30′	5°44′	2°53′	0°35′
35°	34°36′	34°4′	33°21′	32°24′	31°13′	29°50′	28°12′	26°20′	24°14′	21°53′	19°18′	16°29′	13°218′	10°16′	6°56′	3°30′	0°42′
40°	39°34′	39°2′	38°15′	37°15′	36°0′	34°30′	32°44′	30°41′	28°20′	25°42′	22°45′	19°31′	16°0′	12°15′	8°17′	4°11′	0°50′
45°	44°34′	44°1′	43°13′	42°11′	40°54′	39°19′	37°27′	35°16′	32°44′	29°50′	26°33′	22°35′	18°53′	14°30′	9°51′	4°59′	1°0′
50°	49°34′	49°1′	48°14′	47°12′	45°54′	44°17′	42°33′	40°7′	37°27′	34°21′	30°47′	26°44′	22°11′	17°9′	11°41′	5°56′	1°11′
55°	54°35′	54°4′	53°19′	52°18′	51°3′	49°29′	47°35′	45°17′	42°33′	39°20′	35°32′	31°7′	26°2′	20°17′	13°55′	7°6′	1°26′
60°	59°37′	59°8′	58°26′	57°30′	56°19′	54°49′	53°0′	50°46′	48°4′	44°47′	40°54′	36°14′	30°29′	24°8′	16°44′	8°35′	1°44′
65°	64°40′	64°14′	63°36′	62°46′	61°42′	60°21′	58°40′	56°36′	54°2′	50°53′	46°59′	42°11′	36°15′	29°2′	20°25′	10°35′	2°9′
70°	69°43′	69°21′	63°49′	68°7′	67°12′	66°8′	64°35′	62°46′	60°29′	57°36′	53°57′	59°16′	43°13′	35°25′	32°57′	13°28′	2°45′
75°	74°47′	74°30′	74°5′	73°32′	72°48′	71°53′	70°43′	69°14′	57°22′	64°58′	61°49′	57°37′	51°55′	44°17′	44°33′	18°1′	3°44′
80°	79°51′	79°39′	79°22′	78°59′	78°29′	77°51′	77°2′	76°0′	74°40′	73°15′	70°34′	67°21′	62°43′	55°44′	63°15′	26°18′	5°31′
85°	84°56′	84°50′	84°21′	84°29′	84°14′	83°54′	86°29′	82°55′	82°15′	81°20′	80°5′	78°196	75°39′	71°20′	84°56′	44°54′	11°17′
89°	88°59′	88°58′	84°5′	88°54′	88°51′	88°47′	88°42′	88°35′	88°27′	88°15′	88°0′	87°38′	87°5′	86°9′	84°15′	78°41′	44°15′

附录 2　土壤 pH 混合指示剂和标准色阶配制

1. 土壤 pH 为 4～8 混合指示剂的配制

分别称取溴甲酚绿、溴甲酚紫和甲酚红各 0.25g，将其混合放在研钵中，加 13mL 0.1mol/L 氢氧化钠溶液及 5mL 蒸馏水，共同研磨，当固体试剂全部溶解后，转移到 1000mL 容量瓶中，加蒸馏水至刻度。最后用 0.1mol/L 氢氧化钠或 0.1mol/L 盐酸溶液调节指示剂颜色为 pH7 的颜色（浅藏青色），分装在滴瓶中备用。

2. 土壤 pH 在 7～9 混合指示剂的配制

分别称取甲酚红和百里酚蓝各 0.25g，将其混合放在研钵中，加 0.1mol/L 氢氧化钠 11.39mL 和蒸馏水 5mL，共同研磨，当固体试剂全部溶解后，转移到 1000mL 容量瓶中，加蒸馏水至刻度，用稀酸或稀碱溶液调节指示剂颜色为棕红色。分装在滴瓶中备用。

3. 土壤 pH 标准色阶的配制

首先，配制 A、B、C、D 四种溶液。

A 溶液配制：称取经 120℃烘 2 小时除去结晶水的磷酸氢二钠 14.217g，溶于蒸馏水中，定容至 500L，磷酸氢二钠浓度为 0.2mol/L。

B 溶液配制：称取经 70℃烘 2 小时除去结晶水的柠檬酸 9.607g，溶于蒸馏水中，定容至 500mL，柠檬酸浓度为 0.1mol/L。

C 溶液配制：称取经 120℃烘 2 小时除去结晶水的磷酸二氢钾 6.806g，溶于蒸馏水中，定容至 500mL，磷酸二氢钾浓度为 0.1mol/L。

D 溶液配制：称取硼砂 9.554g，溶于蒸馏水中，定容至 500mL，硼砂溶度为 0.05mol/L。

然后，按附表 2-1 将上述 4 种溶液按不同比例混合，放到 20mL 具塞玻璃管中，得到一系列已知 pH 的标准缓冲溶液。

最后在 pH 为 4.0～8.2 的玻璃管分别加入 pH 为 4～8 混合指示剂 10 滴显色，在 pH 为 8.5 和 pH 为 9.0 玻璃管中分别加入 pH 为 7～9 混合指示剂 10 滴显色，加塞封蜡保存，并贴上相应的 pH 标签，可制出标准色阶，供野外测定土壤 pH 时比色之用。为了在野外使用方便，也可用颜料调成各标准色阶的颜色，并涂在硬质白纸上，做成土壤 pH 标准比色卡。

附表 2-1　pH 标准缓冲溶液的配制

标准缓冲溶液 pH	A 溶液/mL	B 溶液/mL	C 溶液/mL	D 溶液/mL
4.0	7.71	12.29	—	—
4.5	9.08	10.92	—	—
5.0	10.30	9.70	—	—
5.5	11.38	8.62	—	—
6.0	12.63	7.37	—	—
6.5	14.20	5.80	—	—
7.0	16.47	3.35	—	—
7.5	18.45	1.55	—	—
8.0	19.45	0.55	—	—
8.5	—	—	7.27	12.73
9.0	—	—	3.57	16.43

附录3 本书主要动植物拉丁文名录

（按汉语拼音排序）

动 物 界

鸟类

目

佛法僧目 CORACIIFORMES
鸽形目 COLUMBIFORMES
鹳形目 CICONIIFORMES
鹤形目 GRUIFORMES
鸻形目 CHARADRIIFORMES
鸡形目 GALLIFORMES
鹃形目 CUCULIFORMES
䴕形目 PICIFORMES
鸥形目 LARIFORMES
䴙䴘目 PODICIPEDIFORMES
雀形目 PASSERIFORMES
隼形目 FALCONIFORMES
鹈形目 PELECANIFORMES
鸮形目 STRIGIFORMES
雁形目 ANSERIFORMES
夜鹰目 CAPRIMULGIFORMES

科

八色鸫科 Pittidae
百灵科 Alaudidae
鹎科 Pycnonotidae
伯劳科 Laniidae
长尾山雀科 Aegithalidae
鸱鸮科 Strigidae
翠鸟科 Alcedinidae
杜鹃科 Cuculidae
蜂鸟科 Trochilidae
鹳科 Ciconiidae
鹤科 Gruidae
黄鹂科 Oriolidae
鹡鸰科 Motacillidae
鸠鸽科 Columbidae
卷尾科 Dicruridae
椋鸟科 Sturnidae
鹭科 Ardeidae
鸥科 Laridae
梅花雀科 Estrildidae
雀科 Passeridae
山椒鸟科 Campephagidae
山雀科 Paridae
扇尾莺科 Cisticolidae
隼科 Falconidae
太阳鸟科 Nectariniidae
鹟科 Muscicapidae
鹀科 Emberizidae
绣眼鸟科 Zosteropidae
鸦科 Corvidae
鸭科 Anatidae
燕科 Hirundinidae
秧鸡科 Rallidae
夜鹰科 Caprimulgidae
鹰科 Accipitridae
雨燕科 Apodidae
鹬科 Scolopacidae
啄木鸟科 Picidae

属

鹌鹑属 *Coturnix*
斑鸠属 *Streptopelia*
鸫属 *Turdus*

黄鹂属 *Oriolus*
蝗莺属 *Locustella*
鹡鸰属 *Motacilla*
交嘴雀属 *Loxia*
苦恶鸟属 *Amaurornis*
柳莺属 *Phylloscopus*
文鸟属 *Lonchura*
鹀属 *Emberiza*
种
暗灰鹃䴗 *Lalage melaschistos*
暗绿柳莺 *Phylloscopus trochiloides*
暗绿绣眼鸟 *Zosterops japonicus*
八哥 *Acridotheres cristatellus*
白额燕鸥 *Sternula albifrons*
白腹鸫 *Turdus pallidus*
白腹军舰鸟 *Fregata andrewsi*
白冠长尾雉 *Syrmaticus reevesii*
白鹳 *Ciconia ciconia*
白鹤 *Grus leucogeranus*
白鹡鸰 *Motacilla alba*
白颈鸦 *Corvus pectoralis*
白眉歌鸫 *Turdus iliacus*
白眉姬鹟 *Ficedula zanthopygia*
白眉鸭 *Anas querquedula*
白头鹎 *Pycnonotus sinensis*
白头海雕 *Haliaeetus leucocephalus*
白头鹤 *Grus monacha*
白胸苦恶鸟 *Amaurornis phoenicurus*
白腰草鹬 *Tringa ochropus*
斑姬啄木鸟 *Picumnus innominatus*
斑头鸺鹠 *Glaucidium cuculoides*
斑嘴鸭 *Anas poecilorhyncha*
北红尾鸲 *Phoenicurus auroreus*
苍鹭 *Ardea cinerea*
橙头地鸫 *Geokichla citrina*
赤腹鹰 *Accipiter soloensis*
赤颈䴙䴘*Podiceps grisegena*
池鹭 *Ardeola bacchus*
大白鹭 *Ardea alba*
大斑啄木鸟 *Dendrocopos major*
大鸨 *Otis tarda*
大杜鹃 *Cuculus canorus*
大山雀 *Parus major*
大天鹅 *Cygnus cygnus*
大苇莺 *Acrocephalus arundinaceus*
大鹰鹃 *Hierococcyx sparverioides*
大嘴乌鸦 *Corvus macrorhynchos*
戴胜 *Upupa epops*
丹顶鹤 *Grus japonensis*
东方白鹳 *Ciconia boyciana*
短翅树莺 *Horornis diphone*
发冠卷尾 *Dicrurus hottentottus*
绯胸鹦鹉 *Psittacula alexandri*
凤头麦鸡 *Vanellus vanellus*
凤头䴙䴘*Podiceps cristatus*
凤头鹀 *Melophus lathami*
冠纹柳莺 *Phylloscopus reguloides*
冠鱼狗 *Ceryle lugubris*
褐柳莺 *Phylloscopus fuscatus*
黑背燕尾 *Enicurus immaculatus*
黑鹳 *Ciconia nigra*
黑卷尾 *Dicrurus macrocercus*
黑脸琵鹭 *Platalea minor*
黑脸噪鹛 *Garrulax perspicillatus*
黑琴鸡 *Lyrurus tetrix*
黑水鸡 *Gallinula chloropus*
黑鸢 *Milvus migrans*
黑枕黄鹂 *Oriolus chinensis*
黑啄木鸟 *Dryocopus martius*
红翅凤头鹃 *Clamator coromandus*
红腹锦鸡 *Chrysolophus pictus*
红隼 *Falco tinnunculus*
红头长尾山雀 *Aegithalos concinnus*
红胁蓝尾鸲 *Tarsiger cyanurus*
红胸田鸡 *Porzana fusca*
红嘴蓝鹊 *Urocissa erythrorhyncha*
红嘴鸥 *Larus ridibundus*
红嘴相思鸟 *Leiothrix lutea*
鸿雁 *Anser cygnoides*
虎斑地鸫 *Zoothera dauma*

虎纹伯劳 *Lanius tigrinus*
画眉 *Garrulax canorus*
环颈雉 *Phasianus colchicus*
黄腹山雀 *Parus venustulus*
黄喉鹀 *Emberiza elegans*
黄雀 *Carduelis spinus*
黄臀鹎 *Pycnonotus xanthorrhous*
黄胸鹀 *Emberiza aureola*
黄腰柳莺 *Phylloscopus proregulus*
黄腰太阳鸟 *Aethopyga siparaja*
黄嘴白鹭 *Egretta eulophotes*
灰背伯劳 *Lanius tephronotus*
灰鹤 *Grus grus*
灰鹡鸰 *Motacilla cinerea*
灰卷尾 *Dicrurus leucophaeus*
灰椋鸟 *Sturnus cineraceus*
灰山椒鸟 *Pericrocotus divaricatus*
灰树鹊 *Dendrocitta formosae*
灰头绿啄木鸟 *Picus canus*
灰头麦鸡 *Vanellus cinereus*
灰头鹀 *Emberiza spodocephala*
灰喜鹊 *Cyanopica cyanus*
灰胸竹鸡 *Bambusicola thoracicus*
灰雁 *Anser anser*
火斑鸠 *Streptopelia tranquebarica*
鸡 *Gallus gallus domesticus*
极北柳莺 *Phylloscopus borealis*
矶鹬 *Actitis hypoleucos*
家燕 *Hirundo rustica*
剑鸻 *Charadrius hiaticula*
鹪鹩 *Troglodytes troglodytes*
金翅雀 *Carduelis sinica*
金雕 *Aquila chrysaetos*
金腰燕 *Cecropis daurica*
巨嘴柳莺 *Phylloscopus schwarzi*
蓝翅八色鸫 *Pitta moluccensis*
蓝翡翠 *Halcyon pileata*
蓝马鸡 *Crossoptilon auritum*
栗耳鹀 *Emberiza fucata*
栗头蜂虎 *Merops leschenaulti*
栗苇鳽 *Lxobrychus cinnamomeus*
领雀嘴鹎 *Spizixos semitorques*
芦莺 *Acrocephalus scirpaceus*
绿头鸭 *Anas platyrhynchos*
麻雀 *Passer montanus*
蒙古百灵 *Melanocorypha mongolica*
牛背鹭 *Bubulcus ibis*
牛头伯劳 *Lanius bucephalus*
披肩榛鸡 *Bonasa umbellus*
普通翠鸟 *Alcedo atthis*
普通鵟 *Buteo buteo*
普通鸬鹚 *Phalacrocorax carbo*
普通䴓 *Sitta europaea*
普通燕鸥 *Sterna hirundo*
普通夜鹰 *Caprimulgus indicus*
鹊鸲 *Copsychus saularis*
雀鹰 *Accipiter nisus*
日本鹌鹑 Coturnix japonica
日本树莺 *Horornis diphone*
三宝鸟 *Eurystomus orientalis*
三道眉草鹀 *Emberiza cioides*
山斑鸠 *Streptopelia orientalis*
山鹡鸰 *Dendronanthus indicus*
石鸡 *Alectoris chukar*
寿带 *Terpsiphone paradisi*
树鹨 *Anthus hodgsoni*
水鹨 *Anthus spinoletta*
丝光椋鸟 *Sturnus sericeus*
四声杜鹃 *Cuculus micropterus*
松雀鹰 *Accipiter virgatus*
松鸦 *Garrulus glandarius*
乌鸫 *Turdus merula*
喜鹊 *Pica pica*
小杜鹃 *Cuculus poliocephalus*
小灰山椒鸟 *Pericrocotus cantonensis*
小鸊鷉*Tachybaptus ruficollis*
小鸦鹃 *Centropus bengalensis*
小燕尾 *Enicurus scouleri*
星头啄木鸟 *Dendrocopos canicapillus*
星鸦 *Nucifraga caryocatactes*

锈脸钩嘴鹛 *Pomatorhinus erythrogenys*
旋木雀 *Certhia familiaris*
岩鸽 *Columba rupestris*
燕雀 *Fringilla montifringilla*
夜鹭 *Nycticorax nycticorax*
银喉长尾山雀 *Aegithalos caudatus*
银鸥 *Larus argentatus*
疣鼻天鹅 *Cygnus olor*
游隼 *Falco peregrinus*
鸳鸯 *Aix galericula*
云雀 *Alauda arvensis*
噪鹃 *Eudynamys scolopaceus*
震旦鸦雀 *Paradoxornis heudei*
中白鹭 *Ardea intermedia*
中华秋沙鸭 *Mergus squamatus*
朱背啄花鸟 *Dicaeum cruentatum*
朱鹮 *Nipponia nippon*
珠颈斑鸠 *Streptopelia chinensis*
紫啸鸫 *Myophonus caeruleus*
棕背伯劳 *Lanius schach*
棕腹杜鹃 *Cuculus fugax*
棕颈钩嘴鹛 *Pomatorhinus ruficollis*
棕脸鹟莺 *Abroscopus albogularis*
棕头鸦雀 *Paradoxornis webbiana*
棕噪鹛 *Garrulax poecilorhynchus*

兽类

豺 *Cuon alpinus*
大灵猫 *Viverra zibetha*
褐家鼠 *Rattus norvegicus*
黄鼬 *Mustela sibirica*
金钱豹 *Panthera pardus*
狼 *Canis lupus*
鹿科 Cervidae
马铁菊头蝠 *Rhinolophus ferrumequinum*
狍 *Capreolus capreolus*
普氏原羚 *Procapra przewalskii*
青鼬 *Martes flavigula*
水獭 *Lutra lutra*
小家鼠 *Mus musculus*
小灵猫 *Viverricula indica*
亚洲长翼蝠 *Miniopterus pusillus*
原羚属 *Procapra*
原麝 *Moschus moschiferus*
野猪 *Sus scrofa*

昆虫类

长角跳虫科 Entomobryidae
大蚊科 Tipulidae
毛蠓科 Psychodidae
跳虫科 Poduridae
蚊科 Culicidae
圆跳虫科 Sminthuridae

两栖爬行类

科

壁虎科 Gekkonidae
鳖科鳖科 Trionychidae
龟科 Chinemys
蝰科 Viperidae
石龙子科 Scincidae
蜥蜴科 Lacertidae
游蛇科 Colubridae

种

赤链华游蛇 *Sinonatrix annularis*
东方蝾螈 *Cynops orientalis*
黑斑侧褶蛙 *Pelophylax nigromaculatus*
红点锦蛇 *Elaphe rufldorsfa*
虎斑颈槽蛇 *Rhabdophis tigrinus*
乌华游蛇 *Sinonatrix percarinata*
丽斑麻蜥 *Eremias argus*
山地麻蜥 *Eremias brenchleyi*
叶氏肛刺蛙 *Yerana yei*
泽陆蛙 *Fejervarya multistriata*
中国大鲵 *Andrias davidianus*
中华蟾蜍 *Bufo gargarizans*

鱼类

目

鲑形目 SALMONIFORMES
合鳃鱼目 SYNBRANCHIFORMES
颌针鱼目 BELONIFORMES
鲤形目 CYPRINIFORMES
鲈形目 PERCIFORMES

鳗鲡目 ANGUILLIFORME
鲇形目 SILURIFORMES

科

鲿科 Bagridae
刺鳅科 Mastacembelidae
海龙科 Syngnathidae
合鳃鱼科 Synbranchidae
鲤科 Cyprinidae
鳢科 Channidae
鳗鲡科 Anguillidae
鲇科 Siluridae
花鳅科 Cobitidae
塘鳢科 Eleotridae
鰕虎科 Gobiidae
鮨科 Serranidae
银鱼科 Salangidae
鱵科 Hemiramphidae

种

暗鳜 *Siniperca obscura*
半滑舌鳎 *Cynoglossus semilaevis*
斑鳜 *Siniperca scherzeri*
棒花鮈*Gobio rivuloides*
棒花鱼 *Abbottina rivularis*
鳊 *Parabramis pekinensis*
扁头哈那鲨 *Notorynchus cepedianus*
彩石鲋 *Pseudoperilampus lighti*
餐条 *Hemicculter Leuciclus*
草鱼 *Ctenopharyngodon idella*
长身鳜 *Siniperca roulei*
赤眼鳟 *Squaliobarbus curriculus*
黑鳍鳈 *Sarcocheilichthys nigripinnis*
刺鳅 *Mastacembelus aculeatus*
大鳞副泥鳅 *Paramisgurnus dabryanus*
大眼鳜 *Siniperca knerii*
大银鱼 *Protosalanx chinensis*
短尾鮠*Leiocassis brevicaudatus*
鲂 *Megalobrama skolkovii*
凤鲚 *Coilia mystus*
鳡 *Elopichthys bambusa*
高体近红鲌 *Ancherythroculter kurematsui*
高体鳑鲏 *Rhodeus ocellatus*
寡鳞飘鱼 *Pseudolaubuca engraulis*
海鳗 *muraenesox cinereus*
黑鳍鳈 *Sarcocheilichthys nigripinnis*
黑线银鲛 *Chimaera phantasma*
红鳍原鲌 *Cultrichthys erythropterus*
花鲭 *Hemibarbus maculatus*
中国花鲈 *Lateolabrax maculatus*
黄颡 *Pseudobagrus fulvidraco*
黄鳝 *Monopterus albus*
黄尾鲴 *Xenocypris davidi*
黄黝鱼 *Hypseleotris swinhonis*
鲫鱼 *Carassius auratus*
鳜 *Siniperca chuatsi*
孔鳐 *Raja porosa*
宽鳍鱲*Zacco platypus*
鲤 *Cyprinus carpio*
鲢 *Hypophthalmichthys molitrix*
绿鳍马面鲀 *Thamnaconus modestus*
蓝点马鲛 *Scomberomorus niphonius*
马口鱼 *Opsariichthys bidens*
麦穗鱼 *Pseudorasbora parva*
鳗鲡 *Anguilla japonica*
蒙古鲌 *Culter mongolicus Basilewsky*
泥鳅 *Misgurnus anguillicaudatus*
鲇 *Silurus asotus*
翘嘴鲌 *Culter alburnus Basilewsky*
青梢红鲌 *Erythroculter dabryi*
青鱼 *Mylopharyngodon piceus*
蛇鮈*Saurogobio dabryi*
似鳊 *Toxabramis swinhonis*
太湖新银鱼 *Neosalanx taihuensis*
瓦氏黄颡鱼 *Pelteobagrus vachellii*
武昌副沙鳅 *Parabotia banarescui*
团头鲂 *Megalobrama amblycephala*
乌鳢 *Channa argus argus*
细鳞鲴 *Xenocypris microlepis*
小口棒花鱼 *Abbottina guentheri*
大头鳕 *Gadus macrocephalus*
牙鲆 *Paralichthys olivaceus*

银鲳 *Pampus argenteus*
银鲴 *Xenocypris argentea*
飘鱼 *Pseudolaubuca sinensis*
鲬 *Platycephalus indicus*
真鲷 *Pagrus major*
中华花鳅 *Cobitis sinensis*
中华间吸鳅 *Hemimzon sinensis*
中华鳑鲏 *Rhodeus sinensis*
中华沙鳅 *Botia superciliaris*
中华鱵*Hemiramphus sinensis*
子陵栉鰕虎鱼 *Ctenogobius giurinus*
鲻鱼 *Mugil cephalus*

无脊椎动物类

白脊藤壶 *Balanus albicostatus*
扁玉螺 *Glossaulax didyma*
巢沙蚕 *Diopatra amboinensis*
长蛸 *Octopus variabilis*
大海豆芽 *Lingula murphiana*
短滨螺 *Littorina breuicula*
棍螅 *Coryne* spp.
海棒槌 *Paracaudina chilensis*
海豆芽 *Lingula anatine*
海蟑螂 *Ligia exotica*
函馆锉石鳖 *Ischnochiton hakodadensis*
褐蚶 *Didimarca tenebrica*
黑荞麦蛤 *Xenostrobus atratus*
红条毛肤石鳖 *Acanthochiton rubrolineatus*
红线黎明蟹 *Matuta planipes*
黄海葵 *Anthopleura xanthogrammica*
宽身大眼蟹 *Macrophthalmus dilatatum*
笠贝 *Patelloida schrenchii*
脉红螺 *Rapana venosa*
内刺盘管虫 *Hydroides ezoensis*
日本蟳 *Charybdis japonica*
绒螯近方蟹 *Hemigrapsus penicillatus*
肉球近方蟹 *Hemigrapsus sanguineus*
乳斑虎头蟹 *Orithyia mammillaris*
沙箸 *Virgularia* spp.
四角蛤蜊 *Mactra venerformis*
滩栖蛇尾 *Amphiura uadicola*
微黄镰玉螺 *Euspira gilva*
鲜明鼓虾 *Alpheus distinguendus*
疣荔枝螺 *Thais clauigera*
褶牡蛎 *Ostrea plicatula*
中国金蛤 *Anomia sinensis*
中间拟滨螺 *Littorinopsis intermedia*
纵条矶海葵 *Haliplanella luaiae*

植　物　界

菌类

科

多孔菌科 Polyporaceae
红菇科 Russulaceae
口蘑科 Tricholomataceae

属

鹅膏菌属 *Amanita*
红菇属 *Russula*
环柄菇属 *Lepiota*
马勃属 *Lycoperdon*
乳菇属 *Lactarius*
丝膜菌属 *Cortinarius*

苔藓植物

科

丛藓科 Pottiaceae
灰藓科 Hypnaceae
青藓科 Brachytheciaecae
提灯藓科 Mniaceae
羽藓科 Thuidiaceae
真藓科 Bryaceae

属

凤尾藓属 *Fissidnes*
光萼苔属 *Porella*
青藓属 *Brachythecium*

真藓属 *Bryum*

蕨类植物

科

凤尾蕨科 Pteridaceae

鳞毛蕨科 Dryopteridaceae

水龙骨科 Polypodiaceae

蹄盖蕨科 Athyriaceae

中国蕨科 Sinopteridaceae

紫萁科 Osmundaceae

属

耳蕨属 *Polystichum*

凤尾蕨属 *Pteris*

骨牌蕨属 *Lepidogrammitis*

卷柏属 *Selaginella*

鳞毛蕨属 *Dryopteris*

木贼属 *Equisetum*

石韦属 *Pyrrosia*

蹄盖蕨属 *Athyrium*

铁角蕨属 *Asplenium*

瓦韦属 *Lepisorus*

中国蕨属 *Sinopteris*

紫萁属 *Osmunda*

种

凤丫蕨 *Coniogramme japonica* (Thunb.) Diels

贯众 *Cyrtomium fortunei* J. Sm.

海金沙 *Lygodium japonicum* (Thunb.) Sw.

金星蕨 *Parathelypteris glanduligera* (Kze.) Ching

卷柏 *Selaginella tamariscina* (P.Beauv.) Spring

蕨 *Pteridium aquilinum* (Linn.) Kuhn var. latiusculum (Desv.)Underw.ex Heller

铁芒萁 *Dicranopteris linearis* (Burm.) Underw.

中国蕨 *Sinopteris grevilleoides* (Christ.) C. Chr. et Ching

中华卷柏 *Selaginella sinensis* (Desv.) Spring

裸子植物

科

红豆杉科 Taxaceae

杉科 Taxodiaceae

松科 Pinaceae

银杏科 Ginkgoaceae

属

落羽杉属 *Taxodium*

松属 *Pinus*

种

侧柏 *Platycladus orientalis* (Linn.) Franco

池杉 *Taxodium ascendens* Brongn

赤松 *Pinus densiflora* Sieb. et Zucc.

粗榧 *Cephalotaxus sinensis* (Rehder et E. H. Wilson) H. L. Li

黑松 *Pinus thunbergii* Parlatore

红豆杉 *Taxus chinensis* (Pilger) Rehd.

红豆树 *Ormosia hosiei* Hemsl. et Wils.

黄山松 *Pinus taiwanensis* Hayata

火炬松 *Pinus taeda* Linn.

金钱松 *Pseudolarix amabilis* (J.Nelson) Rehder

冷杉 *Abies fabri* (Mast.) Craib

柳杉 *Cryptomeria fortunei* Hooibrenk ex Otto et Dietr.

落羽杉 *Taxodium distichum* (Linn.) Rich.

马尾松 *Pinus massoniana* Lamb.

秦岭冷杉 *Abies chensiensis* Tiegh.

三尖杉 *Cephalotaxus fortunei* Hooker

杉木 *Cunninghamia lanceolata* (Lamb.)

湿地松 *Pinus elliottii* Engelmann

水杉 *Metasequoia glyptostroboides* Hu et W. C. Cheng

太白冷杉 *Abies fargesii* Franch.

铁杉 *Tsuga chinensis* (Franch.) Pritz.

秃杉 *Taiwania flousiana* Gaussen

油松 *Pinus tabulaeformis* Carr.

圆柏 *Sabina chinensis* (Linn.) Ant.

种子植物

科

百合科 Liliaceae

白花丹科 Plumbaginaceae

唇形科 Labiatae

大戟科 Euphorbiaceae
豆科 Leguminosae
杜仲科 Eucommiaceae
防己科 Menispermaceae
禾本科 Gramineae
胡桃科 Juglandaceae
桦木科 Betulaceae
金缕梅科 Hamamelidaceae
菊科 Asteraceae
壳斗科 Fagaceae
昆栏树科 Trochodendraceae
蓝果树科 Nyssaceae
藜科 Chenopodiaceae
连香树科 Cercidiphyllaceae
蓼科 Polygonaceae
马兜铃科 Aristolochiaceae
毛茛科 Ranunculaceae
猕猴桃科 Actinidiaceae
木兰科 Magnoliaceae
木通科 Lardizabalaceae
葡萄科 Vitaceae
漆树科 Anacardiaceae
槭树科 Aceraceae
茜草科 Rubiaceae
蔷薇科 Rosaceae
三白草科 Saururaceae
桑科 Moraceae
莎草科 Cyperaceae
十字花科 Brassicaceae
石竹科 Caryophyllaceae
柿科 Ebenaceae
睡莲科 Nymphaeaceae
天南星科 Araceae
透骨草科 Phrymaceae
卫矛科 Celastraceae
五味子科 Schisandraceae
苋科 Amaranthaceae
小檗科 Berberidaceae
眼子菜科 Potamogetonaceae
杨柳科 Salicaceae
罂粟科 Papaveraceae
榆科 Ulmaceae
樟科 Lauraceae

属

安息香属 *Styrax*
八角枫属 *Alangium*
菝葜属 *Smilax*
白茅属 *Imperata*
扁担杆属 *Grewia*
梣属 *Fraxinus*
檫木属 *Sassafras*
臭椿属 *Ailanthus*
大戟属 *Euphorbia*
地榆属 *Sanguisorba*
丁香属 *Syringa*
杜鹃属 *Rhododendron*
椴树属 *Tilia*
鹅耳枥属 *Carpinus*
鹅绒藤属 *Cynanchum*
防己属 *Sinomenium*
拂子茅属 *Calamagrostis*
杠柳属 *Periploca*
刚竹属 *Phyllostachys*
构属 *Broussonetia*
蒿属 *Artemisia*
胡桃属 *Juglans*
胡枝子属 *Lespedeza*
虎榛子属 *Ostryopsis*
桦木属 *Betula*
花楸属 *Sorbus*
槐属 *Sophora*
黄栌属 *Cotinus*
黄檀属 *Dalbergia*
荚蒾属 *Viburnum*
菅属 *Themeda*
碱茅属 *Puccinellia*
堇菜属 *Viola*
景天属 *Sedum*
榉属 *Zelkova*
苦木属 *Picrasma*

拉拉藤属 *Galium*
李属 *Prunus*
栎属 *Quercus*
栗属 *Castanea*
藜属 *Chenopodium*
连翘属 *Forsythia*
蓼属 *Polygonum*
柳属 *Salix*
葎草属 *Humulus*
马兜铃属 *Aristolochia*
芒属 *Miscanthus*
牡荆属 *Vitex*
木兰属 *Magnolia*
木犀属 *Osmanthus*
女贞属 *Ligustrum*
飘拂草属 *Fimbristylis*
朴属 *Celtis*
葡萄属 *Vitis*
槭属 *Acer*
蔷薇属 *Rosa*
青檀属 *Pteroceltis*
雀梅藤属 *Sageratia*
忍冬属 *Lonicera*
莎草属 *Cyperus*
山胡椒属 *Lindera*
山楂属 *Crataegus*
蛇莓属 *Duchesnea*
柿属 *Diospyros*
石蒜属 *Lycoris*
水蜡烛属 *Dysophylla*
素馨属 *Jasminum*
算盘子属 *Glochidion*
薹草属 *Carex*
糖芥属 *Erysimum*
唐松草属 *Thalictrum*
铁苋菜属 *Acalypha*
铁线莲属 *Clematis*
委陵菜属 *Potentilla*
卫矛属 *Euonymus*
蝟实属 *Kolkwitzia*
乌桕属 *Sapium*
喜树属 *Camptotheca*
绣线菊属 *Spiraea*
悬钩子属 *Rubus*
雪柳属 *Fontanesia*
盐肤木属 *Rhus*
眼子菜属 *Potamogeton*
杨属 *Populus*
羊胡子草属 *Eriophorum*
野古草属 *Arundinella*
樱属 *Cerasus*
榆属 *Ulmus*
泽兰属 *Eupatorium*
柘属 *Cudrania*
珍珠菜属 *Lysimachia*
诸葛菜属 *Orychophragmus*
紫堇属 *Corydalis*

种

艾蒿 *Artemisia argyi* Lévl. et Van.
矮生薹草 *Carex pumila* Thunb.
凹叶厚朴 *Magnolia officinalis* (Rehd. et Wils.) Cheng subsp. *biloba* (Rehd.et Wils.) Law
八角枫 *Alangium chinense* (Lour.) Harms
八角莲 *Dysosma versipellis* (Hance) M. Cheng
菝葜 *Smilax china* Linn.
白背叶 *Mallotus apelta* (Lour.) Muell. Arg.
白刺花 *Sophora davidii* (Franch.) Skeels
白桦 *Betula platyphylla* Suk.
白花龙 *Styrax faberi* Perk.
白鹃梅 *Exochorda racemosa* (Lindl.) Rehd.
白蜡树 *Fraxinus chinensis* Roxb.
白梨 *Pyrus bretschneideri* Rehd.
白栎 *Quercus fabri* Hance
白莲蒿 *Artemisia sacrorum* Ledeb.
白茅 *Imperata cylindrica* (Linn.) Beauv.
白檀 *Symplocos paniculata* (Thunb.) Miq.
白头翁 *Pulsatilla chinensis* (Bunge) Regel
白羊草 *Bothriochloa ischcemum* (Linn.) Keng
白榆 *Ulmus pumila* Linn..
白玉兰 *Magnolia heptapeta* (Buchoz) Dandy

百合 *Lilium brownii* F. E. Brown ex Miellez var. *viridulum* Baker
百里香 *Thymus mongolicus* Ronn.
板栗 *Castanea mollissima* Bl.
半夏 *Pinellia ternata* (Thunb.) Breit.
薄荷 *Mentha haplocalyx* Briq.
薄叶鼠李 *Rhamnus leptophylla* Schneid.
豹皮樟 *Litsea coreana* Lévl. var. *sinensis* (Allen) Yang et P.H.Huang
抱石莲 *Lepidogrammitis drymoglossoides* (Baker) Ching
荸荠 *Heleocharis dulcis* (Burm. F.) Trin. ex Henschel
扁担杆 *Grewia biloba* G. Don
萹蓄 *Polygonum aviculare* Linn.
滨藜 *Atriplex patens* (Litv.) Iljin
簸箕柳 *Salix suchowensis* W. C. Cheng ex G. Zhu
苍术 *Atractylodes lancea* (Thunb.) DC.
草莓 *Fragaria* ×*ananassa* Duch.
草木犀 *Melilotus suaveolens* Ledeb.
草芍药 *Paeonia obovata* Maxim.
水乌头 *Aconitum kusnezoffii* Reichb.
糙苏 *Phlomis umbrosa* Turcz.
糙叶树 *Aphananthe aspera* (Thunb.) Planch.
茶 *Camellia sinensis* (Linn.) O. Ktze.
茶条槭 *Acer ginnala* Maxim.
檫木 *Sassafras tzumu* (Hemsl.) Hemsl.
叉分蓼 *Polygonum divaricatum* Linn.
插田泡 *Rubus coreanus* Miq.
柴胡 *Bupleurum chinensis* DC.
常春藤 *Hedera nepalensis* K. Koch var. *sinensis* (Tobl.) Rehd.
车轴草 *Galium odoratum* (Linn.) Scop.
秤锤树 *Sinojackia xylocarpa* Hu
臭椿 *Ailanthus altissima* (Mill.) Swingle
臭檀 *Evodia daniellii* (Benn.) Hemsl.
穿龙薯蓣 *Dioscorea nipponica* Makino
垂盆草 *Sedum sarmentosum* Bunge
垂珠花 *Styrax dasyanthus* Perk.
慈姑 *Sagittaria trifolia* Linn. var. *sinensis* (Sims) Makino
刺槐 *Robinia pseudoacacia* Linn.
刺楸 *Kalopanax septemlobus* (Thunb.) Koidz.
丛生隐子草 *Cleistogenes caespitosa* Keng
丛枝蓼 *Polygonum posumbu* Buch.-Ham. ex D. Don
大丁草 *Gerbera anandria* (Linn.) Sch.-Bip.
大花金鸡菊 *Coreopsis grandiflora* Hogg.
大花溲疏 *Deutzia grandiflora* Bunge
大火草 *Anemone tomentosa* (Maxim.) Pei
大戟 *Euphorbia pekinensis* Rupr.
大薸 *Pistia stratiotes* Linn.
大叶胡颓子 *Elaeagnus macrophylla* Thunb.
大叶黄杨 *Buxus megistophylla* Lévl.
大叶朴 *Celtis koraiensis* Nakai
大叶铁线莲 *Clematis heracleifolia* DC.
大油芒 *Spodiopogon sibiricus* Trin.
达乌里胡枝子 *Lespedeza davurica* (Laxm.) Schindl.
丹参 *Salvia miltiorrhiza* Bunge
党参 *Codonopsis pilosula* (Franch.) Nannf.
灯台树 *Bothrocaryum controversum* (Hemsl.) Pojark.
灯心草 *Juncus effusus* Linn.
荻 *Triarrhena sacchariflora* (Maxim.) Nakai
地榆 *Sanguisorba officinalis* Linn.
东风菜 *Doellingeria scaber* (Thunb.) Nees
冬青 *Ilex chinensis* Sims
冬小麦 *Triticum* spp.
独花兰 *Changnienia amoena* Chien
独角莲 *Typhonium giganteum* Engl.
杜鹃 *Rhododendron simsii* Planch.
杜仲 *Eucommia ulmoides* Oliver
短柄枹 *Quercus serrata* Murray var. *brevipetiolata* (A.DC.) Nakai
短梗胡枝子 *Lespedeza cyrtobotrya* Miq.
蒲梗花 *Abelia engleriana* (graebn.)Rehd.
椴树 *Tilia tuan* Szyszyl.
盾果草 *Thyrocarpus sampsonii* Hance

多花木蓝 *Indigofera amblyantha* Craib
鹅耳枥 *Carpinus turczaninowii* Hance
鹅观草 *Roegneria kamoji* Ohwi
鹅掌楸 *Liriodendron chinense* (Hemsl.) Sarg.
二色补血草 *Limonium bicolor* (Bunge) Kuntze
日本珊瑚树 *Viburnum odoratissinum* Ker.-Gawl.
三球悬铃木 *Platanus orientalis* Linn.
番杏 *Tetragonia tetragonioides* (Pall.) Kuntze
风龙 *Sinomenium acutum* (Thunb.) Rehd. et Wils.
粉背南蛇藤 *Celastrus hypoleucus* (Oliv.) Warb. ex Loes.
粉椴 *Tilia oliveri* Szyszyl.
粉团蔷薇 *Rosa multiflora* Thunb. var. *cathayensis* Rehd.et Wils.
风花菜 *Rorippa globosa* (Turcz.) Hayek
风毛菊 *Saussurea japonica* (Thunb.) DC.
枫香树 *Liquidambar formosana* Hance
枫杨 *Pterocarya stenoptera* C. DC.
凤尾蕨 *Pteris cretica* Linn. var. nervossa (Thunb.)Ching et S.H.Wu
凤仙花 *Impatiens balsamina* Linn.
浮萍 *Lemna minor* Linn.
复叶葡萄 *Vitis piasezkii* Maxim.
甘薯 *Dioscorea esculenta* (Lour.) Burkill
杠板归 *Polygonum perfoliatum* Linn.
杠柳 *Periploca sepium* Bunge
刚毛忍冬 *Lonicera hispida* Pall. ex Roem. et Schult.
刚竹 *Phyllostachys sulphurea* (Carr.) A. et C. Riv cv. Viridis R.A.Young
高粱泡 *Rubus lambertianus* Ser.
葛 *Pueraria lobata* (Willd.) Ohwi
勾儿茶 *Berchemia sinica* Schneid.
狗娃花 *Heteropappus hispidus* (Thunb.) Less.
狗尾草 *Setaria viridis* (Linn.) Beauv.
狗牙根 *Cynodon dactylon* (Linn.) Pers.
枸骨 *Ilex cornuta* Lindl. et Paxt.
枸杞 *Lycium chinense* Miller
构树 *Broussonetia papyrifera* (Linnaeus) L'Heritier ex Ventenat
菰帽悬钩子 *Rubus pileatus* Focke
挂苦绣球 *Hydrangea xanthoneura* Diels
瓜叶乌头 *Aconitum hemsleyanum* Pritz.
荷花玉兰 *Magnolia grandiflora* Linn.
鬼灯檠 *Rodgersia podophylla* A. Gray
桂竹 *Phyllostachys bambusoides* Sieb. et Zucc.
海桐 *Pittosporum tobira* (Thunb.) Ait.
海州常山 *Clerodendrum trichotomum* Thunb.
杭子梢 *Campylotropis macrocarpa* (Bunge) Rehd.
河南杈叶槭 *Acer robustum* Pax var. *honanense* Fang
河南杜鹃 *Rhododendron henanense* Fang
河南海棠 *Malus honanensis* Rehd.
河南唐松草 *Thalictrum honanense* W. T. Wang et S. H. Wang
何首乌 *Fallopia multiflora* (Thunb.) Harald.
黑麦草 *Lolium perenne* Linn.
黑三棱 *Sparganium stoloniferum* (Graebn.) Buch.-Ham. ex Juz.
黑藻 *Hydrilla verticillata* (Linn. f.) Royle
红根草 *Salvia prionitis* Hance
红桦 *Betula albo-sinensis* Burk.
红脉钓樟 *Lindera rubronervia* Gamble
红楠 *Machilus thunbergii* Sieb. et Zucc.
厚朴 *Magnolia officinalis* Rehd. et Wils.
胡桃楸 *Juglans mandshurica* Maxim.
胡颓子 *Elaeagnus pungens* Thunb.
胡枝子 *Lespedeza bicolor* Turcz.
湖北枫杨 *Pterocarya hupehensis* Skan
狐尾藻 *Myriophyllum verticillatum* Linn.
虎杖 *Reynoutria japonica* Houtt.
槲栎 *Quercus aliena* Blume
槲树 *Quercus dentata* Thunb.
化香树 *Platycarya strobilacea* Sieb. Et Zucc.
花木蓝 *Indigofera kirilowii* Maxim. ex Palibin
花楸树 *Sorbus pohuashanensis* (Hance) Hedl.
华北绣线菊 *Spiraea fritschiana* Schneid.

华山松 *Pinus armandii* Franch.
华榛 *Corylus chinensis* Franch.
华中五味子 *Schisandra sphenanthera* Rehd. et Wils.
华中栒子 *Cotoneaster silvestrii* Pamp.
画眉草 *Eragrostis pilosa* (Linn.) Beauv.
槐 *Sophora japonica* Linn.
槐叶苹 *Salvinia natans* (Linn.) All.
黄背草 *Themeda japonica* (Willd.) Tanaka
黄刺玫 *Rosa xanthina* Lindl.
黄荆 *Vitex negundo* Linn.
黄精 *Polygonatum sibiricum* Delar. ex Redoute
黄连木 *Pistacia chinensis* Bunge
黄栌 *Cotinus coggygria* Scop.
黄蔷薇 *Rosa hugonis* Hemsl.
黄山木兰 *Magnolia cylindrica* Wils.
黄檀 *Dalbergia hupeana* Hance
灰绿藜 *Chenopodium glaucum* Linn.
灰栒子 *Cotoneaster acutifolius* Turcz.
火绒草 *Leontopodium leontopodioides* (Willd.) Beauv.
活血丹 *Glechoma longituba* (Nakai) Kupr.
檵木 *Loropetalum chinense* (R. Br.) Oliver
鸡矢藤 *Paederia scandens* (Lour.) Merr.
荚蒾 *Viburnum dilatatum* Thunb.
加拿大蓬 *Conyza canadensis* (Linn.) Cronq.
假升麻 *Aruncus sylvester* Kostel.
坚桦 *Betula chinensis* Maxim.
碱蓬 *Suaeda glauca* (Bunge) Bunge
箭竹 *Fargesia spathacea* Franch.
橿子栎 *Quercus baronii* Skan
桔梗 *Platycodon grandiflorus* (Jacq.) A. DC.
接骨木 *Sambucus williamsii* Hance
结缕草 *Zoysia japonica* Steud.
金鸡菊 *Coreopsis drummondii* Torr. et Gray.
金钱槭 *Dipteronia sinensis* Oliv.
金线草 *Antenoron filiforme* (Thunb.) Rob. et Vaut.
忍冬 *Lonicera japonica* Thunb.
金鱼藻 *Ceratophyllum demersum* Linn.
锦带花 *Weigela florida* (Bunge) A. DC.
寻骨风 *Aristolochia mollissima* Hance
荩草 *Arthraxon hispidus* (Trin.) Makino
荆条 *Vitex negundo* Linn. var. *heterophylla* (Franch.) Rehd.
聚花过路黄 *Lysimachia congestifolora* Hemsl.
榉树 *Zelkova serrata* (Thunb.) Makino
君迁子 *Diospyros lotus* Linn.
喜旱莲子草 *Alternanthera philoxeroides* (Mart.) Griseb.
苦皮藤 *Celastrus angulatus* Maxim.
苦参 *Sophora flavescens* Alt.
宽叶薹草 *Carex siderosticta* Hance
阔荚合欢 *Albizia lebbeck* (Linn.) Benth.
辣蓼 *Polygonum flaccidum*(Meissn.)Steward
虎尾草 *Lysimachia barystachys* Bunge.
藜 *Chenopodium album* Linn.
藜芦 *Veratrum nigrum* Linn.
狸藻 *Utricularia vulgaris* Linn.
连钱草 *Glechoma longituba* Nakai Kupr.
连翘 *Forsythia suspensa* (Thunb.) Vahl
连香树 *Cercidiphyllum japonicum* Sieb. et Zucc.
莲 *Nelumbo nucifera* Gaertn..
楝 *Melia azedarach* Linn.
辽东栎 *Quercus wutaishanica* Blume
列当 *Orobanche coerulescens* Steph.
菱 *Trapa bispinosa* Roxb.
领春木 *Euptelea pleiospermum* Hook. f. et Thoms.
铃兰 *Convallaria majalis* Linn.
柃木 *Eurya japonica* Thunb.
六道木 *Abelia biflora* Turcz.
六月雪 *Serissa japonica* (Thunb.) Thunb. Nov. Gen.
流苏树 *Chionanthus retusus* Lindl. et Paxt.
柳叶菜 *Epilobium hirsutum* Linn.
龙牙草 *Agrimonia pilosa* Ledeb.

耧斗菜 *Aquilegia viridiflora* Pall.

耧斗菜叶绣线菊 *Spiraea aquilegifoli*a Pall.

芦苇 *Phragmites australis* (Cav.) Trin. ex Steud.

鹿药 *Smilacina japonica* A. Gray

栾树 *Koelreuteria paniculata* Laxm.

轮叶黄精 *Polygonatum verticillatum* (Linn.) All.

轮叶沙参 *Adenophora tetraphylla* (Thunb.) Fisch.

络石 *Trachelospermum jasminoides* (Lindl.) Lem.

绿叶甘橿 *Lindera fruticosa* Hemsl.

绿叶胡枝子 *Lespedeza buerger*i Miq.

缕丝花 *Gypsophila elegans* M. Bieb.

马鞍树 *Maackia hupehensis* Takeda

马兜铃 *Aristolochia debilis* Sieb. et Zucc.

马蔺 *Iris lactea* Pall. var. *chinensis* (Fisch.) Koidz.

马松子 *Melochia corchorifolia* Linn.

马先蒿 *Pedicularis reaupinanta* Linn.

麻栎 *Quercus acutissima* Carr.

麦冬 *Ophiopogon japonicus* (Linn. f.) Ker-Gawl.

麦瓶草 *Silene conoidea* Linn.

满江红 *Azolla imbricata* (Roxb.) Nakai

满山红 *Rhododendron mariesii* Hemsl. et Wils.

芒 *Miscanthus sinensis* Anderss.

毛白杨 *Populus tomentosa* Carr.

毛茛 *Ranunculus* spp.

球果堇菜 *Viola collina* Bess.

毛花绣线菊 *Spiraea dasyantha* Bunge

毛梾 *Swida walteri* (Wanger.) Sojak

毛山荆子 *Malus mandshurica* (Maxim.) Kom.

毛叶小檗 *Berberis mitifolia* Stapf

毛榛 *Corylus mandshurica* Maxim.

毛竹 *Phyllostachys heterocycla* (Carr.) Mitford cv. Pubescens Mazel ex H.de leh.

茅栗 *Castanea seguinii* Dode

茅莓 *Rubus parvifolius* Linn.

玫瑰 *Rosa rugosa* Thunb.

美丽胡枝子 *Lespedeza formosa* (Vog.) Koehne

蒙古鸦葱 *Scorzonera mongolica* Maxim.

蒙桑 *Morus mongolica* (Bur.) Schneid.

棉团铁线莲 *Clematis hexapetala* Pall.

绵枣儿 *Scilla scilloides* (Lindl.) Druce

明党参 *Changium smyrnioides* Wolff

木防己 *Cocculus orbiculatus* (Linn.) DC.

木槿 *Hibiscus syriacus* Linn.

木蜡树 *Toxicodendron sylvestre* (Sieb. et Zucc.) O. Kuntze

木通 *Akebia quinata* (Houttuyn) Decaisne

牡蒿 *Artemisia japonica* Thunb.

牡荆 *Vitex negundo* Linn. var. *cannabifolia* (Sieb.et Zucc.) Hand.-Mazz.

南蛇藤 *Celastrus orbiculatus* Thunb.

南竹 *Phyllostachys pubescens* Mazel ex H. de Lehaie

楠木 *Phoebe zhennan* S. Lee et F. N. Wei

牛蒡 *Arctium lappa* Linn.

牛鼻栓 *Fortunearia sinensis* Rehd. et Wils.

牛奶子 *Elaeagnus umbellata* Thunb.

牛膝 *Achyranthes bidentata* Blume

牛至 *Origanum vulgare* Linn.

扭鞘香茅 *Cymbopogon hamatulus* (Nees ex Hook. et Arn.) A. Camus

暖木 *Meliosma veitchiorum* Hemsl.

女娄菜 *Silene aprica* Turcx. ex Fisch. et Mey.

女贞 *Ligustrum lucidum* Ait.

欧李 *Cerasus humilis* (Bge.) Sok.

地锦 *Parthenocissus tricuspidata* (S. Et Z.) Planch.

福王草 *Prenanthes tatarinowii* Maxim.

泡桐 *Paulowinia fortunei*(seem.)Hemsl.

佩兰 *Eupatorium fortunei* Turcz.

蓬子菜 *Galium verum* Linn.

枇杷 *Eriobotrya japonica* (Thunb.) Lindl.

披碱草 *Elymus dahuricus* Turcz.
披针薹草 *Carex lancifolia* C. B. Clarke
苹果 *Malus pumila* Mill.
朴树 *Celtis sinensis* Pers.
匍匐苦荬菜 *Ixeris repens* A.Grav
七叶树 *Aesculus chinensis* Bunge
七叶一枝花 *Paris polyphylla* Smith
杞柳 *Salix integra* Thunb.
漆 *Toxicodendron vernicifluum* (Stokes)F.A. Barkley
千金榆 *Carpinus cordata* Bl.
千屈菜 *Lythrum salicaria* Linn.
茜草 *Rubia cordifolia* Linn.
蔷薇 *Rosa multifolora* Thunb
乔麦 *Fagopyrum esculentum* Moench
秦岭翠雀花 *Delphinium giraldii* Diels.
青冈 *Cyclobalanopsis glauca* (Thunberg) Oersted
青钱柳 *Cyclocarya paliurus* (Batal.) Iljinsk.
青檀 *Pteroceltis tatarinowii* Maxim.
青羊参 *Cynanchum otophyllum* Schneid.
青榨槭 *Acer davidii* Franch.
清风藤 *Sabia japonica* Maxim.
楸 *Catalpa bungei* C. A. Mey
秋海棠 *Begonia grandis* Dry.
求米草 *Oplismenus undulatifolius* (Arduino) Beauv.
拳参 *Polygonum bistorta* Linn.
忍冬 *Lonicera japonica* Thunb.
人字草 *Ischaelnum indicum*(Houtt.)Merr
日本薹草 *Carex japonica* Thunb.
绒毛绣线菊 *Spiraea velutina* Franch.
柔毛淫羊藿 *Epimedium pubescens* Maxim.
锐齿槲栎 *Quercus aliena* Blume var. *acutiserrata* Maximowicz ex Wenzig
锐齿栎 *Quercus acutiserrata*
三白草 *Saururus chinensis* (Lour.) Baill.
三角槭 *Acer buergerianum* Miq.
三裂绣线菊 *Spiraea trilobata* Linn.
三脉紫菀 *Aster ageratoides* Turcz.
三七 *Panax pseudoginseng* Wall. var. *notoginseng* (Burkill)Hoo & Tseng
三桠乌药 *Lindera obtusiloba* Bl.
三叶木通 *Akebia trifoliata* (Thunb.) Koidz.
三叶爬山虎 *Parthenocissus semicordata*
三脉紫菀 *Aster ageratoides* Turcx.
桑 *Morus alba* Linn.
沙参 *Adenophora stricta* Miq.
砂引草 *Messerschmidia sibirica* Linn.
筛草 *Carex kobomugi* Ohwi
山白树 *Sinowilsonia henryi* Hemsl.
山刺玫 *Rosa davurica* Pall.
绒毛胡枝子 *Lespedeza tomentosa* (Thunb.) Sieb
山矾 *Symplocos sumuntia* Buch.-Ham. ex D. Don
山槐 *Albizia kalkora* (Roxb.)Prain
山核桃 *Carya cathayensis* Sarg.
山胡椒 *Lindera glauca* (Sieb. et Zucc.) Bl.
山荆子 *Malus baccata* (Linn.) Borkh.
中华苦荬菜 *Ixeris chinensis* (Thunb.) Nakai
山萝花 *Melampyrum roseum* Maxim.
山蚂蝗 *Desmodium racemosum*(Thunb.)DC.
山麦冬 *Liriope spicata* (Thunb.) Lour.
山莓 *Rubus corchorifolius* Linn. f.
山梅花 *Philadelphus incanus* Koehne
山牡荆 *Vitex quinata* (Lour.) Will.
山楠 *Phoebe chinensis* Chun
山葡萄 *Vitis amurensis* Rupr.
山柿 *Diospyros montana* Roxb.
山桃 *Amygdalus davidiana* (Carr.) C. de Vos
山杨 *Populus davidiana* Dode
山樱花 *Cerasus serrulata* (Lindl.) G. Don ex London
山楂 *Crataegus pinnatifida* Bge.
山茱萸 *Cornus officinalis* Sieb. et Zucc.
珊瑚菜 *Glehnia littoralis* Fr. Schmidt ex Miq.
陕西荚蒾 *Viburnum schensianum* Maxim.
射干 *Belamcanda chinensis* (Linn.) Redouté
蛇葡萄 *Ampelopsis sinica*（Mig.）W.T.Wang.

深山堇菜 *Viola selkirkii* Pursh ex Gold
肾叶打碗花 *Calystegia soldanella* (Linn.) R. Br.
省沽油 *Staphylea bumalda* DC.
升麻 *Cimicifuga foetida* Linn.
石菖蒲 *Acorus tatarinowii* Schott
石斛 *Dendrobium nobile* Lindl.
石楠 *Photinia serrulata* Lindl.
石沙参 *Adenophora polyantha* Nakai
石竹 *Dianthus chinensis* Linn.
柿 *Diospyros kaki* Thunb.
疏花卫矛 *Euonymus laxiflorus* Champ. ex Benth.
鼠李 *Rhamnus davurica* Pall.
鼠麴草 *Gnaphalium affine* D. Don
薯蓣 *Dioscorea opposita* Thunb.
栓皮栎 *Quercus variabilis* Blume
水蜡烛 *Dysophylla yatabeana* Makino
水芹 *Oenanthe javanica* (Bl.) DC.
水青树 *Tetracentron sinense* Oliv.
水曲柳 *Fraxinus mandschurica* Rupr.
水栒子 *Cotoneaster multiflorus* Bge.
水杨梅 *Geum aleppicum* Jacq.
四叶葎 *Galium bungei* Steud.
丝叶薹草 *Carex capilliformis* Franch
酸枣 *Ziziphus jujuba* Mill. var. *spinosa* (Bunge) Hu ex H.F.Chow.
算盘子 *Glochidion puberum* (Linn.) Hutch.
碎米荠 *Cardamine hirsuta* Linn.
太白杜鹃 *Rhododendron purdomii* Rehd. et Wils.
太白花楸 *Sorbus tapashana* Schneid.
太平花 *Philadelphus pekinensis* Rupr.
唐松草 *Thalictrum aquilegifolium* Linn. var. *sibiricum* Regel et Tiling
桃 *Amygdalus persica* Linn.
天麻 *Gastrodia elata* Bl.
天门冬 *Asparagus cochinchinensis* (Lour.) Merr.
天目木姜子 *Litsea auriculata* Chien et Cheng.
天南星 *Arisaema heterophyllum* Blume
天女木兰 *Magnolia sieboldii* K. Koch
天竺桂 *Cinnamomum japonicum* Sieb.
条叶百合 *Lilium callosum* Sieb. et Zucc.
皱皮木瓜 *Chaenomeles speciosa* (Sweet) Nakai
铁木 *Ostrya japonica* Sarg.
铁苋菜 *Acalypha australis* Linn.
铁线莲 *Clematis florida* Thunb.
通梗花 *Abelia engleriana* (Graebn.) Rehd.
透骨草 *Phryma leptostachya* Linn. subsp. *asiatica* (Hara)Kitamura
土牛膝 *Achyranthes aspera* Linn.
土三七 *Gynura segetum* Merr.
土元胡 *Corydalis humosa Migo*
兔儿伞 *Syneilesis aconitifolia* (Bunge) Maxim.
橐吾 *Ligularia sibirica* (Linn.) Cass.
瓦松 *Orostachys fimbriatus* (Turcz.) Berger
晚松 *Pinus rigida* Miller var. *serotina* (Michx.) Loud.ex Hoopes
委陵菜 *Potentilla chinensis* Ser.
卫矛 *Euonymus alatus* (Thunb.) Sieb.
蝟实 *Kolkwitzia amabilis* Graebn.
乌桕 *Sapium sebiferum* (Linn.) Roxb.
乌蔹莓 *Cayratia japonica* (Thunb.) Gagnep.
乌头 *Aconitum carmichaeli* Debx.
乌药 *Lindera aggregata* (Sims) Kosterm.
无翅猪毛菜 *Salsola komarovii* Iljin
无患子 *Sapindus mukorossi* Gaertn.
五角枫 *Acer pictum* subsp. *mono*
五节芒 *Miscanthus floridulus* (Lab.) Warb. ex Schum et Laut.
五味子 *Schisandra chinensis* (Turcz.) Baill.
吴茱萸 *Evodia rutaecarpa* (Juss.) Benth.
梧桐 *Firmiana platanifolia* (Linn. f.) Marsili
西北栒子 *Cotoneaster zabelii* Schneid.
稀花蓼 *Polygonum dissitiflorum* Hemsl.
喜树 *Camptotheca acuminata* Decne.
细辛 *Asarum sieboldii* Miq.
细叶薹草 *Carex duriusata* C. A. Mey. subsp.

stenophylloides (V.Krecz.) S.Y.Liang et Y.C.Tang
狭叶瓶尔小草 *Ophioglossum thermale* Kom.
狭叶绣线菊 *Spiraea japomca* L. F. var. *Acuminata* Franch.
腺柳 *Salix chaenomeloides* Kimura
显子草 *Phaenosperma globosa* Munro ex Benth.
香附子 *Cyperus rotundus* Linn.
香果树 *Emmenopterys henryi* Oliv.
香蒲 *Typha orientalis* Presl
小构树 *Broussonetia kazinoki* S. et Z.
小果蔷薇 *Rosa cymosa* Tratt.
小头蓼 *Polygonum microcephalum* D. Don
大果榉 *Zelkova sinica* Schenid.
小叶女贞 *Ligustrum quihoui* Carr.
黑弹树 *Celtis bungeana* Bl.
小叶蔷薇 *Rosa willmottiae* Hemsl.
小叶忍冬 *Lonicera microphylla* Willd. ex Roem. et Schult.
小叶鼠李 *Rhamnus parvifolia* Bunge
小叶杨 *Populus simonii* Carr.
小米空木 *Stephanandra incisa* (Thunb.) Zabel
辛夷 *Magnolia liliiflora* Desr.
杏叶沙参 *Adenophora humanensis* Nannf.
荇菜 *Nymphoides peltatum* (Gmel.) O. Kuntze
绣线菊 *Spiraea* spp.
秀雅杜鹃 *Rhododendron concinnum* Hemsl.
萱草 *Hemerocallis fulva* (Linn.) Linn.
悬铃木 *Platanus* spp.
荨麻 *Urtica fissa* E. Pritz.
栒子 *Cotoneaster* spp.
鸦葱 *Scorzonera austriaca* Willd.
海金子 *Pittosporum illicioides* Makino
鸭跖草 *Commelina communis* Linn.
岩败酱 *Patrinia rupestris* (Pall.) Juss.
沿阶草 *Ophiopogon bodinieri* Levl.
盐肤木 *Rhus chinensis* Mill.
盐角草 *Salicornia europaea* Linn.
烟台补血草 *Limonium franchetii* (Debx.) Kuntze
眼子菜 *Potamogeton distinctus* A. Bennett
羊胡子草 *Eriophorum* spp.
杨树 *Populus* spp.
叶下珠 *Phyllanthus urinaria* Linn.
野艾蒿 *Artemisia lavandulaefolia* DC.
野大豆 *Glycine soja* Sieb. et Zucc.
野古草 *Arundinella anomala* Stend.
野核桃 *Juglans cathayensis* Dode
野花椒 *Zanthoxylum simulans* Hance
野菊 *Dendranthema indicum* (Linn.) Des Moul.
野茉莉 *Styrax japonicus* Sieb. et Zucc.
野蔷薇 *Rosa multiflora* Thunb.
野青茅 *Deyeuxia arundinacea* (Linn.) Beauv.
野山楂 *Crataegus cuneata* Sieb. et Zucc.
野梧桐 *Mallotus japonicus* (Thunb.) Muell. Arg. var. *floccosus* (Muell.Arg.)S.M.Hwang
野豌豆 *Vicia sepium* Linn.
野西瓜苗 *Hibiscus trionum* Linn.
野鸦椿 *Euscaphis japonica* (Thunb.) Dipp.
华空木 *Stephanandra chinensis* Hance
一年蓬 *Erigeron annuus* (Linn.) Pers.
异穗薹草 *Carex heterostachya* Bge.
异叶爬山虎 *Parthenocissus heterophylla* (Bl.) Merr.
异叶榕 *Ficus heteromorpha* Hemsl.
异叶泽兰 *Eupatorium heterophyllum* DC.
银杏 *Ginkgo biloba* Linn.
淫羊藿 *Epimedium brevicornu* Maxim.
蘡薁 *Vitis adstricta* Hance
山樱花 *Cerasus serrulata* (Lindl.) G. Don ex London
樱桃 *Cerasus pseudocerasus* (Lindl.) G. Don
瘿椒树 *Tapiscia sinensis* Oliv.
杜鹃 *Rhododendron simsii* Planch.
油茶 *Camellia oleifera* Abel.
木犀榄 *Olea europaea* Linn.
油桦 *Betula ovalifolia* Ruprecht

油桐 *Vernicia fordii* (Hemsl.) Airy Shaw
玉米 *Zea mays* Linn.
玉簪 *Hosta plantaginea* (Lam.) Aschers.
玉竹 *Polygonatum odoratum* (Mill.) Druce
雨久花 *Monochoria korsakowii* Regel et Maack
蕺草 *Houttuynia cordata* Thunb.
郁香忍冬 *Lonicera fragrantissima* Lindl. et Paxt.
榆树 *Ulmus pumila* Linn.
芫花 *Daphne genkwa* Sieb. et Zucc.
圆菱叶山蚂蝗 *Desmodium podocarpum* DC
圆叶菝葜 *Smilax bauhinioides* Kunth
短梗胡枝子 *Lespedeza cyrtobotrya* Miq.
圆叶鼠李 *Rhamnus globosa* Bunge
云杉 *Picea asperata* Mast.
白头婆 *Eupatorium japonicum* Thunb.
泽漆 *Euphorbia helioscopia* Linn.
樟 *Cinnamomum camphora* (Linn.) Presl
獐毛 *Aeluropus sinensis* (Debeaux) Tzvel.
照山白 *Rhododendron micranthum* Turcz.
柘树 *Cudrania tricuspidata* (Carr.) Bur.
针刺悬钩子 *Rubus pungens* Camb.
矮桃 *Lysimachia clethroides* Duly
珍珠菜 *Sorbaria sorbifolia* (Linn.) A. Br.
榛 *Corylus heterophylla* Fisch. ex Trautv.
枳 *Poncirus trifoliata* (Linn.) Raf.
栀子 *Gardenia jasminoides* Ellis
中华常春藤 *Hedera nepalensis* var. *sinensiss*
中华猕猴桃 *Actinidia chinensis* Planch.
中华石楠 *Photinia beauverdiana* Schneid.
中华绣线菊 *Spiraea chinensis* Maxim.
珠芽艾麻 *Laportea bulbifera* (Sieb. et Zucc.) Wedd.
珠子参 *Codonopsis convolvulacea* Kurz var. *forrestii* (Diels) Ballard
诸葛菜 *Orychophragmus violaceus* (Linnaeus) O. E. Schulz
猪毛菜 *Salsola collina* Pall.
猪殃殃 *Galium aparine* Linn. var. tenerum Gren.et Godr.) Rebb.
竹叶椒 *Zanthoxylum Planispinum* Sieb. Et Zucc.
苎麻 *Boehmeria nivea* (Linn.) Gaudich.
梓树 *Catalpa ovata* G．Don
紫弹树 *Celtis biondii* Pamp.
蓝丁香 *Syringa meyeri* Schneid.
烟台补血草 *Limonium franchetii* (Debx.) Kuntze
真堇 *Corydalis capnoides* (Linn.) Pers.
紫金牛 *Ardisia japonica* (Thunberg) Blume
紫茎 *Stewartia sinensis* Rehd. et Wils
紫荆 *Cercis chinensis* Bunge
紫萍 *Spirodela polyrrhiza* (Linn.) Schleid.
紫萁 *Osmunda japonica* Thunb.
紫穗槐 *Amorpha fruticosa* Linn.
紫薇 *Lagerstroemia indica* Linn.
紫珠 *Callicarpa bodinieri* Levl.
酢浆草 *Oxalis corniculata* Linn.